LOGIK 6: *Absoluta sind unerreichbar.*

LOGIK 7: *Für die Auswertung von Problemen und ihren Daten sind Gradientenskalen notwendig.*

Dies ist das Werkzeug der unendlichkeitswertigen Logik: Absoluta sind unerreichbar. Begriffe wie gut und schlecht, lebendig und tot, richtig und falsch werden nur in Verbindung mit Gradientenskalen verwendet. Auf der Skala von richtig und falsch wäre alles oberhalb von null oder über der Mitte immer mehr richtig, wobei es sich an eine unendliche Richtigkeit annähert, und alles unterhalb der Mitte wäre immer mehr falsch, wobei es sich unendlicher Falschheit annähert. Alle Dinge, die das Überleben des Überlebenden unterstützen, werden für den Überlebenden als *richtig* betrachtet. Alle Dinge, die vom Gesichtspunkt des Überlebenden aus das Überleben hemmen, können für den Überlebenden als *falsch* betrachtet werden. Je mehr etwas das Überleben unterstützt, umso mehr kann es für den Überlebenden als richtig betrachtet werden; je mehr eine Sache oder eine Handlung das Überleben behindert, umso mehr ist sie vom Gesichtspunkt desjenigen, der überleben will, falsch.

KOROLLARIUM: *Jedes beliebige Datum besitzt nur relative Wahrheit.*

KOROLLARIUM: *Wahrheit ist relativ zu Umgebungen, Erfahrung und Wahrheit.*

LOGIK 8: *Ein Datum kann nur anhand eines Datums vergleichbarer Größenordnung ausgewertet werden.*

LOGIK 9: *Ein Datum ist in dem Maße wertvoll, wie es ausgewertet worden ist.*

LOGIK 10: *Der Wert eines Datums wird anhand des Ausmaßes bestimmt, wie es dafür sorgt, dass andere Daten eingeordnet werden können* (Verhältnis).

LOGIK 11: *Der Wert eines Datums oder Datengebietes kann durch das Ausmaß festgestellt werden, in dem es das Überleben fördert oder das Überleben behindert.*

(Fortsetzung auf den hinteren Vorsatzblättern)

AN DEN LESER

Dianetik (vom Griechischen *dia,* „durch", und *nous,* „Seele") beschreibt grundlegende Prinzipien des Verstandes und der Seele. Durch Ausübung dieser Entdeckungen wurde es offensichtlich, dass Dianetik sich mit einer Wesenheit befasste, die sich dem Verfall der Zeit widersetzt - der menschlichen Seele - ursprünglich als „Ich" bezeichnet und später als „Thetan". Hiervon ausgehend setzte Hubbard seine Forschung fort und legte schließlich den Weg zu völliger spiritueller Freiheit für jeden Einzelnen fest.

Dianetik ist ein Vorläufer und ein Teilbereich der Scientology Religion und richtet sich gemäß ihrer Ausübung in der Kirche nur an den „Thetan" (die Seele), der dem Körper übergeordnet ist, sowie an dessen Beziehung zum und seine Auswirkungen auf den Körper.

Dieses Buch wird in seiner ursprünglichen Form vorgestellt. Es beinhaltet eine Aufzeichnung der Forschungen und Beobachtungen von L. Ron Hubbard über das Leben in seiner geistigen Bedeutung und über die Natur des Menschen. Es ist Bestandteil der religiösen Literatur und Schriften von L. Ron Hubbard und erhebt keine über das hier Gesagte hinausgehenden Ansprüche auf Seiten des Autors, des Verlegers oder irgendeiner Scientology Kirche.

Weder die Dianetik noch die Scientology verstehen sich als eine Methode zur körperlichen Heilung, noch geben sie dies vor, noch erheben sie irgendwelche Ansprüche in dieser Richtung. Die Kirche nimmt keine Personen auf, die die Behandlung einer körperlichen oder geistigen Krankheit erhoffen, sondern verlangt stattdessen eine kompetente medizinische Untersuchung durch qualifizierte Spezialisten zur Behandlung möglicher Krankheiten, bevor sie ihre Seelsorge beginnt.

Das Hubbard® Elektrometer oder E-Meter ist ein religiöses Gerät, das in der Kirche verwendet wird. Aus sich selbst heraus bewirkt das E-Meter nichts. Es wird ausschließlich von Geistlichen und Geistlichen in der Ausbildung benutzt, die in seiner Verwendung qualifiziert worden sind, um Gemeindemitgliedern zu helfen, selbst die Quelle seelischer Nöte aufzufinden.

Die Erreichung des segensreichen Nutzens und der Ziele der Dianetik und der Scientology erfordert die hingebungsvolle Teilnahme eines jeden Einzelnen, denn nur durch die eigenen Bemühungen kann man diese für sich erlangen.

Wir hoffen, dass das Lesen dieses Buches nur der erste Schritt einer persönlichen Entdeckungsreise in dieser neuen und vitalen Weltreligion ist.

DIESES BUCH GEHÖRT

____

Die WISSENSCHAFT des ÜBERLEBENS

Die Wissenschaft des Überlebens

DIE VORHERSAGE MENSCHLICHEN VERHALTENS

L. RON HUBBARD

new·era®
Publications International ApS

Eine
Hubbard®
Veröffentlichung

New Era Publications
International ApS
Store Kongensgade 53
1264 Copenhagen K, Denmark

ISBN 978-87-7687-148-2

GERMAN – SCIENCE OF SURVIVAL

ANERKENNUNG

Gebührt den denkenden Menschen
eines Zeitraumes von fünfzigtausend Jahren,

ohne deren Werk die Dianetik
nicht hätte formuliert werden können –

Die Anerkennung gilt ihnen,
nicht mir –

LRH

Wichtiger Hinweis

Achten Sie beim Lesen dieses Buches sehr sorgfältig darauf, dass Sie niemals über ein Wort hinweggehen, das Sie nicht vollständig verstehen. Der einzige Grund, warum jemand ein Studium aufgibt, verwirrt oder lernunfähig wird, liegt darin, dass er über ein nicht verstandenes Wort hinweggegangen ist.

Die Verwirrung oder die Unfähigkeit, etwas zu begreifen oder zu lernen, entsteht NACH einem Wort, das man nicht definiert und verstanden hat. Es können nicht nur die neuen und ungewöhnlichen Wörter missverstanden sein, die Sie nachschlagen müssen. Auch bei ganz gebräuchlichen Wörtern kann es häufig vorkommen, dass man eine falsche Definition dafür hat und sie daher Verwirrung stiften.

Diese Information, dass man über ein undefiniertes Wort nicht hinweggehen sollte, ist die wichtigste Tatsache auf dem ganzen Gebiet des Studierens. Jedes Fachgebiet, dessen Studium Sie angefangen und dann aufgegeben haben, enthielt Wörter, für die Sie keine Definition hatten.

Achten Sie also beim Studieren dieses Buches sehr, sehr sorgfältig darauf, dass Sie niemals über ein Wort hinweggehen, das Sie nicht vollständig verstehen. Wenn der Stoff verwirrend wird oder Sie ihn anscheinend nicht begreifen können, wird es kurz davor ein Wort geben, das Sie nicht verstanden haben. Gehen Sie nicht weiter, sondern gehen Sie VOR den Punkt zurück, an dem Sie in Schwierigkeiten gerieten, finden Sie das missverstandene Wort und sehen Sie zu, dass Sie seine Definition bekommen.

Glossare

Als L. Ron Hubbard *Die Wissenschaft des Überlebens* schrieb, stellte er Definitionen aller technischen Ausdrücke zur Verfügung, die so definiert sind, wie sie in diesem Buch verwendet werden, und in der Reihenfolge, in der sie gelernt werden sollten. Als solches bildet *Definitionen und Axiome* einen sehr wichtigen Bestandteil dieses Fachbuches, das vollständig studiert werden soll, um ein gründliches Verstehen der Nomenklatur und des Gebietes selbst zu erhalten.

Als weitere Hilfe für das Verstehen des Lesers wies LRH die Herausgeber an, Definitionen weiterer Wörter und Fachausdrücke zur Verfügung zu stellen. Diese sind im Anhang enthalten, im *Herausgeber-Glossar von Wörtern, Fachausdrücken und Wendungen.* Wörter haben manchmal mehrere Bedeutungen. Das *Herausgeber-Glossar* enthält nur die Definitionen der Wörter, wie sie in diesem Text verwendet werden. Weitere Definitionen des Wortes können in Standard-Sprachwörterbüchern oder in Dianetik- und Scientology-Wörterbüchern gefunden werden.

Wenn Sie irgendwelche anderen Wörter finden, die Sie nicht kennen, schlagen Sie sie in einem guten Wörterbuch nach.

INHALTSVERZEICHNIS

Das Ziel der Dianetik i

Einführung v

Buch Eins: Die dynamischen Kräfte *des* Verhaltens

Kapitel	*Spalte*		
1	A	Die Tonskala	1
2	B	Dianetische Einschätzung	17
3	C	Verhalten und Physiologie	25
4	D	Psychiatrischer Bereich	29
5	E	Medizinischer Bereich	37
6		Die Grundgesetze von Theta Affinität, Realität, Kommunikation	41
7	F	Emotion	55
8	G	Affinität	63
9		Kommunikation und Realität	67
10	H	Sonik	75
11	I	Visio	83
12	J	Somatik	91
13	K	Gespräch: Sprechen Gespräch: Zuhören	99

Kapitel	Spalte		
14	L	Wie Jemand als Übermittler mit Geschriebener oder Gesprochener Kommunikation umgeht	107
15	M	Realität (Übereinstimmung)	111
16	N	Zustand von Zeitspur und Valenzen	117
17	O	Wie sich Engramme und Locks äussern	125
18	P	Sexuelles Verhalten Einstellung gegenüber Kindern	131
19	Q	Herrschaft über die Umgebung	139
20	R	Tatsächlicher Wert für die Gesellschaft im Vergleich zum scheinbaren Wert	145
21	S	Ethikniveau	149
22	T	Umgang mit Wahrheit	155
23	U	Mutniveau	161
24	V	Fähigkeit im Umgang mit Verantwortung	165
25	W	Beharrlichkeit auf einem Bestimmten Weg	171
26	X	Wörtlichkeit der Aufnahme von Aussagen oder Bemerkungen	177
27	Y	Methode im Umgang mit Anderen	181
28	Z	Befehlskraft von Aktionssätzen	209

Buch Zwei: Dianetisches Prozessing

Kapitel	Spalte		
1		Die Grundprinzipien des Prozessings	215
2		Der Auditorenkodex	229
3		Die Mechanismen der Aberration	237
4		Die Dynamiken des Daseins	249
5		Allgemeine Beschreibung von Prozessing	255

Kapitel	Spalte		
6	AB	Gegenwart	269
7	AC	Direkterinnerung	287
8	AD	Vergnügensmomente	311
9	AE	Imaginäre Geschehnisse	331
10	AF	Locks	349
11	AG	Lock-Scanning	355
12	AH	Secondary-Engramme	369
13	AI	Engramme	391
14	AJ	Engrammketten	437
15	AK	Schaltkreise	443
16	AL	Zustand des Archivars	455
17	AM	Stufe der Hypnotisierbarkeit	465
18	AN	Bewusstseinsniveau der einzelnen Verstandesebenen	477
19	AO	Anteil an Entheta beim Fall	495
20	AQ	Tonstufe des Auditors, die zur Behandlung des Falles erforderlich ist	515
21	AR	Wie man den Fall auditiert	521
		Das Ziel von Prozessing	533
		Definitionen und Axiome	535
Zum Ausfalten am Buchende		Die Hubbard Tabelle der Einschätzung des Menschen und des Dianetischen Prozessings	

Anhang

Weiteres Studium 557
Guide zu den Materialien 570
Adressen 572
Herausgeber-Glossar von Wörtern, Fachausdrücken und Wendungen 577
Stichwortverzeichnis 679

Das Ziel der Dianetik

Eine welt ohne wahnsinn, ohne Verbrecher und ohne Krieg – das ist das Ziel der Dianetik.

Jahrtausendelang hat der Mensch sich bei seiner Eroberung des materiellen Universums vorangekämpft, wusste jedoch so gut wie nichts über seine wichtigste Waffe, seinen wertvollsten Besitz: den menschlichen Verstand. Trotz dieses Hindernisses der Unwissenheit machte er Fortschritte. Aufgrund dieses Hindernisses zog er sich jedoch nicht nur den Fluch des Wahnsinns und der Krankheit zu, sondern auch, was noch wichtiger ist, die drohende Zerstörung all seiner Werke: den modernen Krieg.

Die Dianetik ist die Wissenschaft über das Denken. Das Wort kommt vom griechischen *dianous* (*dia,* „durch“, und *nous,* „Verstand“ oder „Seele“). Die Reichweite der Dianetik umfasst alle stichhaltigen Informationen, die mit dem Denken zu tun haben. Die Arbeitsweise des menschlichen Verstandes, die weitaus einfacher ist, als der Mensch vermutet hatte, und das Wissen an sich werden in der Dianetik zu einem Wissensgebäude, mit dem jeder relativ intelligente Mensch arbeiten kann.

Keine Zivilisation kann die Stabilität fortdauernden Überlebens erreichen, wenn sie ein solches Wissen, wie es die Dianetik enthält, nicht völlig beherrscht. Denn wird die Dianetik sachkundig verwendet, so bringt sie genau das fertig, was sie von sich behauptet. Sie kann, was ihren Wirkungsbereich bei der Einzelperson betrifft, Geisteskrankheit, Neurosen, Zwänge und Zwangsvorstellungen verhindern oder erleichtern, und sie kann körperliches Wohlbefinden herbeiführen, indem sie die grundlegende Ursache für rund 70 Prozent aller Krankheiten des Menschen beseitigt. Im Bereich der Familie kann sie zu einem einträchtigeren und harmonischeren Zusammenleben führen. Auf dem Gebiet von Nationen oder kleineren Gruppen, wie z. B. in der Industrie, kann sie die Leitung in solchem Maße verbessern, dass die erbärmlich unzulänglichen Ideologien, für die Menschen mit derart erschreckendem Ernst kämpfen und sterben, zugunsten einer funktionierenden Technologie beiseitegelegt werden können.

Die Dianetik hält in viele Gebiete Einzug. Menschliches Verhalten und menschliches Denken bilden die Grundlage für menschliches Streben. Hat man erst einmal eine Antwort auf diese grundlegenden Rätsel, so gibt es beinahe nichts, was sich nicht schließlich lösen lassen wird.

Für einige Leute ist die Dianetik aber auch eine seltsame und erschreckende Sache. Sie dringt in so viele Bereiche und Unternehmungen ein und bringt Licht in sie hinein, dass sie zwangsläufig diejenigen Leute ausfindig macht und bloßstellt, die ihren Profit auf Unwissenheit und Unterdrückung gründen und deren ganze Wichtigkeit darauf beruht, dass sie andere Menschen beherrschen können. Wo ist der revolutionäre Anführer, der durch Lehren von Hass und Vorurteilen eine Regierung stürzen will, wenn seine Truppen plötzlich verstehen, dass die Ideologie, die er predigt, veraltet und passé ist? Wo ist die Gesellschaft zur Heilung (die sie aber nicht vollbrachte) irgendeiner gefürchteten Krankheit, die mit Dianetik leicht zu beheben ist? Wo wird sich eine solche Gesellschaft weitere Gelder beschaffen? Und was ist mit dem praktizierenden Fachmann, der zwölf lange Jahre studierte, um ein Experte im Austreiben von Dämonen aus Geisteskranken zu werden, und der plötzlich erfährt, dass ein paar Wochen Studium der Dianetik jeden intelligenten Menschen dazu qualifiziert, eine viel bessere – und viel weniger schädliche – Arbeit zu leisten?

Das plötzliche Auftauchen der Dianetik auf einer Bühne widersprüchlicher Meinungen, die einfach auf Unwissenheit über Wahnsinn, Krankheit, Hass und Krieg beruhen, ist in der Tat erschreckend für diejenigen, die ihren Gewinn aus Streitigkeiten ziehen. Nach jedem Krieg finden sich unzählige

Generäle unter den Arbeitslosen. Man könnte sagen, dass die Dianetik der Anfang vom Ende des Krieges ist, den der Mensch gegen die Finsternis und Unwissenheit über seinen eigenen Verstand geführt hat – und viele „Generäle" sehen ihre Sterne langsam sinken.

Und was tut ein Wissensgebiet, das sich nur von Zufallsbeobachtungen genährt hat, wenn ihm Naturgesetze zugeführt werden, die nachweisbar stabil und genau sind? Über Naturgesetze lässt sich nicht streiten. Zumindest hat der Physiker (der im Gegensatz zu seinen Kollegen in den „Geisteswissenschaften" vor einigen Jahrhunderten „gezähmt" wurde) gelernt, den Nachweis, den ihm seine Sinne liefern, zu akzeptieren. Doch der „Wissenschaftler" der Geisteswissenschaften ist niemals in Logik oder Mathematik, nicht einmal in wissenschaftlicher Methodenlehre ausgebildet worden. Er ist ein Möchtegern am Rande der Naturwissenschaften, der hofft, etwas von dem Ruhm abzubekommen, den Newton begründet hat.

Somit wurde die Dianetik zu einem gewissen Grad von den vielen niederträchtigen Scharlatanen mit ihren jeweiligen Flaschen voll indianischem Schlangenwurzelöl angegriffen. Der Verkauf dieser Flaschen machte sich gut bezahlt, und zwar erstaunlich gut, und ihre Verkäufer waren auf keinen Fall bereit, ihren Verkaufsstand zu verlassen, ohne Krach zu schlagen.

Vielleicht ist unsere jetzige Generation zu sehr mit Blindheit geschlagen, um eine neue Wissenschaft aufzunehmen. Es wäre sehr traurig, wenn dies zuträfe, denn Atombomben haben für Menschen und Städte eine sehr verheerende Wirkung und könnten ohne weiteres ganze Kulturen ausradieren. Vielleicht sind die Verkäufer von hirnrissigen Ideologien und zerstörerischen Therapien zu reich, zu mächtig und zu selbstsüchtig, als dass sie einen Hoffnungsschimmer auf der Bühne unserer Generation erlauben würden. Vielleicht wird die Dianetik erst morgen benutzt und auf breiter Basis angewendet werden, vorausgesetzt, es wird zugelassen, dass es ein Morgen gibt.

1950 war die Dianetik aufgefordert worden, ihre eigene Richtigkeit nachzuweisen. Das tat sie auch. Das war sehr tolerant von der Dianetik, da bis jetzt *von keiner bestehenden -ologie auf dem Gebiet des menschlichen Verstandes je ein solcher Nachweis erbracht oder verlangt worden ist.* Rundweg gesagt, die etablierten Therapien funktionieren einfach nicht. Hätte man gar nichts unternommen, wäre praktisch dasselbe erreicht worden wie mit der Anwendung dieser Therapien. In was für einer Gesellschaft leben wir denn, in der Vortäuschungen trotz aller Tatsachen, die gegen sie sprechen, als berechtigt akzeptiert werden?

Die Dianetik funktioniert. Niemand, der sich auch nur kurze Zeit in der Stiftung aufgehalten hat, kann daran zweifeln. Sie funktioniert sogar in relativ ungeschulten Händen. Täglich wirkt sie Wunder. Und das ist gar nicht erstaunlich, denn die Dianetik ist das Grundwissen über die Tätigkeiten des Menschen.

Aber die Dianetik ist keine Psychotherapie und auch keine psychosomatische Medizin. Leute, die derlei wünschen und brauchen, stellen fest, dass die Dianetik in diesen Bereichen sehr rasch wirksam ist, und halten sie deshalb für eine Form der Psychotherapie. Diejenigen, in deren Revier sie eindringt, würden sie liebend gerne verbieten lassen, bevor ihre Kisten voll mit herrlichem Schlangenwurzelöl in Misskredit gebracht worden sind.

Die *Vorbeugende Dianetik* hat für die Menschheit auf lange Sicht betrachtet eine größere Bedeutung als das Dianetische Prozessing. Die *Gruppen-Dianetik* hat für die vom Krieg zerrissenen Gesellschaften der Erde eine größere Bedeutung als jede beliebige Zahl von Arthritistherapien.

Die Dianetik ist die grundlegende Wissenschaft über das menschliche Denken. Sie umfasst die Tätigkeiten des Menschen und ordnet ein bisher nicht systematisiertes Wissensgebäude.

Die Dianetik hat ein grundlegendes Ziel, ein gutes Ziel, ein Ziel, das nicht heruntergespielt oder beiseitegeschoben werden sollte, nur weil irgendein Quacksalber sein Einkommen verlieren wird oder irgendeinem Revolutionär der Nährboden für seine verrückten Ideen entzogen wird. Das Ziel der Dianetik ist eine Welt, die auf Vernunft gegründet ist – eine Welt ohne Wahnsinn, ohne Verbrecher und ohne Krieg. Wenn unsere Generationen noch in der Lage sein werden, Geschichte zu schreiben, so mögen sie traurig denjenigen eine Seite widmen, die in dieser chaotischen und dunklen Zeit aufgrund von persönlicher Gewinnsucht und Hass danach strebten, eine wahrhaft humanitäre Wissenschaft zu Fall zu bringen.

Das Ziel der Dianetik ist Vernunft. Nur von den Geisteskranken kann sie aufgehalten werden.

Einführung

Dieses Buch ist rund um eine Tabelle aufgebaut.*

In den zahlreichen Spalten dieser Tabelle finden wir die Mehrzahl der Bestandteile des menschlichen Verstandes sowie all jene Einzelfaktoren, die erforderlich sind, um jemanden zu auditieren.

In diesem Buch werden wir uns diese Spalten, eine nach der anderen, von links nach rechts, vornehmen und jede Spalte erklären. Nach dieser Erklärung und nachdem Sie das Buch gelesen und die Tabelle gründlich studiert haben, werden Sie zumindest über die Grundlagen verfügen, die Sie brauchen, um Menschen zu auditieren.

Wünschen Sie, in einem beschränkten Rahmen Leute zu auditieren, so könnten Sie sich auf *Direkterinnerung*, die *Reduzierung von Locks* und *Lock-Scanning* spezialisieren. Dies lässt sich bei nahezu jedem Menschen, auf den man gemeinhin treffen würde, ohne irgendwelchen Schaden und mit einer sehr großen Verbesserung seines allgemeinen Tons durchführen. Verspüren Sie etwas mehr Abenteuerlust, so können Sie lernen, wie man *Secondary-Engramme* auditiert, und somit zu einem Meister darin werden, Gram und Furcht bei einem Fall zu entladen. Falls Sie wünschen, den ganzen Weg zu gehen, und sich dazu fähig fühlen, können Sie versuchen, *Engramme* bei einem Fall zu auditieren, wobei jedoch sehr genau darauf zu achten ist, bei welcher Art von Fall Sie dies versuchen.

---

*Die Hubbard Tabelle der Einschätzung des Menschen und des Dianetischen Prozessings.

Geht es darum, eine vollständige Ausbildung im Dianetischen Prozessing zu erlangen, so haben Sie hier die wesentlichen Bestandteile vor sich. Doch ebenso wie Sie die höheren Schulklassen besuchten, um Algebra oder Physik zu lernen, sollten Sie einen Kurs in der Stiftung besuchen, um ein wirklich fachmännischer Auditor zu werden. Ihre Qualifizierung in der Stiftung wird es Ihnen ermöglichen, in Verbindung mit jeglicher anderen Ausbildung, die Sie vielleicht bereits besitzen, ein professioneller Praktizierender zu werden. Die meisten Leute besuchen jedoch einen Kurs in der Stiftung, weil sie ihre Bildung erweitern wollen und in ihrem eigenen Beruf besser wirken möchten. Denn die Dianetik ist nicht einfach nur Prozessing. Das macht nicht einmal ein Tausendstel der Dianetik aus. Die Dianetik befasst sich mit dem Denken und mit dem Verhalten von Menschen und Gruppen. Und diejenigen, die über das Gebiet genau Bescheid wissen, überleben besser.

Liest man also einfach dieses Buch, so ist man noch nicht dazu qualifiziert, die Dianetik berufsmäßig auszuüben, obwohl alle relevanten Informationen darin enthalten sind. Nach gründlichem Studium dieses Buches sollte man jedoch imstande sein, mit Routinefällen ohne Schwierigkeiten umzugehen. Man sollte die Dianetik nicht bei Geisteskranken oder ernstlich neurotischen Personen ausprobieren, es sei denn, man fühlt sich besonders mit Verständnis begabt oder man hat in der Stiftung einen Qualifizierungskurs besucht. Insbesondere trifft dies auf Psychoanalytiker, Psychiater und Ärzte zu, die aufgrund ihres Kontaktes mit Geisteskranken und chronisch Kranken durch eine Kenntnis der Dianetik beachtlich bessere und raschere Ergebnisse erzielen könnten. Die Wissenschaft Dianetik wurde ihnen bereits früher zugänglich gemacht und wir fordern sie nochmals eindringlich auf, dass sie sich im besten Interesse der Menschheit und des Fortschritts ihrer Berufsgruppen die Techniken der Dianetik zunutze machen. Viele Ärzte und Psychologen wurden bereits von der Stiftung ausgebildet, und wie die Erfahrung zeigt, sind gute Auditoren aus ihnen geworden.

Gleichermaßen sollte der Laie sehr genau darauf achten, wem er gestattet, die Dianetik an ihm anzuwenden. Bevor man sich dem Dianetischen Prozessing unterzieht, sollte man sich entweder an der Wand nach dem Zertifikat des Auditors umsehen und feststellen, ob es in Ordnung ist, oder das Recht einfordern, seinen Auditor in den verschiedenen Definitionen aus diesem Buch zu prüfen. Jemand, der Prozessing wünscht, sollte sich nicht in dem Glauben, dass ein Psychiater, Psychoanalytiker oder Arzt als Fachmann die Dianetik kennt, an einen Vertreter dieser Berufsgruppen wenden, um Dianetisches Prozessing zu erhalten. Nur diejenigen Psychoanalytiker, Ärzte und Psychiater, die von der Stiftung ausgebildet wurden, sind vollständig dafür qualifiziert, die ganze Reihe an Fertigkeiten, die für einen Auditor erforderlich sind, geschult zur Anwendung zu bringen.

Ist Ihr Auditor nicht offiziell von der Stiftung als qualifiziert bestätigt worden, so lassen Sie ihn Direkterinnerung, Locks und Lock-Ketten bei Ihnen auditieren, bis Sie sich völlig davon überzeugt haben, dass er weiß, was er tut.

Studiert ein Auditor dieses Buch gewissenhaft und arbeitet er sich langsam in den Gebrauch seiner Werkzeuge ein, wobei er sicherstellt, dass er eines nach dem anderen versteht, bevor er das nächste in Gebrauch nimmt, so kann er im Prozessing zu großem Können gelangen. Diese Worte der Warnung sind an diejenigen gerichtet, die sich vielleicht durch planloses Lesen dieses Buches dazu verleiten lassen, sich überstürzt in all den imponierenden Fertigkeiten auf einmal zu versuchen. Dies wäre mit dem Versuch vergleichbar, mit einem Flugzeug vom Boden abzuheben, bevor man gelernt hat, wo sich der Gashebel befindet und wie man sich in die Kurve legt. Die Dianetik ist zwar nicht so schwer zu führen wie ein Flugzeug, aber sie *ist* ein technisches Gebiet.

Mit standardgemäßem Dianetik Prozessing kann man niemanden verrückt machen. Man kann Leute ein wenig unglücklich machen. Fälle, die durch Dianetisches Prozessing verrückt gemacht worden sind, gibt es jedoch nicht. Es ist aber vorgekommen, dass in verbrecherischer Weise Techniken an Menschen angewendet wurden, die genau das Gegenteil von Dianetischem Prozessing darstellen. Mit Schmerz-Drogen-Hypnose kann jedermann eleganter und geschwinder in eine Zwangsjacke hineinbefördert werden als mit irgendetwas anderem, das der Mensch je gekannt hat. Dianetisches Prozessing hat jedoch mit dem Restimulieren oder Einpflanzen von Engrammen nichts zu tun.

Lesen Sie also, was geschrieben steht, und machen Sie sich mit der Tabelle vertraut. Wenn Sie damit fertig sind, werden Sie über Männer und Frauen und ihr Verhalten mehr wissen. Wenn Sie das Gefühl haben, Sie könnten etwas Prozessing vertragen, so kommen Sie zur Stiftung. Oder schließen

Sie sich mit jemandem, auf den Sie sich verlassen können, zu einem Team zusammen, beginnen Sie mit Direkterinnerung und Locks und studieren Sie, während Sie arbeiten. Wenn möglich, lassen Sie sich von einem Auditor überwachen, der von der Stiftung ausgebildet wurde, oder besuchen Sie einen Grundkurs oder einen professionellen Kurs. Sie können über dieses Gebiet gar nicht genug wissen.

Es wird in diesem Buch nicht versucht, dichterisch oder gelehrt zu schreiben. Ich würde mich liebend gern ein paar Jahre lang zurückziehen und etwas wunderschön Ausgefeiltes für Sie schreiben. Wir versuchen aber, unser Ziel zu erreichen, ehe uns die Atombombe zuvorkommt, und das Steuern unserer Aktivitäten erfordert einiges an Zeit. Deshalb habe ich hier einfach das aufgeschrieben, was ich über diese Tabelle weiß, und zwar so, dass Sie es – wie ich denke – verstehen werden. Dieses Buch ist um die Tabelle und nicht um die längsten Wörter im Wörterbuch herum aufgebaut. Ermöglicht wird dies durch einen gewissen Unterschied zwischen der Dianetik und einigen anderen Fachgebieten. Dort muss der Verfasser durch Kompliziertheit seinen Mangel an Verständnis seines Gebietes wettmachen, damit die Kritiker beeindruckt sind. Zum Teufel mit den Kritikern. Beginnen wir mit dem ersten Abschnitt, und volle Fahrt voraus. Es gilt, eine Welt zu gewinnen, die auf Vernunft aufgebaut ist.

L. Ron Hubbard
Januar 1951

BUCH EINS

Die dynamischen Kräfte *des* Verhaltens

Spalte A
DIE TONSKALA

Aus Funk und Wagnalls New Standard Dictionary, Ergänzungsband Nr. 5:

> ***Di/a/ne/tik:*** *Substantiv*, ein System der Analyse, Lenkung und Entfaltung menschlichen Denkens, das aus einer Reihe koordinierter Axiome entwickelt wurde und auch Wege zur Linderung einer breiten Palette geistiger Störungen und organischer Krankheiten bietet: Begriff und Lehrsätze eingeführt von L. Ron Hubbard, einem amerikanischen Ingenieur. (Griech. dianoetikos – *dia,* durch plus *nous,* Verstand oder Seele) – *Di/a/ne/tisch Adj.*

Gehen wir von der grundlegenden Vorstellung aus, dass das alleinige Grundprinzip des Daseins Überleben ist, so lassen sich die Probleme des menschlichen Verhaltens offenbar rasch lösen. Die zwischenmenschlichen Beziehungen sowie die Arbeitsweise und die Zielsetzungen der Organisationen und Gruppen des Menschen werden verständlich.

Viele Leute betrachten Wissenschaft als eine heilige Kuh. Definitionsgemäß ist Wissenschaft eigentlich nichts weiter als der systematische Aufbau von scheinbar unzusammenhängenden Tatsachen zu einem nützlichen Ganzen. Die Dianetik ist nach bestimmten grundlegenden Axiomen ausgerichtet (die in *Definitionen und Axiome* in diesem Buch zu finden sind);

sie ist ein nützliches Wissensgebäude, mit dessen Hilfe das Rätsel des Menschen und seines Verhaltens gelöst werden kann.

Die im Jahre 1930 begonnene Suche nach einer Lebensenergie wurde teilweise durch die Entdeckung des kleinsten gemeinsamen Nenners des Daseins gelöst: ÜBERLEBE!

Früher haben Wissenschaftler, die materialistisch versuchten, das Leben auf der Basis von Schlamm, chemischen Stoffen und Elektrizität zu erklären, einen groben Fehler begangen. Diese Leute vertraten die Behauptung, dass Materie und elektrische Energie, die in Raum und Zeit wirkten, sich in einer unglaublichen Sternstunde verbanden, um eine sich selbst erhaltende Einheit zu bilden, und dass dieses Etwas zufälligerweise immer weiter wuchs, bis eines Tages der Mensch auf der Bildfläche erschien. Diese kindliche Logik bricht allein schon deshalb zusammen, weil sie unwahrscheinlich ist. Sie bricht außerdem zusammen, wenn wir erkennen, dass die Evolutionstheorie, so wie sie aufgestellt ist, nur von beschränktem Nutzen ist, weil sie eigentlich so viele Löcher enthält wie eine Okarina. Der wichtigste Prüfstein für jeden angeblich „wissenschaftlichen" Mischmasch ist sein Nutzen für den Menschen. Die Theorie „vom Schlamm zum Menschen", die wirklich nur eine grobe Theorie ist, hat das Verhalten des Menschen nicht enträtselt. Diese Denkrichtungen gaben dem Menschen ultimative Waffen, wie zum Beispiel die Atombombe, haben es jedoch versäumt, dem Menschen genügend geistige Gesundheit zu vermitteln, sodass er seine eigenen Angelegenheiten regeln oder die Energieart, die durch diese Bombe frei wird, zu anderen Zwecken als zur Zerstörung von Städten einsetzen würde. Somit können wir mit allen wissenschaftlichen Theorien abschließen und sie im Grabe ruhen lassen, die nicht zu Frieden auf der Erde geführt und es nicht fertiggebracht haben, uns eine Vormachtstellung der Menschen mit gutem Willen zu geben. Natürlich gibt es eine Unmenge Leute, die dem Menschen gerne weiterhin weismachen würden, dass er im Grunde aus Schlamm besteht. Aber denen überlassen wir die Elektroschock-Maschine und die präfrontale Lobotomie – das höchste Vorgehensniveau, zu dem die Theorie vom Schlamm zum Menschen geführt hat.

Eine Untersuchung des Daseins und der innigsten Hoffnungen, an die sich der Mensch geklammert hat, zeigt uns die Möglichkeit, dass die Energie des Lebens etwas anderes als der Strom ist, der in einer elektrischen

Leitung fließt, oder die Energie, die bei der Kernspaltung ausgestrahlt wird. Man braucht sich in der Physik nicht ungeheuer auszukennen, um zu dem Schluss zu kommen, dass das Leben etwas mehr ist als eine mechanische Vorrichtung, die aus Atomen und chemischen Stoffen zusammengebastelt wurde. Zunächst einmal folgt es nur einigen Gesetzen der Elektromagnetik und der Schwerkraft und weist allerhöchstens vage Entsprechungen zu ihnen auf. Das Leben hat seine eigenen Funktionsprinzipien.

Eine weitere Untersuchung des Lebens zeigt, dass es ohne Zweifel teilweise aus Materie besteht und dass es in Raum und Zeit existiert. Dies ist völlig gewiss, denn ein toter Organismus zerfällt zu Staub. Offensichtlich ist von dem Moment an, in dem der Organismus vollständig gestorben ist, etwas nicht mehr Teil dieses Organismus. Dieses „Etwas" ist unterschiedlich benannt worden, z. B. als die menschliche Seele, der Geist, die Lebenskraft. Bergson nannte es *Elan vital.*

Der Wissenschaftler, der sich beständig mit Maschinen und chemischen Reaktionen beschäftigt, betrachtet einen Lebensorganismus seit einigen Jahrzehnten als Sauerstoff-Kohlenstoff-Motor, als Maschine, die auf der Basis von Wärmeenergie arbeitet und in ihrer Arbeitsweise einer Dampflokomotive nicht unähnlich ist. Er tat die unberechenbaren Variablen, die diese Betrachtungsweise in jeden Versuch einführt, das Leben und die Lebensvorgänge zu enträtseln, durch die weit gefasste Behauptung ab, dass das Leben einfach komplizierter sei als von Menschen gebaute Maschinen, aber eigentlich nichts als eine weitere Maschine sei. Eine „Zu-kompliziert"-Denkrichtung, die sich als Wissenschaft ausgab, machte sich dieses Argument zu eigen. Sie sah, dass es jede wirkliche Erklärung (oder jeden Grund für eine Erklärung) verdunkelte, und brachte die Aussage auf, der menschliche Verstand sei, als Teil einer für die Biologie und Biochemie zu komplizierten Maschine, natürlich zu kompliziert, als dass man ihn verstehen könnte, da er Teil eines zu komplizierten Organismus sei. Es ist spürbar, wie dieses Manöver, „die Probleme des menschlichen Verstandes beiseitezuschieben", dieses Manöver nach dem defätistischen Prinzip, dass das Problem nicht gelöst werden könne, „Therapien" eingeführt hat, die ebenfalls „zu kompliziert" waren. Man musste vier bis zwölf Jahre investieren, um auch nur eine Ahnung von diesen Therapien zu bekommen. Und alle verfügbaren, sorgfältig zusammengestellten Beweise zeigen, dass sie nicht funktionieren, dass die Probleme der Kriminalität, der Geisteskrankheit und des Krieges mit diesen Systemen der „Therapie" noch immer vorhanden und bei weitem nicht unter Kontrolle sind. Diese Denkrichtung, dass das Leben und die Arbeitsweise des menschlichen Verstandes zu kompliziert seien, erweckt in uns das Bild einer Gruppe von Teufelsaustreibern, die vor einigen Jahrhunderten durch das von der Pest geplagte London hasteten und jedermann sagten, sie hätten die Lösung für die Pest, während einige Hunderttausende von Engländern am Schwarzen Tod starben. In den Vereinigten Staaten allein gibt es 19 Millionen Geisteskranke; Nationen werden von Wahnsinnigen mit Eroberungsplänen beherrscht. Doch die Zu-kompliziert-Denkrichtung hetzt herum und verschafft sich gute Presse darüber, wie großartig sie ihre Sache macht, während sämtliche Beweise entschieden dagegensprechen.

Suchen wir uns eine einfachere Lösung, eine, bei der man nicht zwölf Jahre Ausbildung und Übung braucht, um sie zu erlernen, und die uns eine Therapie sowie, was noch wichtiger ist, ein Verstehen des Lebens, des Menschen und der Arbeitsweise des menschlichen Verstandes liefern wird, ein Verstehen, welches das Problem der 19 Millionen Geisteskranken, unserer Millionen von Verbrechern und des internationalen Wahnsinns lösen kann.

Den ersten Anhaltspunkt für diese Lösung finden wir darin, die Lebenskraft, den Elan vital oder was auch immer man dazu sagen soll, als eine Energie zu betrachten, die sich von Elektronen, Molekülen und Schlamm unterscheidet. Hat man einmal die Gesetze dieser „Energie" herauskristallisiert und formuliert, so stellt man fest, dass sie mit den Gesetzen des physikalischen Universums zwar vergleichbar sind, sich aber doch von ihnen unterscheiden.

Bezeichnen wir diese Lebensenergie mit einem Symbol, um sie zu kennzeichnen. Wir werden ihr den griechischen Buchstaben *theta* (θ) zuweisen und sie als eine Energie auszeichnen, die vom physikalischen Universum, wie wir es kennen, gesondert und verschieden existiert.

Das physikalische Universum ist das Universum von Materie, Energie, Raum und Zeit. Es ist das Universum der Planeten, ihrer Felsen, Flüsse und Ozeane, das Universum der Sterne und Galaxien, das Universum brennender Sonnen und der Zeit. In diesem Universum schließen wir Theta nicht als einen eigentlichen Bestandteil ein, obwohl Theta offensichtlich als Leben auf es einwirkt. Aus den Anfangsbuchstaben der Wörter Materie (engl.: matter), Energie (energy), Raum (space) und Zeit (time) können wir ein neues Wort zusammensetzen: *Mest.*

In der Dianetik befassen wir uns also mit Theta und Mest. Theta ist Gedankliches, Lebenskraft, Elan vital, der Geist, die Seele oder sonst eine der zahlreichen Erklärungen, die es seit einigen tausend Jahren dafür gegeben hat.

Sobald wir diese beiden Entitäten auseinanderhalten, löst sich eine Unzahl von bisher sehr komplizierten Problemen in Einfachheit auf. Wir könnten sagen, dass Theta aus dem Universum von Theta kommt, welches sich vom Mest-Universum unterscheidet. Theta hat seine eigene Materie: Ideen. Es hat seine eigene Energie und die Merkmale dieser Energie. Es hat seinen eigenen Wirkungsbereich, der sich vom Mest-Raum unterscheidet. Und es hat seine eigene Zeit.

Es gibt eine enorme Menge an Nachweisen, die Theta als Grundannahme unterstützen. Soweit entdeckt werden kann, geschieht Denken im Mest-Universum augenblicklich. Der Energiefluss entlang den Nerven in einem Organismus bewegt sich nicht mit Lichtgeschwindigkeit. Die Zeit und die Vergangenheit des Mest-Universums gibt es für Theta nicht.

Beobachtet man Theta, so stellt man fest, dass Theta als einzige der beobachtbaren Energien Mest-Materie und -Energie durch Raum und Zeit hindurch motiviert und aktiviert. Außerdem stellt es Berechnungen an, überlegt, lernt und behält, was es lernt. Würde der Mensch mit Hilfe der Elektronik einen Computer bauen, der auch nur einen Teil dessen leistete, was der menschliche Verstand leisten kann, so müsste er dazu so viel Elektrizität verwenden, dass man New York damit beleuchten könnte, so große Kühlsysteme, dass vergleichsweise die Niagarafälle aufgebraucht würden, und so viele Vakuumröhren, dass sie (bei einem Stückpreis von einem Cent) insgesamt eine Million Dollar kosten würden. Und der so zusammengebaute Apparat würde angesichts der jetzigen Lebensdauer der Röhren nur den Bruchteil einer Sekunde in Betrieb bleiben, weil dann die Röhren ersetzt werden müssten. Der menschliche Verstand leistet mehr als eine solche schwerfällige Maschine, macht es besser, hält ein Leben lang und ist obendrein auch noch tragbar.

Ein Student der Dianetik braucht über all dies nur Folgendes zu wissen und zu verstehen:

Theta plus Mest ist gleich *Leben.*

Theta und Mest haben eine natürliche Affinität zueinander und *verbinden* sich, wobei sie die beiden Universen sozusagen miteinander verknüpfen.

Kommen Theta und Mest zu heftig zusammen, so geraten sie in ein Durcheinander, das wir *Schmerz* nennen.

Aus der Turbulenz von Theta und Mest unter der Belastung eines zu starken Aufpralls erhalten wir eine *Tonskala.*

Theta, das zu stark in Mest hineingepresst wird, wird zu *Entheta.* Mest, auf das Entheta einwirkt, wird zu *EnMest.* Entheta ist einfach ein zusammengesetztes Wort und bedeutet *en*turbuliertes *Theta.* Und EnMest ist ein weiteres Wort und bedeutet *en*turbuliertes *Mest.*

Nehmen wir an, dass Theta in seinem Urzustand reine Vernunft oder zumindest reine potenzielle Vernunft ist. Nehmen wir an, dass Mest in seinem Urzustand einfach das chaotische physikalische Universum ist, mit seinen chemischen Stoffen und Energien, die in Raum und Zeit wirken.

Der Daseinszyklus für Theta besteht darin, sich desorganisiert und schmerzhaft in Mest hineinzuschmettern und sich dann mit einer Kenntnis einiger der Gesetze von Mest zurückzuziehen, wiederzukehren und sich erneut in Mest hineinzuschmettern.

Man könnte davon ausgehen, dass Mest sich unter dem Ansturm von Theta befindet. Die Eroberung des physikalischen Universums könnte als eine der Missionen von Theta betrachtet werden und was Mest anbelangt, als seine einzige Mission. Mest steht unter Sturmangriff. Theta stürmt an.

Theta überlebt, indem es Mest erobert und das Eroberte behält. Theta mag zahlreiche andere Methoden des Überlebens haben, die sich aber auf dieses physikalische Universum hier, in dem wir uns befinden, nicht anwenden lassen.

Auf dieses Universum bezogen hängt das Überleben von Theta davon ab, dass es Mest verändert und Mest organisiert.

Leben ist eine Erscheinungsform von MEST, das von Theta erobert wurde. Theta hat bestimmte chemische MEST-Stoffe und -Energien erobert und sehr kompliziert zu Lebensformen organisiert. Diese Formen sind sehr mannigfaltig. Sie erstrecken sich von den niedrigsten Ordnungen, wie Flechten und Moos, über das ganze Pflanzenreich, durch das Tierreich und bis hinauf zum Menschen. Jede Form entwickelte sich aus dem ursprünglichen Aufprall von Theta gegen MEST. Und jede Form auf einer höheren Stufe wird von Formen auf niederer Stufe getragen.

Ohne die Flechten und das Moos, die den Boden bilden, könnte kein pflanzliches Leben gedeihen. Ohne pflanzliches Leben, das Sonnenlicht und chemische Stoffe in Zellnahrung umwandelt, könnten keine Tiere leben. Ohne die Reihe der Lebensformen unter ihm könnte der Mensch sich als intelligenter Organismus nicht erhalten. In niedrigeren Formen wäre Intelligenz mehr oder weniger vergeudet. Die Evolution von niedrigeren Formen zu höheren Formen erfolgt in der Gegenwart, ganz und gar in der Gegenwart. Verfolgt man die Evolution am zeitlichen Ablauf zurück, so verfolgt man sie anhand des MEST, das verblieb, nachdem das Theta durch dieses MEST hindurchgegangen war.

In der Tier- und Pflanzenwelt besitzt der Mensch als einziges Wesen die potenzielle Macht, MEST in riesenhaften Dimensionen in etwas umzuwandeln, das Theta gebrauchen kann. Der Mensch kann mit Hilfe von Baggern und Dynamit Berge versetzen und vielleicht – wer weiß? – eine Galaxis erobern. Theta entwickelt sich somit zu immer höherer Vernunft und immer größerer Fähigkeit, das physikalische Universum (MEST) zu erobern und zu verändern.

Gehen wir vom Zyklus der Neuerschaffung, des Wachstums und Verfalls aus, sowie von der Grundannahme, dass Theta MEST erobert, indem es zunächst massiv in MEST hineinstößt, etwas darüber lernt und sich dann zurückzieht, um mit dem, was es gelernt hat, wiederzukehren, so können wir sehen, dass Theta lernt, indem es, in einem endlosen Vorgang, enturbuliert wird und sich dann wieder befreit. Dies ist den Menschen schon lange bekannt – „aus Schaden wird man klug“ heißt es. Dies wäre eine einfache Formulierung dafür, dass Theta auf schmerzhafte Weise mit MEST vermengt wird und sich zurückzieht, um für eine geordnete Eroberung wiederzukehren.

Wenn das der Zyklus ist (und diese Annahme löst Probleme, die nie zuvor gelöst wurden), so wird ersichtlich, dass Theta einen Rückzugsmechanismus haben müsste. Und den hat es auch. Der Tod ist dieser Mechanismus. Theta und MEST ziehen einander an, aber wenn sie schmerzhaft durcheinandergebracht werden, so werden sie zu Entheta und EnMEST. Entheta stößt MEST ab. EnMEST stößt Theta ab. Theta verbindet sich mit Theta oder MEST. MEST verbindet sich mit Theta oder MEST.

Hier haben wir einen Vorgang, der einer chemischen Reaktion nicht unähnlich ist. Zwei chemische Stoffe bleiben ganz friedlich beieinander, bis sie durchgerührt werden. Rührt man sie durch, so fliegen sie auseinander. Oder wir könnten dies mit dem Merkmal einiger Energien vergleichen, die einander abstoßen, wenn ihre Wellenlängen geändert werden. Dies ist Tod. Theta und MEST werden zu stark enturbuliert und der Organismus stirbt, wobei das verbleibende Theta den MEST-Körper abstößt und der MEST-Körper das Theta abstößt.

An dieser Grundannahme ist nichts besonders Kompliziertes, obwohl sie eine große Anzahl von Problemen löst. Man könnte sagen, dass der Körper, wenn das Leben zu schmerzhaft wird, krank wird und verfällt und die Seele entweicht.

Seit undenklichen Zeiten neigt der Mensch zu einem Glauben an freies Theta. Als die Wissenschaft versuchte, der menschlichen Seele durch logarithmischen Erlass den Garaus zu machen und sie abzuschaffen, machte sie sich sehr unbeliebt.

Wir brauchen jedoch keine menschliche Seele, um die Trennung von Theta und MEST, die als Tod bezeichnet wird, zu erklären, wenn sich auch immer mehr Beweise ansammeln – und zwar gute Beweise von höchst wissenschaftlicher Art, auf einer viel praktischeren Ebene als der der Parapsychologie –, dass die menschliche Seele tatsächlich existiert.* Kürzlich zeigte eine Reihe von gut ausgeführten Experimenten an einer größeren Universität, dass lebende Organismen ein Energiefeld um sich herum haben, das aus einer punktuellen Quelle stammt. Wenn die Energie, wie es eine frühere Theorie besagte, allein von den Zellen ausgestrahlt würde, so hätte

*Ein sehr hochstehender Mann in der katholischen Kirche sagte einmal zu mir: „Junger Mann, wenn Sie nicht ungeheuer aufpassen, werden Sie am Ende noch Kontakt mit der menschlichen Seele selbst herstellen und sie in Erg und Dyn messen."

sich ein völlig anderes Bild ergeben. Man könnte somit die Grundannahme festlegen, dass es freies Theta tatsächlich gibt. Die übliche genetische Linie aus Generationen, die Generationen ähnlicher Organismen zeugen, macht die Passage von Theta durch Generationen hindurch in anerkannten biologischen Begriffen verständlich.

Es scheint unausweichlich, während Theta Mest eroberte und es zu höheren und komplexeren Organismen aufbaute, dass das Problem, enturbuliertes Theta und Mest für die nächste Generation zu trennen, schließlich auf verstandesmäßiger Ebene und innerhalb einer einzigen Generation gelöst werden würde – dass Theta das Problem bewältigen würde, sich innerhalb des Organismus selbst wieder zu beruhigen. Genau das ist, kurz geschildert, die Dianetik.

Die völlige Besiegung des Todes ist nicht gänzlich wünschenswert. Die Evolution ist so angelegt, immer bessere und überlebensfähigere Organismen hervorzubringen. Ohne den Tod würde der ganze vorhandene irdische Raum bald von Leben überquellen, das nicht erhalten werden könnte. Für den Tod gibt es keine Ferien. Aber das Leben kann, zumindest für die Spezies Mensch, viel wirkungsvoller sein.

Der Zyklus der Empfängnis, des Wachstums, Verfalls und Todes wäre, entsprechend unserer Theta-Mest-Grundannahme, der Zyklus des Lernens durch Vergnügen und Schmerz; durch diesen Zyklus wird der Organismus höher entwickelt, sodass die neue Generation, die er zeugt, besser mit der Umwelt fertigwerden und Mest besser erobern kann als die ältere Generation. In einem Leben sammelt sich viel Schmerz an. Die Zellen werden durch wiederholten gewaltsamen Kontakt mit Mest, z. B. bei Unfällen oder durch den Zusammenprall mit anderen Lebensformen, Schmerz ausgesetzt. Jedes Mal, wenn der Organismus in seinen Bemühungen, durch eine Eroberung von Mest seine Überlebensziele zu erfüllen, eine Niederlage erleidet, ist der ganze Organismus als Organismus Schmerz ausgesetzt. Durch Schmerz erlernen die Zellen neue Methoden des Aufbaus, um besser überleben zu können. Aus dem Schmerz des Organismus lernt der Organismus neue Fertigkeiten und Methoden des Überlebens.

Der Haken an der Sache war, dass ein Organismus, sobald er Schmerz unterworfen wurde, etwas Wissen, aber auch etwas Entheta und EnMest ansammelte. Wenn er so viel angesammelt hatte, dass er höchst wirkungslos war, so starb er und überließ es der nächsten Generation, weiterzumachen. Für einen Menschen ist dies nicht zweckmäßig. Es ist nichts verkehrt daran, dass er durch Schmerz und Vergnügen lernt, was am Dasein schlecht und was gut ist. Aber es ist eine Menge verkehrt damit, dass er ein Übermaß an Entheta und EnMest mit sich herumtragen muss, die Wissen vor ihm verbergen und seine Fähigkeit vermindern, seine Rolle angemessen zu erfüllen.

Von einer hohen Lebensform könnte man unausweichlich erwarten, dass sie dieses Entheta-EnMest-Problem ohne einen dazwischenliegenden Todeszyklus löst.

Die Turbulenz von EnMest und Entheta wird in der Dianetik als *Engramm* bezeichnet. Ein Engramm ist ein Zeitbereich, in dem Theta und Mest heftig zusammengekommen sind und sich „dauerhaft" miteinander vermengt haben.

Ein kleiner Junge fällt hin und schlägt mit dem Kopf auf. Einen Augenblick lang ist er bewusstlos. Sobald er wieder aufsteht, mag er glauben, dass er sich an alles, was ihm geschehen ist, vollständig erinnern kann. Es gibt jedoch einen Augenblick, der von seinem Bewusstsein abgesperrt ist. Dieser Augenblick enthält einen turbulenten Bereich von Entheta und EnMest. Ein winziger Teil seines Thetas und ein kleiner Teil von Mest sind Teil seines vernunftwidrigen Verstandes geworden. Dieser Augenblick ist ein Engramm.

Es gibt für unsere Zwecke zwei Arten von Verstand. Der eine ist der *analytische Verstand*. Der andere ist der *reaktive Verstand*.

Der analytische Verstand ist jener Verstand, in dem Theta den Organismus koordiniert und für ihn überlegt. Der reaktive Verstand ist derjenige Verstand, in dem Theta und Mest enturbuliert worden sind. Der analytische Verstand arbeitet mittels Vernunft, der reaktive Verstand arbeitet mittels Reaktion.

Der reaktive Verstand, der anders gepolt ist als der analytische Verstand, besitzt die Fähigkeit, den Organismus zu bestimmten Handlungen des Organismus zu zwingen oder ihn daran zu hindern. Bei niedrigeren Formen der Tierwelt ist dies die Hauptdenkmethode.

Der reaktive Verstand wurde früher einmal als der „unbewusste" Verstand bezeichnet. Er ist ein zäher, robuster Verstand, der in jedem Augenblick des Lebens wachsam ist, ungeachtet des Vorhandenseins von Schmerz, und der alles idiotisch getreu aufzeichnet. Er speichert das Entheta und EnMest eines Unfalls mit sämtlichen *Wahrnehmungseindrücken* (Sinnesbotschaften), die während der unfallbedingten „Bewusstlosigkeit" vorhanden waren.

Somit weiß der kleine Junge, der mit dem Kopf auf einen Stein aufschlug, analytisch vielleicht, dass er hinfiel und mit dem Kopf aufschlug, aber mit seinem reaktiven Verstand „weiß“ er es besser. Nehmen wir an, dass in dem Unfall Staubgeruch vorhanden war; der reaktive Verstand hat den Wahrnehmungseindruck des Staubgeruchs aufgezeichnet. Eines Tages ergibt es sich, dass dieser Junge gerade müde ist und genau den gleichen Geruch riecht. Er wird ein wenig nervös. Das ist der reaktive Verstand, der ihm sagt, dass er reagieren und „sich aus dem Staub machen soll“, denn, „wenn dieser Geruch vorhanden ist, bekommt man einen Schlag auf den Kopf“. Das ist zwar nicht logisch, aber genau so arbeitet der reaktive Verstand. Verlässt der Junge diese Stelle und den Staubgeruch nicht, so schaltet der reaktive Verstand den Schmerz ein, um ihn zum Fortgehen zu zwingen. Schließlich lernt der Junge, den Geruch von Staub zu meiden, denn, wenn er müde ist, bereitet dieser Geruch ihm Kopfschmerzen. Er hat den Geruch von Staub nicht gern, weil der Geruch von Staub für den reaktiven Verstand dasselbe ist wie ein Schlag auf den Kopf.

Mit einem analytischen Verstand kann der Organismus komplexe Gedanken denken und ist sich bewusst, dass er lebt. Mit dem reaktiven Verstand reagiert er in Übereinstimmung mit Daten, die er während der höchsten Überlebensbedrohung – Bewusstlosigkeit – aufgenommen hat.

Solange der reaktive Verstand in Organismen arbeitete, die keine Sprache entwickelt hatten, war der Mechanismus sehr brauchbar. Wenn ein Tier verletzt wurde, nahm sein reaktiver Verstand alle Wahrnehmungseindrücke, die mit dieser Verletzung zusammenhingen, in sich auf – Geräusche, Gerüche, Tastempfindungen, Sehwahrnehmungen –, und jedes Mal, wenn diese in der Umgebung des Tieres auftauchten, veranlasste sein Verstand es dazu, zu fliehen oder zu kämpfen. Somit wurde das Tier durch frühere Augenblicke von Schmerz geschützt. Es handelt sich um eine Art Pauschalmethode von gründlicher Wirksamkeit, die dem Tier zwar manchmal Vergnügen vorenthielt, es aber zumindest in einer Umgebung am Leben erhielt, in der es auf „Zähne und Klauen“ ankam. Als der Mensch seinen analytischen Verstand auf ein so hohes Arbeitsniveau entwickelte, dass er Sprache brauchte, begannen die Schwierigkeiten. Denn der reaktive Verstand kann auch Wörter enthalten. Wörter, die jemand während Augenblicken der Bewusstlosigkeit hört, z. B. Wörter, die während Operationen oder in der Nähe einer sehr kranken oder schwer verletzten Person gesprochen werden, werden zusammen mit dem damit einhergehenden Schmerz getreu aufgezeichnet. Gleich hypnotischen Suggestionen können diese Aufzeichnungen durch ein ähnliches Wort oder eine ähnliche Umgebung ins Spiel gebracht werden und verursachen, dass sich die Person so verhält, als ob Gefahr vorhanden sei. Werden diese früheren Augenblicke von körperlichem Schmerz und Bewusstlosigkeit durch die Umgebung restimuliert, so zwingen sie die Person zum Gehorsam.

Engramme, diese Augenblicke von Schmerz und Bewusstlosigkeit, die im reaktiven Verstand gespeichert sind, verhalten sich wie verborgene Kommandostellen im Verstand, die den Menschen in Denkschemata und Verhaltensmuster hineinpressen, die nach einer vernünftigen Einschätzung der Situation gar nicht erforderlich sind. Doch das Engramm ist nicht vernünftig. Es ist einfach eine Aufzeichnung, deren einziger Zweck darin besteht, das Individuum durch vermutete, gewöhnlich aber nicht vorhandene Gefahren hindurchzusteuern.

Vor der Dianetik hatte man das Engramm nicht vermutet, denn es war als Entität gut verborgen. Das Wort *Engramm* ist ein altes, aus der Biologie entlehntes Wort. Es bedeutet einfach „eine bleibende Erinnerungsspur an einer Zelle". Es mag auf mehr als nur der Zelle eingeprägt sein. Doch Dianetischem Prozessing hält es nicht sehr lange stand.

Hier haben wir also ein Stück Entheta – EnMest: das Engramm. Wenn Mest und Theta zu heftig zusammenkommen, wie bei einem Aufprall oder bei einer Verletzung, oder durch Krankheit enturbuliert werden, so werden sie im reaktiven Verstand gespeichert und von dort enturbulieren sie auf mechanische Weise das Theta des analytischen Verstandes, sodass es zwanghafte oder besessene Handlungen durchführt, oder enturbulieren das Mest des Körpers, sodass Schmerzen, Missbildungen oder psychosomatische Krankheiten (*chronische Somatiken,* wie sie in der Dianetik genannt werden) entstehen.

Sammelt sich genügend Entheta im reaktiven Verstand an, so wird der analytische Verstand aberriert genug, um Selbstmord zu begehen oder überlebensfeindliche Handlungen zu unternehmen, sodass der Organismus aus der Welt der Organismen entfernt wird und eine andere Generation die Arbeit aufnehmen kann. Und sammelt sich im reaktiven Verstand genügend EnMest an, so wird das Mest des Körpers derart enturbuliert werden, dass Schmerzen und Krankheiten entstehen, die den Organismus töten und somit demselben Zweck dienen werden.

Dies also bildet die Grundannahme, von der wir bei unserer Arbeit in der Dianetik ausgehen. Es ist eine brauchbare Grundannahme, weil ihre Anwendung zu sehr vorteilhaften Ergebnissen führt. Der geistig relativ Gesunde wird geistig gesünder. Die psychosomatisch Kranken werden gesund. Die Unglücklichen werden fähig, Vergnügen zu erreichen und ein glückliches Leben zu führen. Und wir haben eine Chance, genügend geistige Gesundheit unter den Menschen zu schaffen, um dem Massenmord des Krieges ein Ende zu setzen. Wir können die gewöhnlichen Verhaltensprobleme lösen und eine bessere Organisation aufbauen.

Jemand, der es in Angriff nimmt, einen anderen mit der Dianetik zu auditieren, strebt lediglich danach, die *Tonstufe* dieses anderen zu erhöhen – mit anderen Worten, sein *Überlebenspotenzial* zu steigern. Zu diesem Zweck gewinnt der Auditor einfach das Theta für den anderen wieder, das im reaktiven Verstand als Entheta gebunden ist. Das Theta wird dem analytischen Verstand wieder zugeführt, der reaktive Verstand ist seiner zerstörerischen Turbulenzsammlung beraubt und die Person, die auditiert wird, wird zum *Dianetik Release* oder *Clear.*

Spalte A auf der Tabelle ist als Tonskala abgestuft. Eigentlich hat diese Skala noch viel mehr Höhen und Stufen als die, welche wir jetzt messen und verwenden können. Wir haben gegenwärtig keine Möglichkeit zu wissen, wie hoch sie wirklich reicht. Für unsere Zwecke wird sie hier zwischen den Stufen –3 und 4,0 in Gebrauch genommen.

Bei –3 haben wir einfach Mest, einen toten Körper in einem beliebigen Zustand des Zerfalls. Es unterscheidet sich von anderem Mest nur insofern, als es von Theta zu neuen chemischen Stoffen und Verbindungen organisiert wurde. Denn Mest wird von Theta zu neuen, komplizierten Zusammensetzungen entwickelt, ebenso wie Organismen von Theta entwickelt werden.

Bei –1, eine kurze Zeit nach dem Tod, haben wir lebende Körperzellen. Nach Aussage einiger Forscher leben manche dieser Zellen bis zu einem Jahr nach dem Tod des Organismus weiter. Jedenfalls liegt hier im Unterschied zum Leben des Organismus der Bereich zellularen Lebens.

Bei 0,0 haben wir den Tod, in dem Augenblick, da sich das Theta vom Organismus zurückzieht.

Von 0,0 bis 2,0 erstreckt sich der Aktionsbereich des reaktiven Verstandes. Zwischen diesen Punkten auf der Tonskala übt der reaktive Verstand die Herrschaft über den Organismus aus. In diesem Bandbereich steuert der reaktive Verstand den Organismus gemäß gespeicherten Engrammen und dem analytischen Gegenstück zum Engramm, dem *Lock*.

Von 2,0 bis 4,0 erstreckt sich der Aktionsbereich des analytischen Verstandes.

Oberhalb von 4,0 könnten wir andere Verstandesebenen annehmen, z. B. den *ästhetischen Verstand*, weiter andere Verstandesarten bis zum *Verstand des freien Thetas*, falls es solche Dinge gibt.

Diese Tonskala zeigt das jeweilige Überlebensniveau des Organismus. Sie zeigt auch das Überlebenspotenzial, was die Langlebigkeit des Organismus betrifft (falls nicht durch Prozessing darauf Einfluss genommen wird, natürlich).

Je höher sich jemand auf der Tonskala befindet, umso größer ist seine Chance, sich eine Existenzgrundlage zu sichern, umso glücklicher ist er und umso gesünder wird sein Körper sein.

Tatsächlich steigt und fällt der Mensch auf dieser Skala stündlich und täglich. Erhält er gute Neuigkeiten, so steigt er vielleicht momentan auf Tonstufe 3,0. Erhält er schlechte Nachrichten, so mag er einen Moment lang auf Tonstufe 1,0 absinken. Er verliebt sich und einen Monat lang befindet er sich auf Stufe 3,5. Seine Freundin verlässt ihn, und eine Woche lang ist er auf Tonstufe 0,5. Wenn er sehr jung ist, bewegt er sich um Tonstufe 3,5 herum. Während er älter wird, sinkt er langsam auf die Tonstufe 2,5 ab. Als alter Mann mag er, langsam oder schnell, bis zu 0,0 und Tod absinken.

Wir sind hauptsächlich an der durchschnittlichen Stufe des Individuums während derjenigen Zeit seines Lebens interessiert, in der wir mit ihm im Prozessing zu tun haben. Der Durchschnitt ist recht konstant. Man kann die durchschnittliche Position eines Menschen auf der Tabelle einschätzen, indem man die anderen Spalten prüft. Jemand mag sich also durchschnittlich bei 2,7 auf der Tonskala befinden und gelegentlich 3,5 erreichen, bei anderen Gelegenheiten wiederum, jedoch nur für kurze Zeit, auf 0,5 absinken.

Die konstante Position auf der Tonskala wird durch drei Faktoren bestimmt. Der erste Faktor ist das *Entheta*, das sich bei jemandem *angesammelt* hat – wie viel von seinem Theta in Engrammen und analytischen Locks enturbuliert ist und daher gegen ihn zurückschlägt, indem es ihn zu überlebensfeindlichen Handlungen zwingt oder ihn in Umgebungen, die eingebildete Gefahren enthalten, unter Zwang setzt oder hemmt.

Der zweite Faktor ist die *Menge an Theta*, das die Person als Lebenskraft hat. Dies wäre ihr Theta-Ausmaß. Es ist die dritte Dimension auf der Tabelle. Nackte Angst ist Furcht in sehr großem Ausmaß. Der eine Mensch hat ein größeres Theta-Ausmaß als ein anderer und kann somit mehr Enturbulierung, mehr Engramme bei sich verkraften. Jemand mag so wenig angeborenes Theta haben, dass ein halbes Dutzend Engramme es ganz und gar in Entheta umwandeln und ihn geisteskrank machen werden. Ein anderer mag so viel Theta haben, dass er mit Tausenden von Engrammen noch immer genügend wirkliches Theta hat, um weiterhin ein produktives Leben im Bereich oberhalb von 2,0 führen zu können.

Der dritte Faktor ist das *Verhältnis zwischen dem analytischen und dem reaktiven Verstand.* Jemand mag eine reaktive Stufe von 1,0 und eine analytische Stufe von 3,5 haben. Das Ergebnis ist, dass er versteckt feindselig sein mag, wenn er sich in einer restimulierenden Umgebung befindet. In einer günstigeren Umgebung mag er aber vielleicht analytisch sehr produktiv sein. Diese beiden Verstandesarten ergeben eine durchschnittliche Konstante.

Die Person, die Prozessing durchführt (in der Dianetik *Auditor* genannt) muss über diese Tonskala nichts weiter wissen, als dass sie zeigt, wie hoch der prozentuale Anteil an Theta bei einem Fall ist, das durch Engramme und Locks chronisch zu Entheta geworden ist.

Um jemanden auf dieser Tonskala nach oben zu bringen, muss man lediglich Theta aus Entheta zurückgewinnen oder Entheta in Theta umwandeln – mit anderen Worten, die Aufspeicherungen von Turbulenz aus jemandes Leben entfernen oder dafür sorgen, dass sie nicht mehr restimuliert sind.

Ein Auditor versucht nicht, irgendetwas zu heilen. Er hebt einfach die Tonstufe an. Als Nebenerscheinung zu einer steigenden Tonstufe verschwinden häufig psychosomatische Krankheiten und Aberrationen lösen sich auf. Aber dies geschieht so nebenher. Die Aufgabe besteht darin, einen Menschen glücklicher und wirkungsvoller zu machen sowie seine Fähigkeit zu erhöhen, Verantwortung zu übernehmen und seinen Mitmenschen zu helfen. Dass die Person, die auditiert wird, in dem betreffenden Zeitraum „gesund" wird und auch „gesund" bleibt, ist eine erfreuliche Zugabe.

Alles, was die Tonstufe einer Person erhöht, kann als legitimes Prozessing angesehen werden. Zusätzlich zum eigentlichen Prozessing umfasst dies natürlich auch Ernährung, Umgebung und Bildung. Die Tonstufe einer Person mag einfach schon dadurch erhöht werden, dass man mit ihr in einen Film geht, den sie sehen will. Auditing erzielt eine dauerhafte Erhöhung der Tonstufe. Falls es irgendwo verboten ist, Menschen zu auditieren, so muss es folglich auch verboten sein, Menschen glücklich zu machen. Und wenn es Gesetze dagegen gibt, Menschen glücklich zu machen, dann sollte jemand die betreffende Regierung besser stürzen, und zwar rasch. Denn es handelt sich um eine dem Tod geweihte Regierung, so voller Entheta, dass sie zum Untergang des Staates und derjenigen darin führen wird.

Spalte B
Dianetische Einschätzung

Die Ziele des Dianetischen Prozessings bilden eine abgestufte Skala. Tatsächlich ist diese Skala gleichzeitig die Skala geistiger Gesundheit, denn es besteht eine Parallele zwischen der Menge an Lebenskraft (Theta), die jemand für sein Überleben zur Verfügung hat, und dem Ausmaß an geistiger Gesundheit, das er an den Tag legt. Durch die Turbulenz dieser Lebenskraft vermindert sich nicht nur seine geistige Gesundheit, sondern auch sein Überlebensniveau. Seine Lebenserwartung ist auch proportional zu seinem körperlichen Wohlbefinden (Abwesenheit von Faktoren, die ihn für Krankheit anfällig machen) und seinem geistigen Wohlbefinden.

Mit anderen Worten, Dianetisches Prozessing befasst sich unmittelbar damit, die Überlebensfähigkeit des Individuums und seine geistige Gesundheit oder Fähigkeit, seine Vernunft zu gebrauchen, zu steigern sowie seine körperliche Tüchtigkeit und allgemeine Lebensfreude zu erhöhen.

Wenn wir uns diese Skala anschauen, so haben wir damit gleichzeitig die emotionalen Tonstufen des Einzelnen vor uns, während er ein Engramm reduziert. Es besteht eine sehr direkte Beziehung zwischen dieser Skala und der natürlichen Verhaltensweise. Wenn jemand im Prozessing ein Engramm reduziert, so findet er es vielleicht auf der Tonstufe *Apathie* vor.

Während er es zum zweiten oder dritten Mal erzählt, wird man sehen, dass er den Personen in dem Engramm gegenüber *feindselig* eingestellt ist, diese Feindseligkeit aber nicht zum Ausdruck bringt. Dann beginnt er, auf die Personen, die ihm das angetan haben, *wütend* zu werden. Die Wut verraucht und macht *Antagonismus* Platz. Danach beginnt ihn die ganze Sache zu *langweilen*. Nach weiterem Wiedererzählen gelangt die Person in eine *fröhliche* Stimmung diesbezüglich. Und schließlich *lacht* sie einfach darüber. Es war diese Reihenfolge des Verhaltens, die bei der Reduzierung eines Engramms durch das Prozessing auftrat, welche uns den Anhaltspunkt für das Vorhandensein dieser Punkte auf der Tonskala lieferte.

Zuoberst auf der Tabelle befinden sich mögliche Stufen des Wohlbefindens, die wir noch nicht erforscht haben und die sich, obwohl wir Hoffnungen hegen, gegenwärtig nicht erreichen lassen. Unsere Technologie reicht nicht so weit, wie das Individuum, gemäß logischen Folgerungen und Beobachtungen, vielleicht gehen kann. In diesem Bereich von 4,0 bis 40,0 auf der Tonskala liegen viele mögliche Seinszustände. Was ist das *Theta-Wesen?* In welchem Maße kann der Mensch Spiritualität erreichen? Wie lassen sich vollständige Theta-Wahrnehmungseindrücke am besten freilegen, falls es sie tatsächlich gibt? Dies sind einige Fragen. Es mag vielleicht die Technologie entwickelt werden, die es dem Menschen ermöglichen wird, einen höheren Zustand zu erreichen, als bisher mit unseren heutigen Techniken des Dianetischen Prozessings erreicht werden kann.

Der höchste Punkt, den wir mit Dianetischem Prozessing zum jetzigen Zeitpunkt erreichen können, ist das, was hier als *MEST-Clear* bezeichnet wird. Es gibt wahrscheinlich mehrere Arten von Clears und mehrere Zustände des Clear-Seins. Ein MEST-Clear wäre ein Individuum, das keine Engramme oder Locks mehr hat, da diese durch das Dianetische Prozessing ausgelöscht worden sind. Indem bei einer Person alle Engramme und Locks ausgelöscht werden, stellt man ihr den vollständigen Spielraum ihrer Theta-Veranlagung wieder her. Die Menge an Theta, die sie vorrätig hat, mag sich durch andere Mittel steigern lassen oder auch nicht. Das wäre etwas, wofür oberhalb dieser Stufe auf der Tonskala eine Lösung zu suchen ist.

Ein Clear in der Dianetik ist also einfach jemand, dessen Engramme und Locks ausgelöscht worden sind und der nicht durch vergangene Augenblicke von körperlichem Schmerz in Verwirrung gerät, unter Zwang gesetzt oder getrieben wird. Dieses Ziel stellt alles in den Schatten, was Forscher wie Freud sich ausgemalt haben. Es mag Ziele geben, die noch weit jenseits des Zustandes MEST-Clear liegen.

Für den Augenblick genügt der Clear. Die Psychometrie und alle Tests zur Feststellung von Aberration zeigen, dass der Clear nicht aberriert ist. Seine Rückrufe sind ausgezeichnet. Seine geistige Stabilität ist sehr gut, da die Umstände der Umwelt nicht bewirken können, dass er aufgrund von Aberrationen irrational handelt. Seine Emotionen und seine Fähigkeit, das Leben zu genießen, sind frei. Wenn jemand zu einem Clear wird, erreicht er einen weitaus höheren Intelligenzquotienten, als er vor dem Prozessing aufwies.

Einem Clear wachsen aber nicht auf der Stelle Flügel und es sprießt ihm auch nicht sofort eine 10-Kilowatt-Aura. Er ist nicht Supermann, aber er hat seine Vorzüge. Er hat weniger Unfälle und wenn, dann sind sie nicht selbstverschuldet. Er ist gesund. Seine Bildung und Erfahrung stehen ihm jederzeit nach Wunsch zur Verfügung. Er handelt aufgrund von Vernunft und denkt rasch. Seine Reaktionszeit liegt etwa bei der Hälfte des „Normalwertes". Wie hoch seine Lebenserwartung ist, können wir zum jetzigen Zeitpunkt noch nicht wissen. Doch können wir nur vermuten, dass sie höher ist, als wenn er aberriert geblieben wäre.

Es besteht eine allgemeine Tendenz, einen Clear als eine unterhaltsame Nebenattraktion zu betrachten. Sicher, er ist besser, als Menschen je zuvor gewesen sind. Es wurde jedoch ein zu starker Nachdruck auf geistige Kunststücke gelegt, zu denen ein Clear vielleicht fähig wäre, auf seine Fähigkeit, etwas genau zurückzurufen, seine Fähigkeit, alles wiederzusehen, was er einmal betrachtet hat. In der Angelegenheit des Lebens selbst sind diese Dinge aber nicht wichtig.

Glücklichsein ist wichtig. Die Fähigkeit, das Leben und die Umgebung in solcher Weise einzurichten, dass man das Leben besser genießen kann, die Fähigkeit, die Schwächen seiner Mitmenschen zu tolerieren, die Fähigkeit, die wirklichen Faktoren in einer Situation zu erkennen und Probleme des Lebens mit Genauigkeit zu lösen, die Fähigkeit, Verantwortung zu übernehmen und auszuüben – das ist wichtig. Das Leben ist nicht sehr lebenswert, wenn man es nicht genießen kann. Der Clear genießt das Leben in vollen Zügen. Er kann unerschrocken Situationen entgegentreten, die ihn, bevor er Geklärt war, in ein Chaos gestürzt hätten. Die Fähigkeit, ein gutes und ausgefülltes

Leben zu führen und dieses Leben zu genießen, das ist die besondere Gabe des Clears. Wer nach Kunststücken sucht, geht am besten ins Varieté.

Der Clear hat den Vorteil, dass er keine, ihm verborgenen, Schmerzen und schmerzhaften Situationen aus seiner Vergangenheit zurückbehält, deren Restimulation durch die Umgebung seine Vernunft enturbulieren und seinen Körper krank machen könnte. Der Clear wird dadurch hervorgebracht, dass man einfach alle Engramme und Locks auslöscht: den Schmerz und die schmerzhaften Augenblicke der Vergangenheit. Er ist das gegenwärtige Ziel des Dianetischen Prozessings.

Er wird *Clear* genannt, weil seine Grundpersönlichkeit, seine Selbstbestimmung, seine Bildung und Erfahrung von den Schatten der Aberration geklärt worden sind.

Die tatsächliche Erfahrung zeigt, dass der Mensch im Grunde gut ist, sobald von der Gesellschaft auferlegte Zwänge und Beherrschung durch andere weggeschafft sind. Böse ist er nur dann, wenn er aberriert ist. Vermindert man die Aberrationen des Menschen, so stellt man fest, dass er seinen Mitmenschen wohlgesinnt ist. In dieser Welt von komplizierten wechselseitigen Abhängigkeiten hängt die höchste Vernunft von der größtmöglichen Zusammenarbeit des Einzelnen mit seinen Mitmenschen und seiner Umgebung sowie von einer konstruktiven Einstellung zum Leben ab. Je mehr Aberration (Engramme und Locks) bei jemandem weggeschafft wird, umso größer ist seine Unabhängigkeit und seine Bereitschaft zur Zusammenarbeit.

Es gibt vier wirksame Therapien, wenn wir den Ausdruck im weiteren Sinne gebrauchen wollen. Erstens gibt es *Dianetisches Prozessing.* Dies befreit den Einzelnen von dem Schmerz und der schmerzhaften Emotion, die seine Vernunft aberrieren.

Zweitens gibt es *Bildung.* Sie unterweist den Menschen in der Kultur, in der er lebt, und vermittelt ihm die Fertigkeiten des Überlebens; sie macht ihn überlebensfähiger.

Die dritte Therapie besteht darin, *seine Umgebung* so *zu verändern,* dass sie weniger restimulierend ist, ihn glücklicher macht und er besser darin überleben kann. Dazu würden auch Ernährung, ärztliche Betreuung und Erholung gehören.

Die vierte Therapie besteht darin, *die Menge an Mest zu regulieren*, die die Person kontrollieren sollte. Falls sie zu viel hat, kann man ihr weniger geben. Falls sie für ihren Theta-Anteil verhältnismäßig nicht genug Mest hat, kann man ihr mehr geben. Oder das Mest, das sie zu kontrollieren versucht, kann für sie durch eine andere Art von Mest ersetzt werden (Sublimierung).

Diese vier Therapien bewirken alle das Gleiche: Sie fördern das Überleben des Individuums, indem sie ihm bessere Überlebenswerkzeuge bescheren, bessere Überlebensumstände, bessere Gründe fürs Überleben. Jede dieser Therapien hat eine grundlegende Sache zur Folge: Sie bringt die Person auf der Tonskala nach oben. Da die Belohnung für Überleben Vergnügen ist, wird die Überlebensstufe des Individuums zum Beispiel dadurch gehoben, dass man ihm Vergnügen bereitet. Die letzten drei dieser Therapien sind jedoch relativ unwirksam, wenn die Person Aberrationen hat, die sich gegen Vergnügen richten oder dagegen, ihre Umgebung zu verändern oder aus dem Leben zu lernen. Und somit kommen wir zu dem Schluss, dass der erste Schritt in Richtung auf ein höheres Überlebensniveau darin liegt, das Individuum von seinen Aberrationen zu befreien. Innerhalb angemessener Grenzen sollte sich das Übrige dann daraus ergeben.

Der Auditor, der regelmäßig auditiert und dafür ausgebildet worden ist, wird jede mögliche Methode verwenden, um die Tonstufe seines Preclears* zu erhöhen. Denn, wenn die Tonstufe angestiegen ist, geht das Prozessing leichter. Die Erhöhung der Tonstufe durch eine der drei letztgenannten Methoden ist bei einer ganz und gar apathischen Person so ziemlich das Einzige, was man machen kann. Ist das erreicht, kann sie auditiert werden.

Somit haben wir das gegenwärtige Endziel des Prozessings vor uns: den Clear. Das ist das langfristige Ziel. Es wird nicht im Handumdrehen erreicht. Es wird offenbar nur durch sehr gutes Auditing und in den Händen eines Auditors erreicht, der sich etwas höher auf der Tonskala befindet als der Preclear.

Ein beträchtlich näher liegendes Ziel ist der *Dianetik Release.* Der Release hat einen Punkt erreicht, an dem er keine psychosomatischen Krankheiten mehr hat, gute Stabilität aufweist und das Leben genießen kann. Würde man einfach alle Secondary-Engramme von einem Fall entfernen, so hätte

*Preclear: eine beliebige Person, die sich Dianetischem Prozessing unterzieht.

man einen Dianetik Release. Der Dianetik Release befindet sich sehr weit über der Normalstufe und ist als solcher durch keine früher bekannten Therapiemethoden je erreicht worden. Die psychometrischen Tests des gewöhnlichen Dianetik Release zeigen, dass er sich in einem sehr überlegenen geistigen Zustand befindet.

Ein Ziel, das vom Beginn des Prozessings aus gesehen sogar noch näher liegt, ist die *sehr hohe Normalstufe*. Damit ist jemand gemeint, der sich weit oberhalb der gegenwärtigen durchschnittlichen Verstandes- und Verhaltensstufe befindet. Im Prozessing erreicht man Stufen, die man aufgrund von Erbanlage, Bildung und gegenwärtigen körperlichen Möglichkeiten erreichen kann. Man wird das Beste, was aus dem gemacht werden kann, was man von Geburt ist. Ein nach seiner Erbanlage leicht Schwachsinniger würde durch Prozessing daher die Stufe eines leicht Schwachsinnigen erreichen. Doch hätte er sich, als er begann, infolge von Aberration ungefähr auf der Stufe eines Idioten befunden. Eine Person von durchschnittlichem Verstand erreicht durch Prozessing ein Niveau an Stabilität und Fähigkeit, das sehr weit über dem Durchschnitt liegt. Um eine sehr hohe Normalstufe zu erreichen, dürfte man sich daher von Anfang an nicht allzu tief unterhalb des Durchschnitts befunden haben. Die Verwendung des Begriffes „Durchschnitt" oder „normal" birgt das Risiko beträchtlicher Missverständnisse in sich. Gemeint ist damit einfach die durchschnittliche Intelligenz und Fähigkeit der Bevölkerung. In den Vereinigten Staaten liegt dieser Durchschnitt im Vergleich zu dem, was er sein könnte, bemerkenswert niedrig, aber beträchtlich höher als in anderen Nationen.

Die nächste Stufe ist *Langeweile*. Dies ist die Grenzlinie zwischen dem, was als *neurotisch*, und dem, was als *normal* bezeichnet wird. Mäßiger, aber ungenutzter Ehrgeiz, eine Geisteshaltung gegenüber dem Leben, die weder unzufrieden noch zufrieden ist, eine gewisse Ziellosigkeit im Leben – das sind die Merkmale dieser Stufe. Es ist eigentlich eine ziemlich betrübliche Stufe. Aber es ist dem, was darunterliegt, so überlegen, dass der Auditor, der einen Wut-Fall auf Langeweile hinaufbringen kann, das Gefühl hat, er habe wirklich gute Arbeit geleistet. Und das hat er auch.

Darunter haben wir die Stufe der *offenen Feindseligkeit*. Hier ist der Miesepeter, auf den man gelegentlich stößt, der Nörgler, der sich jedoch in Bezug auf den Gegenstand seiner Kritik nicht irrt. Die „offene, ehrliche" Art von Menschen, die die zarteren Empfindungen ihrer Mitmenschen taktlos in der Luft zerreißen, findet man in diesem Bereich.

Bei 2,0 überschreiten wir die Grenzlinie zwischen der Kontrolle durch den reaktiven Verstand und der Kontrolle durch den analytischen Verstand. Und unmittelbar darunter gelangen wir in die Zone der *Wut*. Hier befindet sich die Person, die beinahe ununterbrochen Hass empfindet. Hier haben wir impulsives und zerstörerisches Handeln.

Unterhalb von Wut gelangen wir zu einer etwas betrüblicheren Stufe, *versteckter Feindseligkeit*. Hier befindet sich die Person, die hasst, aber Angst davor hat, ihren Hass zu bekennen, die verräterische Dinge tut und trotzdem erwartet, dass man ihr vergibt. Am unteren Ende von versteckter oder verborgener Feindseligkeit finden wir die ständig verängstigte Person, die Person, die von Ängsten tyrannisiert wird und die sich davor fürchtet, irgendetwas zu sein oder zu besitzen.

Eine weitaus ernstere Stufe ist die Stufe *Apathie*. Hier ist der Selbstmörder. Hier ist die Person, die so viel im Leben verloren hat, dass sie mit keinerlei Situation fertigwerden kann, sondern einfach bei allem aufgibt. Kann der Auditor die Apathie in versteckte Feindseligkeit umwandeln, so hat er einen Anstieg der Tonstufe erreicht. Aber Overt-Handlungen des Auditors werden den Apathie-Fall wahrscheinlich in Richtung auf vollständige Lähmung oder den Tod selbst hinabtreiben. Dies ist eine sehr gefährliche Geisteshaltung, gleich daneben lauert der Tod.

Als Nächstes kommen wir zum niedrigsten Bereich des organischen Lebens, dem *vorgetäuschten Tod*. Manche Tiere haben den vorgetäuschten Tod zu einem Überlebensmechanismus entwickelt. Den Tod vorzutäuschen bedeutet: „Ich bin nicht gefährlich. Ich bin tot. Geh weg und lass mich in Ruhe." Der Soldat, der auf dem Schlachtfeld plötzlich in einen Zustand der Lähmung verfällt, benutzt diesen Mechanismus. Einige Völker, besonders die Chinesen, sinken in diesen Bereich hinein und sterben tatsächlich in einer Art eigensinnigem Selbstmord. Ein Auditor, der einen Tod vortäuschenden Fall dazu bringen kann, die Augen zu öffnen und zu schließen, erzielt bemerkenswerte Ergebnisse.

Schließlich haben wir den Bereich unterhalb des *Todes* und des Mest-Körpers. Und daran können wir natürlich nichts machen.

Das richtigste Recht, das jemand haben kann, ist das Recht, bis zur Unendlichkeit zu überleben. Die Stufe 0,0 ist der Tod. Wie sehr kann jemand im Unrecht sein? Tot!

Je höher eine Person auf dieser Skala steigen kann, umso mehr befindet sie sich in Bezug auf Vernunft, Überleben und allgemeines Wohlbefinden im Recht. Je höher sie ist, umso glücklicher ist sie. Je tiefer sie ist, umso unglücklicher ist sie.

Der ganze Zweck von Prozessing besteht darin, das Individuum von tieferen zu höheren Bereichen auf dieser Skala zu heben.

Spalte C
VERHALTEN UND PHYSIOLOGIE

IN DIESER SPALTE HABEN WIR Daten, die beträchtlich komplizierter sind als jeder andere Abschnitt dieses Buches, die jedoch für Biologen und andere Wissenschaftler außerordentlich interessant sind. Der Auditor braucht nicht anzunehmen, dass er diese Daten auswendig kennen oder auch nur ihre Fachausdrücke verstehen müsste.

Man sollte bei dieser Spalte verstehen, dass sie einen Anhaltspunkt für Verhalten und Physiologie eines Menschen liefert oder, umgekehrt, dass sie es dem Auditor erleichtert, seinen Preclear auf der Tabelle auszumachen (was in der Tat der Zweck vieler dieser Spalten ist).

Es gibt im Wesentlichen drei Aktionen, durch die das Leben sich selbst und MEST handhabt. Diese Aktionen sind:

1. Angreifen.
2. Sich Zurückziehen.
3. Ignorieren.

Sie werden im Folgenden nach ihren relativen Positionen auf der Tonskala unterteilt.

TON-STUFE	VERHALTEN	PHYSIOLOGIE
4,0	Bewegung auf etwas zu, rasches Herangehen	Vollständige Kontrolle des vegetativen Nervensystems durch den Kortex. Sowohl Parasympathikus als auch Sympathikus funktionieren optimal unter der Leitung des Kortex. Muskeltonus ausgezeichnet. Reaktionen ausgezeichnet. Hohes Maß an Energie.
3,5	Bewegung auf etwas zu, Herangehen	Mäßige Kontrolle des vegetativen Nervensystems durch den Kortex. Parasympathikus funktioniert gut, Aktivität des Sympathikus leicht herabgemindert. Muskeltonus gut. Reaktionen gut. Mäßige Energie.
	Bewegung auf etwas zu, langsames Herangehen	Vegetatives Nervensystem funktioniert unabhängig vom Kortex. Parasympathikus funktioniert gut, geringe Tätigkeit des Sympathikus. Muskeltonus leidlich. Reaktionen leidlich. Maß an Energie leidlich.
3,0	Keine Bewegung, bleiben	Vegetatives Nervensystem unabhängig vom Kortex. Parasympathikus funktioniert gut, aber keine Tätigkeit des Sympathikus. Muskeltonus, Reaktionszeit und Maß an Energie sind dürftig.
2,5	Wegbewegung, langsames Zurückweichen	Das vegetative Nervensystem beginnt, die Kontrolle zu übernehmen. Parasympathikus behindert, erhöhte Tätigkeit des Sympathikus. Leichte Unruhe, erhöhte Aktivität, schweifende Aufmerksamkeit.
	Wegbewegung, rasches Zurückweichen	Gesteigerte Tätigkeit des Sympathikus, Parasympathikus stärker unterdrückt. Erhöhte Unruhe, schweifende Aufmerksamkeit, Unfähigkeit zur Konzentration.
2,0	Bewegung auf etwas zu, langsames Angreifen	Gesteigerte Tätigkeit des Sympathikus. Hemmung des Parasympathikus. Reizbarkeit. Erhöhte Herztätigkeit, krampfartige Kontraktionen des Magen-Darm-Traktes, Atmung beschleunigt.

TON-STUFE	VERHALTEN	PHYSIOLOGIE
1,5	Bewegung auf etwas zu, heftiges Angreifen	Vollständige Mobilisierung des vegetativen Nervensystems zum heftigen Angriff. Völlige Hemmung des Parasympathikus, Sympathikus in voller Tätigkeit. Atmung und Puls rasch und tief. Stauung im Magen-Darm-Trakt. Blut in das äußere Gefäßsystem.
1,1	Wegbewegung, langsamer Rückzug	Das vegetative Nervensystem richtet sich auf chronische Wutreaktion ein, Parasympathikus gehemmt. Mangelhafte Tätigkeit des Magen-Darm-Traktes. Erhöhte Blutzirkulation in den äußeren Gefäßen, erhöhter Puls und beschleunigte Atmung.
0,9	Wegbewegung, heftige Flucht	Mobilisierung des vegetativen Nervensystems zu voller Fluchtreaktion. Schlaffheit des Magen-Darm-Traktes. Alles Blut in das äußere Gefäßsystem, besonders zu den Muskeln zur raschen Flucht. Atmung und Puls rasch und flach.
0,5	Leichte Bewegung, Erregung an ein und derselben Stelle, leiden	Vegetatives Nervensystem zwecks Hilferuf mobilisiert, Gram. Parasympathikus voll in Tätigkeit. Sympathikus gehemmt. Tiefes, schluchzendes Atmen. Puls hart und unregelmäßig. Ausströmung von Tränen und anderen Körpersekreten.
0,1	Keine Bewegung, scheinbarer Tod	Schockreaktion. Sympathikus gehemmt. Parasympathikus voll in Tätigkeit, geht schrittweise zurück, während sich der Organismus dem Tod nähert. Atmung flach und unregelmäßig. Puls sehr schwach. Blut in den inneren Organen angesammelt. Muskeln schlaff, mangelnder Tonus. Blässe.
0,0	Tod	Einstellung der organischen Funktionen.

Spalte D
Psychiatrischer Bereich

Der Auditor sollte drei psychiatrische Ausdrücke kennen, die einzigen Ausdrücke aus der Psychiatrie, die er in der Dianetik in derselben Verwendung antreffen wird, wie sie in der Psychiatrie verwendet werden. Diese Ausdrücke sind:

1. Psychotisch.
2. Neurotisch.
3. Psychosomatisch.

„Psychotisch" ist das Adjektiv zu Psychose, und das Wort Psychotiker wird in der Psychiatrie als Hauptwort für eine an Psychose leidende Person verwendet. Eine Psychose ist jede stärkere Form geistigen Leidens oder seelischer Krankheit. Mit anderen Worten, unter einem Psychotiker verstehen wir jemanden, der mit sich selbst oder seiner Umgebung nicht gut genug fertigwerden kann, um zu überleben, und um den man sich kümmern muss, um andere vor ihm zu schützen oder um ihn vor sich selbst zu schützen.

Der psychotische Zustand, der die meiste Beachtung erhält, ist derjenige, der eine Bedrohung für das Überleben der Person selbst darstellt oder der Menschen um sie herum. Ein solcher Psychotiker wird in eine Anstalt gesteckt – wenn es dort Platz für ihn gibt. Ansonsten treibt er sich frei in der

Gegend herum. Es gibt jedoch noch viele andere psychotische Personen, die aber für sich selbst oder andere keine genügend alarmierende Bedrohung darstellen, um sie in eine Anstalt zu stecken.

Die nächste Klassifizierung ist einfach eine Frage des Ausmaßes. Der „neurotische“ Mensch ist jemand, der zwar ein geistiges Leiden hat, aber dennoch in der Lage ist, die eine oder andere vernünftige Funktion auszuüben.

Der Ausdruck „psychosomatisch“ bezeichnete „eine Krankheit, die durch den Gemütszustand des Patienten verursacht oder beträchtlich beeinflusst wird“. Tatsächlich könnte man sie noch praktischer als eine Krankheit bezeichnen, die durch den Verstand verursacht wird. Rund 70 Prozent aller Krankheiten des Menschen sind psychosomatisch.

In der Dianetik verwenden wir diese Ausdrücke folgendermaßen:

Psychotiker: eine Person, die anderen um sie herum weit mehr körperlichen oder geistigen Schaden als Nutzen verursacht.

Neurotiker: eine Person, die infolge ihrer Aberrationen hauptsächlich sich selbst schadet, aber nicht in solchem Maße, dass sie Selbstmord begehen würde.

Chronisches Somatik: eine psychosomatische Krankheit, denn es wurde entdeckt, dass psychosomatische Krankheit lediglich das restimulierte Somatik irgendeines Engramms ist und verschwindet, wenn das Engramm berührt und reduziert oder ausgelöscht wird.

Was andere psychiatrische Klassifikationen betrifft, diese sind sogar in der Psychiatrie für ihre Ungenauigkeit und ihren desorganisierten Zustand bekannt. Eine Institution zum Beispiel behandelt nur Schizophrenie, und deshalb wird jeder Patient, der dort ankommt, einfach als schizophren klassifiziert. Die Psychologie lacht seit langem über die Psychiatrie, weil mit der Terminologie der Psychiatrie einfach eine Manifestation beschrieben wurde, ohne dass eine Heilung herbeigeführt wurde. Das war so, weil die Psychiatrie von keiner Manifestation die Ursache kannte und weder die Manifestation noch die Ursache beheben konnte.

Diese neue Tabelle stellt eine Skala zur Verfügung, mittels derer zum ersten Mal eine genaue Klassifizierung und Beschreibung von Psychose und Neurose ermöglicht wird. Die Dianetik braucht keine kompliziertere Terminologie, als sie hat. Die Bestimmung der individuellen Tonstufe anhand von Zahlenwerten und die Bezugnahme auf offensichtlich an den Tag gelegte Engramme liefern genügend Anhaltspunkte dafür, was für den Preclear getan werden sollte.

Die individuellen Besonderheiten von Psychose und Neurose sind das Ergebnis der Engramme des jeweiligen psychotischen oder neurotischen Menschen. Diese Besonderheiten im Verhalten beruhen auf bestimmten engrammatischen Befehlen (Wörtern, die in vergangenen Augenblicken von Schmerz und Bewusstlosigkeit enthalten sind). Ein Engramm kann einen manischen Zustand hervorrufen, in dem der betreffende Mensch hysterisch und ununterbrochen behauptet, dass er glücklich oder stark sei, obwohl er sich sehr tief auf der Skala befindet. Ein solcher Zustand wird aufgedeckt, indem der Auditor anhand der Tabelle prüft, wo der Preclear sich im Hinblick auf verschiedene andere Manifestationen befindet. Jede einzelne Spalte bzw. jedes einzelne Merkmal in der Tabelle kann durch ein bestimmtes Muster von Engrammen oder durch strenge Erziehung verändert werden, doch werden die restlichen Teile der Tabelle für die betreffende Stufe konstant bleiben. Im Fall eines manischen Engramms zum Beispiel scheint die Person auf den ersten Blick glücklich zu sein und sagt es auch wiederholt. Eine weitere Untersuchung zeigt jedoch, dass diese Person sehr schüchtern ist, dass sie den Leuten Geschenke macht, um sich ihre Gunst zu erkaufen, und dass sie dazu neigt, andere zu verdächtigen und schädliche Lügen über sie zu verbreiten. Das manische Engramm befiehlt zwar, dass sie die Tonstufe 3,5 zur Schau stellt, doch ändert dies nichts an der Position des Preclears auf der Tabelle.

Dies ist nicht sehr kompliziert und es ist sehr wichtig. Um das Niveau der geistigen Gesundheit bei dieser Tabelle zu ermitteln, braucht der Auditor lediglich die Stufe festzustellen, auf der sich die Mehrzahl der Manifestationen des Preclears befindet. Beinahe jeder Fall wird bei dieser Tabelle eine Stelle aufweisen, die mit seiner Position für die Mehrzahl der genannten Merkmale in der Tabelle nicht übereinstimmt. Mit anderen Worten, suchen Sie danach, wo sich die Mehrzahl der Merkmale befindet, suchen Sie nach der Stufe, die für den Preclear bei den meisten Spalten zutrifft. Seien Sie nicht verstimmt, falls der Preclear in ein oder zwei Spalten aus der Reihe fällt.

Eine Engrammkette kann dem Preclear in Bezug auf einen bestimmten Bereich oder eine bestimmte Spalte eine manische oder depressive Erscheinungsweise aufzwingen. Engramme, die dem Preclear in einem einzelnen Bereich der Tabelle oder in Bezug auf ein einzelnes Merkmal im Leben eine *tiefere* Stufe als seine tatsächliche Tonstufe aufzwingen, mögen zwar für den Preclear hart sein, bieten dem Auditor jedoch einen gewissen Sicherheitsfaktor. Der manische Fall, der durch Engramme in ein oder zwei Spalten zu einer *höheren* Tonstufe als der tatsächlichen Tonstufe gezwungen wird, ist der wirklich gefährliche Fall. Denn der Auditor versucht dann vielleicht, eine Prozessingstufe anzuwenden, die für seinen Fall zu hoch auf der Tabelle liegt. Falls Sie nicht ganz sicher sind, so arbeiten Sie mit dem Preclear ein oder zwei Tonstufen unterhalb der Stufe, auf der Sie ihn nach der Tabelle einschätzen. Der potenzielle manisch-depressive Psychotiker kann in einen psychotischen Zusammenbruch getrieben werden, wenn man mit ihm zu eindringlich zu hoch auf der Tabelle arbeitet.

Ein versöhnlicher Zug an der Diagnose ist, dass eine manisch-depressive Person sich nicht immer manisch verhält oder sich oberhalb ihrer eigentlichen Tonstufe befindet, sondern häufig depressiv ist und um einiges unterhalb ihrer eigentlichen Tonstufe in Erscheinung tritt.

Niemand außer einem qualifizierten Auditor hat irgendetwas damit zu schaffen, mit einem psychotischen Menschen zu arbeiten. Die Gefahr beim Umgang mit Psychotikern ist sehr groß. Diese Gefahr ist nicht mit der Dianetik entstanden. Seit den anfänglichen Bemühungen des Menschen, das Rätsel der Geisteskrankheit zu lösen, stellt der Psychotiker für den Praktizierenden ein großes Risiko dar. Der Prozentsatz an Psychotikern, die während einer gewöhnlichen Behandlung Selbstmord begehen, ist unermesslich größer als der Prozentsatz an psychotischen Fällen, die während des Dianetischen Prozessings Selbstmord begehen. Man kommt zu dem Schluss, dass Psychotiker leicht Selbstmord begehen. Sie begehen häufiger Selbstmord, wenn sie sich in den Händen anderer Praktizierender befinden als in den Händen von Personen, die die Dianetik beherrschen. Im Falle einer Geisteskrankheit ist beinahe jede Entschuldigung für das Gesetz akzeptabel. Der unfähige Praktizierende, der zum neununddreißigsten Mal einen Patienten durch Selbstmord verloren hat, kann sich zurücklehnen, gelehrt und ernst dreinschauen und sagen: „Nun, er kam zu spät zu mir.

Hätte ich ihn ein paar Monate früher gehabt, hätte ich ihn retten können." Dieses Alibi ist für Auditoren nicht empfehlenswert, allein schon deshalb, weil es ziemlich abgedroschen ist. Außerdem hatte bis jetzt kein Dianetiker Anlass, es zu verwenden, und wird ihn wahrscheinlich auch nie haben.

Wenn eine Person unter die Stufe 2,0 absinkt, so hat sie im Verhältnis zu ihrem Theta so viel Entheta, dass durch einen plötzlichen Schock das verbleibende Theta einfach enturbuliert und sie zu einem psychotischen Zusammenbruch gebracht werden kann. Wenn das gesamte Theta enturbuliert ist, so besteht seine Reaktion darin, Theta und MEST auseinanderzustoßen: mit anderen Worten, den Tod zu verursachen und den Organismus für andere Organismen aus dem Weg zu räumen. Normalerweise werden Selbstmorde durch Engramme unterstützt, die ausdrücklich Selbstmord befehlen. Selbstmord ist jedoch offenbar eine natürliche Erscheinung, ein rasches Mittel, um Theta und MEST zu trennen und schnell den Tod zu erreichen. Selbstmord ist immer psychotisch.

Leute unterhalb der Stufe 2,0 werden ungeachtet ihrer erklärten Absicht den Personen, Dingen und Organisationen um sich herum Tod oder Schaden bringen, falls sie sich im Wut-Bereich befinden, oder sich selbst den Tod geben, falls sie sich im Apathie-Bereich befinden. Jeder, der sich unterhalb der Stufe 2,0 befindet, ist ein potenzieller Selbstmörder. Der Faschist zum Beispiel ist angesichts jeder ernsthaften Niederlage fast immer ein sicherer Selbstmordfall (da sich der Faschismus unterhalb der 2,0-Linie befindet).

Ein Psychotiker ist eine tödliche Bedrohung, wenn auch vielleicht nicht für sich selbst, so doch für jemanden oder etwas. Ein manisch-depressiver Mensch, der manchmal fröhlich und scheinbar nur neurotisch ist, befindet sich in Wirklichkeit sehr tief auf der Skala und begeht vielleicht plötzlich ohne jede echte Warnung Selbstmord.

Der Psychotiker ist für den Auditor ein eindeutiges Risiko, nicht so sehr wegen des Prozessings oder aufgrund dessen, was ungeschicktes Prozessing bewirken mag, sondern weil plötzlich irgendein Faktor in der Umgebung des Psychotikers auftauchen kann, der ihn dazu bringt, einen Mord zu verüben oder Selbstmord zu begehen. Dies kann danach dem Prozessing angelastet werden. Jede solche Handlung vonseiten psychiatrischer Patienten wird der Psychiatrie als eine „natürliche Folge" der Behandlung von Psychotikern vergeben. Gehen Sie mit einem Psychotiker sanft um und halten Sie ihn von einer Nichtüberlebens-Umgebung fern, und er mag sehr erfolgreich mit Dianetik behandelt werden. Seien Sie aber nicht erstaunt, wenn Ihr Preclear heute vergnügt zu sein scheint, am Abend einen psychotischen Zusammenbruch erleidet und morgen Selbstmord begeht, nachdem er seine Familie ermordet hat.

Unterhalb von 2,0 auf der Tonskala versuchen Theta und Mest sich voneinander abzustoßen und den Tod herbeizuführen.*

Halten Sie sich bei der Behandlung von Psychotikern außerdem immer vor Augen, dass Sie mit einem Minimum an vorhandenem Theta und einem Maximum an Entheta arbeiten. Deshalb kann ein plötzlicher Schock ein Engramm so restimulieren, dass das restliche Theta enturbuliert wird und verschwindet und ein Lock aus Entheta übrig lässt. Aus ist es mit der geistigen Gesundheit. Gehen Sie das Lock behutsam an und wandeln Sie es mit großer Sorgfalt und Vorsicht wieder in Theta um.

Dem Auditor wird empfohlen, die Dianetik in keiner Weise mit alten Behandlungsmethoden oder Praktiken irgendwelcher Art zu vermischen.

*Einer unserer glänzendsten Instrukteure in der Stiftung von Los Angeles, David Cary, hatte lange vor seiner Verbindung mit der Dianetik ein psychotisches Mädchen geheiratet. Er kam zuerst in dem Bemühen zur Dianetik, ihr zu helfen. Er überredete sie dazu, bei der Stiftung einen Kurs mit ihm zu besuchen. Er versuchte auf jede ihm mögliche Weise, ihr Prozessing zu geben. Doch nahm sie kein Prozessing von ihm an, da sie eigentlich unter Protest da war. Cary machte weiter und wurde Instrukteur – er hatte eine ausgezeichnete Vorbildung für die Lehrtätigkeit sowie ein Geschick dafür –, während sie sich von ihm trennte. Sie war nicht offensichtlich psychotisch, obwohl sie von der Ausbildungsabteilung in Los Angeles angesichts ihrer psychometrischen Testergebnisse und eines früheren Selbstmordversuches mit der Begründung abgewiesen worden war, dass sie sich weit unterhalb des nötigen Fähigkeitsniveaus von Studenten befinde; die Ausbildungsabteilung ließ sich nur aus Gefälligkeit gegenüber Cary dazu bewegen, sie anzunehmen. Einige Zeit später nahm sich Cary Urlaub und fuhr nach Hause, weil er ihr etwas Erleichterung verschaffen wollte. Dort wurde er von seiner Frau ermordet, die daraufhin Selbstmord beging. Seine Aufopferung und seine Bemühungen, ihr zu helfen, waren unmissverständlich gewesen. Sie war im höchsten Grade unzugänglich gewesen. Viele Male war ihm von seinen Freunden in der Dianetik gesagt worden, dass sie gefährlich sei. Doch diese Gefahr war verborgen. Carys Aufopferung kostete ihn das Leben und kostete die Dianetik einen hervorragenden Instrukteur sowie einen Menschen, der von allen, die Gelegenheit hatten, ihn kennen zu lernen, sehr geschätzt wurde. Diese Fußnote wird hier nicht einfach angefügt, um David Cary ein Andenken zu setzen, sondern um Männern und Frauen, die versuchen, einem psychotischen Ehepartner zu helfen, eine Information zu vermitteln, die ihnen zu denken geben wird. Gegenseitiges Auditieren von Ehemann und Ehefrau ist im besten Falle schwierig, da die Partner gewöhnlich eine sehr restimulierende Wirkung aufeinander haben. Als Mann und Frau werden sie besser daran tun, mit einem anderen Paar wechselseitiges Auditing zu vereinbaren. Ist einer der Ehepartner psychotisch, so sollten sie sich den besten professionellen Auditor suchen, den die Dianetik ihnen geben kann.

Es wurde festgestellt, dass der Elektroschock in einem bereits überfüllten reaktiven Verstand ein schweres Engramm einlagert und in keiner Weise wirklich erfolgreich ist, außer darin, einige Patienten so apathisch zu machen, dass sie für die Gesellschaft kaum tragbar sind. Es ist eine schon seit langer Zeit anerkannte Tatsache, dass die Psychochirurgie (das Beseitigen von Teilen des Gehirns) ein vollständiger Fehlschlag ist, was irgendeine wirkliche „Heilung" anbelangt. Freie Assoziation ist ein zeitraubendes, langwieriges Verfahren, das zwar bei der Rehabilitierung von Patienten, die sich nicht allzu nahe am unteren Ende der Tonskala befanden, einen gewissen Erfolg hatte, aber auf die Dauer einen höchst zweifelhaften Wert besitzt. Zwangsmethoden und kalte Packungen haben keinen weiteren Erfolg, als den Patienten durch ihre Schockwirkung in einen Zustand noch tieferer Lethargie zu versetzen. Seien Sie solchen Methoden gegenüber nicht nachsichtig und lassen Sie nicht zu, dass sie an Ihren Preclears angewendet werden, einfach deshalb nicht, abgesehen von den unmenschlichen Aspekten, weil sie nicht funktionieren. Sie zehren nur am verbliebenen Durchhaltevermögen des Patienten. Warum soll man an altmodischen und sogar barbarischen Methoden festhalten, wenn die Dianetik sicherere, wirksamere und menschlichere Techniken zur Verfügung stellt?

Gehen Sie mit dem Psychotiker sanft um. Respektieren Sie sein Recht auf ein unversehrtes Gehirn und auf eine Zukunft. Betrachten Sie ihn nicht als Ihr Spielzeug oder Ihr Versuchskaninchen, das Ihnen zwecks Vivisektion oder seltsamer sadistischer „Behandlung" zur Verfügung steht. Vor allem seien Sie, wenn Sie auditieren, ein zivilisiertes menschliches Wesen. Versuchen Sie nicht, die von Ihnen betreute Person zu bestrafen, weil sie „sich weigert, in guten Zustand zu kommen". Aufgrund seiner Engramme und seiner allgemeinen Turbulenz ist Ihr Preclear sehr schwierig zu erreichen. Inmitten all dessen steckt seine Grundpersönlichkeit, die versucht, Ihnen zu helfen. Beruhigen Sie Entheta und machen Sie Theta daraus und tun Sie dies so sanft, wie Sie können. Verlieren Sie nicht die Beherrschung und nehmen Sie nicht zu drastischen Methoden Zuflucht. Seien Sie zivilisiert. Der Mensch kann nur mit Vernunft, nicht mit Hitler'scher Gewalt in Ordnung gebracht werden. Man kann einem Menschen geistige Gesundheit nicht einprügeln. Wenn Sie wegen eines Preclears so sehr auf die Palme gehen, dass Sie ihn am liebsten schelten oder schlagen würden, so unterbrechen Sie die Sitzung und gehen Sie irgendwohin, um erst einmal wieder einen kühlen Kopf zu bekommen. Stopfen Sie ihn nicht mit Beruhigungsmitteln voll und erlegen Sie ihm keine Beschränkungen auf. Wenn Sie so liebenswürdig und heiter sind, wie Sie nur irgend sein können, werden Sie bei der Behandlung Ihrer Mitmenschen weitaus erfolgreicher sein. Und um die bestmöglichen Erfolge bei Psychotikern zu erzielen, müssen Sie praktisch ein Heiliger sein.

Jedes Bestreben, einem Patienten geistige Gesundheit einzubläuen oder durch Beschimpfungen beizubringen, wird fehlschlagen. Der Beweis dafür sind die 19 Millionen Geisteskranken, die sich allein in den Vereinigten Staaten in Anstalten oder auf freiem Fuß befinden. Glauben Sie nicht, dass Sie Besitzrechte auf Ihre Mitmenschen oder Macht über Leben und Tod bei ihnen haben. Überlassen Sie das den vollendeten Anhängern des autoritären Prinzips, von denen wir leider so viele haben.

Seien Sie menschlich, und Sie werden gute Erfolge erzielen.

Spalte E
Medizinischer Bereich

Noch bis vor kurzer Zeit kam es selten vor, dass ein Arzt bei seinen Patienten von der Möglichkeit einer geistigen Störung ausging. Unlängst gewann er die Erkenntnis, dass rund 70 Prozent aller menschlichen Krankheiten geistigen Ursprungs sind, mit anderen Worten machen psychosomatische Krankheiten bei weitem die Mehrzahl aller Krankheiten aus.

Aufgrund eines weiteren Faktors muss vermutet werden, dass zusätzlich zu denjenigen Krankheiten, die gewöhnlich zu den psychosomatischen Krankheiten gezählt werden, noch viele andere in diese Kategorie fallen: Selbst eine Infektion durch Bakterien wird durch das Vorhandensein von Engrammen begünstigt. Der Prozentsatz liegt also möglicherweise noch viel höher.

Das Engramm unterstützt Bakterien und Viren in folgender Weise: Die körperliche Verletzung (das EnMEST des Engramms) ruht in einem bestimmten Teil des Körpers, nämlich in dem, der verletzt wurde. Nehmen wir an, durch eine schwere Brustverletzung wird ein Engramm empfangen. Es mag sein, dass dieses Engramm viele Jahre lang nicht tätig wird. Wird es dann jedoch eingekeyt, so ruft es eine Schwäche in der Brust hervor, da das Blut und die inneren Sekrete diesen Bereich eher meiden, so als sei er gerade erst verletzt worden. In diesen geschwächten Bereich mag die eine oder andere Art von

Bakterien hineingelangen, zum Beispiel Bakterien, die Lungenentzündung oder Tuberkulose verursachen. Das ist eine vorübergehende Infektion. Nun wird aber dieser Bereich durch den Schmerz der Infektion restimuliert, wodurch das Engramm noch stärker eingekeyt und verstärkt wird und dieser Bereich der Brust nun nicht widerstandsfähig genug werden kann, um die Infektion abzustoßen. So entstehen die chronischen Infektionen, die bleibenden Krankheiten.

Technisch gesehen lässt sich sagen, dass eine Krankheit drei Phasen hat:

1. Anfälligkeit.
2. Auslösung.
3. Fortdauer.

Das Engramm ist für diese drei Phasen verantwortlich, da es einen Bereich des Körpers oder ein Organ, wie zum Beispiel das Herz, schwächt. Dann ruft es die Krankheit hervor, indem es einkeyt. Und schließlich sorgt es dafür, dass die Krankheit bestehen bleibt, weil der eingekeyte Schmerz weiterhin restimuliert wird.

Was nun Verletzungen anbelangt, so wird die Neigung zu Unfällen offenbar durch Engramme verursacht. Das Engramm mag einer Person befehlen, sich oder andere zu verletzen. Ein solches Engramm, das bei einem Preclear restimuliert worden war, hatte ihn dazu gebracht, sich dreimal innerhalb einer Woche „unabsichtlich" die Hand ernstlich zu verletzen. Das Engramm wurde gefunden und reduziert und seither hat der Preclear sich diese Hand nicht mehr verletzt. Schwerere und leichtere Unfälle können also auf Engramme zurückgeführt werden. Enthält ein Engramm einen Befehl, wie zum Beispiel „Ich muss mich immerzu verletzen", so wird dieser Befehl die Person dazu bringen, genau das zu tun.

Das endokrine System reagiert auf das Denken sehr empfindsam und steht unter dessen Kontrolle. Ein Arzt, der eine Reihe von Vorträgen über die Dianetik besucht hatte, kam schließlich nach vorne und sagte ziemlich beunruhigt: „Vierzig Jahre lang, in denen ich studiert und praktiziert habe, bin ich von der klassischen Vorstellung ausgegangen, dass die Struktur die Funktion beherrscht. Nun endlich wird mir klar, was Sie sagen. Es ist genau umgekehrt. Die Funktion beherrscht die Struktur. Nun können wir vielleicht ein paar Probleme mehr lösen."

Störungen im endokrinen Gleichgewicht, wie zum Beispiel Schilddrüsenunterfunktion, Übergewicht, verminderte Sexualkraft, Sterilität und zahlreiche weitere, sind durch Engramme bedingt. Der Beweis dafür liegt einfach darin, dass sich die Störungen der Drüsentätigkeit schließlich von selbst korrigieren, wenn Engramme reduziert werden. Engramme vermindern im Körper auch die Aufnahmefähigkeit für künstliche Hormone. Denn, wenn Engramme reduziert werden, können künstliche Hormone mit Nutzen verabreicht werden.

Es besteht ein direktes Verhältnis zwischen der Menge an Entheta bei einer Person und ihrer körperlichen Gesundheit. Dies tritt klar zutage, wenn man den Gesundheitszustand des Psychotikers untersucht. Ein Fall von vorgetäuschtem Tod ist nahezu unmöglich am Leben zu erhalten. Apathie-Fälle verhungern, entwickeln Krankheiten und können nicht den geringsten Infektionen widerstehen, ebenso wie auf Schocks von Gram so häufig Krankheit folgt. Der versteckt feindselige Mensch ist normalerweise ein Hypochonder, entwickelt ständig Krankheiten, von denen sogar er selbst weiß, dass sie unecht sind. Der Wut-Fall leidet an allen möglichen Beschwerden, insbesondere an Arthritis und anderen Krankheiten, die sich als chronische Somatiken einnisten und Ablagerungen entwickeln, Drüsen vergrößern, den Zustand des Herzens verändern und so weiter. Von da an die Skala hinauf ist eine immer bessere körperliche Gesundheit des Menschen festzustellen, je weniger Entheta und je mehr Theta vorhanden ist.

Ein junges Mädchen lag zum Beispiel im Krankenhaus und sollte sich von einer Blinddarmentzündung erholen. Sie hatte Fieber, in einem solchen Fall eine sehr ernste Angelegenheit. Ein Auditor wurde herangezogen und fand durch ein paar Fragen heraus, dass sie auf der Zeitspur in einem früheren Mumps-Engramm stecken geblieben war. Er brachte sie in die Gegenwart, und innerhalb der nächsten zehn Minuten sank die Temperatur auf Normal, woraufhin die Genesung ohne Zwischenfälle voranschritt.

Wenn eine normalerweise gesunde Person einmal vorübergehend krank wird, rutscht sie aufgrund von zeitweise restimulierten Engrammen auf der Tonskala ab. Jeder beliebige Krankheitsverlauf wird dadurch, dass man die Person in die Gegenwart bringt, oft wesentlich verkürzt.

Ein weiterer Teil der Medizinischen Dianetik ist der Dianetik *Assist.* Jedes vor ganz kurzer Zeit erhaltene Engramm lässt sich ungestraft auditieren.

Greift man Engramme von Verletzungen auf, die gerade erst geschehen sind, so verkürzt dies nachweislich die Genesungsdauer und erhöht das Lebenspotenzial, das durch den Unfall gefährdet worden ist. Beobachtungen in der Dianetik zufolge wird der Schock, der durch Operationen und Unfälle verursacht wird, durch den Dianetik Assist weniger gefährlich gemacht.

In der Vorbeugenden Dianetik lautet die erste Regel folgendermaßen:

IN DER NÄHE EINER VERLETZTEN ODER KRANKEN PERSON IST SCHWEIGEN ZU BEWAHREN.

Dadurch wird verhindert, dass das Engramm Wörter enthält, womit seine Gefährlichkeit merklich vermindert wird. Mehrere Krankenhäuser haben sich das nun zur Gewohnheit gemacht. Wenn es sich Ärzte in anderen Krankenhäusern einfach zur Regel machen würden, um den Operationstisch herum völlige Stille zu bewahren, so würden sie feststellen, dass ihre Arbeit viel leichter und erfolgreicher wäre.

Es sollte vom Auditor, ungeachtet seiner Fähigkeit bei körperlicher Krankheit beinahe Wunder zu vollbringen, nicht übersehen werden, dass Viren, Bakterien und gebrochene Beine immer noch existieren. Der Auditor würde gut daran tun, die Funktion des Arztes als grundlegende Notwendigkeit in der Gesellschaft zu erkennen. Wenn eine Arterie dabei ist, das Leben des Patienten, der am Boden liegt, auszupumpen, dann ist das erhaltene Engramm der unwichtigste Bestandteil des Ereignisses. Der wichtige Teil ist, die Arterie abzubinden. Das Aufgreifen eines Engramms wird keine Heilung bewirken, es unterstützt die Heilung gebrochener Knochen nur. Während die meisten chirurgischen Eingriffe, was Chirurgen selbst zugeben, unnötig sind, kann nur die Chirurgie Notlage-Reparaturen durchführen. Das Arbeitsfeld des Arztes ist offensichtlich der Bereich des akut Kranken, und es zeugt von Weisheit, wenn ein Auditor harmonisch und reibungslos mit Ärzten zusammenarbeitet und sich völlig der Tatsache bewusst ist, dass die Medizin oft das einzige Mittel ist, um das Leben zu bewahren oder zu verlängern. Die Aufgabe des Auditors besteht darin, den Krankheitsverlauf zu verkürzen, die Heilung jeder Art Verletzung zu unterstützen, und vor allem darin, Leute die Tonskala auf eine Stufe hinaufzubringen, auf der sie selten Opfer von Unfällen oder Krankheiten sein werden.

Die Grundgesetze von Theta
Affinität, Realität, Kommunikation

Es gibt in der Dianetik ein Dreieck, das von großer Bedeutung ist. Die wichtigsten Erscheinungen, durch die sich Theta, die gedankliche Energie und die Energie des Lebens, äußert, sind Affinität, Realität und Kommunikation (ARK).

Das ist die Besonderheit von Theta: Anstelle der Kohäsions-, Materie- und Kraftgesetze des physikalischen Universums (MEST) muss Gedankliches (Theta) Affinität, Realität und Kommunikation haben, um überleben zu können. MEST braucht bestimmte Gesetze, um zu überleben – oder befolgt diese Gesetze in der Tätigkeit des Überlebens. Energie und Materie hängen in Raum und Zeit in einer bestimmten Art und Weise zusammen, die durch bestimmte Gesetze geregelt ist. Aus der Entdeckung und Nutzung dieser MEST-Gesetze besteht die Wissenschaft Physik. Theta hängt ebenfalls in einer bestimmten Art und Weise zusammen. Und aus der Entdeckung und Nutzung dieser Gesetze besteht die Wissenschaft Dianetik.

Über Theta haben wir nicht annähernd so viele Kenntnisse wie über Atome und Elektronen, das vermutliche Gegenstück im physikalischen Universum. Elektronen, Protonen, Neutronen und verschiedene andere Teile der Energie des physikalischen Universums fließen mit bestimmten Geschwindigkeiten und existieren und wirken im physikalischen Universum in verschiedenen

Verbindungen. Es gibt zum Beispiel die Lichtgeschwindigkeit. Es gibt die Zusammensetzung von Atomen und Molekülen. Theta hat vermutlich verschiedene ähnliche Gesetze und zum jetzigen Zeitpunkt wissen wir nicht viel darüber. Wir wissen jedoch genügend, um mit Gewissheit sagen zu können, dass es zwischen den Funktionsgesetzen von Theta und denjenigen der Energien im physikalischen Universum einen Unterschied gibt.

Das wichtigste unter den Gesetzen von Theta ist, dass Theta ein grundlegendes Ziel hat: das Verändern von Mest. Theta verändert Mest, indem es Mest zu beweglichen Einheiten aufbaut, die wir als Lebensorganismen kennen, und indem es diese benutzt, um Mest zu verschiedenen Formen und Gegenständen zu gestalten oder diese Formen und Gegenstände zu zerstören.

Theta benutzt eine Stufenleiter der Evolution in der Gegenwart. Höhere Lebensformen werden von niedrigeren Lebensformen getragen. Früher betrachteten wir die Evolution als etwas, das sich über die Äonen zurückerstreckt, als eine abgestufte Skala verschiedener Spezies, die sich im Verlauf der Zeitalter bis zu unseren jetzigen Lebensformen hinentwickelten. Diese Vorstellung der Evolution weist viele Beschränkungen und Lücken auf und ist nicht sehr brauchbar. Durch die Verwendung der Theta-Theorie erkennen wir in der Dianetik, dass sich das gesamte Theta in Wirklichkeit in der Gegenwart befindet und dass, außer in der Gegenwart, keine Aktion möglich ist; und weiterhin, dass die Gegenwart eine fortlaufende Reihe von Augenblicken ist, in denen Theta von Augenblick zu Augenblick damit fortfährt, Mest zu verändern. Es lässt sich unschwer erkennen, dass die Evolution hier und jetzt in der Gegenwart am Werk ist. Flechten und Moose wandeln rohes Mest, d. h. Asche und Gestein, in Erdboden um. Auf diesem Boden können höhere Formen pflanzlichen Lebens gedeihen.

Pflanzliches Leben ist jedoch nicht sehr beweglich. Theta belebt Organismen, die aus Theta und Mest bestehen, doch Bäume verändern sehr wenig Mest. Verfolgen wir die Skala nach oben, so stellen wir daher fest, dass Theta damit beschäftigt ist, Säugetiere und Insekten zu schaffen. Und die größeren Tiere, die von Erde und Sonnenlicht nicht leben können, leben von pflanzlichen Formen, die ihrerseits Erde und Sonnenlicht in Nährstoffe für höhere Formen umwandeln.

Sobald wir zu den sehr komplizierten Lebensformen gelangen, wie den Säugern, stellen wir fest, dass eine sehr große Menge MEST umgewandelt wird. Gelangen wir zur Stufe des Menschen, so beginnen wir zu erkennen, dass Theta riesige Formen von MEST erschaffen oder zerstören kann.

Ein Mensch, der einen Fluss durch einen Staudamm aufhält und ein Wasserkraftwerk errichtet, verändert MEST für sein eigenes Überleben. Ein anderer Mensch, der durch Betätigung eines Schalters eine Glühbirne einschaltet, verlagert und ändert MEST.

Theta existiert auf dieser Kette der Evolution hier und jetzt in der Gegenwart in einem Zustand, in dem es eine sehr große Menge MEST verändern kann. Während wir immer mehr über MEST lernen, können wir immer mehr MEST verändern. Und während wir mehr über Theta lernen, können wir mehr MEST kontrollieren und verändern. Im Fall der Atombombe wird zwar eine Unmenge MEST verändert, aber so, dass es darauf hinausläuft, eine Unmenge Theta zunichtezumachen. Deshalb halten wir die Atombombe für falsch. Sie versagt darin, das Überleben zu fördern.

Der Mensch kann in vernünftiger Weise große Mengen MEST verändern. Man kann ihn daher als eine Art Zwischenziel betrachten. Niedrigere Lebensformen sind nicht in der Lage, MEST in größerem Maßstab zu verändern. Der Mensch kann potenziell Planeten bauen oder in die Luft jagen. Der Mensch wird sich vermutlich über das, was er ist, hinausentwickeln. In seiner Bildung macht er einen großen Schritt vorwärts, wenn er etwas über seinen eigenen Daseinszweck zu verstehen beginnt.

Der Zyklus, durch den Theta MEST verstehen lernt, ist sehr einfach: Theta prallt heftig auf MEST auf. Dies verursacht eine Turbulenz. Aber aus dieser Verwirrung leitet Theta irgendein winziges Gesetz von MEST ab und zieht sich zurück, um dieses neu erlernte Gesetz zur Eroberung von MEST auf MEST anzuwenden. Es gibt keinerlei Wissen ohne eine vorhergehende Enturbulierung. MEST wird erobert, indem Theta MEST schrittweise Gesetze entnimmt und MEST gegen MEST richtet, um es zu verändern.

Durch diesen Mechanismus der Turbulenz kann Theta viel über MEST lernen. Wenn Theta jedoch in ungeordneter Weise mit MEST verwickelt werden soll, so muss Theta irgendein Mittel haben, um die Enturbulierung loszuwerden, damit es sich das Wissen zunutze machen kann, das es durch die Verwirrung erworben hat. Theta muss imstande sein, sich zurückzuziehen, um zu einer geordneten Eroberung von Mest zurückzukehren, wobei es die Gesetze des physikalischen Universums verwendet, um das physikalische Universum zu erobern.

Der grundlegende Mechanismus, den Theta in der Vergangenheit hatte, war der Tod. Der Zyklus der Erschaffung, des Wachstums, des Zerfalls und des Todes war und ist ein Zyklus, der auf eine Spezies als Spezies, auf einen Organismus als Organismus oder auf eine Gruppe von Organismen zutrifft. Der Tod war offensichtlich der einzige Weg, auf dem sich Theta befreien konnte.

Da es nun eine Wissenschaft des Denkens gibt, die zum Verständnis einiger der Naturgesetze von Theta geführt hat, kann der Mensch innerhalb eines einzigen Lebens sein Theta und Mest von Enturbulierung befreien und sich die Erfahrung zunutze machen, die er durch die Turbulenz gewonnen hat. Wie sich die Dianetik auf die Lebenserwartung auswirkt, wurde noch nicht einmal untersucht, doch wirft sie mit Sicherheit den offensichtlichen Zweck des Todeszyklus über den Haufen.

In der Dianetik haben wir viel mit Affinität, Realität und Kommunikation zu tun. Wie genau auch immer die Grundannahmen sein mögen, für den Auditor zeigt sich beim Gebrauch dieser drei Punkte des Dreiecks deutlich, dass er ein äußerst nützliches Werkzeug hat.

Das Dreieck aus Affinität, Realität und Kommunikation könnte als ein wechselseitig wirkendes Dreieck bezeichnet werden, da sich keiner seiner Punkte anheben lässt, ohne eine Auswirkung auf die anderen beiden Punkte zu haben und sie ebenfalls anzuheben, und da keiner seiner Punkte vermindert werden kann, ohne die anderen beiden Punkte zu beeinflussen. Als Grund dafür nehmen wir an, dass Affinität, Realität und Kommunikation Bestandteile von Theta sind. Somit sind Affinität, Realität und Kommunikation drei Manifestationen derselben Sache.

Für den Auditor ist dies von äußerst großem Nutzen. Weist sein Preclear zum Beispiel eine sehr ausgeprägte Sonik-Absperrung auf, so weiß der Auditor, dass er ein gewisses Maß an Sonik wiedergewinnen kann, indem er entweder die Gegenwarts-Affinität des Preclears steigert oder die Realitätsstufe des Preclears anhebt. Falls die Affinität des Preclears ausgeprägt niedrig ist, so kann der Auditor diese Affinität in derselben Weise steigern, indem er den

Begriff des Preclears von Kommunikation und Realität verbessert. Und ist schließlich die Realität des Preclears niedrig, so kann sie angehoben werden, indem Affinität und Kommunikation vergrößert werden.

Das ist sehr nützlich, da der Auditor den unterdrückenden Faktor bei einem bestimmten Punkt des Dreiecks oft nicht direkt entdecken kann. Indem er Locks auf den anderen beiden Punkten zum Verschwinden bringt, kann er diesen unterdrückenden Faktor zugänglich machen.

Ganz gleich, ob man die *Theta-Mest-Theorie* der Dianetik nun versteht oder damit übereinstimmt – die Grundannahme von Affinität, Realität und Kommunikation, die sich direkt daraus herleitet, ist von unendlichem Nutzen.

Es ist sehr schwierig, die Affinität eines Menschen zu unterdrücken (seine Fähigkeit, Liebe zu empfangen oder zu geben), ohne ebenfalls seine Kommunikations- und Realitätsfaktoren zu unterdrücken. Gleichermaßen ist es nicht möglich, den Kommunikationsfaktor zu unterdrücken, ohne ebenfalls den Affinitäts- und Realitätsfaktor zu unterdrücken. Und schließlich kann man Realität nicht unterdrücken, ohne Affinität und Kommunikation zu unterdrücken. Sagt zum Beispiel eine Mutter ihrem Kind, dass sie es nicht liebt, so verbietet sie ihm auch zu sprechen und stumpft die Realität des Kindes ab, da das Kind normalerweise erwartet, geliebt zu werden. Dem Kind zu sagen, es solle ruhig sein, ist für das Kind auch eine Zurückweisung sowie eine Verletzung seiner Vorstellung, was die wirkliche Welt enthalten sollte. Widerspricht man einer Aussage oder Überzeugung des Kindes (das heißt, seiner Realität), so bricht man dadurch auch die Affinität mit ihm ab und unterdrückt seine Kommunikation. Dieses Dreieck kann man an keinem Punkt anrühren, ohne die beiden anderen Punkte zu beeinflussen. Und doch ist jeder Punkt sehr spezifisch und hat seine eigenen Merkmale.

Bei einer Betrachtung von Theta muss man sich ebenfalls vor Augen halten, dass Theta nach einer Gradienten-Tonskala von 0,0 an aufwärts bis 40,0 gemessen wird. Man könnte sagen, dass sich Theta im höchsten Bereich in einem reinen Zustand befindet. Es wäre ein klarer, gleichmäßig fließender Fluss. Es wäre Vernunft in ihrem höchsten Maße. Es wäre vollkommene Vernunft. Es wäre vollkommene Realität. Es könnte innerhalb seiner eigenen Stufe vollkommene Kommunikation erreichen. Und es wäre ganz und gar Affinität.

Man könnte sagen, dass eine immer größere Dissonanz in Theta hineingelangt, je weiter man auf der Tonskala nach unten geht. Der Strom wird sozusagen immer ungestümer, immer stärker eingeengt zwischen schmalen Ufern, fließt über immer größeres Gestein und wird schließlich seicht. Als Analogie zur Musik könnte man sagen, dass der Ton eine immer weniger reine und harmonische Schwingung aufweist und immer stärker verstimmt wird.

Geht man auf der Tonskala nach unten, so bilden Affinität, Realität und Kommunikation untereinander eine wechselseitige Dissonanz. Außerdem befindet sich Theta in immer heftigerer Verwirrung mit MEST. Anstelle einer geordneten und harmonischen Eroberung von MEST durch Theta stellt man, je weiter jemand auf der Tonskala in Richtung Tod absteigt, eine immer größere Turbulenz fest.

Der plötzliche Zusammenprall von Theta und MEST könnte als eine Turbulenz betrachtet werden, die eine Dissonanz in Theta erzeugt. Diese wird als Schmerz registriert und aufgezeichnet. Prallen Theta und MEST in solcher Weise zusammen, so ändern sich, gemäß Theorie und Beobachtung, die Merkmale des Thetas, und Theta unterhalb von 2,0 auf der Tonskala kann als enturbuliertes Theta betrachtet werden – als Theta, das mit dem materiellen Universum durcheinandergebracht und in chaotischer Weise vermischt worden ist und das in dieser Verwirrung verbleiben wird, bis es durch den Tod oder irgendeinen anderen Vorgang von der Enturbulierung befreit wird. Theta unterhalb von 2,0 bezeichnen wir als Entheta.

Der hier vorliegende Mechanismus ist einfach. In einer Lebensform ist MEST oberhalb von 2,0 auf der Tonskala ein geordnetes Gefüge. Unterhalb von 2,0 wird MEST als verwirrt und enturbuliert angesehen und als EnMEST bezeichnet.

Wir könnten ein Diagramm zeichnen, das Theta und MEST oberhalb von 2,0 und Entheta und EnMEST unterhalb von 2,0 darstellt. Von 2,0 an aufwärts sind Theta und MEST in immer geordneterer Weise verbunden, bis MEST ganz und gar zurückgelassen wird und Theta in seinem reinen Zustand existiert. Unterhalb von 2,0 sind Entheta und EnMEST in der betreffenden Lebensform immer mehr enturbuliert, bis der Punkt des Todes und die Ebenen darunter erreicht werden.

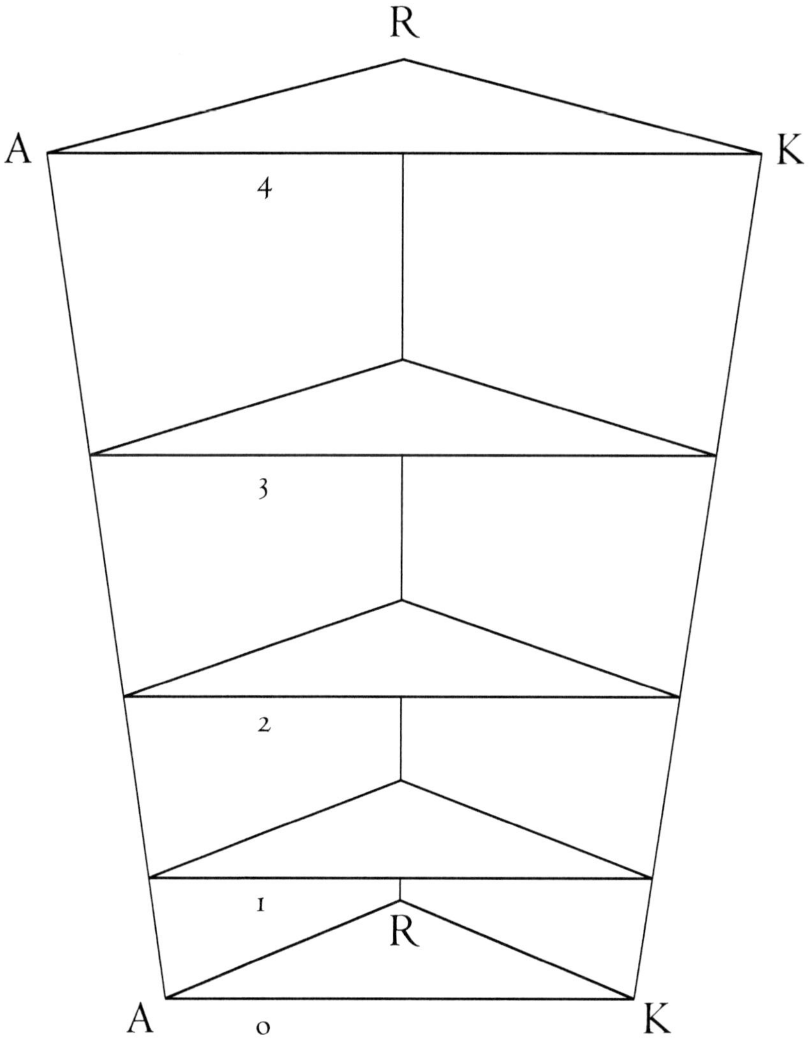

Die Tonskala

Affinität, Realität und Kommunikation, die drei Bestandteile von Theta, steigen und sinken auf der Tonskala gemeinsam.

Wir könnten davon ausgehen, dass Theta schrittweise seine Polarität umkehrt, während es auf der Tonskala in Richtung 0,0 absinkt. Wir könnten davon ausgehen, dass MEST seine Polarität umkehrt, wenn es auf der Tonskala von −3 an aufwärts steigt. Entheta übt auf Theta und MEST eine sehr abstoßende Wirkung aus. EnMEST übt auf Theta und MEST eine abstoßende Wirkung aus. Unterhalb von 2,0 sind MEST und Theta im besten Falle turbulent vereinigt. Oberhalb von 2,0 verbinden sie sich immer reibungsloser, je höher sie auf der Tonskala steigen, wobei das MEST immer stärker unter dem Einfluss von Theta steht und das Theta immer fähiger ist, mit dem MEST etwas zu machen. Unterhalb von 2,0 ist das Theta immer weniger imstande, irgendetwas mit dem MEST zu machen. Entheta wird beinahe so chaotisch wie MEST in seinem Reinzustand.*

Dies ist also der Mechanismus des Todes: Entheta und EnMEST treiben das restliche Theta und MEST aus dem Organismus hinaus.

Dies ist eine wichtige Grundannahme in der Dianetik, da sich hieraus die gesamte Tonskala und alle Manifestationen menschlicher Verhaltensweisen und Aberrationen herleiten lassen. Diese Grundannahmen sind das, was ein Ingenieur als eine in hohem Maße brauchbare Wahrheit bezeichnet. Denn für einen Ingenieur ist Wahrheit nicht das Absolute, das sie für den Metaphysiker ist, sie ist einfach etwas, das eine relativ hohe Brauchbarkeit aufweist.

Aus der Theta-MEST-Theorie lässt sich auch eine Erklärung für Gesundbeten herleiten, und es ist mehr als eine Erklärung, da es sich dabei für den Auditor um einen sehr brauchbaren Grundsatz handelt. Im Verlaufe der Abenteuer des Menschen (auf dem Gebiet der geistigen und körperlichen Heilung) wurde viele Male festgestellt, dass die eine oder andere Person, allein durch ihre Gegenwart, oder ein Bereich, aufgrund seiner Heiligkeit oder des Glaubens der Leute daran, es fertigbringen konnte, geistig oder körperlich kranke Menschen beinahe vollständig von ihren Aberrationen

*Vielleicht kommt jemand auf die Frage: „Was ist der Unterschied zwischen MEST und EnMEST, wenn beide weder Ordnung noch Plan aufweisen?" Die Antwort ist sowohl einfach als auch wichtig. Man könnte sagen, dass reines MEST unberührtes, absolut planloses Chaos ist. Von einem Organismus auf Tonstufe 4,0 kann man sagen, dass er MEST enthält, das von Theta harmonisch geplant und organisiert worden ist. Aber EnMEST ist keines von beiden. Es ist weder organisiert noch unberührt. Es ist mit Entheta in einem verdrehten, *des*organisierten Plan verwickelt und durcheinandergebracht.

zu befreien. In Südamerika gibt es eine Kirche, vor der ein kleiner Berg von Krücken steht, weggeworfen von körperbehinderten Menschen, die allein dadurch gesund wurden, dass sie sich dem Altar näherten. Und in Bethanien kam vor einigen Jahren ein Mann namens Lazarus aus seinem Grab hervor.

Ein Axiom in der Dianetik besagt Folgendes:

WIRD EINE GENÜGEND GROSSE MENGE THETA IN DIE NÄHE VON ENTHETA GEBRACHT, DESENTURBULIERT SIE DAS ENTHETA UND WANDELT ES IN THETA UM.

Dies ist wichtig genug, um das grundlegende Axiom des Prozessings zu bilden. Es erklärt dem Auditor, warum er einen Psychotiker, der praktisch kein Theta mehr übrig hat, nicht mit Erfolg in das Entheta eines Engramms hineinschicken kann. Das restliche Theta des Psychotikers würde selbst bloß enturbuliert werden, da es mengenmäßig nicht ausreicht, und der Psychotiker könnte sich theoretisch verschlechtern.

Daraus ergibt sich das zweite Axiom:

ENTHETA IN GENÜGENDER MENGE, DAS IN DIE NÄHE VON THETA GEBRACHT WIRD, WIRD DIESES THETA ENTURBULIEREN.

Es handelt sich hierbei um eine Frage der Menge. Wenn sehr viel Theta vorhanden ist, wird eine geringere Menge Entheta desenturbuliert werden und zu Theta werden. Aber wenn mehr Entheta als Theta vorhanden ist, wird das Theta voraussichtlich zu Entheta werden. Das ist der Ansteckungsfaktor der Aberration. Theta selbst könnte *Vernunft* genannt werden. Entheta könnte *Unvernunft* genannt werden. Bringt man eine ausreichende Menge Vernunft in die Nähe einer geringeren Menge Unvernunft, so wird die Vernunft die Oberhand gewinnen. Bringt man eine ausreichende Menge Unvernunft in die Nähe einer geringeren Menge Vernunft, so wird diese Vernunft zu Unvernunft werden. Daraus folgt, dass das Prozessing dazu neigt, den Auditor zu restimulieren. Daraus folgen auch die verschiedenen Arten des Prozessings, die für verschiedene Fälle benutzt werden müssen.

Je reiner das Theta, desto mehr MEST wird unter seinem Einfluss angezogen werden. Versucht Theta, EnMEST zu erobern, so wird es selbst enturbuliert werden. Wird Entheta auf MEST angewandt, so wird es das MEST zu EnMEST machen.

Entheta wird in Richtung Tod neigen und wirken. EnMEST neigt und wirkt in Richtung Tod. Theta neigt und wirkt in Richtung Überleben. Und MEST neigt und wirkt in Richtung Überleben, wenn es in geordneter Weise in einem Organismus oder durch einen Theta-Organismus erobert worden ist.

Nehmen wir den Dieb als Beispiel für Entheta. Ein Dieb ist hauptsächlich Entheta und hat lieber EnMEST als MEST. Ein Dieb wird aus dem MEST, das er stiehlt, EnMEST machen, das heißt, dessen Besitztitel verschleiern und möglicherweise dessen Form oder Substanz beschädigen. EnMEST im Besitz von Theta neigt dazu, das Theta zu enturbulieren. Versucht also ein ehrlicher Mann, ein verworrenes und unehrliches Eigentum zu besitzen, so wird er selbst enturbuliert werden.

Aus diesen Grundsätzen kann eine ganze Reihe von Axiomen und Kodizes für optimales Verhalten hergeleitet werden.

Es lässt sich ebenfalls beobachten, dass ein Individuum mit großem Theta-Umfang mehr MEST erobern und handhaben kann als ein Individuum mit einem geringen Theta-Umfang oder ein Entheta-Individuum. Der Psychotiker wird zum Beispiel alles MEST, mit dem er in Berührung kommt, ruinieren; der wirklich vernünftige Mensch hingegen wird das MEST, mit dem er in Berührung kommt, verbessern.

Hier haben wir offenbar auch einen kleinen Hinweis darauf, was „Glück" ist: Unter dem Einflussbereich guten Thetas kommt MEST automatisch herbei; MEST entfernt sich unter Entheta.

Wenn wir von Affinität, Realität und Kommunikation sprechen, so sprechen wir über die drei Bestandteile von Theta. Diese drei Größen, die in Verbindung miteinander auf MEST einwirken, ergeben die Erscheinung, die wir als Berechnen oder *Verstehen* bezeichnen könnten. Man muss eine gewisse Affinität für einen Gegenstand, eine gewisse Kommunikation mit ihm sowie einen gewissen Begriff von seiner Realität haben, bevor man ihn verstehen kann. Die Fähigkeit einer Person, irgendeinen Gedanken oder Gegenstand zu verstehen, hängt von ihrer Affinität, ihrer Kommunikation und ihrer Realität ab. Alle Mathematik lässt sich von der Einwirkung von Affinität, Kommunikation und Realität auf Mest herleiten.

Da Affinität, Realität und Kommunikation drei Bestandteile derselben Sache sind, nämlich von Theta, wäre es schwierig, einen Bestandteil zu steigern, ohne auch die beiden anderen zu steigern.

Das physikalische Universum und das, was wir als das Theta-Universum bezeichnet haben, beruhen beide auf dem Grundsatz von *Überleben* und *Unterliegen*. Was das Leben anbelangt, ist alles oberhalb der Stufe 2,0 Überleben und alles unterhalb der Stufe 2,0 Unterliegen. Oberhalb der Stufe 2,0 geht der Organismus in Richtung Leben. Unterhalb der Stufe 2,0 geht der Organismus nur in Richtung Tod. Man könnte die Dynamiken tatsächlich als Theta betrachten, das auf verschiedenen Gebieten zum Einsatz kommt und in verschiedenen Erscheinungsformen auftritt.

Jeder Mensch, sogar ein *aberrierter*, hat gelegentlich Augenblicke, in denen er als Clear handelt. Wenn er nicht restimuliert wird (wenn seine Engramme, Locks und Secondarys durch seine Umgebung nicht stark restimuliert werden), wird das Theta schrittweise desenturbuliert und er erlangt ein höheres Vernunftniveau. Die meisten Menschen erreichen unter normalen Umständen während eines Teils der Zeit die Stufe 3,0. Einige Menschen weisen in seltenen Fällen Verhalten und Vernunft eines MEST-Clears auf. Kaum jemand hat nicht Augenblicke gehabt, in denen er dem Zustand Clear nahekam. Clear zu sein ist ein Zustand, in dem sich jemand im Besitz des gesamten verfügbaren Thetas befindet, das bei einem Aberrierten teilweise in Engrammen und Locks eingeschlossen wäre. Die gewöhnliche Person mit ihren Engrammen und Locks befindet sich selten in dem glücklichen und vernünftigen Zustand eines Release oder Clears. Der Release oder Clear befindet sich ziemlich konstant in diesem wünschenswerten Zustand. Aber das heißt nicht, dass der Release oder Clear in Gegenwart einer überwältigenden Menge Entheta in der Umgebung nicht für Enturbulierung empfänglich wäre, denn das ist er schon. Er behält jedoch die Enturbulierung nicht in großem Maße bei und kehrt sofort wieder zu einem Geklärten Zustand zurück, sobald er von einer solchen Entheta-Umgebung frei ist. Außerdem sinkt er nicht sehr weit auf der Tonskala ab. Das ist ein völlig anderer Fall als der einer Person, die relativ wenig Theta übrig hat, das enturbuliert werden kann, und die sogar in einer mäßigen Entheta-Umgebung rasch auf der Tonskala absinkt. Es ist eine Frage der Fähigkeit, sich rasch wieder aufzurichten und sich zu erholen sowie beständiges und klares logisches Denkvermögen in den meisten Situationen zu bewahren.

Die Tabelle sollte in dem Verständnis gelesen werden, dass beinahe jeder, der nicht gerade völlig seiner Sinne beraubt in eine Anstalt gesteckt werden muss, ein gewisses Maß an Theta zur Verfügung hat. Es gibt viele Menschen, die einen großen Theta-Umfang besitzen, jedoch durch ihre Aberrationen chronisch unter die Stufe 2,0 hinabgebracht werden und die dennoch ihre Funktion ausüben können, da sie noch etwas Theta verfügbar haben. Diese Menschen werden rasch enturbuliert. Es gibt viele Leute, die gewöhnlich nicht als psychotisch eingestuft werden und beträchtlich viel Theta an den Tag legen, jedoch bei irgendeinem geringen Rückschlag rasch bis hinunter zu 1,1 oder 0,5 auf der Tonskala enturbuliert werden und noch einige Zeit nach der Enturbulierung auf dieser Stufe bleiben. Ruhen sich diese Leute aus und befinden sie sich nicht in unmittelbarer Berührung mit der restimulierenden Situation, so gewinnen sie einen Teil des Thetas aus dem turbulenten Bereich zurück.

Man könnte davon ausgehen, dass die Stärke der Dynamiken eines Menschen erstens durch den angeborenen Theta-Umfang bestimmt wird, den der betreffende Mensch besitzt, und zweitens durch die hemmende Wirkung seiner Engramme, je nachdem, wie sie in der Umgebung restimuliert werden. Somit ist es möglich, eine Person mit sehr starken Dynamiken zu haben, die jedoch so enorm aberriert wurde, dass sie beim geringsten Rückschlag rasch unter 2,0 auf der Tonskala hinunterfällt. Da solche Personen starke Dynamiken haben, versuchen sie natürlicherweise, sehr viel MEST zu erobern; während dieses Vorgangs der Eroberung werden sie jedoch von dem MEST, der Gesellschaft und der Umwelt enturbuliert, sodass sie enorme Mengen von Locks ansammeln. Und wenn in einer solchen Person viele Engramme verborgen liegen, so werden diese sich rasch aufladen, sodass die betreffende Person stark abgesperrt und in höchstem Maße aberriert wird, aber sie wird immer noch manchmal in der Lage sein, auf einem schöpferischen und konstruktiven Niveau tätig zu sein.

Das System der Dynamiken ist eine Methode, das Theta eines Menschen zu unterteilen, um zu zeigen, wie viel Theta er in jedem einzelnen Aktivitätsbereich zur Verfügung hat. Diese Unterteilung könnte folgendermaßen vorgenommen werden:

ERSTENS: die Dynamik des Selbst, der Drang zum Überleben als Individuum, Vernunft in Richtung auf individuelles Überleben für einen selbst.

ZWEITENS: die Dynamik des Überlebens durch Sexualität und Kinder.

DRITTENS: der Drang zum Überleben durch Gruppen, als Mitglied der Gruppe oder zum Überleben der Gruppe selbst.

VIERTENS: der Drang des Individuums, für die Menschheit zu überleben, oder der Drang der ganzen Menschheit zu überleben.

FÜNFTENS: der Drang des Individuums, für alle Lebewesen zu überleben, oder der Drang der Gesamtheit der Lebewesen, für sich selbst zu überleben.

SECHSTENS: der Drang des Individuums, das Überleben von MEST zu fördern, entweder zu seinem eigenen Nutzen oder zum Nutzen von MEST selbst (was sich in der Bewahrung von Besitz als solchem ausdrückt, ganz gleich, wem er gehört).

SIEBTENS: der Drang von Theta zu überleben; der Drang des Individuums, das Überleben von Theta zu fördern und durch das Überleben von Theta zu überleben.

ACHTENS: der Drang in Richtung Überleben durch das Höchste Wesen. Die Nummer acht, auf die Seite gelegt, gibt uns das Symbol für Unendlichkeit.

Jede dieser Dynamiken kann in die drei Bestandteile Affinität, Kommunikation und Realität aufgegliedert werden.

Auf der Ersten Dynamik hat man die Affinität für sich selbst, die Vorstellung von der Realität des Selbst und die Fähigkeit, mit der Erinnerung des Selbst Kommunikation zu betreiben.

Die Zweite Dynamik befasst sich mit der Affinität für einen Ehepartner oder für Kinder, im Hinblick auf die Zukunft eines Volkes, der Kommunikation mit einem Ehepartner oder mit Kindern und einer Vorstellung von deren Realität.

In der Dritten Dynamik liegt die Affinität des Individuums für die Gruppe oder die Affinität der Gruppe für sich selbst, die Fähigkeit des Individuums und der Gruppe, Kommunikation zu betreiben, sowie die allgemeine Realität oder Übereinstimmung, die in der Gruppe und zwischen dem Individuum und der Gruppe besteht.

Die Vierte Dynamik bedeutet, als ARK betrachtet, die Affinität des Individuums für alle Menschen und die Affinität der Menschheit für das Individuum. Sie umfasst die Kommunikation von Mensch zu Mensch sowie die Realitätsvorstellungen oder Übereinstimmungen des Menschen mit der Menschheit.

Die Fünfte Dynamik umfasst die Affinität des Individuums für das Leben oder die Affinität des Lebens für anderes Leben, die Fähigkeit des Lebens, mit dem Leben oder Individuum Kommunikation zu betreiben, sowie die Vorstellung der Realität des Lebens und der Übereinstimmung damit.

Die Sechste Dynamik umfasst die Affinität, Kommunikation und Realität von MEST als MEST im Rahmen seiner eigenen Gesetze (wie sie in den Naturwissenschaften ausgedrückt sind), aber sie umfasst auch, und das ist für unsere Zwecke wichtiger, das Gefühl des Individuums für MEST: es zu kennen, zu gebrauchen und zu bewahren.

Die Siebte Dynamik ist die Dynamik von Theta selbst, das sich gemäß unseren Grundannahmen aus den Bestandteilen Affinität, Realität und Kommunikation zusammensetzt.

Die Achte Dynamik ist die Dynamik des Höchsten Wesens, das heißt des Schöpfers. Das ist Gott. Man könnte die Betrachtung anstellen, dass Gott das physikalische Universum und das Theta-Universum erschaffen hat.

Spalte F
EMOTION

EMOTION KÖNNTE MAN ALS die Energiemanifestation von Affinität bezeichnen. Emotion und Affinität sind in zwei verschiedenen Spalten aufgeführt, weil man Emotion als eine Unterabteilung des allgemeineren Gebietes Affinität behandeln kann.

Emotion ist nicht gleichbedeutend mit Lebensenergie, sondern ist offensichtlich nur ein Teil von einem der Punkte im Dreieck aus Affinität, Kommunikation und Realität. Emotion liefert jedoch einen klar erkennbaren Hinweis auf den Geisteszustand und ist diejenige Größe, die der Auditor am leichtesten beobachten kann. Ihrer Verwendung in der Dianetik nach könnte man Emotion das Kennzeichen des jeweiligen Daseinszustandes nennen.

Die Entwicklung einer neuen Wissenschaft bringt natürlich die Entwicklung von zahlreichen neuen Ausdrücken mit sich. Und wenn neue Daten entdeckt werden, stellt man häufig fest, dass frühere Definitionen unzulänglich sind. Genauso ist es mit der Emotion. Das Wort „emotional" wird im Sprachgebrauch oft gleichbedeutend mit „irrational" verwendet. Häufig hört man: „Sei nicht so emotional, sei vernünftig." Hier wird scheinbar angenommen, dass man nicht vernünftig sein kann, wenn man emotional ist. Es gibt keine unvernünftigere Annahme als diese.

Jedes einzelne Engramm hat seine eigene emotionale Tonstufe, genauso wie jedes Engramm ein Somatik enthält. Dies ist eine falsche emotionale Tonstufe, die dem Aberrierten anstelle der natürlichen und vernünftigen Emotion untergeschoben wird. Da Emotion stark in Erscheinung tritt und da die weniger wünschenswerten Emotionsarten von Leuten an den Tag gelegt werden, wenn sie sich in sehr angespanntem Zustand befinden, blieb die Tatsache verschleiert, dass Emotion etwas Wünschenswertes ist.

Ein vollständig vernünftiges menschliches Wesen legt diejenige Emotion an den Tag, die vernünftigerweise von den Umständen gefordert wird, mit denen es in der Gegenwart konfrontiert wird. Erfordern die Umstände in der Gegenwart Gram, so wird eine rationale und verständige Person wahrscheinlich Gram zeigen. Wenn die gegenwärtige Situation Wut verlangt, dann wird ein rationales menschliches Wesen Wut zeigen.

Irrationale Emotion könnte in jeder beliebigen Situation irrational in Erscheinung treten. Zeigt jemand keinen Gram, obwohl die gegenwärtigen Umstände Gram erfordern, so wäre dies irrational. Würde die Person apathisch bleiben, obwohl (aufgrund glücklicher Umstände) in der gegenwärtigen Situation Glücklichsein angemessen wäre, so wäre dies irrational.

Emotion ist somit weder rational noch irrational, bis auf die Art und Weise, wie sie ausgedrückt wird. Eine aberrierte Person zeigt selten die Art von Emotion, die rational von einem bestimmten Umstand gefordert wird. Um dies zu beschreiben, würden wir eigentlich ein neues Wort benötigen, vielleicht „missemotional". Ein solches Wort würde darauf hinweisen, dass eine Person nicht die Emotion zeigt, die von den tatsächlichen Umständen der Situation verlangt wird. Dies würde darauf hinweisen, dass ihr aberrierter Zustand sie dazu gebracht hat, eine emotionale Reaktion zu zeigen, die in der gegenwärtigen Situation nicht angebracht ist. Missemotional zu sein wäre also gleichbedeutend damit, irrational zu sein. Ist jemand hingegen emotional, so würde dies auf einen rationalen Daseinszustand schließen lassen (falls der jeweilige emotionale Zustand mit den gegenwärtigen Umständen übereinstimmt).

Man kann die Vernunft jedes Menschen ziemlich genau nach der Angemessenheit der Emotion beurteilen, die er in einer gegebenen Reihe von Umständen zeigt. Sich zu freuen und glücklich zu sein, wenn die

Umstände Freude und Glück verlangen, wäre rational. Ohne ausreichenden gegenwärtigen Grund Gram zu zeigen, wäre irrational.

Engramme und der allgemein aberrierte Zustand eines Wesens verwehren ihm im Allgemeinen den Zugang zu Emotion. Da Glück und Fröhlichkeit die wahren Kennzeichen von Überleben sind, könnte man mit ziemlicher Berechtigung erwarten, dass ein Mensch immer weniger imstande ist, glücklich zu sein, je aberrierter er wird. Und so ist es auch. Nicht nur die Emotion, sondern auch das Lebenspotenzial des Individuums verläuft von Glück, an der Spitze, die enger werdende Abwärtsspirale hinab über Wut, Gram und Apathie bis zu absolut keiner Reaktion hin. Und somit haben wir einen direkten Gradmesser für den aberrierten Zustand des Menschen.

Man darf nicht vergessen, dass sogar ein sehr aberrierter Mensch in relativ unenturbulierten Augenblicken der Gegenwart beträchtlich viel freies Theta hat. Die Tatsache, dass jemand zum Beispiel leicht bis zur Stufe 1,1 enturbuliert wird, um dann dieser Stufe gemäß zu reagieren, bedeutet nicht, dass er in jedem wachen Augenblick seines Lebens auf dieser Stufe reagiert. Solange er durch gegenwärtige Enturbulierung nicht völlig psychotisch ist, zeigt er normalerweise sehr viel freies Theta. Die Gefahr an seinem Zustand liegt nicht etwa darin, dass er immer psychotisch ist. Sie liegt darin, dass, wenn er enturbuliert wird, sein bestehendes freies Theta, das an sich zu Glück und Vernunft fähig ist, auf der Tonskala bis zur Stufe 1,1 hin enturbuliert werden wird. Wird nun diese Person im Laufe ihres weiteren Lebens noch aberrierter, so wird sie, wenn eine schwierige Situation auf sie zukommt, eine Situation, die ihr freies Theta enturbuliert, nicht nur bis zur Stufe 1,1, sondern weiter hinunter auf die Stufe 0,5 absinken. Ist der Aberrierte einmal in die enger werdende Abwärtsspirale geraten und bleibt seine Umgebung Jahr für Jahr mehr oder weniger gleich, so kann man damit rechnen, dass er, wenn er enturbuliert wird, immer tiefer auf der Tonskala sinkt. Die Dianetik kann diese enger werdende Spirale unterbrechen. Sie kann dem Verstand wieder freies Theta zurückgeben. Sie kann die Fallen auslöschen, die auf den Menschen warten, wenn sein freies Theta enturbuliert ist. Somit ist jemand, der Dianetik Release oder MEST-Clear ist, keineswegs leicht unterzukriegen. Schwierige Situationen in der Gegenwart bilden keine schweren Locks. Er hat keine irrationalen Gründe, Gram oder Furcht zu verspüren. Aber er wird diese

Emotionen zeigen, wenn sie von den gegenwärtigen Umständen zwingend erfordert werden, und wird sich aber bald danach vollständig davon erholt haben. Einzig und allein ein Umstand in der unmittelbaren Umgebung, der stark genug ist, um ihn zu beeinflussen und zu beeinträchtigen, kann sein Theta enturbulieren und verursachen, dass er überhaupt vorübergehend auf der Tonskala sinkt. Von einem Menschen, der frei von Engrammen, Secondarys und Locks ist, sollte man nicht erwarten, dass er angesichts aller erdenklicher Umstände in einem Zustand idiotischer Heiterkeit bleibt. Ein solches Verhalten wäre an sich eine sehr aberrierte Verhaltensweise. Es gibt bestimmte manische Personen, die dies tun, und sie sind leider ziemlich geisteskrank.

Eines der Hauptergebnisse des Dianetischen Prozessings ist die Befreiung der Emotionen eines Menschen, sodass er Emotionen von Glücklichsein, Tatendrang und helle Freude bis zu Wut, Furcht und Gram hinunter verspüren kann (wenn diese Emotionen angesichts der gegenwärtigen Umstände angebracht sind).

Die Emotion ist ein Hauptkennzeichen der Tonskala. Das heißt aber nicht, dass Emotion alles ist, was zu Theta gehört. Dem Auditor dient die Emotion als wichtigster Hinweis für die Position des Preclears auf der Tonskala, weil sie so leicht erkennbar ist. Die beiden Stufeneinteilungen am Rande der Tabelle (die eine von 0 bis 1.000, die andere von –3 bis 40,0) sind jedoch beide willkürliche Zahlensysteme. Die Skala von 0 bis 1.000 wurde eingeführt, damit sich psychometrische Prozentwerte auf der Tabelle berechnen lassen. Die Skala von –3 bis 40,0 ist die ursprüngliche Tonskala der Dianetik. Diese ursprüngliche Skala wird beibehalten, weil sie für den Gebrauch des Auditors praktisch ist und einen grundlegenden Bestandteil der Terminologie der Dianetik bildet. Sehr häufig hört man einen Auditor über einen „1,5er-Fall" sprechen, womit ein Fall bezeichnet wird, der sich chronisch auf Wut befindet oder leicht bis zu Wut enturbuliert wird. Oder man kann einen Auditor von einem „2,5er-Fall" sprechen hören, was dem eingeweihten Zuhörer sagt, dass sich dieser Fall „bei der ganzen Sache ziemlich langweilt", aber schon recht weit fortgeschritten ist und leicht bis zu einer Stufe hochkommt, die als *falsche Vier* bekannt ist.

Die Tonskala ist keine abgeleitete Skala, sondern wurde als Ergebnis der Beobachtung vieler Preclears aufgebaut. Ein Auditor kann diese

Erscheinungen sehr leicht beobachten. Nehmen wir an, er stellt fest, dass sich sein Preclear auf der Tonstufe Wut befindet, während er ein Geschehnis läuft. Der Auditor kann erwarten, dass sich die Wut im Allgemeinen nach einmaligem Erzählen legt. Und dass der Preclear bei nochmaligem Erzählen offenen Unmut zu zeigen beginnt. Beim dritten, vierten oder fünften Erzählen kommt der Preclear vielleicht bis zu Langeweile hinauf und danach zu Gleichgültigkeit; bei weiterem Erzählen wird er schließlich völlige Heiterkeit in Bezug auf das Geschehnis erlangen. Würde der Auditor ein Geschehnis finden, in dem sich der Preclear in tiefster Apathie befunden hatte, so könnte er beobachten, wie der Preclear während des Auditings Schritt für Schritt durch die ganze Spanne der Tonskala hindurch hinaufkommt. Zunächst würde er sich in sehr tiefer Apathie befinden und weder wissen noch sich darum kümmern, ob sich dieses Geschehnis lösen lässt oder nicht. Danach würde er auf der Tonskala bis zu Apathie steigen. Dann bis zu Gram. Er würde eine gewisse Furcht und Besorgtheit zum Ausdruck bringen. Danach würde er missmutig werden. Schließlich würde er wütend werden, danach würde er offenen Unmut zeigen und über Langeweile schrittweise bis zur falschen Vier hinaufkommen.

Natürlich geht der Preclear nicht bei allen Geschehnissen Schritt für Schritt die Skala hinauf. Er folgt zwar genau derselben Skala, doch überspringt oder übergeht er vielleicht verschiedene Emotionsstufen. Beginnt er somit ein Geschehnis auf der Stufe Gram, so wird er vielleicht zu Langeweile gelangen und damit dann zu völliger Unbekümmertheit in Bezug auf das Geschehnis kommen.

Die Tonskala beruht somit auf Beobachtung. Sie ist ein sehr wertvoller Hinweis auf den Zustand eines Engramms. Geht der Preclear auf der Stufe Wut in das Engramm hinein (mit anderen Worten, wird er dadurch wütend), so weiß der Auditor, dass sich das Geschehnis relativ leicht Stufe um Stufe nach oben bringen lässt. Stellt er jedoch fest, dass sich der Preclear in sehr tiefer Apathie befindet, so weiß der Auditor, dass er mit diesem Geschehnis einen langen Weg zurückzulegen hat, bevor er den Preclear oben auf der Tonskala vollständig aus dem Geschehnis herausholen kann.

Stellt der Auditor fest, dass sich der Preclear in einem Geschehnis in tiefer Apathie befindet, so sollte ihm dies als Warnung dienen, dass er diese Situation äußerst behutsam angehen muss, dass er weitere Male des Erzählens sehr sanft verlangen muss, damit die Apathie (nach mehrmaligem Erzählen des Geschehnisses) schrittweise in Gram übergeht, dieser Gram frei werden kann und der Preclear dann in Bezug auf dieses Geschehnis bis zur höchsten Stufe der Tonskala gebracht werden kann.

Durch die emotionale Tonskala erhält der Auditor noch ein weiteres Hilfsmittel. Stellt er nämlich fest, dass er Gram bei einem Fall nicht durch Auditing entfernen kann, so sollte er die Bank des Preclears ein wenig genauer untersuchen, um herauszufinden, welche Emotion er beim Preclear einschalten *kann*, da es mindestens eine Emotionsstufe gibt, die er einschalten kann. Kann der Auditor keinen Gram einschalten, so wird er vielleicht Wut einschalten können. Und hat er erst einmal einen Teil der Wut aus dem Fall entfernt, so wird es ihm vielleicht gelingen, einige der tieferen Stufen, wie zum Beispiel Furcht, zu auditieren. Nachdem er mehrere Geschehnisse auditiert hat, die Furcht enthalten, wird er nun vielleicht feststellen, dass sich Gram von diesem Fall entfernen lässt. Manchmal verfällt ein Fall so leicht in Apathie, dass der Auditor sehr vorsichtig vorgehen und zuerst einige der oberen Emotionsstufen entlasten muss, bevor er versucht, die Geschehnisse tiefster Apathie zu auditieren, die er bei dem betreffenden Fall findet.

Als eine Arbeitsgrundlage gilt:

> DER AUDITOR KANN IMMER DAVON AUSGEHEN, DASS ER *IRGENDEINE* EMOTIONSSTUFE FINDEN KANN, DIE SICH BEIM BETREFFENDEN FALL AUDITIEREN LÄSST. ER SOLLTE HERAUSFINDEN, WELCHE EMOTIONSSTUFE SICH BEI DIESEM FALL AM LEICHTESTEN AUDITIEREN LÄSST, UND EINIGE GESCHEHNISSE DIESER EMOTIONSSTUFE AUDITIEREN.

Obwohl es sehr nützlich ist, glückliche Erlebnisse bei einem Fall zu auditieren und dadurch die Tonstufe des Preclears anzuheben, kann eine neue Enturbulierung den Preclear wieder in seinen ursprünglichen Zustand niederdrücken. Es hat jedoch Fälle gegeben, bei denen allein durch das Auditieren glücklicher Geschehnisse so viel Theta aus den Bereichen tieferer Tonstufen zurückgewonnen werden konnte, dass eine ausreichende Zahl von Aufmerksamkeitseinheiten wiedergewonnen wurde, um Sonik und Visio einzuschalten. Dieser Kniff des Durchlaufens von *Vergnügensmomenten* ist bei weitem die beste Methode, um einen Preclear in die Gegenwart zu bringen.

Man auditiert den Vergnügensmoment genau so, als wäre er ein Engramm, wobei die Aufmerksamkeit des Preclears so stark zum jeweiligen Geschehnis hingezogen werden kann, dass man dadurch Aufmerksamkeitseinheiten zurückgewinnt.

Emotion bildet einen wesentlichen Bestandteil eines jeden Engramms, aber in den Geschehnissen, die wir als *Secondary-Engramme* bezeichnen, nimmt sie eine Stellung für sich ein. Eigentlich gibt es drei Arten von Secondary-Engrammen:

1. Affinitätsbruch-Engramme oder Engramme mit aufgezwungener Affinität.
2. Realitätsbruch-Engramme oder Engramme mit aufgezwungener Realität.
3. Kommunikationsbruch-Engramme oder Engramme mit aufgezwungener Kommunikation.

Sie werden Secondary-Engramme genannt, weil sie keinen körperlichen Schmerz enthalten, jedoch von einem früheren Engramm mit körperlichem Schmerz in der Bank abhängen, um fortzubestehen. Das Wort Secondary-Engramm bezeichnet somit einen sehr stark geladenen Moment im analytischen Verstand des Preclears, dessen Kraft von einem Engramm mit körperlichem Schmerz abhängt, das tiefer in der Bank liegt.

Beim Auditieren von Secondary-Engrammen oder schmerzlicher Emotion muss der Auditor beträchtliches Geschick entwickeln. Man kann zum Beispiel nicht einfach frei heraus nach Gram fragen. Noch kann man frei heraus nach Furcht fragen. Beträchtliches Geschick und Fingerspitzengefühl sind erforderlich, um das zur Lösung des Falles notwendige Geschehnis zu erreichen.

Für den Auditor gilt folgende Arbeitsgrundlage:

BEI EINEM FALL MUSS STETS EIN GEWISSES MASS AN EMOTION ENTLADEN WERDEN. NUR BEI FÄLLEN, DIE SICH IN EINEM SEHR HOHEN BEREICH DER TONSKALA BEFINDEN, KANN MAN ENGRAMME MIT KÖRPERLICHEM SCHMERZ AUDITIEREN, OHNE EINIGE SECONDARY-ENGRAMME ZU BEARBEITEN.

Könnte man jegliche schmerzliche Emotion – allen offen gezeigten Unmut, alle Wut, alle Furcht, allen Gram und alle Apathie – von einem Fall entfernen, so würde man einen Dianetik Release vor sich haben, ob nun irgendwelche Engramme mit körperlichem Schmerz berührt wurden oder nicht. Theoretisch trifft dies zu, ist jedoch in der Praxis beinahe unmöglich, da der Auditor, wenn er verschiedene Secondary-Engramme zu auditieren beginnt, häufig feststellen wird, dass der Fall zurück in das tragende Engramm mit körperlichem Schmerz hineingleitet, welches sodann bearbeitet werden muss.

Entfernt man die schmerzliche Emotion aus einem Fall, so bringt dies die bemerkenswertesten Verbesserungen hervor, die sich im Dianetischen Prozessing erreichen lassen.

Spalte G
Affinität

In anbetracht der tatsache, dass das Wort „Liebe" im Sprachgebrauch mindestens zwei allgemein bekannte Bedeutungen hat, könnte ein Missverständnis entstehen, wenn es verwendet würde, um diesen Bestandteil von Theta zu beschreiben.

Affinität ist ein umfassender Begriff, und wie wir ihn in der Dianetik gebrauchen, bedeutet er einfach eine Übereinstimmung der Gefühle, eine Zuneigung, das Gefühl, das jemand einem anderen Menschen gegenüber empfindet. Affinität in der Theta-Bedeutung, wie sie in der Dianetik verwendet wird, könnte mit der Kohäsion und der Adhäsion des physikalischen Universums verglichen werden, und zwar, wie man sie auf Energie bezieht. Gemäß unserer Definition gibt es verschiedene Stufen der Affinität, wie sie durch die Tonskala dargestellt sind. Diese reichen von einem Gefühl des Wohlbefindens entlang sämtlicher Dynamiken über die verschiedenen Stufen der Emotion bis hinunter zu einer Gefühlsabtrennung von absolut allen Dynamiken. Affinität umfasst im weiten Sinne Emotion.

Die Tonskala der Affinität (wie sie auf der Tabelle dargestellt ist) bezieht sich auf die Reaktion, die ein Mensch zu irgendeiner bestimmten Zeit gegenüber einer einzelnen Person oder einer geringen Zahl von Personen zeigt. Wenn aber nun Affinität wiederholt unterdrückt wird, so nimmt der Betreffende mit der Zeit eine gewohnheitsmäßige Stufe auf der Affinitätsskala ein, eine gewohnheitsmäßige Reaktion gegenüber beinahe allen Menschen. Dies trifft auch auf die Affinitätsskala von Gruppen zu. Und auf dieser Skala kann man die Tonstufe jeder Nation oder sogar der Menschheit während eines beliebigen Zeitraumes finden. Dies wäre ein Durchschnittswert, der aus der allgemeinen Reaktion der Menschheit gegenüber der Menschheit ermittelt wird.

Zuoberst auf der Skala, um Tonstufe 4,0 herum, empfindet der Mensch Liebe, stark und nach außen gerichtet. Er ist freundlich gestimmt. Das ist Affinität, die nach außen gerichtet ist. Man stellt dies normalerweise bei Kindern fest, die, wenn sie älter werden und zuerst von einer oder zwei Personen und dann von vielen, zurückgestoßen und zurechtgewiesen werden, mit der Zeit eine Abstumpfung ihrer Affinität verspüren.

Um Tonstufe 3,0 herum empfindet die Person Toleranz ohne ein sehr großes Maß an nach außen gerichteter Handlung. Auf dieser Stufe wird die Person entgegenkommende Schritte, die ihr gegenüber gemacht werden, annehmen, unternimmt solche Schritte von sich aus aber nicht bereitwillig.

Um Tonstufe 2,5 herum beginnt das Individuum, Personen oder Menschen allgemein zu vernachlässigen. Diese Person wird Menschen vielleicht sogar allgemein nicht mögen und versuchen, von ihnen wegzukommen.

Auf der Tonstufe 2,0 wird die Affinität als Antagonismus ausgedrückt, ein Gefühl des Verdrusses und Irritiertseins, das durch entgegenkommende Schritte anderer Leute gegenüber dem betreffenden Menschen ausgelöst wird. Liebe wird mit Misstrauen aufgenommen. Sie wird ernstlich in Frage gestellt und mag zum Dank Abneigung erhalten.

Um Tonstufe 1,5 herum hat beinahe eine Umkehrung der Affinität stattgefunden. Ihre Dissonanz ist zu Hass geworden, der gewaltsam sein kann und entsprechend zum Ausdruck gebracht wird. Liebe, die einer solchen Person angeboten wird, mag sie zu heftigen zurückweisenden Handlungen treiben. Tatsächlich handelt es sich hier um den Faktor, dass Entheta Theta abstößt, da Theta selbst als einen seiner Bestandteile Liebe enthält.

Um die Stufe 1,1 herum gelangen wir in den Bereich der versteckten Feindseligkeit. Hier wurde der Hass der Person gesellschaftlich und individuell so missbilligt, dass er unterdrückt wurde, und sie wagt es nicht mehr, Hass als solchen an den Tag zu legen. Sie hat jedoch noch genügend Energie, um diesbezüglich ein gewisses Maß an Gefühl zum Ausdruck zu bringen, und somit kommt der Hass, den sie verspürt, versteckt hervor. Die Person mag sich aller möglicher Täuschungsmanöver bedienen: Sie mag behaupten, sie liebe andere Menschen und das Wohl der anderen sei ihr höchstes Anliegen. Gleichzeitig arbeitet sie (unbewusst oder anderweitig) daran, Leben und Ruf von Leuten zu schädigen oder zu zerstören und auch Besitztum zu vernichten.

Unterhalb von 1,0 kommen wir zu Furcht, die sich auf ihrer höchsten Stufe als starke Scheu, Lampenfieber, extreme Bescheidenheit, Hemmungen beim Sprechen mit anderen Leuten oder schnelles Erschrecken bei angebotener Zuneigung ausdrückt. Hier stoßen wir auch auf die sonderbare Erscheinung, dass jemand versucht, sich von einer eingebildeten Gefahr loszukaufen, indem er andere günstig stimmt. Im Prozessing gibt es dafür ein interessantes Beispiel: Fälle, die tief auf der Tonskala sind, werden, wenn sie die Stufe 1,0 erreichen, dem Auditor recht häufig Geschenke anbieten und versuchen, etwas für ihn zu tun. Eine grobe Darstellung davon war einmal in der Vorstellung der „Übertragung" enthalten. Auf dieser Stufe stellen wir ein Sich-Zurückziehen von Leuten fest.

Bei 0,5 gelangen wir zur Stufe Gram, wo wir Flehen bei der Person antreffen, ihr Gebettel um Mitleid und verzweifelte Versuche, durch Tränen Unterstützung zu gewinnen. Auf dieser Stufe können wir sogar äußerst sonderbare Verdrehungen von Wahrheit antreffen, die darauf abzielen, Mitleid und Unterstützung der anderen zu gewinnen. Zum Beispiel mag die zurückgewiesene Liebste, wenn sie auf diese Stufe von Gram kommt, alle möglichen merkwürdigen und sonderbaren Vorfälle von Grausamkeit seitens ihres verflossenen Liebsten erfinden, um das Mitleid der Leute um sie herum zu gewinnen.

Sinkt man unter Gram ab, so erreicht man Apathie, wo sich die Affinität als völliges Zurückziehen von sich selbst oder anderen ausdrückt. In Apathie unternimmt man keinen wirklichen Versuch, mit dem eigenen Selbst oder mit anderen Kontakt aufzunehmen. Hier hat die Dissonanz einen Nullwert erreicht, der an der Schwelle zum Tod liegt.

In der Affinitätsskala hat der Auditor einen handlichen Maßstab, da er durch Beobachtung des Preclears dessen Einstellung gegenüber Personen oder Gruppen und dessen Position auf der Tabelle feststellen kann. Indem er des Weiteren beobachtet, wie sich die Beziehungen des Preclears zu anderen verbessern, kann er sehen, wie der Fall langsam auf der Tonskala steigt.

Kommunikation und Realität

Das gesamte Gebiet der Kommunikation umfasst insgesamt viel mehr als den Austausch von Informationen. Grundsätzlich könnte man Kommunikation die Wissenschaft der Wahrnehmungen nennen. So wie die allgemeine Semantik auf dem Gebiet der Wörter und Ideen geordnet aufgebaut ist, so kann auch, und dies wurde in der Dianetik getan, das ganze Gebiet der Wahrnehmungen geordnet aufgebaut werden.

Man könnte sagen, dass alles, was wir vom physikalischen Universum wissen, und alles, was wir möglicherweise vom Theta-Universum wissen können, wenn man davon ausgeht, dass es existiert, im Bereich von Wahrnehmung, Berechnung und Fantasie enthalten ist.

Unter Wahrnehmung verstehen wir das Wahrnehmen von Entitäten oder Existierendem. Was wir als Realität kennen, erlangen wir, indem wir Entitäten und alles Existierende im physikalischen Universum und möglicherweise im Theta-Universum wahrnehmen, diese Wahrnehmungen miteinander verbinden und Ergebnisse berechnen oder uns Ergebnisse ausdenken, die den von anderen erzielten Ergebnissen nicht widersprechen.

Die Kanäle, mit denen wir das physikalische Universum wahrnehmen, sind sechsundzwanzig an der Zahl. Die wichtigsten sind: Sonik, Visio, Tastsinn, Geruch, Bewegungssinn, Wärmesinn, Wahrnehmung der Gelenkstellung, der Position des Körpers, Feuchtigkeit, Organwahrnehmungen und, um noch eine in der Dianetik entdeckte hinzuzufügen, Wahrnehmung von Bewegung auf der Zeitspur. Dies sind die Wahrnehmungen, mit denen sich der Auditor im Wesentlichen befasst, denn durch diese Kanäle lernen wir am meisten über das physikalische Universum.

Mit Hilfe von *Sonik* nehmen wir durch geistige Mechanismen die Schallwellen des physikalischen Universums wahr und deuten sie anhand von Vergleichen und Erfahrungen, genetischen sowie umgebungsbedingten.

Mit Hilfe von *Visio* nehmen wir Lichtwellen wahr, die als Sehwahrnehmungen mit der Erfahrung verglichen und ausgewertet werden.

Durch den *Tastsinn* nehmen wir Form und Beschaffenheit von Oberflächen und Substanzen wahr.

Mit Hilfe des *Geruchssinns* nehmen wir die ganz feinen Materieteilchen wahr, die als Geruch verzeichnet werden.

Durch den *Bewegungssinn* nehmen wir Bewegung durch Raum und Zeit hindurch wahr.

Durch den *Wärmesinn* nehmen wir die Temperatur wahr (Hitze und Kälte) und können so unsere augenblickliche Umgebung durch einen Vergleich mit früheren Umgebungen weiter auswerten.

Indem wir die *Gelenkstellung* wahrnehmen, können wir Raum und die Größe von Gegenständen messen und mehr über unsere körperliche Lage erfahren.

Indem wir die *Position des Körpers* wahrnehmen, spüren wir unsere Beziehung zu unserer unmittelbaren Umgebung.

Durch *Feuchtigkeitswahrnehmung* können wir die Feuchtigkeit oder Trockenheit der Atmosphäre fühlen und somit unsere Umgebung genauer beurteilen.

Durch *Organwahrnehmungen* spüren wir den inneren Zustand unseres Körpers.

Diese und andere Sinnesbotschaften bilden zusammen eine Ansammlung von Erfahrungen. Wie viele dieser Erfahrungen genetisch sind und wie viele davon im Theta-Körper aufbewahrt werden, sofern es diesen gibt, können wir zum jetzigen Zeitpunkt nicht genau messen. In unserer Umgebung gewinnen wir jedoch durch diese verschiedenen Sinneskanäle Erfahrungen und können in der jetzigen Umgebung handeln oder für die Zukunft planen.

Man könnte sagen, dass wir potenziell einen Sinnesempfangsmechanismus für jede Art von Sinnesbotschaft haben, die uns durch das physikalische Universum und vom Theta-Universum gesendet oder übermittelt werden kann. Somit haben wir Hörvermögen, weil es Schallwellen gibt, die aufgenommen und gedeutet werden können, wir haben Sehvermögen, weil es Lichtwellen gibt, die sich registrieren lassen und so weiter. Es könnte eine sehr interessante Abhandlung über die vermutliche Entwicklung unserer Sinne verfasst werden. Theta, das sich mit MEST verbindet, um Leben zu bilden, greift in seiner Eroberung von MEST durch die Sinneswahrnehmungen hinaus, um innerhalb der Umwelt zu bestehen und sie zu kontrollieren, um bis zu einem bestimmten Grad die Zukunft zu regeln und, besonders beim Menschen, um die Umwelt dem Organismus, der Spezies oder dem Volk anzupassen.

Was genau Wahrnehmungseindrücke des Theta-Universums sind, ist derzeit noch so undeutlich, dass man noch nicht einmal mit Sicherheit sagen kann, ob es ein Theta-Universum gibt. Erscheinungen wie außersinnliche Wahrnehmung, Intuition, Hellsehen, Hellhören und anderes bilden eine Ansammlung von Halbwissen, das normalerweise in den Bereich der übersinnlichen Phänomene verbannt wird. Die Existenz Gottes und geistige Erscheinungen könnte man als Theta-Universum klassifizieren. Den Kontakt mit diesen Erscheinungen würde man als eine Anwendung von Theta-Wahrnehmungseindrücken ansehen. Es sammelt sich seltsamerweise in der Dianetik (ob wir es nun wünschen oder nicht) beträchtlich viel Beweismaterial an, das nicht nur für ein Theta-Universum und einen Theta-Körper, sondern auch für Theta-Wahrnehmungseindrücke spricht. Das ist nun genügend weit vorangeschritten, um darauf hinzudeuten, dass es bestimmte (bereits teilweise gebildete) Techniken der Anwendung gibt, durch die die Theta-Wahrnehmungseindrücke Geklärt werden können. Dadurch erhöht sich unter anderem auch die potenzielle Fähigkeit des Individuums, etwas vorauszusagen. Geht man bei der Beurteilung allein von den verfügbaren Beweisen aus, so könnte man sagen, dass mehr Beweise für das Theta-Universum, den Theta-Körper und die Theta-Wahrnehmungseindrücke bestehen als solche, die dagegensprechen. Es haben sich genügend Beweise angesammelt, um die „wissenschaftliche" Grundannahme, dass das physikalische Universum das Einzige ist, was der

Mensch je kennen wird, als äußerst zweifelhaft erscheinen zu lassen. Die Wissenschaft war tatsächlich unfähig, Probleme des menschlichen Geistes zu lösen, Voraussagen für das Verhalten zu treffen und bessere Technologien für den Menschen zu erfinden, solange sie von der Annahme ausging, dass das Leben und der Mensch aus Verbindungen und Lehm des physikalischen Universums hervorgingen, ohne weitere Zutat. Diese Argumentation führte zu keinerlei Fortschritten in der Technologie und ließ tatsächlich zu, dass die Naturwissenschaften alles Wissen über das menschliche Verhalten weit übertrafen. Dies scheint jedoch mehr oder weniger unvermeidlich, wenn man bedenkt, dass die grundlegende Mission von Theta darin besteht, das physikalische Universum zu erobern, das heißt, zumindest was zurzeit den Teil von Theta betrifft, den wir selbst bilden. Mit einer solchen Mission war natürlich zu erwarten, dass das physikalische Universum zum bekanntesten Bereich der Realität würde. Vielleicht ist Theta nun in der Lage, sich selbst besser zu verstehen. Durch diese Ausführungen wollen wir dem Leser nicht die Vorstellung aufdrängen, dass sich die Dianetik zum jetzigen Zeitpunkt vorrangig mit übersinnlichen Phänomenen befasse. Nebenbei soll aber erwähnt werden, dass sich im Laufe der Forschungsarbeit immer mehr Daten ansammeln, die gegen die Vorstellung sprechen, der Mensch sei ein Geschöpf des physikalischen Universums allein.

Der Auditor, der einen Fall nach dem anderen bearbeitet, wird unweigerlich auf Beweise stoßen, die sehr zugunsten eines relativ zeitlosen Theta-Körpers sprechen, der als eine persönliche Identität existiert und parallel zur genetischen Linie der Spezies läuft. Und wenn er dies ignoriert, so kann es zur Folge haben, dass einige seiner Fälle stecken bleiben. Im Besonderen beziehe ich mich hier auf die anhaltenden, immer zahlreicheren Berichte von Auditoren über das Gebiet von vergangenen Toden und vergangenen Leben. Dieses Gebiet muss vorsichtig und sorgfältig untersucht werden. Dies ändert aber nichts an der Tatsache, dass ein Auditor, der auf einen vergangenen Tod stößt und ihn nicht richtig mit dem Standard-Verfahren reduziert, feststellen wird, dass sein Fall völlig stecken bleibt. Und tatsächlich gibt es Fälle, die gar nicht auditiert werden können und sich nicht auf der Zeitspur bewegen, bis diese Faktoren berücksichtigt werden. Ein Teil dieser Daten ist nun seit zwei Jahren bekannt, doch wurde und wird dieses Wissen weiterhin unterdrückt, da man sich davor scheut, etwas darüber auszusagen, bevor unumstößliche Beweise vorhanden sind. Im Verlauf ihrer Entwicklung scheint sich immer mehr zu zeigen, dass die Dianetik potenziell in der Lage ist, schließlich mit der oft als gegeben angenommenen, aber noch nie genau wahrgenommenen, gemessenen und erfahrenen menschlichen Seele in Berührung zu kommen.*

Um einen Fall bis zur Stufe eines MEST-Clears zu entlasten, braucht man nur mit den Wahrnehmungskanälen zum physikalischen Universum zu arbeiten.

Was wir als Realität betrachten, ist eigentlich eine Übereinstimmung über die Wahrnehmung des physikalischen Universums. Es besteht ein endloser philosophischer Streit über den Punkt, ob unsere Wahrnehmungen tatsächlich etwas wahrnehmen oder ob sie selbst nur eine Illusion sind.

---

*Das Thema vergangener Tode und vergangener Leben ist so spannungsgeladen, dass bereits im Juli 1950 der leitende Ausschuss der Stiftung eine Resolution verabschieden wollte, wonach das ganze Thema verboten worden wäre. Und viele Male bin ich gebeten worden, im vorliegenden Werk oder in der Öffentlichkeit jeden Hinweis darauf zu unterlassen, weil befürchtet wurde, dass dadurch der allgemeine Eindruck entstünde, die Dianetik hätte etwas mit Spiritismus zu tun. Da bereits vorgeburtliche Engramme so „umstritten" sind, wurde außerdem vielfach die Meinung vertreten, dass durch die Einführung von vergangenen Leben und Toden in die Dianetik, sei es auch nur als experimenteller Bereich der Forschungsarbeit, alten Therapierichtungen die Möglichkeit gegeben würde, an ihrem Wahn, dass eben „alles nur Wahn sei", festzuhalten. Dies wäre aber kaum eine wissenschaftliche Weise, mit einer Wissenschaft umzugehen. Ein wahrer Wissenschaftler berichtet kühn und furchtlos das, was er herausfindet. Kürzlich erzählte mir ein berühmter Schriftsteller eine Geschichte über Thomas Carlyle, der, als er hörte, dass eine amerikanische Schriftstellerin namens Margaret Fuller den Ausspruch „Ich akzeptiere das Universum" getan hatte, nur sagte: „Bei Gott! Das sollte sie auch lieber!" Der Auditor, der seinen Preclear auf der Zeitspur zurückschickt und plötzlich sieht, wie er in starke Somatiken und ein Visio von 1210 n. Chr. hineingerät, tut gut daran, das Geschehnis als Engramm zu reduzieren. Erhält er keine richtige Reduzierung, so tut er gut daran, nach dem Geschehnis zu fragen, das er für die Lösung dieser seltsamen Erscheinung braucht. Ist der Auditor wirklich dumm, so wird er dem Preclear gegenüber dieses Geschehnis abwerten und ablehnen, es zu auditieren – woraufhin sein Preclear stecken bleiben wird. Offenbar gibt es drei Arten solcher Geschehnisse: 1) diejenigen, die *Dub-ins* sind und *nur* bei Fällen auftreten, die im jetzigen Leben Dub-ins aufweisen; 2) Fantasien, die auf Gelesenem und Vorstellungskraft beruhen, aber keine Somatiken enthalten; und 3) solche, die tatsächliche, wirkliche Erlebnisse zu sein scheinen. Falls diese Daten über vergangene Leben und Tode, die im Theta-Körper aufgezeichnet sind, weiterhin standhalten und einer strengen Beweisführung unterzogen werden können, droht dies natürlich unsere Kultur radikal zu verändern. Zum jetzigen Zeitpunkt können wir nichts weiter tun, als Nachweise zu sammeln. Die Stiftung ist für jegliche diesbezüglichen Nachweise von Auditoren dankbar, wenn sie auf solche stoßen und sie vorzulegen wünschen. *Werten Sie niemals ein vergangenes Leben oder einen vergangenen Tod ab* und versäumen Sie nie, solche Somatiken als wirkliche Erlebnisse zu auditieren. Befolgt man diese Weisung nicht, so kann dies dem Fall ernstlich schaden. Ich habe Ihnen diese Informationen gegeben, weil ich nicht glaube, dass es der Dianetik ernstlich schaden kann, wenn dem Auditor beim Auditieren und den Fällen beim Auditiert-Werden geholfen wird.

Sicher, das physikalische Universum kann mathematisch bis auf null reduziert werden. Man könnte sagen, dass Materie, Energie, Raum und Zeit das Ergebnis bestimmter Bewegungen sind. Sobald wir aber in eine Seitenstraße abweichen und uns fragen, ob das physikalische Universum wirklich ist oder nicht, stoßen wir sehr bald auf viele philosophische Unwägbarkeiten. Was wir als Realität kennen, ist jedoch eine Übereinstimmung in Bezug auf die Vorstellung vom physikalischen Universum, in dem wir leben. Sie und ich stimmen überein, dass es in der Mitte des Zimmers einen Tisch gibt. Wir können ihn sehen und fühlen und wenn wir mit den Fingerknöcheln darauf klopfen, so können wir hören, dass sich hier etwas befindet. Sie und ich stimmen über die Realität dieses Tisches überein, und zwar in erster Linie deshalb, weil jeder von uns zustimmt, dass er den Tisch durch seine Sinne wahrnimmt. Sollte jemand auftauchen und sagen, es stünde kein Tisch, sondern eine schwarze Katze dort, so würden Sie und ich diesen Mann für verrückt halten. Durch eine Art natürliche Auslese entfernen wir tatsächlich solche „Verrücktheiten" aus unserer Gesellschaft. Befindet sich jemand im Widerspruch zur Mehrheit, was die Sinneswahrnehmungen des physikalischen Universums betrifft, so besteht die erste Reaktion der Mehrheit darin, ihn für verrückt erklären und einsperren zu lassen. Ist er eingesperrt, so pflanzt er sich nicht fort, und somit bricht die genetische Linie ab. Dies geschieht oft genug, um diejenigen aus dem Menschengeschlecht auszusondern, die nicht mittels Sinneswahrnehmungen über die Beschaffenheit des physikalischen Universums übereinstimmen. Über das Gebiet der Realität lassen sich viele amüsante und unterhaltsame Annahmen aufstellen.

Sicher ist, dass wir durch Kommunikation, durch die Gruppe von Sinneswahrnehmungen, die die Kommunikation bilden, die Realität erfahren. Unsere Affinität zu dieser Realität, unser Eingeständnis, dass wir ein Teil dieser Realität sind, und unsere Zustimmung, daran teilzuhaben, ist erforderlich, sodass wir Kommunikation damit haben können. Dies ergibt das Dreieck der Dianetik: Affinität, Realität und Kommunikation. Das eine kann nicht ohne die anderen beiden bestehen. Zum Beispiel kann es nicht Kommunikation und Affinität allein geben. Diese beiden würden eine gewisse Übereinstimmung ergeben, und diese Übereinstimmung wäre Realität. Ist Kommunikation vorhanden, so kann eine gewisse Übereinstimmung erzielt werden. Und sobald eine Übereinstimmung zwischen zwei Leuten oder bei jemandem mit sich selbst erreicht ist, gibt es auch etwas Affinität. Bestehen Affinität und Realität, so muss eine Kommunikation folgen oder bereits bestehen, um als Kanal zu dienen, durch den die Übereinstimmung ausgedrückt und erkannt wird.

Ein Auditor, der die drei zusammengehörigen Punkte Affinität, Realität und Kommunikation kennt, kann einen beliebigen Punkt des Dreiecks als Ansatzpunkt benutzen, um die anderen beiden Ecken des Dreiecks anzuheben.

Wie wir gesehen haben, umfasst das Gesamtgebiet der Kommunikation alle Kanäle der Sinneswahrnehmung: Sonik, Visio, Tastsinn, Geruchssinn und die übrigen Wahrnehmungen. Außerdem umfasst es auch noch die Wahrnehmung von zu heftigem Kontakt mit dem MEST-Universum, nämlich Schmerz (der selbst eine, wenn auch weniger direkte, Form der Kommunikation ist). Der Empfang von Wahrnehmungen des wirklichen Universums und das Ziel von Theta manifestieren sich als Berechnung. Eine Berechnung bringt Vorstellungen in Bezug auf die Realität hervor. Und dieses Hervorbringen von Vorstellungen führt zu der Art von Kommunikation, die gewöhnlich und normalerweise als Kommunikation eingestuft wird: Gespräch, Mitteilungen und andere Methoden des Gedankenaustausches.

Der Auditor muss sich des Wertes von Kommunikation bewusst sein, denn falls sein Preclear nicht mit seiner eigenen Vergangenheit Kommunikation betreiben kann, vermag er auch seine eigene Gegenwart nicht genau zu beurteilen und ganz sicher nicht seine eigene Zukunft abzuschätzen. Kann jemand mit der Realität der Gegenwart nicht in Verbindung treten oder sie nicht erfassen und vermag er seine eigene Zukunft nicht abzuschätzen und dementsprechend zu handeln, so wird er in verschiedenem Grade als neurotisch oder psychotisch bezeichnet. Der Auditor tut somit gut daran, sich auf diesem Gebiet gründlich auszukennen.

Spalte H
SONIK

IN DER DIANETIK BEDEUTET das Wort Sonik Geräusch-Rückruf, im Gegensatz zum Hören von Geräuschen außerhalb des Körpers. Sonik heißt, die Geräusche zu hören, die im Gedächtnis aufgezeichnet worden sind. Alle Geräusche, die man in der Vergangenheit gehört hat, sind aufgezeichnet, entweder in der analytischen Standard-Gedächtnisbank oder in der reaktiven Bank. Diejenigen, die in der analytischen Standard-Gedächtnisbank aufgezeichnet sind, sind den Rückrufmechanismen des Individuums – seinem „Ich“ – alle zugänglich. Diejenigen Wahrnehmungen, die in der reaktiven Bank aufgezeichnet sind, wurden vom betreffenden Menschen aufgenommen, während er bewusstlos war – in einem hypnotischen Zustand oder zu einem Zeitpunkt, als er unter Drogen stand, sich in einem Delirium befand, aufgrund einer schweren Verletzung bewusstlos war oder sogar während eines vorübergehenden Augenblicks der Bewusstlosigkeit aufgrund einer leichten Verletzung. Vor der Dianetik glaubte man nicht, dass Wahrnehmungseindrücke wie Sonik während Zeiten der Bewusstlosigkeit überhaupt aufgezeichnet würden. Eine der grundlegenden Entdeckungen in der Dianetik war die, dass diese Wahrnehmungseindrücke in Zeiten der Bewusstlosigkeit eines Menschen aufgezeichnet werden, dass diese Daten wieder zurückgeholt werden können und dass die auf diese Weise empfangenen und aufgezeichneten Daten sich aberrativ auf den Menschen auswirken.

Ob die betreffende Person nun wach war, schlief oder in Bewusstlosigkeit lag, als sie ein bestimmtes Geräusch hörte, dem Rückrufmechanismus des „Ich" ist es trotzdem zugänglich. Die kaum vorstellbare Speicherkapazität des Verstandes ist im Moment strukturmäßig noch nicht erklärt. Aber jedes Geräusch, sei es nun eine Stimme, eine Autohupe, das Klappern von Essgeschirr, Schritte, Wind – jedes Geräusch, das jemand in seinem Leben gehört hat – ist aufgezeichnet. In dieser Weise aufgezeichnet, ist es dem „Ich" des Individuums zugänglich. In der Dianetischen Technik wird die Person durch ihr Leben hindurch zurückgeschickt und befähigt, durch die Wahrnehmungseindrücke von Sonik, Visio usw. Informationen zurückzugewinnen, die ihr verschlossen gewesen sind.

Es gibt sehr viele Abstufungen hinsichtlich der Qualität von Sonik. Ein Fall, auf dem sich viel Gram und andere Arten von Ladung befinden, kann über Sonik-Rückruf verfügen oder auch nicht. Ein Fall, der vom einen Ende der Zeitspur bis zum anderen allgemein abgesperrt ist, kann durch Ladung, Valenz-Schwierigkeiten, Sonik-Absperrungen durch Befehle oder Feststecken außerhalb der Gegenwart so stark abgesperrt sein, dass er keinerlei Sonik aufweist. Dieser Zustand kann so schlimm sein, dass er die Person unfähig macht, sich an irgendetwas zu erinnern, das erst kurz zuvor gesagt worden ist, wie auch an etwas, das auf der Zeitspur weiter zurückliegt. Ladung, Valenz-Schwierigkeiten und Sonik-Absperrungen durch Befehle können auch relativ leicht sein. Unter diesen Umständen wird die betreffende Person das bekommen, was wir als *Sonik-Eindrücke* kennen. Sie wird Eindrücke der jeweiligen Stimmlage bekommen können, in der die Worte geäußert wurden, wenn sie sich auf der Zeitspur entlangbewegt, aber sie hört die Geräusche nicht klar. Der Fall mag jedoch so wenig Sonik-Absperrung, Valenz-Schwierigkeiten und Ladung aufweisen, dass klares Sonik vorhanden ist (das heißt, dass etwas genauso wie beim ersten Mal gehört wird), ob sich die Person nun auf der Zeitspur bewegt oder sich etwas in der Nähe der Gegenwart zurückruft.

Sonik-Absperrungen können recht gezielt auftreten. Jemand kann vielleicht Geräusche, aber keine Stimmen hören. Er mag ein ganzes Sinfonieorchester hören können und doch unfähig sein, wieder zu hören, was ihm seine Frau zum Einkaufen für das Abendessen aufgetragen hat. Ausgewählte Absperrungen werden sowohl durch Ladung auf dem Fall als auch durch ausgewählte Sonik-Absperrbefehle verursacht, wie z. B.: „Du kannst deine Frau nicht hören“ oder: „Du beachtest mich nicht.“

Ein Hauptanliegen des Auditors besteht darin, Sonik einzuschalten. Deshalb muss er wissen, wodurch es ausgeschaltet wird. Gemäß der jetzigen Theorie, die sich in der Praxis relativ gut bewährt hat, liegt der ernsthafteste Grund für Sonik-Absperrungen darin, dass die betreffende Person *auf der Zeitspur feststeckt.* Da sie sich nicht auf der Zeitspur bewegen kann, kann sie sich natürlich weder durch Geschehnisse hindurchbewegen noch die darin enthaltenen Geräusche hören. Der zweitschwerste Störfaktor für Sonik stammt von *Valenzwechslern.* Die Identität der Person wird mit derjenigen einer anderen Person verwechselt, die betreffende Person befindet sich nicht in ihrer eigenen Valenz und ist von ihrer eigenen Zeitspur herunter. Die nächstschwerste Quelle für Sonik-Absperrungen ist der *Befehlssatz,* der ausdrücklich sagt: „Du kannst nichts hören“, „Du hörst mir überhaupt nie zu“, „Du musst still bleiben“, „Ich bin stocktaub“ usw. usw. Durch Gram und Ladung auf einem Fall wird Sonik noch zusätzlich etwas beeinträchtigt, doch nicht so stark, wie man erwarten könnte, da Fälle, die ungeheuer viel Gram und Ladung aufweisen, Sonik-Rückruf im Allgemeinen doch beibehalten, sofern keine Valenzwechsler vorhanden sind.

Die schwerste Sonik-Absperrung wäre eine, die durch eine Kombination von Faktoren verursacht wird; dazu würde der Fall gehören, dass die Person nicht nur auf der Zeitspur in einem Engramm feststeckt, sondern dass auch die Zeitspur selbst zusammengebrochen ist, aufgrund von *Zusammenpackern,* die aktiv sind.

Es gibt Fälle, die falsches Sonik haben: Sonik-*Dub-in.* Laut Theorie wird dieses Dub-in durch *Dämonenschaltkreise* verursacht, das heißt, durch stark geladene Teile des analytischen Verstandes, die der reaktive Verstand weggenommen hat und die ihm nun gehorchen, nachdem sie durch Ladung in getrennte Entitäten abgekapselt worden sind. Sie können jedoch sehr leicht gefunden werden, da Sonik-Dub-ins für gewöhnlich nichtssagend sind und keinen Sinn ergeben. Überdies kann jemand, der Dub-in aufweist, ein Geschehnis nicht nochmals mit denselben Worten durchlaufen, nachdem er einmal durch dieses Geschehnis gegangen ist. Man sollte einen Fall mit Dub-in-Rückruf nicht als etwas betrachten, das schwer feststellbar ist. Sogar für Anfänger ist es sehr einfach, Dub-in festzustellen, da es sich nicht wiederholt bzw. einer Wiederholung nicht standhalten wird, sondern sich beträchtlich ändert; und es ist nicht besonders einleuchtend und lässt sich überhaupt nicht wie ein Engramm durchlaufen. Nach kurzer Arbeit mit einem solchen Fall von Sonik-Dub-in lässt sich erwarten, dass er das Dub-in verliert. Sobald der Schaltkreis berührt worden ist, der das Dub-in verursacht, ist das Ergebnis ein Fall ohne Sonik. Man sollte dies aber nicht mit einem Fall verwechseln, der Sonik aufweist, jedoch schwere Verstöße des Auditors gegen den Auditorenkodex erlebt hat, bei dem Engramme teilweise durchlaufen, aber nicht reduziert wurden und außerdem Zusammenpacker ausgelöst wurden, sodass die Zeitspur zusammenbrach. Diese Fälle kann man anhand der Tatsache auseinanderhalten, dass der Fall, der Dub-in aufwies und es nun verloren hat, sich immer noch so leicht und gut auf der Zeitspur bewegt wie vorher. Nach einem Zustand ohne Sonik werden dann Geräuscheindrücke verfügbar werden, sobald Valenzwechsler und Sonik-Absperrbefehle aus dem Fall herausauditiert sind, und dann sollte das eigentliche Sonik wiederkehren.

Das Thema Sonik-Rückruf erfordert sehr viel Studium, bevor man ein endgültiges Urteil über all seine Nebenaspekte abgeben kann. Die Erfahrungen in der Dianetik haben gezeigt, dass ein Clear die Rückrufe im Allgemeinen wieder sehr vollständig zurückerlangt, und dies trifft auch auf Sonik zu.

Wie aus der abgestuften Skala von Sonik, die auf der Tabelle angegeben ist, hervorgeht, ist Sonik nicht ein Phänomen, nach dem sich die Position des Preclears auf der Tabelle ermitteln lässt, höchstens im weitesten Sinne. Der Clear, an der Spitze der Skala, hat im Allgemeinen vollständigen Sonik-Rückruf. Er mag jedoch so aberriert gewesen sein, dass seine analytische Gedächtnisbank über weite Strecken seiner Zeitspur keine angemessenen oder deutlichen Aufzeichnungen erhalten hat. Von dem Moment an, da jemand Clear oder fast Clear ist, und in seinem weiteren Leben, wird er über Sonik-Rückruf verfügen. Solange er aberriert war, hat er jedoch vielleicht hier und da auf der Zeitspur keine Geräusche aufgezeichnet.

Viele Missverständnisse bestehen hinsichtlich Sonik-Rückruf und Visio-Rückruf bei Clears. Diese Rückrufe sind nicht in allen Fällen eidetisch, da fotografischer oder fonografischer Rückruf eine Sache der Übung ist und jemand, der darin nicht geübt ist, Seheindrücke und Geräusche nicht unbedingt mit genügend Konzentration aufnehmen wird, um das gesamte

Material für sofortigen Rückruf zur Verfügung zu haben. Auf dem ganzen Gebiet der Rückrufe müssen noch sehr viele Tests durchgeführt und eine große Anzahl von Fällen beobachtet werden, bevor wir das Rückrufpotenzial bei jedem einzelnen Clear klar und wissenschaftlich auswerten können. In den Fällen, die bis jetzt beobachtet wurden, sind die Rückrufe jedenfalls gut, aber nicht unbedingt eidetisch.

Jemand mag an jeder beliebigen Stelle auf der Tonskala genauen Sonik-Rückruf aufweisen, sofern er sich auf der Zeitspur frei bewegen kann und sich *in seiner eigenen Valenz* befindet. Die Fähigkeit zu Sonik-Rückruf ist kein Hinweis auf Neurose oder Psychose. Sonik-Rückruf wird von Faktoren beeinflusst, die ihrerseits keinen solchen Hinweis liefern. Die Menge an freiem Theta, die für analytische Wahrnehmungen und Berechnungen verfügbar ist, bildet eigentlich den einzigen Hinweis.

In den tieferen Bereichen der Tonskala erwartet man jedoch normalerweise, dass ein vernünftiger Mensch weder Sonik-Rückruf noch eine andere Form des Rückrufs von Wahrnehmungen aufweist und dass der echte Psychotiker oder Neurotiker über Sonik-Rückruf verfügt. Dies hat in der Vergangenheit Praktizierende auf Gebieten der Heilkunst zu der irrigen Überzeugung gebracht, Sonik-Rückruf finde sich nur bei Idioten und Schwachsinnigen – was völlig falsch ist und auf beschränkter Beobachtung beruht.

Der Mechanismus, der Sonik-Rückruf beeinflusst, liegt in der Frage begründet, ob der Verstand genügend Kraft hat (höchstwahrscheinlich strukturmäßig), um Ladung sowie die allgemeinen Auswirkungen von Engrammen abzuschneiden und abzukapseln und immer noch einen Teil des Analysators für freies Denken mit dem übrigen freien Theta zu bewahren. Der Psychotiker oder Neurotiker hat nicht die Kraft, einen Teil des Analysators für klares Denken freizuhalten – wird er durch Engramme enturbuliert, bleibt dabei aber in seiner Valenz, so findet in seinem analytischen Bereich eine völlig uneingeschränkte Enturbulierung statt, wobei kein Teil des Analysators von dieser Enturbulierung verschont bleibt. Wenn jemand eine psychosomatische Krankheit und Sonik-Rückruf aufweist, ist eine beinahe psychotische Person zu erwarten – wobei die psychosomatische Krankheit von vielen Engrammen zeugt und der Sonik-Rückruf besagt, dass der analytische Verstand nicht die Kraft hat, um unglückliche und schmerzhafte Erinnerungen abzukapseln. Wo man psychosomatische Krankheiten und eine Sonik-Absperrung findet, kann man eine Person finden, die potenziell tief auf der Tonskala ist, aber trotzdem genügend freies Theta hat, um auf einer hohen analytischen Ebene zu reagieren – wenngleich sie sich im Leben vielleicht dennoch sehr aberriert verhält.

In der Vergangenheit wurde auf diesem Gebiet viel zu kurzsichtig gedacht. Man hat, laut älteren Lehrmeinungen, beobachtet, dass sehr viel Aberration sehr viel Antrieb und Tatkraft bedeutet – und dass man deshalb von einem Neurotiker in der Kunst und anderen Bereichen größere Leistungen erwarten kann als von einem geistig gesunden Menschen. Aus Ableitungen, Beobachtungen und viel Erfahrung geht hervor, dass dies ein völliger Trugschluss ist. Jemand mit sehr viel freiem Theta wird voraussichtlich stabiler als seine Mitmenschen sein. Er mag mehr Engramme haben oder auch nicht. Doch vom Kindesalter an versucht er, mehr Raum als seine Mitmenschen einzunehmen und lieber seine Umgebung an sich anzupassen, als in schwächlich-unterwürfiger Art zu versuchen, sich an seine Umgebung anzupassen. Er wird deshalb andauernd zurückgewiesen, und seine Engramme werden sich langsam durch das Ansammeln von Brüchen in Affinität, Realität und Kommunikation aufladen, bis er auf seine Umgebung ziemlich neurotisch reagiert. Normalerweise ist eine solche Person recht gründlich abgesperrt, was Sonik und Visio betrifft. Ihr Theta – das heißt das Theta, das noch frei geblieben ist und mit dem kleinen, noch verfügbaren Teil des Analysators arbeitet – ist immer noch größer als das Theta, das der Durchschnittsmensch zur Verfügung hat. Wenn wir nun diesen Menschen mit den Verfahren der Dianetik auditieren (und das Entheta in Theta umwandeln), dann wird er immer stärker und fähiger, mit seiner Umgebung fertigzuwerden und sie anzupassen. Er wird kein Sonik oder Visio haben, bis er Release oder Clear ist. Solche Menschen sind nur deshalb schwierig zu auditieren, weil sich ihr Verstand so vorzüglich und solide gegen die Ladung auf dem Fall abgeschirmt hat. Sie zu auditieren lohnt sich jedoch sehr, denn, wenn der Auditor mit der Arbeit fertig ist – und sogar wenn er sie nie ganz abschließt –, hat die Gesellschaft mit diesem Menschen eine starke, schöpferische Stütze gewonnen. Arbeitet der Auditor aber, weil es ihm leicht erscheint, mit beinahe oder völlig psychotischen Fällen (die Sonik aufweisen), so mag er am Ende jemanden vor sich haben, der, selbst wenn er strukturell intelligent sein mag, dennoch so wenig Theta besitzt, dass sein

Wert für die Gesellschaft gering ist. Diese Schlussfolgerungen sind sehr verallgemeinert, haben sich aber in einer großen Anzahl von Fällen bestätigt.

Es gibt Menschen, die so wenig aberriert sind, dass sie, obwohl sie mit genügend freiem Theta ausgestattet und somit eine gewaltige Bereicherung für die Gesellschaft sind, trotzdem Sonik und Visio haben (da sie sich schon im Bereich 3,5 auf der Tonskala befinden). Es ist bei weitem nicht wahr, dass man, um für die Gesellschaft von Wert zu sein, sehr aberriert sein und abgesperrte Rückrufe haben muss, denn in einem derart aberrierten Zustand ist der Betreffende wahrscheinlich so tief auf der Tonskala, dass sein positiver Wert für die Gesellschaft (der verwirklicht werden würde, wenn er sich auf Stufe 3,0 der Tonskala oder darüber befände) zu einer Belastung wird; seine Aberrationen beeinträchtigen seine Umgebung stark und führen zu ihrer Zerstörung. Dies sind die Diktatoren, die ihre Länder durch Krieg in den Ruin führen, oder die Künstler, die durch ihre Grobheit und Rohheit die Sitten eines Volkes und somit das Volk selbst zerstören.

In erster Linie sollte der Auditor über Sonik-Rückruf wissen, dass dadurch ein Fall leichter auditiert werden kann und dass ein Fall, der diese Art Rückruf nicht hat und richtig auditiert wird, sie mit der Zeit erlangen wird. Der Auditor sollte bei Fällen mit Sonik-Rückrufabsperrung nie verzweifeln. Mit der Zeit werden die Eindrücke stärker, und schließlich wird Sonik-Rückruf auftreten. Eine sehr hohe Position auf der Tonskala ist jedoch erforderlich, bevor sich Sonik wieder einstellt, falls jemand mit völligen Absperrungen begonnen hat. Außerdem gibt es eine Technik, die Sonik manchmal einschaltet. Sie ist als *Auditieren von Vergnügensmomenten* bekannt.

Vergnügensmomente können bei einem Fall genau wie Engramme auditiert werden, indem man den betreffenden Augenblick immer wieder durchgeht. Dabei werden Aufmerksamkeitseinheiten zu diesem Moment des Vergnügens hingezogen, da es eine der Aufgaben des Verstandes ist, Glück und Vergnügen auf den verschiedenen Dynamiken zu erzielen. Indem der Auditor den Preclear zu einem Vergnügensmoment zurückschickt und ihn diesen Moment durchlaufen lässt, kann er einige Aufmerksamkeitseinheiten aus Bereichen der Enturbulierung zurückgewinnen. Dadurch wird es für den Preclear ein wenig leichter, sich auf der Zeitspur zu bewegen, und dabei wird er vielleicht Sonik-Rückruf erlangen. Jedenfalls ist das Auditieren von Vergnügensmomenten für einen Fall sehr nützlich.

Das Auditieren von *zukünftigen Vergnügensmomenten* verbessert manchmal die Wahrnehmungseindrücke. Dabei handelt es sich eigentlich um imaginäre Geschehnisse, soweit dies beurteilt werden kann. Der Betreffende steigt auf der Tonskala, wenn er Vergnügensmomente durchläuft und somit lässt sich bei jedem erwarten, dass sich ein Anstieg auf der Tonskala ergibt, wenn Vergnügensmomente der Vergangenheit auditiert werden oder wenn er sich zukünftige Vergnügensmomente vorstellt.

Durch Affinitätsbrüche wird Sonik oft vermindert. Ein Preclear, der am Montag Sonik aufweist und am Dienstag mit seiner Liebsten Streit hat, wird vielleicht am Mittwoch viel weniger Sonik-Rückruf aufweisen. Wird der Sonik-Rückruf eines Menschen abgewertet, so setzt dies seine Realität herab und somit verschlechtert sich dadurch der Rückruf. ARK-Locks und -Secondarys beeinflussen Sonik sowie jede andere Art von Rückruf beträchtlich. Erhöhte Affinität, Realität und Kommunikation allein können schon Sonik herstellen.

Spalte I VISIO

RUFT MAN SICH EINE SZENE ins Gedächtnis zurück, indem man sie nochmals sieht, so wird dies in der Dianetik *Visio* genannt, was Sehwahrnehmungsrückruf bedeutet.

Man kann zwei Arten von Visio antreffen. Die eine Art ist imaginäres Visio, womit die Szenerie bezeichnet wird, die die Fantasie aufbaut. Die andere Art ist wirkliches Visio, womit der Rückruf tatsächlicher und echter Szenen bezeichnet wird. In der Terminologie der Dianetik bedeutet Visio für gewöhnlich zuverlässiger Rückruf von früheren Szenen. Das Wort *Dub-in* wird verwendet, um imaginäres Visio zu bezeichnen.

Visio von früheren Szenen kann in der Gegenwart auftreten, was der Vorgang wäre, sich visuell zu erinnern. Oder es kann auftreten, während der Preclear auf der Zeitspur zurückgekehrt ist – und mittels Rückruf Szenen nochmals sieht, die er in seiner Vergangenheit aufgezeichnet hat. Dub-in-Visio kann in praktisch derselben Art und Weise auftreten.

Möglicherweise würde die genaueste Abgrenzung zwischen geistiger Gesundheit und Geisteskrankheit darin liegen, ob man weiß, dass man sich bestimmte Geschehnisse nur einbildet, oder ob man es nicht weiß. Alle Rückrufe können über die Fantasie kurzgeschlossen werden, sodass das „Ich“ zur Überzeugung gebracht wird, es handle sich dabei um den Rückruf von etwas tatsächlich Geschehenem, obwohl ihm in Wirklichkeit von den Gedächtnisbanken ein imaginärer Handlungsablauf geliefert wird. Ist das ARK bei einem Fall sehr niedrig, gewöhnlich unterhalb des Bereiches von 2,0, herrscht der Zustand vor, dass viele seiner Rückrufe imaginär sind, ganz gleich, wie echt sie dem „Ich" erscheinen. Betrachten Sie als Beispiel dafür jemanden, der gerade wütend ist und ein Gespräch oder einen Streit erzählt, den er erlebt hat. Wütende Leute erzählen beinahe nie die Wahrheit. Menschen, die in den Bereich von versteckter Feindseligkeit gesunken sind, geraten in eine solche Verwirrung zwischen Realität und Fantasie, dass sogar den belanglosen Dingen, die sie erzählen, keinerlei Glauben zu schenken ist. Dennoch sind diese Leute möglicherweise davon überzeugt, dass sie die Wahrheit sagen. In diesem Fall ist der Rückruf über die Fantasie kurzgeschlossen worden, sodass das „Ich" imaginäre Daten erhält, die jedoch als echt gekennzeichnet sind. Die himmelschreiendste Missachtung der Wahrheit tritt vermutlich im Apathiebereich oder etwas oberhalb dieser Stufe auf, wo Furcht vermischt mit Gram die unglaublichste Rückrufverdrehung verursachen kann.

Das beste Beispiel für Dub-in-Visio wäre die Szenerie, die der Preclear sieht, wenn er auf der Zeitspur in den vorgeburtlichen Bereich zurückgekehrt ist. Er mag sehr klare und lebhafte, aber *von außerhalb wahrgenommene* Bilder der Szenerie um seine Mutter herum erhalten, diese Seheindrücke und Szenen sind völlig falsch und sollten vom Auditor nicht außersinnlicher Wahrnehmung zugeschrieben werden. Sie zeigen an, dass sich der Preclear zwischen 1,3 und 1,0 auf der Tonskala befindet. *Circuitry* (wovon später noch viel die Rede sein wird) ist die Ursache für diese Art von Visio. Hat der Auditor viele Secondary-Engramme von diesem Fall entlastet, so werden diese Seheindrücke nicht mehr auftreten, und das tatsächliche Visio des vorgeburtlichen Bereiches wird an ihre Stelle treten. Tatsächliches vorgeburtliches Visio ist natürlich schwarz, außer in Zeiten, in denen vielleicht für chirurgische Zwecke ein Licht eingeführt wird, in diesem Fall wird das Licht manchmal aufgezeichnet.

Bei jemandem, der sich auf der Tonskala zwischen 1,5 und 0,5 befindet, sollte man kein genaues Visio erwarten oder überhaupt keines, wie beim abgesperrten Fall.

Visio und alle anderen Rückrufe folgen demselben Muster wie Sonik. Und die Daten, die über Sonik angegeben wurden, lassen sich bei jedem anderen Rückruf verwenden.

Ein Mensch im Bereich 4,0, der in der Gegenwart ist, sieht das, woran er sich erinnert, und kehrt er auf der Zeitspur zurück, so erhält er genaue und klare Bilder von der Szenerie, genau wie er sie sah, als er sich die betreffende Sache anschaute. Er befindet sich in sich selbst, das heißt, in seiner Valenz, und sieht sich nicht selbst als Teil dieser Szenerie. Dieser Zustand herrscht normalerweise bis hinunter zum Bereich von 3,0 auf der Tonskala vor. Hier setzen Absperrungen und Exteriorisationen in Bereichen mit sehr stark geladenen Engrammen ein, die ihrerseits Befehlssätze enthalten, die die Person aus ihrer eigenen Valenz herausbringen, wie zum Beispiel: „In deiner Nähe kann ich nicht ich selbst sein" usw. Um Stufe 3,0 herum befindet sich die Person in den meisten Fällen auf der Zeitspur. Sie kann Visio von Vergnügensmomenten bekommen und ist in der Lage, in sich selbst zu sein, es sei denn, sie befindet sich in Secondary-Engrammen.

Um Stufe 2,5 herum tritt die Absperrung deutlich hervor. Große Bereiche der Zeitspur können fehlen, weil Ladung und Engramme mit Valenzwechslern vorhanden sind.

Im Bereich von 4,0 bis hinunter zu 2,0 ist es relativ leicht, abgesperrte Bereiche auszuauditieren und Secondarys zu entladen, sodass Visio leicht wiederkehrt. Unterhalb von 2,0 beginnt der Auditor in Schwierigkeiten zu geraten und muss für seinen Preclear sehr viel Geduld aufbringen, da das Visio entweder nicht vorhanden oder exteriorisiert sein kann. Arbeitet der Auditor mit einem solchen Fall, so sollte er sich immer sehr davor hüten, die Aufmerksamkeit des Preclears auf irgendeine dieser Besonderheiten zu lenken, da dies eine Abwertung des Preclears wäre und ihm großen Schaden zufügen würde. Bei einem Preclear, der sich von 2,5 an abwärts auf der Tonskala befindet, besteht die Schwierigkeit darin, dass er im Leben zu oft abgewertet worden ist. Wenn sich nun der Auditor, der mit ihm ein hohes ARK beizubehalten versucht, unter diejenigen Faktoren im Leben mit einzureihen scheint, die den Preclear bereits unterdrückt und verletzt haben, so kann es sehr leicht geschehen, dass das wenige Visio, das noch übrig geblieben ist, völlig zusammenbricht. Dadurch schafft sich der Auditor selbst sehr viel Arbeit bei der Rehabilitierung von ARK und der Wiedergewinnung von Visio oder anderen Rückrufen.

Um den Bereich von Wut herum gelangen wir allmählich in das potenziell psychotische Gebiet. Das bedeutet nicht, dass jemand, der sich auf Stufe 2,0 befindet, ein Psychotiker ist. Es bedeutet, dass dieser Mensch leicht in den Bereich 2,0 gerät, wenn sein freies Theta vorübergehend enturbuliert wird, und dass er sich gewöhnlich in seinen Reaktionen dem Leben gegenüber in diesem Bereich befindet.

Es ist möglich, dass sich ein Fall auf der ganzen Zeitspur in seiner eigenen Valenz befindet, gute Visios mit Bewegung bekommt und sich dennoch im Bandbereich von 2,0, 1,5 oder 1,1 befindet und völlig psychotisch ist. Hier haben wir wiederum jemanden vor uns, dessen strukturelle Mechanismen nicht ausreichen, um die auf dem Fall lastende Ladung auszusondern. Somit befindet sich das Theta dieses Menschen in einem Zustand andauernder und vollständiger Enturbulierung, da kein Teil des Analysators frei bleibt, in dem es wirken könnte. Sein Theta befindet sich stets unter dem Einfluss der im Fall vorhandenen Ladung, da er keine trennenden Schutzwände dagegen aufgebaut hat.

„Abtrennung", „Abkapselung" und „Absperrung" haben nichts mit *Valenzwänden* zu tun. Diese sind etwas anderes. Die Valenzwand kann bei jemandem tatsächlich so ausgeprägt sein, dass er entweder die eine oder die andere von zwei Personen – er selbst und jemand anders – sein kann. Handelt es sich um einen sehr stark geladenen Fall, wie im Falle des offensichtlichen Psychotikers, so bilden diese Valenzwände eine so scharfe Abgrenzung, dass der Auditor beinahe zuschauen kann, wie die Person plötzlich von einer Valenz in die andere wechselt. Den Schizophrenie-Fall der Psychiatrie (den Menschen, der von einer Identität in die andere wechselt) bezeichnen wir in der Dianetik als *Valenzfall.* Sind diese Valenzwände so ausgeprägt, dass sich mit diesem Wechsel eine völlig neue Persönlichkeit zeigt, so haben wir natürlich jemanden vor uns, der sich unterhalb des Bereiches 2,0 befindet. Während solche Leute in der Dianetik auditiert werden, werden sie für gewöhnlich sehr laut und werden daher „Schreier" genannt. Das Visio solcher Leute ist normalerweise für diejenige Valenz vorhanden, in der sie sich als Preclear gerade befinden. Befindet sich so jemand in der Valenz seines Vaters, so wird er dieselben Seheindrücke der Szenerie erhalten, die der Vater erhalten würde. Er kann sich auch in der Valenz seiner Mutter befinden und in diesem Falle würde er die Szene genauso sehen, wie sie die Mutter sehen würde. Oder er kann sich in einer *synthetischen Valenz* befinden (der Valenz keiner wirklichen Person), dabei würde er die Szene vielleicht so sehen, als ob er sie von der Decke aus beobachten würde. Solche Fälle haben fast nie ihren eigenen Standpunkt.

Sogar Valenzwände sind eine Art Schutzmechanismus, durch den die Ladung des Falles abgetrennt wird, damit das Individuum zumindest während einer gewissen Zeit funktionieren kann. Der wirklich schwache Mensch sammelt einfach immer weitere Ladung an, bis er dadurch so weit niedergedrückt wird, dass er sich beinahe am untersten Ende der Tonskala befindet, ohne je einen Mechanismus zu entwickeln, um die Ladung zu überwinden. Diese Person befindet sich, soweit es ihre Rückrufe betrifft, ständig in ihrer eigenen Valenz; im Visio wird sie die Szenerie genauso wahrnehmen, wie sie sie selbst gesehen hat.

Genau wie Sonik tritt auch Visio bis zur untersten Fallstufe auf, wenn die Struktur des Verstandes ungenügend ist, um irgendeinen Teil des Analysators zum Gebrauch durch das „Ich" abzukapseln.

Dub-in-Visio umfasst eigentlich zwei Unterteilungen:

1. Es ähnelt der tatsächlichen Szenerie.
2. Es wird eine völlig neue Szenerie dafür eingesetzt.

Die Erste wird durch Valenzwechsel verursacht. Wirkt ein Valenzwechsler, der, wie es bei jedem Secondary-Engramm zutrifft, sehr stark geladen ist, auf die Person ein, so erhält sie exteriorisiertes Visio von der jeweiligen Szene (das heißt, sie sieht sich als Teil der Szene). Sie kann sich in der Valenz einer anderen Person oder einfach irgendwo „in der Luft" befinden und sich die Szene von dort anschauen. Wird die Ladung durch mehrmaliges Wiederholen von dieser spezifischen Szene entfernt, vorausgesetzt, dass durch die ersten vier oder fünf Male des Erzählens eine gewisse Befreiung stattfindet, so verliert das Engramm, von dem dieses Secondary abhängt (und das zwangsläufig einen Valenzwechsler-Befehl enthalten muss, um ein solches Trugbild hervorzubringen), einen Teil seiner Ladung. Die Person ist dann in der Lage, in sich selbst zurückzukehren und die Szene so zu sehen, wie sie sie damals gesehen hat. Kein Engramm, in dem der Preclear exteriorisiert ist, kann vollständig entladen werden, bis das Visio zu der Szene so wiedergewonnen wird, wie sie der Preclear gesehen hat. Mit anderen Worten, bleibt der Preclear weiterhin exteriorisiert, so ist noch nicht die ganze Ladung von diesem Engramm entfernt worden. Wenn jedoch überhaupt irgendwelche Ladung von einem Secondary entfernt werden kann, so sollte der Auditor es auditieren, um jede nur mögliche Ladung zu erschöpfen.

Bleibt Visio trotz vieler Durchgänge durch das Geschehnis exteriorisiert, so ist gewöhnlich spätere Ladung beim Fall vorhanden, ein späteres Secondary, das zuerst angezapft und entladen werden muss; denn körperlicher Schmerz lässt sich vom frühesten bis zum spätesten Zeitpunkt auditieren und Secondarys müssen vom spätesten bis zurück zum frühesten entladen werden.

Imaginäre Exteriorisationen sind um den Bereich 1,1 herum höchst chronisch. Bei solchen Fällen kann der Auditor manchmal den Mechanismus benutzen, den Preclear auf der Zeitspur einer anderen Person zu auditieren (das heißt, auf der Zeitspur des Vaters, der Mutter oder des Großvaters), um mit bestimmten Szenen in Berührung zu kommen. In derartigen Fällen scheint die Zeitspur der Person verschluckt worden zu sein, sodass nur die Zeitspur anderer Valenzen um das Individuum herum zugänglich ist. Dieser Mechanismus ist jedoch von sehr beschränktem Nutzen.

Für gewöhnlich stellt man bei jedem Secondary der Tonstufe Apathie fest, dass der Preclear außerhalb seiner Valenz ist, bis die Ladung von diesem Geschehnis entfernt wird. Zu diesem Zeitpunkt interiorisiert er. Es ist immer irgendwo in einem Engramm mit körperlichem Schmerz ein Valenzwechsler vorhanden, der dieses Trugbild verursacht. Die Tatsache, dass jemand Geschehnisse exteriorisiert wahrnimmt, wird nicht durch Ladung selbst verursacht, wie es sich bei Leuten zeigt, deren Zeitspur sehr stark geladen ist und die dennoch bis zur untersten Stufe der Skala immer in ihrer eigenen Valenz bleiben.

Das hervorstechende Merkmal des sehr stark abgesperrten Falles ist das Fehlen von Visio. Der Preclear denkt vielleicht, dass Visio erforderlich ist, damit er *Locks scannen* kann; das trifft aber nicht zu. Er kann Locks „im Dunkeln" scannen, das heißt, ohne jegliches Visio, und dennoch Sätze oder Geschehnisse in sein Bewusstsein zurückholen, die auditiert werden können. Der Auditor darf nicht den Fehler machen zu glauben, Visio sei erforderlich, damit sich die Person auf ihrer Zeitspur bewegen könne.

Über die Gründe für Visio ist sehr wenig bekannt und es gibt keine umfassenden Beobachtungen, um den Zustand von Visio bei allen Personen zu bestimmen, die von ihren Engrammen befreit wurden. Bis jetzt wurde jedenfalls so viel beobachtet: dass Visio bei einem Clear tatsächlich zurückkehrt. Und jede Bemühung, jemanden als Clear hinzustellen, der jedoch kein interiorisiertes Visio auf seiner Zeitspur hat, ist unehrlich.

Die meisten Kinder haben Visio, und zwar aus dem einfachen Grund, dass ihre Engramme noch nicht ausreichend aufgeladen sind, damit sich Secondarys bilden und somit Visio absperren oder das Kind aus seiner Valenz verdrängen können. Bei einem Fall, der zahlreiche Valenzwechsler aufweist, werden Secondarys, die Affinität, Realität und Kommunikation betreffen, zu einem chronisch exteriorisierten Visio-Fall führen. Bei einem Fall, dessen Analysator stark genug ist, um Ladung abzukapseln, beginnt Visio bei wiederholtem Auftreten von Secondarys zu verschwinden. Nach einem größeren ARK-Bruch, wie zum Beispiel dem Verlust eines Geliebten, wird Visio bei einem solchen Fall vielleicht völlig aussetzen. Bei jemandem, der in einem vorgeburtlichen Engramm feststeckt, wird Visio ebenfalls aus dem einfachen Grund abgesperrt, dass das vorgeburtliche schwarze Visio in all seinen Erinnerungen vorhanden ist. Er bewegt sich natürlich nicht auf der Zeitspur und kann somit nicht die Szenerie irgendwelcher Geschehnisse erkennen, außer derjenigen, in denen er feststeckt.

Visio bietet keinen guten Anhaltspunkt für die Tonstufe eines Falles, abgesehen von der allgemeinen Feststellung, dass man bei jemandem, dessen Visio vorhanden und genau ist, davon ausgehen kann, dass er sich oberhalb von 2,0 befindet, sofern sich andere Spalten der Tonskala damit vereinbaren lassen. Doch in Anbetracht der Tatsache, dass Visio bis ganz unten auf der Skala vorhanden sein kann, muss eine solche Prüfung als lediglich oberflächlich angesehen werden.

Spalte J
SOMATIK

DAS WORT SOMATIK BEDEUTET eigentlich „Körperliches oder Physisches". Da das Wort *Schmerz* restimulierend ist und in der Vergangenheit zu einer Verwirrung zwischen körperlichem und geistigem Schmerz geführt hat, wird in der Dianetik das Wort *Somatik* verwendet, um körperlichen Schmerz oder körperliches Unbehagen irgendwelcher Art zu bezeichnen. Somatik kann tatsächlichen Schmerz bedeuten, wie er zum Beispiel von einem Schnitt oder einem Schlag verursacht wird. Es kann auch Unbehagen bezeichnen, das zum Beispiel von Wärme oder Kälte kommt. Es kann ein Jucken bedeuten. Kurz, irgendetwas, das körperlich unangenehm ist. Es beinhaltet aber nicht geistiges Unbehagen, wie zum Beispiel Gram, was Missemotion wäre. Schweres Atmen wäre kein Somatik; es wäre ein Symptom für Unterdrückung von Missemotion. Somatik bedeutet ein „überlebensfeindlicher körperlicher Seinszustand". Einerseits unterscheidet er sich von einem überlebensfeindlichen geistigen Seinszustand und andererseits von einer körperlichen Handlung oder einem überlebensförderlichen Wahrnehmungseindruck, wie zum Beispiel Bewegungsrückruf, Tastempfindung oder Visio.

Ein Engramm hat mehrere Bestandteile. Die beiden Hauptbestandteile sind natürlich Entheta und EnMEST. Freies Theta ist mit MEST zusammengeprallt, was eine Enturbulierung zur Folge hatte. Bei einem lebenden Organismus wäre der EnMEST-Bestandteil das auftretende Somatik.

Der Hauptunterschied zwischen dem analytischen und dem reaktiven Verstand besteht, abgesehen von ihren Funktionen, darin, dass der reaktive Verstand Schmerz aufzeichnet und der analytische Verstand lediglich die Tatsache aufzeichnet, dass Schmerz vorhanden ist. Somit erhält der reaktive Verstand einen zusätzlichen Wahrnehmungseindruck. Dieser Wahrnehmungseindruck wird als Somatik bezeichnet.

Ist *irgendein* körperlicher Schmerz vorhanden, so stellt der Analysator seine Funktion ein. Auch wenn der Schmerz sehr leicht ist und nur sehr kurz auftritt, gibt es dennoch einen Augenblick, in dem der analytische Verstand ausgeschaltet ist. In der Dianetik wird dies als *Anaten* bezeichnet, eine Abkürzung nach Art der Ingenieure für die beiden Wörter *ana*lytical at*ten*uation, was eine Abschwächung des analytischen Verstandes bedeutet. Das Anaten überdeckt das Somatik und gleichzeitig leider auch alle Wahrnehmungseindrücke, die vorhanden waren, als das Somatik empfangen wurde. Dass jedes Somatik von Anaten begleitet ist, mag schwierig zu erkennen sein, bis man sich zum Beispiel einmal leicht am Finger verletzt, zu diesem Geschehnis zurückgeht und es einige Male durchläuft. Dabei wird man entdecken, dass es eine Zeitspanne während der Verletzung gibt, die infolge des Anatens abgesperrt wurde; und indem man dieses Geschehnis nun zwei- oder dreimal durchläuft, werden einige zusätzliche Wahrnehmungseindrücke auftauchen, die man vielleicht vorher nicht bemerkt hatte. Somit wird das Somatik durch diesen Mechanismus des Anatens überdeckt. Bei einem Lebensorganismus, der nicht analytisch dazu fähig ist, an früheren Schmerz zu gelangen und ihn auszulöschen, ist dies ein brauchbarer Mechanismus. Bei einem rationalen Organismus aber, der eine beträchtliche analytische Kraft aufweist, ist er nicht zweckmäßig, da die Wahrnehmungseindrücke des schmerzhaften Augenblickes danach eine Rückwirkung gegen diese analytische Kraft haben können und der Organismus dann durch seine Somatiken eher gequält wird, anstatt dazu trainiert zu werden, „durch das Vermeiden von Schmerz einer Gefahr aus dem Wege zu gehen“ (die offensichtliche Hauptfunktion von Somatiken).

Ein starker körperlicher Schmerz verursacht ein beträchtliches Maß an analytischer Abschwächung, indem er den Analysator für eine gewisse Zeit völlig ausschaltet. Dies ist technisch gesehen ein Engramm – obwohl sich jedes Geschehnis, das im reaktiven Verstand enthalten ist und durch Anaten abgesperrt wird, ob es nun schmerzhaft ist oder nicht, als ein Engramm betrachten lässt.

Ist einmal ein Engramm vorhanden, so kann es durch analytische Erlebnisse restimuliert werden, wenn diese den Wahrnehmungseindrücken des Engramms ähneln oder die Dramatisation brechen, die vom Engramm verlangt wird. Diese analytischen Augenblicke werden als *Locks* bezeichnet, und sie laden das Engramm auf. Technisch gesehen gibt es zwei Arten von diesen Locks: diejenigen, die das Engramm einfach restimulieren, das dann von der betreffenden Person dramatisiert wird; und diejenigen, die die Dramatisation brechen. Die erste Art ist nicht so schwerwiegend wie die zweite, denn diese zweite Art macht es der Person unmöglich, den „Geboten" der Engramme zu gehorchen, und verursacht dadurch, dass der körperliche Schmerz eingeschaltet wird, woraufhin die Person das bekommt, was bis jetzt als „psychosomatische Krankheit" bekannt war.

Nach den Entdeckungen der Dianetik ist eine psychosomatische Krankheit die Somatik-Seite des Engramms, die durch eine ständige Unterdrückung der Dramatisation des Engramms eingeschaltet worden ist. In der Dianetik werden psychosomatische Krankheiten daher nicht als solche betrachtet, sondern werden *chronische Somatiken* genannt, da sie verschwinden, sobald das Engramm und dessen Locks beim Fall entladen worden sind.

Neben Anaten ist mit einem körperlichen Schmerz noch eine andere Erscheinung verbunden: Das Somatik enturbuliert Theta. Und wenn das analytische Geschehnis, das ein Lock auf dem betreffenden Engramm bildet, beträchtlich viel Missemotion enthält, wie sie zum Beispiel durch Furcht oder Verlust verursacht wird, so wird durch das Vorhandensein des früheren körperlichen Schmerzes in der Bank die Bildung eines Secondary-Engramms ermöglicht. Missemotion ist laut den Entdeckungen der Dianetik tatsächlich eine Umwandlung von körperlichem Schmerz. Über diesen Mechanismus der Umwandlung von körperlichem Schmerz in beispielsweise nackte Angst, Gram oder Apathie könnten noch zahlreiche weitere Entdeckungen gemacht werden, und vermutlich liegen diese Entdeckungen im Bereich weiterer Untersuchungen und größeren Verstehens von freiem Theta. Sicher ist jedoch, dass Secondary-Engramme mit ihren Missemotionen Somatiken absperren. Ist die Missemotion entladen, so wird das Engramm selbst zugänglich.

Tatsächlich ist die Beziehung zwischen Missemotion und körperlichem Schmerz so eng, dass der Fall in „Schichten" auditiert wird. Vielleicht entdeckt man früh beim Fall viele Engramme mit körperlichem Schmerz, die sich beim Erzählen leicht entladen lassen. Dies bringt in einem späteren Abschnitt des Falles eine lange Reihe von Secondary-Engrammen zutage. Man wird keine weiteren Engramme mit körperlichem Schmerz mehr finden, bis diese Secondarys von ihrer Furcht, ihrem Gram und ihrer Apathie befreit sind. Hat der Auditor dies getan, wird er feststellen, dass nun eine weitere Reihe von Engrammen mit körperlichem Schmerz zugänglich ist und durchlaufen werden kann.

Es lässt sich somit sagen, dass ein Somatik unter Anaten und unter Missemotion bzw. Secondary-Engrammen vergraben liegt. Man kann daher feststellen, dass Somatiken bei einem Fall „im Verborgenen liegen" können.

Somatiken können durch Dianetik Auditing nur dann ausgelöst werden, wenn das Anaten und die Missemotion für das betreffende Somatik, das der Auditor zu erreichen versucht, nicht zu schwer sind.

Bei einem sehr schwer geladenen Fall, einem Fall, der eine sehr schwere Last an Secondarys aufweist, mögen überhaupt keine Somatiken für Auditing zugänglich sein.

Auch bei einem stark abgesperrten Fall, bei dem der Verstand Ladung abgekapselt hat, wird der Großteil der Somatiken abgesperrt sein.

Bei einem Fall, der auf der Zeitspur sehr stark feststeckt, befindet sich vielleicht dasjenige Somatik in ständiger Restimulation, das in dem Augenblick vorhanden war, als er das Engramm, in dem er feststeckt, empfing.

Das Merkmal des Psychotikers besteht darin, dass die Entheta-Seite des Engramms ständig in Aktion ist, während die Somatik-Seite des Engramms nicht besonders aktiv ist.

Was früher als „psychosomatisch kranker Fall" bezeichnet wurde, würde man als einen Fall beschreiben, bei dem die Entheta-Seite des Engramms unterdrückt und die Somatik-Seite des Engramms in Restimulation ist. Für gewöhnlich wird man feststellen, dass diese Fälle mit chronischen Somatiken während ihres ganzen Lebens einem unablässigen Brechen jedweder Dramatisation ausgesetzt waren – es handelt sich mit anderen Worten um Fälle, denen sowohl die durch Engramme vorgeschriebene irrationale Kontrolle über Mest verweigert wurde als auch die durch Theta vorgeschriebene rationale Kontrolle über Mest.

Die Tonskala der Somatiken könnte zuoberst mit dem MEST-Clear auf Stufe 4,0 beginnen, bei dem *keine* Somatiken mehr zum Auditieren übrig geblieben sind. Die technische Definition des MEST-Clears lautet nämlich: dass jedes einzelne Geschehnis mit körperlichem Schmerz, das er während seines ganzen Lebens, von der Empfängnis bis zur Gegenwart, erfahren hat, ausgelöscht worden ist – wodurch das Theta, das in der Bank als Entheta festgehalten wurde, nun durch die Befreiung des Körpers von Schmerz oder potenziellem Schmerz freigesetzt wird. Übrigens bedeutet dies nicht, dass der Clear nicht weiteren Schmerz und neue Engramme empfangen kann. Es bedeutet aber, dass neue, mit Schmerz verbundene Geschehnisse auf ihn eine viel geringere Wirkung ausüben werden, als wenn er nicht Clear wäre. Für gewöhnlich kann er solche Geschehnisse auch selbst auslöschen, es sei denn, es handelt sich von Beginn an um eine Person, die sehr wenig Theta zur Verfügung hat.

In den Bereichen 3,5, 3,0 und 2,5 sind Somatiken heftig und für den Auditor leicht zugänglich. Beinahe jedes Engramm des Falles lässt sich durchlaufen, vorausgesetzt, dass das Basik auf der betreffenden Kette und andere vorhergehende Engramme zuvor ausgelöscht worden sind. Etwas oberhalb von 2,0 beginnen Engramme durch Ladung und Anaten auf dem Fall unterdrückt zu werden.

Bei einem stark abgesperrten Fall, der sich dennoch im Bereich 2,0 befindet, können Somatiken beinahe vollständig fehlen. Bei einem weniger abgesperrten Fall im Bereich 2,0 können Somatiken sehr leicht sein. Bei einem Fall, der sich in seiner eigenen Valenz befindet und dennoch im Bereich 2,0 ist und der sich auf der Zeitspur bewegen kann, sind Somatiken zugänglich und lassen sich auditieren.

Um den Bereich 1,1 herum wird der stark abgesperrte Fall keine zugänglichen Somatiken aufweisen. Hier muss der Auditor ausschließlich auf das Entladen von Locks und Secondarys hinarbeiten, bevor er Somatiken beim Fall finden kann. Beim weniger abgesperrten Fall wird er jedoch Zugang zu einigen leichten Somatiken finden. Und beim nicht abgesperrten Fall, der sich aber auf Stufe 1,1 befindet, wird sich zeigen, dass Somatiken extrem leicht sind und sich ebenfalls nicht ausreichend entladen lassen, bis Locks und Secondarys auditiert sind.

Auf der Stufe 0,5 wird man beim abgesperrten, beim teilweise abgesperrten und beim weit offenen Fall für gewöhnlich so leichte Somatiken antreffen, dass man sie, üblichen Erfahrungen zufolge, als kaum vorhanden bezeichnen kann.

Unterhalb dieser Stufe treten überhaupt keine Somatiken auf.

Der Auditor sollte also ganz klar erkennen, was Somatiken sind: nämlich der körperliche Schmerz vergangener Verletzungen. Außerdem sollte er verstehen, dass in erster Linie das Somatik der Faktor ist, der Locks und Secondarys ermöglicht. Des weiteren muss er sich im Klaren sein, dass Somatiken unter Anaten und Missemotionen begraben liegen, wenn diese vorhanden sind. Er darf jedoch nicht glauben, seine Hauptaufgabe bestehe darin, Somatiken aus dem Fall zum Verschwinden zu bringen, nur weil Somatiken die Bildung von Locks und Secondarys ermöglichen. Natürlich versucht er, Engramme mit körperlichem Schmerz aus dem Fall zu tilgen. Doch wenn Somatiken nicht leicht zugänglich sind, muss er äußerst vorsichtig vorgehen, wenn er sie zu finden versucht, und sollte sich Locks und Secondarys widmen, anstatt Somatiken. Er wird die Erfahrung machen, dass er durch das Entladen von Locks und Secondarys sehr oft Beschwerden lindern kann, die früher als psychosomatische Krankheiten bezeichnet wurden.

Durch das Auslöschen von Somatiken wird der Fall in einen dauerhaft guten Zustand gebracht. Das Auditieren von Locks und Secondarys ist eine viel raschere Art, die Tonstufe des Falles anzuheben. Solange aber weiterhin Engramme vorhanden sind, kann die Tonstufe wieder sinken. Theoretisch besteht die Möglichkeit, einen Fall bis zu 3,0 oder 3,5 hinaufzubringen, ohne je ein Somatik zu auditieren. Die allgemeinen Erfahrungen schließen diese Möglichkeit jedoch aus und man muss Engramme mit körperlichem Schmerz auditieren, wenn sie sich anbieten – ausgenommen davon sind jene Fälle, wo so wenig freies Theta vorhanden ist, dass durch das Auditieren eines Somatiks das übrig gebliebene freie Theta enturbuliert und in das Engramm verstrickt werden kann, wodurch im Auditing ein weiteres Lock gebildet wird. Ein solches Vorgehen kann jemanden, der sich an der Grenze zur Psychose befindet, in den psychotischen Bereich niederdrücken. Dies lässt sich vermeiden, indem man bei diesen Grenzfällen Locks und Secondarys anspricht, anstatt Somatiken.

Der Auditor sollte nicht versuchen, an bestimmte Somatiken beim Fall heranzukommen, in der Hoffnung, chronische Krankheiten lindern zu können. Ein bestimmtes chronisches Somatik kann er am besten dadurch ansprechen, dass er den Preclear Locks und Secondarys, die mit diesem Somatik verbunden sind, durchlaufen lässt.

Indem der Auditor den Preclear einfach verschiedene Teile seines Lebens entlang der Zeitspur auf und ab durchgehen lässt, mag es ihm gelingen, genügend Anaten und Missemotion vom Fall zu entfernen, damit Somatiken auftreten können. Früher war dies als „Ölen der Zeitspur" bekannt. Man sollte den Preclear aber nicht in ein Somatik hineinschicken, wenn man nicht die Absicht hat, es zu reduzieren oder das Basik auf der betreffenden Kette zu finden und dieses zu reduzieren. Sobald Somatiken berührt werden, müssen sie reduziert werden. Lassen sie sich nach ein paar Malen des Erzählens nicht leicht reduzieren, so sollte der Auditor ein früheres Engramm, eine Kette von Locks oder ein Secondary finden, die verhindern, dass sich das betreffende Somatik reduzieren lässt.

Das Somatik ist der Faktor, der einen Fall für Krankheit anfällig macht. Ein alter physischer Schmerz in einem Körperbereich schwächt diesen Bereich in dem Ausmaß, wie er die Erinnerung an eine Verletzung enthält. Körpersäfte nähern sich diesem Bereich mit Vorsicht. Durch eine Restimulierung dieser alten Verletzung wird die Zufuhr dieser Körpersäfte noch stärker gehemmt. Dadurch wird diesem Bereich Ernährung, Unterstützung, Regeneration und Schutz, was die allgemeine Funktion dieser Körpersäfte ist, in immer größerem Maße verweigert. So können dann Bakterien in diesen Bereich gelangen und sich dort halten und eine Krankheit kann die Folge sein, gemäß unserer Theorie und den Beobachtungen, die während der Anwendung der Dianetik an vielen Leuten gemacht wurden. Ist das Somatik in dem betreffenden Bereich stark, so kann es durch das Vorhandensein von Bakterien noch stärker restimuliert werden, sodass die Krankheit dauerhaft wird und sich zu einer chronischen Infektion entwickelt. Im Falle von einfachen Schmerzen (den Ärzten als „seltsame, merkwürdige Schmerzen" bekannt) oder von chronischem Gelenkrheumatismus befindet sich vielleicht einfach nur das Somatik selbst in Restimulation und oftmals geht mit der Reduzierung des

Somatiks das plötzliche Verschwinden der psychosomatischen Krankheit einher. Damit soll nicht behauptet werden, dass durch das Entfernen des Somatiks eine psychosomatische Krankheit geheilt wird. Eine solche Behauptung ist durch das Gesetz, wie es auf frühere Heilkünste angewendet wurde, ausdrücklich verboten. Die rein wissenschaftliche Erfahrung, Gesetz hin oder her, zeigt jedoch, dass dies in der Praxis eine funktionierende Theorie ist. Jedes Gesetz, das versucht, Menschen dazu zu zwingen, weiterhin krank zu bleiben, obwohl sie gesund sein könnten, wäre ein übles Gesetz. Außerdem vermochten die Gesetze des Menschen bis jetzt die Gesetze Gottes noch nie wirksam zu unterdrücken.

Spalte K
Gespräch: Sprechen
Gespräch: Zuhören

Vermutlich ist das Gespräch für den Auditor der genaueste Hinweis auf die Position des Preclears auf der Tonskala. Es handelt sich hier um eine allgemeine Erscheinungsform der Kommunikation mittels Wahrnehmungseindrücken.

Durch besondere Befehle können Engramme bewirken, dass jemand zu viel oder zu wenig spricht oder anderen Leuten zu viel oder zu wenig zuhört. Im ganzen Bereich der Tabelle besteht das Risiko, dass das Individuum aufgrund von Befehlen handelt, die in Bezug auf eine oder mehrere Spalten zwanghaftes oder besessenes Verhalten verlangen. Am wichtigsten ist der Durchschnittswert der verschiedenen Spalten. Ein manisches Engramm, das jemandem befiehlt, er solle andauernd sprechen, oder ein unterdrückendes Engramm, das von ihm verlangt, er solle nichts anderes tun, als zuzuhören, bringt solches Verhalten hervor. Solange jemand jedoch nicht offen spricht und aufnahmebereit zuhört, kann er nicht sehr hoch auf der Tonskala eingeschätzt werden.

Die Gesprächs-Spalte auf der Tabelle hat zwei Unterteilungen: Die eine Hälfte bezieht sich auf das *Sprechen,* die andere auf das *Zuhören.* Einigen Leuten ist vielleicht noch nicht aufgefallen, dass Kommunikation sowohl Ausströmen als auch Empfangen umfasst. Beobachtet man eine

Person, wie sie zuhört und wie sie spricht, so kann man sich ein Bild davon verschaffen, ob sie entweder beim Sprechen oder beim Zuhören aufgrund eines engrammatischen Befehls handelt, denn normalerweise wird entweder das eine oder das andere (das Zuhören oder das Sprechen) ihre Position auf der Tonskala genau erkennbar machen. Handelt sie nicht aufgrund von engrammatischen Befehlen, die Sprechen oder Zuhören entweder verhindern oder aufzwingen, so wird sie zu mehr oder weniger gleichen Teilen zuhören und sprechen. Infolge der Funktionsweise des Verstandes geht das Affinitäts-, Realitäts- und Kommunikationspotenzial ebenfalls zurück, je weiter man auf der Tonskala sinkt. Auf die gleiche Weise vermindern sich durch rein mechanische Vorgänge Visio, Sonik, Somatik-Rückrufe, alle anderen Wahrnehmungseindrücke sowie Sprechen und Zuhören.

Auf der höchsten Stufe der Skala ist das Vermögen, vollkommen zu kommunizieren, ohne irgendetwas zurückzuhalten, voll ausgeprägt; dazu gehört ebenfalls das Vermögen, Kommunikation nach einer völlig rational getroffenen Auswahl zu betreiben sowie im Gespräch schöpferisch und konstruktiv zu sein. Auf dieser hohen Stufe der Skala ist man imstande, allem, was gesagt wird, zuzuhören und es rational auszuwerten. Man kann Entheta-Kommunikation zuhören, ohne ernstlich enturbuliert zu werden. Man kann Ideen aufnehmen, ohne kritische oder abschätzige Kommentare anzubringen. Und man kann andere, während man ihre Ideen aufnimmt, bei ihrem Denken und Sprechen in hohem Maße unterstützen.

Auf der Stufe 3,5 ist man imstande, tief empfundene Überzeugungen und Ideen an andere zu übermitteln und gezielt mit anderen Kommunikation zu betreiben, das heißt, dass man Entheta-Linien abschneiden und Kommunikation zurückhalten oder weitergeben kann, je nachdem, wie es die Umstände zu diesem Zeitpunkt als rational oder angenehm erscheinen lassen. Auf dieser Stufe kann man zuhören, ohne zu kritisieren, und anderen im Gespräch helfen und beistehen, jedoch neigt man dazu, in geringem Maße enturbuliert zu werden, wenn man Entheta zu hören bekommt.

Zwischen 3,5 und 3,0 geht die Fähigkeit, zu anderen zu sprechen, bis zu der zögernden Äußerung einer beschränkten Anzahl von Überzeugungen und Ideen zurück und grenzt an Konservatismus. Man mag gegenüber Leuten mit höchst schöpferischen und konstruktiven Ideen eine sehr konservative Reaktion zeigen. Offensichtlich Irrationales wird kritisiert. Mit anderen

Worten, durch Verletzungen, die jemand im Leben erfahren hat, ist im Bereich zwischen 3,5 und 3,0 beim Betreffenden eine verteidigende Haltung entstanden.

Bei 3,0 wird das Gespräch eher oberflächlich und zurückhaltend. Hier ist der Bereich der Plaudereien über das Wetter und ähnliche Belanglosigkeiten. Auf dieser Stufe zeigt sich ein Widerstand gegen Ideen, die zu umwälzend sind. Hier kommt eine gewisse analytische Furcht in Form eines leichten Unbehagens zum Ausdruck.

Bei 2,5 folgt die Stufe der Gleichgültigkeit gegenüber dem Gespräch mit anderen. „Darüber lohnt es sich gar nicht zu diskutieren" ist die vorherrschende Einstellung; Kommunikation wird beiseitegeschoben; ob die eigene Kommunikation empfangen wird oder überhaupt verständlich ist, spielt keine Rolle.

Zwischen 2,5 und 2,0 treffen wir auf eine Stufe, auf der Kommunikation, die von anderen kommt, zurückgewiesen wird und auf der man nicht spricht.

Bei 2,0 erreichen wir die Stufe antagonistischer Diskussion. Man neigt dazu, zu meckern oder abschätzige Kommentare zu machen, um andere abzuwerten. Auf dieser Stufe kann man eine Person nur durch Nörgeleien, gemeine, spitze Bemerkungen, Abwertungen und sonstige antagonistische Kommunikation ansprechen.

Bei Tonstufe 1,5 wird das Gespräch anderer abgeschnitten; man weigert sich völlig, zuzuhören, und ist bemüht, einströmende Kommunikation zu zerstören. Das Gespräch, das von einem solchen Menschen ausgeht, ist unverblümt destruktiv; er verschwendet keinen Gedanken an den möglichen Gegenschlag, der durch diese Zerstörungswut ausgelöst werden könnte. Auf dieser Stufe kann sich Konversation kaum *Kon*versation nennen, da es sich um eine Vorwärtsbewegung in Richtung Zerstörung sowie um eine Weigerung handelt, irgendetwas anzunehmen, das diese Zerstörung verhindern könnte.

Unterhalb dieser Stufe, bevor wir zu 1,1 kommen, versinkt die Person in störrisches Schweigen, schmollt und weigert sich zu sprechen. Sie wird keiner Kommunikation irgendwelcher Art von anderen Leuten zuhören, außer derjenigen, die sie in ihrer Haltung unterstützt.

Auf Stufe 1,1 stoßen wir auf Lügen, um wirkliche Kommunikation zu vermeiden. Dies spielt sich in Form von vorgetäuschtem Einverständnis, Schmeicheleien oder verbalen Beschwichtigungen ab oder bedeutet ganz einfach ein falsches Bild der Gefühle und Vorstellungen einer Person, eine falsche Fassade, eine künstliche Persönlichkeit. Hier ist der Bereich der versteckten Feindseligkeit, der gefährlichsten und tückischsten Stufe auf der Tonskala. Hier ist die Person zu finden, die lächelt, während sie Ihnen ein Messer in den Rücken stößt. Hier befindet sich auch die Person, die Ihnen erzählt, sie habe sich für Sie eingesetzt, während sie in Wirklichkeit Ihren Ruf praktisch zerstört hat. Hier befindet sich der falsche Schmeichler, der nur einen Moment der Unachtsamkeit abwartet, um zu zerstören. Das Gespräch auf dieser Stufe ist voll kleiner Sticheleien, die aber unmittelbar danach damit gerechtfertigt werden, dass sie eigentlich als Komplimente gedacht waren. Mit einem solchen Menschen zu sprechen gleicht dem zum Wahnsinn treibenden Unterfangen, mit einem Schatten zu boxen: Man erkennt zwar, dass etwas nicht stimmt, doch wird die Wachsamkeit des 1,1ers keinen Gedanken daran aufkommen lassen, irgendetwas könnte falsch sein – obwohl er die ganze Zeit über sein Möglichstes tut, um Durcheinander und Zerstörung zu schaffen. Dies ist die Stufe des Perversen, des Heuchlers, des Überläufers. Dies ist die Stufe des Subversiven. Von solchen Menschen sollte man nie einen direkten Frontalangriff erwarten. Der Angriff wird dann erfolgen, wenn man abwesend ist, ihnen den Rücken zudreht oder während man schläft. Jeder unglückselige Mensch, der mit einem 1,1er verheiratet ist, läuft buchstäblich Gefahr, Leben und geistige Gesundheit einzubüßen. Denn eine solche Person ist zu keiner wirklichen Zuneigung fähig. Sie ist so introvertiert, dass jede gezeigte Zuneigung nichts als eine fieberhafte Täuschung ist. Sie wird in opportunistischer Weise jeden Weg gehen, der sie zu ihrer eigenen Sicherheit führt, und jedermann im Stich lassen, den sie täuschend Freund genannt hat. Der 1,1er ist ein Wahnsinniger von der gefährlichsten Art in der Gesellschaft und richtet voraussichtlich den größten Schaden an. Wegen der versteckten Art dieses Wahnsinns ist es völlig nebensächlich, ob eine solche Person von irgendeiner Stelle für geisteskrank erklärt worden ist. Auf dieser Stufe gibt es weder eine Vorstellung von Ehre und Anständigkeit noch von Ethik. Es gibt nur ein verzweifeltes, auf den Tod ausgerichtetes Trachten nach Eigennutz und der Schädigung anderer. Die Gesellschaft weiß mit dem Wütenden umzugehen; sie weiß, was sie von ihm zu erwarten hat. Sie weiß auch mit dem Apathie-Fall umzugehen, seine Geisteskrankheit ist offensichtlich. Aber der 1,1er ist ein herumschleichender Feigling, der zwar noch genügend heimtückische Energie aufweist, um zurückzuschlagen, aber nicht genügend Mut hat, um je eine Warnung zu geben. Solche Leute sollten so rasch wie möglich aus der Gesellschaft entfernt und ohne Ausnahme in eine Anstalt gesteckt werden, denn hier liegt die Stufe der Ansteckung von Unmoral und der Zerstörung von Ethik, hier ist das Material, das Geheimpolizei-Organisationen für ihre schmutzigen Operationen gebrauchen. Eine der wirksamsten Sicherheitsmaßnahmen, die eine vom Krieg bedrohte Nation treffen könnte, bestünde darin, jede 1,1-Person, die mit der Regierung, dem Militär oder der lebenswichtigen Industrie in Verbindung stehen könnte, aufzutreiben und abseits von der Gesellschaft in ein isoliertes Lager zu stecken – denn auf der Stufe 1,1 befinden sich Leute, die, wie sehr ihre Familien auch für ihre Loyalität bekannt sein mögen, potenzielle Verräter sind, da die zentrale Handlungsweise ihrer Verrücktheit im Verrat liegt. Auf dieser Stufe befindet sich der Abschaum der Gesellschaft – die Sexualverbrecher, die politisch Subversiven, die Leute, deren anscheinend rationale Handlungen sich lediglich als das tückische Winden heimlichen Hasses erweisen.

Ein 1,1er kann durch seine Gesprächsweise genau ausfindig gemacht werden, denn er versucht nur, die Leute um ihn herum zu enturbulieren, sie durch seine Gespräche zu stören und sie zu zerstören, ohne dass sie sich je seiner Absicht bewusst werden. Er hört nur auf Informationen, die ihm dabei helfen, andere zu enturbulieren. Hier befindet sich die Klatschbase, die untreue Ehefrau, der Betrüger beim Kartenspiel, hier ist die unerwünschteste Schicht jeder Gesellschaftsordnung.

Keine Gesellschaftsordnung, die zu überleben wünscht, darf ihre Schicht von 1,1ern übersehen. Keine Gesellschaftsordnung wird überleben, wenn sie nicht diese Leute aus ihrer Mitte entfernt.

Der 1,1er ist so tief auf der Tonskala und doch im Allgemeinen geistig so aktiv, dass er sehr schwer zu auditieren ist. Am Ende eines äußerst langwierigen und schwierigen Therapieverlaufs mag der Auditor immer noch erstaunt vor einer Person stehen, deren Verstand so voller Schaltkreise ist, dass sich seitens des Preclears kein wirklicher Wunsch nach Verbesserung bemerkbar machen kann. Der Auditor mag das Gefühl haben, dass nur das Angebot eines offensichtlichen, sich in der Gegenwart auswirkenden Vorteiles – wie z. B. die Entlassung aus der Haft – diesen Preclear zu wirklicher Zusammenarbeit verlocken würde. Er mag das Gefühl haben, dass sich dieser Fall einfach nicht retten lässt. Kann er aber einige der Schaltkreise aus dem Fall entfernen oder destimulieren, so wird er vielleicht einen Fortschritt erzielen können. Es erfordert einen sehr geschickten Dianetik Spezialisten, um bei einem chronischen, berechnenden 1,1er irgendetwas erreichen zu können.

Der 0,5er spricht in kummervollen und hoffnungslosen Tönen von schlimmen Dingen, die geschehen und geschehen werden und denen man nicht abhelfen kann. Er hört nur auf solche Gesprächsinhalte. Er lässt sich weder aufmuntern noch aufheitern, sondern verfällt sofort wieder in seine Apathie. Dies ist die Stufe von Hoffnungslosigkeit.

Menschen auf Stufe 0,1 sind nicht fähig zu sprechen und reagieren in keiner Weise auf das, was zu ihnen gesagt wird.

Interessanterweise kann der Auditor mit Hilfe dieser Spalte mit dem Preclear etwas durchführen, das wir „Zwei-Minuten-Psychometrie" nennen. Der Trick besteht einfach darin, mit dem Preclear ein schöpferisches und konstruktives Gespräch auf der höchstmöglichen Tonstufe zu beginnen und dann stufenweise die Tonstufe des Gesprächs bis zu dem Punkt zu senken, an dem es beim Preclear eine Reaktion erzielt. Ein Mensch reagiert am besten auf seine eigene Tonstufe und kann durch Konversation nur um etwa einen halben Punkt auf der Tonskala nach oben gebracht werden. Bei dieser Art von „Psychometrie" sollte man die Unterhaltung in einem bestimmten Bereich der Tonskala nicht zu lange fortführen (das heißt nicht über mehr als ein bis zwei Sätze), da dies die Tendenz haben wird, die Tonstufe des Preclears etwas zu erhöhen, und somit die Genauigkeit der Testergebnisse verderben würde.

Zwei-Minuten-Psychometrie wird folgendermaßen durchgeführt: Zunächst sagt man etwas Schöpferisches und Konstruktives und schaut, ob der Preclear in derselben Weise reagiert; danach geht man zu belangloser Konversation über, vielleicht über Sport, und schaut, ob der Preclear darauf reagiert. Erhält der Auditor keine Reaktion, so beginnt er, antagonistisch über Dinge zu sprechen, die der Preclear kennt (aber natürlich nicht über den Preclear selbst), um festzustellen, ob er auf dieser Stufe eine Reaktion erhält. Dann kann der Auditor ein oder zwei wütende Sätze gegen irgendeinen Zustand von sich geben. Danach kann er ein wenig schändlichen Klatsch betreiben und schauen, ob er hier eine Reaktion erhält. Funktioniert dies nicht, so bringt der Auditor einige Bemerkungen der Hoffnungslosigkeit und des Elends vor. Irgendwo in dieser gesamten Spanne der Skala wird der Preclear mit der Art des angebotenen Gesprächs übereinstimmen, das heißt, er wird in derselben Weise reagieren. In diesem Bereich der Tonskala, wo der Preclear aufgefunden worden ist, kann dann ein Gespräch geführt werden, und der Auditor wird schnell genügend Informationen erhalten, um eine erste zuverlässige Einschätzung der Position des Preclears auf der Tonskala vorzunehmen.

Diese Zwei-Minuten-Psychometrie mittels eines Gesprächs lässt sich auch auf Gruppen anwenden. Der Redner, der seine Zuhörerschaft lenken will, darf nicht mehr als einen halben Punkt über oder unter der Tonstufe seines Publikums sprechen. Will er die Tonstufe der Zuhörer anheben, so sollte er einen halben Punkt über ihrer allgemeinen Tonstufe sprechen. Ein sehr gewandter Redner kann durch den Gebrauch dieser Zwei-Minuten-Psychometrie und durch sorgfältiges Beobachten der Reaktionen seiner Zuhörer innerhalb von zwei Minuten die Tonstufe der Zuhörer herausfinden – danach braucht er lediglich eine Tonstufe einzunehmen, die etwas über der Tonstufe seiner Zuhörer liegt. In Italien und Deutschland, wo sich ein ganzes Volk auf der Stufe 1,0 oder etwas darunter befand, wurden zwei Todesredner, Mussolini und Hitler, von riesigen Menschenmassen mit wilder Begeisterung begrüßt. Ein mächtiger Heiliger hätte hervortreten und in den schöpferischsten und konstruktivsten Tönen zu diesen Menschen sprechen können, ohne auch nur die geringste Wirkung bei ihnen zu erzielen. Dieses Phänomen hat Historiker zu der irrigen Annahme geführt, das Individuum werde durch den Moment geschaffen und nicht der Moment durch das Individuum. Irgendein Instinkt führte diese ausgestorbenen europäischen Führer dazu, den Punkt auf der Tonskala zu suchen und zu finden, an dem sie die Aufmerksamkeit ihrer Zuhörer am schnellsten erhaschen konnten. Tatsache bleibt aber, dass jeder im Bandbereich 1,5 Katastrophen herbeiführen wird, ungeachtet der Absichten, die er bekannt gibt. Ein Todesredner kann ein ganzes Volk zu Wut hinaufbringen und es lange genug dort halten, um es zu zerstören, wie es Hitler und Mussolini in der zweiten Hälfte des Zweiten Weltkrieges taten.

Spalte L
Wie Jemand als Übermittler mit Geschriebener oder Gesprochener Kommunikation umgeht

Genau wie im Gespräch ist es eine mechanische Tatsache, dass jemand auch im Umgang mit Mitteilungen, wenn er als Übermittler fungiert, auf einer bestimmten Tonstufe dazu neigt, sich automatisch nach einem jeweiligen festen Muster zu verhalten, es sei denn, er steht unter dem Einfluss von Engrammen, die ausdrücklich ein anderes Verhalten verlangen.

Dies ist hier teilweise deshalb erwähnt, weil es für Organisationen wichtig ist, vor allem aber, weil es dem Auditor einen guten Hinweis für seine Diagnose liefert. Was tut jemand mit Briefen, die man ihm gibt? Beantwortet er sie oder legt er sie beiseite? Wenn man ihm eine Nachricht zur Weiterleitung übergibt, kommt sie am Bestimmungsort so an, wie man sie übermitteln wollte? Oder ist sie verdreht oder in irgendeiner Weise abgeändert? Oder etwa überhaupt nicht weitergegeben worden?

Der Umgang mit Mitteilungen entspricht ungefähr der Fähigkeit eines Menschen, Verbindung mit seiner eigenen Standard-Gedächtnisbank aufzunehmen, das heißt, dass er mit verschiedenen Kommunikationen, die in der äußeren Welt von einer Person zu einer anderen zu übermitteln sind, genauso umgehen wird, wie seine eigenen Schaltkreise mit Informationen zwischen seiner Standard-Gedächtnisbank und ihm selbst umgehen. Auf der höchsten Tonstufe haben wir vollständige Kommunikation. Und auf der niedrigsten Stufe überhaupt keine Kommunikation.

Auf Stufe 4,0 gibt die Person Kommunikationen frei weiter, trägt normalerweise zu ihnen bei und neigt eher dazu, Entheta-Kommunikationen abzuschneiden, das heißt, sie wird Linien, von denen sie weiß, dass sie gemein oder verleumderisch sind, wahrscheinlich nicht unterstützen.

Auf Stufe 3,5 gibt eine Person Kommunikationen weiter, ärgert sich aber über Entheta-Linien und schlägt gegen sie zurück. Mit „Linie" ist natürlich eine *Kommunikationslinie* gemeint, was jegliche Abfolge bedeutet, die eine beliebige Mitteilung durchlaufen kann.

Befindet sich der Übermittler auf Stufe 3,0, beginnt die Kommunikationslinie zusammenzubrechen, da hier aufbauenden und schöpferischen Dingen der Stufe 4,0 wahrscheinlich leichtes Misstrauen entgegengebracht und die Mitteilung beträchtlich gemäßigt wird. Dies ist der Bereich von Konservatismus und konservative Mitteilungen werden hier am raschesten weitergeleitet. Hier stellt sich jemand weder für eine Entheta-Linie noch für eine starke Theta-Linie bereitwillig zur Verfügung.

Auf Stufe 2,5 werden Notlagen heruntergespielt. Sehr konstruktiven Mitteilungen oder zerstörerischen Mitteilungen wird wahrscheinlich kein Glauben geschenkt. Kommunikationen ober- oder unterhalb dieser Stufe werden schlecht gehandhabt, Kommunikationen im Bereich der Langeweile hingegen weitergegeben.

Eine Person auf Stufe 2,0 befasst sich hauptsächlich mit feindseligen oder drohenden Kommunikationen. Sie gibt nur eine geringe Zahl an konstruktiven Kommunikationen weiter und neigt dazu, Theta-Kommunikationen auszusondern und Entheta-Kommunikationen weiterzugeben, das heißt, dass sie sich an Verleumdungen, aber nicht an höheren Bestrebungen beteiligen wird, es sei denn, sie passen zufälligerweise mit ihren eigenen, antagonistischen Absichten zusammen. Hier haben wir einen sehr mangelhaften Übermittler vor uns, der aber seine Funktion erfüllen wird, wenn man ihn nachdrücklich dazu drängt.

Bei 1,5 kommen wir zu einem für jede Organisation, Nation oder Familie gefährlichen Übermittlungsniveau, da hier alle guten, konstruktiven Theta-Kommunikationen gestoppt oder in irgendeiner Weise verdreht werden. Misstrauen und andere Entheta-Elemente werden der Kommunikation hinzugefügt, bevor sie weitergeleitet wird. Jemand auf dieser Stufe bevorzugt wütende Kommunikationen, die Zerstörung verursachen werden, und gibt diese am bereitwilligsten weiter. Übergibt man einer solchen Person eine Kommunikation zur Weiterleitung, so wird, wenn diese Kommunikation übermittelt worden ist, ganz sicher ein anderes Ergebnis als das beabsichtigte entstehen.

Um die Stufe 1,3 herum wird alle Theta-Kommunikation gestoppt und böswillige Kommunikation wird bereitwilligst weitergeleitet. Kommunikationen, die eine solche Person weitergibt, werden von ihr verdreht und entstellt.

Um 0,9 besteht die Tendenz, Kommunikationslinien abzuschneiden und unter irgendeinem Vorwand Kommunikationen nicht weiterzugeben. Auf dieser Stufe haben wir die Person vor uns, die sich auf geheime Kommunikationen spezialisiert und dazu neigt, den banalsten Angelegenheiten die Bezeichnung „geheim" oder „vertraulich" zu geben.

Im Bereich 0,5 schenkt die Person Kommunikation sehr wenig Beachtung. Sie kann die Notwendigkeit nicht einsehen, überhaupt irgendetwas weiterzuleiten. Es ist ja so oder so „hoffnungslos", und somit hat es „keinen Sinn, überhaupt irgendetwas zu unternehmen".

Im Bereich 0,1 ist sich der Mensch natürlich keiner Kommunikation irgendwelcher Art bewusst und gibt sie somit auch nicht weiter.

Im Bereich der Gruppen-Dianetik wird dieses Thema noch weit ausführlicher behandelt, da es bei der Führung von Unternehmen, Regierungen, Armeen und anderen Organisationen eine enorme Rolle spielt. Mit Sicherheit lässt sich sagen, dass 95 Prozent der Schwierigkeiten eines leitenden Angestellten im Bereich der Kommunikationslinien liegen. Diese Spalte auf der Tonskala wird ihm eine Vorstellung davon geben, was er von bestimmten Untergebenen zu erwarten hat. Ist ein leitender Angestellter von Mitarbeitern umgeben, die Kommunikationen nicht weiterleiten oder sie verdrehen, so kann er ganz sicher sein, dass allein schon dieser Punkt Schwierigkeiten in der Organisation verursachen wird.

Der Auditor kann die Position seines Preclears auf der Tonskala feststellen, indem er beobachtet und sich erkundigt, wie der Preclear mit schriftlicher und mündlicher Kommunikation umgeht, wenn er als Übermittlungspunkt fungiert. Am besten übergibt ihm der Auditor zu diesem Zweck eine Mitteilung zur Weiterleitung an jemand anderen, um festzustellen, was damit geschieht – natürlich denkt der Preclear nicht, dass es sich um einen Test handelt, sondern um ein ganz echtes Bemühen, eine Mitteilung weiterzuleiten.

Spalte M Realität (Übereinstimmung)

Wie in früheren Kapiteln dieses Buches beschrieben wurde, besteht, soweit wir wissen, die Eigenschaft, die als *Realität* bekannt ist, in erster Linie deshalb, weil wir über ihr Bestehen *übereinstimmen.*

Gemäß den Lehren der Kernphysik lässt sich das gesamte physikalische Universum beinahe auf den Wert Null reduzieren, wenn wir von einer Wirklichkeit ausgehen, die sich empfinden, messen oder erfahren lässt. Materie und Energie existieren in Raum und Zeit, Materie besteht jedoch aus Energie, und Energie scheint höchstens eine Bewegung und nicht eine Substanz zu sein. Damit eine Bewegung ablaufen kann, sind Raum und Zeit nötig, wie man sieht, aber dieser Raum und diese Zeit sind selbst, gemäß Einstein und anderen, so merkwürdige Entitäten, dass sie sich ebenfalls reduzieren und ausdehnen lassen und keine genau definierten Entitäten bilden. Darüber könnte viel ausgesagt werden, doch wäre es alles mehr oder weniger verwirrend und unbestimmt. Jahrhundertelang haben Philosophen über die Realität der Realität diskutiert. Und jeder musste schließlich zugeben, dass der Mensch übereinstimmt, etwas mit seinen verschiedenen Sinnen wahrzunehmen, und dass der Mensch übereingekommen ist, dies als Realität zu bezeichnen.

Für unsere Zwecke könnte der kleinste gemeinsame Nenner der Realität somit *Übereinstimmung* genannt werden. Wenn Sie und ich übereinstimmen, dass wir ein Auto vor uns sehen, dann hat dieses Auto für uns Realität. Kommt jemand anders und behauptet, das sei kein Auto, sondern ein Fass Oliven, so werden Sie und ich diesen Menschen vermutlich für verrückt halten. In Bezug auf Realität gilt die Meinung der Mehrheit. Diejenigen, die nicht mit der Mehrheit übereinstimmen, werden gewöhnlich für verrückt erklärt oder ausgestoßen. Und daraus ergibt sich eine Art ständige natürliche Auslese, aus der sich eine Gesellschaftsordnung herausbildet, die über bestimmte, genau abgegrenzte Realitäten übereingekommen ist. Jeder, der diese Realitäten irgendwie zu verändern sucht, wird angegriffen, es sei denn, die Stärke und Kraft seiner Vernunft sind so groß, dass sie eine neue Realität in den Geist der Menschen hineintragen, über die diese übereinstimmen können.

Eigentlich gibt es zwei Arten von Realität. Es gibt die Realität, die sich im physikalischen Universum empfinden, messen und erfahren lässt. Diese *Mest-Realität* ist genetisch so gründlich in ein menschliches Wesen eingebaut und ist in ihrem Verhalten so kompromisslos konsequent, dass der Mensch sie unhandlich findet und daher, wie in der Wissenschaft der Physik, daran arbeitet, bestimmte natürliche Gesetzmäßigkeiten über das Verhalten des physikalischen Universums zu entdecken. Stellt man fest, dass sich neue Daten über das physikalische Universum in das, was die jetzige Generation zu empfinden, zu messen oder zu erfahren gewohnt ist, gut einreihen lassen, so ergibt sich daraus eine hohe Ebene der Übereinstimmung.

Eine zweite Art von Realität ist *postulierte Realität,* die durch schöpferische oder zerstörerische Fantasie hervorgebracht wird. Diese Realität reicht in das noch unerforschte Gebiet der Ästhetik hinüber. Es gibt Menschen – normalerweise auf dem Gebiet der Kunst und der Philosophie –, die neue Realitäten für die Gesellschaftsordnung postulieren. Der Fortschritt bzw. Niedergang von Gesellschaftsordnungen erfolgt im Verhältnis zur Anzahl neuer Realitäten, die für diese Gesellschaftsordnungen postuliert werden. Diese Postulate werden für gewöhnlich von einzelnen Menschen mit Fantasie geschaffen. Normalerweise sind Gesellschaftsordnungen sehr konservativ und versuchen krampfhaft, an alten Realitäten festzuhalten. Der Grund dafür ist einfach. Wenn weit verzweigte Kommunikationsnetze fehlen, über die einer breiten Masse neue Realitäten vorgelegt werden können, dauert es eine geraume Zeit, bis die neue Realität bekannt wird. Tatsächlich wird eine neue Realität, die von einem Menschen postuliert wurde, genau im Verhältnis zur Geschwindigkeit und Größe der Idee bekannt. Zweifellos gibt es eine Formel für Geschwindigkeit und Ausbreitung von Ideen. Ein Mann namens Ibsen zum Beispiel veränderte radikal ganz allein, einfach indem er ein paar Theaterstücke schrieb, innerhalb weniger Jahre die gesamte kulturelle Szene Skandinaviens. Ideen, nicht Schlachten, markieren den Fortschritt der Menschheit. Individuen, nicht Massen, formen die Kultur eines Volkes. In kleinerem Maßstab arbeiten Schauspieler und andere Künstler ständig daran, dem Morgen eine neue Form zu geben. Hollywood dreht einen Film, der den Geschmack der Leute trifft – und morgen treffen wir auf den Straßen amerikanischer Kleinstädte Mädchen an, die wie ein Star aufgemacht sind. Ein Innenarchitekt in Hollywood entwirft eine Einrichtung, die das amerikanische Publikum anspricht – und morgen findet sich diese Einrichtung in den Appartements von Miami Beach und anderen Ferienorten wieder. Eine Kultur ist in dem Maße reich und überlebensfähig, wie sie fantasievolle Künstler, ausgebildete Wissenschaftler, ein hohes Ethikniveau, ein funktionstüchtiges Regierungssystem, Land und Naturschätze hat, ungefähr in dieser Reihenfolge nach Wichtigkeit geordnet.

Man könnte zwei weitere Realitäten annehmen: Die erste ist die des *Höchsten Wesens.* Keine Kultur in der Geschichte der Welt – außer den verderbtesten und aussterbenden – hat es versäumt, die Existenz eines Höchsten Wesens zu bestätigen. Es ist eine empirische Beobachtung, dass Menschen ohne starken und beständigen Glauben an ein Höchstes Wesen weniger fähig, weniger ethisch und weniger wertvoll für sich selbst und die Gesellschaft sind. Eine Regierung, die ihr Volk so erniedrigen will, dass es die heimtückischsten und niederträchtigsten Handlungen akzeptiert, schafft zunächst die Vorstellung von Gott ab. Und im Kielwasser davon zerstört sie die Familie mit Freier Liebe und den Intellektuellen mit polizeilich durchgesetzten Idiotien; auf diese Weise erniedrigt sie eine ganze Bevölkerung so weit, bis sie sich ein wenig unterhalb der Stufe von Hunden befindet. Allein aufgrund von Beobachtungen lässt sich sagen, dass ein Mensch ohne festen Glauben eher ein Ding als ein Mensch ist. Die moderne Wissenschaft, die Waffen zur groß angelegten Vernichtung von Männern, Frauen und Kindern geschaffen hat, ist gehörig auf dem Riff der Gottlosigkeit aufgelaufen.

Die moderne Wissenschaft ist so weit gegangen, dass sie die Vorstellung propagiert, der Mensch sei allein aus Schlamm und Lehm entstanden. Sie hat ihm selbst den Anschein einer Seele abgesprochen und hat auf diese Weise nicht nur keines der Probleme der Geisteswissenschaften gelöst, sondern auch einer gottlosen, totalitären Regierung Hilfe und Unterstützung gewährt, die wirklich und wahrhaftig den Untergang und die Versklavung aller Menschen sowie das Auslöschen jeglichen Funkens von Anständigkeit im Herzen eines jeden menschlichen Wesens anstrebt. Diese zwei Wege (die moderne Wissenschaft und der Totalitarismus), die von der Bejahung der Existenz eines Höchsten Wesens wegführten, bringen den Menschen beide in einen maschinenähnlichen Daseinszustand, in dem ein Klumpen schweißbedeckter Muskeln oder ein beschmierter Mechaniker, der einem heulenden Monstrum aus Stahl dient, zum Ideal geworden ist. Kunst, die Geisteswissenschaften und Anstand geraten so weit in Verfall, bis sie nur noch als winzige Sterne über einer gähnenden, schwarzen Leere schimmern. Wendet man sich davon ab, ein Höchstes Wesen als eine Realität anzuerkennen, die für das Leben des Menschen eine wesentliche Rolle spielt, so macht man damit die Prostitution zum Idealverhalten der Frau, Hinterhältigkeit und Betrug zum höchsten Ethikniveau, dessen ein Mann fähig ist; und Vernichtung durch Verrat, Bomben und Gewehre zum höchsten erreichbaren Ziel einer Kultur. Somit gibt es keine große Diskussion über die Realität eines Höchsten Wesens, da sich in dem Versäumnis, diese Realität hochzuhalten, ein schlüpfriger und abscheulicher Weg in die entsetzlichsten Tiefen eröffnet.

Das *Theta-Universum* ist eine postulierte Realität, für die es eine ganze Menge Nachweise gibt. Würde man dazu ein Diagramm zeichnen, so entstünde ein Dreieck, wobei sich das Höchste Wesen an der einen Ecke, das MEST-Universum an der zweiten und das Theta-Universum an der dritten Ecke befände. In der Forschung treten zu viele Nachweise zutage, als dass wir es uns erlauben könnten, diese Realität zu übersehen. Tatsächlich löst die Annahme dieser Realität einige der Hauptprobleme der Geisteswissenschaften und füllt viele Lücken, die es früher in der Theorie des Engramms gegeben hat. In der Psychotherapie ging man schon lange davon aus, dass es für eine Person von Nutzen ist, wenn sie der Realität ins Auge sehen kann. Aber niemand definierte, was Realität überhaupt ist, und somit schien dies für den Einzelnen ein ziemlich schwieriges Unterfangen zu sein.

Es scheint zwei Realitäten zu geben, die das Individuum ganz direkt betreffen: die innere Realität seiner eigenen Existenz und Vergangenheit und die äußere Realität seiner gegenwärtigen Umgebung. Dazu könnte man natürlich noch seine zukünftige Realität hinzufügen.

Kurz ausgedrückt lässt sich die Realitäts-Tonskala, gemessen an Extroversion bzw. Introversion, wie folgt darstellen: Um Tonstufe 4,0 ist die innere Welt genügend angenehm, sodass Gedanken und Wahrnehmungen des Individuums hauptsächlich auf die äußere Welt gerichtet sind und sich seine Berechnungen mit der Gegenwart und der Zukunft befassen. Verfolgt man die Tonskala nach unten, so kann man sehen, wie sich das freie Theta immer mehr mit EnMEST vermischt, wobei der äußeren Welt und der Zukunft immer weniger und der inneren Welt und der Vergangenheit immer mehr Beachtung geschenkt wird, bis der überwiegende Teil des Thetas enturbuliert ist und der Tod folgt. Es gibt somit eine Extroversions-Introversions-Skala, die die Position der Person auf der Tonskala sehr genau anzeigt. Natürlich wird diese Position einerseits von der Menge an freiem Theta, mit der sie ausgestattet ist, und andererseits durch den Anteil dieses Thetas bestimmt, der zu Entheta geworden ist.

Eine weitere Realitätsskala könnte man auf der Grundlage der Theta-Wahrnehmungseindrücke annehmen. Dies führt jedoch über den Rahmen dieses Werkes hinaus.

Die allgemeine Einstellung des Individuums zu Realität, wie sie sich auf der Tonskala zeigt, sieht folgendermaßen aus:

Bei Tonstufe 4,0 ist das Individuum der Realität gegenüber schöpferisch und konstruktiv eingestellt. Diese Person passt die Realität viel eher an sich an und postuliert sich neue zukünftige Realitäten, als dass sie sich bestehenden Realitäten anpasst. Sie sucht nach verschiedenen Gesichtspunkten und Änderungen in der Realität, um ihre eigene Realität zu erweitern. Sie verfügt über völlige Flexibilität und vollständiges Verstehen, wenn sie verschiedene Realitäten zueinander in Beziehung setzt und auswertet.

Auf Stufe 3,5 ist die Person in der Lage, Realitäten zu verstehen, sie zueinander in Beziehung zu setzen und auszuwerten, auch wenn sie einen unterschiedlichen Gesichtspunkt hat; sie verfügt über eine mäßige Flexibilität in Bezug auf Realitäten, die vorgebracht werden, und sucht nicht eifrig nach neuen Realitäten. Etwas weiter unten auf der Tonskala befasst sie sich mit Versuchen, ihre Realität mit gegensätzlichen Realitäten in Einklang zu bringen, und verfügt über eine beschränkte Flexibilität.

Auf Stufe 3,0 hat das Individuum ein gewisses Bewusstsein der möglichen Richtigkeit einer anderen Realität, ohne diese zu seiner eigenen Realität in Beziehung zu setzen.

Auf Stufe 2,5 folgt eine Gleichgültigkeit gegenüber gegensätzlichen Realitäten, eine Einstellung, wie „vielleicht, was soll's schon?“ Darunter folgt eine Weigerung, zwei Realitäten miteinander in Einklang zu bringen, sowie ein Zurückweisen von entgegengesetzten Realitäten.

Auf Stufe 2,0 findet man Zweifel, in Worten ausgedrückt, Verteidigung der eigenen Realität und Versuche, die Realität von anderen zu untergraben. Hier ist die Stufe der Kritik und von hier an verstärkt sich Kritik bis zu 1,0 hin, um sich dann ganz zu verlieren.

Im Bereich 1,5 befasst man sich hauptsächlich mit dem Zerstören von entgegengesetzten Realitäten, indem man diese zugrunde richtet oder verändert sowie die Realitäten von anderen auseinanderreißt. Die Realität der Umgebung wird angegriffen, mit dem Ziel der Zerstörung. Die einzige Veränderung, die stattfindet, ist eine zerstörerische.

Darunter treffen wir auf Zweifel an der entgegenstehenden Realität, einen nicht in Worten ausgedrückten Unglauben, eine Weigerung, den Unglauben von anderen Leuten zu akzeptieren, eine Weigerung, gegensätzliche Realitäten zu akzeptieren, aber ohne den Versuch, dagegen zu kämpfen.

Auf Stufe 1,1 der Tonskala folgt der Zweifel an der eigenen Realität, Unsicherheit und Versuche, Bestätigung zu erhalten. Im Bereich der Mest-Realitäten stößt man auf eine Beschwichtigung von Göttern oder Elementen.

Im Bereich 0,5 haben wir Scham, Besorgtheit, starke Zweifel an der eigenen Realität und als Folge davon die Unfähigkeit, im Rahmen dieser Realität zu handeln. Soll die Person überhaupt etwas tun, so muss man ihr sagen, was sie zu tun hat. Sie hat Angst, eigenständig zu handeln, da sie keine Möglichkeit hat, die Folgen abzuschätzen.

Darunter folgt ein völliges Sich-Zurückziehen von gegensätzlicher Realität und eine Weigerung, das Bestehen irgendeiner Realität anzuerkennen, außer der eigenen, in der man völlig feststeckt.

Auf Tonstufe 0,0 ist die einzige Realität der Tod.

Spalte N
Zustand von Zeitspur und Valenzen

Jeder hat eine Zeitspur. Für einige Preclears ist diese Tatsache vielleicht nicht sofort offensichtlich.

Die Zeitspur besteht aus allen aufeinanderfolgenden Augenblicken des „Jetzt", vom ersten Augenblick im Leben des Organismus an bis zur Gegenwart. Eigentlich bildet die Zeitspur einen vielfachen Strang von Wahrnehmungseindrücken und man könnte auch sagen, dass es für jeden Wahrnehmungseindruck eine Zeitspur gibt und all diese Zeitspuren zeitgleich laufen. Die Zeitspur ließe sich auch als ein System zur Einordnung von Aufzeichnungen der Umwelt und des Organismus bezeichnen, die gemäß der Zeit ihrer Aufnahme eingeordnet sind. Alle Wahrnehmungen der Umwelt und des Organismus werden, ob nun schwach oder sehr deutlich, während des ganzen Lebens bis zum jetzigen Zeitpunkt oder bis in die Gegenwart, auf der Zeitspur aufgezeichnet.

Vor der Dianetik war nicht allgemein bekannt, dass auch bei einer wachen Person, die bei vollem Bewusstsein ist, eine Zeitspur vorhanden ist und dass sie sich darauf bewegen kann. Auf dem Gebiet der Hypnose war etwas über dieses Phänomen bekannt, doch war es nachlässig untersucht worden. Es herrschte die Meinung, die Zeitspur sei nur jemandem unter Hypnose zugänglich. Experimente, die von Fachleuten der Hypnose durchgeführt wurden, haben jedoch gezeigt, dass sich jemand in wachem Zustand leichter auf seiner Zeitspur bewegt als jemand, der sich unter Hypnose befindet.

Wenn sich jemand auf der Zeitspur bewegt, so wird diese Bewegung tatsächlich wahrgenommen. Die Gegenwart ist ein sich unaufhörlich ausdehnender Augenblick. Und eine Person, die auf ihrer Zeitspur beweglich ist, befindet sich im Allgemeinen in der Gegenwart und bewegt sich durch die aufeinanderfolgenden Augenblicke der Zeit fort.

Ein Hauptanliegen des Auditors besteht darin, den Fall seines Preclears in derart gutem Zustand zu bewahren, dass dieser sich weiterhin auf der Zeitspur bewegen und zu Locks, Secondarys und Engrammen gelangen kann, um sie an der Stelle, wo sie auftraten, genügend oft zu erzählen, sodass sie reduziert oder ausgelöscht werden. Führt der Auditor seinen Preclear nicht richtig durch Locks, Secondarys und Engramme hindurch, so kann der Preclear dadurch in einem Augenblick der Vergangenheit auf der Zeitspur stecken bleiben. Tritt dieser Fall ein, so ist der Preclear nicht mehr imstande, sich auf der Zeitspur zu bewegen, und als Erstes sollte der Auditor dafür sorgen, dem Preclear Beweglichkeit wiederzugeben.

Dem Preclear können bezüglich der Zeitspur verschiedene Dinge geschehen. Am beunruhigendsten ist es, wenn ein *Zusammenpacker* (ein Satz, wie z. B. „Nimm dich zusammen", „Es geschieht alles auf einmal", „Alles ist gegen mich", „Alles kommt hier herunter" und andere Aktionssätze, die die Tendenz haben, alle Geschehnisse an einer Stelle zusammenzupacken) die Illusion erzeugt, dass die Zeitspur zusammengebrochen ist und dass sich alle Geschehnisse am selben Punkt in der Zeit befinden. Ein Fall muss viel Ladung aufweisen und seine Aktionssätze müssen eine beträchtliche Wirkungskraft auf den Preclear ausüben, damit eine solche Situation eintreten kann. Der Auditor kann diese Situation recht leicht erkennen, wenn sie auftritt, und sollte bei der ersten Schwierigkeit mit der Zeitspur einen Zusammenpacker vermuten.

Die Frage, wie weit die Zeitspur zurückreicht, ist noch nicht vollständig gelöst. Daher sollte der Auditor vorerst die zahlreichen experimentellen Nachweise in Betracht ziehen, die dafür sprechen, dass die Zeitspur über das Leben des jetzigen Organismus hinaus in die Vergangenheit zurückgeht. Möglicherweise gehört die Zeitspur eher zu dem, was wir als Theta-Körper bezeichnen, und nicht zum Organismus selbst. Es könnte eine genetische Zeitspur geben, die sich durch die Generationen hinzieht, die dem Organismus vorangingen. Diese Möglichkeit wurde aber experimentell nicht in so einheitlichem Maße wie das Vorhandensein des Theta-Körpers nachgewiesen. Der Auditor sollte somit darauf vorbereitet sein, einige erstaunlich frühe Geschehnisse zu finden. Falls er darauf stößt, sollte er sehr darauf achten, diese Geschehnisse jedes Mal durchlaufen zu lassen und sie auszulöschen oder zu reduzieren. Oder falls sie sich nicht reduzieren lassen, ein früheres Geschehnis zu finden, das sich auslöschen oder reduzieren lässt, damit er sie entlasten kann. Es ist nicht Sache des Auditors, die Daten des Preclears irgendwie in Frage zu stellen; aber es ist sehr wohl Sache des Auditors, jegliche Engramme zu reduzieren, die er bei dem Fall hervorholt.

Neben dem Zusammenpacker können noch andere Schwierigkeiten mit der Zeitspur auftreten. Die häufigste Schwierigkeit liegt darin, dass der Preclear in einem Geschehnis der Vergangenheit feststeckt. Ein *Festhalter* (ein Satz wie „bleib hier") in einem Engramm hält ihn an einem früheren Zeitpunkt fest und er ist nicht in der Gegenwart, sondern steckt in einer früheren Periode seines Lebens fest, die außerdem Schmerz und Bewusstlosigkeit oder starke Gram- oder Furchtladungen enthält.

Lock-Scanning oder das Auditieren von früheren Engrammen hilft diesem Zustand im Allgemeinen ab. Ob dieser Zustand vorhanden ist, lässt sich durch die Verwendung der *Blitzantwort* sehr leicht nachprüfen. Wie später noch beschrieben wird, verwendet der Auditor den *Archivar* des Preclears. Der Archivar verwendet automatische Reaktionsmechanismen, die keine Mechanismen des „Nachdenkens", sondern Sofort-Antworten sind: das Erste, was dem Preclear in den Sinn kommt, wenn der Auditor mit den Fingern schnippt. Der Auditor fragt den Preclear nach einem Datum und schnippt mit den Fingern. Der Preclear gibt ihm vielleicht nicht das Datum der Gegenwart an. Gibt er ein anderes Datum an, so ist es das Datum des Augenblicks, in dem er auf der Zeitspur feststeckt. Wenn Sie einfach verschiedene Leute in Ihrer Umgebung nach ihrem Alter fragen, so werden Sie sehr viel über diesen Mechanismus erfahren. Sagen Sie diesen Leuten, sie sollen Ihnen die erste Zahl nennen, die ihnen in den Sinn kommt, wenn Sie mit den Fingern schnippen, und stellen Sie ihnen dann die Frage: *„Wie alt bist du?"* (schnipp!) In einer Reihe von Fällen werden Sie Altersangaben erhalten, die viel früher liegen als die Gegenwart. Wenn Sie diese Leute darum bitten, sich zu erinnern, was zu jener Zeit passierte, so wird sie dies sehr oft in die Gegenwart bringen, in der sie sich vielleicht schon jahrelang nicht mehr befunden haben. Ein Auditor könnte durch irgendeine Anstalt gehen und einfach einem Patienten nach dem anderen sagen: *„Kommen Sie in die Gegenwart“*, und er würde feststellen, dass ein sehr kleiner Prozentsatz der „Geisteskranken“ in die Gegenwart kommen und von da an geistig gesund sein würde. Dies wurde bereits mehrmals durchgeführt – mit einigen erstaunlichen Ergebnissen. Es wird hier erwähnt, um dem Auditor eine Vorstellung davon zu geben, wie wichtig es ist, dass sich der Preclear in der Gegenwart befindet, und wie wichtig es ist, in der Gegenwart zu sein.

Prüfungen mit Hilfe von Blitzantworten lassen sich auch mit dem folgenden Mechanismus durchführen. Der Preclear wird aufgefordert, die erste Antwort, das heißt Ja oder Nein, anzugeben, die ihm zu jeder der folgenden Fragen in den Sinn kommt: Der Auditor sagt: *„Krankenhaus?“*, worauf der Preclear mit „Ja“ oder „Nein“ antwortet. Der Auditor fragt dann: *„Krankenschwester?“*, der Preclear antwortet mit einem „Ja“ oder „Nein“. Kann der Preclear sich nichts zurückrufen, was in jenem Alter, das er bei der Blitzantwort anstelle seines jetzigen Alters angegeben hat, geschehen sein soll, so dient diese Ja-Nein-Prüfung dem Auditor dazu, Beschaffenheit und Merkmale des Geschehnisses festzustellen, in dem der Preclear festgehalten wird. Die Erinnerung des Preclears lässt sich anschließend geschickter lenken, um herauszufinden, ob es ein Unfall, eine Verletzung oder eine Krankheit war und wer ihm den Festhalter gegeben hat, der ihn in diesem Geschehnis festhält. Manchmal genügt es, dass der Preclear sich einfach an das Geschehnis erinnert, um ihn daraus zu befreien, sodass er in die Gegenwart kommen kann. Bei einem Fall, der bislang kein Sonik verfügbar hatte, ist manchmal genau an der Stelle Sonik vorhanden, an welcher der Preclear festgehalten wird, und der Sonik-Satz ist der Festhalter, durch den der Preclear festgehalten wird.

Richtet man die Aufmerksamkeit des Preclears einfach auf einen Vergnügensmoment und schickt ihn viele Male, immer wieder, durch diesen Augenblick hindurch, insbesondere, wenn es sich um einen Augenblick handelt, in dem der Preclear als er selbst siegreich war, so wird ihn dies oft aus einem Engramm, in dem er festgehalten wird, hinausschnellen lassen und ihm ermöglichen, in die Gegenwart zu kommen. Üblicherweise beendet man alle Sitzungen damit, dass man den Preclear durch einige Vergnügensmomente hindurchschickt, um ihn leicht und vollständig in die Gegenwart zu bringen.

Ein weiterer Mechanismus, der dem Auditor Schwierigkeiten dabei bereitet, den Preclear in die Gegenwart zu bringen oder ihn auf der Zeitspur hin- und herzubewegen, ist der *Zurückrufer.* Sätze wie „Komm hierher", „Komm zurück" (und andere Aktionssätze, die den Preclear in der Gegenwart veranlassen würden, zu einer anderen Position im *Raum* zurückzugehen) haben in Engrammen die Wirkung, den Preclear von der *Zeit* der Gegenwart weg in die Engramme hineinzuziehen. Oft versucht der Auditor, den Preclear in die Gegenwart zu bringen, doch jedes Mal, wenn sich der Preclear der Gegenwart nähert, wird er auf der Zeitspur zu einem früheren Alter zurückgezogen. Dies wird durch einen Zurückrufer verursacht.

Ein weiterer Mechanismus, der den Preclear an einem früheren Zeitpunkt auf der Zeitspur festhält, ist der *Abwärts-Rausschmeißer.* Diese Art von Satz befiehlt der Person: „Geh runter!" oder: „Zurück!" und hält den Preclear unterhalb des eigentlichen Geschehnisses zurück, in dem er feststeckt.

Eine weitere Schwierigkeit auf der Zeitspur ist der *Rausschmeißer.* Der Rausschmeißer wirft den Preclear immer nach oben hinaus. Der Preclear kann sich in einem Engramm befinden und dennoch wieder in die Gegenwart zurückprallen. So befindet er sich scheinbar in der Gegenwart, in Wirklichkeit steht er jedoch unter beträchtlicher Spannung, da er in einem Engramm feststeckt.*

Der *Missweiser* verursacht eine weitere Schwierigkeit mit der Zeitspur. Es handelt sich dabei um einen Satz, der den Preclear veranlasst, in die eine Richtung zu gehen, wenn ihn der Auditor in die andere Richtung schickt. Ein Satz wie „Du machst alles verkehrt herum" verursacht diese Situation. Ist ein solcher Satz wirksam, so geht der Preclear vielleicht zum *Basik-Basik* (dem ersten Engramm beim Fall) zurück, wenn ihm der Auditor sagt: „Komme in die Gegenwart." Jeder Fall, bei dem Sätze in solchem Maße wirksam sind, ist sehr stark geladen. Es bedeutet, dass der Auditor viele Locks und Secondarys entfernen muss, bevor er Engramme auditieren kann.

*Es ist unmöglich, dass jemand „in der Gegenwart feststeckt". Es ist immer ein Engramm, in dem er feststeckt. Einige Personen, denen es schwerfällt, sich auf der Zeitspur zu bewegen, *scheinen* „in der Gegenwart festzustecken", was aber nicht der Fall ist. Lock-Scanning, das Auditieren eines Secondarys oder das Lokalisieren des eigentlichen Engramms, in dem der Preclear feststeckt, wird dazu dienen, ihn auf der Zeitspur beweglich zu machen.

Valenzen bilden eine weitere die Zeitspur beeinträchtigende Schwierigkeit, die aber nicht direkt von der Zeitspur selbst ausgeht. Eine *Valenz* ist eine falsche oder wahre Identität. Der Preclear hat seine eigene Valenz. Außerdem stehen ihm die Valenzen aller Personen zur Verfügung, die in seinen Engrammen auftauchen. Ein *Valenzwechsler* ist ein Satz, der die Person veranlasst, in eine andere Identität überzuwechseln. Die Sätze „Du solltest in seiner Haut stecken" und „Du bist genau wie deine Mutter" sind Valenzwechsler, die den Preclear von seiner eigenen Identität in die gesamte Identität einer anderen Person bringen. Dem Preclear stehen somit viele Valenzen offen. Die Valenz ist eine vollständige Identität. Ist der Preclear in der Valenz seines Großvaters, so lässt sich erwarten, dass er alle Beschwerden, die sein Großvater hatte, sowie die meisten seiner Eigenheiten und Merkmale aufweisen wird. Diese Merkmale selbst brauchen nicht in Engrammen enthalten zu sein. Sie bilden einfach einen wesentlichen Bestandteil der Valenz. Der Preclear kann sich in mehreren Valenzen gleichzeitig, in einer synthetischen Valenz oder in gar keiner Valenz befinden. Oder er kann in seiner eigenen Valenz sein. Befindet er sich nicht in seiner eigenen Valenz, so sollten im Verlaufe des Prozessings alle nur denkbaren Anstrengungen unternommen werden, um ihn so weit zu bringen, dass er seine eigene Valenz findet. Das Durchlaufen von Vergnügensmomenten bringt den Preclear sehr oft in seine eigene Valenz.

Dass sich jemand außerhalb seiner Valenz befindet, ist offensichtlich ein Hauptgrund für Sonik-, Visio- und Somatik-Absperrungen. Es kann beim Auditieren eines Engramms vorkommen, dass Sonik, Visio und Somatiken zuerst vorhanden sind, dann aber plötzlich verschwinden. Als Erstes sollte der Auditor einen Valenzwechsler vermuten. Er verlangt eine Ja-oder-Nein-Blitzantwort, ob ein Valenzwechsler vorliegt. Und wenn die Antwort Ja ist, so fragt er nach dem Wortlaut des Valenzwechslers. Wenn er diesen erhalten hat, lässt er den Preclear die betreffenden Worte wiederholen, woraufhin der Preclear wieder in seine eigene Valenz zurückkehren wird und Visio und Sonik sich wieder einstellen werden. Die meisten abgesperrten Fälle befinden sich außerhalb ihrer eigenen Valenz.

Die Valenz ist ein Überlebensmechanismus, eines der Mittel, die der Verstand gebraucht, um einer allzu schmerzhaften Existenz zu entgehen. Um also den Preclear in seine eigene Valenz zu bringen, muss ein großer Teil der Ladung von der Zeitspur abgetragen werden. Lock-Scanning kann auch bei jemandem durchgeführt werden, der sich außerhalb seiner Valenz befindet. Man wird feststellen, dass sich der Preclear in den meisten Secondarys, die nackte Angst und Apathie enthalten, außerhalb seiner Valenz befindet. Ein solches Geschehnis muss man mehrmals durchlaufen, bevor der Preclear in seine eigene Valenz kommen und somit eine richtige Entladung des Grams, der Furcht oder der Apathie erreichen kann.

Auf der Tonskala sehen wir, dass wir es wiederum mit zwei verschiedenen Arten von Fällen zu tun haben. Der erste ist weit offen, in seiner eigenen Valenz, mit Sonik und Visio, weist jedoch sehr viel Ladung auf. Da dieser Fall strukturmäßig zu schwach ist, um Ladung zu überdecken, bleibt er in seiner eigenen Valenz, obwohl diese Valenz unerträglich schmerzhaft ist. Bei der anderen Art von Fall besitzt der Verstand die Fähigkeit, sich aus der Valenz zu begeben und damit schmerzhafte Augenblicke in der Vergangenheit abzusperren. Für gewöhnlich wählt der Verstand gewinnende Valenzen. Valenzwechsler können aber jemanden in die Valenz zwingen, die er verabscheut. Wiederholt zum Beispiel ein Elternteil ständig, dass der Preclear „genau wie Großvater" ist, dass er jedoch „nicht wie Großvater sein darf", weil „Großvater abscheulich ist", so wird dies eine Konfliktsituation verursachen, in der der Preclear durch Valenzwechsler gezwungen wird, einen Charakter anzunehmen, von dem er das Gefühl hat, dass er verabscheut wird. Dies ist der Hauptmechanismus, der jemanden dazu bringt, „sich selbst zu verabscheuen". Eigentlich verabscheut er sich selbst überhaupt nicht. Er verabscheut die Valenz, in der zu leben er gezwungen wurde.

Was den abgesperrten Fall betrifft, erklärt sich die Tabelle von selbst. Bei einem weit offenen Fall befindet man sich selbstverständlich von der obersten bis zur untersten Stufe in seiner Valenz, was auch immer die Position auf der Tonskala sein mag. Man sollte aufgrund dieser Tatsache nicht festlegen, ob es wünschenswert bzw. nicht wünschenswert ist, ein weit offener Fall zu sein. Mit solchen Fällen lässt sich relativ leicht arbeiten. Ist der abgesperrte Fall schließlich in seiner eigenen Valenz, mit Sonik und Visio, und ist ein Großteil seiner Engramme ausgelöscht, so befindet er sich in ausgezeichnetem Zustand und hat ein sehr großes geistiges Potenzial.

Der Zustand der Zeitspur wird normalerweise durch die Faktoren Ladung, Valenzwechsler und Aktionssätze bestimmt. Da Aktionssätze unwirksam sind, wenn sich nicht sehr viel Ladung auf dem Fall befindet, läuft es tatsächlich darauf hinaus, dass der Zustand der Zeitspur und der Valenz des Preclears durch Ladung bedingt ist. Unter *Ladung* verstehen wir natürlich Wut, Furcht, Gram oder Apathie (Missemotion), die im Fall enthalten sind. Diese Form von Entheta (es gibt außer Missemotions-Secondarys auch noch anderes Entheta in Form von Kommunikations- und Realitäts-Secondarys) lädt die Zeitspur so stark auf, dass die Aktionssätze sehr wirksam werden. Es ist Ladung, die Aktionssätze wirksam werden lässt. Die Ladung auf dem Fall muss sehr stark sein, damit Engramm-Aktionssätze (Aktionssätze, die in den Engrammen selbst enthalten sind) wirksam werden können. Damit Aktionssätze in Secondary-Engrammen (solchen, die Missemotion und Brüche in Kommunikation und Realität sowie aufgezwungene Kommunikation und Realität enthalten) wirksam werden, muss noch viel mehr Ladung vorhanden sein. Wirklich extrem viel Ladung muss beim Fall vorhanden sein, damit Aktionssätze in Locks wirksam werden.

Somit lässt sich erkennen, dass der Zustand der Zeitspur und der Valenzen zur Hauptsache eine Frage von Ladung ist. Handelt es sich um einen weit offenen Fall, so bringt eine äußerst stark geladene Zeitspur die Person auf eine psychotische Stufe. Da der Verstand hier nicht in der Lage ist, Ladung abzusperren und einzukapseln, ergibt sich für uns das seltsame Bild einer Person, die sich auf der Zeitspur bewegen und Engramme durchlaufen kann, die Sonik und Visio hat, aber dennoch psychotisch ist. Mit diesen Fällen lässt sich relativ leicht arbeiten. Das Hauptanliegen sollte jedoch sein, Ladung wegzuräumen, ungeachtet der Versuchung, Engramme zu auditieren. Solche Leute werden nämlich auf der Zeitspur stecken bleiben, wenn der Auditor den Fehler begeht, Engramme zu auditieren, weil sie leicht zugänglich sind.

Spalte O Wie sich Engramme und Locks äussern

Sind keine Engramme vorhanden, so kann man davon ausgehen, dass das menschliche Verhalten vom Gesichtspunkt des Individuums und seiner Gruppe aus *gut* ist, wobei dieser Gesichtspunkt durch Ausbildung und Umwelt dieses Individuums beeinflusst wird. Ohne Engramme strebt das Individuum, entsprechend der Spannweite seines Verstehens, nach Überleben auf allen Dynamiken.

Das heißt nicht, dass ein Stammesangehöriger, der von all seinen Engrammen geklärt wurde, nicht weiterhin Missionare essen würde, falls er als Kannibale erzogen wurde. Es heißt aber, dass er in Bezug auf das Verspeisen von Missionaren so rational wie möglich sein würde. Außerdem wäre es leichter, ihn hinsichtlich des Verspeisens von Missionaren umzuerziehen, wenn er Clear wäre. Clear sein heißt nicht, ein Mensch mit neuer Erziehung, neuer Umgebung oder neuer genetischer Veranlagung zu sein. Es bedeutet jedoch sehr wohl, dass alles nur mögliche freie Theta des Falles auf die Probleme der Umwelt und der Zukunft gerichtet werden kann und dass alle Daten in der analytischen Gedächtnisbank zur Lösung dieser Probleme verfügbar sind. Engramme und die dazugehörigen Secondarys und Locks führen unabänderliche Schlussfolgerungen in den Verstand ein, sodass der Berechnungsvorgang ungefähr so abläuft, als versuche man, 2 und 2 zu addieren, wenn gleichzeitig eine unsichtbare Hand der Zahlenreihe jedes Mal eine weitere 2 hinzufügt, ohne dass die Rechenmaschine davon weiß. Ein Engramm macht es unmöglich, das Ergebnis 4 zu erhalten, wenn man 2 und 2 addiert. Außerdem veranlasst es den Menschen zu seltsamen und irrationalen Handlungen, das heißt, es veranlasst ihn zu überlebensfeindlichen Handlungen und bringt ihn dazu, „gegen sein besseres Wissen" zu handeln.

Das Engramm mit seinen Secondarys und Locks verändert Verhalten, indem es Handeln, Denken oder Fantasie hemmt oder den Menschen zum Dramatisieren veranlasst. Solange man ein Engramm aktiv dramatisieren kann, lädt es sich jedoch nicht besonders stark auf. Befiehlt das Engramm aber eine solche überlebensfeindliche Tätigkeit, dass die Umgebung die Person missbilligt oder ihr noch weiteren Schmerz bereitet, so beginnt das Engramm sich aufzuladen. Befiehlt ein Engramm einem Menschen, gesundheitshalber jeden Morgen dreimal um den Häuserblock zu spazieren, so mag das Engramm zwar wirksam, aber nicht störend sein, solange man ihm diesen Spaziergang erlaubt. Lassen wir ihn nun aber zum Beispiel in eine Umgebung wie die Armee wechseln – wo man ihm nicht erlaubt, jeden Morgen seinen „Gesundheitsspaziergang" zu absolvieren, sondern wo er stattdessen zum Appell antreten muss. Die Dramatisation wird gebrochen und als Folge davon sieht sich der analytische Verstand dieses Menschen einem verminderten Aktionspotenzial gegenüber und der Mensch fühlt sich in seiner Reichweite eingeschränkt. Befiehlt ein Engramm einem Dieb, er solle stehlen, so mag er heiter und zufrieden sein, solange er das Stehlen fortsetzen kann. Dann tritt vielleicht das Gesetz dazwischen und steckt ihn wegen Diebstahls ins Gefängnis. Dies bricht die Dramatisation und schränkt seinen Aktionsbereich sowie sein Wohlbefinden ein.

Ein Engramm hat zwei Seiten: Entheta und EnMEST. Solange der Gedanke dramatisiert werden kann, bleibt das EnMEST ruhig. Wird jedoch die Dramatisation gebrochen, so tritt das EnMEST bzw. der körperliche Schmerz in Aktion, um den Menschen zu zwingen, das zu tun, was das Engramm befiehlt. Engramme kontrollieren den Menschen in dieser versteckten Weise. Bei niedrigeren Organismen als dem Menschen liegt in dieser Art von reaktiver Handlungsweise ein gewisser Überlebenswert. In der Umgebung eines niedrigeren Organismus kommt es normalerweise deshalb dazu, dass Schmerz empfangen wird, weil der Organismus einen Weg verfolgt, der nicht zu Überleben führt. Versucht nun der Organismus, nochmals dasselbe zu tun, droht deshalb körperlicher Schmerz einzusetzen, sodass der Organismus zu einer anderen Handlungsweise gezwungen wird, die vermutlich besseres Überleben bedeutet.

Es ließe sich noch viel über menschliches Verhalten und über das Engramm als Ursache aberrierten Verhaltens schreiben, doch ist dies ein Buch über Auditing. Der Auditor möchte wissen, wie er seinen Preclear auditieren soll und wie er seinen Preclear auf dieser Tabelle finden kann, damit er weiß, welche Art von Entheta er bei dem Fall angehen soll, ob er Engramme, Secondarys oder Locks zu auditieren hat und wie sie zu auditieren sind.

Ein Engramm ist ein Augenblick von körperlichem Schmerz und Bewusstlosigkeit.

Ein Secondary ist ein Augenblick von Missemotion, in dem Verlust droht oder eintritt.

Ein Lock ist ein analytischer Moment, der den Wahrnehmungseindrücken des Engramms ähnelt und dadurch das Engramm restimuliert bzw. in Tätigkeit versetzt – die Wahrnehmungseindrücke der Gegenwart werden vom reaktiven Verstand fälschlicherweise als dieselbe Situation interpretiert, die früher einmal körperlichen Schmerz verursacht hat.

Secondarys enthalten nur Missemotion sowie erzwungene Kommunikation und Realität und Brüche in Kommunikation und Realität. Locks enthalten in der Hauptsache Wahrnehmungseindrücke, keine körperlichen Schmerzen und sehr wenig Missemotion. Dies sind alles Arten von Entheta. Secondarys und Locks laden Engramme auf. Es ist nicht möglich, bei einem Fall, der durch Secondarys und Locks sehr stark geladen ist, Engramme zu auditieren.

Durch Beobachtung seines Preclears sollte der Auditor ziemlich rasch feststellen können, was der Preclear mit Locks tut. Bei einer Prüfung des Falles stellt er vielleicht fest, dass sich der Preclear im Hinblick auf Religion sehr aberriert verhält, dennoch lässt sich als Ursache lediglich ein Geschehnis finden, als der Preclear im Kindesalter von einem Pfarrer gescholten wurde. Der menschliche Verstand ist ein sehr zäher Mechanismus, sodass dies bei einem geistig gesunden Menschen eine unzureichende Ursache für Aberration ist. Lässt sich das Verhalten einfach durch das Auditieren dieses Locks beheben, so erkennt der Auditor, dass dieser Preclear Locks dramatisieren wird, das heißt, dass er sich so verhalten wird, als ob Locks Engramme wären. Dies deutet auf einen sehr stark geladenen Fall hin.

Der Auditor mag entdecken, dass der Preclear Secondarys dramatisiert, das heißt, dass es sich um einen „Sarg-Fall" handelt (der in der Stellung eines Toten, mit gekreuzten Armen, daliegt). Hier handelt es sich um ein Gram-Engramm, das mit dem Tod eines geliebten Menschen zusammenhängt, und damit, dass sich der Preclear in der Valenz dieses geliebten Menschen befindet. Der Auditor wird viele Beispiele des Sarg-Falles zu sehen bekommen. Es bedeutet, dass der Preclear Secondarys dramatisieren wird und die Zeitspur sehr stark geladen ist, doch weniger stark als die eines Preclears, der Locks dramatisiert.

Schließlich bleibt noch der Preclear, der lediglich Engramme dramatisiert. Er befindet sich recht hoch auf der Skala und ist mehr oder weniger normal.

Versteht man diese Grundprinzipien, so erklärt sich diese Spalte der Tabelle über die Äußerung von Engrammen und Locks von selbst.

Es gibt drei Arten von Locks:

1. Gebrochene Dramatisationen.
2. Restimulationen.
3. ARK-Locks.

Theta folgt dem Prinzip, dass es jeden Aktionszyklus, den es einmal begonnen hat, abschließen möchte. Wird ein solcher Zyklus unterbrochen, wie dies beim Brechen einer Dramatisation der Fall ist, so gelangt Turbulenz in das Theta hinein und Entheta entsteht.

Durch Restimulations-Locks werden dem Menschen ganz einfach Wahrnehmungen zugeführt, die denjenigen in einem Engramm ähnlich sind. Ist jemand müde oder erschöpft, so restimulieren diese Wahrnehmungen (Seheindrücke, Geräusche, Gerüche oder was auch immer sie sein mögen) das Engramm, in dem sich ähnliche Wahrnehmungseindrücke befinden, sodass das Geschehnis zu einem Lock dieses Engramms wird und es in geringem Maße auflädt.

Die dritte Art von Lock ergibt sich, wenn die Umgebung einem Menschen Affinität, Kommunikation oder Realität aufzwingt, während er keine will, wenn es rational nicht erforderlich ist oder wenn einer oder mehrere dieser drei Punkte durch andere Menschen in der Umgebung verhindert oder dem Menschen verweigert werden.

Einige dieser ARK-Locks, die im Leben eines Menschen auftreten, sind so intensiv und führen dem Engramm so viel Ladung zu, dass sie als Secondary-Engramme betrachtet werden. Wir haben also sowohl Missemotions-Secondarys als auch die Secondarys von erzwungenem oder verweigertem ARK.

Spalte P
Sexuelles Verhalten
Einstellung gegenüber Kindern

Dies ist die Spalte, die der Zweiten Dynamik gewidmet ist. Diese Dynamik würde man normalerweise *Sexualität* nennen. In der Dianetik geht man davon aus, dass sich die Sexualität in zwei Bereiche unterteilt: den Geschlechtsakt und das Produkt von Sex, Kinder.

Jede Dynamik kann man als eine fließende Theta-Linie betrachten. Von Individuum zu Individuum hat Theta unterschiedlich viel Kraft auf jeder Dynamik. Man könnte sagen, dass Engramme in einer solchen Weise quer über den Dynamiken liegen, dass sie eine Zerstreuung verursachen. Wenn die Engramme entfernt werden, verschwindet die Zerstreuung (die daraus besteht, dass Theta zu Entheta wird und der Fluss an freiem Theta behindert ist) und der natürliche Fluss von freiem Theta kann wieder einsetzen.

Am deutlichsten sieht man diese Zerstreuung und die Wirkung von Entheta auf der Zweiten Dynamik. Sie ist hier so deutlich, dass früher einige Psychotherapien das Schwergewicht der Aberration vollständig auf die Zweite Dynamik gelegt haben. Natürlich waren diese Psychotherapien nicht sehr brauchbar, da sie die anderen sieben Dynamiken außer Acht ließen, und tatsächlich wurden sie auch von ihren Zeitgenossen scharf kritisiert, weil sie zu viele wichtige Aspekte außer Acht ließen. Die Sexualität ist jedoch ein ausgezeichneter Maßstab für die Position des Preclears auf der Tonskala.

Diese Tatsache war es vermutlich, die so viel Aufmerksamkeit auf die Zweite Dynamik lenkte.

In der heutigen Kultur kommt sexuelle Aberration sehr häufig vor. Alles, was in einer Kultur versteckt und streng geregelt ist, wird aberriert. In der europäischen und der amerikanischen Kultur herrscht eine beträchtliche Verwirrung über Sexualität, da Perversion, Promiskuität und brutale Behandlung von Kindern so verbreitet waren, dass man die irrige Schlussfolgerung zog, die Abhilfe dafür liege in noch mehr Regelungen; in Wirklichkeit waren es jedoch die Regelungen, die die Störung dieser Dynamik verursachten.

Beobachtet man das Verhalten von Menschen, so kann man feststellen, dass Promiskuität, Perversion, Sadismus und abwegige Praktiken auf dieser Tabelle sehr weit unten liegen. Freie Liebe gehört auch in diesen sehr tiefen Bandbereich, da der Mensch relativ monogam ist und da es gegen das Überleben gerichtet ist, kein gut geordnetes System für die Erzeugung und Erziehung von Kindern innerhalb von Familien zu haben. Eine Gesellschaft, die in diesem 1,1-Bereich der Tonskala liegt, wird Sexualität erwartungsgemäß missbrauchen, Promiskuität aufweisen, Kinder missbrauchen und schlecht behandeln und sich kurz gesagt ungefähr so verhalten, wie die heutigen Kulturen es tun. Will man der Unmoral, Freien Liebe und der Misshandlung von Kindern Einhalt gebieten, ist es für die ganze Gruppe der Gesellschaft, ganz zu schweigen von Individuen, von entscheidender Bedeutung, diese Dynamik zu entaberrieren.

Auf dem höchsten MEST-Punkt der Tonskala, 4,0, findet man Monogamie, Beständigkeit und Treue, eine hohe Fähigkeit, Genuss zu empfinden, und eine sehr moralische Reaktion gegenüber Sex. Man findet hier aber auch, dass die Wirkung des Sexualtriebes über das Schaffen von Kindern hinausgeht, und daraus ergibt sich eine Sublimierung von Sex in schöpferisches Denken.

Auf der Stufe 3,5 der Tonskala finden wir ein großes Interesse am anderen Geschlecht und Beständigkeit, aber keine so weitreichende Sublimierung.

Im Bereich 3,0 der Tonskala geht das sexuelle Interesse ein wenig zurück, doch besteht Interesse an Fortpflanzung und Kindern.

Auf Stufe 2,5 stoßen wir auf ein gewisses Desinteresse an Fortpflanzung, das aber lediglich darauf beruht, dass man allgemein kein großes Interesse an irgendetwas verspürt. Der Geschlechtsakt kann in angemessener Weise ausgeführt werden, wenn die körperlichen Voraussetzungen vorhanden sind.

Im Bandbereich 2,0 beginnen wir, einen Ekel vor Sex, einen Widerwillen gegenüber Sex anzutreffen, vor allem, wenn er abwegig betrieben wird.

Im Bandbereich 1,5 der Tonskala tritt Sex in Form von Vergewaltigung auf. Der Geschlechtsakt wird als Bestrafung ausgeführt.

Auf Stufe 1,1 der Tonskala gelangen wir in den Bereich der gemeinsten Umkehrung der Zweiten Dynamik. Hier stoßen wir auf Promiskuität, Perversion, Sadismus und abwegige Praktiken. Hier wird der Geschlechtsakt nicht als Vergnügen empfunden, sondern ist tatsächlich von hektischer Besorgtheit umgeben. Er kann nicht wirklich als Vergnügen empfunden werden, ob er nun normal oder abwegig ausgeführt wird. Hier finden wir die Prostituierte, den Perversen, die treulose Ehefrau, Freie Liebe, leichtfertige Heirat und baldige Scheidung sowie allgemein heilloses sexuelles Chaos. Leute, die sich auf der Zweiten Dynamik auf dieser Stufe befinden, gefährden die Gesellschaft in höchstem Maße, denn Aberration ist ansteckend. Eine Gesellschaft, die diese Stufe erreicht, ist auf dem besten Weg, aus der Geschichte zu verschwinden – so wie die Griechen und die Römer verschwanden, so wie auch die moderne europäische und amerikanische Kultur am Untergehen ist. Dies ist ein loderndes Zeichen der Gefahr, das beachtet werden muss, wenn ein Volk vorwärtskommen soll.

Auf Stufe 0,5 stoßen wir auf Impotenz und Besorgtheit über Sex und nur gelegentliche Versuche zur Fortpflanzung. Jemand kann auf der Zweiten Dynamik bisweilen von seiner 0,5-Position auf der Tonskala aufsteigen, doch dieser Aufschwung bricht schnell wieder zusammen.

Hier ist es interessant, zu beobachten, wie das Prinzip der enger werdenden Abwärtsspirale auf die Zweite Dynamik Anwendung findet. Sinkt der Mensch auf irgendeiner Dynamik oder irgendeiner Spalte dieser Tabelle bis unter die Stufe 2,0 ab, so führt ihn die enger werdende Abwärtsspirale rasch über 1,5, 1,1 und 0,5 bis zum Tod hinunter. Dies ist auf der Zweiten Dynamik besonders offensichtlich. Jemand auf Stufe 1,1, der heute in hektischer, pseudosexueller Tätigkeit begriffen ist, wird sich sehr bald (gewöhnlich viel rascher, als er denkt) auf der Stufe 0,5, auf der Stufe von Impotenz und Besorgtheit, befinden.

Auf der Stufe 0,5 werden die Geschlechtsorgane relativ nutzlos. Tatsächlich ist diese Tonskala der Zweiten Dynamik genau auf die endokrinen Funktionen sowie auf Form und Zustand des physischen Körpers anwendbar. Eine Frau, die sich in ihrer Jugend auf Stufe 1,1 der Tonskala befand, wird keinen genügend gut entwickelten Beckenbau und kein ausreichendes endokrines System aufweisen, um leicht Kinder zur Welt bringen zu können. Schwierige Geburten sind die normale Folge davon, sich während der Aufbauphase des Körpers zu lange in einem tiefen Bandbereich der Tonskala befunden zu haben. Leichte Geburten können nur bei Frauen erwartet werden, die relativ hoch auf der Tonskala sind.

Bemerkenswert ist, dass im Bereich zwischen 1,1 und 0,5 auf der Tonskala die Muskeln, insbesondere die Muskeln der Geschlechtsorgane, keinen Tonus aufweisen. Nymphomaninnen und Satyrn haben extrem schlaffe Muskeln und um 0,5 herum ist der Tonus praktisch gleich null.

Im Bandbereich des vorgetäuschten Todes gibt es natürlich keine Bemühung, sich fortzupflanzen.

Interessanterweise treten gelegentlich unmittelbar nach dem Tod des Individuums im Bandbereich –1, wo der Organismus als Organismus zwar tot ist, die Zellen jedoch immer noch leben, eine Ejakulation und sexuelle Vorgänge auf (was einen Hinweis auf die Stärke und Kraft dieser Dynamik gibt).

In der Zytologie wird das Leben als ein endloser Strom von Protoplasma definiert, vom Anfang des Lebens selbst bis jetzt. Im Lauf der vielen Jahrtausende wird dieses Protoplasma, als stetiger genetischer Strom, sowohl durch natürliche Auslese und durch Umwelteinflüsse von Generation zu Generation verändert, als auch durch anscheinend direkte Planung. Da das Leben in solchem Maße von dieser Lebenslinie abhängt, ist es sehr leicht, auf den Geschlechtsakt zu viel Gewicht zu legen, hält er doch diese Lebenslinie in einem ständigen Fluss.

Der zweite Teil dieser Dynamik befasst sich mit Kindern, dem Produkt von Sex. Die Reaktionen gegenüber Kindern verändern sich stufenweise von ganz oben bis ganz unten auf der Tonskala; der Auditor kann diese Tatsache benutzen, um seinen Preclear auf der Tabelle richtig einzustufen.

Auf Stufe 4,0 besteht intensives Interesse an Kindern, das sich sowohl auf das geistige als auch auf das körperliche Wohlbefinden der Kinder und auf die Gesellschaft erstreckt, in der sie leben werden. Hier bemüht sich der Mensch, zur Kultur beizutragen, damit die Kinder eine bessere Überlebenschance haben.

Auf Stufe 3,5 sind Liebe, Sorge und Verständnis für Kinder vorhanden.

Auf Stufe 3,0 ist Interesse an Kindern vorhanden.

Auf Stufe 2,5 werden Kinder toleriert, doch interessiert man sich nicht allzu sehr für ihre Angelegenheiten.

Auf Stufe 2,0 stoßen wir auf ein Herumnörgeln an Kindern und Gereiztheit über sie.

Auf Stufe 1,5 kommen wir in den Bereich brutaler Behandlung und schwerer körperlicher Züchtigung von Kindern; das Kind wird hier mit Hilfe von Schmerz in eine bestimmte Form gepresst, seine Dramatisationen werden gebrochen, man regt sich über seinen Lärm oder die Unordnung auf.

Auf Stufe 1,1 der Tonskala kann es gegenüber Kindern zweierlei Reaktionen geben. Es mag ein wirkliches, unmittelbares Verlangen nach Kindern als Äußerung der Sexualität bestehen, doch ist es hier auch möglich, dass Kinder für sadistische Zwecke missbraucht werden. Und es lassen sich auch beide Aspekte bei ein und derselben Person vorfinden. Langfristig werden Kinder allgemein vernachlässigt und nur gelegentlich zeigt sich sporadisches Interesse an ihnen. Der Zukunft des Kindes oder der Kultur, in der es aufwachsen wird, wird sehr wenig Aufmerksamkeit geschenkt.

Auf Stufe 0,5 herrscht hauptsächlich Besorgtheit über Kinder, Furcht, dass sie sich verletzen könnten, Furcht vor diesem, Furcht vor jenem, was Kinder betrifft und Hoffnungslosigkeit hinsichtlich ihrer Zukunft.

Auf Stufe 1,1 wird eine Mutter versuchen, ihr Kind abzutreiben. Und jede Frau, die ein Kind abtreibt, befindet sich im Bereich 1,1 oder tiefer, es sei denn, das Kind gefährdet ihr eigenes körperliches Leben (nicht ihren Ruf). Es lässt sich von ihr erwarten, dass sie unzuverlässig und unbeständig ist und Promiskuität betreibt; und das Kind wird als Beweis für diese Promiskuität angesehen.

Auf Stufe 0,5 begegnen wir Abtreibung mit der trügerischen Begründung, dass die Welt oder die Zukunft zu schrecklich sei, als dass man ein Kind in die Welt setzen könnte. Befindet sich der betreffende Elternteil bei 0,5, so wird alle natürliche Freude und das Glück des Kindes unterdrückt und wir haben eine so ungesunde Atmosphäre für die Kindheit, wie man sie sich nur denken kann.

Bei 0,1 gibt es nicht einmal ein Bewusstsein über Kinder.

Beim Betrachten dieser Spalte lässt sich bemerken, dass sich das Interesse an Kindern nicht nur auf das Gebären bezieht, sondern auch auf das Wohlbefinden, das Glück, den geistigen Zustand, die Ausbildung und die allgemeine Zukunft des Kindes. Auf der Stufe 1,1 mag jemand scheinbar ängstlich darum bemüht sein, ein Kind in die Welt zu setzen. Sehr wahrscheinlich folgt er einem Engrammbefehl, der sagt, er müsse Kinder haben. Ist das Kind einmal geboren, so mag im Bereich 1,1 Interesse für das Kind als Spielzeug oder Kuriosum bestehen. Doch in der Folge stellt sich eine allgemeine Vernachlässigung und Gedankenlosigkeit gegenüber dem Kind ein, ohne irgendwelches Gefühl für die Zukunft des Kindes und ohne das geringste Bemühen, für das Kind eine Zukunft aufzubauen. Hier treffen wir auf fahrlässiges Handeln gegenüber der Familie, wie zum Beispiel Promiskuität, die die Sicherheit der Familie zerstören wird, von der die Zukunft dieses Kindes abhängt. In diesem Bereich wird das Kind als Ding, als Besitz, betrachtet.

Eine halbe Stufe darüber, im Bereich von Wut, ist das Kind Zielscheibe für die Dramatisationen, die jemand gegenüber Erwachsenen in seiner Umgebung nicht auszuleben wagt – ein letzter verzweifelter Versuch, Befehlsgewalt über etwas auszuüben. Hier wird das Kind beherrscht und sein Charakter fortwährend verdreht.

Die ganze Zukunft eines Volkes hängt davon ab, welche Haltung es gegenüber Kindern einnimmt. Und ein Volk, das sich darauf spezialisiert, Frauen die Rolle von „Dienstboten" zuzuweisen, oder glaubt, dass der Wettstreit der Geschlechter in Geschäft, Weltgeschehen und Politik ein lohnenderes Bemühen sei als die Schaffung der Generation von morgen, ist ein Volk, das am Sterben ist. Eine Frau, die ein ehrgeiziger Rivale des Mannes in seinen eigenen Tätigkeiten ist, vernachlässigt die wichtigste Mission, die sie haben mag. Eine Gesellschaft, die diese Mission geringschätzig betrachtet und in der den Frauen *alles andere* beigebracht wird, nur nicht die Führung einer Familie sowie die Sorge für den Mann und die Schaffung der zukünftigen Generation, ist eine Gesellschaft, die bald verschwinden wird. Der Historiker kann den Punkt, an dem eine Gesellschaft ihren steilsten Niedergang beginnt, genau auf den Augenblick festlegen, an dem die Frau in gleicher Position mit dem Mann an politischen und geschäftlichen Angelegenheiten teilzunehmen beginnt – denn das bedeutet, dass die Männer dekadent und die Frauen nicht mehr Frauen sind. Dies ist keine Moralpredigt über die Rolle oder Position von Frauen. Es ist die Aussage einer nackten und grundlegenden Tatsache. Wenn Kinder für eine Gesellschaft unwichtig werden, so hat diese Gesellschaft ihre Zukunft verspielt.

Selbst über die Zeugung, das Gebären und die Erziehung von Kindern hinaus ist ein Mensch ohne Beziehung zu einem Angehörigen des anderen Geschlechts offenbar nicht vollständig. Diese Beziehung ist die Quelle, welche die Lebenskraft dieser beiden Menschen nährt und mit deren Hilfe sie körperlich und gedanklich die Zukunft des Volkes erschaffen. Soll der Mann zu größeren Höhen aufsteigen, so muss die Frau mit ihm oder sogar vor ihm aufsteigen. Aber sie muss *als* Frau aufsteigen, und nicht so, wie sie heute fälschlich zum Aufstieg verführt wird, als Mann. Frustrierte, unmännliche Männer machen sich einen abscheulichen Scherz daraus, die Frau zu der Spottfigur von Mann zu machen, zu der Männer selbst geworden sind.

Männer sind schwierige und beschwerliche Geschöpfe, aber wertvoll. Schöpferisch für Männer zu sorgen und mit ihnen umzugehen ist eine kunstvolle und schöne Aufgabe. Diejenigen, die Frauen um ihren rechtmäßigen Platz betrügen wollen, indem sie sie zu Männern machen, sollten endlich erkennen, dass sie dadurch nicht nur die Frauen, sondern auch die Männer und Kinder zerstören. Das ist ein zu hoher Preis, als dass er für „Modernsein" oder für jemandes kleinliche Wut oder Boshaftigkeit gegenüber dem weiblichen Geschlecht bezahlt werden darf.

Die Künste und Fertigkeiten der Frau, die Schöpfung und Inspiration, deren sie fähig ist und die sie trotz des Ruins und Niederganges der Welt des Mannes, die sich um sie herum ausbreiten, hier und da an vereinzelten Stellen unserer Kultur noch immer auszuüben vermag, müssen von Neuem und vollständig zum Leben erweckt werden. Diese Künste und Fertigkeiten, diese Schöpfung und Inspiration sind ihre Schönheit, so wie die Frau selbst die Schönheit der Menschheit ist.

Spalte Q HERRSCHAFT ÜBER DIE UMGEBUNG

Es KÖNNTE POSTULIERT WERDEN, dass die Aufgabe von Theta in der Eroberung von MEST besteht. Der Organismus beherrscht so viel MEST, wie er Theta zur Verfügung hat, mit dem er dieses MEST beherrschen kann.

Bei einem Menschen oder einer Gruppe könnte man sich die Herrschaft über die Umgebung als eine Reihe konzentrischer Kreise vorstellen. Der größte Kreis würde das wohlüberlegte Vertrauen der Einzelperson oder der Gruppe in ihre Fähigkeit darstellen, eine Wirkung auf das physikalische Universum auszuüben. Der nächstkleinere Kreis wäre das Vertrauen der Person oder Gruppe in ihre Fähigkeit, die gesamte Erde und alles Leben zu beeinflussen. Der nächstkleinere Kreis wiederum würde das Vertrauen der Person oder Gruppe in ihre Fähigkeit darstellen, einen Ausschnitt des Lebens, eine Nation oder eine kleinere Gruppe zu beeinflussen. Der nächste Kreis wäre das Vertrauen der Person oder Gruppe in ihre Fähigkeit, irgendeine andere Spezies und die Menschen in ihrer Umgebung zu beeinflussen. Der nächstkleinere Kreis bedeutet das Vertrauen der Person oder Gruppe in ihre Fähigkeit, einige Leute oder einen kleinen Teil ihrer Umgebung zu beeinflussen. Der nächste Kreis hat mit dem Vertrauen der Einzelperson und der Gruppe zu tun, dass sie das Individuum bzw. die Gruppe selbst beeinflussen können. Der nächstkleinere Kreis wäre die Unfähigkeit des Individuums oder der Gruppe, sich selbst zu beeinflussen.

Es lässt sich nicht sagen, welches der normale Bereich der Herrschaft wäre. Erreicht aber dieser Bereich der Herrschaft einen Punkt, an dem das Individuum und die Gruppe nur gerade so auf sich selbst Einfluss nehmen können, so gelangen wir an einen Punkt, an dem Theta nur noch das Mest verändern kann, das zum Individuum bzw. zur Gruppe selbst gehört (und von ihrem jeweiligen Gesichtspunkt aus betrachten Individuum und Gruppe für ihre Zwecke oftmals das Leben und die Lebensformen als Mest, das ihrer Herrschaft unterworfen ist). Hier setzen psychosomatische Krankheiten ein, wobei Theta nur innerhalb des Organismus wirkt, um ihn zu zerstören. Eine Gruppe auf dieser Stufe wird sich selbst auseinanderreißen. Auf einem nur geringfügig weiteren Kreis treten wir in den 2,0-Bereich der Tabelle ein. Die weiteren Bereiche könnte man als jene Bereiche bezeichnen, in denen Theta frei genug wirken kann, um innerhalb dieser Einflussbereiche schöpferisch und konstruktiv zu sein. Und sehr nahe dem Zentrum der Bereiche würde Entheta existieren. Ein viel komplexeres System, das möglicherweise sehr viel über Theta und Mest aussagen würde, könnte mit dieser abgestuften Skala erarbeitet werden und sollte es vermutlich auch.

Der Auditor ist zunächst einmal daran interessiert, seinen Preclear auf der Tabelle ausfindig zu machen. Zu diesem Zweck sollte er feststellen, was der Preclear an Leben, Mest, Leuten und Gruppen glaubt, kontrollieren zu können, *und* was er mit diesen zu tun gedenkt, wenn er sie kontrollieren könnte. Hat der Preclear für den Bereich, den er sich absteckt, konstruktive und schöpferische Pläne im Sinn, so kann man daraus ersehen, dass er sich oberhalb des Bandbereiches 2,0 befindet und dass man mit der Menge an Theta arbeitet, mit der das Individuum ausgestattet ist. Da nicht alle Menschen glauben, dass sie das ganze Universum kontrollieren können, sollte man sie auch nicht unbedingt als psychotisch verdächtigen, wenn sie vielleicht eine entsprechende Vorstellung haben, obwohl es eine Erscheinungsform von Psychose ist, infolge manischer Engramme grandiose Ideen zu entwickeln. Es hat Menschen gegeben, die enorm große Bereiche kontrollieren und innerhalb dieser Bereiche schöpferisch und konstruktiv wirken konnten. Doch wirkten sie nicht mit der Waffe. Sie wirkten mit Ideen.

Sollte der Preclear einen ziemlich weiten Bereich für sich in Anspruch nehmen und dann ein zerstörerisches Ziel dafür festsetzen, so kann man sicher sein, dass man es mit einem Preclear unterhalb der Stufe 2,0 zu tun hat.

Der Auditor sollte sich folgendes Axiom vor Augen halten: Alles Erschaffen bringt ein bisschen Zerstörung mit sich. Um zum Beispiel ein Wohnhaus zu bauen, muss man vielleicht zuerst die alte Mietskaserne niederreißen, die dort steht, und um eine Zeitung herauszugeben, muss man vielleicht Wälder abholzen, um Zeitungspapier herzustellen. Es ist das *Verhältnis* von Erschaffung zu Zerstörung, das zählt.

Angesichts der in diesem Kapitel aufgestellten Grundannahmen erklärt sich diese Spalte auf der Tabelle von selbst. Es sollte jedoch noch etwas zu den weit verzweigten politischen Aspekten gesagt werden, die diese Spalte enthält. Es lässt sich erkennen, dass der demokratische Bereich, wo man sich mit Demokratie im Sinne Jeffersons befasst, im Bandbereich 3,0 und darüber liegt. Diese geht von dem Glauben an das Gute im Menschen und an seinen gesunden Menschenverstand in beratenden Versammlungen aus. Sie geht von dem Glauben aus, dass die Menschen die Freiheit haben sollten, in ihren Angelegenheiten für sich selbst zu entscheiden. Sie verbietet die Tyrannei als unerwünscht und weist der Regierung den Dienst an der Gruppe und nicht der Gruppe den Dienst an der Regierung zu.

Man muss auf der Tonskala recht weit nach unten gehen, um die nächste politische Form zu finden: Zwischen 2,0 und 1,5 trifft man den Faschismus an. Faschismus ist absolute Beherrschung einer Umgebung für zerstörerische Zwecke, wobei direkte und gewaltsame Mittel eingesetzt werden, um diese Beherrschung zu erreichen. Zwischen Demokratie und Faschismus gibt es Zwischenstufen, wie zum Beispiel die Monarchie. In der heutigen Welt sind diese jedoch nicht von besonders großem Interesse und sie gehören nicht in den Rahmen dieses Werkes, sondern in die Gruppen-Dianetik (die in einem anderen Buch vollständig behandelt werden wird).

In politischer Hinsicht bildet heute der Subversive, der in den Bereich 1,1 bis 1,3 gehört, die nächste Stufe auf dem Weg die Tonskala hinunter. Der größte Teil der theoretischen Subversion gibt vor, sehr hoch auf der Tonskala zu sein, und hatte deshalb für den liberal eingestellten Menschen einen gewissen Anreiz. Zwischen theoretischer und zerstörerischer Liberalität besteht jedoch ein großer Unterschied und der gedankenlose Liberale verwechselt die Theorie mit der Praxis. Er findet sich in der Gesellschaft von 1,1ern wieder, denn eine Untersuchung jeder beliebigen Art von Politik, die die Welt wegen der allgemeinen Apathie der Gesellschaften überzieht, zeigt, dass Politik genau dieser Position auf der Skala zugeordnet ist: Kommunikationslinien werden abgeschnitten, Affinitäten werden offen missbraucht und erniedrigt, die Realität wird verdreht; das Maß an Intrige, wie es in auf Hass ausgerichteter Propaganda beobachtbar ist, lässt sich mit niedrigstem Klatsch vergleichen und Menschen werden ohne jede Rücksicht auf den Respekt behandelt, der einem Menschen gebührt. Psychometrie bei Subversiven setzt sie einheitlich in diesen 1,1-Bereich. Sie haben keinen Respekt vor Geist und Vernunft von irgendjemandem. Für sie ist Promiskuität eine große Tugend. Sie glauben nicht an die Familie. Sie sind als Freunde etwa so sicher wie eine Kreuzotter – doch vielleicht ist das gegenüber der ehrlichen Kreuzotter unfair.

Die Subversion erhält ihre Unterstützung hauptsächlich von Leuten aus dem Bereich 1,1. Und der Grund, warum sie in Ländern, in die sie einfallen wollen, so viele freiwillige Agenten findet, besteht darin, dass der 1,1er eine „gute Begründung" für seine unverhohlene Nichtachtung haben möchte und dafür, sich „über" die bestehende Moral und die Gesetze des Landes, in dem er tätig ist, erheben zu können. Durch seine verdrehte Philosophie gewinnt er eine sehr schöne Entschuldigung, um sich selbst als erhaben über Dinge wie Gesetz und Anständigkeit zu betrachten. Und es ist sehr gut möglich, dass allein diese Anziehungskraft der Faktor ist, der skrupelloser Politik so viele neue Leute zuführt.*

*In dieser Spalte der Tonskala-Tabelle werden kurz bestimmte politische Philosophien und Anschauungen in der heutigen Welt erwähnt. Dieses Thema wird zwar in der Gruppen-Dianetik umfassend behandelt werden, aber die vorliegende Tabelle wäre unvollständig, wenn sie nicht zeigen würde, dass diese politischen Systeme ihre eigene Stellung auf der Tonskala haben und dass ihre allgemeine Vorgehensweise offensichtlich den Methoden und Vorgehensweisen von Individuen auf den jeweiligen Tonstufen entspricht. Auf der Stufe 3,5 befindet sich der Liberale. Er verfügt über gutes logisches Denkvermögen, übernimmt weitreichende Verantwortung und wird von hohen ethischen Grundsätzen geleitet. Er nimmt begierig jede neue Idee auf, die die Gesellschaft verbessern wird, er ist jedoch nicht beeinflussbar, das heißt, er lässt sich nicht durch irgendwelche Propaganda in eine neue Richtung leiten, sondern gelangt auf äußerst rationale Weise zu seinen Schlussfolgerungen. Er hat eine große Achtung vor der Freiheit des Individuums, vor seinem Besitztum und vor dem Recht der starken, produktiven Person, ohne Behinderung spontan und wirksam zur Gesellschaft beizutragen. Auf der Stufe 3,0 haben wir den Demokraten, der jedoch in seinen Einstellungen etwas konservativer ist und mehr zu gesellschaftlichen Regelungen neigt, da er diese in stärkerem Maße benötigt. Der Begriff „demokratisch" ist etwas vage. Auf dieser Stufe bezeichnet er jedoch ein Individuum oder ein System, das persönliche Freiheit erlaubt und für Besitztum und Produktionsfähigkeit eine mäßige Achtung hat, das aber nicht besonders erfinderisch oder begeistert ist, wenn es um die Verfeinerung, Verbesserung und Bereicherung der gesellschaftlichen Ordnung auf allen Dynamiken geht. Die nächste vertraute politische Stufe ist die Stufe 1,5 des Faschismus. Die Beispiele, die einem dazu in den Sinn kommen, sind natürlich die Tätigkeiten von Hitler und Mussolini und die Gesellschaftsordnungen, die sie hervorbrachten. Die offen erklärte Absicht, mit Hilfe der offensichtlichsten und gewaltsamsten Methoden zu erobern, zu töten und zu beherrschen, ist das Kennzeichen des Faschismus. Die Rechtfertigung dafür beschränkt sich auf die unverblümtesten und unverschämtesten Lügen. Andere Personen und Gesellschaftsordnungen werden auf direkte, wütende Weise ohne jede verfeinerte Vortäuschung von Nachsicht oder Mäßigung abgewertet. Die nächste politische Stufe ist die Stufe 1,1 des Kommunismus. Die Literatur des Kommunismus, insbesondere in den Werken von Lenin, setzt den Ton von geheimem, flexiblem und täuschendem Vorgehen fest, wie es sich in den Methoden des Kommunismus auf der ganzen Welt beobachten lässt. In seinen Hochburgen, wie zum Beispiel in der Sowjetunion, und in Zeiten und Bereichen, in denen er nicht bedroht ist, wird der Kommunismus manchmal für kurze Zeit zu 1,5 aufsteigen. Aber in seinen normalen Handlungen wird er alle Merkmale der Stufe 1,1 aufweisen, wie sie im vorliegenden Buch dargestellt sind. Die Bereitschaft, eine unbeschränkte Menge Zeit für die geheime Durchführung einer zerstörerischen Handlung aufzuwenden, die die Faschisten sofort gewaltsam durchführen würden, ist ein dem Kommunismus innewohnender Aspekt. Der Kommunismus verfügt über unendliche Geduld, wenn es darum geht, durch subtile Propaganda eine Gesellschaft oder eine Idee zu zerstören – die er aber während dieser ganzen Zeit nie offen angreift –, und er ist nicht bereit, je direkte Methoden zu gebrauchen, die seine Interessen oder seine Tätigkeit verraten würden. Wie das Individuum auf Stufe 1,1 gibt auch der Kommunismus zunächst vor, große Unterstützung und Hilfe zu bieten. Und diesen Vorwand erhält er, jeglichen gegenteiligen Beweisen zum Trotz, aufrecht, indem er in einschmeichelnder Weise besänftigende Rechtfertigungen und Beteuerungen des aufrichtigsten und zutiefst empfundenen Interesses am Wohle aller verkündet. Der Leser, der diese verschiedenen politischen Erscheinungsformen im Lichte der Tonskala-Tabelle untersucht, wird zweifellos feststellen, dass die manchmal mysteriösen Handlungen verschiedener politischer Gruppierungen voraussagbar und verständlich werden.

Spalte R
Tatsächlicher Wert für die Gesellschaft im Vergleich zum scheinbaren Wert

In der Dianetik haben wir in gewissem Maße die Möglichkeit, den Wert eines menschlichen Wesens zu ermitteln. Früher wurde der Wert von Individuen oder Gruppen nach der Menge an Mest beurteilt, die sie besaßen. Hatte ein Mann Geld, so wurde gesagt, sein Wert entspreche dieser Menge Geld. Hatte eine Gruppe Kontrolle über Besitz, so wurde gesagt, ihr Wert entspreche diesem Maß an Kontrolle über Besitz. Diese Definition ist dem Überleben jedoch nicht förderlich. Jeder in einer Gesellschaft sollte zwar bedingungslos das Recht haben, so viel zu verdienen, wie er in einer Gesellschaft verdienen kann, da dies ein grober Maßstab seines Wertes für die Gesellschaft ist (und man sollte nie den Fehler machen, etwas anderes zu glauben), aber durch Erbschaften und seltsamen Vermögenserwerb, zu dem Geld sich anbietet, kann es als Maßstab stark verfälscht werden. Wenn es verfälscht wird, so werden die Reichen von einer Gesellschaft verurteilt und zum Sündenbock für alle Übel der Gesellschaft abgestempelt. Obwohl ein recht großer Prozentsatz dieser Menschen die eigentlichen Grundpfeiler sind, auf die sich das Leben der Gesellschaft stützt. Die Subversiven sprechen die Not und Armut an (die angesichts der schlecht entwickelten Kultur heutzutage leider das Los der meisten Bevölkerungen ist), indem sie versprechen, jeden wohlhabenden Mann zu töten, wenn ein Land erst einmal erobert worden ist.

Der ganze Kult des Antikapitalismus ist durchaus keine brauchbare philosophische Grundannahme, aber doch um einiges mehr als nur ein grober Aufruf an diejenigen, die keinen Besitz und keine Aussicht darauf haben, irgendwelchen Besitz zu erlangen. Da diese Philosophie keinerlei Begriff vom Wert des Individuums hat und eher auf der Grundlage arbeitet, dass „fünf Schwachsinnige ein Genie ausmachen“, kann sie es sich leisten, über jegliche Mittel zur echten Einschätzung von menschlichen Wesen hinwegzusehen; und sie würde es auch vorziehen, eine solche Einschätzung zu vermeiden, denn ihre Methode beim Einmarsch in ein Land besteht darin, jeden für dieses Land wertvollen Menschen einzusperren und zu ermorden und somit das betreffende Volk in einen verarmten Zustand zu bringen.

Im Handbuch* war eine Gleichung niedergeschrieben, die den Lesern einiges Kopfzerbrechen bereitete. Sie besagte, dass der potenzielle Wert des Einzelnen gleich der Intelligenz multipliziert mit den Dynamiken des Individuums in der x-ten Potenz ist. Man könnte diese Gleichung so umformulieren, dass der potenzielle Wert jedes Menschen einem nummerischen Faktor entspricht, der seine strukturmäßige Intelligenz und Fähigkeit ausdrückt und mit seinem freien Theta in der x-ten Potenz multipliziert wird. Dies war im Handbuch angegeben worden, um Psychologen aufzufordern, nach der Potenz der Dynamik zu forschen und daraus ein Hilfsmittel zur Ermittlung des potenziellen Wertes durch Psychometrie herzuleiten. Der tatsächliche Wert des Einzelnen wäre also sein potenzieller Wert, modifiziert durch die Richtung, in der dieser potenzielle Wert im Hinblick auf das Überleben seiner Gruppe oder des Individuums selbst zum Einsatz kommt. Ein Individuum könnte einen sehr hohen potenziellen Wert haben und dennoch aufgrund seiner Erziehung und aufgrund von Engrammen eine eindeutige Belastung für sich selbst und seine Gruppe darstellen.

Was diese Spalte auf der Tabelle betrifft, hat jeder, der gemäß der Auswertung anderer Spalten unterhalb der Linie 2,0 liegt, einen negativen Wert für die Gesellschaft (ganz ungeachtet seines potenziellen Wertes). Jeder Mensch oberhalb dieser Linie geht vom Nullwert aus aufwärts in eine positive Richtung.

**Dianetik: Der Leitfaden für den menschlichen Verstand.*

Die ganze Skala geht von der Grundannahme aus, dass die geistige und körperliche Kraft des Individuums den anderen Dynamiken dient. Es ist die Bemerkung gemacht worden, dass Gesellschaftsordnungen auf den Schultern einiger weniger verzweifelter Menschen getragen werden. Würde die Gesellschaftsordnung von diesen wenigen verzweifelten Menschen zu höheren kulturellen Stufen geführt, könnte man annehmen, dass sie sich ein gutes Stück oberhalb der Stufe 2,0 befinden, und diese Annahme würde in der Tat durch eine Untersuchung bestätigt werden. Drückt sich diese Verzweiflung in Form von Tod und Zerstörung aus, so befindet sich die betreffende Person unterhalb der Stufe 2,0 und wird ungeachtet ihrer Aktionen die Gesellschaft auf der Tonskala hinunterziehen.

Auch bei dieser Spalte besteht das Hauptinteresse des Auditors darin, die Position des Preclears auf der Skala einzuschätzen. Und diese Spalte ermöglicht es, die Position des Preclears einzuschätzen, indem man sowohl den tatsächlichen als auch den potenziellen Wert des Preclears in seiner Umgebung untersucht. Beschädigt der Preclear normalerweise die Dinge, die er zu kontrollieren versucht oder die er besitzt (das heißt, macht er EnMest daraus), so kann man sagen, dass er sich unterhalb der Stufe 2,0 befindet. Und wenn er im Gebrauch von Mest recht erfolgreich ist, so befindet er sich oberhalb dieser Linie.

Ansonsten erklärt sich diese Spalte von selbst.

Als Mitglied seiner eigenen Gesellschaftsordnung sollte der Auditor den tatsächlichen Wert der Leute für ihre Familie, ihre Gruppe und die Gesellschaft in Betracht ziehen, wenn er entscheidet, welche Leute in seiner Umgebung er als Preclears annehmen soll. Er wird gut daran tun, seine Bemühungen in diejenigen zu investieren, die gemessen an ihrer jetzigen Tätigkeit, während sie noch aberriert sind, am vielversprechendsten sind, auch wenn es nicht die leichtesten Fälle sein mögen. Wenn auch alle Menschen mit gleichem Recht vor dem Gesetz geschaffen sind, zeigt doch eine Untersuchung der Menschen in der Gesellschaft rasch, dass nicht alle mit dem gleichen potenziellen Wert für ihre Mitmenschen geschaffen sind.

Spalte S
ETHIKNIVEAU

DAS GANZE GEBIET DER ETHIK ist infolge der heutigen niedrigen Position der Gesellschaften auf der Tonskala beinahe verloren gegangen.

Wie der Begriff Ethik jetzt in der Dianetik definiert werden kann, besteht Ethik eigentlich aus Vernunft im Hinblick auf die höchste Stufe des Überlebens für das Individuum, die zukünftigen Generationen, die Gruppe, die Menschheit und die anderen Dynamiken zusammengenommen. Ethik ist Vernunft. Das höchste Ethikniveau würde aus langfristigen Vorstellungen in Richtung Überleben für jede der Dynamiken bestehen, bei minimaler Zerstörung. Eine vernünftige Untersuchung dieses Gebietes zeigt sofort, dass unehrliches Verhalten kurzfristig gesehen für ein Individuum oder eine Gruppe zu einem Vorteil führen mag, dass aber eine andauernde unehrliche Verhaltensweise das Individuum oder die Gruppe auf der Tonskala hinunterbringen wird. Somit ist unehrliches Verhalten gegen das Überleben gerichtet. Alles, was in der Gestaltung von zwischenmenschlichen Beziehungen unvernünftig ist, könnte als unethisch betrachtet werden, da jene Dinge, die unvernünftig sind, die Zerstörung von Individuen und Gruppen herbeiführen und die Zukunft der Menschheit behindern. Sein Wort zu halten, wenn man es feierlich gegeben hat, ist ein Akt des Überlebens, da einem dann Vertrauen entgegengebracht wird, aber nur so lange, wie man sein Wort hält.

Für die Schwachen, die Feigen, die schändlich Irrationalen scheinen Unehrlichkeit und hinterhältige Machenschaften, die Schädigung von anderen und die Zerstörung ihrer Hoffnungen die einzig mögliche Art der Lebensführung zu sein. Unethisches Verhalten geht tatsächlich mit Zerstörung und Furcht einher. Man lügt, weil man Furcht vor den Konsequenzen hat, falls man die Wahrheit sagen würde. Somit ist der Lügner unausweichlich ein Feigling und der Feigling unausweichlich ein Lügner. Die sexuell promiskuitive Frau, der Mann, der seinem Freund die Treue bricht, der gierige Perverse befassen sich mit derart überlebensfeindlichen Dingen, dass gewöhnlich Erniedrigung und Tod folgen. Ein heimliches „Liebesverhältnis", auf Lügen beruhend, die andere schädigen werden, zeugt von einer Feigheit, die erbärmlich genug ist, um bei jedem anständigen Menschen Übelkeit hervorzurufen. So erkennt man Ethik bzw. Unethik auf dem Gebiet der Sexualität.

In einem modernen Wörterbuch finden wir Ethik als „Moral" definiert, und Moral als „Ethik". Diese beiden Begriffe sind nicht austauschbar. *Moral* sollte als Kodex für gutes Verhalten definiert werden, der sich aus der Erfahrung des Volkes entwickelt hat und festgelegt worden ist, um als einheitlicher Maßstab für das Verhalten von Individuen und Gruppen zu dienen. Eine solche Systematisierung hat ihre Funktion. Moralregeln sind eigentlich Gesetze. Eine Regel in einem Moralkodex entsteht dann, wenn man durch Erfahrung entdeckt hat, dass eine bestimmte Handlung mehr gegen als für das Überleben wirkt. Das Untersagen dieser Handlung gelangt in die Sitten und Gebräuche eines Volkes und mag schließlich zu einem Gesetz werden. Dies ist der natürliche Entstehungsprozess aller Gesetze. Bis zu einem gewissen Grade sind Moralgesetze willkürlich, da sie über ihre Zeit hinaus fortbestehen. Damit soll keineswegs gesagt werden, Gesetze seien schlecht, denn Einheitlichkeit und Regeln sind für das Verhalten aller Gruppen von entscheidender Bedeutung; es ist nur so, dass Gesetze ab und zu veralten und überarbeitet werden müssen. Viele Dinge, die in der Vergangenheit als moralisch galten, waren nur aus hygienischen Gründen moralisch. Und wie gesagt entstehen tatsächlich alle Moralgesetze, indem die Gruppe entdeckt, dass einige Handlungen mehr Schmerz als Vergnügen beinhalten.

In Abwesenheit umfassender Vernunft sind Moralkodizes, solange sie besseres Überleben für die betreffende Gruppe ermöglichen, ein äußerst wichtiger und notwendiger Bestandteil jeder Kultur. Veralten Moralgesetze jedoch, so werden sie zur Last und es erhebt sich Protest dagegen. Und eine Revolte gegen Moralgesetze gibt als ihr Angriffsziel gewöhnlich die Tatsache an, dass der Kodex nicht mehr in der gleichen Weise wie vorher anwendbar ist – obwohl Revolten gegen Moralkodizes eigentlich deshalb entstehen, weil Individuen der Gruppe oder die Gruppe selbst auf der Tonskala so weit abgesunken sind, dass sie wünschen, die Zügellosigkeiten gegen diese Moralkodizes zu legalisieren, und nicht, weil die Kodizes an sich unvernünftig wären.

Wäre ein Moralkodex durch und durch vernünftig, so könnte er gleichzeitig als sehr ethisch betrachtet werden. Doch erst auf dieser höchsten Stufe würden sich diese beiden Dinge gleichsetzen lassen. In seinem Vorgehen gegenüber MEST ist Theta die Vernunft selbst. Und das Höchste an Vernunft ist auch das Höchste an Überleben.

Im Lichte dieser Ausführungen erklärt sich diese Spalte von selbst. Es sollte aber noch hinzugefügt werden, dass auf Stufe 2,0 und darunter zerstörerische Willkür einsetzt (in Ermangelung einer besseren Bezeichnung „Autoritarismus“ genannt) und dass alle Gesetze, die auf dieser Stufe oder darunter gemacht werden, überlebensfeindliche Konsequenzen haben.

Kriminelle befinden sich im Allgemeinen im Bereich von 2,0 an abwärts, die meisten Kriminellen befinden sich jedoch im Bereich von etwa 1,3 an abwärts. Es liegt nichts besonders Faszinierendes am Kriminellen, am Wortbrüchigen, am Verräter seines Freundes oder seiner Gruppe. Solche Leute sind einfach psychotisch.

Das soll nicht heißen, dass Menschen, die sich potenziell in Tonstufenbereichen von 2,0 an abwärts befinden, gewohnheitsmäßig aktive Verbrecher sind oder gewohnheitsmäßig und aktiv unethisch handeln. Vielmehr bedeutet es, dass sie während Zeiten von Enturbulierung unethisch und unmoralisch sind und sich nur entsprechend der Menge an freiem Theta, das sie noch zur Verfügung haben, vor derartigen Handlungen zurückhalten. Gewöhnlich werden sie jedoch leicht und oft enturbuliert. Und obwohl sie tage- und wochenlang rational erscheinen können, gemessen am heutigen Normalzustand, sind sie doch für jeden Arbeitgeber oder jeden Ehepartner, für die Familie oder die Gruppe eine ernste Belastung. Hier haben wir wiederum den Zustand der akuten Psychose im Gegensatz zur chronischen Psychose vor uns. Im akut psychotischen Zustand wird die Person für kurze Zeiten vorübergehend wahnsinnig. Im chronischen Zustand bleibt sie wahnsinnig. Kann jemand leicht bis zu einer Stufe unter 2,0 enturbuliert werden und hat er nicht genügend freies Theta verfügbar, um sich vor aberrierten Handlungen zurückzuhalten, so sollte er in der Gesellschaft nicht mehr Freiheit als der chronische Psychotiker erhalten, da er in seinem akuten Zustand der Enturbulierung genauso ernstlich psychotisch ist wie jedes ständig geisteskranke Individuum. Da die Gesellschaft erkannt hat, dass ihr die größte Gefahr von Personen im Bereich von Wut bis hinunter zu 1,1 droht, hat sie sich zu schützen versucht, indem sie diese Leute auf Dauer in einen Zustand der Apathie niederdrückt. So weit verbreitet dieser Kontrollmechanismus auch immer ist, so unbrauchbar ist er auch, da apathische Menschen sporadisch in den aktiven Bereich hinaufkommen können und somit immer noch sehr gefährlich sind. Die einzigen Lösungen dafür scheinen darin zu bestehen, solche Menschen abseits von der Gesellschaft auf Dauer in Quarantäne zu halten, um die Ansteckung ihrer Geisteskrankheiten und die allgemeine Turbulenz zu verhindern, die sie in jede Ordnung bringen, wodurch sie diese auf der Tonskala hinunterzerren, oder aber solche Menschen zu auditieren, bis sie eine Stufe auf der Tonskala erreicht haben, die ihnen Wert verleiht.

Jedenfalls sollte jemand im Bereich von 2,0 an abwärts auf der Tonskala in keiner denkenden Gesellschaft irgendwelche bürgerlichen Rechte haben. Denn durch den Missbrauch dieser Rechte verursachen solche Leute, dass harte und strenge Gesetze erlassen werden, die für diejenigen, die keine solchen Einschränkungen brauchen, hart zu ertragen sind. Und insbesondere sollte niemand, der sich chronisch oder akut unterhalb von 2,0 befindet, als Zeuge oder Geschworener in einem Gericht herangezogen werden, da seine Haltung hinsichtlich Ethik die Gültigkeit jedes Zeugnisses, das er vielleicht abzulegen versucht, oder jedes Urteils, das er abzugeben versucht, zunichtemachen wird.

Damit soll nicht vorgeschlagen werden, einer solchen Person die bürgerlichen Rechte länger abzusprechen, als nötig ist, um sie auf der Tonskala so weit hinaufzubringen, dass sie aufgrund ihrer Ethik zu einer angemessenen Gesellschaft für ihre Mitmenschen wird. Es wäre jedoch ein notwendiger

Schritt für jede Gesellschaft, die versucht, sich als Gesellschaftsordnung auf der Tonskala zu heben. Ein Grundsatz im Gesetz sieht diesen Schritt bereits vor, denn nach dem Gesetz wird „die Fähigkeit, Recht von Unrecht zu unterscheiden" als geistige Gesundheit definiert. Das Niveau an Vernunft und somit auch an Ethik eines Menschen, der sich akut oder chronisch unterhalb von 2,0 befindet, erlaubt es ihm nicht, Recht von Unrecht zu unterscheiden. Indem man eine einfache Definition, nicht nur von Recht und Unrecht formuliert, sondern auch von Ethik, kann der bestehende Grundsatz also in Kraft gesetzt werden, falls sich vielleicht einmal jemand darum kümmern sollte, wohin unsere Gesellschaftsordnung treibt. Es ist einfacher, bei 150 Millionen Menschen Psychometrie durchzuführen, als eine Kultur zu begraben, für die wir und unsere Vorfahren seit 1776 gearbeitet haben.

Spalte T
Umgang mit Wahrheit

Der Metaphysiker befasste sich mit Absoluter Wahrheit und glaubte, dass sie über die Grenzen menschlicher Erfahrung hinausgehe. Die damaligen Gesellschaftsordnungen müssen offenbar nicht viel besser als unsere gewesen sein.

Wahrheit ist eigentlich eine relative Größe. Man könnte sagen, dass Wahrheit aus den vernünftigsten Daten besteht, die über irgendeine Reihe von Gegebenheiten vorliegen. Als Erscheinungsform menschlichen Verhaltens wäre Wahrheit das Festhalten an Tatsachen oder das Äußern von Tatsachen, so wie sie einem bekannt sind, und die Weigerung, Aussagen zu machen oder an Aussagen festzuhalten, die dem, was man weiß, widersprechen.

Schöpferische und konstruktive Vorstellungen über die Zukunft sind keine Unwahrheiten, sondern postulierte neue Realitäten. Nur wenige Mütter bringen Unwahrheiten und erfinderische Annahmen nicht gründlich durcheinander und unterdrücken dadurch die erforderlichen erfinderischen Instinkte des Kindes, wodurch sie beim Kind tatsächlich eine Verwirrung über die Wahrheit selbst bewirken.

Wahrheit kann auch mit Taktlosigkeit verwechselt werden. Ein 2,0er wird zahlreiche auf Tatsachen beruhende, aber zerstörerische Aussagen von sich geben. Viele 1,1er sind prahlerisch „stolz" auf ihre Ehrlichkeit und nehmen sich daher die Freiheit, „zum Wohle" anderer, zerstörerische Aussagen zu machen, die eigentlich Lügen sind. Es gibt ethische Maßstäbe beim Umgang mit der Wahrheit. Es mag zwar wahr sein, dass etwas zerstörerisch oder dass jemand schlecht ist, doch wenn diese Aussage keinem Zweck dient, so stellt man durch die Verbreitung dieser „Wahrheit" in Wirklichkeit eine Entheta-Linie her. Die höchste Vorstellung von Wahrheit hat somit eine gewisse Ästhetik an sich, da sie schöpferisch und konstruktiv ist.

Im Rahmen der allgemeinen menschlichen Erfahrung wissen wir alle etwas über Wahrheit und dass es keine Schwarz-Weiß-Unterscheidung zwischen Wahrheit und Lüge gibt. Wahrheit spielt bei der Verbreitung und Annahme von Tatsachen eine Rolle. Einige Menschen bevorzugen wahrheitsgetreue Tatsachen, andere bevorzugen Tatsachen, die weniger wahrheitsgetreu sind, wieder andere ziehen es vor, Tatsachen zu verdrehen, einige möchten sie lieber verbergen, und andere ziehen es vor, über Tatsachen zu lügen. Einige bevorzugen erhabene und wirkungsvolle Tatsachen, und andere mögen nur apathische Tatsachen. Prüft man dieses ganze Gebiet, so stellt man fest, dass die Tonskala selbst, von 4,0 bis 0,0 hinunter, von der Auswahl verschiedener Arten von Tatsachen ausgeht. Und dass die vernünftigsten Tatsachen die konstruktivsten sind und dass die Tatsachen, die ausgewählt werden, immer weniger rational und immer mehr gegen das Überleben gerichtet sind, je weiter man auf der Tonskala sinkt. Man könnte sagen, das Leben sei geschaffen worden, um gelebt zu werden, und nicht, um aus ihm wegzusterben; und dass Tatsachen, die ein hohes Lebensniveau fördern, für den Menschen die der Wahrheit am meisten entsprechenden Tatsachen sind. Und dass diejenigen Tatsachen, die seinen Niedergang fördern, der Wahrheit am wenigsten entsprechen. Somit ist für den Menschen das am wahrsten, was ihm in seinem Überleben in Bezug auf Theta, Leben und MEST am stärksten hilft.

Diese Spalte der Tonskala könnte man auch als die Spalte der Bevorzugung von Tatsachen betrachten.

Auf Stufe 4,0 werden schöpferische und konstruktive Tatsachen bevorzugt.

Um 3,0 werden konservative und weniger optimistische Tatsachen bevorzugt.

Auf Stufe 2,5 stoßen wir auf eine Nachlässigkeit gegenüber Tatsachen.

Auf Stufe 2,0 zieht der Mensch Tatsachen vor, die im Vergleich zur Wahrheit recht verdreht sind, um Antagonismus gerecht zu werden.

Auf Stufe 1,5 werden destruktive Tatsachen bevorzugt, und alle wahren, konstruktiven Tatsachen werden so verdreht, dass sie destruktiv werden.

Auf Stufe 1,1 treffen wir eine Vorliebe für kunstvoll verdrehte Tatsachen an, die einen Zerstörungswunsch verbergen.

Auf Stufe 0,5 wird es unterlassen, Tatsachen auszuwählen und sie auf irgendeine Weise auszuwerten; es werden aber hoffnungslose Tatsachen bevorzugt. Unterhalb dieser Stufe gibt es keine Reaktion.

Der Auditor kann bei seinem Preclear Psychometrie durchführen und dessen Position auf der Tonskala ermitteln, indem er einfach feststellt, welche Art von Tatsache der Preclear am liebsten mag oder was er mit Tatsachen unternimmt.

Das Individuum akzeptiert Wahrheit oder Unwahrheit entsprechend seiner Position auf der Tonskala bzw. leitet sie demgemäß weiter. Kennen Sie von anderen Spalten her die vermutliche Position des Preclears auf der Tonskala, so können Sie die Tatsachen, die er Ihnen gegenüber äußert oder die er akzeptiert, richtig und genau einschätzen, ungeachtet seiner Überzeugungskraft oder sogar seiner Fähigkeit, das, was er sagt, durch ziemlich kunstvolle „Beweisführung" nachzuweisen. Das recht Erschreckende daran ist, dass hier keine großen Abweichungen auftreten. Ein Mensch bei 1,5 befasst sich mit destruktiven Tatsachen und verdreht sie, um sie in ihrer destruktiven Wirkung noch wirksamer zu machen. Seinen Daten kann man keinen Glauben schenken. Tatsächlich hat es keinen Sinn, Daten von Personen auf Stufe 2,0 oder niedriger irgendwelchen Wert beizumessen.

Auf Stufe 4,0 hat die Person eine hohe Vorstellung von Wahrheit und bevorzugt konstruktive und schöpferische Wahrheiten. Sie sucht nach neuen Wahrheiten.

Auf Stufe 3,5 ist die Person wahrheitsliebend, zieht es aber vor, sich nicht mit Entheta-Tatsachen zu befassen.

Im Bereich 3,0 beginnt ein gewisser Konservatismus einzusetzen, eine Vorsicht bei der Aufnahme oder Äußerung von Wahrheiten, und es ergibt sich daraus eine kurzsichtige Vorgehensweise gesellschaftlichen Lügens, um „die Gefühle der Leute nicht zu verletzen". Man sollte sich übrigens davor hüten, die Leitung irgendeiner Sache an Leute zu übertragen, die „Angst davor haben, andere zu verletzen", denn das ist keine Tugend, sondern eine

Form von Feigheit und Günstigstimmen und zeugt von einer Furcht vor Menschen. Die Menschen sind nicht so verletzlich, wie solche Leute glauben.

Auf Stufe 2,5 treffen wir Unaufrichtigkeit und Gleichgültigkeit in Bezug auf Tatsachen an. Die moderne amerikanische Zeitung gibt ein Beispiel für diese Stufe auf der Tonskala (bzw. die verschiedenen Zeitschriften, die man aufführen könnte).

Auf Stufe 2,0 erfolgt die erste vorsätzliche Verdrehung von Tatsachen, um bestimmten Absichten zu dienen. Und hier werden Tatsachen verdreht, sodass sie antagonistischen Tendenzen der Person entsprechen.

Auf Stufe 1,5 wird der höchste Grad an Verdrehung von Tatsachen erreicht. Alles Weiße wird ins Schwarze verdreht. Hier haben wir unverblümtes und destruktives Lügen. Oder haben Sie etwa je einen wütenden Menschen die Wahrheit sagen hören?

Auf der Stufe 1,1 wird die Wahrheit am stärksten mit Füßen getreten. Denn hier wird die Wahrheit verwirrt, durcheinandergebracht, missbraucht, verdreht und aus Furcht vor möglicher Vergeltung versteckt. Es wird daraus offensichtlich, dass mit Daten, die von dieser Stufe der Tonskala stammen, nur zweierlei beabsichtigt ist: möglichst viel Unglück über andere zu bringen und die größtmögliche Sicherheit für sich selbst zu gewährleisten. Hier werden Lügen verwendet, um Lügen zu verdecken – inmitten der heftigsten Beteuerungen der Ehrlichkeit und einer lautstarken Werbekampagne für die eigene Ethik. Hinter der Fassade von Ehre, Ehrlichkeit, Ethik und des „heiligen Ehrenwortes" wird man wahrscheinlich einen brodelnden Pfuhl gemeiner und böswilliger Lügen finden, die darauf abzielen, den größtmöglichen Schaden anzurichten. Zu Beginn der Studien über die Tonskala, aus denen diese Tabelle hervorging, waren wir uns nicht voll bewusst, wie weit der 1,1er gehen wird, um seinen tugendhaften Charakter anzupreisen, während er seine hinterhältigen Tricks ausführt. Da solche Personen so oft beteuern, wie ehrlich und ethisch sie sind, wurde eine Zeit lang angenommen, dass sich jemand in anderen Spalten tief auf der Tonskala befinden und dennoch die Wahrheit sagen könne. Die Erfahrung hat gezeigt, dass der 1,1er völlig unfähig zur Wahrheit ist und aus irgendeinem schrecklichen mechanischen Zwang heraus lügt, wie sehr er auch seine Ehrlichkeit propagieren mag. Keinem einzigen unter den Leuten, denen man dies zugestanden hatte, gelang es, sich als dessen würdig zu erweisen. Vielmehr stellte sich bei allen heraus, dass sie so tief in ausgeklügelte Verdrehungen und Vortäuschungen verstrickt waren, während sie sich die ganze Zeit so sehr den Anschein der Ehrlichkeit gaben, dass hier zum ersten Mal klar verstanden wurde, wie tief der Mensch durch Aberration niedergedrückt werden kann. Offen gesagt setzt jeder sein Leben und seinen Ruf aufs Spiel, wenn er einem 1,1er glaubt, ganz gleich, was für Beweise ihm vorgesetzt werden. In diesem Bandbereich haben wir wunderbar vollendete Schauspieler, die weinen, flehen und mit Verachtung und Geringschätzung andere schlechtmachen können, während sie ihre Ehrlichkeit und Aufrichtigkeit beteuern und sie mit derart perfekter Überzeugungskraft darstellen, dass vielleicht nicht einmal der kritischste Beobachter die geringste Falschheit zu entdecken vermag. Eine tiefgehende und erschöpfende Untersuchung der Motivationen und Ziele des 1,1ers enthüllt jedoch eine Schlangengrube von Lügen, Unehrlichkeiten, Vortäuschungen und Unwirklichkeiten. Solche Leute können Tränen und andere Emotionen nach Belieben aufsetzen und Worte der höchsten Ehre gebrauchen, um die verachtenswertesten Ziele zu erreichen.

Im Bereich 0,5 haben wir nicht weniger gefährliche, aber sicher offensichtlichere Stufen von Unwahrheit. Genau wie Furcht die Triebkraft der Stufe 1,1 ist, so ist es Gram auf der Stufe 0,5. Und wenn auch der Gram an sich durchaus ehrlich sein kann, so sind es doch die Tatsachen und Auswertungen, die er ansammelt, ganz sicher nicht. Da wir hier jemanden vor uns haben, der nach Hilfe schreit, fleht, um Mitleid bettelt, werden alle Tatsachen übersteigert: Die Toten werden plötzlich als absolut fehlerfrei betrachtet, der Liebhaber, der seine Liebste verlassen hat, wird zu einem ganz und gar verdorbenen Schurken. Dem 0,5er mag man Mitleid, aber nie Glauben schenken. Der Umgang mit Leuten, die sich für gewöhnlich in diesem Bandbereich der Tonskala befinden und dennoch über eine gewisse Denkfähigkeit verfügen, um einige der Routinetätigkeiten des täglichen Lebens bewältigen zu können, ist gefährlich, da sie unglaublich viel Zuneigung verlangen, und bei der geringsten eingebildeten oder wirklichen Zurückweisung sinken sie rasch in Richtung Tod ab, und sei es auch nur als Demonstration dafür, wie dringend sie Hilfe brauchen; der Ausgang ist jedoch nicht weniger tödlich. Und solche Sturzflüge in Richtung Tod haben unweigerlich Einfluss auf andere in ihrer Nähe, da dieser Mensch keinerlei Verantwortungsgefühl anderen gegenüber verspürt und so vollständig introvertiert ist, dass er nur aufsaugt und die Zuwendung nie erwidert, wie mitleiderregend er auch scheinen mag. Er ist ein unersättlicher, nach Mitleid lechzender Schwamm und ein chronischer potenzieller Selbstmörder. Die Tendenz in Richtung Tod wird sich sämtlichen Aspekten des Lebens um diesen Menschen herum mitteilen. Er wird jegliches MEST zu EnMEST machen, er wird heruntergekommene und schmutzige Räumlichkeiten bevorzugen, er wird altertümliche und auseinanderfallende Autos fahren, er wird nur die zerlumpteste Kleidung tragen. All das ist ein Flehen um Mitleid. Wenn dieser Fall auditiert wird, weist er, wie der 1,1er, für gewöhnlich Dub-in auf. Der Auditor muss mit dem 0,5er besonders sorgfältig umgehen – nicht zu viel Dub-in im Auditing behandeln, nicht zu viel und nicht zu wenig Mitgefühl zeigen und keinen Fehler im Auditing begehen, der die Tonstufe des Preclears niederdrückt, da der 0,5er eine so kurze Strecke zu gehen hat, bis er entweder durch Krankheit oder durch tatsächliche gewaltsame Selbstzerstörung den Tod zu erreichen versucht. Der 0,5er ist nahe am Ende des Weges und enturbuliert durch Ansteckung das freie Theta seiner Mitmenschen sogar noch viel deutlicher als der 1,1er oder der 1,5er.

Die Echtheit von durchlaufenen Engrammen und die Vorstellung, die sich der Preclear von der Wahrheit macht, stehen in direktem Verhältnis zueinander. Der Auditor kann sich davon leiten lassen. Doch sollte er das, was der Preclear vorbringt, nie kritisieren. Er darf nur versuchen, den Preclear geschickt dahin zu lenken, dass er sich im Auditing auf der höchstmöglichen Stufe an Tatsächlichkeit, die er erreichen kann, bewegt. Fälle, die sehr tief auf der Tonskala sind, erzielen die besten Ergebnisse nicht dadurch, dass Daten behandelt werden, sondern indem Ladung herunterauditiert wird – durch Boil-off, Gähnen, falsche Vier und andere mechanische Entlastungen. Was jemand unterhalb von 2,0 im Auditing durchläuft, mag zwar interessant sein, aber sehr oft stimmen diese Daten nicht. Und je tiefer das Individuum auf der Skala sinkt, desto weniger entsprechen sie der Wahrheit.

Der vorgetäuschte Tod ist für einen lebendigen Organismus natürlich der tiefste Punkt auf dieser Skala. Und hier ist die Unwahrheit aller Unwahrheiten. Denn ganz offensichtlich lebt der Organismus, sagt aber, er sei tot. Die Unwahrheit wird hier allerdings durch die Tatsache gemäßigt, dass der Organismus nur den leichtesten Anstoß braucht, um wirklich zu sterben.

Spalte U
MUTNIVEAU

MUT KANN ALS DIEJENIGE Theta-Kraft betrachtet werden, die zur Überwindung von Hindernissen beim Überleben erforderlich ist.

Glücklichsein wird als der Vorgang definiert, nicht unbekannte Hindernisse in Richtung auf ein bekanntes Ziel zu überwinden, oder als die momentane Betrachtung des abgeschlossenen Vorhabens. Es lässt sich sehen, dass dies eine Definition für Glücklichsein ist, und sie ist auch wirklich praktisch brauchbar. Mut ist jedoch notwendig, wenn das Individuum glücklich sein soll. Auf der Tonskala zeigt sich dies wie folgt: Je mehr freies Theta ein Mensch im Verhältnis zu seinem enturbulierten Theta hat, desto glücklicher kann dieser Mensch sein und desto mehr Mut wird er auch in seinen Unternehmungen im Leben und angesichts von Missgeschicken zeigen.

Das Mutniveau eines Menschen ist eigentlich ein direkter Maßstab für das Verhältnis von freiem zu enturbuliertem Theta bzw. von Theta zu Entheta. Das Mutniveau zeigt auch an, bis zu welchem Grad man sich ohne Risiko mit einer bestimmten Person oder Gruppe verbinden kann. Eine Person mit viel Mut ist als Partner und Gruppenmitglied wertvoll, ein Feigling jedoch bedeutet als Freund ein gefährliches Risiko.

Bei einigen Männern stößt man auf einen irgendwie sonderbaren Mechanismus, eine Aberration einer dekadenten Zeit, die sie veranlasst, sich die Bemitleidenswerten und Schwachen unter den Frauen auszusuchen, ihnen zu helfen und sie zu beschützen. Bei Frauen trifft man manchmal die umgekehrte Situation an: Eine starke Frau sucht sich einen schwachen und bemitleidenswerten Mann aus und verteidigt ihn. In beiden Fällen kann man schon zu Beginn einer solchen Verbindung davon ausgehen, dass sie zu einem Fehlschlag wird. Die Person auf der höheren Stufe wird unweigerlich sinken, wie sehr auch der schwache Teil durch diese Verbindung auf der Tonskala hinaufgebracht werden kann. Gehen nämlich zwei Personen, die sich auf unterschiedlichen Stufen der Tonskala befinden, dennoch eine Verbindung miteinander ein, so wird die Person auf der höheren Stufe durch diejenige auf der tieferen Stufe in größerem oder kleinerem Maße enturbuliert werden; die Person auf der niedrigeren Stufe wird in größerem oder kleinerem Maße desenturbuliert werden. Tief auf der Tonskala befindliche Menschen suchen sich daher instinktiv Personen aus, die hoch auf der Tonskala sind. Und wenn hoch auf der Skala befindliche Menschen auch nur einen Gedanken für ihr eigenes Überleben und ihre Leistungsfähigkeit übrig haben, so werden sie entsprechende Schritte unternehmen, um zu verstehen, welches Risiko sie dabei eingehen, und um zu verhüten, dass sie durch eine solche Verbindung in ihrer Substanz geschwächt werden.

Während des Prozessings sieht sich der Auditor bei jedem Preclear fortwährend Entheta gegenüber. Auditiert er ständig, muss er daher selbst von jemand anderem ausreichend auditiert werden. Sonst wird er sich selbst auf einer enger werdenden Spirale die Tonskala abwärtsbewegen, bis er schließlich mit dem Entheta, das er bei Fällen antrifft, nicht mehr fertigwerden kann.

Das Mutniveau hat sehr viel mit Auditing zu tun. Der Auditor mit niedrigem Mutniveau neigt dazu, den Preclear zum Beispiel in ein Engramm der Stufe „Furcht" oder „nackte Angst" hineingeraten zu lassen und ihm dann möglicherweise zu erlauben, das Geschehnis zu verlassen, ohne dass er es durchlaufen hat, was er mit Mitleid rechtfertigt. Das wird den Fall sehr rasch und sicher verkomplizieren und festfahren lassen. Der Auditor mit niedrigem Mutniveau, der zum ersten Mal einen „Schreier" antrifft und angesichts der offensichtlichen und schrillen Qual des Preclears nicht beharrlich weitermacht, wird den Preclear sehr krank machen. Was das Mutniveau im Auditing betrifft, so muss jeder Auditor den Mut aufbringen, ausnahmslos alles von einem Preclear anzunehmen und einen Preclear durch alles hindurchzubringen, ohne davor zurückzuschrecken. Mut hat sehr viel mit Auditing zu tun. Ein Feigling hat auf dem Auditorenstuhl nichts zu suchen und mit einem Feigling als Auditor kann sein Preclear damit rechnen, dass sein Fall ruiniert wird. In einer der folgenden Spalten der Tabelle wird dargestellt, welche Tonstufe beim Auditor erforderlich ist, um mit Preclears umzugehen. Die dafür zutreffendsten Informationen sind die über das Mutniveau.

Es gibt drei Arten, ein Problem anzugehen: Die eine besteht darin, es direkt oder indirekt *anzugreifen;* die andere ist, direkt oder indirekt davor zu *fliehen,* und die dritte besteht darin, es zu *ignorieren.* Es ist eine Frage der Vernunft, welche Methode die Person wählt, um das jeweilige Problem zu lösen. Andauerndes, unvermitteltes und direktes Angreifen eines Problems ist nicht unbedingt ein mutiges, sondern vielleicht nur ein wütendes und destruktives Vorgehen. Ausdauer bei der Lösung des Problems erfordert jedoch Mut, da einer der Bestandteile von Mut die Beständigkeit in der Bemühung ist.

Auf Stufe 4,0 haben wir das hohe Mutniveau von freiem Theta selbst.

Auf Stufe 3,5 wird Mut bei vernünftigem Risiko gezeigt.

Auf Stufe 3,0 zeigt die Person in konservativer Weise Mut, wenn das Risiko gering ist.

Auf Stufe 2,5 haben wir weder Mut noch Feigheit, sondern ein eindeutiges Vernachlässigen von Gefahr.

Im Bereich 2,0 werden direkte, unverdeckte, vernunftwidrige Schläge gegen Gefahr geführt.

Auf Stufe 1,5 trifft man das an, was im Gegensatz zu Mut normalerweise als „Tapferkeit" eingestuft wird. Hier stößt man auf unablässiges, destruktives Anstürmen gegen Gefahr. Oft entsteht dadurch Schaden, sowohl für den Menschen als auch für die Sache, für die er kämpft.

Im Bereich 1,1 sind wir auf der Tonskala bei Furcht angelangt. Und wenn die Person über Furcht hinaussteigt, so machen sich heimliche und hinterhältige Aktionen bemerkbar. Wird sie jedoch plötzlich von Gefahr bedroht, so tritt Feigheit zutage.

Stufe 0,5 ist der Bereich völliger Feigheit; es wird kein Problem angegangen, es gibt keine Vernunft, und nur Niederlage ist vorhanden.

Im Kampf besteht die beste Taktik zum Beispiel darin, einen derart plötzlichen, unerwarteten und harten Schlag zu führen, dass der Gegner sofort auf der Tonskala bis auf Apathie sinkt. Nachdem zum Beispiel die Atombombe auf Japan niedergegangen war, versank es sofort in Apathie und kapitulierte. Harte, aber in die Länge gezogene Schläge oder Schocks verhärten den Widerstand, wie sich am Beispiel der Bombardierung von London oder Madrid zeigte. Schock und Mutniveau sind eng miteinander verknüpft.

Spalte V
Fähigkeit im Umgang mit Verantwortung

Es gibt keinen besseren Maßstab für das Verhältnis von Theta zu Entheta sowie für die Veranlagung an freiem Theta bei einer Person als die Fähigkeit, Verantwortung zu übernehmen und auszuüben.

Unter *Verantwortung* versteht man den Bereich oder die Sphäre des Einflusses, den das Individuum auf andere Menschen, das Leben, Mest und seine Umgebung allgemein auf rationale Weise ausüben kann, wie dies in Spalte Q, Herrschaft über die Umgebung, dargestellt ist. Die Betonung sollte hier auf *Vernunft* gelegt werden, da Engramme absolut in der Lage sind, die Person in einen manischen Zustand zu versetzen, der sie glauben lässt, dass sie einen größeren Bereich bewältigen kann, als es ihre Fähigkeiten erlauben. Ist dies aber der Fall, so verrät die Wirkung, die das Individuum konkret auf den Einflussbereich ausübt, dass ein Engramm am Werk ist, denn sie ist destruktiv. In älterer Terminologie wäre das vielleicht als „Überlegenheitskomplex" bezeichnet worden.

Somit erkennt man, dass das Wort Verantwortung eine genauere Definition hat. Will man es verwenden, so muss es auch die Nuance umfassen, dass die wirklich verantwortliche Person auf das Überleben ihrer Umgebung hinarbeitet, was Handlungen auf allen Dynamiken umfassen würde: für die Person selbst, ihre Kinder, ihre Familie, ihre Gruppe, die Menschheit, das Leben, Mest, Theta und das Höchste Wesen. Gibt sie der Zielsetzung irgendeiner dieser Dynamiken nur mangelhafte Förderung, so lässt sie es an Verantwortung mangeln.

Die Wirkungsweise von freiem Theta würde darin bestehen, dass es seine Teilbereiche bei anderen Menschen und den restlichen Dynamiken ergänzt, da jedes Individuum alle diese Dynamiken als Bestandteile seines eigenen freien Thetas besitzt. Bei jedem Individuum ist somit eine hohe Stufe an Affinität notwendig, womit seine Partnerschaft mit den Dynamiken, so wie sie bei anderen existieren, gemeint ist. Wenn das Individuum viele Brüche in Affinität mit den anderen Dynamiken erlebt hat (und ein Engramm ist ein Bruch in Affinität zwischen dem Theta-Universum und dem Mest-Universum), so vermindert sich diese Vorstellung der Partnerschaft, und das Individuum befasst sich mehr und mehr mit Verantwortlichkeiten, die in immer näherer Reichweite liegen, bis es kaum mehr für sich selbst verantwortlich sein kann. Diese Verminderung seines Verantwortungsbereiches verläuft entsprechend seinem Abstieg auf der Tonskala. Kann jemand zu keiner Zeit für sich selbst Verantwortung übernehmen, so ist er ein chronischer Psychotiker und wird in eine Anstalt eingewiesen. Kann er nur zeitweise für sich Verantwortung übernehmen, so ist er ein akuter Psychotiker und geht in dieser Gesellschaft als normal durch.

Es ist nicht der Umfang des Verantwortungsbereiches des Individuums, der die Aufmerksamkeit des Auditors beanspruchen sollte, wenn er versucht, jemanden auf der Tonskala einzuschätzen, sondern die Qualität der Verantwortung auf jeder Dynamik.

Ein voll verantwortlicher Mensch trägt einige ganz bestimmte Züge, die unverkennbar sind.

Auf der Ersten Dynamik sorgt er gut für sich selbst. Er macht einen gepflegten Eindruck, entsprechend seinen Mitteln und Betätigungen. Seine persönlichen Besitzgegenstände sind in ordentlichem und den Umständen entsprechend gutem Zustand.

Auf der Zweiten Dynamik versucht er, seinem Ehepartner angemessene Unterstützung und Hilfe zu geben und für eine glückliche und erfolgreiche zukünftige Generation zu sorgen. Er ist seiner Familie treu und sorgt gut für sie.

Auf der Dritten Dynamik kümmert er sich in ordentlicher Weise um diejenigen Angelegenheiten, die mit seiner Gruppe und Mitgliedern seiner

Gruppe zu tun haben, und sucht das Überlebenspotenzial seiner Freunde und seiner Gruppe zu steigern.

Auf der Vierten Dynamik kümmert er sich innerhalb der Grenzen seiner Ausbildung um das Überleben der Menschheit.

Auf der Fünften Dynamik zeigt er Affinität zu anderen Lebensformen. Man wird feststellen, dass er sich, falls er die Gelegenheit hat, mit dem Ziehen von Pflanzen oder dem Halten von Tieren beschäftigt und es vorzieht, in seiner Umgebung etwas Lebendiges zu haben. Er wird nicht zu mutwilliger Zerstörung von Leben neigen, sondern Leben für seine eigene Erhaltung gebrauchen. Die Person aber, die nicht töten will, um Nahrung zu erhalten, die sie braucht, ist eigentlich auf der Tonstufe Günstigstimmen; denn es ist eine Einrichtung der Natur, dass höhere Lebensformen sich mit Hilfe niedrigerer Lebensformen ernähren müssen, die imstande sind, Sonnenlicht und chemische Stoffe in die Nahrung umzuwandeln, die die höheren Lebensformen brauchen.

Auf der Sechsten Dynamik wird eine Person im Verhältnis zu ihrer Veranlagung an freiem Theta über Mest verfügen. Ihr Besitz wird nicht unter verworrenen Besitzansprüchen stehen. Die unbelebten Gegenstände um sie herum, die ihr dienlich sein sollten, befinden sich in gutem Zustand. Sie wird genaue Vorstellungen davon haben, über wie viel Mest, in Form von Materie, Energie, Raum und Zeit, sie verfügt.

Sie mag einige Erwägungen in der Richtung von Theta hegen oder auch nicht, was vom Stand ihres Fortschritts abhängt.

Normalerweise wird sie Verehrung und Achtung für einen Schöpfer empfinden.

Mit dem Absinken des Individuums auf der Tonskala geht auch seine Ordentlichkeit auf den verschiedenen Dynamiken zurück. Von Dynamik zu Dynamik geht seine Vorstellung von Affinität zwischen ihm und diesen Dynamiken und damit auch seine Verantwortung im Bereich dieser Dynamiken zurück.

Auf Stufe 4,0 ist ein innewohnender Sinn für Verantwortung auf allen Dynamiken und ein Sorgen für die Entitäten innerhalb dieser Dynamiken zu beobachten.

Im Bereich 3,5 ist das Individuum fähig, Verantwortung auf den verschiedenen Dynamiken zu übernehmen und sie auszuüben, zeigt aber vielleicht eine gewisse Kurzsichtigkeit in Bezug auf die Verantwortung auf einer oder mehreren Dynamiken.

Auf Stufe 3,0 ist die Fähigkeit im Umgang mit Verantwortung auf den verschiedenen Dynamiken deutlich gesunken, doch wird Verantwortung gezeigt, wenn auch nur in nachlässiger Weise. Oberhalb dieser Stufe wird das Individuum Befehle, die ihm gegeben werden, so vernünftig wie möglich ausführen. Aber auf dieser Stufe nimmt ein Individuum Befehle nur dann an und führt sie nur dann aus, wenn sie unter direkter, unmissverständlicher Strafandrohung durchgesetzt werden. Dennoch können auf dieser Stufe eine oder mehrere Dynamiken ziemlich frei bleiben, sodass Verantwortung auf den betreffenden Dynamiken uneingeschränkt vorhanden sein kann.

Im Bereich 2,5 ist die Person sehr nachlässig und nicht vertrauenswürdig, doch zeigt sich eventuell, dass sie, soweit es ihre Kleidung betrifft, recht gut für sich sorgt. Sie weist deutliche Mängel in ihrer Vorstellung von den Erfordernissen auf, die sie erfüllen muss, um eine hohe Überlebensstufe beizubehalten. Diese Stufe äußert sich jedoch nur in Form von Nachlässigkeit und nicht in Form von Auflehnung, wie es bei den unteren Stufen der Fall ist.

Auf Tonstufe 2,0 stellen wir fest, dass die Person Verantwortung nicht um ihrer selbst willen ausübt, sondern nur dann Verantwortung übernimmt, wenn es ihre eigenen Interessen oder die Interessen der Gruppe fördern kann. Hier übt die Person Verantwortung nicht auf vernünftige Weise schöpferisch und aufbauend aus, sondern auf der Grundlage von Strafandrohung. Sie ordnet Dinge, die getan werden müssen, in drohendem Ton an.

Auf Tonstufe 1,5 übernimmt die Person viel häufiger und viel umfassender Verantwortung, als sie irgendwie bewältigen kann, und zwar mit der Absicht, auf den Dynamiken Zerstörung zu verursachen. Sie wird eine Dynamik gegen die andere ausspielen. Sie mag so reden, als ob sie etwas rette, oder vorgeben, in ihren Handlungen allein von Beweggründen des Beschützens geleitet zu sein. Das Endergebnis wird aber in jedem Fall Zerstörung sein, ganz gleich, was sie tut. Das ist ein Phänomen, das früher zu wenig verstanden wurde. Hier befindet sich der „Todesredner“, der etwas vor Zerstörung retten will, indem er großes Chaos verursacht. Diese Person wird nicht auf einen schöpferischen und konstruktiven Plan hören, es sei denn, sie erkennt Mittel und Wege, wie sie ihn zur Zerstörung gebrauchen kann. Kriegshetzer und Diktatoren befinden sich ganz deutlich in diesem Bereich. Solche Leute auf 1,5 finden sich jedoch auch in allen Geschäftsorganisationen. Ist die Menge an Theta, das die Person als Anlage besitzt, groß und ist mehr von diesem Theta enturbuliert als unenturbuliert, gemäß der Einteilung von 0,0 bis 4,0 (befindet sich die Mitte, das heißt 50 Prozent enturbuliertes Theta gegenüber 50 Prozent unenturbuliertem Theta bei 2,0), beginnen Gedanken und Handlungen dieser Person das Wesen von MEST-Kraft anzunehmen. Sie wird MEST-Kräfte für Gewaltakte und Zerstörungsschläge einsetzen. Sie wird Vernunft mit MEST-Kraft entgegentreten. Ein solches Individuum übernimmt Verantwortung zum Zwecke der Zerstörung, indem es düstere und schreckliche Nachrichten verbreitet. Selbst wenn es gute Nachrichten mitzuteilen hat, wird es diese nicht weiterleiten, sondern es vorziehen, Schreckens- und Untergangsnachrichten zu verbreiten. Es geht davon aus, dass alles im Begriff steht, zerstört zu werden, und dass Zerstörung allein durch Zerstörung verhindert werden kann. Leider ist es allzu oft wahr, dass Unterdrücker, soll etwas Schöpferisches entstehen, zuerst entfernt werden müssen, bevor etwas aufgebaut und geschaffen wird. Jeder, der sich sehr hoch auf der Tonskala befindet, mag einen vernichtenden Schlag gegen einen Unterdrücker führen. Jemand auf 1,5 fügt jedoch seiner Berechnung keinen schöpferischen und aufbauenden Aspekt bei, außer als Mittel, um weitere Macht zur Zerstörung auszukochen. Das wirklich Schreckliche an diesem Bereich besteht darin, dass er oberhalb des derzeitigen Bereichs von zivilisierten Gesellschaften auf der ganzen Welt liegt – und Gesellschaften werden nicht von Regierungen geleitet werden, die mehr als einen halben Punkt über der allgemeinen Tonstufe der Gesellschaft liegen.

Auf Stufe 1,1 zeigt die Person launenhaftes Verhalten gegenüber Verantwortung. Das Individuum ist unverantwortlich und unfähig. Die Verantwortungen, die ein 1,1er übernimmt, sind nichts als oberflächliche Erscheinungen. Die Person mag sich den Anschein geben, ein Programm auszuführen und nützlich zu sein. Das Endergebnis all dieser Programme und dieser Verantwortungen wird jedoch katastrophal sein, da unterhalb dieser äußeren Schicht so viele Gegenströme und Intrigen bestehen, dass das Ergebnis Chaos sein wird. Ein 1,1er mit einem Überlegenheits-Engramm, das verlangt, dass er Verantwortung übernimmt, mag eine ausgezeichnete Schau abziehen und sehr überzeugend wirken. Diese Schau und die Überzeugung, die er anderen einpflanzen will, entsprechen jedoch nicht dem, was er eigentlich beabsichtigt. Und ein rascher Blick unter die Oberfläche wird ein völlig andersartiges Vorhaben ans Licht bringen, das allein auf bösartige Zerstörung abzielt.

Auf Stufe 0,8, 0,5, ist es Unsinn, überhaupt von so etwas wie Verantwortung zu sprechen, es sei denn, man beginnt die Richtung des Begriffs Verantwortung zu ändern. Von 2,0 an abwärts scheint eine „Verantwortung" gegenüber dem Tod zu bestehen. Man könnte sagen, dass es für jemanden von 2,0 an abwärts eine Pflicht ist, Tod, Fehlschläge oder Katastrophen zu verursachen oder zu sterben. Und eine zusätzliche „Verantwortung" liegt darin, diese Pflicht durch scheinbare konstruktive Ziele oder ganz einfach durch Abstreiten dieser „Pflicht" zu verbergen. Die „Handlanger des Teufels" oder der „Teufel und seine schwarzen Engel" sind Beschreibungen von Personen, die sich mit Unternehmungen von 2,0 an abwärts befassen. Die Vorstellung von Sünde als destruktive Handlungsweise, die mehr Schmerz als Vergnügen enthält, rührt von der Beobachtung der Tätigkeiten von tief auf der Tonskala liegenden Leuten her. Wie *real* doch diese Vorstellungen für jemanden werden, der selbst in eine Beziehung mit jemand anderem verstrickt ist, der dem Tod und nicht dem Leben verantwortlich ist. Der *Tod* ist ein so schonungsloser, wenn auch versteckter Antreiber!

Spalte W
Beharrlichkeit auf einem Bestimmten Weg

Ein weiterer Massstab, den der Auditor benutzen kann, um seinen Preclear auf der Tonskala einzuschätzen, liegt in der Beharrlichkeit, die der Preclear während eines bestimmten Handlungsablaufs in Richtung auf ein Ziel zeigt.

Es wurde vorgebracht, dass es im Hinblick auf Beharrlichkeit zwei Arten von Menschen gibt. Jemand, der eine genügend große Theta-Veranlagung hat und strukturell ausreichend befähigt ist, um sein freies Theta und sein enturbuliertes Theta relativ gut auseinanderzuhalten, mag ein hohes Niveau an Beharrlichkeit haben (jedoch nicht immer), sogar wenn die Faktoren und Zustände in seiner Umgebung ihn ständig vom Handlungsablauf, den er sich vorgenommen hat, abbringen. Zur zweiten Art würde die Person gehören, die vom Leben von einer Richtung in die andere gestoßen wird und die nur so lange in einer bestimmten Richtung durchhalten wird, wie sich kein neuer Faktor zeigt. Dies ist kennzeichnend für den potenziellen Psychotiker.

Die beharrliche Person geht immer weiter auf ihr Ziel zu. Sie wird vielleicht immer langsamer gehen und unterwegs sterben, aber sie weicht nicht davon ab. Der potenzielle Psychotiker hingegen wird sich zunächst einmal kaum ein Ziel setzen, sondern wird voraussichtlich irgendeinem Ziel folgen, das sich zeigt, doch nur so lange, wie kein Umweltfaktor eintrifft, der ihn von diesem Weg abbringt.

Man muss erkennen, dass die äußere Welt der Umgebung in ihrer Einwirkung auf die Person sowie die innere Welt der tiefsten und zwanghaftesten Engramme auf dasselbe „Ich" wirken. Und dass ein Mensch, der auf seinem Weg zu seinem Ziel nicht sehr stark von der Richtung abkommt, selbst wenn er sich mit schweren Umweltfaktoren konfrontiert sieht, die ihn in andere Richtungen zu lenken suchen, auch keine starken Reaktionen auf seine Engramme zeigt, gemessen an den ernstlichen Reaktionen, die er bei weniger Beharrlichkeit zeigen könnte. Die Beharrlichkeit kann uns als Merkmal einer Person dienen. Es handelt sich jedoch nicht um einen exakt abgegrenzten Maßstab, da es offensichtlich zwei allgemeine Persönlichkeitstypen gibt; man könnte sogar von zwei verschiedenen Strukturarten des Verstandes sprechen.

Die beharrliche Person, die normalerweise trotz unterdrückender und ablenkender Faktoren in der Umwelt fortgesetzt auf ihr Ziel zugeht, wird für gewöhnlich im Verlauf des Lebens auf der Tonskala absinken, da sie ohne Prozessing in die enger werdende Abwärtsspirale gerät. Sehr wahrscheinlich wird immer mehr von ihrem freien Theta enturbuliert, sodass sich die Waagschale mit der Zeit senken wird, bis schließlich das enturbulierte Theta das freie Theta bei weitem überwiegt. Ihre Beharrlichkeit mag zwar weiter fortbestehen, doch die Methoden, die sie benutzt, um ihr Ziel zu erreichen, werden den verschiedenen Stellen auf dem Weg die Tonskala hinunter entsprechen. Die Person mag mit großem enthusiastischem Schwung beginnen und dann aufgrund von Erfahrungen in ihren schöpferischen und konstruktiven Bemühungen weniger geradeheraus und offen sein und ein konservatives und vorsichtiges Verhalten annehmen. Sie mag in einen Bereich kommen, in dem das Ziel sie langweilt, und wird vielleicht auf dem Weg dahin ins Bummeln geraten. Weiter unten wird sie Faktoren gegenüber, die sie daran hindern, ihr Ziel zu erreichen, antagonistisch. Unterhalb dieser Stufe reagiert sie wütend und destruktiv gegenüber unterdrückenden Faktoren; und obwohl sie anscheinend immer noch auf ihr Ziel zugeht, wird der überwiegende Teil ihrer Zeit vom Bekämpfen solcher Faktoren in Anspruch genommen. Verliert sie hier und dort in ihren Kämpfen, so wird ihre Tonstufe sinken, und sie wird immer versteckter handeln; dies kann so weit führen, dass sie vorgibt, nicht mehr auf ihr Ziel hinzuarbeiten, obwohl sie es zur selben Zeit immer noch tut. Erst wenn sie die Tonstufe Apathie erreicht, wird sie aufgeben. Wenn ein Mensch zu oft zu Fall gebracht worden ist, wenn zu viele seiner Träume zerbrochen sind, so versinkt er in den Apathiebereich und wird danach nicht mehr darum kämpfen, sein Ziel zu erreichen. Wahrlich, er stirbt mit dem letzten seiner Träume.

Auch jemand mit geringer Theta-Veranlagung, der strukturmäßig nicht in der Lage zu sein scheint, sich auf etwas zu konzentrieren, solange er sich tief auf der Tonskala befindet, kann seine Beharrlichkeit doch so weit erhöhen, dass er die kleineren Ziele im Leben mit großer Leichtigkeit erreicht, wenn er zum Release oder Clear gemacht worden ist.

Aus Beobachtungen geht hervor, dass die Haltung einer Person gegenüber der Dianetik und ihre Haltung gegenüber dem Leben allgemein parallel verlaufen. Je besser Dianetik Prozessing den Mechanismen des Verstandes entsprechen kann, desto besser ist dieses Prozessing: Das ist eine weitere Parallele.

Wenn der Auditor einen Preclear annimmt, der sich auf der Stufe Apathie befindet, was in der heutigen Gesellschaftsordnung nur allzu häufig ist, so kann er erwarten, dass der Preclear in Bezug auf das Prozessing seines Falles einzig und allein von der Beharrlichkeit des Auditors abhängt. Dieser muss übrigens die Verantwortung für die Durchführung des Prozessings übernehmen. Wenn der Preclear auf der Tonskala steigt und 1,1 erreicht, so kann der Auditor erwarten, dass der Preclear ihn günstig zu stimmen sucht, indem er ihm Geschenke bringt oder sich sehr schmeichlerisch benimmt. Für gewöhnlich wird der Preclear jedoch von Mechanismen gelenkt, die ihm sagen, er dürfe weder etwas erreichen noch in einen guten Zustand kommen. Und der Auditor muss sogar noch beharrlicher sein, da die gesamte Beharrlichkeit in Richtung auf das Ziel, einen guten Zustand zu erreichen oder Clear zu werden, immer noch vom Auditor herkommt, ganz gleich, was der Preclear sagt. Übrigens mögen Frauen, die auf diese Stufe der Tonskala gelangen, versuchen den Auditor günstig zu stimmen, indem sie sich dem Auditor sexuell anbieten, und sie sind sehr leicht zu verführen. Ist der Auditor weise, so wird er sexuelle Beziehungen mit einem Preclear standhaft ablehnen. Gibt er auf dieser Stufe der Versuchung nach, so wird er in eine schlimme Lage geraten, denn der Preclear befindet sich auf dem Weg nach oben und wird diese Stufe des Sich-um-Gunst-Bemühens bald überwunden haben und ehrenhaftere Stufen auf der Tonskala erreichen. Auditoren, die sich, obwohl sie dies wissen, solche Handlungen erlauben, befinden sich selbst auf der Stufe 1,1 und haben auf dem Auditorenstuhl nichts verloren. Nur ein verachtenswerter Lump würde von dieser Erscheinung zu profitieren versuchen, und niemand außer einem chronischen oder akuten Psychotiker würde daran Gefallen finden. Übrigens wird jemand, der sich so verhält, von diesem Punkt an für gewöhnlich alles Auditing einstellen oder davon abraten, da er erkennt, dass ein gewisses Maß an Ehrlichkeit in die Überlegungen des Preclears kommen wird, wenn er auf der Tonskala steigt. Beobachtet man, dass Auditing plötzlich eingestellt wird, dass jemand von Auditing abgehalten wird oder sich weigert zu auditieren, so kann man sicher sein, dass die Person, die für diesen Abbruch oder die Weigerung, Auditing zu erlauben oder zu fördern, verantwortlich ist, ein selbstsüchtiges Interesse daran hat oder etwas verbirgt. Eine solche Person ist für sich selbst und ihre Mitmenschen eine solche Bedrohung, dass Auditing für sie viel zu gut ist. Man sollte sofort kurzen Prozess mit ihr machen.

Jeder Fall muss wütend werden, bevor er einen guten Zustand erreichen kann. Der Auditor darf einen Fall nie davon abzuhalten versuchen, wenn er beginnt, Tod und Hölle auf seine Feinde herabzuwünschen. Es ist ganz normal, dass der Preclear eine Phase durchmacht, in der er beide Elternteile am liebsten ermorden oder ihnen für das, was sie getan haben, einen plötzlichen Tod wünschen möchte. Der Auditor, der diese Wut verhindert, vermindert die Fähigkeit des Falles, einen guten Zustand zu erreichen. Diese Phase wird vorübergehen. Und der Auditor sollte während dieser Zeit sorgfältig darauf achten, dass der Preclear keine Overt-Handlungen gegen seine Feinde unternimmt, für die er sich dann einige Wochen später entschuldigen müsste, wenn die Wutphase vorüber ist. Dennoch muss die Wutphase trotz allem gefördert werden. Der Hypnotiseur, der Suggestionen als Implant verabreicht, die besagen, dass man seine Mitmenschen freundlich behandeln muss, treibt seine Kunden tatsächlich in Richtung Apathie hinunter.

Kommt der Preclear auf die Stufe 2,5 der Tonskala hinauf, so wird er es schwierig finden, sich auf die Kraft und Gewalt von Engrammen zu konzentrieren, und wird wahrscheinlich keine besonders große Beharrlichkeit in Bezug auf seinen Fall zeigen. Er wird wahrscheinlich mit anderen Dingen zu sehr beschäftigt sein. Dies ist bei jedem Fall eine schwierige Zeit, doch lässt sich oberhalb dieser Stufe so viel gewinnen, dass der Preclear auf der Tonskala irgendwie noch weiter nach oben gebracht werden muss. Es gibt nur eine

Art, es zu tun: nicht, indem man den Preclear wieder in den Wut-Bereich hinunterdrückt, sondern indem man einfach genügend Locks und anderen Krimskrams vom Fall wegschafft, um den Preclear bis zu 3,0 hinaufzubringen.

Auf der Stufe 3,0 wird der Preclear zum ersten Mal beginnen, Selbstbestimmung zu zeigen. Selbstbestimmung sollte nie mit einer Verweigerung von Zusammenarbeit oder mit vorsätzlichen überlebensfeindlichen Handlungen verwechselt werden. Bei 3,0 ist der Preclear bereit, in der allergeordnetsten Weise daran mitzuwirken, seinen Fall gründlich und vollständig in Ordnung zu bringen.

Im Bereich 3,5 ist der Preclear normalerweise so beharrlich, dass er Engramme in ganzen Ketten auszuradieren beginnt.

Auf der Stufe 4,0 besitzt der Mensch das Maß an Beharrlichkeit, das seiner natürlichen Veranlagung entspricht. Alles Theta, das er besitzt, wird frei sein.

Als ein Wort der Warnung: Autoritäres Auditing, anstelle von Auditing mit Affinität, wird keinen bemerkenswerten Anstieg auf der Tonskala hervorbringen, auch wenn viele Geschehnisse auditiert werden mögen, da dieses harte Auditing selbst den Preclear so stark enturbuliert hält, dass sich freies Theta nicht zeigen kann. Man muss den Preclear immer mit Hilfe von Affinität, Kommunikation und Realität dazu bewegen, auditiert zu werden. Das ist der Grund, weshalb Auditoren, die sich tief auf der Tonskala befinden, keine guten Ergebnisse erzielen. Genau diese tiefe Position auf der Tonskala fordert von ihnen, dass sie gewaltsame, apathische oder zweifelhafte Methoden anwenden.

Spalte X
Wörtlichkeit der Aufnahme von Aussagen oder Bemerkungen

Ein aspekt von theta besteht darin, dass man es umso leichter enturbulieren kann, je stärker es bereits enturbuliert ist.

Die höchste Stufe der Vernunft ist völlige *Differenzierung*.

Die tiefste Stufe der Vernunft ist eine völlige Unfähigkeit zu differenzieren, das heißt *Identifizierung*.

Auf den höchsten Stufen kann jemand verstehen, dass die Sache nicht dasselbe wie ihre Bezeichnung ist und dass Gegenstände einander zwar ähnlich sein können, aber nie gleich sind. Auf den reaktiven Stufen von 2,0 an abwärts setzt der Mensch immer mehr gleich, bis schließlich alle Dinge dasselbe sind, was eine völlige Unfähigkeit zu rationalem Denken bedeutet. Rational zu denken ist im Grunde Differenzierung. Reagieren ist im Grunde Identifizierung (Gleichsetzung).

Wie wörtlich jemand Aussagen aufnimmt, zeigt den Grad an Enturbulierung des Falles an.

Auf Stufe 4,0 haben wir ein hohes Maß an Differenzierung und ein gutes Verständnis jeglicher Kommunikation, das durch die Ausbildung des Clears modifiziert wird.

Auf Stufe 3,5 ist jemand imstande, Aussagen gut zu erfassen, und zeigt einen guten Sinn für Humor – wobei jemandes Sinn für Humor zu einem

Großteil von seiner Fähigkeit abhängt, zu differenzieren und unpassende Situationen zu erkennen und abzuweisen.

Auf Stufe 3,0 haben wir immer noch eine gute Differenzierung der Bedeutung von Aussagen. Doch müssen hier Befehle etwas sorgfältiger erklärt werden, da weniger Vernunft darauf verwendet wird.

Auf Stufe 2,5 akzeptiert man sehr wenig, weder wörtlich noch sonst wie. Der Sinn für Humor wird wahrscheinlich sehr buchstabengetreu sein und sich meistens mit Wortspielen und nicht mit Situationen befassen.

Auf Stufe 2,0 ist nichts vorhanden, was man wirklich Sinn für Humor nennen könnte; es geht hier vielmehr um eine Belustigung über das Missgeschick anderer, was eine Äußerung von Antagonismus ist. Diese Person wird antagonistische Bemerkungen wörtlich aufnehmen, aber Bemerkungen, die tiefer auf der Tonskala sind, wird sie ablehnen und differenzieren können. Höher auf der Tonskala liegenden Bemerkungen schenkt sie nicht viel Beachtung und wenn sie Bemerkungen von Leuten zu hören bekommt, die sich höher auf der Tonskala befinden, so wird sie sie vermutlich in Antagonismus uminterpretieren, wenn sie sich wörtlich in dieser Weise auslegen lassen.

Auf Stufe 1,5 werden alarmierende Bemerkungen wörtlich aufgenommen. Und wenn Aussagen gemacht werden, die höher auf der Tonskala liegen, so wird man sie seinem eigenen Verständnis in einer solchen Weise anpassen, dass sie alarmierend oder zerstörerisch werden. Der Sinn für Humor (wenn er wiederum als solcher bezeichnet werden kann) bei Leuten auf Tonstufe 1,5 besteht aus Gelächter über sehr schmerzliche Missgeschicke.

Im Bereich 1,1 wird überhaupt keine Bemerkung angenommen. Die Person wird wahrscheinlich geradezu schwerhörig wirken. Sie korrigiert Bemerkungen, die ihr gegenüber gemacht werden. Manchmal ist sie über die Richtigkeit von einzelnen Wörtern in Bemerkungen sehr besorgt. Der Sinn für Humor ist auf dieser Stufe gezwungen, der Neigung entgegenzuwirken, Bemerkungen wörtlich zu nehmen. Hier besteht eine andauernde nervöse Notwendigkeit, beinahe jede Bemerkung abzulehnen, weil man befürchtet, sie könnte wörtlich aufgezeichnet werden und somit Befehlskraft erhalten; deshalb besteht eine Besorgtheit oder Furcht vor Gesprächen ernsthafter Art. Es werden auf dieser Stufe ziemlich hinterhältige Bemühungen unternommen, um ernsthafte Aussagen oder Pläne höherer Bereiche auf der Tonskala zu zerstören.

Auf Stufe 0,5 nimmt die Person jede Bemerkung wörtlich auf, die ihrer Tonstufe entspricht, und Bemerkungen jeder anderen Tonstufe werden nicht beachtet. Apathische Aussagen, die gegenüber dieser Person gemacht werden, haben die Kraft von hypnotischen Suggestionen.

Alles, was man jemandem sagt, der sich auf Stufe 0,1 befindet, wird direkt in den tiefsten Ebenen des reaktiven Verstandes aufgezeichnet.

Spalte Y
Methode im Umgang mit Anderen

Die mittel, die der Preclear benutzt, um seine Mitmenschen zu kontrollieren oder mit ihnen zu leben, ergeben einen leicht erkennbaren und genauen Hinweis darauf, wo er sich auf der Tonskala befindet. Leider handelt es sich hier um eine Präzisionsspalte. Den Beobachtungen zufolge werden Leute ungeachtet des Deckmantels, den sie auf einer niedrigeren Stufe der Tonskala gebrauchen, die hier aufgeführten Methoden auf der jeweiligen Stufe ausnahmslos benutzen, sehr zum Schaden und Nachteil ihrer Familie, ihrer Freunde, ihrer Bekannten und der ganzen Gesellschaftsordnung. Wenn irgendeine Spalte dieser Tonskala-Tabelle es vom Standpunkt des menschlichen Verhaltens aus verdienen würde, stärker als die anderen Spalten hervorgehoben zu werden, so wäre es diese.

Der Auditor kann erwarten, dass er vom Preclear entsprechend der Position des Preclears auf der Tonskala behandelt wird.

Die Methoden im Umgang mit anderen lassen sich in drei allgemeine Kategorien einteilen. Die höchste Kategorie ist jene der *Förderung*, das heißt jener Bereich, in dem der Einzelne durch sein Beispiel und durch gutes, vernunftgemäßes Denken versucht, seine Mitmenschen auf eine Stufe hinaufzubringen, wo sie mit ihm an den Unternehmungen des Lebens teilnehmen. Dieser Bereich erstreckt sich von 4,0 bis hinunter zu 3,0.

Die zweite Kategorie ist der Bereich, in dem *Bestrafung als Antriebsmittel* verwendet wird. Hier gebraucht die Person das Mittel der Beunruhigung, der Drohung und der allgemeinen Schmerzandrohung, falls ihre Mitmenschen ihr nicht Folge leisten. Dieser Bereich erstreckt sich von 2,0 bis etwa 1,3.

Die dritte Kategorie ist jene der *Zunichtemachung*, wobei das Individuum versucht, andere so weit wie möglich herabzusetzen, um mehr als sie zu sein und sie somit kontrollieren zu können. Diese Kategorie von Leuten sieht einen Menschen lieber krank als gesund, weil laut den „Überlegungen", die in diesem Bereich angestellt werden, kranke Menschen weniger gefährlich sind als gesunde.

Drei weitere Bezeichnungen für diese Bereiche sind *Förderung*, *Beherrschung* und *Zunichtemachung*.

Der verhängnisvolle Aspekt am Verhalten derjenigen auf den tieferen Stufen der Tonskala gegenüber anderen Leuten liegt darin, dass es unweigerlich ein Absinken von Familie, Bekannten, Freunden und der Gemeinschaft dieser Person auf der Tonskala zur Folge hat. Dennoch ist die Person (unterhalb von 2,0) nicht imstande, irgendwelche anderen Mittel zu benutzen, ganz gleich, welche Gründe oder Erziehung ihr geboten werden. Zwingt man eine solche Person dazu, andere Mittel zu gebrauchen, so wird sie dadurch nur noch weiter die Tonskala hinabgetrieben. Und während sie tiefer sinkt, verwendet sie die Mittel der jeweiligen tieferen Stufen, in die sie gerät.

Hier sehen wir die enger werdende Abwärtsspirale, wie sie auf die Umgebung, auf die Bekannten und Freunde dieser Person und auf die Gesellschaftsordnung einwirkt.

Die Gesellschaftsordnung oder die Familie sollte sich nicht so sehr darum sorgen, dass ihr von tief auf der Tonskala befindlichen Personen aufgrund von Gewaltsamkeit Gefahr droht. Vielmehr sollte die Verwendung hinterhältiger Methoden zur Beherrschung und Zunichtemachung Grund zur Sorge geben. Dadurch wird das Theta der Menschen in der Umgebung einer solchen Person enturbuliert und bringt diese auf der Tonskala nach unten, allmählich, kaum merklich, aber dennoch unweigerlich.

Von 2,0 an abwärts benutzt die Person sehr viele Rechtfertigungen. Sie muss ihre Handlungen erklären, da die Gesellschaftsordnung die Vernunft vieler dieser Handlungen gewöhnlich in Frage stellt. Jemand auf Stufe 3,5, der sich in guter Verfassung befindet, wird vielleicht einer Person auf 1,5 in seiner Umgebung nur Gutes bieten. Und dennoch wird die Person auf 3,5 feststellen, dass sie als Zielscheibe für Wut dient, die keineswegs in ihrem eigenen Verhalten begründet liegt, sondern einfach daher rührt, dass sich der andere auf 1,5 befindet. Der 1,5er verhält sich, ganz ungeachtet der Handlungen des 3,5ers, ihm gegenüber in dieser Weise.

In der Nähe eines 1,1ers wird der 3,5er vielleicht feststellen, dass er ohne ersichtlichen Grund auf der Tonskala in Richtung Wut absinkt. Die Bemühungen des 1,1ers, andere zunichtezumachen, sind so gut getarnt und so sorgfältig darauf abgestimmt, andere zu ärgern, dass sich für den 3,5er keinerlei Angriffspunkt für Korrekturmaßnahmen oder einen Appell an die Vernunft anbietet. Und da die Vernunft versagt, wird der 3,5er, der ständigem Zunichtemachen ausgesetzt ist, das er nicht lokalisieren kann, mit der Zeit wütend werden. Die Antwort des 1,1ers auf diese Wut wird nicht darin bestehen, die Diskussion oder die Wut zu erwidern, sondern er wird scheinbar den Status quo beibehalten, während er trotzdem nach besten Kräften versucht, jedes Mittel, das sich noch verstecken und vertuschen lässt, zu gebrauchen, um den 3,5er herabzusetzen und zunichtezumachen. Diese versteckten Bemühungen werden immer stärker, bis die Zunichtemachung oder Zerstörung zustande gebracht ist. Oder der 1,1er wird, vor der Wut zurückschreckend, in Apathie verfallen und auf diese Weise jeden Verbündeten gebrauchen, den er irgendwo auftreiben und durch Einschmeicheln oder Täuschung dazu bringen kann, ihn in seinen 1,1-Bemühungen zu unterstützen, den 3,5er zu vernichten.

Der vernünftige Mensch übersieht sehr häufig, dass Leute von 2,0 an abwärts sich nicht mit Vernunft befassen und dass man nicht so mit ihnen diskutieren kann, wie man mit jemandem auf 3,0 diskutieren würde. Um mit Personen von 2,0 an abwärts umzugehen, gibt es nur zwei Möglichkeiten und keine von beiden hat etwas damit zu tun, mit ihnen zu diskutieren oder sich Rechtfertigungen für ihre Handlungen anzuhören. Die erste besteht darin, sie durch Desenturbulierung eines Teils ihres Thetas mit Hilfe irgendeines der drei wirksamen Prozesse auf der Tonskala anzuheben. Die andere ist die, sie ruhig und ohne eine Träne zu vergießen loszuwerden. Kreuzottern sind sicherere Bettgenossen im Vergleich zu Menschen in den unteren Bereichen der Tonskala. All die Schönheit, alles gute Aussehen, all der künstliche gesellschaftliche Wert und aller Besitz kann nicht den böswilligen Schaden wiedergutmachen, den solche Leute bei geistig gesunden Männern und Frauen anrichten. Plötzlich und unvermittelt alle Leute in den tieferen Bereichen der Tonskala aus der Gesellschaftsordnung zu entfernen, würde zu einem beinahe sofortigen Anstieg der kulturellen Tonstufe führen und die enger werdende

Abwärtsspirale unterbrechen, in die eine Gesellschaft geraten sein mag. Man braucht keine Welt von Clears zu schaffen, um eine vernünftige und lohnende Gesellschaftsordnung zu haben. Man muss lediglich diejenigen Leute daraus entfernen, die sich auf Stufe 2,0 oder tiefer befinden, indem man sie entweder genug auditiert, um ihre Tonstufe über 2,0 anzuheben (was eigentlich keine allzu schwere Aufgabe ist, da die Menge an Auditing pro Fall wohl unter 50 Stunden liegen würde, wobei sie aber auch mehr als 200 Stunden ausmachen könnte), oder indem man sie einfach von der Gesellschaft räumlich absondert. Einst beschloss ein Diktator in Venezuela, Lepra zu beseitigen. Er sah, dass die meisten Leprakranken in seinem Land gleichzeitig Bettler waren. Durch das einfache Mittel, alle Bettler in Venezuela zu versammeln und zu vernichten, wurde die Lepra in diesem Land ausgerottet.

Folgendes sind die Methoden, die Menschen auf den verschiedenen Stufen der Tonskala verwenden, um mit ihren Mitmenschen zu leben:

Auf Stufe 4,0 setzt der Mensch Begeisterung, Heiterkeit, Zuversicht und seine persönliche Kraft ein, um seine Mitmenschen dazu zu inspirieren, nach Konstruktivität in ihren Handlungen zu streben. Durch die Anwesenheit einer Person auf 4,0 oder darüber wird ein Bereich in der Tat desenturbuliert, wenn die Theta-Veranlagung der betreffenden Person groß ist.

Der 3,5er beginnt, Kommunikation und Überlegung zu verwenden, um andere zur Teilnahme aufzufordern, glaubt aber immer noch daran, die Leute auf eine Stufe hinaufzubringen, wo sie mit ihm zusammenarbeiten werden.

3,0 ist die Stufe, wo Konservatismus ein Faktor bei den Überlegungen zu werden beginnt; die Person beginnt Überzeugungskraft und gesellschaftlichen Charme zu verwenden, um andere zur Teilnahme zu bewegen. Sicherheit, Geborgenheit und etwas bessere Überlebensbedingungen sind die Argumente, die auf dieser Stufe der Tonskala benutzt werden.

Auf Stufe 2,5 steht die Person der Teilnahme von anderen an ihren Vorhaben relativ gleichgültig gegenüber.

Auf Stufe 2,0 gelangen wir in den Bereich der Beherrschung von anderen, der sich nach unten bis etwa zur Stufe 1,2 erstreckt. Hier kann man sehen, dass sich Theta-Kraft von MEST-Kraft unterscheiden lässt. Theta-Kraft ist Vernunft. Und MEST-Kraft ist ganz einfach das, was es besagt – Kraft. Hier haben wir Bemühungen, dreinzuschlagen und draufzuhauen und mit körperlicher Gewalt, mit Drohungen, Wut und angedrohter Rache andere zu beherrschen. Hier wird Gehorsam befohlen, und wird nicht Folge geleistet, so steht der Tod darauf. Hier spielen Notsituationen eine größere Rolle als konstruktive Planung. Alle möglichen unerwünschten Dinge sind hier anzutreffen, die heute in der Tat die Hauptbeschäftigung von Menschen und Nationen zu sein scheinen.

Zunichtemachung beginnt eigentlich mit Beherrschung, wird aber etwa auf Stufe 1,3 besonders deutlich. Auf Stufe 2,0 mag jemand von einer anderen Person verlangen, sie solle genügend „Mumm" zeigen, um ein Projekt durchzuziehen. Doch von 1,3 an abwärts besteht die Art des Vorgehens darin, auf jede erdenkliche Weise einen anderen Menschen „zu seinem eigenen Wohl" oder „zum Wohle anderer" davon zu überzeugen, dass er weder die Kraft noch die Stärke hat, gefährlich zu sein. Indem Personen auf 1,3, 1,2, 1,1 und tiefer den Einzelnen ungefährlich machen, versuchen sie, ihn mit der erbärmlichen Stärke zu beherrschen, die ihnen noch verbleibt. Menschen von 1,2 an abwärts fühlen sich unter kranken und apathischen Menschen am wohlsten, da der 1,1er irrigerweise glaubt, von diesen Leuten drohe ihm keine Gefahr, weil sie ganz offensichtlich schwach sind. Dies ist so weit von gesunder Überlegung entfernt, dass die Folgen katastrophal sind. Doch von 2,0 an abwärts wird wenig überlegt, wenn überhaupt. An die Stelle der Überlegung treten Entschuldigungen und Rechtfertigungen. In einer sozialen Kultur befindet sich von 1,2 an abwärts der Wohlfahrtsstaat in seiner schlimmsten Form, nämlich in Form der Schaffung von Not in der Bevölkerung, damit sie leichter zu kontrollieren ist, der Zunichtemachung von starken Individuen in der Gesellschaft, der Entfernung aller konstruktiven Menschen und der Erhaltung der Müßigen, der Hoffnungslosen, der Hilflosen und der Schwachen. Dies ist eigentlich ein gesellschaftlicher oder individueller Mechanismus, um den Tod zu beschleunigen. Die Ehefrau auf 1,1, die einen starken und fähigen Mann hat, bleibt so lange am Leben, wie er ihr weiterhin die Lebenskraft einhaucht. Von ihrer Position auf der Tonskala aus geht sie in Richtung Tod. Jede Handlung, die sie unternimmt, wird ungeachtet ihrer äußeren Erscheinungen dazu neigen, jegliche Lebensquelle in ihrer Nähe zunichtezumachen. In diesem Bereich der Tonskala wird jeder denkbare Mechanismus angewendet, um die Zunichtemachung anderer Menschen als berechtigt erscheinen zu lassen und durchzusetzen. Hier werden Leute, die sich weigern, Kritik „zu ihrem Besten" anzunehmen, mit Sticheleien bedacht. Auch treffen wir hier auf eifrige Bemühungen zur „Verbesserung von Menschen“, indem man ihnen ihre Fehler vor Augen führt. Hier wird versucht, die Leute dahingehend zu „erziehen“, dass sie sich ihrer Umgebung anpassen – sie sollen mit anderen Worten nicht vital und aktiv bleiben, sondern sich irgendwo hinlegen, wo sie keine Bedrohung mehr darstellen. Hier werden in alle Situationen Verwirrungen eingeführt, für welche die passendsten „Gründe“ angeführt werden und die nichts weiter als bloßes Zunichtemachen sind.

Von 2,0 an abwärts bis zu 1,2 sind Bemühungen, Leute zu ändern oder zu beherrschen, als solche erkennbar. Von 1,2 an abwärts verschwindet jedoch alle Direktheit, und die hinterhältigsten, tückischsten und kompliziertesten Methoden werden benutzt, um Leute zunichtezumachen. Die Person in diesem Bereich der Tonskala hat sehr oft einen unerschütterlichen Glauben an ihre Überlegenheit, was eine Rechtfertigung für die Methoden darstellt, die sie benutzt. Solche Leute klammern sich für gewöhnlich an starke Persönlichkeiten, die sich ziemlich hoch auf der Tonskala befinden, und maßen sich dann weiterhin Überlegenheit an (ohne natürlich diese Überlegenheit je unter Beweis zu stellen), bis die Person der höheren Tonstufe zunichtegemacht ist. Die Person in diesem Bereich sucht nicht nur für sich und ihre eigenen Vorhaben, sondern auch für ihre ganze Umgebung den Tod. Auf dieser Stufe findet Mord durch langsame Aushöhlung von Individuen und der Kultur statt und die Handlungen werden durch umfangreiche „Überlegungen“ getarnt. Hier befindet sich die Schlangengrube menschlichen Verhaltens, und aus diesem Bereich kommt das Gift, das langsam jede Person und jede Kultur zerstören wird. Bislang wurden Leute in diesem Bereich nicht als gefährlich erkannt, und der Begriff „psychotisch“ wurde nur für diejenigen verwendet, die entweder hilflos oder offen zerstörerisch sind. Menschen in diesem Bereich werden jedoch nie offen zerstörerisch und wenn überhaupt, so neigen sie zu Selbstmord und selten zu Mord, außer wenn es um den langfristigen Mord an Persönlichkeit oder Vorhaben von anderen geht. Dennoch ist dieser Bereich auf der Tonskala weitaus gefährlicher als jeder andere.

Hier wird wirklich alles verdreht, sodass die äußere Erscheinung nie dem verdeckten Ziel entsprechen wird. Was Sex betrifft, so wird deren Sinn und Gebrauch als etwas, woran man Vergnügen finden kann und das der Erzeugung von Kindern dient, nicht erkannt. Es bestehen im Gegenteil alle möglichen Ängste und abwegigen Praktiken, die auf alles andere als auf die mögliche Erzeugung von Kindern hinauslaufen. Bei einer solchen Person mag zwar ein hektischer Zwang bei der Durchführung des Geschlechtsaktes und ein beteuertes Interesse und Gefallen daran bestehen, doch hat sie eigentlich gar keine Freude daran. Die sexuelle Betätigung zielt nicht auf Vergnügen, sondern auf die Verschmutzung und Entartung von Sex an sich ab, um ihn für andere so abstoßend wie möglich zu machen und dadurch die Fortpflanzung zu verhindern. Hier befinden sich die Frau, die Promiskuität betreibt, der unbeständige Liebhaber, der Perverse und der Sadist. Hinter einer Riesenpropaganda für Sex verbergen sich lediglich Anstrengungen, Sex zu zerstören. In diesem Bereich auf der Tonskala beteuert die Person gelegentlich, dass Sex frei sei und als Vergnügen empfunden werden müsse, und überhäuft andere mit einer unablässigen Flut von Anschuldigungen der Art, dass sie Sex als eine abscheuliche Sache betrachten und ihre Einstellung der Umerziehung bedürfe. Unter dem Deckmantel des Beschützens wird Sex beschmutzt und befleckt. Während hier die Person vielleicht verkündet, welche Einstellung gegenüber Kindern die richtige sei, treffen wir bei ihr gleichzeitig sonderbare Praktiken in Bezug auf Kinder an.

Im Umgang mit ihren Mitmenschen befassen sich Menschen im Bereich von 1,2 an abwärts mit einer Umkehrung von Tatsachen. Als Faustregel, die allzu oft funktioniert, als dass man sie missachten könnte, kann man sagen, dass diese Person in Wahrheit etwas anderes tut, als sie sagt, was immer sie auch erzählen mag. Was auch immer sie als wahr bezeichnet, ist in Wirklichkeit falsch. Was auch immer sie als falsch bezeichnet, ist in Wirklichkeit wahr. Zieht man außerdem in Betracht, dass ein Großteil der Konversation einer solchen Person ziellos ist, tut man gut daran, sich vor dem Widerspruch zwischen der äußeren Erscheinung und dem wirklichen Ziel in Acht zu nehmen.

Vermeiden wir weiterhin jede oberflächliche Aussage über die tatsächlichen Sachverhalte, treffen wir in diesem Bereich auf den Hypnotiseur. Der Hypnotiseur befindet sich normalerweise im Bereich von etwa 1,8, wo er Hypnose als direktes Mittel der Beherrschung einsetzt, bis etwa 0,6, wo die Apathie so stark geworden ist, dass sie aktive Bemühungen, andere zu beherrschen oder zunichtezumachen, verhindert. Hypnose hat noch nie jemanden auf der Tonskala hinaufgebracht und wird dies auch nie tun. Man könnte jemandem eine manische hypnotische Suggestion als Implant verabreichen, die ihn glauben lässt, er „fühle sich besser“ und es „gehe ihm besser“. Doch der Vorgang der Hypnose enturbuliert in Wirklichkeit das freie Theta. Anhand der Psychometrie lässt sich mit Leichtigkeit aufzeigen, dass Menschen nach einem manischen Implant weniger fähig sind als zuvor, ungeachtet dessen, was dieser Implant enthält. Hypnose ist das Einführen der Persönlichkeit und Wünsche des Hypnotiseurs in einen Bereich unterhalb der Entscheidungsfreiheit des Individuums. Sie wirkt sich gegen das Überleben aus, außer wenn sie für eine Operation als vorübergehendes anästhetisches Mittel benutzt wird und im Prozessing sofort aufgegriffen und ausauditiert wird, sobald die Person wieder gesund ist. Sie nicht aufzugreifen würde einer bleibenden allgemeinen Anästhesie nach der Operation gleichkommen. Zivilisierte Kulturen von heute sind sich nicht bewusst, wie weit verbreitet der Gebrauch von Hypnose ist. Sie ist das Lieblingswerkzeug des Perversen und des sexuell gestörten Menschen. Ein Individuum auf dieser Stufe der Tonskala mag sehr wohl die Zustimmung eines Partners für den Geschlechtsakt haben, wird es aber tatsächlich vorziehen, den Akt in einer heimlichen Art zu vollziehen, wie es die Hypnose erlaubt. Hypnose wird in einigen niederen Religionen verwendet und häufig in veralteten Lehrmeinungen im Bereich geistiger Heilung gebraucht, was die Tonstufe dieser Kulte deutlich aufzeigen sollte. Wird eine auf dieser Stufe der Tonskala (1,3 bis 0,6) liegende „Therapie“ gebraucht, dann nur deshalb, um die unter Behandlung stehende Person gefügiger zu machen, weniger „potenziell schädlich für andere“, und um die Selbstbestimmung des Individuums zu zerstören. Dies ist genau das Gegenteil dessen, was erforderlich ist, um jemanden körperlich und geistig gesund zu machen. Empirische Nachweise hätten schon lange zeigen sollen, dass solche Methoden nicht funktionieren. Doch in diesem Bereich der Tonskala gibt man sich nicht viel mit Überlegungen ab. Hier befinden sich die präfrontale Lobotomie, die transorbitale Leukotomie, Elektroschock, Insulinschock, direktive Therapien und all der übrige unbrauchbare Humbug, mit dem die moderne Zivilisation geplagt wird. Gewiss kann eine Person mit solchen Methoden für ihre Mitmenschen weniger gefährlich und leichter lenkbar gemacht werden, da sie dadurch zu mehr MEST und weniger Theta gemacht wird. Es stimmt jedoch gleichermaßen, dass eine Behandlung dieser Art jegliche Fähigkeit des Patienten, seiner Gesellschaft dienlich zu sein, oft auf Dauer, vermindert.

Die Methoden des Prozessings, die jemanden auf der Tonskala hinaufbringen, sind derart einfach in ihrer Anwendung, dass man erstaunt ist (oder vielleicht eben nicht erstaunt ist), weshalb diese destruktiven „Therapien" in Anstalten so hartnäckig weiter durchgeführt werden. In diesen Anstalten werden oft Beruhigungsmittel verwendet, obwohl dies zum Schlimmsten gehört, was man jemandem geben kann, der sich in einem gestörten Zustand befindet. Sie machen ihn zwar ruhiger und weniger gefährlich, aber sie machen ihn nicht fähiger. Außerdem nimmt jemand, der unter Beruhigungsmitteln steht, Geräusche und Sehwahrnehmungen in der Umgebung wie hypnotische Befehle auf und erhält deshalb ständig weitere Locks und noch mehr Enturbulierung, auch wenn es momentan so scheinen mag, als ob sich sein Zustand verbessert hätte.

EIN PRECLEAR DARF NIE AUDITIERT WERDEN, WÄHREND ER UNTER DEM EINFLUSS VON BERUHIGUNGSMITTELN STEHT.

Dies ist eine strenge Vorschrift, da sich Preclears verschlechtern, wenn sie unter dem Einfluss von Beruhigungsmitteln oder von Alkohol auditiert werden. Wird ein Psychotiker in einem solchen Zustand behandelt (wie bei der Narkosynthese), so kann sehr wohl sein gesamtes freies Theta enturbuliert werden und er somit in einen Zustand „dauerhaften" Zusammenbruchs versetzt werden. Der Auditor sollte sehr genau darauf achten, dass er bei jeder Person, mit der er arbeitet, wirklich feststellt, ob sie irgendwelche Drogen nimmt, da Ärzte ihren Patienten sehr oft Beruhigungsmittel verschreiben, ohne ihnen zu sagen, dass sie Beruhigungsmittel zu sich nehmen. Beruhigungsmittel gibt es schon seit vielen Jahrtausenden. In niedriger Dosis haben sie einen gewissen Nutzen, der jedoch zeitlich äußerst beschränkt ist. Einer Person fortwährend Beruhigungsmittel zu verabreichen fügt ihrem Verstand beträchtlichen Schaden zu (da sie dadurch in stärkerem Maße beeinflussbar wird und leichter Locks empfängt). Doch dieser Schaden lässt sich beheben, außer er hat einen Punkt erreicht, an dem es kein Zurück mehr gibt.

Politisch gesehen ist der Bereich von 2,0 bis 1,4 der Bereich des Faschismus, in dem ständig die Beherrschung von anderen gepredigt wird, Sicherheit und Schutz immerfort betont und Zerstörung und Strafandrohung gebraucht werden, um auf andere Zwang auszuüben.

Von 1,3 bis hinunter zu 0,6 haben wir den allgemeinen Bereich des Subversiven, der einem Volk Freiheit und Gleichheit verspricht und ihm dann seine größten Geister und seine kulturellen Institutionen niedermetzelt, um eine totalitäre Herrschaft einzuführen. Da Subversion in diesem Bandbereich der Tonskala liegt, kann der subversive Führer nur Leute in diesem Bandbereich der Tonskala als Personal gebrauchen. Würden die Leute dieses Bereiches auf der Tonskala aus einer Gesellschaft entfernt, so hätte er niemanden, den er anwerben könnte. Für solche Leute haben die verräterischen und verdrehten Praktiken der Subversion eine ungeheure Anziehungskraft. Sie gibt ihnen das „Recht", Freie Liebe zu praktizieren und allgemeine Promiskuität zu betreiben, und setzt sie (indem diese Leute die Kirche und andere Institutionen zerstören oder diese als nichtig betrachten) über jede Notwendigkeit hinweg, sich einer bestehenden sozialen Ordnung anzupassen. Somit ist das neue Mitglied höchst erfreut, eine neue Rechtfertigung dafür zu haben, das, was es in kleinem Maßstab getan hat, nun in großem Stil weiterzuführen, nämlich alle starken und Ordnung schaffenden Menschen in der Umgebung durch versteckte und tückische Mittel zunichtezumachen. In jeder relativ tief auf der Tonskala liegenden Gesellschaftsordnung ist die Vorstellung, das Recht zu haben, für eine „ehrenhafte Sache" versteckte und gemeine Dinge zu unternehmen, für Leute in diesem Bereich so attraktiv, dass sie diese politische Idiotie automatisch unterstützen. Da Vernunft in diesem Bereich der Tonskala nicht vorhanden ist, fällt es diesen Neulingen nie auf, dass die Eifrigsten unter ihnen auch diejenigen sein werden, die als erste unter dem Feuer von Erschießungskommandos zusammenbrechen – denn eben auch ein totalitäres Regime muss, wenn es versucht, überhaupt eine Art von Staat zu leiten, die strenge Einhaltung seiner eigenen „Kodizes" erzwingen, wie erbärmlich diese „Kodizes" auch sein mögen. Und dabei wurden die neuen Anhänger dieser subversiven Bewegung in dem Land, das erobert werden sollte, aus Gründen des *Non*konformismus ausgewählt. Folglich sind wir sofort nach der vollständigen totalitären Eroberung eines Landes unausweichlich Zeuge eines umfangreichen Niedermetzelns von Individuen. Man kann mit Leichtigkeit vorhersehen, welche Individuen in der Festigungsphase der Eroberung für eine baldige Liquidierung vorgemerkt sind. Die Auswahl erfolgt nicht entsprechend der Stellung, die die Person innehat, sondern nach ihrem Individualismus, ihrer Stärke und Vernunft oder ihrem anhaltenden revolutionären Wunsch, sich nicht an festgesetzte und reglementierte Verhaltensmuster zu halten. Ein beträchtlicher Prozentsatz der Leute, die im Verlauf jeder neuen Eroberung niedergemetzelt werden, besteht aus den Agenten und Helfershelfern, die vom Eroberer dazu benutzt wurden, das Land mürbe zu machen, bevor die Eroberung stattfand. Das Schreckgespenst jedes totalitären Regimes ist die Konterrevolution, weil ein solches Regime besser als alle anderen versteht, wie perfide die Revolution sein kann. Der 1,1er mag sich einen 1,1er zum engen Kumpan und politischen Verbündeten auswählen wie auch eine 1,1er-Gruppe, aber diese Gruppe muss weiterhin einem starken und gefährlichen Feind gegenüberstehen, um vereint zu bleiben. Dies ist die Situation einer subversiven Zelle. Diese Leute halten nur so lange zueinander, wie sie sich einem würdigen Gegner gegenübersehen und damit beschäftigt sind, ihn zu untergraben. Da jedoch ein 1,1er bei seinem Umgang mit Leuten ausschließlich als 1,1er handeln wird, vernichtet sich diese Zelle selbst, sobald der Druck von ihr weggenommen wird.

Auditiert der Auditor jemanden, von dem er weiß, dass er in ständiger Verbindung mit einem 1,1er gewesen ist, so kann er sich leicht und rasch ein Bild vom Aberrationsmuster dieses unglücklichen Preclears machen, da es zum einen aus der täuschenden Schau des 1,1ers besteht, dass alles „zum Wohl des Preclears" geschah, und zum anderen daraus, dass gleichzeitig eine ständige, tückische, verdeckte Kampagne erfolgte, um den Preclear an seinen schwächsten Punkten zu treffen.

Der Apathiebereich der Tonskala ist lediglich für die Gesellschaftsordnung weniger gefährlich als der Bereich 1,1. Im Apathiebereich wird ein ganz bestimmtes Verfahren im Umgang mit Menschen und mit der Umgebung verwendet. Apathie bedeutet einen Versuch, auf den Tod zuzugehen. Hier befindet sich der Selbstmörder. Und der Apathie-Fall wird tatsächlich seine Mitmenschen in hohem Maße enturbulieren, um den Tod auf den übrigen Dynamiken herbeizuführen. Es gab einmal eine ganze politische Philosophie über die Apathie, bekannt als Zenos Apatheia, die sich das Römische Reich während seiner letzten Todeszuckungen zu eigen machte. Der Apathie-Fall versucht jedermann davon abzubringen, irgendetwas zu tun.

Hoffnungen und Träume werden einfach durch die Behauptung zerstört, dass sie hoffnungslos und unmöglich seien.

Bis jetzt war es Mode, die Leute in diesem Bandbereich der Tonskala zu „bedauern". Genau das verlangen solche Leute von Bekannten in ihrer Umgebung. Hier stoßen wir auf Schreien nach Mitleid, auf Flehen und jegliches Mittel, um Mitleid zu gewinnen. Dies sind in Wirklichkeit Mechanismen der Enturbulierung und keine wirklichen Bitten um Hilfe. Das Entheta der Apathiestufe will nicht, dass man ihm hilft, sondern möchte einfach noch weiter enturbuliert werden und sterben, indem es gleichzeitig in der Umgebung möglichst viel Tod verursacht. Beinahe jedes menschliche Wesen, das mit dem Verlust eines Freundes oder eines geliebten Menschen konfrontiert ist, sinkt vorübergehend auf die Stufe Gram ab. Und somit ist der akute Apathiezustand in der Gesellschaft durchaus nicht ungewöhnlich, wenn er auch nur vorübergehend auftritt. Dieser Zustand kann durch Auditing leicht behoben werden, wenn es sich um eine vorübergehende, umgebungsbedingte Restimulation handelt. Der chronisch apathische Mensch ist etwas ganz anderes und für die Umgebung höchst gefährlich. Es ist Mode, einen Apathie-Fall zu bedauern, obwohl der Apathie-Fall nie für irgendjemanden Bedauern empfindet. Trotz all der Tränen und des Stöhnens ist der Apathie-Fall in einem unterschwelligen Bereich ganz verschlagen und versucht, durch Tränen ein Höchstmaß an Enturbulierung zu schaffen. Wenn man davon ausgeht, dass der 1,1er Manifestationen der einen Art und Beweggründe sowie Handlungen einer ganz anderen Art zeigt, dann ist der Apathie-Fall eine direkte Umkehrung. Der Apathie-Fall wird alle früheren freundlichen Handlungen als die sadistischsten Grausamkeiten und die Grausamkeiten als freundliche Handlungen bezeichnen. Tatsachen werden von einem Apathie-Fall nicht einfach verzerrt; sie werden umgekehrt. Indem dieser Fall alle sichtbaren Nachweise umdreht und von allem behauptet, es sei das genaue Gegenteil der Realität, kann er maximale Enturbulierung hervorbringen. Indem der Apathie-Fall darauf besteht, dass alles Weiß Schwarz ist, stellt er die Vernunft der anderen in seiner Umgebung auf eine so harte Probe, dass sie sich in dieser Verwirrung verlieren und ebenfalls apathisch werden – da es keine mögliche Art des logischen Denkens zu geben scheint.

Apathie ist mehr als Hoffnungslosigkeit. Sie ist der Tod in einer sehr direkten Form. Der Apathie-Fall spricht über den Tod, droht mit dem eigenen Tod, und wird tatsächlich einen Selbstmordversuch unternehmen. Auf dieser Stufe ist nicht genügend Mut vorhanden, um offen zu versuchen, anderen den Tod zu bringen, aber der Apathie-Fall ist mittels Enturbulierung dazu imstande und wird dies auch tun, wenn man nicht versteht, was es mit ihm auf sich hat. Der Apathie-Fall gibt recht häufig ein Beispiel für den Tod, indem er Selbstmord vorspiegelt, in der vagen Bemühung, von einem anderen nachgeahmt zu werden und somit den Tod eines anderen herbeizuführen. Der Apathie-Fall, der mit Selbstmord droht, darf jedoch nicht außer Acht gelassen werden, da er bei einer plötzlichen Enturbulierung vielleicht tatsächlich einen Selbstmordversuch unternimmt. Die Herrschaft über die Umwelt wird vom Apathie-Fall so verstanden, dass sie sich nur auf seinen Besitz und seinen Körper beschränkt. Wir haben hier verschiedene Arten der Vernachlässigung von Besitztum, die ruhig und undramatisch zu dessen Zerstörung führen. Hier werden auch die Gefühle und Anliegen anderer Menschen vernachlässigt. Hier wird die Person vernachlässigt, was in dramatischer oder undramatischer Weise zur Zerstörung der Person führen kann. Der Apathie-Fall ist in Bezug auf Realität so verdreht, dass er Dinge, die normalerweise hässlich und scheußlich sind, für schön erklärt, und Dinge, die schön sind, als hässlich und scheußlich bezeichnet. Etwa auf Stufe 0,7 ist eine gewisse Hinterhältigkeit festzustellen, indem der Apathie-Fall Schönes und Kunst zu unterstützen scheint, sie jedoch durch seine Art der Unterstützung für andere in der Umgebung verdirbt. Es liegt eine grauenvolle Obszönität in der Bewunderung, die solche Menschen den Schönheiten des Lebens schenken.

Unterhalb von 0,7 bleibt nicht genügend Unternehmungsgeist übrig, um aktiv irgendeinen Zweck zu unterstützen, außer den Tod für sich selbst und andere zu erreichen. Wertgegenstände, Vermögenswerte und Projekte befinden sich in der Nähe eines Apathie-Falles in beträchtlicher Gefahr, auch wenn der Apathie-Fall nicht sehr aktiv zu sein scheint. Genau diese Untätigkeit ist täuschend. Ein geringfügiges Ansteigen auf der Tonskala kann den Apathie-Fall dazu bringen, alles zu zerstören, was sich in seiner Nähe befindet und normalerweise als dem Überleben förderlich betrachtet wird.

Apathie-Fälle haben schon große Kunstwerke, Organisationen und Individuen aus den trügerischsten und heuchlerischsten Gründen zerstört.

Der Apathie-Fall ist so egozentrisch, dass es für den Auditor sehr schwierig ist, irgendein Maß an Zusammenarbeit zu gewinnen. Tatsächlich werden jegliche Bemühungen des Auditors, in ihm Hoffnung zu erwecken, abgelehnt. Diese Bemühungen werden zwar nicht so heftig zurückgewiesen, dass es einer Abweisung des Auditors gleichkäme, doch werden weitere Gründe angeführt, warum der Auditor den Apathie-Fall bedauern sollte. Die meisten dieser Gründe sind ausgemachte Lügen, und für gewöhnlich weist der Apathie-Fall eine Unmenge an Dub-in und heuchlerischen Tränen auf. Auditoren und auch eine Gesellschaft, die die wahren Motive der Apathie nicht verstehen, begeben sich in beträchtliche Gefahr, da auf den höheren Stufen der Tonskala ein natürlicher Mechanismus besteht, seinen Mitmenschen zu helfen und sie zu unterstützen. Tatsächlich pervertiert und zerstört der Apathie-Fall diesen Mechanismus, indem er ihn auf unwürdige Zwecke hinlenkt. Dies ist ein auf den Tod ausgerichtetes Vorgehen, welches darauf abzielt, den Mechanismus der Zusammenarbeit zu zerstören. Die Egozentrik des Apathie-Falles ist für jeden vernünftigen Menschen erschreckend, wenn er sie einmal untersucht. Ein Großteil des Verhaltens beim Apathie-Fall ist wissentlich oder unwissentlich Vortäuschung oder Schauspiel. Auf der Stufe 0,6 mag man sogar gelegentlich einen Apathie-Fall dabei erwischen, wie er mit Falkenaugen, aber versteckt, unter einem Tränenschleier hervorspäht, um sicher zu sein, dass die Schau immer noch die Aufmerksamkeit des Publikums erhält.

Durch viel Erfahrung mit Apathie lernt der Auditor, dass an Gram oder Apathie nichts besonders Edles zu finden ist. Der wirkliche Gram sollte sobald wie möglich aus einem Fall herausauditiert werden. Beim Auditieren eines Apathie-Falles wird der Auditor jedoch feststellen, dass er sehr viele trügerische, eigentlich unechte Geschehnisse auditiert, die alle Gram enthalten. Die Aufforderung zu Mitleid kennt keine Grenzen. Das Verlangen nach Bedauern wird bald sogar den Geduldigsten vor eine härtere Prüfung stellen, als er aushalten kann. Obwohl man zunächst den lebhaften Wunsch verspüren mag, einem Apathie-Fall zu helfen, wird diesem Wunsch ein Impuls zur Verachtung und Verspottung folgen, wenn man den täuschenden Charakter der Daten in seiner ganzen Tiefe durchschaut hat. Denn kein vernünftiger

Mensch wird einen Drang in Richtung Tod für etwas Vernünftiges halten, und der Apathie-Fall hat keinen anderen Drang. Der Schrei nach Mitleid und das Flehen um Hilfe *scheinen* die Unterstützung der anderen zu brauchen. In Wirklichkeit wird damit jedoch nach der Enturbulierung und dem Tod von anderen verlangt. Kein Apathie-Fall will, dass man ihm hilft, sondern wird sage und schreibe jedes Mittel benutzen, um zu verhindern, dass ihm geholfen wird. Da es ihm gänzlich an Mut fehlt, wird er sich vor jedem Geschehnis drücken, das echte Wirkungskraft enthält, ebenso wie er sich auch vor jedem Faktor in der Umgebung drücken wird, der wirkliche Hilfe oder Unterstützung beinhaltet; er wird sich vielmehr zwangsläufig Umweltfaktoren zuwenden, die zerstörerisch sind. Der Apathie-Fall vermeidet somit jedes gute Auditing und wird sich tatsächlich sehr schlechtes Auditing suchen und es fördern.

In unserer jetzigen Gesellschaft besteht eine gewisse rührselige Sentimentalität, die durch Generationen von Schriftstellern gefördert wurde, welche lediglich der Effekthascherei huldigten und dadurch den größtmöglichen Verkauf für ihre Bücher zu erzielen versuchten, die uns dazu bringt, den apathischen Menschen zu dulden, zu tolerieren und hinzunehmen. Vielleicht nehmen wir fortgesetzten Gram beim anderen deshalb hin, weil jeder von uns ihn für so wichtig hält, dass man meint, es sei nötig, ihn zu bedauern, wenn er verletzt oder tot ist. Durch Dianetisches Prozessing wird dieser Gram sehr leicht weggeschafft. Und jeder, der viel Erfahrung im Umgang mit Apathie-Fällen hat, wird vermutlich eher sentimentale Gefühle haben, wenn er nässende Wunden oder Geschlechtskrankheiten auditiert, als dass er lang anhaltendes Mitleid für Apathie empfinden würde.

Als eine Warnung für Auditoren: Unterstützen Sie nie die launischen Einfälle und Ideen eines Apathie-Falles und schenken Sie ihm kein Mitleid, sondern wenden Sie einfach sanftes Prozessing an. Schenken Sie den Daten, die Sie von einem Apathie-Fall erhalten, keinen Glauben, sondern arbeiten Sie mechanisch mit dem Fall, indem Sie aktiv so viel freies Theta wie möglich hervorbringen, um den Fall auf der Tonskala zumindest bis zu versteckter Feindseligkeit hinaufzubringen. Apathie-Fälle enturbulieren einen sehr leicht, da man so leicht das Gefühl bekommen kann, dass Gram über den Verlust von Menschen etwas ist, das als wertvoller Mechanismus unterstützt und gefördert werden sollte. Ein Apathie-Fall wird alles sagen oder tun, um Mitleid zu gewinnen. Hier herrscht völlige Unmoral. Um ein bisschen Mitleid zu erlangen, wird der Apathie-Fall seinen Körper genauso bereitwillig wie irgendetwas anderes anbieten. Die „Liebe", die man von einem Apathie-Fall erhält, ist eigentlich das tiefste Extrem des Günstigstimmens. Und der „liebende" Apathie-Fall würde, wenn er jemanden dem Henker auslieferte, sich ebenso wenig Gewissensbisse machen, wie wenn er ein Glas Wasser trinkt. Keine Vernunft, keine Kodizes, keine Ethik, keine Anständigkeit, keine Wahrheit, kein Leben, dies sind die unumstößlichen Regeln des Apathie-Falles. Und weil er eine Rechtfertigung in so unglaublicher und erschreckender Weise erzählen kann, dass er dadurch seinen Zustand zu rechtfertigen vermag, fühlt man sich oft versucht, dieses Günstigstimmen als tatsächliche Affinität zu akzeptieren, während es eigentlich eine Aufforderung dazu ist, umgebracht zu werden. Da dieses Günstigstimmen mit Liebe verwechselt werden kann, fühlt man sich oft versucht, aus Mitleid und dem Wunsch zu helfen, mit einem Apathie-Fall eine enge Beziehung einzugehen. Doch sollte man wissen, dass der eigene Name neben dem Namen eines Apathie-Falles auf dem Trauschein ein sichereres Todesurteil als das eines Gerichtes bedeutet. Das Heim einer Person, die sich darauf einlässt, falls sie mit viel Mühe je eines aufbauen kann, wird ein Bild der Verwüstung bieten. Sie wird ihre Stellung verlieren, und ihre Träume werden zerbrechen. Ihre Selbstachtung wird niedergemacht und ihre Vorstellungen von Moral und Anständigkeit werden zerstört werden. Nach langer und genauer Beobachtung, wie Apathie sich bei einem Fall auswirkt, werden diese Aussagen hier kompromisslos formuliert. Apathie befindet sich nur einen halben Punkt oberhalb von Tod, und Apathie wird allem und jedem in der Umgebung den Tod bringen.

Eine Gesellschaftsordnung im Apathiebereich wird jede unvernünftige Richtung einschlagen, die zum Tod führt. Sie wird jedem Führer folgen, der behauptet, dass das Leben nicht lebenswert sei und dass Dinge und Leute vernachlässigt werden sollten, bis sie nicht mehr leben. Hier gibt es keine direkte Zerstörung von Entitäten. Hier erfolgt die Zerstörung in hinterhältiger Art und Weise durch Vernachlässigung, Überbeanspruchung und beschleunigten Zerfall. Als zum Beispiel die Indianer durch ihre Niederlagen in den Tonstufenbandbereich Apathie niedergedrückt wurden, nahmen sie ein Programm nach dem anderen an, das zwar als Rettungsprogramm bejubelt wurde, aber immer zum Tod führte. Es gab die Geschichte mit den Geistertänzern, die begierig die Lüge aufnahmen, dass ihre Baumwollhemden Kugeln abhalten könnten. Es gab die Welle des Hundetötens, als behauptet wurde, der Büffel werde zurückkehren, wenn alle Hunde getötet seien.

Der Körper selbst arbeitet im Apathiebereich mit, indem er leicht bei der geringsten Ursache krank wird, indem er in verschiedene abwegige Unfälle gerät und indem die endokrine Funktion versagt. Es lässt sich erwarten, dass der Apathie-Fall durch Bakterien erkrankt, selbst wenn keine Bakterien vorhanden sind.

Bei Fällen von 2,0 an abwärts sollte man sich sehr davor hüten, autoritäres Auditing, gewaltsame Methoden oder Hypnose zu benutzen, da solche Fälle sehr leicht in Apathie getrieben werden. Mit Apathie ist scheinbar, aber auch nur scheinbar, leichter umzugehen und fertigzuwerden, da sich der apathische Mensch bis zu einem gewissen Grade in einer dauerhaften hypnotischen Trance befindet und allem zuhören und Glauben schenken wird, was gesagt wird, wie lächerlich es auch sein mag. Es handelt sich hier um einen höchst gefährlichen Zustand, der nicht nur gelegentlich den Selbstmord der Person, sondern auch den Tod der Unternehmungen sowie den physischen Tod anderer Menschen in der Umgebung des Apathie-Falles zur Folge haben wird. Das ist der Grund, weshalb es so viele Selbstmorde als Folgeerscheinung der Hypnose und althergebrachter Techniken gibt. Indem sie Kontrolle über die Person durchsetzen, drücken sie sie auf der Tonskala nieder. Der Apathie-Fall ist zu so perfektem Lügen fähig, dass die Person sogar behaupten und den Anschein erwecken kann, es gehe ihr besser, bis sie eines Morgens nach ihrem Selbstmord tot aufgefunden wird. Der Apathie-Fall kann sehr täuschend sein.* Der Auditor sollte gewarnt sein, keinerlei autoritäre Methoden beim Auditing zu gebrauchen. In der Dianetik sind wir nur daran interessiert,

*Der Tod von James Forrestal, der durch Überarbeitung und Ängste in Apathie getrieben worden war, ist ein beispielhafter Fall – nicht nur dafür, was geschieht, wenn autoritäre Methoden und Einkerkerung als „Behandlung" angewendet werden, sondern auch dafür, zu welch vollkommener Täuschung der Apathie-Fall fähig ist. Forrestal hatte seit Monaten nicht mehr so freundlich und erleichtert ausgesehen wie eine Stunde, bevor er sich vom Turm des Bethesda-Marinekrankenhauses in den Tod stürzte und 16 Stockwerke tiefer auf Beton und Glas aufprallte. So ging einer der genialsten Leiter und Verfechter der amerikanischen Marine verloren. Und weitere bedeutsame oder weniger bedeutsame Fälle von Selbstmord sammeln sich wie Klafterholz vor den Gassen der Morallosigkeit, die die Dianetik blockieren.

die Leute auf der Tonskala hinaufzubringen, wir haben absolut nichts mit Psychosen, Neurosen oder psychosomatischen Krankheiten zu tun. Der Auditor sollte vorsichtig sein und Personen unterhalb von 2,0 auf der Tonskala nicht noch weiter enturbulieren, als sie es bereits sind, sondern sollte bei seinem Herangehen so wenig gebieterisch wie möglich sein, um Ergebnisse zu erzielen. Denn, wenn er es zulässt, dass sein Preclear in Apathie verfällt, so hat er einen viel schwierigeren und langwierigeren Fall vor sich als einen 1,1er oder einen offen brüllenden, wütenden 1,5er. Denken Sie auch daran, dass in dieser Gesellschaftsordnung Personen von 2,0 an abwärts normalerweise als geistig gesund akzeptiert werden, solange sie irgendwelche scheinbar rationalen Handlungen in der Umgebung ausführen können.

Auf Stufe 0,1 oder 0,3 hat die Person ebenfalls eine bestimmte Methode, wie sie mit ihren Mitmenschen umgeht. Dieser Mechanismus beruht auf der Überlegung, dass die gefährlichen Leute in der Umgebung weggehen und die Person in Ruhe lassen werden, wenn sie jede mögliche eigene Gefährlichkeit ableugnet. Übrigens gebrauchen Jäger und Soldaten diesen Mechanismus rational als letzten Ausweg, und er funktioniert gelegentlich. Gewisse Tierarten zeigen dieses Verhaltensschema instinktiv. Indem sie jeden Anschein von Leben aufgeben, hoffen sie, den Tötungsdrang des Angreifers zu stoppen.

Man sollte erkennen, dass alle Menschen unterhalb von 2,0 dazu neigen, ihre Familie, Freunde und Bekannten als Bedrohung für das Leben bzw. als Begünstigung des Todes zu betrachten. Wirkliche Zuneigung ist unmöglich; dafür werden Günstigstimmen und vorgetäuschte Zuneigung als Mechanismen gebraucht, mit deren Hilfe man Mitleid auslöst oder zeigt, dass man nicht gefährlich ist. Personen von 2,0 an abwärts leben ihrem eigenen Gesichtspunkt zufolge in einer Atmosphäre von möglichem Tod und Mord. Auf Stufe 1,5 sieht sich die Person vor die Aufgabe gestellt, durch offen zerstörerische Handlungen den Tod der „gefährlichen" Entitäten zu verursachen. Der 1,1er betrachtet die Familie, seine Bekannten und die Umgebung als potenziell sogar noch tödlicher. Und da er so noch größere Gefahren in ihnen sieht, gebraucht er verdecktere und hinterhältigere Methoden, um mit diesen „gefährlichen" Entitäten fertigzuwerden und sie unschädlich zu machen, wobei er einen Deckmantel der „Hilfe" und „Unterstützung" für die Familie, für Bekannte und die Umgebung verwendet.

Hier findet man auch den Mechanismus der Verteidigung des Unterlegenen. Der Unterlegene ist nicht gefährlich und mag ein Verbündeter sein, den man gegen die eigene, so tödliche Umgebung gebrauchen kann. Jeder, der den Unterlegenen verteidigt, projiziert sich selbst in die Rolle des Unterlegenen hinein und fleht verdeckt für das Recht des Unterlegenen zu leben, in der für gewöhnlich unbewussten Hoffnung, dass man ihn selbst als Unterlegenen weiterleben lassen wird, ungeachtet dessen, was er anderen angetan hat.

Wenn wir dieses Verhältnis der Gefährlichkeit der Umgebung vom Standpunkt des Individuums aus weiterverfolgen, so sehen wir, dass für den Apathie-Fall die Umgebung buchstäblich mit Todesdrohungen gespickt ist. Er glaubt, dass jede Person, jeder Gegenstand und jede Handlung die Absicht in sich birgt, den Tod zu bringen. Das freundlichste Wort, wenn es vom Apathie-Fall auch scheinbar angenommen wird, wird dennoch indirekt im „vollen Verständnis" aufgenommen, dass dicht hinter dieser angebotenen Hilfe der Tod lauert. Dies ermutigt den Apathie-Fall, in vernichtender Weise vorzugehen, und scheint ihm einen Freibrief zu geben, dass er sich um keinen Moralkodex und keinerlei Gefühl der Anständigkeit zu kümmern braucht. Der Apathie-Fall lebt in einem Morast von Erwartungen, abgeschlachtet zu werden, und interpretiert alles, was für ihn getan wird, als etwas, das mit Vorsicht zu genießen ist. Recht häufig spricht der Apathie-Fall davon, getötet zu werden, sei es durch Selbstmord oder Mord. Seine Aufmerksamkeit kann dabei in ihrer Irrealität so fixiert sein, dass er sich nur einen einzelnen Mörder auswählt, der drauf und dran sei, ihn zu töten. Oder er kann so zerstreut sein, dass er sich viele Leute, Organisationen oder Dinge als potenzielle Mörder aussucht.

Der Fall des vorgetäuschten Todes hat einen Punkt erreicht, an dem er die Umgebung so voll von Gefahren sieht, dass er glaubt, alles hätte sich verschworen, ihn zu töten, und der Tod stehe ihm unmittelbar bevor. Er hat nicht einmal mehr genügend Energie oder Vernunft übrig, um Hilfe anzufordern, und glaubt auch tatsächlich, dass er nichts und niemanden darum anflehen kann. Daher versucht er, der gesamten Umgebung zu zeigen, dass sie gewonnen hat und dass er bereits tot ist. Indem er sich tot stellt, glaubt er, wenigstens lange genug überleben zu können, damit er etwas weniger schmerzvoll sterben kann, als er zu sterben glaubt, wenn er sich bewegen würde. Bei alten und dekadenten Völkern findet man häufig die

Praktik des bereitwilligen Todes. Ein Mensch geht einfach hin und setzt sich an den Rand seines Grabes, bis er stirbt und hineinfällt. Solche Leute kann man zum Beispiel jeden Tag am Kohlenhügel in der Nähe von Peking sehen.

Der Fall des vorgetäuschten Todes hat es sogar aufgegeben, eine bestimmte Bedrohung auszumachen und betrachtet alles als Bedrohung. Dieser Zustand hat die Eigentümlichkeit, auf nichts Bestimmtes mehr festgelegt zu sein. Möglicherweise besteht die bemerkenswerteste Wirkung, die man erzielen kann, um diesen Fall wachzurütteln, darin, dass man die Aufmerksamkeit der Person auf eine einzige und bestimmte Todesdrohung konzentriert. Wenn eine echte und wirksame Quelle des Todes beobachtet wird, bringt dies durch die Erhöhung der Notwendigkeitsstufe tatsächlich jeden, zumindest für kurze Zeit, die Tonskala hinauf. In einem Krieg weisen daher Städte, die unter sporadischen Bombardierungen stehen, weniger häufige Fälle von Psychose auf als Städte, die, weit hinter den Linien, nur in den Zeitungen von den Todesfällen lesen. Die Quelle des Todes ist hier in Form von Artillerie und Bombern entsprechend genau abgesteckt, und diese Quelle ist so dramatisch, dass die Aufmerksamkeit fest darauf gerichtet werden kann. Die Quelle ist auch so einfach, dass sie sich unschwer begreifen lässt. Außerdem bringt eine solche Zerstörung viele Tote und Verletzte mit sich, über denen der frühere Psychotiker aufragen kann, sodass er sich nicht mehr unter die Schwächsten der Schwachen als „Zielscheibe Nummer eins" für alle gefährlichen Entitäten in der Umgebung einreiht. Denn bei der Behandlung von Verwundeten und Toten kann er, ohne viel überlegen zu müssen, beobachten, dass er für sie gefährlicher ist als sie für ihn. Ein zusätzlicher Grund für diesen plötzlichen Aufschwung einer Stadt unter Bedrohung besteht darin, dass sie sich zu dem gemeinsamen Ziel vereint, einer gemeinsamen Bedrohung standzuhalten oder sie zu überwinden. Nationen, die sich auf Kriege einlassen, vereinen ihre Bevölkerung auf diese Weise. Und wir wissen damit sofort, welche Position diejenigen Nationen auf der Tonskala einnehmen, die glauben, zum Krieg greifen zu müssen. Denn keine vernünftige und aktive Nation braucht sich mit der Zerstörung von MEST zu befassen, um sich die Zusammenarbeit einer anderen Nation zu sichern: Das ist ein Wahnsinn, der durch eine Position von 2,0 an abwärts auf der Tonskala hervorgerufen wird.

Der Text zu dieser Spalte ist deshalb lang, weil er eigentlich das ganze Gebiet zwischenmenschlicher Beziehungen umfasst. Es gibt eine Faustregel in Bezug auf zwischenmenschliche Beziehungen, aus der sich andere Dinge ableiten lassen. Sie besteht grob gesagt darin, dass von 2,0 an aufwärts in zunehmendem Maße Vernunft und Zusammenarbeit bestehen und die Bemühungen auf Überleben abzielen. Von 2,0 an abwärts werden, offen oder verdeckt, Methoden der Beherrschung und Kontrolle beim Umgang mit Leuten verwendet, und die Bemühungen zielen auf Unterliegen ab. Menschen oberhalb von 2,0 auf der Tonskala werden durch jedwede Verbindung mit Menschen der Stufe 2,0 und abwärts auf der Tonskala in Mitleidenschaft gezogen. Und Menschen von 2,0 an abwärts profitieren, soweit es das Überleben betrifft, von jeder Verbindung mit Personen oberhalb von 2,0. Doch ihre Zielsetzungen sind einander entgegengesetzt, da Menschen von 2,0 an aufwärts nicht zum Unterliegen gebracht werden wollen und jede Anstrengung in dieser Richtung bekämpfen. Und die Personen von 2,0 an abwärts wünschen nicht, dass man sie dazu veranlasst, zu leben oder zu erschaffen, und widersetzen sich somit jeder Anstrengung in dieser Richtung. Wenn ein Streit zwischen zwei menschlichen Wesen nicht rasch durch Vernunft gelöst werden kann, wird eine Untersuchung der Position dieser beiden Menschen auf der Tonskala wahrscheinlich zeigen, dass der eine für das Überleben und der andere für das Unterliegen argumentiert. Oder dass der eine dafür kämpft, zu erschaffen und aufzubauen, während der andere sich dafür einsetzt, zu zerstören oder zu vernachlässigen.

Da die Position eines Menschen auf der Tonskala entweder infolge der Enturbulierung in der Umgebung akut bzw. vorübergehend oder infolge von Entheta in einem Zustand „dauerhafter" Enturbulierung (der nur durch Dianetisches Prozessing aufgehoben werden kann) chronisch sein kann, lässt sich beobachten, dass Menschen unterhalb von 2,0, wenn sie weniger enturbuliert sind, Anstrengungen zum Überleben unternehmen. Und es lässt sich beobachten, dass Menschen oberhalb von 2,0 gelegentlich Anstrengungen zum Unterliegen unternehmen.

Erwähnenswert ist, dass die Umgebung des Menschen ihre eigene Position auf der Tonskala haben kann. Die Schule, das Büro, in dem er seine Arbeit leistet, seine Familie können als Gruppe eine bestimmte Position einnehmen. Diese Position der Umgebung auf der Tonskala rührt vom Einfluss bestimmter

Personen, von der Art der Organisation oder vom bestehenden Zustand der Kultur her und bei einer Einschätzung der Persönlichkeit des Preclears sowie der Methoden, die er im Umgang mit anderen gebraucht, darf dies nicht vernachlässigt werden.

Unterhalb der Linie 4,0 gibt es eigentlich drei Arten oder Zustände von Theta. Die erste Art ist *freies Theta.* Die nächste ist *zeitweise enturbuliertes Theta,* das desenturbuliert werden wird, wenn es für eine kurze Zeit in Ruhe gelassen wird. Und die dritte ist *erstarrtes Entheta,* das aufgrund der Beschaffenheit von Engrammen, Secondarys und Locks im Fall an Ort und Stelle gehalten wird. Umwelteinwirkungen laden die Engramme in einem Fall natürlich auf und bringen jede Person im Verlauf ihres Lebens immer weiter auf der Tonskala nach unten (es sei denn, es tritt eine große Veränderung in der Umgebung ein, die viel bessere Überlebensfaktoren mit sich bringt). Die Umgebung, die auf das Individuum einwirkt, verwandelt somit freies Theta „dauerhaft" (außer beim Dianetik Prozessing) in erstarrtes Entheta. Dabei handelt es sich aber um einen schrittweisen Vorgang, wenn er sich auch steigert und tödlich ist. Im Kindesalter kann ein Mensch eine sehr große Zahl von Engrammen aufweisen, doch hat die Umgebung noch nicht mit genügend Kraft auf ihn eingewirkt, um diese Engramme mit Entheta in Secondarys und Locks aufzuladen. Ist er schließlich ein alter Mann geworden, so besteht die Zeitspur beim gewöhnlichen Fall fast nur noch aus Entheta.

Es gibt eine weitere Art von Enturbulierung: Das freie Theta wird durch die Umgebung enturbuliert. Und obwohl vorübergehend der größte Teil des freien Thetas enturbuliert werden mag, erstarrt doch nur ein kleiner Teil davon in den Locks, Secondarys und Engrammen. Somit kann man, aufgrund von vorübergehender Enturbulierung freien Thetas, durch seine Umgebung auf der Tonskala angehoben oder niedergedrückt werden. Diese äußere Erscheinungsform und Unbeständigkeit von Missemotion sind es, die die Natur von freiem Theta verdeckt haben. Die Umgebung kann zum Beispiel in so starkem Maße mit Faktoren der Stufe 1,5 negativ auf jemanden einwirken, dass er vorübergehend auf Stufe 1,5 sinkt. Verbleibt ihm aber eine große Menge an freiem Theta, so wird er ziemlich rasch desenturbuliert werden und seine hohe Position auf der Tonskala zurückgewinnen. Freies Theta kann nur abwärts enturbuliert werden, wie auch die Enturbulierung des Falles nur in einer Abwärtsbewegung auf der Tonskala erfolgen kann. Ein 1,1er geht nicht zu 1,5 hinauf, weil er enturbuliert wird; er sinkt auf Apathie ab. Wenn das freie Theta des Apathie-Falles enturbuliert wird, so sackt er rasch in vorgetäuschten Tod ab oder stirbt vielleicht sogar, da sein Spielraum so eng begrenzt ist.

Stunde um Stunde und Tag für Tag übt die Umgebung somit eine deutliche Wirkung auf den Menschen aus. Ein Mensch, der in einer Familie lebt, die sich chronisch auf 1,1 befindet, mag selbst potenziell auf 3,0 sein und außerhalb der Familie die Qualitäten der Tonstufe 3,0 zeigen. Innerhalb der Familie ist er jedoch so anhaltend enturbuliert, dass er Schritt für Schritt freies Theta verliert, das zu Entheta in Locks, Secondarys und Engrammen wird, und so sinkt er stufenweise auf der Tonskala ab. Diese Situation ließe sich einzig und allein dadurch beheben, dass (gleichzeitig) eine andere Umgebung verfügbar wäre, die sich höher auf der Tonskala befände als dieser Mensch und die dazu neigen würde, das freie Theta, das im Bereich der Familie enturbuliert wird, wieder zu desenturbulieren.

Es ist somit für den Auditor wichtig, dass sein Umgang mit dem Preclear auf einer möglichst hohen Stufe der Tonskala liegt. Und er sollte versuchen, die Umgebung des Preclears so einzurichten, dass auch sie möglichst hoch auf der Tonskala ist. Versucht der Auditor, mit einem Preclear zu arbeiten, der von einer 1,5-Umgebung misshandelt wird, so wird er feststellen, dass er Tag für Tag mit nichts anderem als vorübergehend enturbuliertem Theta arbeitet, und er wird sehr wenig Fortschritte mit diesem Fall erzielen. Er muss diesen Fall aus der 1,5-Umgebung entfernen, damit das freie Theta desenturbuliert werden kann und somit zur Befreiung des erstarrten Enthetas in den Locks, Secondarys und Engrammen verfügbar ist, um nicht bloß zu verhindern, dass sich das freie Theta des Preclears durch die tägliche, umgebungsbedingte Enturbulierung *vermindert*, sondern um dem Preclear immer weiteres freies Theta *zuzuführen*.

Für den Auditor und für Leute allgemein ist es ebenfalls von Interesse zu wissen, dass Erziehung jeweils ihre eigene Position auf der Tonskala besitzt. Eine Erziehung, die darauf zugeschnitten ist, zu hemmen und zu hindern, um Konformität des Einzelnen mit der Gesellschaftsordnung zu schaffen, hat die bedauerliche Wirkung, das Individuum auf der Tonskala niederzudrücken. Dies wäre eine autoritäre Erziehung, die von 2,0 an abwärts anzutreffen ist. Eine Erziehung, die zu Vernunft auffordert, die Vernunft anregt und versucht, dem Individuum auf die Stufe eines erfolgreichen und glücklichen Daseins voranzuhelfen, und die genügend Vertrauen in den Menschen setzt, dass er von der Erziehung guten Gebrauch machen wird, bringt den Einzelnen auf der Tonskala nach oben. Geht man die Erziehung einer beliebigen Person durch, so kann man viele bekräftigende Beweise dafür finden, da sich feststellen lässt, dass diejenigen Gebiete, in denen die Person fähig ist, mit Methoden von 2,0 an aufwärts gelehrt wurden. Und dass diejenigen Gebiete, in denen die Person ungenügend ist, in denen es ihr an Genauigkeit oder Selbstbestimmung mangelt und ihre Vernunft versagt, mit Methoden gelehrt wurden, die sich von 2,0 an abwärts auf der Tonskala befinden. Je weiter eine Gesellschaft sinkt, desto mehr greift sie zu autoritären Lehrmethoden und versucht immer mehr, dem Individuum einzuprägen, dass es sich an seine Umgebung anzupassen hat und seine Umgebung nicht an sich anpassen kann. Der Ausbildungsprozess wird zu einem halbhypnotischen Aufnehmen teigiger Datenmassen, die danach auf Prüfungsblättern wieder ausgespuckt werden. Vernunft und Selbstbestimmung sind praktisch verboten.

Wenn wir davon sprechen, wie Leute beim Umgang mit anderen verschiedene Methoden benutzen, so müssen wir auch von den Methoden sprechen, die im Umgang mit unserem Preclear gebraucht worden sind. In der Dianetik sind wir daran interessiert, was dem Individuum angetan worden ist, nicht daran, was das Individuum getan hat. Wir wollen damit nicht etwa versuchen, moralischen Maßstäben zu entgehen oder sie abzuändern, sondern es ist vielmehr einfach eine den Tatsachen entsprechende Aussage. Der Auditor, der an den Motiven seines Preclears interessiert wird und daran, dessen Überlegungen auszuwerten, verschwendet nicht nur seine Zeit, sondern versucht auch, eine autoritäre Therapiemethode anzuwenden.

Was einer Person im Bereich der Bildung angetan worden ist, ist für den Auditor von sehr großer Bedeutung, da Bildung so durch und durch unterdrückerisch sein kann, dass sie sogar als einzelner Faktor die Person auf der Tonskala beträchtlich niederdrücken kann, wenn bei dem Fall Engramme vorhanden sind, die sich aufladen lassen (dies wird durch die vielen geistlosen, willenlosen und müßigen Absolventen unserer Universitäten bezeugt). Zu wissen, dass Bildung ein derart starker Faktor bei der Aberrierung und Unterdrückung des menschlichen Wesens sein kann, ist insofern hilfreich, als der Auditor Bildung durch Lock-Scanning in großem Maßstab aufgreifen und in ihrer Wirkung abschwächen kann, was einen Anstieg des Preclears auf der Tonskala zur Folge hat, ohne dass irgendetwas berührt werden muss, das die Bezeichnung Lock, Secondary oder Engramm verdienen würde. Die gesamte Bildung eines Menschen kann ein einziges Lock sein. Es können keine Worte von genügender Bitterkeit und Schärfe gegen autoritäre Bildungssysteme gerichtet werden; zwar sind diese Systeme Zeuge von zugrunde gerichteten Künstlern, hoffnungslosen und apathischen Frauen, stumpfsinnigen und dämlichen Ingenieuren inmitten ihrer stolzen Reihen von Absolventen, trotzdem haben sie keine großen Anstrengungen unternommen, um die Ursache zu ermitteln und zu beheben – nämlich ihre eigenen autoritären Bildungsmethoden. Glücklicherweise ist es bei einem Preclear, der sich in recht guter Verfassung für das Prozessing befindet, möglich, eine College-Ausbildung innerhalb von zehn bis fünfzehn Stunden von Ladung zu säubern. Wenn man mit diesen enormen und beschwerlichen Anstrengungen seitens geistig verstopfter Strohmänner und Kleiner Cäsars auf ihren Vortragspodesten aufräumen würde, so wäre dies natürlich für die ganze Gesellschaft ein riesiger Gewinn. Ohne diese höchst wünschenswerte Maßnahme kann aber der Auditor zumindest das freie Theta wiedergewinnen, das durch die Bildung der Person eingekapselt war. Die Hochschulstufe ist nicht das einzige destruktive Element im Bildungssystem. Highschool-Systeme sind genauso schlecht, doch haben sie es mit Menschen zu tun, die immer noch genügend weit oben auf der Tonskala sind, um widerstehen zu können, da die Jugend über die erforderliche Spannkraft verfügt. Die Grundschulbildung ist höchstwahrscheinlich insbesondere in den ersten Jahren autoritär; und da sie die Grundlage der formellen Bildung darstellt, sollte man sich auch mit ihr befassen.

Entheta lässt sich aus Locks und Secondarys am besten vom spätesten bis zum frühesten Zeitpunkt befreien, somit sollte man während des Lock-Scannings und während man Locks auditiert, zuerst die Gegenwart und dann frühere Zeiten ansprechen (und noch frühere und immer noch frühere), um zu den frühesten Zeiten zu gelangen, die sich erreichen lassen. Auf diese Weise erzielt man einen vollständigen Rückruf der Kindheit. Versucht man die Kindheit zu erreichen, ohne das übrige Leben mit Scanning zu behandeln, wird man normalerweise keinen Erfolg haben.

Behandelt man nur die Kindheit, aus der irrigen Überlegung heraus, dass es eine äußerst aberrative Zeit war (wobei diese Überlegung eine Aberration ist, die den Leuten vor einem halben Jahrhundert von Amateurphilosophen und Lehrmeinungen im Bereich der geistigen Heilung eingeimpft wurde), so treibt man den Preclear gegen die absperrende Kraft der späten Locks und Secondarys, ohne ihm die Möglichkeit zu geben, diese zu reduzieren. Man sollte nicht erwarten, einen Fall auditieren zu können, indem man zuerst den frühen Teil des Falles anspricht, es sei denn, der Fall ist in einer solchen Verfassung, dass er das Basik-Basik erreichen und es reduzieren kann und dabei die meisten Wahrnehmungseindrücke verfügbar hat.

Die Erziehung muss also vom spätesten bis zum frühesten Zeitpunkt auditiert werden, um sie wieder in Ordnung zu bringen. Wir meinen hier mit „Erziehung“ sowohl die elterliche Unterweisung und den ganzen Vorgang des Sammelns von Erfahrungen als auch die formellen Formen der Unterweisung. Wir meinen ebenso die Schulen wie auch das, was Mutter, Vater, Kindermädchen und andere Leute dem Kind zu Hause vermitteln. Im frühen Lebensabschnitt des Kindes werden die häufigsten Einschränkungen und die stärksten autoritären Maßnahmen angewendet, da das Kind aufgrund seines Mangels an Daten am wenigsten zu Überlegung fähig ist. Diese Einschränkungen sammeln sich fortwährend an, sodass während der frühen Kindheit viel freies Theta „dauerhaft“ in Locks erstarrt. Dieser Vorgang spielt sich im Rahmen der Erziehung ab und wird am besten geklärt, indem man sich als Erstes die Periode der Unterweisung, die sich der Gegenwart am nächsten befindet, vornimmt und gründlich mit Lock-Scanning angeht, dann eine frühere Unterweisungsperiode, wie zum Beispiel die Hochschule, danach eine noch frühere, wie zum Beispiel die höhere Schule, und eine noch frühere, wie zum Beispiel die Grundschule, bis man schließlich zur elterlichen Unterweisung gelangt, da sie zur selben allgemeinen Lock-Ketten-Art gehören. Auf diese Weise wird man die allgemeinen Einschränkungen, die Kindern auferlegt werden, sowie die übliche Unvernunft der meisten Erwachsenen gegenüber Kindern hervorholen und in Ordnung bringen.

Man kann feststellen, wie der Preclear als Kind behandelt wurde, indem man untersucht, wie er mit Kindern umgeht. Dies hat aber nur beschränkten

Wert, da er normalerweise in der Valenz eines Verbündeten stecken wird (wenn er eine schlechte Kindheit erlebt hat), und die Methoden, die er gebraucht, sind vielleicht eher diejenigen des Verbündeten als die allgemeinen Methoden der Familie. In vielen Fällen folgt der Preclear jedoch dem Rat, andere so zu behandeln, wie er selbst behandelt worden ist, was auch für andere Dinge als die Kindheit zutrifft.

Bildungssysteme, die auf Ihren Preclear angewendet wurden, hatten jeweils ihre eigene Position auf der Tonskala und hatten die Tendenz, ihn genau an der jeweiligen Position der Tonskala feststecken zu lassen. Es wäre somit möglich, dass sich ein Kind aufgrund der Lebensumstände zu Hause potenziell auf 3,0 befand, aber in einer 1,1-Schule ausgebildet wurde. Diese Ausbildung würde sich so auswirken, dass der betreffende Mensch auf der Tonskala bis auf 1,1 sinkt. Die Werte, die ihm für verschiedene Tatsachen und Handlungen anderer Leute vermittelt wurden, und die Methoden, die ihm für den Umgang mit anderen Leuten beigebracht wurden, sind ihm durch ein bestimmtes Bildungssystem anerzogen worden. Würde man nun also versuchen, jemanden bis zu Clear zu bringen und ihn auf der Tonskala anzuheben, ohne seine Bildung gründlich zu behandeln, so würde er immer noch sehr tief auf der Tonskala festhängen (selbst wenn der größte Teil seiner Engramme und Secondarys beseitigt wäre). Es erfordert ein winziges bisschen Arbeit, um dies zu beheben, doch sollte sie nicht versäumt werden. Sonst wird die Person weiterhin entsprechend der Tonstufe, auf der sie ihre Bildung erhielt, mit Leuten umgehen und in der Umgebung reagieren. Es ist sehr fraglich, ob es in der heutigen zivilisierten Welt irgendeinen Preclear gibt, der seine Bildung durch ein System oberhalb von Stufe 2,0 auf der Tonskala erhalten hat.

Im Zusammenhang mit diesem Thema Bildung, ihren Aspekten beim Prozessing und angesichts der Art, wie sie den Preclear in seinem Umgang mit anderen Leuten beeinflusst, sollte man bei jedem Fall sorgfältig die am tiefsten auf der Tonskala liegende Person in der Umgebung des Preclears, die es je in seinem Leben gegeben hat, heraussuchen und alle Personen finden, die einer solchen früheren Person zu einem späteren Zeitpunkt ähnlich waren. Scannen Sie die spätere Person heraus, finden Sie dann die frühe Person und scannen Sie sie heraus; damit werden Sie eine Menge getan haben, um die

Tonstufe des Preclears zu steigern. Eine Verbindung mit Personen, die sich tief auf der Tonskala befinden, drückt einen immer nieder, und eine lange und andauernde Verbindung schafft zahlreiche und schwere Locks.

Die Veränderung in der Art und Weise, wie der Preclear mit Leuten in seiner Umgebung umgeht, bietet Ihnen ein ziemlich gutes Anzeichen für seine Fortschritte.

Der Auditor würde gut daran tun, seine eigene allgemeine Methode im Umgang mit Leuten mit höchst kritischem Blick zu prüfen und für sich selbst zu beurteilen, wo sich sein Auditing deshalb vermutlich auf der Tonskala befindet. Durch den Ausbildungsprozess, bei dem er die Folgen und das Know-how kennen lernt, wie man Ergebnisse erzielt, sollte er einfach seine Notwendigkeitsstufe bis zu einem Niveau erhöhen, wo er eine wünschenswertere Haltung erreicht, falls er dies für notwendig erachtet. Sollte der Auditor feststellen, dass er sich in dem Bandbereich der Tonskala befindet, in dem man Angst davor hat, andere Leute zu verletzen, so sollte er sich sehr davor hüten, beim Auditieren des Falles einen Mangel an Mut zu zeigen.

Der Preclear sollte seinen Auditor auf dessen Position auf der Tonskala hin überprüfen. Und wenn er feststellt, dass sich sein Auditor im Bandbereich Apathie oder versteckte Feindseligkeit befindet, so tut er gut daran, selbst die Rolle des Auditors zu übernehmen, da er sich sonst unausweichlich „Fehlern" bei der Behandlung seines Falles aussetzt, plötzlichen und unerwarteten Brüchen in Affinität sowie allgemeiner Verwirrung. Die Moral dieser Spalte ist, dass Auditoren nicht auditieren sollten und Preclears sich nicht auditieren lassen sollten, wenn sie nicht sicher sind, dass die Art des Auditors, den Fall zu behandeln und allgemein mit Leuten umzugehen, oberhalb von 2,0 liegt.

Als Notlage-Maßnahme, wenn niemand sonst zur Verfügung steht, können zwei Personen sich gegenseitig Schritt für Schritt die Tonskala nach oben auditieren. Aber wenn sie sich nicht fortwährend in etwa die Waage halten, so wird der eine von ihnen darunter leiden, und es wird unmöglich sein, einen guten Release oder einen Clear zu erschaffen – was augenscheinlich die Schwierigkeit ist, die sich bis jetzt in der Dianetik gezeigt hat, soweit es das Hervorbringen von Clears betrifft.

Spalte Z
Befehlskraft von Aktionssätzen

Das Thema Aktionssätze wurde bereits früher in diesem Buch behandelt. Aktionssätze sind diejenigen Sätze oder Redewendungen, die den Preclear in verschiedene Richtungen zu schicken scheinen. Würde der Preclear in einem Zimmer stehen und Befehlen gehorchen und könnte er sich aufwärts- und abwärtsbewegen, so würden Aktionssätze folgendermaßen auf ihn wirken: Würde man ihm sagen, er solle sich aufwärtsbewegen, so würde er sich aufwärtsbewegen; würde man ihm sagen, er solle sich abwärtsbewegen, so würde er sich abwärtsbewegen; würde man ihm sagen, er solle in zwei Richtungen gleichzeitig gehen, so würde er verwirrt werden; würde man ihm sagen, er solle sich nicht bewegen, so würde er sich nicht bewegen; würde man ihm sagen, er solle sich in sich selbst zurückziehen, so würde er versuchen, zusammenzuschrumpfen. Dies sind im Wesentlichen Aktionssätze.

Das Verhalten der Person, wenn sie auf ihrer Zeitspur in die Vergangenheit zurückkehrt, wird manchmal durch Aktionssätze bestimmt, die in ihren Engrammen erscheinen. Sie braucht diesen Sätzen nicht zu gehorchen, um auditiert zu werden. Der Auditor sollte ihr tatsächlich davon abraten, ihnen zu gehorchen. Es ist nicht notwendig, die Richtigkeit oder den Wert eines Engramms zu beweisen, indem man zeigt, dass man auf einen Aktionssatz reagieren kann.

Die Aktionssätze sind:

Rausschmeißer, wie zum Beispiel „Steh auf", „Geh raus".

Festhalter, wie zum Beispiel „Bleib hier", „Rühr dich nicht".

Missweiser, wie „Ich weiß weder ein noch aus" oder „Alles ist verkehrt herum".

Abwärts-Rausschmeißer, wie „Runter" oder „Zurück".

Zusammenpacker, wie „Alles geschieht auf einmal", „Reiß dich zusammen".

Zurückrufer, wie „Komm zurück", „Bitte komm".

Der *Verleugner,* der besagt, dass es das Engramm nicht gibt, wie zum Beispiel „Hier gibt es nichts", „Ich kann nichts sehen".

Es gibt auch den *Valenzwechsler,* der die Person von ihrer eigenen Identität in die Identität einer anderen Person versetzt.

Den *Valenz-Rausschmeißer,* der die Person daran hindert, in eine bestimmte Valenz zu gehen.

Den *Valenz-Verleugner,* der vielleicht sogar leugnet, dass es die eigene Valenz der Person gibt.

Den *Valenz-Zusammenpacker,* der alle Valenzen zu einer einzigen Valenz zusammenrafft.

Das sind sämtliche Arten von Aktionssätzen.

Aus all diesen Sätzen ließe sich ein Wörterbuch anlegen, das gewiss auch nützlich wäre. Aber mit etwas Erfahrung wird der Auditor lernen, was diese Sätze bedeuten. Es ist unerlässlich, dass er das Wesen dieser Sätze und Redewendungen versteht, denn, wenn er sieht, dass sich sein Preclear auf der Zeitspur sonderbar verhält, so tut er gut daran, dies rasch zu beheben, indem er den Archivar nach der *Art* des Satzes und dann nach dem *Satz selbst* fragt und dann den Preclear diesen Satz *wiederholen* lässt, um dessen Wirkung zu vermindern, damit sich der Preclear weiterhin richtig auf seiner Zeitspur bewegen kann.

Auf Stufe 4,0 gibt es keine Engramme. Sätze in der Gegenwart haben keine reaktive Kraft.

Bleibt auf Stufe 3,5 noch eine ganze Kette von Geschehnissen bei einem Fall übrig, so kann die Aktionsberechnung dieser Kette wirksam sein. Einzelne Sätze haben in ganz schweren Engrammen manchmal eine schwache Wirkung.

Auf Stufe 3,0 kommen die Aktionssätze in schweren Engrammen beim Preclear zur Wirkung.

Auf Stufe 2,5 rufen Sätze in Engrammen und Secondary-Engrammen eine Reaktion beim Preclear hervor.

Auf Stufe 2,0 enthalten sowohl Engramme als auch Secondarys und Ketten von Locks Sätze oder Berechnungen, die bei einem Fall eine entsprechende Wirkung hervorrufen, wenn sich der Preclear auf der Zeitspur bewegt.

Auf Stufe 1,5 sind Aktionssätze in Engrammen, Secondarys und Locks, die der Tonstufe des Preclears entsprechen, sowie Kontrollsätze sehr wirksam. Das Individuum dramatisiert gewöhnlich noch immer seine Schaltkreis-Kontrollsätze, indem es versucht, andere zu kontrollieren.

Im Bereich 1,1 sind sowohl Aktionssätze in Engrammen, Secondarys und Locks als auch Valenzwechsler sehr wirksam. Bis hinunter zu diesem Punkt sind Valenzwechsler nicht besonders wirksam. Aber sie werden an diesem Punkt äußerst wirksam, es sei denn, man auditiert einen weit offenen Fall (der übrigens normalerweise nur wenige oder gar keine Valenzwechsler hat).

Auf Stufe 0,5 wirken Aktionssätze der Gegenwart (das heißt Aktionssätze, die der Preclear gerade in der Umgebung gehört hat) geringfügig auf ihn ein. In Engrammen, Locks und Secondarys enthaltene Aktionssätze sind natürlich alle wirksam.

Im Bereich 0,1 sind Zusammenpacker besonders wirksam, sodass man eine zusammengebrochene Zeitspur erwarten kann. Zusammenpacker können durchaus an jedem beliebigen Punkt auf der Tonskala wirksam werden, da es sich einfach um eine bestimmte Art von Aktionssatz handelt. Von 1,5 an aufwärts wird jedoch die Zeitspur wegen eines Zusammenpackers nicht zusammenbrechen. Von 1,5 an abwärts besteht diese Möglichkeit jedoch.

Der Nutzen dieser Spalte ist offensichtlich. Nach einer kurzen Zeit des Auditierens wird der Auditor sehen, wie sich der Preclear gegenüber Aktionssätzen verhält, und dies wird ihm helfen, die Position des Preclears auf der Tonskala zu bestimmen.

BUCH ZWEI

Dianetisches Prozessing

Die Grundprinzipien des Prozessings

In der Praxis tut der Auditor eigentlich etwas sehr Einfaches in der Dianetik. Er gewinnt Theta wieder, das infolge von körperlichem Schmerz und emotionalem Schock mit MEST durcheinandergeraten ist. Durch Dianetisches Prozessing wandelt er Entheta in Theta um.

Ein grundlegendes Axiom der Dianetik lautet folgendermaßen:

DAS LEBEN WIRD DADURCH GEBILDET, DASS THETA SICH MIT MEST ZU EINEM LEBENDIGEN ORGANISMUS VERBINDET. LEBEN IST THETA PLUS MEST.

Ein weiteres Axiom lautet folgendermaßen:

THETA EROBERT MEST, INDEM ES ZUNÄCHST MIT MEST ENTURBULIERT WIRD, SICH DANN, IM BESITZ EINIGER DER GESETZE VON MEST ZURÜCKZIEHT UND WIEDER ZUM MEST ZURÜCKKEHRT, UM ES GEORDNET ZU EROBERN.

Ein weiteres Axiom lautet folgendermaßen:

THETA IST BEI SEINER EROBERUNG VON MEST DEM ZYKLUS DER KONTAKTAUFNAHME, DES WACHSTUMS, DES VERFALLS UND DES TODES GEFOLGT, DER IMMER UND IMMER WIEDER ABLÄUFT, WOBEI THETA JEDES MAL DIE WÄHREND DES JEWEILIGEN ZYKLUS GEWONNENEN DATEN EINSETZT, UM DEN ORGANISMUS IM HINBLICK AUF DIE WEITERE EROBERUNG VON MEST BESSER ANZUPASSEN.

Theta ist Gedankliches – eine Energie eines eigenständigen Universums, die zwar der Energie des physikalischen Universums entspricht, sich aber nur gelegentlich mit den Gesetzen der Elektromagnetik und der Schwerkraft vergleichen lässt.

Die drei Hauptbestandteile von Theta sind Affinität, Realität und Kommunikation.

Theta besitzt die seltsame Kraft, MEST zu beleben und zu lenken und es in eine geordnete, bewegliche und sich selbst erhaltende Einheit zu formen, die uns als Lebensorganismus bekannt ist.

Prallen Theta und MEST ungeordnet aufeinander, so führt dies sowohl bei dem Theta als auch dem MEST zu einer Enturbulierung, die tatsächlich die Polarität des Thetas und des MESTs verändert bzw. umkehrt. Durch diese umgekehrte Polarität wird es möglich, dass EnMEST Theta abstößt und dass Entheta MEST abstößt, damit der Tod folgen und ein neuer Organismus aufgebaut werden kann.

Theta, das mit Affinität, Kommunikation und Realität auf MEST einwirkt, nimmt einen Aspekt an, der als Schlussfolgern oder *Verstehen* bekannt ist. Die gesamte Mathematik lässt sich aus der Einwirkung von ARK auf MEST ableiten.

Theta mag beträchtliches eigenes Wissen haben, das ihm verblieben ist. Doch das Wissen, an dem ein Organismus interessiert ist, sind Informationen über die Gesetze von Theta und MEST in ihrer Anwendung auf den Organismus, und jeder einzelne Organismus entwickelt sich im Verhältnis dazu, wie er sich diese Gesetze zunutze macht und sie versteht.

Im Verlauf des Zyklus, den der Organismus von der Empfängnis bis zum Tod durchläuft, stoßen Theta und MEST häufig ungeordnet aufeinander. Dadurch entsteht das Phänomen, das als körperlicher Schmerz bekannt ist. Durch die Wahrnehmung von Bedrohungen für das Überleben und infolge des immer tieferen Absinkens auf der Tonskala werden diese Momente von körperlichem Schmerz „aufgeladen"; mit Hilfe dieses Mechanismus soll der Organismus zunächst zu verstärkter Tätigkeit in Richtung Überleben gezwungen werden und danach, wenn diese versagt, zu Tätigkeiten in Richtung Tod, damit das Theta aus dem MEST befreit werden kann, um einen neuen Zyklus zu beginnen. Der entscheidende Punkt, von dem aus der Organismus nicht mehr nach oben in Richtung Überleben getrieben wird, sondern abwärts in Richtung Tod zu gehen beginnt, liegt bei 2,0 auf der Tonskala.

Bei der Eroberung von MEST durch Theta ist der Tod bisher ein äußerst wichtiger Mechanismus gewesen, da sich Theta auf keine andere Weise genügend desenturbulieren konnte, um die durch die Enturbulierung gewonnenen Informationen dazu verwenden zu können, neue Organismen oder neue Arten zu schaffen und zu bilden. Zwangsläufig musste sich Theta im Verlauf dieser Entwicklung – da es (nach unserer Theorie) immer mehr MEST zu erobern sucht – einen Organismus aufbauen, der kraft seiner Vernunft aktiv mit großen Mengen MEST umgehen kann. Der Mensch ist ein solcher Organismus. Kein niedrigerer Organismus kann rational irgendeine größere Menge an MEST außerhalb des Organismus ordnen, obwohl viele niedrigere Organismen genetisch bedingte Verhaltensmuster aufweisen, die es ihnen ermöglichen, mit geringen Mengen MEST umzugehen und sie zu verändern.

Alles Lernen entspringt ungeordneten Enturbulierungen, das heißt Situationen, in denen Theta zu plötzlich und zu heftig auf MEST aufprallte. Jegliche Überlegung wird von befreitem Theta angestellt, das zurückkehrt, um MEST in geordneter Weise zu erobern, wobei es sich die im Verlaufe der ungeordneten Eroberung gelernten Lektionen zunutze macht. Dies trifft (Beobachtungen zufolge) nicht nur auf die Bildung von Organismen, sondern auf alle Abenteuer des Menschen zu.

Es besteht die Möglichkeit (wenn sich diese Theorien weiterhin als richtig erweisen, wie dies bis jetzt der Fall war), dass die Dianetik eine Evolutionsbrücke bildet, die die Bedeutung des Todes als Mechanismus zum Erwerb von neuem Wissen und für neue Eroberungen auf ein Minimum herabsetzt und die Umwandlung von Entheta in Theta oder von ungeordneter Erfahrung in Vernunft innerhalb einer einzigen Lebensspanne auf ein Maximum erweitert. Sollte sich dies als richtig herausstellen, so dürfte eine sehr bemerkenswerte Beschleunigung in der Eroberung von MEST durch den Menschen eintreten. Es lässt sich heute auch wirklich beobachten, dass sich die Gesellschaftsordnungen des Menschen aufgrund des früheren Mangels an Kenntnissen in den Geisteswissenschaften seit einiger Zeit auf einer enger werdenden Abwärtsspirale befinden, obwohl sich seine Kenntnis der Naturgesetze erweitert hat. Gemäß diesen Theorien könnte man sagen, dass der Mensch sehr viel über das physikalische Universum gelernt hat, ohne genügende Kenntnisse über Theta zu erlangen.

Eine Reihe von interessanten Experimenten, die die Stiftung vor kurzem durchgeführt hat, scheint die Theorie zu unterstützen, dass Theta, das neu aus einer Enturbulierung mit MEST zurückgewonnen wurde, eine erhöhte Fähigkeit zur Vernunft enthält. Mit verschiedenen Personen wurden einige Minuten lang psychometrische Tests durchgeführt, um ihre augenblickliche Intelligenz zu messen. Danach wurden sie (von einem Auditor) auf die Zeitspur zurück und in ein Engramm hineingeschickt, wobei das Engramm stark restimuliert wurde. Unmittelbar danach wurden diese Versuchspersonen angewiesen, sich zum zweiten Mal psychometrischen Tests zu unterziehen, ohne dass das Engramm reduziert worden war. In diesem Zustand der Belastung wurde der zweite Test durchgeführt, und es wurde festgestellt, dass das Ergebnis aus dem zweiten Test durchweg höher war als das Ergebnis des ersten Tests. Dazu müssen noch zahlreiche weitere Experimente durchgeführt werden, und diese Ergebnisse sind bei weitem keine schlüssigen Nachweise, doch scheinen sie auf die Richtigkeit einiger Grundannahmen in Bezug auf Theta und MEST hinzuweisen. Es lassen sich natürlich andere Erklärungen für die Ergebnisse dieser Experimente finden. Die Grundannahmen in Bezug auf Theta und MEST ermöglichten jedoch die Herleitung von neuen Dianetischen Prozessen, haben die Leichtigkeit des Prozessings deutlich gesteigert und verkürzten die Zeitspanne, die erforderlich ist, um einen Dianetik Release hervorzubringen. Des weiteren brachten sie viel Licht in die Dritte Dynamik hinein und ermöglichten es mir, eine neue Gruppen-Technologie zu schaffen, die sich als durchweg funktionsfähig erwies, als sie in Versuchsprojekten mit Gruppen getestet wurde.

Um irgendetwas über MEST zu lernen, muss Theta mit MEST enturbuliert werden. Um sich aber die Veränderungen, die durch die Enturbulierung in ihm verursacht wurden, zunutze zu machen, muss das Theta vom MEST befreit werden, um eine vernünftige Eroberung von weiterem MEST zu bewerkstelligen. Der Tod war eine Art Lösung, ist jedoch für den einzelnen Organismus nicht befriedigend. Dianetisches Prozessing bietet eine viel weniger drastische Methode zur Wiedergewinnung von Theta. Die Theta-MEST-Theorie, wie sie auf die erhöhte Fähigkeit zur Vernunft von Theta, das aus Entheta wiedergewonnen wurde, Anwendung findet, erklärt sich mit Hilfe der vielen psychometrischen Tests, die von der Stiftung zusammengetragen worden sind. Diese zeigen ein schnelles Ansteigen der Intelligenz und beträchtliche Verbesserungen der Persönlichkeit im Verhältnis zur Menge an durchgeführtem Prozessing. Mit der Reduzierung von Locks, Secondarys und Engrammen gibt es, so könnte man sagen, immer mehr freies Theta bei der Person.

Untersucht man eine Zeitspur zu Beginn der Arbeit mit einem Fall, so findet man für gewöhnlich viele abgesperrte Bereiche, über die die Person keine vernunftgemäßen Überlegungen anstellen kann. Man kann davon ausgehen, dass diese Bereiche, ebenso wie die eigentlichen Engramme, Entheta enthalten. Es gibt mehrere Prozesse, die dieses Entheta befreien und es in Theta umwandeln können, und jeder davon verbessert bei der betreffenden Person die Fähigkeit zur Vernunft. Dies wird durch viele lange Reihen von psychometrischen Tests bezeugt, die vor und nach Dianetischem Prozessing durchgeführt wurden. Es lässt sich deshalb sagen, dass die Gesundheit und Vernunft der betreffenden Person erhöht wird, wenn man es ihr ermöglicht, sich die Bereiche wieder zurückzurufen, die bislang abgesperrt waren, da die Informationen, die in diesen Bereichen enthalten sind, als Erfahrungen und Kenntnisse wertvoll sind. Von der Wiedergewinnung des Thetas, von dem man sagen könnte, dass es sich als Entheta in diesen Bereichen befindet, lässt sich jedoch ebenfalls annehmen, dass die Vernunft der Person dadurch erhöht wird.

Eigentlich ist die Tonskala eine Tabelle des Verhältnisses von freiem Theta zu Entheta bei einer Person. Man könnte sagen, dass das Individuum oberhalb der Grenzlinie von 2,0 über mehr Theta als Entheta verfügt und dass unterhalb von 2,0 mehr Entheta als Theta bei ihm vorhanden ist. Indem der Auditor einfach Entheta in Theta umwandelt, kann er das Individuum auf der Tonskala nach oben bringen.

Wie sich rasch erkennen lässt, würde der Idealzustand darin bestehen, dass alles Theta zurückgewonnen ist und die betreffende Person kein Entheta mehr aufweist. In der Dianetik bezeichnet man das Erreichen dieses Ideals als einen *Geklärten* Zustand. Zum jetzigen Zeitpunkt ist dieser Zustand das Endziel des Prozessings. Wie oft er genau von geübten oder ungeübten Auditoren vollständig erzielt werden kann, steht noch offen. Dass man sich aber diesem Ziel nähern kann und dass sich Fälle im Laufe des Prozessings beträchtlich verbessern, steht nicht in Frage, denn niemand, der sich der Stiftung angeschlossen oder die Dianetik (auch nur mit den minimalsten Kenntnissen) ausgeübt hat, hat auch nur den geringsten Zweifel daran, dass Dianetisches Prozessing Fälle um hundert Prozent mehr verbessern kann, als je zuvor möglich war – ganz unabhängig davon, dass er über den Zustand Clear vielleicht noch Zweifel haben mag. Wenn auch Clears nicht leicht und rasch hervorgebracht werden können, bedeutet dies bei weitem noch keinerlei Herabsetzung des Dianetischen Prozessings. Tatsächlich wurden und werden Clears hervorgebracht, aber ihr vollständiges Potenzial ist immer noch relativ wenig erforscht.

Der Dianetik Release ist leichter verständlich als der Clear, und er wurde in genügender Anzahl hervorgebracht und studiert, um wenig Zweifel darüber zuzulassen, dass es sich um einen wünschenswerten und stabilen Zustand handelt. Dies ist ein näheres und leichter erreichbares Ziel.

Die einfache Erleichterung von Schmerz, Sorge und allgemeinem Unglücklichsein ist für den Dianetik Auditor eine Routineangelegenheit. Diese Ziele kann er bei den meisten Preclears in einem Zeitraum von einigen Stunden bis einigen Wochen erreichen. Sie lassen sich viel leichter erreichen und sind im Bereich der Stiftung ganz alltäglich, sodass sie, wie einige Leute sagen, vor zwei Jahren vielleicht als Wunder betrachtet worden wären, nun kaum mehr Anlass zu irgendwelchem Kommentar bieten. Gelegentlich ist ein Auditor der Stiftung so überrascht, dass er seinen Mit-Auditoren in einer Auditier-Gruppe einen Erfolg bekannt gibt, aber diese Erfolge werden im Allgemeinen als selbstverständlich hingenommen.*

*Der jüngste Fall, der beiläufig in der Stiftung erwähnt wurde, betraf eine ältere Frau, die sechzehn Jahre lang bettlägerig gewesen war und so sehr an Rückenmarkschwindsucht litt, dass sie keinen Schritt mehr allein gehen konnte. Sie wurde vier Wochen lang von einem Studenten außerhalb des Kursprogrammes auditiert, hatte nach diesen vier Wochen die Symptome ihrer Krankheit verloren und konnte wieder allein gehen. Beim Personal der Stiftung wurde das Interesse an diesem Fall jedoch hauptsächlich wegen des bezaubernden Wesens und der Dankbarkeit dieser Frau geweckt.

Es ist zurzeit eine umfangreiche Untersuchung über das Hervorbringen von Clears im Gang. Als entscheidendster Faktor hat sich die offensichtliche Voraussetzung herausgestellt, dass sich der Auditor höher auf der Tonskala befinden muss als sein Preclear, um gute Ergebnisse zu erzielen. Genau wie das Verhältnis von Theta zu Entheta die geistige Gesundheit oder Geisteskrankheit der betreffenden Person bestimmt, so bestimmt auch das Verhältnis des freien Thetas beim Auditor zum Verhältnis zwischen freiem Theta und Entheta beim Preclear, wie rasch das Entheta beim Preclear desenturbuliert werden kann.

Eine Untersuchung dieser Theorie zeigt, dass es drei wirksame Prozesse gibt. Der erste und einfachste dieser Prozesse besteht darin, die *Umgebung* des Preclears zu *ändern.* Womöglich befinden sich in seiner alten Umgebung viele restimulierende Gegenstände und Personen, sodass sein freies Theta aufgrund dieser Restimulation ständig enturbuliert ist. Bringt man den Preclear in eine nicht restimulierende Umgebung, so kann er sich „erholen", das heißt, das Entheta in seinem reaktiven Verstand kann sich beruhigen und in geringem Ausmaß in freies Theta umgewandelt werden. Zum Prozess der Umgebungsveränderung würde natürlich auch die Verbesserung der Affinität, Realität und Kommunikation in der Umgebung des Preclears gehören. Dies allein könnte ein Ansteigen auf der Tonskala bewirken. Sich zu verlieben kann aus einem kranken einen gesunden Menschen machen, da es sich um einen Anstieg der Affinität handelt. Eine Zurückweisung oder das Ende einer Liebe kann aus einem gesunden einen kranken Menschen machen, da es eine Abnahme der Affinität ist. Die Kommunikation eines Menschen zu verbessern, wenn auch nur mit Hilfe einer neuen Brille, wird seine Tonstufe ebenfalls anheben. Seine Realitäten, die in Frage gestellt waren, zu bestätigen, kann ihn auf der Tonskala anheben. All das lässt sich als Umgebungsveränderungen bezeichnen.

Ein besonderer Teil der Umgebungsveränderung wären Veränderungen der Gesundheit durch Ernährung oder bessere Lebensbedingungen. Dieser Prozess darf nicht übersehen werden, da wir die Erfahrung gemacht haben, dass einige Preclears, die nicht so gut vorankamen, wie man sich hätte wünschen können, sich mangelhaft ernährten. Während des Prozessings kommt der Preclear, der sich von Kaffee und Sandwiches ernährt, nicht so gut voran wie derjenige, der ausreichende und ausgewogene Mahlzeiten mit angemessenen Vitaminzusätzen zu sich nimmt. Gute körperliche Bewegung kann an sich schon die Stellung einer Person auf der Tonskala beträchtlich verbessern. Und es ließe sich allein auf der Grundlage körperlicher Bewegung ohne weiteres eine ganze Therapie zur Hilfe für psychotische Menschen ausarbeiten.*

Der zweite Prozess, mit dem sich wirksam Ergebnisse erzielen lassen, ist die *Bildung*. Definiert man Bildung als den Vorgang, in dessen Verlauf einem Menschen neue Daten zugänglich gemacht werden und der seinen Verstand veranlasst, sich mit diesen Daten zu befassen und sie zu gebrauchen, so führt Bildung selbst dem Fall Vernunft zu. Üblicherweise eröffnet Bildung einem Menschen neue Bereiche in seiner Umgebung, auf die er seine Aufmerksamkeit richten kann, und macht ihm vieles bekannt, was ihm bislang unbekannt war. Unvernunft könnte man in zwei Kategorien einteilen: ein zu weiter Aufmerksamkeitsbereich und ein zu fixierter Aufmerksamkeitsbereich. Im ersten Fall irrt der Verstand über weite Bereiche hinweg und ist unfähig, relevante Daten auszuwählen. Im zweiten Fall, wenn der Verstand fixiert ist, kann er nicht weit genug schweifen, um relevante Daten zu finden. Weder im ersten noch im zweiten Fall kann der Verstand das Problem lösen, mit dem er sich befasst, da ihm Daten fehlen. Aberglaube ist eine infolge mangelnder Bildung auftretende Bemühung, in einem zu weit gespannten Bereich relevante Daten zu finden oder die Aufmerksamkeit auf nicht relevante Informationen zu fixieren. Persönliche Erfahrungen in der eigenen

*Das Schlimmste, was einem Psychotiker passieren kann, liegt vermutlich darin, dass er in eine Atmosphäre versetzt wird, wie sie ihm die staatlichen Institutionen gewöhnlich bieten. Nur eine geistig und körperlich gesunde Umgebung – mit richtiger körperlicher Bewegung und nicht restimulierenden Personen in seiner Nähe – könnte wirklich etwas dazu beitragen, seinen Zustand zu verbessern. Manchmal wird sich der Psychotiker verbessern, wenn man ihm mehr MEST zu kontrollieren gibt, und ein grundlegender Faktor bei der Schaffung von Psychose liegt tatsächlich darin, dass man es dem Betreffenden verwehrt, MEST zu lenken. Eine bessere Methode als die übliche Anstalt könnte für die gezielte Schaffung von Psychotikern gar nicht entwickelt werden. Und es ist wahrscheinlich, dass ein normaler Mensch psychotisch werden würde, wenn man ihn in eine solche Anstalt und in eine solche Atmosphäre versetzte. Tatsächlich geschieht es erschreckend häufig, dass Wärter und Psychiater, die in solchen Anstalten arbeiten, dabei selbst psychotisch werden – ein Anzeichen, das man schon seit einiger Zeit als bedeutsam hätte ansehen sollen. Nur Psychochirurgie und Schockbehandlung rufen eine noch stärkere Verschlimmerung des psychotischen Zustandes von Psychotikern hervor. Anstatt Psychotikern eine solche Behandlung zu erteilen und sie in derartigen Anstalten unterzubringen, wäre es weitaus humaner, sie unverzüglich und vollständig zu töten, und nicht teilweise, wie dies durch Psychochirurgie und Elektroschocks geschieht.

Umgebung vermitteln einem Menschen das, was man als persönliche Bildung bezeichnen könnte. Er ist mit Mest in Konflikt geraten, hat sich davon befreit, hat Probleme gelöst, ist wiederum in Konflikt geraten, hat sich zurückgezogen und erneut Probleme gelöst, sodass er nun einen Vorrat an persönlichen Daten über seine Aufgabe der Lebensführung angesammelt hat. Bildung könnte man als den Vorgang bezeichnen, durch den der Mensch die angesammelten Daten einer langen kulturellen Zeitspanne erhält. In nicht minder wirksamer Weise als die persönliche Erfahrung kann diese allgemeine Bildung viele seiner Probleme lösen. Und somit kann die Enturbulation von freiem Theta, das mit zu vielen Problemen konfrontiert ist, allein schon dadurch aufgehoben werden. Auf diese Weise kann gute Bildung einen Teil des Enthetas bei einem Menschen in Theta umwandeln, was ein Ansteigen auf der Tonskala zur Folge hat. *Hier muss jedoch ein ganz deutlicher Vorbehalt angefügt werden.* Autoritärer Unterricht, der darauf beruht, dem Menschen die Informationen einzuhämmern und seine Selbstbestimmung bei der Verwendung dieser Informationen zu unterdrücken, kann das freie Theta bei diesem Menschen vermindern, indem dadurch das Theta in der Gedächtnisbank in einem fixierten Zustand gebunden wird. Theta ist Vernunft. Fixiertes Theta ist Entheta. So manch ein Mensch, dem von autoritären Professoren eine Hochschulbildung eingetrichtert wurde, ist auf der Tonskala so weit niedergedrückt worden, dass er sich im Leben mehr oder weniger wie ein Automat verhält. Seine Selbstbestimmung und somit seine Beharrlichkeit und Fähigkeit im Umgang mit Verantwortung sind so vermindert, dass er dadurch seiner Rolle im Leben nicht mehr gewachsen ist. Außerdem hat eine Konzentration auf Bildungsprozesse über etwa das 15. Lebensjahr hinaus, nach welchem man Probleme des Lebens lösen sollte, eine hemmende Wirkung auf den Verstand. Besonders der Künstler wird durch autoritäre Bildung behindert, denn er muss über das höchste Maß an Selbstbestimmung verfügen, wenn sein Werk von irgendeinem Wert sein soll. Autoritäre Bildung hat auf den Menschen etwa dieselbe Wirkung wie Hypnose, da sie ihn auf der Tonskala niederdrückt. Heutzutage wird in der Tat der größte Teil der Bildung in Form von hypnotischen Befehlen verabreicht, anstatt als Aufforderung zum eigenständigen Überlegen. Bildung, die zu Überlegung und zu einem Vergleich der beigebrachten Daten mit der realen Welt auffordert, kann den Menschen auf der Tonskala hinaufbringen.

Individuelles Prozessing ist das dritte Verfahren, das man als wirksam betrachten kann, um einen Menschen auf der Tonskala anzuheben; damit bezeichnet man jede Methode, durch die das Entheta dieses Menschen in Theta umgewandelt werden kann, indem man ihn als Individuum anspricht.

Offenbar besteht eines der Merkmale von Theta darin, dass das Entheta dazu neigt, desenturbuliert und zu Theta zu werden, wenn das vorhandene Theta das vorhandene Entheta in sehr großem Maße überwiegt. Mit anderen Worten, betrachten wir diese Dinge im Hinblick auf Polarität und Energie, so würde ein positives Feld, falls es genügend stark ist, ein negatives Feld in seiner Nähe hemmen und dann umwandeln. Bringt man einen sehr großen Magneten in die Nähe eines kleinen Magneten, so wird er die Pole des kleinen Magneten ändern. Bringt man eine sehr große Menge an Entheta in die Nähe einer geringeren Menge an Theta, so kann das Theta rasch zu Entheta werden. Halten sich Theta und Entheta in etwa die Waage oder überwiegt das eine nicht sehr stark, so besteht ein relativ stabiler Zustand – in welchem Theta und Entheta dazu neigen, Theta bzw. Entheta zu bleiben. Auf dem Gebiet von Gruppen bildet das Phänomen der Massenhysterie ein Beispiel dafür; hierbei werden ein oder zwei Gruppenmitglieder enturbuliert, und sehr rasch hat dies auch die Enturbulierung der übrigen Gruppe zur Folge.

Darin besteht das grundlegende Gesetz der Ansteckung von Aberration:

ENTHETA WIRD THETA ENTURBULIEREN.

Missemotion wird Emotion in Missemotion umwandeln. Schlechte Kommunikation wird gute Kommunikation in schlechte Kommunikation umwandeln. Mangelhafte Realität wird gute Realität in mangelhafte Realität umwandeln. Schlechte Affinität wird gute Affinität in schlechte Affinität umwandeln. Die Engramme eines Falles wandeln Theta durch Enturbulation in das Entheta von Secondarys und Locks um.

Dies lässt sich zum Beispiel bei Menschen beobachten, wenn jemand, der relativ geisteskrank ist, in eine Gruppe eintritt, die geistig relativ gesund ist. Vielleicht versuchen die geistig relativ Gesunden, das Niveau an geistiger Gesundheit der relativ geisteskranken Person zu heben, und es kann in dieser Gruppe geschehen, dass die relativ geisteskranke Person mehr geistige Gesundheit erlangt. Gleichzeitig büßen aber die geistig relativ Gesunden etwas von ihrer geistigen Gesundheit ein, es sei denn, sie verfügen über irgendwelche Mittel oder irgendeine Technologie, mit deren Hilfe sie dieses Phänomen verhindern können.

Bei Ehemann und Ehefrau lässt sich leicht beobachten, dass derjenige Partner, der sich höher auf der Tonskala befindet, im Verlauf der ehelichen Verbindung sinken wird. Und dass derjenige Partner, der sich weiter unten auf der Tonskala befindet, infolge dieser Verbindung gewöhnlich auf der Tonskala leicht steigen wird. Als weiteres Beispiel lässt sich sagen, dass derjenige Partner, der sich tiefer auf der Tonskala befindet, mehr Zuneigung verlangen und weniger Zuneigung geben wird als der Partner, der höher auf der Tonskala ist. Derjenige Partner, der tiefer ist, wird mehr Kommunikation verlangen und weniger geben. Und er wird mehr Realität beteuern, aber in Wirklichkeit weniger Realität haben.

Wie in Spalte AQ auf der Tabelle dargestellt ist, kann man also feststellen, dass der Auditor ein höheres Verhältnis von Theta zu Entheta aufweisen muss als der Preclear. Es muss die Situation vorliegen, dass viel mehr Theta als Entheta verfügbar ist. Mit Geschick könnte ein Auditor, dessen Theta-Entheta-Verhältnis bei etwa 2,5 liegt, Personen fördern, die nicht mehr als einen Punkt tiefer auf der Tonskala liegen. Würde ein Auditor auf 2,5 versuchen, einen Apathie-Fall in Ordnung zu bringen, so würde sein bereits stark enturbulierter Zustand durch diesen Fall so sehr verschlechtert werden, dass der Fall des Preclears, der sehr wenig freies Theta aufweist, sich nicht stark verbessern würde. Für einen Auditor auf 2,5, der versucht, einen Clear hervorzubringen, wird die Arbeit mühselig, sobald sein Preclear Stufe 2,5 erreicht; und sehr rasch wird der Berg für ihn zu steil. Der ideale Auditor ist jemand, der eine sehr große Theta-Veranlagung hat und sich auf Stufe 4,0 der Tonskala befindet. Somit stellen wir fest, dass es zu Beginn der Dianetik, wenn sich der Auditor gewöhnlich zwischen 2,5 und 3,0 befindet, sehr einfach ist, Preclears zu 2,0 oder 2,5 hochzuziehen, jedoch schwieriger, sie bis zu 3,0 zu bringen.

Wenn Auditoren stark ins Auditieren von anderen eingespannt sind, neigen sie dazu, ihr eigenes Prozessing zu vernachlässigen. Und da sie ständig mit Entheta in Kontakt sind und mit Entheta umgehen, beginnen sie, bei einem Preclear auf Schwierigkeiten zu stoßen, sobald der Preclear Stufe 2,5 erreicht. Der Auditor hat die Pflicht, dafür zu sorgen, dass er beständig auditiert wird und selbst auf der Tonskala immer höher steigt. Im Falle eines Ko-Auditing-Teams (das heißt, wenn sich zwei Personen gegenseitig auditieren) ist es weitaus mehr als nur ein gerechter Austausch, dass sie gegenseitig dem Fallzustand des anderen genügend Aufmerksamkeit widmen. Denn sobald der eine beginnt, den größten Teil des Prozessings für sich zu beanspruchen, wird sich der Fortschritt seines eigenen Falles verlangsamen.

Gemäß der Theta-MEST-Theorie verfolgt das Dianetische Prozessing also nur eine Zielsetzung: Entheta wiederzugewinnen und in Theta umzuwandeln. Somit ist Prozessing, das dies nicht auf geordnete Art und Weise zustande bringt, kein richtiges Dianetisches Prozessing.

Theta ist viele Dinge. Um eine Beschreibung von Theta in seiner Beziehung zum MEST-Organismus zu erhalten, braucht man nur den Bereich 4,0 auf der Tonskala-Tabelle nachzulesen. Theta ist Vernunft, Gelassenheit, Stabilität, Glücklichsein, Heiterkeit, Beharrlichkeit sowie die anderen Faktoren, die der Mensch gemeinhin als wünschenswert erachtet. Jede Praktik, die Theta enturbuliert, unterdrückt den Fall. Der Auditorenkodex ist eigentlich eine Liste von jenen Dingen, die man tun muss bzw. nicht tun darf, um die Theta-Beschaffenheit von Theta zu bewahren und die Enturbulierung von Theta durch den Auditor zu verhindern.

Weist der Preclear eine geringe Menge an Theta und eine große Menge an Entheta auf, so muss der Auditor mit besonderer Sorgfalt darauf achten, das vorhandene Theta nicht zu enturbulieren, da es sich in der Nähe von so viel Entheta befindet, dass es rasch enturbuliert werden kann. Geht der Auditor mit einem solchen Fall falsch um, indem er rohe Gewalt, Abwertungen, Hypnose, Sadismus oder Teufelsanbetung verwendet, so kann dies dazu führen, dass das noch vorhandene freie Theta die Zeitspur hinuntergeschickt und in einem alten Secondary oder Engramm eingeschlossen wird; und so hat er vielleicht einen vorübergehend völlig enturbulierten Preclear vor sich. Um dieser Gefahr zu entgehen, sollte man den Preclear gut auf der Tabelle einschätzen und sich entsprechend leiten lassen. Dies erlaubt dem Auditor abzuschätzen, wie viel freies Theta ihm beim Preclear zur Verfügung steht, um das vorhandene Entheta des Falles zu desenturbulieren. Es mag vorkommen, dass bei einem Fall so wenig Theta vorhanden ist, dass der Auditor die leichtesten und angenehmsten Methoden, zu denen er fähig ist, verwenden muss, um genügend Theta verfügbar zu machen, damit er überhaupt beginnen kann, den Preclear auf der Zeitspur zurückzuschicken.

Die Prozent-Spalte (die Skala von 0 bis 1.000) ist ein Hinweis auf die Menge an Theta, die im Organismus verfügbar ist, um mit dem Fall zu arbeiten. Bei 4,0 sind einhundert Prozent verfügbar. Bei 2,0 halten sich Theta und „dauerhaftes" Entheta ungefähr die Waage, doch hat der Preclear aufgrund von umgebungsbedingter Enturbulierung nur noch sehr wenig Theta zur Verfügung. Unterhalb dieses Punktes liegt der Todesbereich. Und je tiefer die Tonstufe sinkt, desto größer wird hier die Gefahr, dass alles verbleibende Theta mit einem Schlag zu Entheta und somit der zeitweilige Psychotiker zu einem chronischen Psychotiker wird – dieser Zustand würde mindestens so lange andauern, bis die nicht ernsthaft enturbulierten Teile des Enthetas durch Ruhe, gute Ernährung und körperliche Bewegung wieder zu Theta werden können. Das Auditing muss schon sehr kümmerlich sein, damit dies passiert, und die Gefahr ist eigentlich gar keine Gefahr, wenn man sich an die Tabelle hält.

Das am wenigsten heftige Prozessing erzielt die besten Ergebnisse. Je weiter sich Dianetisches Prozessing entwickelt, umso weniger lenkend wird es, und dem Preclear wird in seinen Aktionen immer mehr Spielraum gegeben. Dabei sollte man nicht so weit gehen, dass man dem Preclear erlaubt, freie Assoziation zu betreiben oder endlos und sinnlos zu schwafeln. Es gehört jedoch dazu, dass man den Preclear nie hart vorantreibt, wenn er sich sträubt, es sei denn, er befindet sich mitten in einem Secondary-Engramm von Gram oder nackter Angst und weigert sich, weiter durch das Geschehnis durchzugehen (denn dann besteht das Risiko, dass der Auditor ihn erst nach viel geschicktem Auditing wieder in dieses Secondary bringen kann, falls er es ihm erlaubt, das Secondary zu verlassen).

Der Auditor könnte seine Aufgabe damit vergleichen, die Felsen und seichten Stellen aus den unergründlichen Tiefen eines reißenden Flusses wegzuschaffen, sodass ein ruhig und kraftvoll fließender Strom daraus entsteht. Der Auditor verändert weder die Persönlichkeit des Preclears, noch versucht er den Preclear durch Bewertung und Vorschläge zu verbessern. Er erleichtert es dem Verstand einfach, das zu tun, was die Grundpersönlichkeit von Natur aus vom Verstand verlangt. Dies könnte man als Gesamtzweck und Ziel von Prozessing bezeichnen.

Der Auditorenkodex

Der Auditorenkodex ist der erste Punkt des Prozessings, den jeder Auditor kennen sollte, und zwar gut. Er wurde ebenfalls als der Kodex zivilisierten Verhaltens bezeichnet. Viel wichtiger als das Beherrschen mechanischer Techniken ist es, genau zu wissen, welche Haltung man einem Preclear gegenüber einnehmen sollte. Dies nicht aus Gründen der Höflichkeit, sondern der Wirksamkeit. Kein Preclear wird auf einen Auditor ansprechen, der sich nicht an den Auditorenkodex hält.

Man muss sich hier vor Augen halten, dass die Mission des Auditors nicht darin besteht, Engramme zu reduzieren, Secondarys auszuauditieren oder psychosomatische Krankheiten, Psychosen oder Neurosen zu beheben, sondern darin, den Preclear auf der Tonskala nach oben zu bringen. Es ergibt sich, dass diese Nebenerscheinungen, nämlich die Beseitigung von Neurosen, Psychosen und psychosomatischen Krankheiten sowie die Erhöhung der Ausdauer und des allgemeinen Verantwortungsbewusstseins des betreffenden Menschen, nach und nach als natürliche Folge eintreten, solange sich der Auditor genau an seine wesentliche Mission hält, den Preclear auf der Tonskala nach oben zu bringen. Richtet er seine Aufmerksamkeit nicht in erster Linie darauf, so befreit er kein Theta und wandelt kein Entheta um. Und wenn er dies nicht tut, so kann er die übrigen Ziele nicht wirksam erreichen.

In der Tonskala liegt der Gradmesser, wie gut er mit dem Fall des Preclears vorankommt. Mechanisches, gleichgültiges und unachtsames Auditing kann tatsächlich psychosomatische Krankheiten beseitigen und dennoch den Preclear nicht auf der Tonskala nach oben bringen. Dies mag paradox erscheinen, doch was geschieht, ist Folgendes: Das Entheta in dem Engramm, das die psychosomatische Krankheit verursacht, wird in eine andere Art von Entheta umgewandelt, das für den Preclear nicht körperlich schmerzhaft ist. Dennoch ist es Entheta und der Preclear wird auf der Tonskala nicht nach oben gebracht. Deshalb muss der Auditor sich stark an alle Mittel halten, die den Preclear auf der Tonskala nach oben bringen, und sollte die unmittelbaren und kurzfristigen Ziele der Beseitigung von spezifischen „Krankheiten", schlechten Gewohnheiten, Neurosen, Psychosen, Zwangsvorstellungen und Zwängen unbeachtet lassen. Der Auditor muss sich vor Augen halten, dass selbst eine so minderwertige Praktik wie die Hypnose, dadurch dass sie positive Suggestionen als Implant verabreicht, bestimmte körperliche und geistige Störungen unterdrücken kann. Diese werden zwar in dem einen Bereich unterdrückt, können aber sehr wohl in ganz anderer Form wieder in Erscheinung treten. Eine Person, die psychosomatisch krank ist, besitzt mehr geistige Gesundheit, als wenn sie geistige Aberrationen aufweist. Bei einem kleinen Prozentsatz der Fälle kann Hypnose die psychosomatische Krankheit beseitigen, wird aber dafür den betreffenden Menschen auf der Tonskala niederdrücken. Elektroschock und Psychochirurgie mögen das Verhaltensmuster eines Menschen ändern und ihn in einen fügsamen Zustand hinabdrücken, aber das Ergebnis wird der Fähigkeit, Tüchtigkeit und dem allgemeinen Wert des Behandelten unfehlbar schaden, wobei er außerdem noch zusätzlich beeinträchtigt wird, indem diese Behandlungen dem Gehirn Schaden zufügen, von dem er sich nie mehr voll erholt.

Geht man das Prozessing einfach unter dem Gesichtspunkt an, dass man Entheta in Theta umwandelt und jegliches Theta, das im Fall verfügbar ist, befreit, so wird man mit dem Preclear die raschesten Fortschritte erzielen. Erfahrungen auf diesem Gebiet haben gezeigt, dass gereiztes, autoritäres Auditing bis zu 500 Stunden dauern kann, dass wirkliche psychosomatische Krankheiten beseitigt werden können und dass sich in der allgemeinen Tonstufe des Preclears eine leichte Verbesserung feststellen lässt. Doch wenn man es vernachlässigt, auf das Anheben der Tonstufe Gewicht zu legen, könnte es geschehen, dass weitere tausend Stunden verstreichen, ohne dass ein Clear hervorgebracht wird, da das Entheta endlos von einem Teil der Bank zu einem anderen verschoben wird.

Der Auditor sollte der Umgebung seines Preclears Aufmerksamkeit schenken. Hier mag er feststellen, dass sein Preclear sich in der Nähe von derart restimulierenden Personen, Situationen und Gegenständen befindet, dass das freie Theta im Fall fortwährend in einem turbulenten Zustand ist. In einem solchen Fall hat der Auditor jedes Recht, eine Umgebungsveränderung für die Dauer des Prozessings zu empfehlen. Allein dadurch hat er für seinen Preclear freies Theta gewonnen, und viel von der Turbulenz, die er bei seinem Preclear beobachtet, wird sich legen. Es wurden Fälle beobachtet, bei denen sich der Preclear in der Umgebung eines Ehepartners befand, der ständig solche Spannungen verursachte, so viele Abwertungen hervorbrachte und jedem möglichen Gewinn für den Partner so wenig Beachtung oder Glauben schenkte, dass das Prozessing nur von geringem Nutzen war, und der Auditor verschwendete hier zehn Stunden Auditing-Zeit für jede einzelne wirksame Stunde.

Der Auditor sollte nicht davor zurückscheuen, seinen Preclear auszubilden, solange die Ausbildung nicht auf der Ebene von Befehlen erfolgt, sondern als eine Einladung an den Preclear, Selbstbestimmung zu zeigen, eine Einladung an den Preclear, sich die Dinge nach seiner eigenen Beurteilung vernunftmäßig zurechtzulegen. Bei Kindern ist dies besonders heilsam. Kinder werden nämlich so viel herumkommandiert und sind von so vielen Einschränkungen umgeben, dass ihre Selbstbestimmung oftmals zu gering ist, um mit irgendetwas, das ihre persönlichen Situationen betrifft, fertigzuwerden. In einem solchen Fall ist es ganz eindeutig die Aufgabe des Auditors, das Kind aufzufordern, sich selbst ein Bild von Dingen zu machen, wobei er gelegentlich Wörter oder Situationen für das Kind neu definiert. Ein Auditor kann tatsächlich zwei oder drei Preclears zu einer Ausbildungsgruppe zusammenschließen, in der sie zusammen ihre Probleme besprechen können und auf diese Weise auf der Tonskala ansteigen.

Die dritte Methode des Prozessings (natürlich die nachhaltigste Methode) ist Auditing durch Dianetik Prozessing. Hier konzentriert sich der Auditor darauf, alles verfügbare Theta in dem betreffenden Fall zu befreien und so viel Entheta wie möglich in Theta umzuwandeln. Erachtet der Auditor die

Umweltsituation als verträglich, so besteht sein erster Schritt, um dieses Ziel zu erreichen, darin, Affinität, Kommunikation und Realität mit seinem Preclear zu fördern und eine Zweiergruppe zu bilden: er selbst und sein Preclear.

Der Auditor muss erkennen, dass er bei jedem Fall mit einem Menschen arbeitet, dessen Verhalten nicht so gut ist, wie es später sein wird. Somit muss der Auditor starke Selbstbeherrschung wahren und dem Preclear als Beispiel dienen. Zu diesem Zweck darf der Auditor nie, unter keinen Umständen und aus keinem Grund, irgendeinen Teil des Auditorenkodex gegenüber dem Preclear brechen.

Den Auditorenkodex zu brechen mag auf den ersten Blick als keine sehr große Sünde erscheinen. Ein Auditor hat aber die Verpflichtung auf sich genommen, einem Mitmenschen zu helfen, und sein Engagement für dieses Ziel muss aufrichtig und darin geradezu heilig sein. Missbraucht ein Auditor seine Stellung, indem er das missbraucht, was er über den menschlichen Verstand weiß, so kann er Verderben über einen arglosen Preclear bringen. Achtlosigkeit allein, wenn eine gute Absicht dahintersteckt, kann selten viel Schaden anrichten. Wenn der Auditor jedoch in böser Absicht die Erwartung hegt, durch Täuschung und Missbrauch dieser geheiligten Verpflichtung, die er im Dienst am Mitmenschen übernommen hat, einen großen „Gewinn" für sich herauszuholen, so kann er den Preclear die Tonskala weit hinabstoßen.

Hat jemand nicht das Gefühl, er könne den Auditorenkodex ganz und gar einhalten, so sollte er unter keinen Umständen irgendjemanden auditieren. Und er sollte sich auch nicht dazu überreden lassen, irgendjemanden zu auditieren. Jeder Preclear sollte sich sehr davor hüten, sich von irgendjemandem auditieren zu lassen, der möglicherweise den Auditorenkodex brechen würde. Der Preclear, der sich mit einem Bruch des Auditorenkodex konfrontiert sieht, sollte sofort und endgültig das Prozessing mit diesem Auditor beenden und einen anderen finden, der in der Lage ist, den Kodex einzuhalten. Jemand, der diesen Kodex einmal bricht, wird ihn viele Male brechen. Und der Preclear sollte nie aufgrund der Überlegung, er könne nur einen einzigen Auditor bekommen, unbedingt bei diesem Auditor bleiben. Jeder, der diesen Kodex bricht, befindet sich unterhalb von 2,5 auf der Tabelle und sollte nicht auditieren, sondern selbst Auditing erhalten.

Eine offene und aufrichtige Bemühung, nach einem gründlichen Studium der in diesem Buch enthaltenen Prinzipien, die Dianetik auszuüben, wird eindeutige und positive Auswirkungen auf Menschen haben, wie sie noch nie in der Geschichte der Menschheit erreicht wurden, vorausgesetzt, der Student hält sich an diese Prinzipien. Um diese Ergebnisse zu erzielen, muss der Auditor zulassen, dass er sich den Auditorenkodex zu eigen macht und diese Prinzipien als geheiligt annimmt, so als wären sie ein Priestergelübde.

Der Auditor verhält sich in einer solchen Weise, dass er mit dem Preclear optimale *Affinität, Kommunikation* und *Übereinstimmung* aufrechterhält.

Der Auditor ist *vertrauenswürdig*. Er versteht, dass ihm der Preclear seine Hoffnung auf größere geistige Gesundheit und Glück anvertraut hat, dass dieses Vertrauen geheiligt ist und nie missbraucht werden darf.

Der Auditor ist *höflich*. Er respektiert den Preclear als menschliches Wesen. Er respektiert die Selbstbestimmung des Preclears. Er respektiert seine eigene Stellung als Auditor. Er drückt diesen Respekt in höflichem Verhalten aus.

Der Auditor ist *mutig*. Er zieht sich nie von seiner Pflicht gegenüber einem Fall zurück. Er versäumt es nie, das optimale Verfahren anzuwenden, wie besorgniserregend das Verhalten des Preclears auch sein mag.

Der Auditor *bewertet nie* den Fall für den Preclear. Er hält sich davor zurück, da er weiß, dass es des Preclears eigene Berechnung behindert, wenn der Auditor für den Preclear Berechnungen anstellt. Er weiß, dass er den Preclear sehr stark vom Auditor abhängig macht und somit die Selbstbestimmung des Preclears untergräbt, wenn er dem Gedächtnis des Preclears in Bezug darauf, was geschah, nachhilft.

Der Auditor *wertet* weder irgendwelche Daten, die ihm der Preclear gibt, noch die Persönlichkeit des Preclears *je ab*. Er weiß, dass er den Preclear auf diese Weise ernstlich enturbulieren würde. Er hält sich vor Kritik und Abwertung zurück, ungeachtet dessen, wie stark sein eigener Realitätssinn durch Geschehnisse oder Äußerungen des Preclears strapaziert oder erschüttert wird.

Der Auditor verwendet nur Techniken, die dazu gedacht sind, die *Selbstbestimmung* des Preclears wiederherzustellen. Er enthält sich jeglichen autoritären oder beherrschenden Verhaltens, indem er jederzeit eher lenkt als treibt. Er enthält sich des Gebrauchs von Hypnose oder Beruhigungsmitteln beim Preclear, egal wie sehr der Preclear aufgrund seiner Aberrationen danach verlangen mag. Er gibt den Preclear nie auf, nur weil er in seinem Glauben kleinmütig ist, dass diese Verfahren den Fall lösen können, sondern er hält durch und fährt damit fort, die Selbstbestimmung des Preclears wiederherzustellen. Der Auditor hält sich über jegliche neuen Fertigkeiten in dieser Wissenschaft auf dem Laufenden.

Der Auditor *kümmert sich um sich selbst* als Auditor. Indem er mit anderen zusammenarbeitet, sorgt er für die beständige Fortsetzung seines eigenen Prozessings in regelmäßigen Abständen, um seine eigene Stellung auf der Tonskala beizubehalten bzw. zu erhöhen, obwohl er restimuliert wird, indem er andere auditiert. Der Auditor weiß, dass er seinem Preclear seine bestmögliche Leistung als Auditor vorenthält, wenn er nicht seinem eigenen Prozessing Beachtung schenkt, bis er selbst Release oder Clear im umfassendsten Sinn dieser Begriffe ist.

Dies ist der Auditorenkodex. Es wurde festgestellt, dass die Bewahrung des Sinnes für Realität beim Preclear und die Vertrauenswürdigkeit des Auditors die beiden wichtigsten Aspekte des Kodex sind. Eine Abwertung der Daten des Preclears kann, wie fürchterlich diese Daten auch den Realitätssinn des Auditors selbst angreifen mögen, ernste Folgen haben und kann sogar Sonik und Visio beim Preclear augenblicklich ausschalten. Die meisten Preclears sind gegenüber ihrer eigenen Vergangenheit schon unsicher genug. Sie werten sich recht häufig selbst ab, wovon man ihnen abraten sollte. Wertet der Auditor die Daten des Preclears ab, so kann der Schock für den Preclear sehr groß sein. Was Vertrauenswürdigkeit anbelangt, so darf der Auditor den Preclear nie ausnutzen, weder indem er dessen Daten benutzt, noch indem er einen vorübergehenden Zustand von Apathie, Günstigstimmen oder Restimulation dazu benutzt, am Preclear die eigenen fleischlichen Gelüste zu stillen oder materielle Vorteile daraus zu ziehen.

Jedes Team von zwei Leuten, das in einer beständigen Verbindung steht und sich gemäß dem Auditorenkodex verhält, wird bald feststellen, dass es als Zweiergruppe nicht nur Clear oder beinahe Clear ist, sondern dass auch ihr Wissen über zwischenmenschliche Beziehungen und ihre Freude daran unschätzbar erhöht worden ist.

Die Mechanismen der Aberration

Gemäss der grundlegenden Theorie der Dianetik kann *Theta* einer Veränderung seines Charakters oder seiner Schwingungen unterworfen werden, wodurch es dann zu enturbuliertem Theta oder *Entheta* wird (unter Theta verstehen wir die Lebenskraft, Lebensenergie, göttliche Energie, Elan vital, oder, unter irgendeiner anderen Bezeichnung, diejenige Energie, die dem Leben eigen ist und auf Materie im physikalischen Universum einwirkt und sie belebt, sie beweglich macht und verändert).

Eine Beschreibung reinen Thetas, das in harmonischer Kontrolle über Mest wirkt, ist im Bandbereich 4,0 auf der Tabelle zu finden. Theta ist hier vernünftig, beharrlich, verantwortlich und weist eine sehr hohe Affinität in allen Bereichen der Anziehung auf und ist zu hoher Kommunikation fähig, was sowohl Kommunikation durch „Wahrnehmungseindrücke" als auch mittels Ideen betrifft; Theta verfügt hier über ein hohes Realitätsempfinden und -verstehen. Ein Clear auf sehr hoher Stufe wäre ein Mensch, dessen Theta in seiner gegenwärtigen Umgebung nicht enturbuliert ist, dessen Bildung nicht durch unzulängliche Daten und schlechte Lehrer in einer unvernünftigen Kultur enturbuliert wurde und von dessen Leben jeglicher körperlicher und geistiger Schmerz ausgelöscht worden ist, vorausgesetzt er weist eine durchschnittliche genetische Vorgeschichte auf.

Folgendes mindert den Menschen vom Zustand Clear herab und lässt ihn auf der Tonskala sinken: eine turbulente und unglückliche Umgebung, eine mangelhafte und unvernünftige Ausbildung in einer nicht besonders rationalen Kultur, mangelhafte körperliche Veranlagung und (was für den Auditor am wichtigsten ist) Theta, welches als Entheta in vergangenen Augenblicken von körperlichem Schmerz gefangen ist, und weiteres Theta, welches als spätere Folge dieses körperlichen Schmerzes in Form von Ladung gefangen ist.

Soweit es das unmittelbare Herangehen an den Fall betrifft, könnte sich der Auditor einen Fall als *potenziell* relativ reines Theta vorstellen, modifiziert durch Umwelt, Ausbildung und körperliche Veranlagung; dieses Theta wurde jedoch, zumindest teilweise, während früherer Momente von Schmerz und Kummer in Entheta umgewandelt, das an verschiedenen Stellen in der Vergangenheit des betreffenden Menschen festgehalten wird. Durch Methoden des Prozessings setzt der Auditor das Entheta frei, wodurch es automatisch in Theta umgewandelt und dem Menschen bei seinen allgemeinen Unternehmungen im Leben verfügbar wird. Dadurch steigt er automatisch auf der Tonskala.

Körperlicher Schmerz könnte als die Alarmreaktion für Theta bezeichnet werden, die anzeigt, dass der Organismus zu stark in Mest hineingestoßen worden ist. Körperlicher Schmerz ist eine abrupte und heftige Warnung vor Überlebensfeindlichem. Ohne einen Mechanismus von körperlichem Schmerz könnte kein Organismus durch das Erleben von Schmerz vor körperlichen Gefahren gewarnt werden. Und so könnte kein Organismus überleben, da kein Organismus Zerstörung wahrnehmen würde. Körperlicher Schmerz ist somit tatsächlich ein Wahrnehmungseindruck, genauso wie Sehen und Hören Wahrnehmungseindrücke sind. Körperlicher Schmerz als Wahrnehmungsmechanismus liegt unmittelbar hinter jedem anderen Wahrnehmungsmechanismus, da zu viel Licht Schmerz erzeugen kann, zu viel Geräusch Schmerz erzeugen kann, zu viel Bewegung Schmerz erzeugen kann usw. Mest (das heißt, das physikalische Universum aus Materie, Energie, Raum und Zeit) wird vom Theta des Organismus durch die verschiedenen Wahrnehmungen wie Sehen, Geräusche, Bewegung, Organempfindung usw. wahrgenommen. Sobald irgendeine dieser Wahrnehmungen zu intensiv wird, erleidet die ordentliche und harmonische Kontrolle von Theta über

MEST eine plötzliche, schockartige Störung. Das Theta und MEST, die in turbulentem Zustand zu nahe zusammengebracht werden, bilden somit Entheta und EnMEST.

Jeder Mensch hat eine *Zeitspur*. Sie besteht einfach aus allen Wahrnehmungen während eines Lebens, von der Empfängnis bis zur Gegenwart – dies ist die Zeitspur des Organismus. In jedem Augenblick des „Jetzt" (der Gegenwart) zeichnet der Organismus durch Wahrnehmungen einen Teil des physikalischen Universums auf. Handelt es sich um analytische Wahrnehmungen, die nicht mit körperlichem Schmerz verbunden sind, so werden diese Wahrnehmungen an einer Stelle gespeichert, die als *Standard-Gedächtnisbank* bezeichnet wird; enthalten sie hingegen körperlichen Schmerz, so werden sie in der *reaktiven Gedächtnisbank* gespeichert. Somit werden diese Wahrnehmungen in unablässiger Folge vom ersten Augenblick zellularen Lebens an bis zur Gegenwart gespeichert. Die Zeitspur ist eine aufeinanderfolgende Reihe von Augenblicken des „Jetzt", durch Tag und Nacht, Wochen, Monate und Jahre, das ganze Leben hindurch.

Jedes Mal, wenn die Wahrnehmungen wegen starker Turbulenz als körperlicher Schmerz aufgezeichnet werden, lässt sich sagen, dass das vorhandene Theta umgewandelt und durch EnMEST in statischem Zustand dort festgehalten wird. In der Standard-Gedächtnisbank fehlt jegliche Aufzeichnung von körperlichem Schmerz auf der Zeitspur und wird stattdessen in der reaktiven Bank eingeordnet. Jedes Mal, wenn dies geschieht, steht offenbar dem analysierenden und bewussten Teil des Wesens dieses Menschen weniger Theta zur Verfügung und wird zu einer weiteren „Lastschrift" auf der Entheta-Seite des Hauptbuches. Solange die Person verhältnismäßig mehr Theta als Entheta besitzt, befindet sie sich recht hoch auf der Tonskala. Beginnt jedoch das eingeschlossene Entheta das Theta zu überwiegen, so sinkt die Person dadurch auf der Tonskala auf eine Stufe des Nichtüberlebens ab. Wo sich jemand auf der Tonskala befindet, bestimmt nicht nur sein Potenzial, glücklich zu sein, sondern auch seine Lebenserwartung. Unsterblichkeit lässt sich auf vielerlei Art messen. Je höher sich jemand auf der Tonskala befindet, desto mehr neigt er in Richtung Unsterblichkeit. Je tiefer sich jemand auf der Tonskala befindet, desto mehr neigt er in Richtung Tod. Die Menge an Theta, die in einem Fall vorhanden ist, bestimmt das *Überlebenspotenzial* dieses Menschen. Und die Menge an Entheta im Fall bestimmt das Ausmaß an *Nichtüberlebenspotenzial.*

Durch Prozessing befreit der Auditor den Fall vom Entheta und erhöht dadurch das Überlebenspotenzial der Person. Die Prozesse, die Entheta befreien und in Theta umwandeln können, mögen in der Theorie vielleicht gewaltig erscheinen, in der Praxis sind sie jedoch sehr einfach und können auswendig durchgeführt werden, da es in der Natur von Theta liegt, sich durch einfache Unterstützung rasch wieder in seinen freien und nicht enturbulierten Zustand zurückzuverwandeln.

Der Auditor sollte sich völlig im Klaren darüber sein, dass es (gemäß der Theorie, die sich in der Praxis durch Beobachtung bewahrheitet hat) ohne körperlichen Schmerz als grundlegende Ursache kein Entheta gibt.

Ebenso sehr sollte der Auditor sich darüber im Klaren sein, dass Entheta, wenn es kleine Mengen Theta kontaktiert, dieses ebenso in Entheta umwandelt. Außerdem wandelt Theta, wenn es mit kleineren Mengen an Entheta in Berührung kommt, das Entheta in Theta um. Die Umwandlung kann in beiden Richtungen erfolgen. Gelangt Theta in die Nähe von Entheta, so wandelt es dieses in Theta um. Gelangt Entheta in die Nähe von Theta, so wandelt es dieses Theta in Entheta um. Daraus ergibt sich die Ansteckung der Aberration, was in der Dianetik ein Prinzip von beachtlicher Bedeutung ist.

THETA WIRD IN DER NÄHE VON ENTHETA ENTURBULIERT UND ZU ENTHETA.

Früher glaubte man, Geisteskrankheit sei erblich bedingt. Gewiss kann jemand aufgrund seiner strukturellen Erbanlage oder einer zu geringen Theta-Veranlagung mehr zu Geisteskrankheit neigen als andere – aber nur, wenn Entheta in der Umgebung vorhanden ist. Natürlich gibt es Fälle, in denen die Geisteskrankheit durch eine Missbildung des Gehirns bedingt ist; in diesem Falle würden einige Wahrnehmungs- und Berechnungsmechanismen fehlen. Diese Art von Geisteskrankheit hat jedoch nur eine Unfähigkeit zu denken zur Folge und nicht aberriertes Denken. Es stimmt somit nicht, dass Geisteskrankheit erblich bedingt ist. Offenbar entsteht Geisteskrankheit einzig aufgrund von Ansteckung. Eine enturbulierte Kultur oder Umgebung kann einen Menschen in einem Zustand ständiger Turbulenz halten. Sind jedoch keine Engramme vorhanden, so wäre dieser Mensch nicht mehr enturbuliert, sobald er sich von der Quelle der Turbulenz entfernt. Menschen, die geisteskrank sind, ziehen die Menschen in ihrer Umgebung deutlich auf der Tonskala hinunter, und es lässt sich sagen, dass sie für jegliche in der Menschheit vorhandene Geisteskrankheit verantwortlich sind. Verkehrt man mit stark aberrierten Menschen, so wird man als Folge davon selbst stark aberriert – und sei es auch nur während des Aufenthalts in der Umgebung dieser stark aberrierten Menschen.

Offenbar besteht eine Linie der Aberration in der Familie. Früher dachte man, diese werde durch Vererbung weitergegeben, doch trifft dies offensichtlich nicht zu. Sie wird durch den Gedankenkanal der Familie übertragen. Die Verwirrungen des häuslichen Lebens gelangen in Augenblicke körperlicher Verletzung des Kindes hinein. Und folglich wird das Kind für die Familien-Aberrationen empfänglich und wird sie ebenfalls aufweisen.

Das Prinzip der Ansteckung von Aberration reicht weit. Es lässt sich in jeder beliebigen Gruppe von Menschen beobachten, dass ein oder zwei Mitglieder in viel stärkerem Maße aberriert sein mögen als die anderen. Nun kann man das einfache Experiment durchführen, diese ein oder zwei aberrierten Personen von der Gruppe zu entfernen, und wird dann feststellen, dass die allgemeine Tonstufe der Gruppe ansteigen wird, da die Hauptquelle der Turbulenz der Gruppe entfernt worden ist.

Untersucht der Auditor das Leben irgendeines Preclears, seine Fallgeschichte, so kann er sogar ohne Untersuchung der eigentlichen Aberrationen des Preclears dessen Aberrationen gut einschätzen, einfach indem er feststellt, was für Leute seine Eltern waren. Es ist eine unausweichliche Tatsache, dass sich diese Aberrationen in der einen oder anderen Weise beim Preclear zeigen werden.

Der Auditor sollte das Prinzip der Ansteckung von Aberration völlig verstehen. Glücklicherweise funktioniert die Umwandlung in beide Richtungen. Geistige Gesundheit ist ebenfalls ansteckend. Hält der Auditor sich somit an den Auditorenkodex und bietet er für seinen Preclear eine geistig gesunde Umgebung, dann kann er dadurch ohne jedes Prozessing einen Teil des Enthetas im Fall des Preclears wieder in Theta umwandeln. Dies ist besonders bei der Behandlung von Psychotikern wertvoll.

Man kann davon ausgehen, dass es drei verschiedene Arten von Entheta gibt. Grundsätzlich entsteht Entheta in irgendeiner Lebensform einzig durch körperliche Verletzung. Nachdem nun aber die körperliche Verletzung vorhanden ist, entfaltet das Entheta darin einen ansteckenden Einfluss auf das Theta, welches in Umstände verwickelt ist, die denjenigen der körperlichen Verletzung ähnlich sind oder ihnen nahekommen. Wenn dies geschieht, entsteht eine weitere Art von Entheta: durch Restimulation gebildete Locks. Die Schocks, die bewusst erlebt werden, die Augenblicke von Kummer und Sorge, Befürchtungen und Wut, die Brüche in Affinität, Kommunikation und Realität, die man mit dem Leben hat, bilden die dritte Art von Entheta – was vorübergehendes Entheta wäre, wenn nicht körperliche Verletzungen und deren Entheta bei dem Fall vorhanden wären. Um es noch klarer auszudrücken: Zuerst entsteht das Engramm. Es besteht aus körperlichem Schmerz, EnMEST und Entheta, die an einem bestimmten Punkt auf der Zeitspur festgehalten werden. Vielleicht würde nie etwas Ernstes daraus, wenn nicht durch die Umgebung Restimulation eintreten würde. Wenn dieses Engramm restimuliert wird, versetzt es einen Großteil des vorhandenen freien Thetas im Organismus in Turbulenz. Ein gewisser Teil dieser Turbulenz verbleibt als zusätzliches erstarrtes Entheta, ein anderer wird desenturbuliert und wieder zu Theta.

Das Engramm, ein Augenblick von körperlichem Schmerz, bildet die Grundlage für Entheta. Nachdem nun diese Grundlage geschaffen ist, stiehlt es, durch Ansteckung Schritt für Schritt, freies Theta des Betreffenden und wandelt es in Form von Secondary-Engrammen und Locks „dauerhaft" in Entheta um. Zum Zeitpunkt der Restimulation wird vielleicht fast das gesamte Theta dieses Menschen enturbuliert. Dieses Entheta desenturbuliert jedoch relativ rasch wieder bzw. es beruhigt sich und wird wieder zu Theta.

Somit könnte man sich die Zeitspur bildlich als eine gerade Linie vom Augenblick der Empfängnis bis zur Gegenwart vorstellen. Zu irgendeinem frühen Zeitpunkt auf dieser Zeitspur gibt es einen Augenblick körperlicher Verletzung. Etwas später auf der Zeitspur kommt die Umgebung diesem Moment nahe. Das wäre ein Key-in. Tatsächlich muss aber diese Person durch die allgemeine Umgebung bereits mehr oder weniger enturbuliert worden sein, wenn der Key-in stattfindet, das heißt, sie müsste wegen irgendetwas besorgt sein, sich müde fühlen oder vielleicht auch nur verärgert sein.

Dieser Key-in gibt nun dem Engramm weitere Kraft und Stärke. Wenn dieses Engramm das nächste Mal restimuliert wird, kommt ein weiteres Lock hinzu und wäre auf der Zeitspur als ein dritter Punkt markiert. Nehmen wir an, es trete dann irgendein Verlust ein, der irgendwie diesem ursprünglichen Engramm nahekommt. Handelt es sich nun zum Beispiel um den Tod eines geliebten Menschen, wäre die daraus folgende Enturbulierung überaus stark. Allein schon aufgrund ihres Ausmaßes kommt diese Enturbulierung dem Wesen von körperlichem Schmerz nahe. Eine sehr große Menge an Theta wird durch den körperlichen Schmerz gefangen. Dies würde man ein Secondary-Engramm nennen. Der Unterschied zwischen einem Secondary-Engramm und einem Lock besteht in der Größenordnung des eingefangenen Thetas bzw. Enthetas. Jedes Mal, wenn ein Secondary auftritt, wird möglicherweise das ganze Theta des betreffenden Menschen vorübergehend enturbuliert. Jedoch bleibt nur ein kleiner Teil als erstarrtes Entheta zurück, und das übrige enturbulierte Theta verwandelt sich in freies Theta zurück.

Daraus wird ersichtlich, wie im Verlauf des Lebens immer mehr Theta in Locks und Secondary-Engrammen als Entheta festgehalten wird und dem Organismus immer weniger Theta für vernunftgemäßes Überlegen übrig bleibt. Wir bezeichnen diesen Verlauf als die *enger werdende Abwärtsspirale.* Diese Bezeichnung rührt daher, dass bei jeder weiteren Restimulation immer mehr Theta in Entheta umgewandelt wird, je mehr Entheta bei diesem Fall bereits vorhanden ist. Es handelt sich hier um einen dreidimensionalen „Teufelskreis“, der den Menschen die Tonskala hinunterzieht. Bei einem Kind haben sich erst sehr wenige Locks und Secondarys gebildet, und somit ist das Theta des Kindes frei und das Kind entsprechend hoch auf der Tonskala. Auch wenn nun dieses Kind mehrere Jahre lang keine weiteren Engramme mehr erhält, können doch diejenigen, die es bereits hat, nach und nach durch Locks und Secondarys aufgeladen werden, bis das Entheta das freie Theta überwiegt; dann befände sich dieses Kind sehr tief auf der Tonskala.

Es kann auch geschehen, dass irgendein großartiger Erfolg im Leben, eine äußerst glückliche Ehe oder eine Verbindung mit Menschen, die sehr viel Theta besitzen, sich so auf die reaktive Bank auswirkt, dass sie auch ohne Prozessing zumindest teilweise in freies Theta zurückverwandelt wird. Darunter würde die Abgeklärtheit eines aberrierten Menschen gehören, der sich zum Beispiel von der turbulenten Welt abkehrt und ein Ordensgelübde ablegt. In dieser neuen Umgebung gibt es weniger Situationen, die seinen früheren Locks und Engrammen nahekommen. Noch wichtiger ist jedoch die Tatsache, dass er von viel mehr Theta umgeben ist und deshalb dadurch desenturbuliert werden und auf der Tonskala steigen wird.

Der Müßiggänger, der Mensch ohne Ziel oder Richtung, mag dementsprechend feststellen, dass er viel mehr Secondarys und Locks ansammelt; denn sein Theta ist bereits leicht enturbuliert (weil er müßig ist). Beginnt nun dieser Mensch höchst eifrig, ein klar bestimmtes und wertvolles Ziel zu verfolgen, so wird sein Theta, welches dadurch desenturbuliert worden ist, seinen Locks und Secondarys einen Teil des darin enthaltenen Enthetas wieder entreißen.

Ein Mensch, der in einer bestimmten Umgebung unter äußerst ungesunden Verhältnissen gelebt haben mag, kann sich entschließen, ein gesünderes Leben mit körperlicher Bewegung, Sonnenschein und frischer Luft zu führen. So verbessert sich sein körperlicher Zustand, was bereits zu einer gewissen Desenturbulierung bei der Person führen wird.

Dianetik Prozessing bewirkt einfach Folgendes: Es macht sich das Theta des Preclears zunutze, um mit Unterstützung des Thetas vom Auditor das Theta, das in den Locks, Secondarys und Engrammen des Preclears enthalten ist, zu desenturbulieren.

Das Ziel des Auditors besteht darin, Entheta zu desenturbulieren, nicht unbedingt darin, Engramme zu auditieren oder sich mehr auf Locks oder mehr auf Secondarys zu konzentrieren. Von Fall zu Fall trifft man auf verschiedene Umstände, die es erforderlich machen, zuerst die eine und danach eine andere dieser drei Arten von Entheta anzugehen. Der Auditor sollte den Aufbau des Engramms sowie des Secondarys und des Locks genau verstehen.

Ein Engramm entsteht dann, wenn der einzelne Organismus einen heftigen Zusammenprall mit MEST erleidet. Dies ist echter körperlicher Schmerz. Er kann in irgendeinem Körperteil auftreten und ganz einfach von zu starker Licht- oder Geräuscheinwirkung herrühren sowie von Abschürfungen, wie beim Wundscheuern oder einem Sonnenbrand, von Schnitten, Quetschungen, Brüchen, organischen Störungen, einer Überdosis an giftigen Substanzen, von Bakterien und Viren oder irgendeiner anderen gewöhnlichen oder ungewöhnlichen Ursache körperlichen Schmerzes. Jeder Moment körperlichen Schmerzes enthält auch eine mehr oder minder umfassende Ausschaltung der analytischen Funktion des Verstandes. Körperlicher Schmerz kann das Bewusstsein einen Moment lang oder über mehrere Tage hinweg ausschalten. Ganz ungeachtet der Dauer bringt körperlicher Schmerz aber immer eine Verminderung des Bewusstseins hervor. Dieser Tatsache ist man sich vielleicht nicht vollständig bewusst, bis man an sich selbst erlebt, wie eine Verbrennung am Finger oder etwas gleichermaßen Unbedeutendes ausgelöscht wird. Man wird erkennen, dass einige Daten zu diesem Geschehnis verborgen geblieben waren, während man doch geglaubt hatte, alles zu wissen, was in diesem Moment des Schmerzes geschehen war. Diese fehlenden Daten bilden den Inhalt des reaktiven Verstandes.

Das Engramm enthält sämtliche Wahrnehmungen, die vorhanden waren, während es aufgezeichnet wurde. Vor der Dianetik war diese Tatsache nicht erkannt worden. Man glaubte, eine bewusstlose Person sei einfach bewusstlos und was man ihr sage sowie andere auf sie einwirkende, wahrnehmbare Dinge würden nicht aufgezeichnet. Unabhängig von der Tiefe der Bewusstlosigkeit zeichnet aber der reaktive Verstand bei körperlichem Schmerz alle nur möglichen Wahrnehmungen der Umgebung vollständig und lückenlos auf, einschließlich des körperlichen Schmerzes. Während einer Operation unter Narkose werden zum Beispiel der gesamte körperliche Schmerz, die Worte des Arztes, der Äthergeruch, die Schritte der Krankenschwester, wie sich der Operationstisch anfühlt, die Funktionen der inneren Organe und andere Dinge im reaktiven Verstand dieses Menschen als Engramm vollständig aufgezeichnet.

Ist man mit Hypnose vertraut, so versteht man leicht, wie Daten, die dem bewussten Verstand zwar verborgen sind, ihm jedoch von unten her durch die Triebkraft des körperlichen Schmerzes aufgezwungen werden, in zwanghafter oder besessener Art auf einen Menschen einwirken. Versteckte Daten und versteckter Schmerz verursachen eine alles gleichsetzende Denkweise, wodurch die Unterscheidungs- und somit die Überlegungskraft herabgemindert wird. Ein Mensch gehorcht einem Engramm wortwörtlich. Wird ein Engramm restimuliert, so dramatisiert es dieser Mensch vielleicht, oder er durchläuft den vom Engramm verlangten Aktionszyklus, wenn er sich dramatisieren lässt. Doch unabhängig davon, ob dieses Engramm nun dramatisiert wird oder nicht, vermindert es das analytische Bewusstsein der

Person, da es Bewusstlosigkeit enthält. Jemand, bei dem sich viele Engramme in Restimulation befinden, verfügt normalerweise über weniger als ein Viertel seines analytischen Bewusstseins und kann dennoch als normal betrachtet werden.

Das Entheta des Engramms ermöglicht die Bildung von Locks. Das Engramm wird bei der Person restimuliert, wenn sie analytisch weniger aufmerksam als gewöhnlich ist, sei es aufgrund von Müdigkeit oder weil andere nicht optimale Umstände vorliegen. Das Engramm kann bestimmte Wahrnehmungseindrücke enthalten, die in der unmittelbaren Umgebung des Preclears in derselben Art wieder auftreten. Dieses Annähern der Umgebung an das Engramm hat zur Folge, dass die Welt außerhalb mit der inneren Welt der Engramme gleichgesetzt wird, und so wird das Engramm restimuliert. Diese Restimulation zeigt sich in der Enturbulierung des Betreffenden. Durch den Vorgang der Enturbulierung wird das Theta dieser Person teilweise in das Engramm eingeschlossen und „dauerhaft" in Entheta umgewandelt. Die erste Restimulation eines Engramms wird als Key-in bezeichnet (und es kann auch geschehen, dass ein Engramm vierzig Jahre schlummert, ohne restimuliert zu werden). Ein Key-in ist einfach eine besondere Art von Lock.

Das Secondary-Engramm tritt auf, wenn ein Mensch sehr stark enturbuliert ist. Wut, Furcht, Gram oder Apathie können durch die Umgebung ausgelöst werden und wenn nun unter dieser Situation ein Engramm mit körperlichem Schmerz liegt, welches auch nur entfernt ähnliche Wahrnehmungseindrücke enthält, so schließt das Secondary riesige Mengen an Theta als Entheta in sich ein. Das Secondary-Engramm ist äußerst wichtig. Es wird genau wie ein Engramm mit körperlichem Schmerz auditiert. Wenn man alle Secondary-Engramme von einem Fall entfernen könnte, ohne Engramme mit körperlichem Schmerz zu berühren, hätte man einen Release. Derart große Mengen an Entheta sind in einem solchen Secondary gespeichert, dass sich allein schon durch das Auditieren eines einzelnen Secondary-Engramms oft bemerkenswerte Ergebnisse erzielen lassen. Der Auditor sollte sich jedoch vollständig darüber im Klaren sein, dass es kein Secondary-Engramm geben kann, wenn ihm nicht ein Engramm mit körperlichem Schmerz zugrunde liegt. Beim Auditieren eines Secondary-Engramms kann der Auditor oft feststellen, dass er dabei ebenfalls ein Engramm mit körperlichem Schmerz auditiert.

Aufgezwungene Affinität, Kommunikation und Realität sowie Brüche in Affinität, Kommunikation und Realität bilden bei einem Fall keine speziellen Arten von Secondarys oder Locks, sondern sind lediglich Bestandteile von Secondarys und Locks. Jedes Engramm mit körperlichem Schmerz ist ein Bruch in Affinität zwischen Theta und MEST und bildet tatsächlich den grundlegenden Bruch in Affinität. Dieser Bruch in Affinität hat eine Verminderung der Kommunikation zur Folge, da das Theta dieser Art von MEST nicht mehr so begierig wie zuvor näherzukommen wünscht. Und da sich das Theta nicht mehr in harmonischem Einverständnis mit MEST befindet, geht auch die Realität zurück. Hier haben wir, in Form von Brüchen in Affinität, Kommunikation und Realität, die Grundursache für Schwierigkeiten eines jeden Organismus. Die Absicht von Theta besteht darin, MEST in harmonischer Weise zu erobern. Und reagiert MEST plötzlich und ohne Vorwarnung gegen den Theta-Organismus, so wird der grundlegende Antrieb dieses Thetas vereitelt. Somit kann gesagt werden, dass dies die Grundlage jeglicher Aberration ist. Beobachtungen und Erfahrungen scheinen diese Grundannahme hinreichend zu bekräftigen.

Wenn jemand Locks und Secondarys empfängt, wird das Engramm mit Entheta aufgeladen. Ein zu stark geladenes Engramm lässt sich zum einen nicht auditieren, zum anderen kann man es normalerweise nicht einmal kontaktieren, bis Secondarys und Locks reduziert worden sind. In den meisten Fällen geht der Auditor daher zunächst Locks, dann Secondarys und danach Engramme an, worauf weitere Locks und Secondarys behandelt werden, um zusätzliche Engramme zugänglich zu machen.

Das alleinige Ziel des Auditors besteht darin, Entheta so rasch und effektiv wie möglich in Theta umzuwandeln. Wo er das Entheta hernimmt – ob aus Engrammen, Secondarys oder Locks – spielt keine wesentliche Rolle. Theta ist Theta.

Die Dynamiken des Daseins

Hinter der Dianetik steht ein beträchtliches Maß an Technologie über das Wissen an sich und allgemeine Philosophien über das Denken, ohne die die Dianetik nicht hätte entstehen können.

Die wichtigste Grundannahme der Dianetik lautet:

DAS DYNAMISCHE PRINZIP DES DASEINS IST *ÜBERLEBE!*

Theta (wenn es den Zweck verfolgt, MEST zu erobern), das Leben und Organismen haben als ihre Motivierung kein anderes Prinzip als *Überleben.* Das Gegenteil zu dieser Motivierung ist *Unterliegen.**

---

*Zwei grundlegende Axiome in Bezug auf Wissen lauten wie folgt:

AXIOM EINS: EIN DATUM IST SO WICHTIG, WIE ES IN BEZUG AUF ÜBERLEBEN ODER UNTERLIEGEN AUSGEWERTET WURDE.

AXIOM ZWEI: EIN DATUM KANN NUR MITTELS DATEN VON VERGLEICHBARER GRÖSSENORDNUNG BEWERTET WERDEN.

Die Grundeinheit sowohl des Theta- als auch des MEST-Universums ist zwei, nicht eins. Es ist unmöglich, eins als Grundeinheit zu postulieren, da dieses Postulat nichts aufweist, wodurch man es bewerten könnte. Deshalb ist zwei als Grundeinheit erforderlich. Versucht man, irgendetwas zu postulieren, indem man eins als Grundeinheit annimmt, so ruft dies beträchtliche Unordnung im Denken hervor. Das Höchste Wesen hat zum Beispiel als zweites Datum zur Bewertung den Teufel. Das Höchste Wesen ist Überleben. Der Teufel ist Unterliegen. Bei der Grundannahme der Dianetik wird gleichzeitig davon ausgegangen, dass Überleben sein Gegenstück im Unterliegen hat.

Das Versagen zu überleben ist unterliegen.

Theta als Energie, soweit wir es in Organismen beobachten, die teilweise aus Mest bestehen, überlebt entweder oder es unterliegt. Mest, in Übereinstimmung mit den grundlegendsten Gesetzen der Physik und der Erhaltung der Energie, überlebt oder unterliegt. In beiden Fällen wird man feststellen, dass Unterliegen offenbar einer Umwandlung der Energie in eine andere Form gleichkommt. Theta, das in Entheta umgewandelt wird, geht von Überleben zu Unterliegen über. Aber die Energie ist nicht verloren, und der Tod ist einer der Befreiungsmechanismen, durch die es Theta gelingt, vorübergehend unabhängig von Mest zu werden und sich so wieder mit Mest zu verbinden; damit bildet sich ein weiterer Organismus, um die Generationen fortzusetzen. Im physikalischen Universum überlebt Energie. Doch unterliegen oftmals die Formen, die die Energie annimmt, und werden in andere Energieformen umgewandelt.

Die Tabelle der Tonskala teilt sich bei 2,0. Oberhalb dieses Punktes geht die dynamische Handlung des Organismus in Richtung Überleben. Der Organismus wird nach höheren Überlebensstufen streben und versuchen, so lange wie möglich und so gut wie möglich zu leben, wobei beides Bestandteile des Überlebens sind – da das Überlebenspotenzial im Allgemeinen umso höher liegt, je reichhaltiger das Dasein ist.

Unterhalb von 2,0 geht die dynamische Handlung des Organismus in Richtung Unterliegen. Der betreffende Mensch mag sich scheinbar mit Tätigkeiten befassen, die auf Überleben gerichtet sind, wird jedoch etwas tun, um ein Ziel zu erreichen, das Nichtüberleben darstellt. Dies geschieht unabhängig davon, mit welcher Tätigkeit sich dieser Mensch befasst. Unterhalb von 2,0 wird der Mensch im Hinblick auf sich selbst, die Sexualität, die Zukunft, Gruppen oder die Menschheit in Richtung Tod tendieren. Er ist dem Leben gegenüber zerstörerisch. Er macht EnMest aus allem Mest, das er in der Nähe haben mag oder beeinflussen kann. Er stößt Theta ab und zieht Entheta an.

Dies ist der Bereich des unmoralischen Menschen, desjenigen, der Promiskuität praktiziert, des Kriminellen, des Faschisten, des Gottlosen, des Selbstmörders und der Bereich anderer unerwünschter Eigenschaften. Was auch immer der Mensch unternimmt, der akut oder chronisch unterhalb von 2,0 ist, wird letztlich auf den Tod seiner selbst oder den Tod für alles, womit er in Kontakt ist, hinauslaufen. Seine Beteuerungen mögen völlig anders klingen, und er glaubt vielleicht sogar selbst, dass er nach höheren Überlebensstufen strebt. Das Endprodukt seiner Aktionen, ob sich diese nun auf ein Geschäft, eine Ehe, eine Freundschaft, eine Gruppe oder eine Religion beziehen, wird jedoch der Tod oder irgendeine unerwünschte Nichtüberlebenssituation sein, die natürlich selbst wiederum in Richtung Tod geht.

Im Allgemeinen ist man sich nicht darüber im Klaren, dass der Verbrecher nicht nur antisozial, sondern auch antiselbst ist. Jeder, der sich unterhalb von 2,0 befindet, ist ein potenzieller oder aktiver Verbrecher, da er andauernd Verbrechen gegen die auf das Überleben ausgerichteten Handlungen anderer begeht. Verbrechen könnte man als die Verminderung des Überlebensniveaus im Bereich irgendeiner der acht Dynamiken definieren.*

Die alten Sprichwörter über die Kräfte von Gut und Böse sind erstaunlich zutreffend, wenn man die Menschen vom Standpunkt der Theta-MEST-Theorie aus studiert. Um dies noch besser zu verstehen, sollten hier vielleicht die Dianetischen Axiome für Gut und Böse angeführt werden.

*Immer wieder sind Polizisten darüber erstaunt, wie irrational der Verbrecher ist. Da Polizeibeamte normalerweise rationale Menschen sind und selbst nach Überleben streben, gelingt es ihnen manchmal nicht, leicht zu verstehen, dass der Verbrecher gewohnheitsmäßig den Weg des Nichtüberlebens für sich und seine Gruppe wählt. Ganz unabhängig davon, wie hoch der IQ des Verbrechers ist, wird er offensichtliche Hinweise am Tatort zurücklassen. Er wird von einem Verbrechen mit einer Geschwindigkeit fliehen, die darauf berechnet ist, die Aufmerksamkeit jedes Verkehrspolizisten auf sich zu ziehen. Wird er bei einer verbrecherischen Handlung ertappt, für die er nicht mehr als 30 Tage Gefängnis erhalten würde, versucht der Verbrecher vielleicht, Waffen gegen die Polizei zu benutzen und somit auf Kosten des Lebens eines ehrbaren Beamten Selbstmord zu begehen. Der verwirrendste Teil der Polizeiarbeit ist der Versuch, auf Motive zu schließen, indem man irgendeinen rationalen Maßstab an den Verbrecher anlegt. Das einzige Motiv, das der Verbrecher hat, liegt in Zerstörung auf jeder beliebigen Dynamik, einschließlich der ersten. Manchmal geschieht es, dass ein Verbrecher mit Freuden auf einen Handel eingehen und Informationen liefern wird, wenn ihm Nichtüberleben dafür versprochen wird, wohingegen er sich weigert, Informationen zu liefern, wenn ihm Freiheit und fortdauernde gute Gesundheit dafür angeboten werden. Die Menschen, die Verbrechern helfen oder sich mit ihnen befassen, können ein trauriges Lied davon singen, dass der Verbrecher normalerweise eine helfende Hand mit zerstörerischen Handlungen vergilt. Insbesondere sind Kommissionen für bedingte Haftentlassung entsetzt, wie oft diese bedingte Gewährung von Freiheit mit zerstörerischen Handlungen heimgezahlt wird. Recht lange hat die Polizei nach einer angemessenen Definition eines wahren Verbrechers gesucht. Menschen sollten nur dann aus der Gesellschaft entfernt werden, wenn sie für diese Gesellschaft eine andauernde oder gelegentliche Bedrohung darstellen. In der beiliegenden Tabelle lässt sich vielleicht eine Lösung für dieses Problem finden.

Als *gut* kann man jede konstruktive Überlebenshandlung bezeichnen. Es kann jedoch kein Aufbau stattfinden, ohne dass ein kleines Maß an Zerstörung erfolgt, genau wie die Mietskaserne niedergerissen werden muss, um dem neuen Apartmenthaus zu weichen. Was gut ist, wird außerdem durch den Gesichtspunkt des Einzelnen näher bestimmt. Damit etwas gut ist, muss es etwas zu diesem Menschen, seiner Familie, seinen Kindern, seiner Gruppe, zur Menschheit oder zum Leben beitragen. Damit etwas gut ist, muss es in solchem Maße konstruktiv sein, dass es die darin enthaltene Zerstörung überwiegt. Ein neues Heilmittel, das hundert Menschen rettet und einen Menschen tötet, ist ein annehmbares Heilmittel. Was dem Gesichtspunkt des einen Menschen zufolge gut ist, mag für einen anderen Menschen schlecht sein. Erhält A eine neue Arbeitsstelle, so ist dies für A gut, aber vielleicht schlecht für B, der nämlich entlassen wurde, sodass A die Stelle erhalten konnte. Gut ist Überleben. Gut bedeutet, mehr im Recht als im Unrecht zu sein. Gut bedeutet, in größerem Maße erfolgreich zu sein, als man Misserfolge hat, und zwar in konstruktiven Richtungen. Diejenigen Dinge sind gut, die das Überleben des Einzelnen, seiner Familie, seiner Kinder, seiner Gruppe, der Menschheit, des Lebens und von MEST ergänzen. Diejenigen Handlungen sind gut, die auf diesen Dynamiken in größerem Maße förderlich als zerstörerisch sind, modifiziert durch den Gesichtspunkt des Einzelnen, der künftigen Generationen, der Gruppe, der Menschheit, des Lebens oder von MEST.

Böse ist das Gegenteil von gut und umfasst alles, was in Bezug auf irgendwelche der verschiedenen Dynamiken zerstörerischer als konstruktiv ist. Schafft etwas mehr Zerstörung, als es Aufbau hervorbringt, so ist es gemäß dem Gesichtspunkt des Einzelnen, der Zukunft, der Gruppe, der Spezies, des Lebens oder des MEST, die dadurch zerstört werden, böse. Ist eine Handlung in größerem Ausmaß zerstörerisch als konstruktiv, so ist sie böse. Fördert eine Handlung in größerem Maße Unterliegen als Überleben, so ist sie in dem Maße böse, wie sie zerstört. Etwas ist böse, von dem für den Einzelnen, die Zukunft, die Gruppe, die Menschheit, das Leben oder MEST mehr Zerstörung droht, als Aufbau zu erwarten ist.

Direkt ausgedrückt ist das Gute Überleben. Das Böse ist Nichtüberleben. Aufbau ist gut, wenn er das Überleben fördert. Zerstörung ist schlecht, wenn sie das Überleben hemmt. Aufbau ist böse, wenn er das Überleben hemmt. Zerstörung ist gut, wenn sie das Überleben fördert.

Eine Handlung oder ein Entschluss sind in dem Maße richtig, wie sie das Überleben des Einzelnen, der Zukunft, der Gruppe, der Menschheit oder des Lebens fördern, die den Entschluss fassen. Vollständig Recht zu haben würde bedeuten, bis in die Unendlichkeit zu überleben.

Eine Handlung oder ein Entschluss sind in dem Maße falsch, wie sie Nichtüberleben für den Einzelnen, die künftigen Generationen, die Gruppe, die Spezies oder das Leben bedeuten, die für das Ausführen der Handlung oder das Treffen der Entscheidung verantwortlich sind. Ein Mensch kann in keinem größeren Ausmaß Unrecht haben, als tot zu sein.

Eine Person oder Gruppe, die durchschnittlich gesehen mehr Recht als Unrecht hat (da diese Begriffe bei weitem nicht absolut sind), sollte überleben. Eine Person, die durchschnittlich mehr Unrecht als Recht hat, wird unterliegen.

Alle Entschlüsse werden durch die Zeit verändert, da ein einziger falscher Entschluss in einer Notsituation das Nichtüberleben des betreffenden Menschen oder der Gruppe verursachen kann.

Menschen oberhalb von 2,0 auf der Tonskala haben in ihren Handlungen und Entschlüssen in zunehmendem Maße mehr Recht als Unrecht, je höher sie auf der Tonskala steigen. Menschen unterhalb von 2,0 haben durchschnittlich gesehen in zunehmendem Maße mehr Unrecht als Recht, je mehr sie auf der Tonskala sinken; dies bezieht sich auf alle Bereiche.

Akzeptiert man diese Grundannahmen und Axiome, so lässt sich beobachten, dass man bis zu einem gewissen Grade voraussagen kann, was man von Menschen ober- oder unterhalb von 2,0 auf der Tonskala erwarten kann. Ein vernünftiger Mensch versucht, ein gewisses Maß an Vernunft in die Handlungen anderer hineinzulesen. Ein Mensch, der in Richtung Überleben strebt, neigt dazu, das Verhalten anderer als Überlebensanstrengungen einzuschätzen. Er mag bei einem Menschen unterhalb von 2,0 Dinge sehen, die er lediglich für aberrierte Ungenauigkeit oder gelegentliche Fehler hält. Unterzieht man dies jedoch einer genaueren Beobachtung, so wird sich herausstellen, dass der Mensch unterhalb von 2,0 zahlreiche Fehler ansammelt, sogar wenn er sich gelegentlich im Recht befindet, und dass er dazu neigt, das Nichtüberleben seiner selbst herbeizuführen, der Zukunft, der Gruppe und, durch Ansteckung, der Menschheit, zu der er gern dazugehören würde. Unterhalb von 2,0 liegt Verderben. Dieses Verderben kann sich auf einer abgestuften Skala zeigen. Es mag lediglich als Nörgeln, Vergesslichkeit oder gelegentlicher Klatsch auftreten, ist jedoch zerstörerisch und böse. In früheren Zeiten hätte eine gestrenge Stimme diejenigen Menschen, die unterhalb von 2,0 sind, als Diener des Bösen und „Handlanger des Teufels" bezeichnen können.

Diese wenigen Axiome sollten den Auditor bis zu einem gewissen Grad in die Lage versetzen, Handlungen vorauszusagen und die Gründe zu kennen, warum er von Preclears bestimmte Handlungen erwarten sollte.*

*Es gibt nur sehr wenige experimentelle Nachweise in Bezug auf viele Aspekte des Theta-Körpers oder, wie man ihn auch bezeichnen könnte, der Seele des Menschen. Sie unterscheidet sich von der zellularen oder genetischen Linie, hat offenbar ihre eigene Persönlichkeit und folgt einer fortdauernden Linie durch die verschiedenen Generationen hindurch – vielleicht stößt sie zu bestimmten Zeiten an einen Punkt vor, an dem sie sich vom Menschengeschlecht trennt und ins Theta-Universum eintritt, wenn man davon ausgehen kann, dass es ein solches gibt. Aufgrund der bis jetzt angesammelten Daten scheint es auch, dass ein Teil des Enthetas durch die Generationen hindurch mit vorangetragen wird, da es Engramme im Theta-Körper gibt, wenn auch in viel geringerem Ausmaß – dies trifft insbesondere auf das Todes-Engramm zu, wo sich der Theta-Körper sehr deutlich zeigt, so stark nämlich, dass der Auditor unfehlbar den Fall des Preclears ins Stocken bringen wird, wenn der Preclear das Todes-Engramm eines früheren Lebens präsentiert und der Auditor es nicht auditiert. Es scheint ganz eindeutig die Möglichkeit zu bestehen, dass der Theta-Körper im Verlaufe der Generationen beginnen könnte, ein Übermaß an Entheta mit sich zu tragen, indem er sich zu lange in den tieferen Bereichen der Tonskala aufhält. Es ließe sich die Annahme aufstellen, dass sich der Theta-Körper gänzlich in einen Entheta-Körper verwandeln und somit aus den fortlaufenden Verkettungen des Überlebens hinausgeraten könnte. Es lässt sich nicht mit Sicherheit sagen, welches Schicksal ihn dann erwarten würde.

Allgemeine Beschreibung von Prozessing

Dianetisches Prozessing ist relativ einfach. Für die Hilfe, die der Auditor dem Preclear gibt, stehen gewöhnlich ein Sessel und eine Couch zur Verfügung. Normalerweise sitzt der Preclear zunächst und beantwortet die Fragen, die ihm der Auditor für eine Art Bestandsaufnahme stellt. Eigentlich ist dies der Beginn des Prozessings, obwohl es so scheinen mag, dass der Auditor einfach Informationen erhalten will, die er später gebrauchen kann. Während der Bestandsaufnahme wird durch das Interesse des Auditors am Preclear Affinität zwischen ihnen aufgebaut. Die Besprechung des Falles erhöht die Kommunikation. Und die Tatsache, dass der Auditor die ersten Auswertungen des Preclears über seinen eigenen Fall akzeptiert, baut ein Gefühl der Realität auf.

Diese wünschenswerten Zustände von ARK kann der Auditor zerstören, indem er gelangweilt und nicht an seinem Preclear interessiert ist, indem er sich rechthaberisch zeigt oder verlangt, dass weniger Zeit verbraucht wird, indem er den Preclear in irgendeiner Weise kritisiert oder ganz allgemein gegen den Auditorenkodex verstößt.

Der Auditor prüft dann den Fall; er findet heraus, ob sich der Preclear auf der Zeitspur bewegen kann, findet heraus, ob dieser ein gutes Gedächtnis hat, und schätzt ein, auf welcher Tonstufe der Preclear sich wahrscheinlich befindet.

ACHTUNG: UNTER KEINEN UMSTÄNDEN SOLLTE DER AUDITOR DEM PRECLEAR SAGEN, WO SICH DER PRECLEAR SEINER MEINUNG NACH AUF DER TABELLE BEFINDET. DER AUDITOR SOLLTE SICH IN KEINER WEISE VERLEITEN LASSEN, DEM PRECLEAR ZU SAGEN, WO DIESER SICH SEINER MEINUNG NACH AUF DER TABELLE BEFINDET; EIN NIEDRIGER WERT AUF DER TABELLE BEDEUTET NÄMLICH IM GRUNDE EINE ABWERTUNG DES PRECLEARS SELBST.

(Der Auditor braucht diese Information nicht einmal durch die Art und Weise zu enthüllen, wie er das Prozessing einleitet, denn jeder Fall kann damit rechnen, Lock-Scanning und Straightwire zu erhalten. Tatsächlich kann sich ein Fall weit oben auf der Tonskala befinden, aber so stark abgesperrt sein, dass Lock-Scanning und Straightwire verwendet werden müssen.)

Der Auditor vertieft seine Untersuchung des Falles, indem er den Preclear bittet, sich auf die Couch zu legen und die Augen zu schließen. Früher herrschte eine gewisse Verwirrung über den Zustand, der als *Reverie* bezeichnet wird. Der einzige Unterschied zwischen dem Zustand der Reverie und dem Zustand des Wachseins besteht eigentlich darin, ob man in der Gegenwart oder nicht in der Gegenwart ist. Reverie ist nicht im Entferntesten mit Hypnose verwandt. Im Gegensatz zu früheren Methoden bringt der Auditor den Preclear nicht durch Zählen in einen Zustand der Reverie oder Konzentration. Sobald der Auditor den Preclear bittet, die Augen zu schließen, und der Preclear dieser Anweisung nachkommt, kann er davon ausgehen, dass sich der Preclear in Reverie befindet. Bewegt sich der Preclear nicht auf der Zeitspur, dann ist es nicht etwa deshalb so, weil er sich nicht in Reverie befinden würde, sondern weil er in einem Engramm feststeckt oder einen stark geladenen Fall hat.

Der Auditor testet die Wahrnehmungseindrücke des Preclears, indem er den Preclear einfach bittet, zu einer vor kurzem eingenommenen Mahlzeit zurückzugehen oder zu einem Moment des Vergnügens, den er kürzlich erlebt hat, und ihn diesen Moment mehrere Male erzählen lässt. Dieses Erzählen soll jedoch nicht einfach als Vorstellung dieses Momentes erfolgen, sondern so, als ob er sich direkt am Schauplatz befinden und wieder die Dinge tun würde, die er damals getan hat. Dies wird als *Testen* oder *Einspielen der Wahrnehmungseindrücke* bezeichnet. Der Auditor versucht hier herauszufinden, ob der Preclear wirklich ein Schnitzel, das er gegessen hat, nochmals schmecken kann, die Szene nochmals genauso anschauen kann, wie sie war, nochmals Messer und Gabel in seinen Händen spüren und das Gespräch in seiner Umgebung wieder hören kann, sein Gewicht auf dem Stuhl spüren und ganz allgemein das Geschehnis wiedererleben kann. Geht man mehrere solche Vergnügensmomente durch, so kommt es gelegentlich vor, dass einige der abgesperrten Wahrnehmungseindrücke in Gang kommen und sich einschalten. Jedenfalls ist das Durchlaufen von Vergnügensmomenten sehr gut, um den Preclear auf der Tonskala nach oben zu bringen.

Nach einem Test der Wahrnehmungseindrücke schickt der Auditor den Preclear zu einem Punkt auf der Zeitspur, an dem der Preclear ein Somatik hat (einfach indem er ihn bittet, zu einem Moment einer sehr leichten Verletzung zurückzugehen). Der Auditor auditiert das Geschehnis. Das Somatik wird, wenn der Preclear es überhaupt verspürt, für gewöhnlich zurückgehen. Dabei sollte es sich um einen kürzlich erlebten Moment körperlichen Schmerzes handeln, und die Verletzung sollte sehr geringfügig sein, wie zum Beispiel ein Schnitt in den Finger oder eine angestoßene Zehe. Dadurch erhält der Preclear eine Vorstellung davon, was von ihm erwartet wird.

Besondere Aufmerksamkeit sollte der Auditor der Tatsache widmen, dass er eigentlich seinen Preclear darin übt, sich auf der Zeitspur zu bewegen. Vielleicht muss er dem Preclear mehrmals gut zureden, bis er begreift, dass er sich in einem zurückliegenden Geschehnis befinden und es nochmals erleben soll. Er mag versuchen, nur die Vorstellung dieses Geschehnisses zu erzählen, anstatt es so wahrzunehmen, als ob er mitten darin wäre und es nochmals erleben würde. Vielleicht versucht er, frei zu assoziieren, und irrt daher auf der ganzen Zeitspur umher, wobei er hier und dort ein wenig aufschnappt und einzelne Daten herausfischt, die relativ wertlos sind.

Nachdem der Auditor die Wahrnehmungseindrücke eingeschätzt hat, sollte er entsprechend der Tabelle fortfahren. Zu diesem Zeitpunkt sollte er seinen Preclear eindeutig auf dieser Tabelle ausfindig gemacht haben. (Der Auditor wird Fragen von fast unbegrenzter Vielfalt gestellt haben. Indem er einfach die Daten in verschiedenen Spalten und Stufen der Tabelle benutzt, kann er eine stereotype Herangehensweise vermeiden und mit Sicherheit diejenigen Informationen hervorholen, die er benötigt. Die bedeutsamsten

Punkte bei diesem Eröffnungstest sind Bewegung auf der Zeitspur sowie die Fähigkeit des Preclears, Somatiken zu spüren.) Der Auditor fährt gemäß der Tabelle mit dem Prozessing fort, wobei er ab und zu prüft, ob der Preclear auf der Tonskala gestiegen ist. Stellt er fest, dass dies der Fall ist, so kann er zusätzliche Methoden verwenden, wie sie auf der Tabelle angegeben sind. Insbesondere sollte sich der Auditor davor hüten, bei einem Preclear Methoden zu verwenden, die oberhalb der Tonstufe des Preclears liegen. Es ist besser, sich in der Weise zu irren, Methoden zu verwenden, die sich unterhalb der Tonstufe des Preclears befinden. Menschen, die relativ tief auf der Tonskala sind, haben so wenig freies Theta für das Prozessing verfügbar, dass dieses Theta während einiger Zeit durch die sanftesten und leichtesten Methoden erhalten und vermehrt werden muss, bis der Preclear auf der Tonskala steigt.

Sollte der Auditor feststellen, dass sich der Preclear in einer Spalte auf einer hohen und in einer anderen Spalte auf einer niedrigen Stufe befindet, so sollte er einen Mittelwert nehmen und so die ungefähre Stellung auf der Tonskala ermitteln.

Gelingt es dem Auditor nicht sofort, den Preclear auf der Tonskala einzustufen, so ist es im Allgemeinen sicher, ohne große Untersuchung des Falles Lock-Scanning anzuwenden. Sogar bei einem Fall, der auf der Zeitspur feststeckt, lässt sich Lock-Scanning anwenden. Lässt man den Preclear seine Locks scannen und bleibt er in einem dieser Locks hängen, so kann ihn der Auditor normalerweise wieder herausholen, indem er Vergnügensmomente auditiert oder scannt, wenn er das Geschehnis, in dem der Preclear stecken blieb, nicht auditieren will. Sogar wenn der Preclear in einem Engramm feststeckt, kann man gewöhnlich Lock-Scanning mit ihm durchführen.

Der Auditor sollte sich nicht vom weit offenen Fall täuschen oder vom Weg abbringen lassen. Wie an anderer Stelle besprochen, ist dieser Fall etwas ganz Eigentümliches. Sonik und Visio können von zuoberst bis zuunterst auf der Tonskala vollständig vorhanden sein. Versucht man bei einem weit offenen Fall jedoch, Engramme (als Engramme) zu auditieren, wenn sich der Fall auf 0,5 oder 1,1 befindet, so hat dies einen langen und mühseligen Verlauf des Prozessings zur Folge, während dessen der Preclear mehr oder weniger statisch auf der Tonskala bleiben wird, ungeachtet dessen, wie viele Engramme aus diesem Fall ausauditiert werden. Befindet sich ein solcher Fall (oder irgendein Fall) niedrig auf der Tonskala, so absorbiert das Auditieren von Engrammen freies Theta. Außerdem wird sich der Preclear dem Auditieren von Engrammen ständig widersetzen, da er in Richtung Tod, Selbstmord oder weiteren Niedergang strebt, wenn er unterhalb von 2,0 ist. Keinerlei Pläne oder Hoffnungen für die Zukunft, keinerlei Überredungskünste, nichts wird diesen Preclear dazu bewegen, irgendetwas besonders Anstrengendes zu unternehmen, um sich zu helfen. Ein Preclear, der tief auf der Tonskala ist, lässt sich aber vielleicht dazu bewegen, einige der leichteren Methoden des Prozessings anzunehmen, da sie keine besondere Anstrengung verursachen und eigentlich seinen geplanten Niedergang nicht zu bedrohen scheinen (denn, nehmen Sie das ernst, der Preclear unterhalb von 2,0 hat, auf die eine oder andere Weise, die bewusste oder unbewusste Absicht, Fehlschläge und den darauf folgenden Tod für sich, seine Bekannten und seine Gruppe herbeizuführen). Der weit offene Fall muss mit Hilfe anderer Spalten als Visio und Sonik auf der Tonskala eingestuft werden. Am besten stuft man ihn nach seinem Sinn für Realität, dem sexuellen Verhalten, sonstigen Erscheinungen und nach dem Zustand der Somatiken ein. Mit dem weit offenen Fall, der tief auf der Tonskala ist, muss sehr behutsam umgegangen werden, da wir hier im Gegensatz zum abgesperrten Fall eine so geringe Beharrlichkeit haben, dass dieser Mensch nach den Befehlen jedes beliebigen Engramms umhertreibt oder beim geringsten Druck der Umgebung seine Richtung ändert. Ein weit offener Fall, der tief auf der Tonskala ist, hat, außer in aberrierter Form, keinerlei Verantwortungsgefühl gegenüber sich selbst, der Zukunft oder der Gruppe. Das Durchhaltevermögen ist so gering, dass jeder Auditing-Fehler den Fall dazu veranlassen kann, sich von allem Prozessing zurückzuziehen. Dieser Mensch erklimmt Maulwurfshügel, als handle es sich um Berge. Dieser Fall kann die größte Prüfung für den Auditor sein und wird leider die unbefriedigendsten Endergebnisse zeigen. Natürlich kann sich der weit offene Fall auch nur vorübergehend wegen einer bestimmten Situation in seiner Umwelt tief auf der Tonskala befinden. Ist dies der Fall, so tut der Auditor gut daran, sich nach Kräften einzusetzen, um diese Situation zu klären, bevor er mit Auditing beginnt.

Befindet sich dieser Fall tief auf der Tonskala, so ist er infolge des launenhaften Verhaltens für den Auditor ebenfalls eine große Belastung. Handelt es sich um eine Frau, so bietet sie sich vielleicht ganz frei dem

Auditor an, wobei sie ihre Stellung im Leben, ihren Ehemann, ihre Zukunft, die sie auf diese Weise vielleicht zunichtemacht, das Schicksal ihrer Kinder missachtet, falls sie welche hat, und jegliche anderen Betrachtungen außer Acht lässt. Wehe dem glücklosen Mann, der einen solchen Fall auditiert und sich mit diesem Ausbund an Zerstörung einlässt, denn genauso wie einen anderen wird sie auch ihn betrügen; genauso unehrlich, wie sie sich einem anderen gegenüber verhält, wird sie sich auch dem Auditor gegenüber verhalten. Die Unehrlichkeit wird sich nicht nur auf Täuschung und Betrug erstrecken (indem sie sich vielleicht frei dem Auditor hingibt und dann direkt zur Polizei geht, um ihn wegen Verführung verhaften zu lassen, und indem sie die größte Geheimhaltung um irgendeine Beziehung verspricht und dennoch überall Hinweise auf diese Beziehung verstreut), sie wird aber genauso während des Prozessings unehrlich sein und die verdrehtesten, verfälschtesten Szenen ihres eigenen Lebens vorbringen, einfach um das Bild zu verwirren. Wurde sie im Reichtum aufgezogen, so wird sie sich als in Armut aufgewachsen vorstellen. Wurde sie in ärmlichen Verhältnissen aufgezogen, so wird sie sich als Prinzessin darstellen. Normalerweise wird sie stolz auf ihre schauspielerischen Fähigkeiten sein und sich häufig winden und stöhnen und über irgendein Geschehnis weinen, von dem sie ganz bewusst weiß, dass es eingebildet ist. In den weit offenen Fall darf man keinerlei Vertrauen setzen, wenn er sich unterhalb von 2,0 auf der Tonskala befindet. Übrigens kann man auch einem abgesperrten Fall unterhalb von 2,0 auf der Tonskala nicht vertrauen. Doch ist der weit offene Fall viel täuschender und neigt viel eher zu den unglaublichsten Launen im Verhalten sowie zu Wahnvorstellungen.

Der männliche weit offene Fall ist nicht weniger schwierig und aufreibend, doch (seltsamerweise) scheint er Beobachtungen zufolge viel hartnäckiger als der weibliche Fall zu sein, entweder in Richtung Zerstörung oder in Richtung Überleben.

Der Auditor wird seine Probleme mit Preclears haben, die Aufmerksamkeit wollen, aber kein Prozessing. Diese Preclears können automatisch unterhalb von 2,0 eingestuft werden. Schneller kann man jemanden auf der Tabelle gar nicht einstufen. Der Preclear, der keinerlei Prozessing will (obwohl er einige der damit verbundenen Prinzipien versteht und weiß, dass sie ihm nicht schaden werden), ist wie der Preclear, der Prozessing nur will, damit ihn jemand behütet, gleichermaßen auf Unterliegen ausgerichtet; und beide werden ihr Möglichstes daransetzen, den Auditor mit sich herunterzuziehen. Da „Erschießen und schnelles Begraben" solcher Leute missbilligt wird, zumindest heutzutage, sollte der Auditor seinen Scharfsinn einsetzen, wenn er sie weiterhin auditieren möchte. Er sollte sehr leichte Methoden verwenden und äußerst behutsam vorgehen. Auf diese Weise gelingt es ihm vielleicht, seinen Preclear in ausreichendem Maß über 2,0 hinaus nach oben zu bringen, sodass er von diesem Punkt aus fortgesetzt in Richtung Überleben geht.

Bei dieser Bestandsaufnahme und wenn er den Preclear auf der Tabelle einstuft, sollte der Auditor daran denken, dass Menschen unterhalb von 2,0 nicht unbedingt sofort erkenntlich sein müssen. Die Tatsache, dass sie Prozessing annehmen, ist vielleicht nur ein Mittel, um sich Aufmerksamkeit zu sichern. Der Auditor kann jedoch unter Verwendung leichter, routinemäßiger Methoden den nötigen Anstieg auf der Tonskala herbeiführen, um den Fall dahin zu bringen, dass er sich löst.

Der Auditor sollte sich vor Augen halten, dass es um einen Wettstreit zwischen seinem eigenen Theta, seiner Vernunft, seiner Gelassenheit und Ausdauer, und dem Entheta des Preclears, seinen Locks, Secondarys und Engrammen geht. Sobald der Auditor es zulässt, dass sein eigenes Entheta den Preclear angreift, entsteht Turbulenz, und ein Absinken des Preclears auf der Tonskala ist die Folge. Sich dem Preclear gegenüber wütend, kritisch, dumm, gierig, zerstörerisch oder böswillig zu verhalten, kehrt das Prozessing somit um. Der Preclear ist für seine Engramme nicht verantwortlich. Der Auditor befasst sich mit dem, was dem Preclear *an*getan worden ist, und nicht mit dem, was der Preclear *ge*tan hat. Der Auditor sollte keine krankhafte Neugierde hinsichtlich der Handlungen des Preclears zeigen. Er sollte nicht den persönlichen Handlungen des Preclears nachforschen, es sei denn, er benötige die Dramatisationen des Preclears, um darin einen Hinweis auf die Engramme zu finden, welche die Dramatisationen verursachten. Auf den Preclear wütend zu werden, weil der Preclear ein Engramm nicht durchlaufen will, wird den Preclear mit Sicherheit auf der Tonskala absinken lassen. Der Auditor, der Arme, muss seine Geduld auch angesichts von Vorwürfen des Preclears bewahren. Er darf sich *nie* rechtfertigen, wenn der Preclear denkt, er habe einen Fehler gemacht. Denn, wenn er erklärt, warum es kein Fehler gewesen sei, so enturbuliert dies die Situation nur noch stärker.

Ist der Preclear auf Anweisung des Auditors zu einem vor der Gegenwart liegenden Zeitpunkt zurückgekehrt, so sollte der Auditor unter keinen Umständen mehr Worte als absolut notwendig gebrauchen und (in dieser Zeit besonders) sorgfältig darauf achten, den Auditorenkodex einzuhalten, da das Geschehnis Anaten enthalten kann und der Preclear vielleicht für hypnotische Suggestionen empfänglich ist. Dies trifft ebenfalls auf Boil-off zu. Während eines Boil-offs sollte der Auditor nicht zum Preclear sprechen und auch nicht versuchen, ihn wachzurütteln, nur weil er glaubt, der Preclear versuche einfach einzuschlafen.

Die Sitzungen können von beliebiger Dauer und Häufigkeit pro Woche sein, entsprechend der Vereinbarung zwischen Auditor und Preclear. Sitzungen von zweistündiger Länge werden normalerweise als das Minimum betrachtet, da es gelegentlich so lange dauert, um genügend Engramme zu kontaktieren und auszuauditieren oder um genügend Lock-Scanning durchzuführen, damit sich die Sitzung lohnt. Bis zu sechs Stunden Prozessing pro Tag können ohne Beeinträchtigung der Wirksamkeit abgehalten werden. Und dies kann sieben Tage in der Woche gemacht werden, ohne dass es dem Preclear schadet. Hier könnte man noch hinzufügen, dass der Preclear nach Empfehlung von Ärzten bei solch intensivem Prozessing eine ausgewogene Vitaminration zu sich nehmen sollte, da er sonst vielleicht unter Alpträumen leidet. Offenbar wird nämlich beim Durchlaufen von Engrammen Vitamin B_1 im Organismus abgebaut.*

Im Allgemeinen würde man bei einem Fall zunächst Straightwire und daraufhin etwas Lock-Scanning benutzen, dann einige Secondary-Engramme

*Die Erfahrung innerhalb der Stiftung hat gezeigt, dass noch einige weitere Vorsichtsmaßnahmen in Bezug auf Preclears getroffen werden sollten. Der Auditor sollte sich vergewissern, dass er den Preclear nicht auditiert, wenn dieser müde oder krank ist, dass er ihn nicht spät am Abend auditiert, wenn der Preclear normalerweise schlafen würde, dass der Preclear genügend ausgeruht ist und dass er nicht während Zeiten auditiert wird, wenn seine gegenwärtige Umgebung für ihn sehr stark restimulierend wirkt. Es wurde festgestellt, dass diejenigen Preclears, mit denen die Stiftung irgendwelche Schwierigkeiten hatte, spät abends auditiert worden waren, ungenügend ernährt waren und zu wenig Vitamin B1 zu sich nahmen, dass sie während sehr stark restimulierender Situationen in der Umgebung auditiert wurden (was sowieso ein Sinken auf der Tonskala hätte bewirken können) und zu einer Zeit, als sie körperlich müde waren. Alle diese Personen hatten eine psychotische Vorgeschichte. Obwohl die Stiftung nicht einmal ein zehntel Prozent derjenigen Schwierigkeiten erlebte, die Praktizierende nicht-Dianetischer Methoden im Verhältnis dazu erleben, hat die Stiftung ein sorgfältig ausgearbeitetes Programm eingeführt, um solche Zustände und Situationen zu vermeiden.

auditieren, um Gram oder Furcht zu vermindern, und danach mit dem Auslöschen des Falles beginnen, indem man den ersten Augenblick von Schmerz oder Unbehagen in diesem Leben kontaktiert (der sich gewöhnlich irgendwo in der Gegend um die Empfängnis herum befindet). Wenn bei dem Fall genügend Entheta in Theta umgewandelt worden ist, so wird sich dieses erste Engramm auslöschen lassen. Gelingt dies nicht, so ist noch zu viel Ladung in Secondarys und Locks vorhanden. Wenn das erste Engramm im Fall (das als *Basik-Basik* bekannt ist) ausgelöscht worden ist, sollte das nächstfolgende Engramm kontaktiert und seinerseits ausgelöscht werden und so weiter, durch die Bank hindurch zur Gegenwart hin. Irgendwo auf diesem Wege wird neuer Gram auftauchen und es wird erforderlich sein, einige weitere Secondary-Engramme auszuauditieren. Daraufhin schickt man den Preclear wiederum zum ersten Moment von Schmerz oder Bewusstlosigkeit zurück, der sich dann beim Fall finden lässt. Vermutlich werden Engramme der Grundzone aufgetaucht sein. Sie werden in fortlaufender Reihenfolge in Richtung Gegenwart ausgelöscht, bis wieder Schwierigkeiten auftauchen. Danach werden weitere Secondarys auditiert und weitere Locks gescannt, und der Preclear wird wiederum zur Grundzone zurückgeschickt, wo das Auslöschen fortgesetzt wird. Früher oder später wird sich dieses Auslöschen über die ganze Strecke bis in die Gegenwart fortsetzen lassen. Nachdem der Auditor danach ein paar vereinzelte, bis dahin übersehene Engramme auditiert hat, wird er einen Clear vor sich haben – vorausgesetzt, dass der Auditor überhaupt hoch genug auf der Tonskala war, um die Desenturbulierung dieses Falles bis an den Punkt voranzubringen, an dem man beginnen könnte, Engramme bei ihm zu auditieren.

Ein abgesperrter Fall mag durch Engramme derart stark geladen sein, dass er nur zu Boil-off imstande ist. Dies wird wie eine Form von Schlaf erscheinen, und der Auditor hat vielleicht das Gefühl, er werde um seine Gelegenheit gebracht, in Aktion zu treten. In einem solchen Fall darf jedoch dieser „Schlaf" nicht gestört werden, ganz unabhängig davon, wie viele Stunden Prozessing durch diesen scheinbaren Schlaf verbraucht werden. Wenn der Preclear aus diesem Zustand herauskommt, sollte man jedoch den Satz, der diesen Boil-off ausgelöst hat, nochmals wiederholen lassen, wodurch der Preclear wieder in den „Schlaf" zurückversetzt wird. Auf diese Weise wird der Fall von enormen Mengen Anaten befreit.

Der Auditor kann sich auch einem Preclear gegenübersehen, bei dem sich nur Sätze auditieren lassen und der scheinbar nirgendwo ein ganzes Geschehnis finden kann. Mit diesem Preclear sollte viel Lock-Scanning durchgeführt werden. Es ist jedoch ebenfalls nützlich, den Preclear diese Bruchstücke von aberrativen Sätzen durchlaufen zu lassen, da er früher oder später durch einen dieser Sätze in einen Boil-off oder eine plötzlich auftauchende Gramladung geraten wird.

Der Auditor sollte sich durch keinen einzigen Falltypus entmutigen lassen. Mit den hier vorgelegten Techniken wie Lock-Scanning, Auditieren von Secondarys und Engrammen, Boil-offs, Direkterinnerung und sogar dem Auditieren von zusammenhanglosen Sätzen, wird sich jeder Fall, den man irgendwie zur Zusammenarbeit bringen kann, lösen lassen.

Der Auditor sollte sich besonders davor hüten, seinen Preclear in irgendein stark geladenes Secondary hineinzubringen, es sei denn, er beabsichtigt, den Preclear immer und immer wieder hindurchzuschicken, bis die Ladung reduziert ist, wie sehr der Preclear auch damit aufzuhören wünscht und welche Mittel er auch immer gebrauchen mag, um wieder herauszukommen. Manchmal gehört sehr viel Mut seitens des Auditors dazu, da die nackte Angst und Qual oder äußerster Gram des Preclears den Auditor aus fälschlichem Mitleid dazu verleiten können, angesichts eines solchen Secondary-Engramms nachzugeben.

Bei einem sehr stark geladenen Fall sollte der Auditor sorgsam darauf achten, ihn nicht in mehr hineinzulenken, als der Fall bewältigen kann. Prozessing sollte so wenig lenkende Anweisungen wie möglich enthalten; der Auditor sollte nur gerade so viel sagen, dass der Fall zum Laufen gebracht wird. Die meisten Auditoren sprechen zu viel.

Der Auditor sollte seine Aufgabe nie mit Psychotherapie oder Medizin durcheinanderbringen. Der Arzt ist in der Gesellschaft wichtig: Bakterien sind Bakterien. Prellungen, Quetschungen, Knochenbrüche und Geburtshilfe werden uns noch lange Zeit begleiten. Nur weil der Auditor mit Leichtigkeit die meisten der früher als psychosomatische Krankheiten bezeichneten Erscheinungen beheben kann, sollte er nicht die Realität vieler Arten körperlicher Störungen außer Acht lassen. Der Auditor versucht, den Einzelnen auf der Tonskala nach oben zu bringen. Nebenbei wird dadurch bewirkt, dass dieser Mensch den größten Teil der körperlichen Schwierigkeiten,

Komplexe und Zwänge umgeht. Trotzdem kann der Preclear gelegentlich ärztliche Behandlung benötigen. Ganz sicher hebt es auch nicht die Notwendigkeit auf, offensichtlich geisteskranke Menschen in eine Anstalt einzuweisen, ganz gleich, was die Dianetik für diese Menschen tun kann. Der Auditor sollte somit in direktem Einklang mit Ärzten arbeiten und ihnen helfen, seine Tätigkeit sowie die Dianetik zu verstehen; und er sollte versuchen, Ärzte darin zu unterrichten, dass sie weniger und leichtere Engramme verursachen. Der Auditor sollte die Hunderte von einander widersprechenden Psychotherapien und alle ihre Praktiken unbeachtet lassen, da ihn die Erfahrung lehren wird, dass es der geistigen Gesundheit seines Preclears sehr abträglich ist, wenn ihm gesagt wird, was er von seinen Engrammen und anderen aberrativen Erscheinungen halten soll.

Der Auditor sollte erkennen, dass er in einer relativ tief auf der Tonskala liegenden Gesellschaft arbeitet, die nicht besonders aufgeklärt ist. Die Dianetik wird ihm gegenüber ständig abgewertet werden, wie dies bei jeder konstruktiven oder kreativen Tätigkeit der Fall ist. Wenn der Auditor einfach vorwärtsgeht und Fälle rasch auf der Tonskala hinaufbringt, wird er seine Schlacht gewinnen. In seinen Händen hat er Mittel, die mächtiger als diejenigen sind, die bisher existierten. Er sollte sie einsetzen.

Der Auditor sollte bei keinem Fall die Hoffnung verlieren. Er kann für jeden Fall, der ihm auch nur im Entferntesten Aufmerksamkeit widmen wird, etwas tun. Im Verlauf jedes Falles wird es Augenblicke geben, in denen der Fall scheinbar einen Rückschritt erlebt, wenn Umstände in der Umwelt einen Fall schwer treffen oder wenn ein Engramm von ungewöhnlicher Stärke sich auf dem Weg an die Oberfläche befindet. Der Auditor sollte deshalb nicht die Hoffnung verlieren, da er lediglich auf die Prozessing-Arten für tiefere Stufen auf der Tonskala zurückgreifen muss, um so den Preclear wieder auf die richtige Stufe zu bringen. Der Auditor sollte es zu schätzen wissen, dass jeder Fall Fortschritte macht, nicht in einer schönen, geraden Linie, sondern in Schwüngen und ruckartig, und dass nur der durchschnittliche Fortschritt gleichmäßig erfolgt. Früher lösten veraltete Therapien gelegentlich ein manisches Engramm aus. Da man nichts über die Ursache menschlicher Aberration wusste, war man mit der Annahme zufrieden, aus diesem plötzlichen Hochgefühl des Patienten auf einen Fortschritt schließen zu können. Der Auditor wird die Erfahrung machen, dass diese plötzlichen

Hochflüge zu neuen Höhen des Wohlbefindens einfach symptomatisch für ein Engramm sind, das einige sehr lobende Sätze enthält. Oft wird er erleben, dass sein Preclear in höchster Euphorie behauptet, er sei jetzt Clear, muss den Fall jedoch zwei oder drei Tage später in einen deprimierten Zustand zurücksinken sehen. Durch Lock-Scanning und Ausauditieren des Engramms, das diesen Zustand verursacht hat, kann der Auditor dieser Situation mit Leichtigkeit abhelfen.

Der Auditor wird sicher im Verlauf jedes Falles einige beunruhigende Erscheinungen zu sehen bekommen, während der Preclear auf der Zeitspur zurückgekehrt ist. Durchläuft der Preclear ein Engramm, das Fieber enthält, so wird er erhöhte Temperatur haben. Durchläuft er Engramme, die er früh in seinem Leben erhalten hat, so wird seine Gesichtsstruktur sich verändern. Durchläuft der Preclear sehr stark geladene Engramme, beginnt er vielleicht zu schreien, und zwar so laut, dass die Nachbarn einen Häuserblock weit entfernt die Polizei benachrichtigen. Keine dieser Erscheinungen sollte den Auditor beunruhigen. Die einzige Art, wie der Auditor dem Preclear schaden kann, besteht darin, das, was der Preclear kontaktiert hat, nicht wegzuauditieren. Wird der Auditor beunruhigt, weil das Herz des Preclears doppelt so schnell wie normal schlägt oder weil der Preclear stöhnt und weint, und versucht er deshalb, den Preclear in die Gegenwart zurückzuholen, so leistet er Schwierigkeiten direkt Vorschub. Während der Preclear zurückgekehrt ist, mögen die Auswirkungen eines Engramms nur geringfügig in Erscheinung treten. Bringt man den Preclear jedoch in die Gegenwart zurück, ohne dieses Engramm zu reduzieren, so verstärkt sich ihr Ausmaß um ein Vielfaches. Das Somatik mag an der Stelle, an der es auf der Zeitspur auftrat, vielleicht nicht sehr stark sein. In der Gegenwart ist es jedoch stark intensiviert. Das sicherste Vorgehen besteht also darin, alles auszuauditieren, was immer man kontaktiert, sogar wenn man sich dabei die Ohren zuhalten muss oder wenn der Auditor aufgrund seiner Beobachtung des Preclears eindeutig feststellen muss, dass dieser Mensch vor ihm offenbar urplötzlich krank geworden ist. Reduziert er das Engramm oder das Geschehnis, so kommt der Preclear wieder völlig in Ordnung.

Vor allem sollte der Auditor seinen Werkzeugen vertrauen. Hat er dem Preclear gesagt, er solle zu der Zeit zurückgehen, als er fünf Jahre alt war, so sollte er dann nicht dasitzen und sich fragen, ob der Preclear nun zu dieser Zeit zurückgekehrt ist. Ganz sicher ist der Preclear mit einem Teil seines Verstandes in das Alter von fünf Jahren zurückgekehrt. Der Auditor befasst sich mit Gewissheiten. Er zweifelt nicht an den Handlungen des *Somatikstreifens* und des *Archivars*. Er nimmt das, was sie ihm angeben. Er auditiert alles, was zur Lösung des Falles erforderlich ist. Er setzt vollständiges Vertrauen in seine Werkzeuge und seine eigene Fähigkeit. Mit diesem vollständigen Vertrauen, das an sich schon ein Zeichen für Theta ist, kann der Auditor deutliche und beträchtliche Ergebnisse erzielen. Keine Ergebnisse wird er erzielen, wenn er mit dem Fall wankelmütig herumtrödelt, sich fragt, ob die Dianetik nun funktioniert oder nicht, was nun geschieht oder ob er nicht vielleicht doch „noch einmal Kapitel sechzehn lesen sollte", dann auf den Preclear schaut, sich denkt, dass diese vorgeburtlichen Engramme vielleicht doch Einbildung oder Wahnvorstellungen sind (und schließlich Leute in der Umgebung des Preclears befragt, ob dies dem Preclear tatsächlich geschehen sei), und sich in einem Zustand höchsten Zweifels im Allgemeinen und über den Fall im Besonderen befindet. Ergebnisse sind das, was gewünscht wird. Gesunde, Clear-denkende, starke Individuen sind zu diesem Zeitpunkt in dieser Gesellschaft äußerst notwendig. Sie sind so bemerkenswert selten.

Spalte AB
GEGENWART

EINES DER HAUPTANLIEGEN des Auditors ist die Gegenwart. Unter Gegenwart versteht man das momentane „Jetzt“ auf der Zeitspur. Eigentlich setzt sich die gesamte Zeitspur nur aus aufeinanderfolgenden Momenten der Gegenwart zusammen.

Kehrt ein Preclear zu einem Geschehnis zurück, indem er auf der Zeitspur zurückgeht, so kehrt er zu einer Gegenwart zurück, die es einmal gab. Infolge von Aktionssätzen, wie Zusammenpackern, Rausschmeißern, Verleugnern, Missweisern, und aufgrund der starken Ladung, die bei einem Fall vorhanden sein kann, kommt es gelegentlich vor, dass der Preclear ständig in einer vergangenen Gegenwart steckt. Und wenn man es versäumt, ein Geschehnis zu reduzieren, so mag es danach schwierig sein, den Fall in die jetzige Gegenwart zurückzubringen. Aus diesen Gründen muss der Auditor sowohl den Wert des In-der-Gegenwart-Seins klar verstehen als auch die Methoden, wie man seinen Preclear am Ende einer Sitzung in die Gegenwart zurückbringt.

Der Wert der Gegenwart wurde durch folgende Tatsache illustriert: Ginge man durch eine Anstalt und würde man einem Patienten nach dem anderen sagen: „*Komm in die Gegenwart*“, so würde ein bestimmter, geringer Prozentsatz der Insassen daraufhin geistig gesund werden. Die einfache Tatsache des In-der-Gegenwart-Seins ist an sich schon ein Faktor für die geistige Gesundheit. In einer bestimmten Anstalt führten einige Ärzte den oben beschriebenen Test mit den Patienten durch. Und eine Patientin, die seit geraumer Zeit geisteskrank war, sich für gewöhnlich zu sprechen weigerte und deren Gesicht ganz mit Akne überzogen war, reagierte auf diese Anweisung, kam in die Gegenwart und fand zu geistiger Gesundheit zurück, ohne dass ihr irgendetwas anderes verabreicht worden wäre. Berichten zufolge besuchte sie am selben Abend ein Fest in der Anstalt und hielt eine Rede, in der sie versicherte, wie froh sie sei, da zu sein. Innerhalb von drei Tagen war die Akne von ihrem Gesicht verschwunden. Und obwohl ihr Zustand geistiger Gesundheit natürlich bei weitem nicht verlässlich war, hielt er doch viele Wochen lang an. Es ist viel einfacher, jemanden aufzufordern, in die Gegenwart zurückzukehren, als Teile seines Gehirns zu zerhacken oder ihn mit Stromstößen hoher Spannungszahlen zu zertrümmern.

Laut der Einteilung in der Dianetik gibt es zwei Arten von Geisteskrankheit. Die erste Art ist der *dramatisierende Psychotiker.* Die zweite ist der *berechnende Psychotiker.*

Der dramatisierende Psychotiker geht immer und immer wieder durch das Engramm durch, in dem er feststeckt. Es befindet sich akut oder chronisch in Restimulation, und sein reaktiver Verstand veranlasst, dass seine Stimmbänder und sein Körper die Dramatisation durchlaufen, die vom Engramm verlangt wird. Für gewöhnlich ist dieser Fall in zwei oder drei Engrammen gefangen und wandert ohne Unterlass von einem zum anderen. Ein solcher Fall ist natürlich stark geladen, und der Versuch, die Engramme auszuauditieren, erweist sich nicht als sehr nützlich. Man muss Ladung vom Fall entfernen und ihn in die Gegenwart bringen. Kann man die Aufmerksamkeit des Psychotikers erhalten, so ist dies nicht besonders schwierig.

Die zweite Art von Geisteskrankheit ist berechnender Natur. Hier hat das Engramm einen gewissen Teil des Analysators als erobertes Gebiet abgetrennt, und ein Schaltkreis verursacht, dass dieser Teil des Analysators zum ganzen Wesen wird. Der Rest des analytischen Verstandes ist abgesperrt, und das „Ich" der Person tritt nicht in Erscheinung. Der Paranoiker ist gewöhnlich berechnend geisteskrank, das heißt, er dramatisiert nicht wie ein Plattenspieler, sondern scheint sich tatsächlich Dinge auszudenken. Der Schizophrene ist ein Mensch, bei dem durch verschiedene Schaltkreise, die eigentlich Valenzen sind, mehrere Teile des Analysators abgetrennt sind und der von einem Teil des Analysators zum anderen geht und nur gelegentlich, wenn überhaupt, zu sich selbst findet.

Sowohl beim dramatisierenden als auch beim berechnenden Psychotiker ist der größte Teil des Analysators durch Anaten und Aus-der-Gegenwart-heraus-Sein völlig abgesperrt. Wahrnehmungseindrücke in der Gegenwart werden nicht rational verarbeitet, da sie auf einen Engramm-Bereich auftreffen. Der springende Punkt bei jeder Behandlung von Psychotikern besteht vermutlich darin, sie in die Gegenwart zu holen und sie stabil darin zu halten. Alle Psychotiker haben stark geladene Fälle, und irgendwie muss diese Ladung vermindert werden. Dies mag vielleicht nach einer groben Vereinfachung des Problems klingen, doch besteht sicher die Möglichkeit, dass das Problem tatsächlich einfach ist. Der schwierigste Punkt bei der Behandlung von Psychotikern liegt darin, genügend Affinität, Realität und Kommunikation zwischen dem Psychotiker und dem Auditor herzustellen, um den Psychotiker dazu zu bewegen, dass er etwas unternimmt, um sich selbst zu helfen. Dies lässt sich durch Nachahmung des Psychotikers erreichen, was eine Form des Herstellens von Affinität ist, oder indem man den Psychotiker irgendwie in Kontakt mit der Welt der Gegenwart bringt.

Dieser kurze Exkurs über den Psychotiker soll hier die Wichtigkeit der Gegenwart veranschaulichen. Der Auditor sollte jedoch nicht glauben, dass er seinen Preclear leicht aus der Gegenwart bringen und dadurch Geisteskrankheit bei ihm auslösen kann. Ein solcher Fall müsste schon von vornherein an der Grenze zur Psychose stehen, und das Auditing müsste in so flagranter Weise gegen die Tabelle verstoßen, dass man voraussetzen kann, dass der Auditor, der eine solche Psychose zustande bringt, sowieso selbst ein Schwachsinniger oder Psychotiker sein müsste.

Jeder Preclear ist außerhalb der Gegenwart weniger aufgeweckt als in der Gegenwart. Menschen gehen durch ihr ganzes Leben in einem Zustand weit weg von der Gegenwart, ohne es je zu vermuten. Würde man sie in die Gegenwart zurückholen, so wären sie viel fähiger, mit ihren Problemen fertigzuwerden, und viel glücklicher. Die gegenwärtige Umgebung nach der Umgebung des Alters von zum Beispiel fünf Jahren auszuwerten führt nämlich nicht gerade zu guten Berechnungen. Man würde erstaunt sein, wie viele Leute chronisch nicht in der Gegenwart sind, wenn man dies einmal prüfen würde. Der Test ist einfach und stellt tatsächlich den Standard-Mechanismus dar, den der Auditor verwendet, wenn er seinen Preclear wieder in die Gegenwart zurückbringt. Würden Sie diesen Mechanismus einmal im Freundeskreis anwenden, so würden Sie feststellen, dass viele irgendwo auf der Zeitspur feststecken und nicht in der Gegenwart sind. Handelt es sich um Leute oberhalb von 2,0, so wird es relativ leicht sein, jeden davon zur Gegenwart zurückzubringen, den man nicht in der Gegenwart vorfindet. Die betreffende Person braucht dazu nichts über die Dianetik zu wissen; tatsächlich ist dies eine ausgezeichnete Art und Weise, einen Neuling mit dem Fachgebiet bekannt zu machen.

Es gibt zwei oder drei Arten festzustellen, wo sich jemand auf der Zeitspur befindet. Die erste Methode ist die *Altersblitzantwort.* Um dies zu verstehen, sollte man ebenfalls etwas über den Archivar wissen (ein Thema, das in einem späteren Kapitel noch eingehend behandelt wird). Die erste Blitzreaktion, der erste Eindruck, den jemand als Antwort auf eine Frage erhält, wird in der Dianetik als *Blitzantwort* bezeichnet. Der Auditor hilft durch ein Fingerschnippen nach, unmittelbar nachdem er die Frage gestellt hat.

Die Altersblitzantwort lässt sich somit wie folgt erhalten. Der Auditor sagt: *„Wenn ich mit den Fingern schnippe, wird dir eine Altersangabe in den Sinn kommen. Nenne mir die erste Zahl, die dir einfällt."*

Dann schnippt er mit den Fingern, und der Preclear nennt ihm die erste Zahl, die ihm dazu in den Sinn kommt. Dies mag das wirkliche Alter des Preclears sein, doch in der heutigen Zivilisation ist es das gewöhnlich nicht. Manchmal ist es eine Schaltkreisantwort. Durch ständiges Beantworten dieser Frage hat sich der Preclear einen Schaltkreis aufgebaut, der anstelle des Archivars antwortet. Ob jemand aufgrund eines solchen Schaltkreises arbeitet, lässt sich erkennen, indem man ihn einfach fragt, ob er zu Beginn eines neuen Jahres Schwierigkeiten hat, das Datum des neuen Jahres zu schreiben. Überträgt er das vergangene Jahr einige Tage lang in das neue Jahr, den vergangenen Monat in den neuen Monat, oder hat er einfach Schwierigkeiten zu wissen, welches Datum an einem betreffenden Tag ist, so kann man davon ausgehen, dass er nicht in der Gegenwart ist. Und stimmt seine Blitzantwort mit dem jetzigen Alter überein, so kann man davon ausgehen, dass er aufgrund eines Schaltkreises reagiert (die gewöhnliche Antwort wird jedoch ehrlich sein), und man kann die Schaltkreisantwort außer Acht lassen, während man mit Hilfe eines anderen Mechanismus eine andere Antwort erhält. Durch Verwendung der Blitzantwort wird man feststellen, an welchem Punkt auf der Zeitspur der Preclear den größten Teil seiner Aufmerksamkeitseinheiten hat.

Der zweite Mechanismus, durch den man feststellen kann, ob sich jemand in der Gegenwart befindet oder nicht, ist die *Datums-Blitzantwort.* Der Auditor sagt dem Preclear:

„*Wenn ich mit den Fingern schnippe, wird dir sofort das Datum einfallen. Nenne mir die erste Antwort, die dir in den Sinn kommt.*" (schnipp!)

Der Preclear gibt ihm dann das erste Datum an, das ihm einfällt. Bei all diesen Blitzantworten wird ein neuer Preclear für gewöhnlich die zweite oder dritte Antwort angeben, die ihm einfällt, und deshalb muss der Auditor fragen, ob dies die erste Zahl war. Vielleicht nennt der Preclear das jetzige Datum, gibt nach weiterer Befragung aber zu, dass ihm zuerst ein früheres Datum in den Sinn kam und er dieses Datum korrigiert hat. Dieses frühere Datum ist die Stelle, auf der der Großteil der Aufmerksamkeitseinheiten des Preclears auf der Zeitspur liegt.

Eine weitere Methode, um festzustellen, ob sich jemand in der Gegenwart befindet oder nicht, beruht ebenfalls auf einer Blitzantwort; diesmal fragt man jedoch nach einem *Aufblitzen der Szene.* Der Auditor sagt:

„*Wenn ich mit den Fingern schnippe, wird dir sofort die gegenwärtige Szene vor Augen kommen.*" (schnipp!)

Daraufhin kann ein Visio beim Preclear aufblitzen, das sehr oft nicht den Seheindrücken der Gegenwart entspricht, sondern viel weiter zurückliegt.

Gelegentlich kommt es auch vor, dass ein Preclear, dessen Fall nicht allzu stark durch Entheta geladen ist, genau an der Stelle in einem Engramm feststeckt, wo sich das einzige Sonik und das einzige Visio befinden, die er auf der Zeitspur wahrnehmen kann. Indem ihm der Auditor einfach sagt, er solle die Augen schließen und horchen, bringt er den Preclear vielleicht dazu, einen Festhalter zu finden, der ihn aus der Gegenwart fernhält. Wenn dies auch nicht die Regel ist, so kommt es doch häufig genug vor, um erwähnenswert zu sein.

Es gibt noch eine weitere Methode, wie man entdeckt, ob sich der Preclear in der Gegenwart befindet oder nicht. Sie besteht darin, dass der Auditor beobachtet. Der Preclear, der hartnäckig an Andenken aus einer bestimmten Zeit in der Vergangenheit festhält, befindet sich normalerweise zum Teil in diesem Zeitraum. Grund dafür ist entweder eine Gramladung oder irgendeine andere Art von Entheta, die ihn dort festhält. Eine alte Dame, die sich mit dem Schmuck von 1910 umgibt und ein altmodisches Kleid trägt, wird sich gewöhnlich auf der Zeitspur zur Zeit des Todes ihres Ehegatten oder Sohnes oder eines anderen geliebten Menschen befinden. Wird das Secondary-Engramm ausauditiert (oder in anderen Bereichen des Falles genügend Entheta in Theta umgewandelt), so kann der Auditor sie in die Gegenwart zurückholen; dann wird sie, vielleicht zum ersten Mal, erkennen, dass ihre Andenken und ihr Kleid ein klein wenig aus der Mode geraten sind.

Es gibt eine weitere Beobachtung, mit der der Auditor feststellen kann, ob der Preclear in der Gegenwart ist oder nicht. Der Auditor wird ziemlich rasch lernen, die Physiologie seines Preclears zu beobachten und auf dieser Grundlage zu beurteilen, wo der Preclear auf der Zeitspur feststeckt. Zum Zeitpunkt der Geburt ist das Baby dazu vorbereitet, recht viel Fett und Gewicht anzusetzen, und jemand, der im Geburtsengramm feststeckt, weist normalerweise etwas Übergewicht und normalerweise auch gewisse physiologische Merkmale auf, die an ein Baby erinnern. Dies ist nur ein Beispiel für einen bestimmten Zeitraum auf der Zeitspur. Der Auditor wird Preclears begegnen, die wie zwölfjährige Jungen aussehen und tatsächlich im Alter von zwölf Jahren in einer Operation, wie z. B. einer Mandeloperation, oder in einer Gramladung feststecken. Der Auditor wird auf Frauen stoßen, die vier bis fünf Jahre alt zu sein scheinen, obwohl sie erwachsen sind, und die sich gewisse Eigenheiten und physiologische Merkmale des früheren Alters bewahrt haben.

Und dann gibt es die Menschen, deren Anblick nicht allzu schön ist und die in der vorgeburtlichen Zeitspanne festsitzen. Sie haben etwas an sich, das ein wenig auf die Zeitspanne in ihrem Leben hindeutet, an der sie festgehalten werden. Ihr Mund sowie die Beschaffenheit ihrer Haut scheinen an das Stadium der Zygote, des Embryos oder des Fötus zu erinnern. Solche Menschen neigen dazu, in der gekrümmten Stellung der vorgeburtlichen Periode geformt zu sein, haben runde Schultern und neigen dazu, sich im Schlaf zu einer Kugel zusammenzurollen. Bei Geisteskranken zeigt sich dieser Zustand sehr ausgeprägt. Hier sind alle Aufmerksamkeitseinheiten des Menschen durch einen Zurückrufer eines vorgeburtlichen Engramms gebunden, und er befindet sich dadurch ausschließlich an einer genau bestimmten Stelle des vorgeburtlichen Zeitraumes. Über das Bestehen von vorgeburtlichen

Engrammen gibt es keine Diskussion. Sie sind bereits seit dreißig Jahren bekannt, durch Experimente an der Rutgers University zur Genüge bewiesen worden und sind in der Dianetik dermaßen üblich, dass der Praktizierende, der sie in Frage stellt, als in seiner eigenen Fachliteratur sehr schlecht belesen betrachtet wird. Der Auditor, der vorgeburtliche Engramme nicht anerkennt, wird niemals Preclears in sehr gutem Zustand haben. Und wenn er in seinem potenziellen Preclear nicht die Symptome sieht, die darauf hindeuten, dass dieser in der vorgeburtlichen Zone feststeckt, so kann er mit diesem Fall Schwierigkeiten haben.

Wir haben die Grundannahme der *Aufmerksamkeitseinheiten.* Man könnte davon ausgehen, dass eine Aufmerksamkeitseinheit eine bestimmte Menge an Theta-Energie des Bewusstseins ist. Jeder Organismus ist sich in irgendeinem Maße bewusst. Ein rationaler oder relativ rationaler Organismus ist sich seines eigenen Bewusstseins bewusst. Man könnte sagen, dass im Verstand von Person zu Person unterschiedliche Mengen an Aufmerksamkeitseinheiten vorhanden sind. Dies wäre die Theta-Veranlagung des betreffenden Menschen. Die eine Person (wenn einfach willkürliche Zahlen zugewiesen werden) hat vielleicht 1.000 Aufmerksamkeitseinheiten, die andere vielleicht nur 50. Würden sich alle Aufmerksamkeitseinheiten eines Menschen frei in der Gegenwart befinden, damit er sich Dinge ins Gedächtnis zurückrufen, Dinge genießen, wahrnehmen, Körperfunktionen lenken und Überlegungen anstellen könnte, so könnte man sagen, dass der Betreffende ganz ausgezeichnet zum Clear gemacht worden ist. Menschen unterhalb der Stufe Clear haben immer weniger Aufmerksamkeitseinheiten in der Gegenwart, je tiefer sie auf der Tonskala sinken. Die Skala der Prozentwerte auf der Tabelle ließe sich auch als die Menge der Aufmerksamkeitseinheiten interpretieren, die jemandem in der Gegenwart zur Verfügung stehen. Der normale Mensch hat wahrscheinlich ungefähr 25 Prozent seiner Aufmerksamkeitseinheiten in der Gegenwart zur Verfügung. Da er mit Hilfe dieser Aufmerksamkeitseinheiten genießt, denkt und arbeitet, wird klar, dass hier kaum von optimalen Verhältnissen die Rede sein kann. Seine übrigen Aufmerksamkeitseinheiten sind irgendwo in dem einen oder anderen Geschehnis in Form von Entheta auf der Zeitspur gefangen.

Ist ein Mensch nicht in der Gegenwart, so kann man sagen, dass sich ein größerer Teil seiner Aufmerksamkeitseinheiten in einem früheren Augenblick auf der Zeitspur befindet als in der Gegenwart.

Versäumt es der Auditor, Engramme oder Secondarys zu reduzieren, so kann dies zur Folge haben, dass der Preclear vorübergehend nicht in der Gegenwart ist. Befindet sich der Preclear nach der Sitzung nicht in der Gegenwart, so wird er ziemlich benommen erscheinen, nicht rasch wahrnehmen und sogar für Suggestionen viel empfänglicher sein, als wenn er sich in der Gegenwart befindet. Es ist symptomatisch für jemanden, der nicht in der Gegenwart ist, dass keine Aufmerksamkeitseinheiten verfügbar sind, um Wahrnehmungen der Gegenwart auszuwerten, und so vermögen sie einen viel nachhaltigeren oder rational viel weniger verarbeiteten Eindruck auf den betreffenden Menschen zu machen.

In jeder Sitzung bringt der Auditor den Preclear in gewissem Maße aus der Gegenwart heraus, auch wenn er nur Straightwire anwendet. Der Auditor hat die Aufgabe, den Preclear wieder in die Gegenwart zurückzubringen. Am besten erfolgt dies, indem er Vergnügensmomente in derselben Weise wie Engramme durchlaufen lässt. Diese Vergnügensmomente werden die Aufmerksamkeitseinheiten auf sich ziehen und sie desenturbulieren, sodass sie leicht in die Gegenwart zurückkehren werden und der Preclear sich in der Gegenwart stabilisieren wird.

Allgemein gilt folgende Regel:

JE MEHR ENTHETA EIN FALL ENTHÄLT, UMSO WENIGER BEFINDET DIE PERSON SICH IN DER GEGENWART.

Auch Entheta selbst kann sich in der Gegenwart befinden, wenn nämlich die Umgebung selbst enturbulierend wirkt und der Betreffende infolge der Ansteckung durch die Umgebung durcheinander oder wütend ist. Daraus geht hervor, dass nicht unbedingt alle Aufmerksamkeitseinheiten in der Gegenwart Theta sind. Entheta auf der Zeitspur befindet sich jedoch selbst nicht in der Gegenwart. Ist also keine umgebungsbedingte Restimulation vorhanden, so kann man feststellen, dass diejenigen Aufmerksamkeitseinheiten, die bei einem Clear in der Gegenwart sein sollten, es bei einem tiefer auf der Tonskala liegenden Menschen aber nicht sind, eigentlich Entheta-Einheiten sind, die in Locks, Secondarys und Engrammen eingepackt sind.

Kehrt der Preclear nicht zur Gegenwart zurück und lässt er sich durch keinerlei Locken oder Überredungskünste dazu bringen, leicht in die Gegenwart zurückzukehren, so hat der Auditor entweder zu viele

Aufmerksamkeitseinheiten in einem früheren Augenblick eingeschlossen (was gewöhnlich im Laufe von ein paar Stunden in Ordnung kommen wird) oder bei dem betreffenden Fall ist so viel Ladung, das heißt so viel Entheta vorhanden, dass die Gegenwart unerreichbar ist.

Bei Fällen unterhalb von 2,0 muss der Auditor sehr aufpassen, wie viele Aufmerksamkeitseinheiten er aus der Gegenwart hinausschickt, in welchem Maße er seinen Fall restimuliert, denn diese Fälle sind so stark mit Entheta geladen, dass jegliches vorhandene Theta rasch enturbuliert wird, wodurch der Preclear weit aus der Gegenwart hinaus und in Dramatisationen oder engrammatische Berechnungen geführt wird. Auch bei der Arbeit mit dem gewöhnlichen, nicht psychotischen Fall muss man sich noch immer der Methoden bewusst sein, mit denen man den Preclear in der Gegenwart stabilisieren kann.

Für jeden Fall gilt folgende Regel:

JEGLICHE UMWANDLUNG VON ENTHETA IN THETA, GANZ UNABHÄNGIG VON DER MENGE, WIRD DIE FÄHIGKEIT DES PRECLEARS ERHÖHEN, IN DIE GEGENWART ZU KOMMEN UND SICH STABIL DORT ZU HALTEN.

Der Auditor sollte daran arbeiten, Entheta in Theta umzuwandeln, bis er seinen Preclear in die Gegenwart bringen kann. Dies kann er durch Direkterinnerung, durch Lock-Scanning, durch das Auditieren von Vergnügensmomenten oder sogar – bei Fällen, die hoch auf der Tonskala liegen – durch das Auditieren eines Engramms erreichen.

Es besteht kein Grund zur Panik, wenn sich jemand nicht in der Gegenwart befindet. Der größte Teil der Gesellschaft befindet sich nicht in der Gegenwart. Jede Armee oder Marine eines Landes befindet sich zum Beispiel in solchem Maße außerhalb der Gegenwart, dass sie allzeit bereit ist, den vorletzten Krieg zu kämpfen. Moralkodizes sind normalerweise um zwei oder drei Jahrhunderte aus der Gegenwart heraus. Regierungssysteme sind üblicherweise ein paar tausend Jahre aus der Gegenwart heraus. Somit ist es nicht sehr ernst, wenn sich eine Einzelperson um zehn oder fünfzehn Jahre außerhalb der Gegenwart befindet, es sei denn, der Fall als Ganzes ist äußerst ernst. Der Auditor stellt normalerweise fest, dass sein Preclear nicht in der Gegenwart ist und dass er ihn für die ersten paar Sitzungen noch außerhalb der Gegenwart lassen muss, da er während dieser wenigen Sitzungen nicht genügend Prozessing durchführen kann, um eine ausreichende Menge Entheta umzuwandeln, damit der Preclear in die Gegenwart zurückkommt.

Bei jedem Fall, der sich nicht in der Gegenwart befindet, ist es die erste und wichtigste Aufgabe des Auditors, diesen Fall in die Gegenwart zurückzubringen. Sitzung für Sitzung sollte er mit leichten Methoden arbeiten und sich nur auf eine einzige Sache konzentrieren: den Preclear in die Gegenwart zurückzubringen. Dabei versucht er nicht, den Preclear in die Gegenwart zu treiben oder ihm zu befehlen, er solle in die Gegenwart kommen, da Treiben und Befehlen nichts weiter bewirken wird, als Theta vorübergehend in Entheta umzuwandeln. Sobald er seinen Preclear so in die Gegenwart gebracht hat, dass er sich wirklich stabil in der Gegenwart hält, kann er beginnen, sich über bestimmte Geschehnisse und die umfassenderen Schwierigkeiten des Falles den Kopf zu zerbrechen. Der Auditor sollte sich nicht mit dem Versuch abmühen, mit einem Fall zu arbeiten, der einfach nicht in die Gegenwart kommt oder nicht in der Gegenwart bleiben kann, wenn er einmal da ist. Er sollte mit einem solchen Fall keine Engramme durchlaufen, da jeder Mensch, der nicht in der Gegenwart bleiben kann, ganz offensichtlich nicht genügend freies Theta hat, um Engramme zu bearbeiten.

Hinsichtlich der Gegenwart gibt es bei Preclears verschiedene Erscheinungen. Die erste Erscheinung ist natürlich, dass sich der Preclear chronisch außerhalb der Gegenwart befindet. Gewöhnlich wird er in irgendeiner Operation, einem Unfall oder einem Kummer irgendwo auf der Zeitspur festgehalten. Oder er kommt in die Gegenwart und sackt dann aufgrund irgendeines restimulierten Engramms wieder in frühere Zeiten zurück, weil dieses in seinem Wortinhalt irgendeinen Zurückrufer enthält, eine Wendung, die besagt: „Komm hierher zurück“, und welcher der Preclear gehorcht, indem er auf der Zeitspur wieder zurückgeht, unmittelbar nachdem ihn der Auditor in die Gegenwart gebracht hat. Dies deutet auf einen ziemlich stark geladenen Fall hin, bei dem die Ladung selbst angesprochen werden sollte, das heißt, es sollte einfach Entheta in Theta umgewandelt werden, statt dass man das bestimmte Engramm angeht, das den Preclear in die Vergangenheit zurückruft. Dann gibt es den Fall, der sich andauernd vollständig außerhalb der Gegenwart befindet. Dieser Fall ist in keiner Art und Weise mit seiner Umgebung in Kontakt und ist natürlich psychotisch.

Dann gibt es den Fall, der scheinbar „in der Gegenwart feststeckt". In Wirklichkeit könnte niemand in der Gegenwart feststecken; vielmehr steckt man irgendwo auf der Zeitspur in einem Geschehnis fest, das die Täuschung enthält, es handle sich um die Gegenwart. Weihnachten ist z. B. eine Zeit, in der Geschenke (engl.: presents) gemacht werden, und bringt man den Preclear auf der Zeitspur zurück in Richtung Jetzt, so kann er an jeder Stelle auf der Zeitspur, die das Wort „present" (was im Englischen sowohl „Gegenwart" als auch „Geschenk" bedeutet) beinhaltet, hängen bleiben. Die Gewohnheit von Ärzten, während Operationen zu sagen „Das ist alles für jetzt" wird die Illusion schaffen, dass der Preclear in die Gegenwart zurückversetzt ist, und erschwert dem Preclear das Zurückgehen.

Dann gibt es den Preclear, der sich unter dem chronischen Einfluss eines Rausschmeißers befindet. Irgendein Engramm bei dem Fall enthält einen Satz wie „Hoch mit dir" oder „Geh dort rauf", und der Preclear wird somit an das äußerste Ende seiner Zeitspur, ja sogar in seine zukünftige Zeitspur geworfen. Gehorcht ein Fall solchen Sätzen, so zeigt dies sehr viel Ladung an, und der Auditor sollte auch hier die Ladung des Falles ansprechen und nicht das bestimmte Engramm, welches diese Erscheinung hervorruft.

Es gibt eine Methode, Blitzantworten zu verwenden, um das Geschehnis zu entdecken, in dem sich der Preclear befindet. Der Auditor stellt eine Reihe von Fragen, die das Geschehnis identifizieren, und erhält Ja- oder Nein-Blitzantworten. Der Auditor sagt:

„Wenn ich mit den Fingern schnippe, so wirst du die folgende Frage mit Ja oder Nein beantworten: Krankenhaus?" (schnipp!)

Und der Preclear antwortet mit „Ja" oder „Nein."

Folgendes könnte eine Reihe solcher Fragen und Antworten sein:

„Unfall?" („Ja.")
„Krankenhaus?" („Nein.")
„Mutter?" („Ja.")
„Draußen?" („Nein.")
„Hingefallen?" („Nein.")
„Geschnitten?" („Ja.")
„Küche?" („Ja.")

Und plötzlich erinnert sich der Preclear vielleicht an das Geschehnis oder bekommt ein Visio von der Szene und erinnert sich daran, was seine Mutter zu ihm gesagt hat, oder hat einen Sonik-Rückruf davon. Vielleicht hat sie ihm gesagt: „Bleib da und halte dich daran fest, bis ich zurückkomme." Ist der Fall nicht zu stark geladen, so könnte er dank der Tatsache, dass er sich daran erinnert hat, in die Gegenwart kommen. Indem der Auditor die Namen von Leuten verwendet, die sich möglicherweise in der Nähe des Preclears befunden haben, sowie von Dingen, die dem Preclear vielleicht geschehen sind, kann er in dieser Weise mit Hilfe von Blitzantworten genügend Daten über das Geschehnis ans Licht bringen, um es dem Preclear zu ermöglichen, sich an ein verstecktes oder vergessenes Engramm oder Secondary zu erinnern und zur Gegenwart zurückzukehren, indem er es sich einfach zurückruft.

Lässt man den Preclear sich durch Direkterinnerung das Geschehnis zurückrufen, in dem er auf der Zeitspur feststeckt, so genügt dies manchmal, um ihn in die Gegenwart zurückzuholen. Doch jeder Preclear, der aus der Gegenwart heraus ist und den man dazu bringen muss, sich daran zu erinnern, wo er auf der Zeitspur feststeckt, ist gewöhnlich ein stark geladener Fall; und der Auditor sollte sich im Allgemeinen mit der Umwandlung von Entheta in Theta befassen, statt mit der Auffindung des eigentlichen Geschehnisses. Ein Fall erhielt viele Monate ein oder zwei Stunden Prozessing pro Woche, und zwar von einem recht ungeschickten Auditor. Dieser Fall hing in einer schweren Operation im Alter von einunddreißig Jahren fest. Schließlich dämmerte es dem Auditor zu fragen, ob es eine frühere Operation gäbe, und plötzlich stieß der Preclear auf eine beinahe identische Operation – in diesem Moment kam er in die Gegenwart zurück.

Wenn man Leute in die Gegenwart bringen will, so muss man das Prinzip verstehen, dass sich das Engramm umso leichter reduzieren lässt, je früher es auf der Zeitspur liegt. Spätere Engramme bei einem Fall enthalten ihre eigene Kraft plus die Kraft aller vorhergehenden ähnlichen Engramme des Falles. Engramme sind in Ketten vorhanden, und auf einer Kette kann sich eine beliebige Anzahl von Engrammen, von einem bis zu vierzig oder hundert, befinden. Recht häufig steckt der Preclear nicht im ersten Engramm auf der Kette, sondern in einem späteren Engramm fest. Somit reicht es normalerweise nicht festzustellen, wo er auf der Zeitspur feststeckt, um ihn zu befreien. Man muss einen früheren Augenblick ähnlicher Art entdecken, bevor er in die

Gegenwart zurückkehren kann. Die Verwendung von Direkterinnerung, um einen solchen früheren Augenblick zu entdecken, ist eine einfache Methode.

Prüft man die Beziehung zwischen der Tonskala und der Gegenwart, so lässt sich sehen, dass der Preclear umso wahrscheinlicher nicht in der Gegenwart ist oder außerhalb der Gegenwart bleibt, je mehr Ladung der Fall enthält. Will man jemanden in die Gegenwart zurückbringen, geht es ausschließlich darum, Entheta in Theta umzuwandeln. Es wäre sehr einfach, wenn man, um den Preclear in die Gegenwart zu bringen, lediglich das Engramm auditieren müsste, in dem der Preclear feststeckt. Normalerweise trifft dies aber nicht zu. Meistens lässt sich das Engramm, in dem der Preclear feststeckt, im augenblicklichen Zustand des Falles nicht reduzieren. Den Preclear in die Gegenwart zu bringen erfordert somit das Auditieren von Vergnügensmomenten, Scannen leichter Locks und das Auditieren von Secondarys; es kann auch genügen, die Gegenwart einfach so enorm anziehend zu gestalten, dass die Aufmerksamkeitseinheiten des Preclears dorthin zurückkehren.

Weder Auditor noch Preclear sollten die Tatsache außer Acht lassen, dass die Gegenwart selbst wünschenswert oder nicht wünschenswert sein kann. Der Preclear, der einer Scheidung entgegensieht, dessen Kind soeben gestorben ist oder dessen Frau sich plötzlich als Hure herausgestellt hat, findet die Gegenwart vielleicht derart unangenehm, dass seine Aufmerksamkeitseinheiten, da sie Theta sind, die Gegenwart meiden, genauso wie sie irgendeinen anderen Entheta-Bereich auf der Zeitspur meiden würden.

Engramme, Secondarys und schwere Locks werden vergraben und vor dem Rückruf versteckt, weil sie aus Entheta bestehen und somit (laut unserer Theorie) auf Theta eine abstoßende Wirkung ausüben. Wurde jemandem zum Beispiel im Alter von zwölf Jahren gesagt, er werde verrückt, weil entdeckt worden war, dass er (wie die übrige Menschheit auch) onanierte, so wird dieser Bereich nur schwer zugänglich sein. Durch das mit dem Schelten und der Aufregung verbundene Entheta wird das Theta vor diesem Bereich zurückschrecken. Andere, nicht überlebensförderliche Zeitabschnitte des eigenen Lebens, als man eine Pechsträhne durchmachte, als man herausfand, dass Collegemädchen keine guten Ehefrauen abgeben oder dass der Ehemann abends jeweils lieber die Schuhe auszieht und die Zeitung liest, als für seine holde Maid Drachen zu besiegen (wie er dies vor der Heirat so oft versprochen hatte), und andere sehr qualvolle Zeiten werden üblicherweise gemieden, wenn der Preclear auf der Zeitspur zurückgeht. Einen sehr guten Beweis dafür bilden die zahlreichen neuen Geschehnisse, die im Verlauf von Lock-Scanning auftauchen. Zunächst gibt es scheinbar nur ein oder zwei Geschehnisse auf einer Kette von Locks. Hat der Preclear jedoch viele Male die Kette gescannt, so stellt sich heraus, dass diese Kette aus mehreren hundert Geschehnissen besteht. Entheta-Geschehnisse verschwinden also für das Theta des bewussten oder analytischen Verstandes. Dabei sollte nicht übersehen werden, dass die Gegenwart selbst ein solcher Bereich sein kann und somit vielleicht gemieden wird. Der Auditor sollte alles in seiner Macht Stehende tun, um dieser Situation abzuhelfen, indem er eine freundliche Atmosphäre oder sogar eine Zufluchtsstelle für seinen Preclear schafft und somit die Gegenwart, zumindest für den Zeitraum der Sitzung, erträglich gestaltet.

Als Zusammenfassung lässt sich Folgendes sagen: Je mehr Entheta im Verhältnis zu Theta bei einem Fall vorhanden ist, desto geringer wird die Wahrscheinlichkeit, dass sich der Preclear auf der Zeitspur bewegt und sich in der Gegenwart befindet. Je mehr Entheta in der Gegenwart vorhanden ist, desto unwahrscheinlicher wird es, dass der Preclear in die Gegenwart kommt. Dazu gehört auch, dass ein missmutiger, herrischer Auditor die Gegenwart für den Preclear ungenießbar macht. Eine Hauptaufgabe des Auditors besteht darin, seinen Preclear in die Gegenwart zu bringen. Das Grundprinzip, wie man den Preclear in die Gegenwart bringt, liegt darin, das Verhältnis von Entheta zu Theta beim Fall durch Straightwire, Auditieren oder Scanning von Locks und bei hoch auf der Tonskala liegenden Fällen durch das Auditieren von Secondarys oder Engrammen zu verbessern.

Wie aus der Tabelle hervorgeht, ist der Dianetik Clear sehr stabil in der Gegenwart und verlässt sie nicht. Alle seine Wahrnehmungseindrücke sind klar. Dies heißt aber nicht, dass der Clear nicht imstande wäre, die Gegenwart zu verlassen. Da das „Ich“ den gesamten analytischen Verstand kontrolliert und nicht irgendeinen Schaltkreis oder eine „Telefonzentrale“ von Schaltkreisen, kann sich der Clear ganz nach eigenem Belieben auf der Zeitspur bewegen. Das hat er jedoch kaum nötig, da er darauf zählen kann, dass seine Erinnerungsmechanismen ihm genaue Daten liefern, ohne dass er auf Mechanismen der Rückkehr zurückgreifen muss. Hier zeigt sich am besten der Unterschied zwischen *Erinnerung* und *Zurückkehren.* Eine Sache der Erinnerung wäre es zum Beispiel, wenn zwei Aufmerksamkeitseinheiten zur Standard-Gedächtnisbank geschickt werden, um Informationen für den Analysator zu holen. Zurückkehren würde bedeuten, dass fünfzig Prozent des verfügbaren Thetas auf der Zeitspur zurückgeschickt werden, um das Geschehnis vollständig wiederzuerleben. Normalerweise erlebt der Clear Geschehnisse nicht vollständig wieder, einfach weil er dies nicht nötig hat, und für gewöhnlich findet er die Gegenwart erträglich. Theta-Einheiten in der Gegenwart leisten dem Entheta, das aus der Umgebung hereinkommt, Widerstand. Die kraftvolle Einwirkung aus der Umgebung wird durch die Überlegungen und Auswertungen der Theta-Einheit abgewehrt. Ist bei einem Fall viel Entheta vorhanden und besteht auch die gegenwärtige Umgebung aus Entheta, so werden sich die Wahrnehmungseindrücke der Gegenwart dem Entheta nähern und es restimulieren (sei es nun in Form von Locks, von Secondarys oder Engrammen) und so den ganzen Fall enturbulieren. Dem Clear geschieht dies nicht. Das heißt jedoch nicht, dass der Clear nicht enturbuliert werden kann. Ist die Theta-Veranlagung dieses Clears sehr gering und befindet er sich in einer sehr ausgeprägten Entheta-Umgebung, wie z. B. bei der Ermordung von tausend Christen, so wird er vorübergehend enturbuliert werden. Er hat jedoch keine großen Bereiche von erstarrtem Entheta auf seiner Zeitspur, welche das vorübergehend enturbulierte Theta einschließen könnten, und somit wird er wieder vollständig desenturbuliert werden, sobald die Entheta-Umgebung nicht mehr vorhanden ist. Ein Clear befindet sich ganz eindeutig in der Gegenwart.

Der 3,5er, der Dianetik Release, befindet sich ganz stabil in der Gegenwart und ist gegenüber seiner Umgebung sehr aufmerksam. Er erfasst vollständig die Schönheit einer jeden Szene, die er beobachtet. Er wird nicht durch äußeren Lärm oder Aufregungen gestört. Da sich jedoch noch erstarrtes Entheta auf seinem Fall befindet, kann er stark enturbuliert werden, wenn die Umgebung der Gegenwart enturbulierend ist. Dennoch ist er in der Gegenwart stabil.

Jemand auf 3,0 hat bestimmt keine Schwierigkeiten, die Gegenwart zu erreichen, in die Gegenwart zurückzukehren oder sich in der Gegenwart zu halten. Er kehrt sehr rasch zur Gegenwart zurück, wenn er auditiert wird, und ist sehr wach, wenn er in die Gegenwart kommt. Er kann jedoch so stark enturbuliert werden, dass er vorübergehend irgendwo auf der Zeitspur hängen bleibt, und wird möglicherweise den Punkt, an dem er hängen geblieben ist, dramatisieren, wenn ihn die Enturbulierung genügend stark getroffen hat.

Hat man jemanden auf 2,5 einmal in die Gegenwart gebracht, so wird er leicht dort bleiben, bis er das nächste Mal Prozessing erhält. Etwa 30 bis 40 Prozent seines Thetas befinden sich (normalerweise) in der Gegenwart, und ein Auditor muss schon sehr unachtsam sein, um diesen Preclear auf der Zeitspur festhängen zu lassen. Dieser Preclear kann jedoch auf der Zeitspur hängen bleiben, und der Auditor muss am Ende der Sitzung Vergnügensmomente auditieren und etwas Straightwire durchführen, wenn es eine sehr enturbulierende Sitzung war, damit sich sein Preclear in der Gegenwart stabilisiert.

Der 2,0er erfordert beträchtliche Sorgfalt seitens des Auditors, um ihn in die Gegenwart zurückzubringen und stabil dort zu halten. Der Auditor muss Vergnügensmomente auditieren, falls solche Momente überhaupt zu finden sind. Außerdem ist etwas Lock-Scanning erforderlich; vielleicht lassen sich einige zukünftige Vergnügensmomente auditieren. Der 2,0er reagiert aber möglicherweise auf einen Zurückrufer und hat man ihn einmal in die Gegenwart gebracht, fällt er womöglich auf der Zeitspur wieder in eine frühere Periode zurück. Bei Preclears auf 2,5 und 2,0 sollte der Auditor am Ende der Sitzung immer mindestens zweimal prüfen, ob der Preclear in der Gegenwart ist. Beim ersten Überprüfen stellt er vielleicht fest, dass der Preclear sich in der Gegenwart befindet. Aber zehn Minuten später kann der Preclear als Reaktion auf einen Zurückrufer bereits wieder in irgendeinen frühen Entheta-Bereich auf der Zeitspur zurückgefallen sein. Hier haben wir einen Fall vor uns, der viel mehr Entheta als Theta aufweist; der Betreffende zeigt eine ausgeprägte Tendenz, in Richtung vergangenes oder gegenwärtiges Entheta zu gehen, anstatt in Richtung Theta. Theoretisch würde er am liebsten um eines Kampfes willen in die Gegenwart kommen. Doch empfiehlt sich dies nicht als Prozessing-Verfahren. Der Auditor muss somit viel Geschick aufwenden, um den Preclear in die Gegenwart zu bringen.

Der 1,5er ist normalerweise in einer beherrschenden Valenz irgendwo außerhalb der Gegenwart. Er lässt sich nur sehr schwer in die Gegenwart bringen und ist er einmal dort, so wird er fast immer wieder zurückfallen.

Dies ist der chronisch wütende Fall, der viel eher in Richtung wütenden Enthetas als in Richtung gegenwärtigen Thetas geht. Der Auditor wird auf sehr große Schwierigkeiten stoßen, diesen Fall in die Gegenwart zu bringen, bis er die Tonstufe dieses Preclears über Stufe 2,0 angehoben hat.

Auf Stufe 1,1 bleibt der Preclear die meiste Zeit außerhalb der Gegenwart. Kommt er in die Gegenwart, so fällt er beinahe immer sofort wieder zurück. Eine ungeheuer verlockende Situation in der Gegenwart (versteckt feindselig, tückisch oder pervertiert) wird diesen Preclear in die Gegenwart bringen, aber wenig anderes wird dies leisten. Trost und Überredungskunst der Persönlichkeit eines Auditors werden es nicht allein schaffen. Arbeitet der Auditor mit einem Preclear auf 1,1, so sollte er sich keine Sorgen machen, wenn er ihn am Ende der Sitzung nicht in die Gegenwart bringen kann, da der Preclear gewöhnlich sowieso nicht in der Gegenwart ist. Trotzdem sollte der Auditor sich davor hüten, irgendwelches Theta des Preclears in Entheta-Bereiche hineinzuziehen, da sehr wenig Theta vorhanden ist, das sich hineinziehen lässt. Es sollten sehr leichte Prozessing-Verfahren angewendet werden.

Den Preclear auf 0,5 kann man immer auffordern, in die Gegenwart zu kommen, und manchmal wird er dies auch tun. Er fällt jedoch augenblicklich in irgendein Apathie-Geschehnis zurück. Dieser Fall erfordert beträchtliches Geschick vonseiten des Auditors; denn er arbeitet mit jemandem, der die ganze Zeit so weit weg von der Gegenwart ist, dass der Auditor Mühe hat, die Aufmerksamkeit des Preclears zu erhalten. Benimmt sich der Auditor besonders bekümmert, so wird dieser Preclear manchmal in die Gegenwart kommen.

Bei 0,1 können die Wahrnehmungseindrücke des Preclears im besten Fall auf allgemeine Vorstellungen von Dingen in der Gegenwart gelenkt werden. Man kann ihn auffordern, eine Tasse, eine Untertasse, einen leuchtend farbigen Gegenstand, eine bestimmte Musik oder eine Notsituation zu beobachten. Hier hat man jedoch schon großes Glück, wenn man den Preclear dazu bringen kann, überhaupt etwas in der gegenwärtigen Umgebung wahrzunehmen.

Das Hauptanliegen des Auditors bei jedem Fall ist, ob der Fall sich in der Gegenwart befindet oder nicht.

Spalte AC DIREKTERINNERUNG

In der Dianetik ist *Direkterinnerung* ein genau festgelegtes technisches Verfahren. Es sollte nicht mit „freier Assoziation" verwechselt werden.

Direkterinnerung wird auch *Straightwire* genannt. Sie wird so genannt, weil der Auditor die Erinnerung des Preclears lenkt und dabei einen „Draht", ähnlich einem Telefonkabel, zwischen dem „Ich" und der Standard-Gedächtnisbank „spannt", wobei er sich durch alle Absperrungen und Schaltkreise hindurchgräbt.

Direkterinnerung weist einen sehr bestätigenden Aspekt auf. Sobald sich jemand wirklich an etwas erinnert, erscheint es ihm real. Und dieses Empfinden von Realität fördert das ARK des Falles beträchtlich. Direkterinnerung hat somit einen gewissen Vorteil gegenüber Lock-Scanning und dem Auditieren von Engrammen. Mit Direkterinnerung setzt der Preclear das vergangene Geschehnis mit der gegenwärtigen Umgebung sehr genau in Beziehung. Wenn der Preclear auf der Zeitspur zurückgekehrt ist, so wertet er oft das vergangene Geschehnis nur entsprechend der damaligen Umgebung aus. Wiederholtes Erzählen mag das in dem Geschehnis enthaltene Entheta reduzieren, doch ist der Faktor der Bestätigung immer noch viel geringer als bei Direkterinnerung.

Direkterinnerung wurde in der Dianetik auf der Grundlage entwickelt, dass man imstande sein sollte, etwas Besseres als die verschiedenen älteren Therapien zu leisten, wenn man die grundlegende mechanische Ursache der Geisteskrankheit kennt – da bekannt ist, dass „freie Assoziation" eine geringe Erleichterung von Spannungen und Besorgtheit bewirkt. So wurden die diesem Phänomen zugrunde liegenden Mechanismen erforscht. Es zeigte sich, dass die durch Direkterinnerung erhöhte Realität sowie das Wissen um den Grund, warum Locks (das übliche Angriffsziel von Direkterinnerung) aberrativ sind, sich zu einer geordneten, raschen Art des Prozessings verbanden, die sich als einige hundertmal wirksamer als ältere Therapien erwiesen hat.

Ganz für sich genommen ist Direkterinnerung eine ausgezeichnete Methode des Prozessings. Der viel beschäftigte Arzt oder Spezialist, der nur wenige Minuten pro Patient zur Verfügung hat, kann Direkterinnerung mit großem Nutzen anwenden. Es gab einen Spezialisten für die Parkinson'sche Krankheit in New York City, der Direkterinnerung verwendete und die Parkinson'sche Krankheit zumindest vorübergehend bei drei von fünf Fällen, in denen er sie anwandte, zu lindern vermochte, obwohl er sonst nicht allzu viel vom Dianetischen Prozessing verstand.

Man sollte die Wichtigkeit von Direkterinnerung nicht unterschätzen. Preclears, die tief auf der Tonskala sind, ertragen manchmal nur Direkterinnerung.

In der Stiftung sind verschiedene Leute zu Experten in Direkterinnerung geworden, da die Anwendung von Direkterinnerung ihre eigenen, besonderen Fertigkeiten erfordert.

Direkterinnerung kann ohne jegliche Gefahr bei jedem benutzt werden. Es handelt sich um einen Prozess, der in geringem Maße lenkt. Der Auditor erlaubt es seinem Preclear nämlich nicht, herumzuwandern, frei zu assoziieren und allgemein Zeit und Energie zu verschwenden. Der Auditor weiß genau, was er will, und er lenkt die Aufmerksamkeit des Preclears darauf. Ein Experte in Direkterinnerung muss somit fähig sein, in etwa einzuschätzen, was mit einem Fall los ist. Nach dieser Einschätzung kann er den Fall ausgezeichnet durch Direkterinnerung lösen.

Anfänglich erforderte Direkterinnerung recht viel Scharfblick seitens des Auditors. Nachdem ich jedoch erkannt hatte, wie viel Fertigkeit zu einem guten Auditor der Direkterinnerung gehört, stellte ich Ende 1950 ein System auf, das später uneleganterweise „Drehorgelsystem" getauft wurde. Durch Verwendung dieses Systems wird vom Auditor ein Minimum gefordert und beim Preclear ein Maximum an Aberration beseitigt. Zumindest erzielt es Ergebnisse.

Als Erstes sollte man bei der Direkterinnerung folgendes Phänomen des menschlichen Verstandes kennen: Verlangt man eine Information und erhält sie heute nicht, so erhält man sie vielleicht morgen oder übermorgen. Bei Dingen, die schon lange beiseitegelegt wurden, zeigt der Verstand eine ein- bis dreitägige Auffrischungszeit. Würde man einer Gruppe von Vierzigjährigen am Montag eine Prüfung in Geschichte geben, so könnte man viele schlechte Noten erwarten. Bei einer weiteren Prüfung derselben Gruppe zwei Tage später würden jedoch bessere Noten erreicht. Dieses Experiment ist nicht in größerem Rahmen durchgeführt worden, aber aufgrund der Erfahrungen in der Praxis der Direkterinnerung kann man ein solches Ergebnis grundsätzlich erwarten. Kurz gesagt, der Verstand frischt sich auf. Und fragt der Auditor wiederholt nach bestimmten Dingen aus der Standard-Gedächtnisbank des Preclears, so wird er diese Informationen schließlich hervorholen. Erhält der Auditor die von ihm gewünschten Informationen nicht am Montag, so sollte er dieselben Fragen am Dienstag, Mittwoch, Donnerstag und Freitag nochmals stellen, und er wird feststellen, dass sich der Preclear schließlich daran erinnert.

Da so viele Leute in der Gesellschaft davon zu profitieren versuchen, dass andere sich nicht erinnern können, ist das Gedächtnis in der heutigen Kultur eine allgemein herabgeminderte Fähigkeit. Eine Mutter, die viele Male versucht hat, ihr Kind abzutreiben, sorgt sich sehr darum, dass sich das Kind nur ja nicht an irgendetwas erinnert. Instinktiv weiß sie, dass sie gut daran tut, jeden möglichen Rückruf zu unterdrücken, obwohl ihre Kultur sie gelehrt hat, dass ihr Kind sich unmöglich an solche frühen Geschehnisse erinnern kann. Auf dem Wege der Ansteckung haben Mütter somit ein schlechtes Gedächtnis gefördert. Es liegt ein gewisser Triumph darin, ein besseres Gedächtnis als andere zu haben. Dies beruht auf der

Formel, dass Rechthaben Überleben und Unrechthaben Nichtüberleben gleichkommt. Indem man mit seinen Erinnerungen Recht hat, zeigt man ein größeres Überlebenspotenzial als jemand anders, der mit seinen Erinnerungen Unrecht hat. Erinnerungen geraten ständig miteinander in Konflikt, und man wird feststellen, dass sich gedankenlose Menschen im Streit darüber befinden, wer sich am besten erinnert und welche Tatsache richtig ist. Dies stiftet zusätzlich Verwirrung in der Gesellschaft, durch die Erinnerungsvermögen unterdrückt wird.

Es sind Aufzeichnungen über Fälle vorhanden, alle sicher verbürgt, die sich an ihre vorgeburtliche Zeit zurückerinnert haben. Ein achtjähriges Mädchen, das von einem Buchauditor auditiert wurde, erstaunte kürzlich ihre Eltern dadurch, dass sie sich an den dritten Monat nach der Empfängnis erinnerte, als „Mama auf ihren Bauch drückte und mir wehgetan hat". In der Gegenwart von Menschen, die nicht-Dianetisch orientiert sind, wäre diese Erinnerung sofort unterdrückt worden. Da sie jedoch mit den Erinnerungen der Eltern übereinstimmte und da beide Elternteile mit Erfolg Dianetisches Prozessing erhalten hatten, wurde dem Mädchen erlaubt, sich weiterhin zu erinnern. Straightwire bis in die vorgeburtliche Bank wurde mit beträchtlichem Erfolg durchgeführt – der Erfolg war so beachtlich, dass die Schulnoten des Mädchens allgemein durchschnittlich um 50 Prozent stiegen. Es sind viele Aufzeichnungen von Fällen vorhanden, die mit Direkterinnerung bis zur Geburt zurückgelangten. Und Erinnerungen bis ins Säuglingsalter sind zu üblich, als dass man darüber ein Wort verlieren müsste. Da Mütter, die außereheliche Geschlechtsbeziehungen unterhalten und Abtreibungsversuche unternommen haben, die Ansteckung der Aberration aufrechterhielten, zweifelt die Gesellschaft natürlich derart frühe Erinnerungen in beträchtlichem Maße an. Es wurde vor der Dianetik dermaßen angezweifelt (und niemand war genügend wissenschaftlich orientiert, um Beweise zu diesem Thema zu untersuchen oder auch nur welche zusammenzutragen), dass veraltete Therapien sämtliche Erinnerungen vor etwa dem dritten Lebensjahr als „Einbildung" brandmarkten und dadurch in der Lage waren, einen großen Kundenkreis von Personen zu schaffen, die durch Abwertung in die Aberration getrieben wurden.

Erinnerungen an die frühe Kindheit hängen nicht vom Sprachgedächtnis ab. Verwirrte Professoren und Therapeuten glaubten früher, dass die Fähigkeit zu sprechen etwas mit der Fähigkeit, sich zu erinnern, zu tun habe, was aber nicht stimmt. Gegen vorgeburtliche Engramme wurden Einwände mit der Begründung erhoben, dass „niemand Sprache verstehen kann, bevor er zur Welt kommt", dies trotz der Tatsache, dass Sigmund Freud traumatische vorgeburtliche Geschehnisse sogar *betonte*. Obgleich die Silben völlig bedeutungslos sind, werden sie dennoch in einem vorgeburtlichen Engramm neben allen anderen Wahrnehmungseindrücken aufgezeichnet. Und sobald sie bei einem Menschen nach seinem zweiten Lebensjahr, das heißt, nachdem er sprechen gelernt hat, eingekeyt worden sind, werden sie nach den Bedeutungen ausgewertet, die dieser Mensch inzwischen den entsprechenden Silben zugeordnet hat. Also ist es möglich, sich so entfernt liegende Dinge zurückzurufen, wie es einem beliebt.

Schon Sigmund Freud (dem ich durch Commander Thompson, der einer seiner Studenten und der Freund und Mentor meiner Jugend war, sehr zu Dank verpflichtet bin) hatte angenommen, dass vergessene Geschehnisse im Bereich der geistigen Gesundheit eine erhebliche Rolle spielen. Wird irgendein vergessenes, verstecktes oder nicht auf der Zeitspur liegendes Geschehnis, das beträchtlich starke Turbulenz enthält, durch Rückruf befreit, so wird der Betreffende dadurch auf der Tonskala steigen.

Viele Menschen, die Prozessing erhalten, tatsächlich die meisten, können sich nicht früher als bis zum Alter von acht Jahren „zurückerinnern", ganz zu schweigen von der frühen Kindheit. Je mehr Entheta ein Fall hat, desto weniger Theta steht dem Analysator zur Verfügung. Je mehr Entheta auf der Zeitspur vorhanden ist, desto schwieriger ist es für das vorhandene Theta, das Entheta genügend zu desenturbulieren, um die Daten daraus zu erhalten. Je aberrierter ein Mensch ist, desto mehr Entheta ist bei seinem Fall vorhanden. Entheta befindet sich nicht unbedingt in der Kindheit, doch man kann damit rechnen, dass Key-ins sich für gewöhnlich in der Kindheit befinden. Manchmal ist es schwierig, sich an den Key-in zu erinnern, hat man sich aber erinnert, so bringt dies eine äußerst deutliche Veränderung bei einem Fall hervor. Nachdem jemand eine gewisse Zeit lang auditiert worden ist und der Analysator recht viel freies Theta zur Verfügung hat, ist es leicht möglich, mit Direkterinnerung bis in frühe Perioden zu gelangen.

Durch den Gebrauch der *Wiederholungstechnik** ist es ebenfalls möglich, in frühe Zeitabschnitte im Leben eines Menschen zu gelangen. Dies ist keine Direkterinnerungs-Technik, sondern eine frühere Technik der Dianetik, die von Direkterinnerung unabhängig ist. Die Wiederholungstechnik hat ihre Verwendungsmöglichkeiten, doch gebraucht jemand sie bei einem Fall aufs Geratewohl, so wird er recht häufig feststellen, dass sein Preclear in irgendeinem Engramm hängen bleibt, das sich nicht kontaktieren und ausauditieren lässt. Die Wiederholungstechnik verursacht Schwierigkeiten. Doch durch Verwendung von Wiederholungstechnik – falls keine Zwischenfälle auftreten – lässt sich der Preclear zur Rückkehr in die frühe Kindheit bringen, vorausgesetzt, der Auditor hat das Glück, dass der Preclear nicht in ein Engramm hineingerät. (Wiederholungstechnik mit Festhaltern wie zum Beispiel „Bleib hier" wird die Aufmerksamkeit des Preclears beinahe immer in Engramme hineinziehen. Diese Aufmerksamkeit kann erst dann wieder befreit werden, wenn dieses Auditing herausgescannt wird.) Dies sollte man nicht mit Direkterinnerung verwechseln. Bei Direkterinnerung bleibt der Preclear, mit weit offenen Augen, in der Gegenwart und wird gebeten, sich an bestimmte Dinge zu erinnern, die ihm in seinem Leben gesagt oder angetan wurden. Man bittet ihn nicht, zu diesen Geschehnissen zurückzukehren, sondern lediglich, deren Bestehen zu erkennen. Man befiehlt ihm auch nicht, die Tatsache anzuerkennen, dass

*Bei einigen Personen sind Missverständnisse hinsichtlich der Wiederholungstechnik – ihrer Definition und ihrer Verwendung – aufgetreten. Im Handbuch *Dianetik: Der Leitfaden für den menschlichen Verstand* wird die Wiederholungstechnik besprochen. Einfach definiert ist sie Folgendes: die Wiederholung eines Wortes oder Satzes, um eine *Bewegung auf der Zeitspur in einen Entheta-Bereich hinein* auszulösen, der dieses Wort oder diesen Satz enthält. Einen Satz in einem Engramm wiederholen zu lassen, um den Satz abzuschwächen oder das Engramm zu reduzieren, ist *nicht* Wiederholungstechnik. Die Wiederholungstechnik verursacht als eine unweigerliche Konsequenz des Kontaktierens eines Enthetabereichs der Zeitspur eine vorübergehende Enturbulierung und sollte deshalb offensichtlich nicht verwendet werden, außer der Auditor hat das Gefühl, dass er den auf diese Weise kontaktierten Bereich desenturbulieren kann. Die Wiederholungstechnik ist eine zwingende Technik, und jetzt, da feinere und wirksamere Mittel entwickelt worden sind, hat sie einen begrenzten Nutzen. Dem Preclear zu erlauben, einzelne Satzteile zu wiederholen, die er selbst vorgibt, kann sich als nützlich erweisen, wenn sie ihn in einen Boil-off oder eine Gramladung führen, die reduziert werden können. Dem Preclear wahllose und willkürliche Satzteile zur Wiederholung vozugeben wird nichts als Schwierigkeiten bringen.

es solche Geschehnisse gegeben hat, und seinen Erinnerungsmechanismen sollte möglichst wenig nachgeholfen werden.

Der Auditor könnte einen Preclear bekommen, der Schwierigkeiten hat, sich an gestern zu erinnern, geschweige denn an die Zeit, als er zwei Jahre alt war. Der Auditor kann jedoch sicher sein, dass sich der Preclear, nachdem der Auditor lange genug mit diesem Fall gearbeitet hat, wobei er eine beträchtliche Menge Entheta in Theta umwandelte, an Dinge erinnern wird, an die er sich noch nie zuvor erinnern konnte. Eines der ersten Dinge, die sich durch Dianetik Prozessing verbessern, ist nämlich das Gedächtnis. Arbeitet der Auditor mit einem Preclear, der Schwierigkeiten hat, sich zu erinnern, so sollte der Auditor darauf achten, mit Dingen zu beginnen, an die er sich erinnern kann. Sagt ihm der Preclear ganz klar, dass er sich an Dinge nicht erinnern kann, so hat der Auditor die Aufgabe, das Gedächtnis dieses Preclears zu fördern und zu bestätigen.

Sagt der Preclear: „Ich kann keine Namen behalten", so fragt ihn der Auditor:

„Nun, wie heißt dein Geschäftspartner?"

Der Preclear antwortet: „Oh, er heißt Müller!" Der Auditor hat dem Preclear damit bewiesen, dass er sich zumindest an einen Namen erinnern kann.

Ist der Preclear in einem so schlechten Zustand, dass er sich nicht einmal daran nach Belieben erinnern kann, so fragt ihn der Auditor:

„Wie heiße ich?"

Da der Preclear eben erst den Namen des Auditors gehört hat, kann er sich möglicherweise mit Leichtigkeit daran erinnern.

Bringt er dies nicht fertig, so fragt ihn der Auditor:

„Wie heißt du selbst?"

Der Preclear nennt ihm seinen Namen, worauf ihn der Auditor bestätigt:

„Siehst du, du kannst dich doch an einen Namen erinnern. Mal sehen, ob du dich noch an weitere Namen erinnern kannst."

Auf diese Weise kann man dem Preclear helfen, sich ausgehend von den offensichtlichsten Geschehnissen oder Tatsachen bis an immer verborgenere Geschehnisse zu erinnern. Folgendes ist der übliche Verlauf von Direkterinnerung: Man beginnt beim Offensichtlichen und kann sich schließlich an das Aberrative erinnern.

Aus der Direkterinnerung lässt sich eine vollständige Prozessing-Methode bilden. Zeit, die man für Direkterinnerung verwendet, ist normalerweise gut genutzte Zeit. Direkterinnerung ließe sich auch als ein Paar Stelzen betrachten, mit denen der Preclear zur Gegenwart zurückgebracht werden kann, indem man ihn dazu bewegt, sich an immer später in seinem Leben liegende Geschehnisse zu erinnern. Dass Direkterinnerung Theta befreit oder Entheta in Theta umwandelt, steht außer Zweifel. Es ist jedoch ein ziemlich langwieriger Prozess (dennoch würde ein Auditor nur 15 Stunden Dianetik Prozessing durch Direkterinnerung benötigen, um das zu erreichen, wofür man mit Nicht-Dianetik-Techniken zwei oder drei Jahre bräuchte). Direkterinnerung sollte somit nur entsprechend den Angaben auf der Tabelle verwendet werden oder um jemanden zurück in die Gegenwart zu bringen oder von Auditoren, die so in Zeitnot sind, dass sie nur einige wenige Minuten für den Versuch zur Verfügung haben, einen Preclear von einem bestimmten Somatik oder einer bestimmten Aberration zu befreien.

Die Grundregel der Direkterinnerung lautet folgendermaßen:

> WAS AUCH IMMER MIT DEM PRECLEAR SELBST, SEINER FAMILIE, SEINER GRUPPE ODER MIT DER MENSCHHEIT, DEM LEBEN ODER MIT MEST SEINER MEINUNG NACH NICHT IN ORDNUNG IST, WURDE IHM IM ALLGEMEINEN ZU EINER FRÜHEREN ZEIT SEINES LEBENS VON JEMAND ANDEREM ERZÄHLT.

Eine Einschränkung hierzu wäre natürlich die Tatsache, dass es auf diesen verschiedenen Dynamiken Dinge geben kann, die völlig rationalen Beobachtungen zufolge nicht in Ordnung sind. Der Auditor sucht jedoch nach irrationalen Überzeugungen dazu.

Die zweite Regel in der Direkterinnerung lautet folgendermaßen:

> DER PRECLEAR IST, ZUMINDEST DERZEIT, VON SEHR ABERRIERTEN MENSCHEN UMGEBEN, UND ZWAR SCHON SEIT DER EMPFÄNGNIS.

Für jeden aberrierten Menschen ist es symptomatisch, dass er aufgrund seiner Engramme handelt und diese Engramme dramatisiert. In seinem Verhalten liegt also eine gewisse Beständigkeit. Die Faustregel lautet ganz allgemein: Sagt ein Aberrierter etwas einmal, so wird er es Hunderte oder Tausende von Malen sagen. Hat man einmal herausgefunden, dass sich z. B.

eine bestimmte Person in der Vergangenheit des Preclears über ihren Magen beklagte, so wird man eine ganze Kette solcher Beschwerden entdeckt haben und eine Umwandlung von Entheta in Theta hinsichtlich dieses Themas wird stattfinden.

Durch Direkterinnerung lassen sich leicht die beherrschenden oder zunichtemachenden Personen in der Familie des Preclears feststellen. Von den beherrschenden Personen, von denjenigen, die versuchten, ihre Mitmenschen zu beherrschen und zu kontrollieren, wird der Preclear die Schaltkreissätze erhalten haben, welche die Kontrollsätze in seiner Bank ausmachen. Von den zunichtemachenden Personen stammen die Zunichtemachungssätze, die er aufweist. Indem der Auditor diese Personen und ihre gewohnheitsmäßigen Aussagen ausfindig macht, stößt er auf die Schaltkreise des Preclears.

Was man in den Locks eines Preclears findet, ist normalerweise auch in seinen Engrammen enthalten. Findet man also im zehnten Lebensjahr des Preclears Mamas Aussage „Männer taugen nichts", so lässt sich erwarten, dass Mama kurz nach seiner Empfängnis dieselbe Bemerkung in einem Engramm gemacht hat. Entdeckt man durch Direkterinnerung das Lock, so kann man dann auch das Engramm finden.

Schwierigkeiten tauchen bei Direkterinnerung bei Fällen auf, bei denen der Preclear nicht von seinen eigenen Eltern aufgezogen wurde. Bei einem Preclear, dessen Eltern kurz nach seiner Geburt starben, sind im Sprechalter nicht dieselben Sätze vorhanden, die sich in seinen frühen Engrammen befinden. Ein Lock muss ein darunterliegendes Engramm haben, um überhaupt bestehen zu können. Hier sieht sich der Auditor aber einer Person gegenüber, deren Locks, soweit es Sätze betrifft, nicht mit ihren Engrammen übereinstimmen. Auf den ersten Blick mag dies für den Preclear als günstiger Umstand erscheinen, da die Engramme bezüglich Stimmlage oder Inhalt später im Leben des Preclears nie wiederholt wurden, was aber beim üblichen Preclear der Fall ist. Hier wurde jedoch noch etwas anderes unterbrochen, das für das Leben des Preclears sehr wichtig ist. Und das ist elterliche Fürsorge. Es ist wohl die übliche, oberflächliche akademische Bemerkung, dass Eltern nur biologisch sind. Dies wird durch Tatsachen nicht gestützt. Es scheint für ein Kind keinen Ersatz für die Nähe und Fürsorge der eigenen Eltern zu geben. Preclears, die von Kindermädchen und Hausangestellten aufgezogen wurden, zeigen nicht dieselbe Aufgewecktheit wie diejenigen, die von ihren eigenen Eltern aufgezogen wurden. Preclears, die von Pflegeeltern aufgezogen wurden, scheint es nicht so gut zu gehen wie Preclears, die von relativ gleichgültigen und wenig liebevollen echten Eltern erzogen wurden, wie gut die Pflegeeltern auch gewesen sein mögen. Es geht hier um mehr als nur das rein biologische Hervorbringen neuer Organismen. Und die Affinität der Eltern für das Kind fällt offenbar mehr ins Gewicht als die Fürsorge von anderen, sogar wenn die Affinität der Eltern unter schlechter Behandlung verborgen und die Fürsorge anderer beinahe optimal ist. Wird somit die Eltern-Kind-Beziehung nach der Geburt abgebrochen, ist dies ein schwerwiegenderer Bruch in Affinität, Realität und Kommunikation als alle Locks zusammengenommen, die sich später im Leben bei einem normalen Fall durch die Ähnlichkeiten von Geschehnissen zu frühen Engrammen ergeben würden. Dies ist keine Theorie, sondern beruht auf der Beobachtung von vielen Fällen; da wir beim Prozessing bis jetzt auf keinen Fall gestoßen sind, der von Hausangestellten statt der Eltern aufgezogen wurde und dennoch so hoch auf der Tonskala war wie Fälle, die von gleichgültigen Eltern aufgezogen wurden, geschweige denn von Eltern, die ihre Kinder von Herzen liebten. Russischen Pseudowissenschaftlern zum Trotz steckt mehr im Menschen als Biologie und Umwelt. Frauen umfassend in Volkswirtschaft, der Deutung von Symbolen oder der Pflege und Reinigung von Gewehren auszubilden führt nicht gerade zu einer geistig gesunden zukünftigen Generation.

Als Technik geht Direkterinnerung sieben Arten von Geschehnissen an: das *Aufzwingen von Affinität, Kommunikation und Realität* mit Hilfe von Befehlen; das *Verabreichen von Implants in Form von Schaltkreisen*; sowie die *Verhinderung von Affinität, Kommunikation und Realität* mit Hilfe von Befehlen.

Affinität, Kommunikation und Realität sind nur insoweit vorhanden, als sie unter der Selbstbestimmung des einzelnen Menschen bestehen. Was dem Preclear angetan wurde und nicht seine eigenen Handlungen, machen das aus, was mit ihm nicht in Ordnung ist. Grundsätzlich ist der Mensch aufs Überleben als Organismus ausgerichtet.* Jemand, der erzwungener Affinität, Realität und Kommunikation ausgesetzt war, hat eine unterbrochene Selbstbestimmung. Unter erzwungener Affinität, Realität oder Kommunikation verstehen wir

*Die Frage der Beeinflussung des Organismus durch den Theta-Körper ist noch bei weitem nicht vollständig untersucht worden. Dieser Vorbehalt hinsichtlich der Möglichkeit von Entheta-Körpern muss diesen Beobachtungen hier aus wissenschaftlicher Ehrlichkeit angefügt werden.

die Situationen, in denen von einem Menschen entgegen seinen Gefühlen verlangt wurde, er müsse Affinität, Realität oder Kommunikation erleben oder zugestehen.

Wurde ein Kind gezwungen, einen Elternteil oder Vormund zu „lieben", so war es einer *erzwungenen Affinität* ausgesetzt, wenn es diese Liebe nicht verspürte, aber dazu gezwungen wurde, sie zu zeigen. Dies ist aberrativ. Verlangt ein tiefer auf der Tonskala liegender Ehemann ständig von seiner Frau, sie solle ihm sagen, dass sie ihn liebe, obwohl das nicht der Fall ist, und gibt die Frau diesem Verlangen nach, so ist diese Affinität ebenfalls erzwungen. Menschen, die tiefer auf der Tonskala liegen als der Preclear, fordern normalerweise seine Affinität. Und gibt er Affinität, ohne sie zu verspüren, so bilden sich Locks, die sehr enturbulierend sind, sollten unter einer solchen Aufzwingung Engramme liegen.

Welchem Kind wurde nicht Realität aufgezwungen, die es nicht empfand? Kindern wird gesagt, es sei sehr wichtig für sie, zur Schule zu gehen, obwohl sie selbst nicht genügend Gründe erkennen, dies zu glauben. In seinem beschränkten Erfahrungsbereich sieht das Kind, dass es wünschenswert ist, zu spielen, an die Sonne zu kommen, zu essen, zu schlafen, Freunde zu haben und harmonisch im Schoße der Familie zu leben. Aber es sieht nicht ein, dass es etwas lernen muss. Fast die ganze Grundschulbildung ist *erzwungene Realität*. Der Erwachsene vermag einzusehen, warum das Kind Lesen, Schreiben und Rechnen einigermaßen beherrschen sollte, aber das Kind hat seine Zustimmung nicht gegeben. Diese Übereinstimmung wurde ihm aufgezwungen, und somit bilden sich aberrative Locks auf möglicherweise bestehenden Engrammen. Die Schule ist bei weitem nicht die einzige erzwungene Realität. Jedes Mal, wenn ein Mensch (durch Zwang, Drohung oder Entzug) dazu gebracht wird, der Realität eines anderen zuzustimmen, ohne diese Realität selbst zu empfinden, besteht ein aberrativer Zustand. Sind Engramme vorhanden, die durch diese Situation restimuliert werden können, so wird eine bestimmte Menge an Theta als Entheta eingeschlossen. Die heimtückischste unter all diesen erzwungenen Realitäten ist die Situation, dass jemand die Wahrheit kennt oder sie ihm gesagt wird und er dann zu dem „Eingeständnis" gezwungen wird, dass diese Wahrheit eine Lüge sei. Er hat gesagt, es sei soundso, und gibt dann der Forderung nach, diese Feststellung zu verleugnen. Kindern geschieht dies sehr oft, und so entstehen schlimme Locks.

Jedes Mal, wenn ein Mensch dazu gezwungen wird, etwas zuzustimmen, obwohl er aus seiner eigenen Überlegung heraus nicht zustimmen würde, bildet sich ein Lock, wenn darunterliegende Engramme vorhanden sind.

Erzwungene Kommunikation bringt alle möglichen Aberrationen und physiologischen Veränderungen bei einem Menschen hervor. Natürlich muss es zu jedem Lock ein Engramm geben, das ihm zugrunde liegt, doch ist es ziemlich sicher, dass das, was Vater oder Mutter im Lock sagen, bereits in einem früheren Engramm des Falles gesagt wurde. Kommunikation umfasst natürlich alle Wahrnehmungseindrücke sowie Gespräche und Mitteilungen. Wird jemand dazu gezwungen, sich etwas anzusehen, das er seiner Selbstbestimmung entsprechend nicht ansehen sollte, so wird sein Sehvermögen zu einem gewissen Grade geschwächt. Wird er dazu gezwungen, sich etwas anzuhören, das er sich normalerweise nicht anhören würde, wenn es nach seiner Selbstbestimmung ginge, so wird sein Gehör dementsprechend schlechter. Wurde er dazu gezwungen, etwas zu berühren, das er normalerweise nicht berühren würde, so verschlechtert sich sein Tastsinn. Wurde er zum Sprechen gezwungen, wenn er seiner Selbstbestimmung zufolge hätte schweigen sollen, so hemmt dies seine gesprochene Kommunikation. Hat man einen Menschen gezwungen zu schreiben, obwohl er normalerweise nicht schreiben würde, wenn es ihm überlassen bliebe, so hemmt dies seine Fähigkeit, zu schreiben oder Mitteilungen zu machen oder weiterzugeben. Dies sind erzwungene Kommunikationen, und sind Engramme vorhanden, so werden daraus sehr aberrative Locks.

Schaltkreise werden in einer späteren Spalte behandelt. Doch jeder Schaltkreis ist einfach ein „Du"-Satz, der Kontrolle oder Zunichtemachung enthält, einen Menschen zu anderen Berechnungen veranlasst, als er sie normalerweise anstellen würde, und der einen bestimmten Teil des Analysators zur Verwendung gegen diesen Menschen abkapselt. Ein Schaltkreis kann zum Beispiel kritisch sein, sodass einem Menschen bei jeglichem Denken oder Handeln Gedanken kommen, die ihn kritisieren. Der Schaltkreis: „Ich muss dich vor dir selbst schützen", kann einen Großteil des Verstandes abkapseln. Da der Einzelne in dieser Gesellschaft von Leuten umgeben ist, die entweder beherrschen oder zunichtemachen, bilden sich daher viele Locks der Schaltkreis-Art, in denen Leute (mit Hilfe solcher „Du"-Sätze) diesen Menschen zu beherrschen oder zunichtezumachen versuchen. Natürlich kann es Locks nur geben, wenn Engramme vorhanden sind. Und somit empfängt sie ein Mensch in ihrer aberrativsten Form normalerweise von Eltern, Vormündern und anderen Menschen, die in der Anfangszeit seines Lebens, in der der Großteil der Engramme empfangen wird, zugegen waren. Eigentümlicherweise lassen sich Schaltkreise durch Straightwire lösen. Trifft ein Auditor, während er ein Engramm auditiert, auf einen Schaltkreis, so kommt es gelegentlich, recht selten, vor, dass das ganze Engramm wie weggewischt ist oder ein seltsames Visio auftaucht. Trifft der Auditor in einem Engramm auf einen Schaltkreis, so kann er erwarten, dass der Preclear nicht mehr unter der Kontrolle des Auditors ist und unter die Kontrolle von Sätzen einer früheren, vielleicht sogar toten Person gerät, da der Schaltkreis die Kontrolle von dem Auditor übernimmt. Menschen, die sich selbst auditieren und endlos Engramme und Sätze durchlaufen, tun dies infolge von Schaltkreisen. Personen, in deren Bank man in keiner Weise eindringen kann, befinden sich wegen Schaltkreisen, die den Auditor ausschließen, in diesem Zustand. Durch Direkterinnerung ist es möglich, die beherrschenden oder zunichtemachenden Personen in der Familie zu entdecken und somit die beherrschenden oder zunichtemachenden Schaltkreise in Form von Locks aufzufinden. Sobald man diese Locks zum Verschwinden bringt, sind die Engramme, die diese Schaltkreise enthalten, zu einem gewissen Grade entladen. Außerdem weiß dann der Auditor schon ungefähr, was er in der Engramm-Bank dieser Person wohl finden wird. In gewissem Grade ist jeder Fall ein „Kontroll-Fall“, das heißt ein Fall, der Schaltkreise der einen oder anderen Art aufweist. Am besten findet man die Schaltkreise des Preclears heraus, indem man bei ihm Straightwire in Bezug auf die Aussagen derjenigen Leute durchführt, die sich sehr früh in seinem Leben und während seiner Kindheit in seiner Umgebung befanden.

Im Zusammenhang mit Schaltkreisen ist es interessant zu bemerken, dass beim Durchgehen der Tonskala von oben nach unten umso mehr beherrschende und zunichtemachende Personen in der Umgebung eines Menschen anzutreffen sind, je weiter unten er sich auf der Tonskala befindet. Straightwire ist somit zum Ausfindigmachen und Beseitigen von Schaltkreis-Locks umso eher angezeigt, je weiter unten sich der Preclear auf der Tonskala befindet.

Die Verhinderung von Affinität, Kommunikation und Realität ist nicht weniger ernst als deren Erzwingung.

Affinität wird dann *verhindert*, wenn eine wünschenswerte Ähnlichkeit zwischen dem Preclear und einem anderen Menschen verweigert oder zurückgewiesen wird oder wenn Liebe und Zuneigung des Preclears zurückgewiesen werden. Sind darunterliegende Engramme vorhanden, so verursachen solche Zunichtemachungen von Affinität beträchtliche Turbulenz. Die Ehefrau, die normalerweise jedes Mal ein „Du liebst mich nicht" zu hören bekommt, wenn sie versucht, ihre Zuneigung zum Ausdruck zu bringen, erfährt eine Verhinderung von Affinität. Wird jemandem gesagt, dass ihn niemand im Büro mag, erfährt er ebenfalls eine Verhinderung von Affinität. Wird jemand wegen eines Fehlers oder aus irgendeinem anderen Grund von einer Gruppe zurückgewiesen, so erlebt er einen sehr großen Bruch in Affinität. Liegen unter solchen Affinitätsbrüchen Engramme, was gewöhnlich der Fall ist, so werden sie äußerst aberrativ und laden die Engramme in beträchtlichem Ausmaß auf. Erreicht man durch Straightwire solche Geschehnisse, so kann man den Fall von recht viel Turbulenz befreien. Verwehrt man einem Menschen das Gefühl, geliebt zu werden oder lieben zu dürfen – verweigert man jemandem jegliche Gemeinsamkeit mit dem Universum, der Menschheit, seiner Gruppe oder Familie oder sogar mit sich selbst – so erfährt er eine Verhinderung von Affinität.

Die *Verhinderung von Realität* ist ein Punkt, den man sehr beachten muss. Überlässt man jemanden sich selbst und seinen eigenen Überlegungen auf der Grundlage seiner eigenen Daten, so entscheidet dieser Mensch, was für ihn Realität ist und womit er übereinstimmen kann. Wird ihm gesagt, er könne damit nicht übereinstimmen, womit er seiner Meinung nach in Übereinstimmung stehen sollte, so erfährt er eine Verhinderung von Realität. Sind darunterliegende Engramme vorhanden, so können die jeweiligen Locks sehr ernst sein und beträchtlich viel Theta als Entheta bei einem Fall einkapseln. Dies könnte man als den schwerwiegendsten Einfluss bezeichnen, der einen Menschen auf der Tonskala niederdrücken kann – die Verhinderung seiner Realität. Dies ist *Abwertung*, und Abwertung ist der schwerwiegendste Bruch des Auditorenkodexes. Das, was sich jemand aufgrund seiner eigenen Beobachtungen als seine Realität aufgebaut hat, wird dann Teil der Schlussfolgerungen und Beobachtungen, die dieser Mensch gebraucht, um seine zukünftigen Handlungen zu lenken und sich in Bezug auf seine Umgebung einzuschätzen. Wird die Realität dieser Schlussfolgerungen plötzlich in Frage gestellt oder verleugnet, so bedeutet dies für diesen Menschen einen ernsten Schock, wenn entsprechende Engramme vorhanden sind, und in jedem Falle wird seine Realität erschüttert. Die Realität eines Menschen kann so stark erschüttert werden, dass er alles, was er tut oder sagt, in Frage stellen wird, da er sich seiner Schlussfolgerungen nicht mehr sicher ist. Realität bildet neben Affinität und Kommunikation einen grundlegenden Faktor bei den Berechnungen, die ein Mensch darüber anstellt, welchen Weg er beim Streben nach seinem eigenen Überleben einschlagen soll.

Sehr oft wird die Realität von Kindern durch die Eltern bedroht oder zerstört. Das Kind hat sehr wenig Daten, mit deren Hilfe es seine augenblickliche Umgebung auswerten und seine Zukunft planen könnte. Im Vergleich zu seinen Schlussfolgerungen, dass es überleben sollte, dass es Nahrung, Kleidung und Obdach sowie Zuneigung braucht, erscheint ihm die aberrierte Kultur, in die es hineingeboren wurde, oft als sehr sonderbare Realität. Die Erwachsenen haben über diese Kultur übereingestimmt; doch ist diese Übereinstimmung normalerweise nicht die vernünftigste, die man hätte treffen können. Und das Kind sieht sich oft Realitäten gegenüber, die ihm angesichts der Grundlagen, mit denen Kinder sich befassen, völlig unreal sind. Somit stoßen Kinder ständig auf Nichtübereinstimmung. Das kleine Baby glaubt, dass ihm seine eigene Kontrolle über MEST zusteht: dass man ihm erlauben sollte, nach Belieben herumzukrabbeln, was seine Art ist, Raum zu beherrschen; dass es ihm gestattet sein sollte, so viel Zeit für eine bestimmte Tätigkeit zu beanspruchen, wie es will, was seine Art ist, Zeit zu erobern; dass es Energie in jede beliebige Richtung aufwenden können sollte, die es wünscht, was seine Art ist, Energie zu kontrollieren; und schließlich, dass es Materie, wie zum Beispiel Matschtörtchen und kostbaren Vasen auf Tischen, zusetzen und damit anfangen dürfen sollte, was ihm Spaß macht. Das Kind hat keine Einschätzung der Werte, die diesen Dingen ansonsten in der Gesellschaft beigemessen wird, und somit wird dem Kind ständig seine Eroberung von MEST verweigert. Nirgends ist diese

Verweigerung so kritisch wie im Bereich der Realität. Ganz offensichtlich stimmt niemand mit dem Kind überein. Und so beginnen sich schon sehr früh im Leben eine große Anzahl von Locks auf den Basik-Engrammen des Falles anzusammeln.

Nichtübereinstimmung mit der Realität eines Menschen beschränkt sich jedoch nicht nur auf die Kindheit. Während des ganzen Lebens wird die Realität des Menschen, der mit sich selbst über bestimmte Realitäten einig geworden ist, von den Personen in seiner Umgebung ständig in Frage gestellt, besonders von Leuten, die sich tiefer auf der Tonskala befinden als er. Diese Personen versuchen, durch eine Verminderung seiner Realität an Wichtigkeit zu gewinnen, und drücken ihn deshalb auf der Tonskala nieder, bis er leichter zu beherrschen ist. Aussagen, die dazu neigen, jemandes Schlussfolgerungen über die Realität abzuwerten, die er im Hinblick auf seine eigene Beziehung zur Kultur und zur Umgebung getroffen hat, sind also sehr aberrativ.

Verhinderungen von Kommunikation sind sehr häufig. Meistens zeigt sich dies in unserer Gesellschaft in Form von Brillen oder Hörgeräten, in Empfindungslosigkeit des Tastsinns oder dadurch, dass Leute stottern, keine Briefe schreiben oder keine Mitteilungen weiterleiten. Kommunikationsbrüche in Form von verhinderter Kommunikation stammen daher, dass einem Menschen die Fähigkeit zu sehen, zu fühlen, zu hören, zu sein, verweigert wurde oder das Recht, zu sprechen oder zuzuhören. Mit anderen Worten, das Recht auf Kommunikation. Sind darunterliegende Engramme vorhanden, so zeigen sich diese Kommunikationsbrüche in gehemmten Beziehungen zu den Mitmenschen und einer tieferen Position auf der Tonskala.

Das Drehorgelsystem von Straightwire berücksichtigt alle obigen Daten und schafft eine Methode, die es dem Auditor ermöglicht, sich jede Person in der Umgebung des Preclears im Prozessing zunutze zu machen. Wir haben bereits das Dreieck der Dianetik erwähnt: Affinität, Realität und Kommunikation. Der Auditor arbeitet auf der Grundlage, dass eine Information, die er aus dem Gedächtnis des Preclears verlangt hat, vielleicht nicht heute auftaucht. Aber wenn man in ein oder zwei Tagen nochmals danach fragt, taucht sie vielleicht auf. Und falls man sie dann immer noch nicht erhalten hat, mag es nochmals zwei oder drei Tage dauern. Der Auditor erstellt dann eine Liste aller Personen, die sich in der Umgebung des Preclears befanden: Vater, Mutter, Tanten, Onkel, Vormünder, Kindermädchen, Großeltern, Urgroßeltern, Lehrer, Brüder, Schwestern, Arbeitgeber und Untergebene sowie Partner. Für jede dieser Personen gibt es zwei Dreiecke und zwei Schaltkreisspalten (gerade Linien). Der Preclear braucht hiervon nichts zu wissen. Der Auditor kann ganz einfach einen Befragungsplan aufstellen, der es ihm dann ermöglicht (bei seinen Fragen nach Erinnerungen an bestimmte Locks), das Gelände immer wieder abzuschreiten und dabei jedes Mal neue Leute in die Fragen einzusetzen, wobei er außerdem Fragen über Leute wiederholt, die bereits in vorhergegangenen Sitzungen behandelt wurden. Mit anderen Worten, es handelt sich hier um ein Kontrollblatt, mit dessen Hilfe der Auditor den Fall analysieren und, falls möglich, Locks von erzwungenem ARK, verhindertem ARK und Schaltkreise beseitigen kann. Zum Beispiel zeichnet der Auditor für Vater ein Dreieck und trennt durch eine gerade Linie eine Spalte ab, wobei er das Dreieck mit „erzwungen" und die Spalte mit „beherrschend" bezeichnet. Dann zeichnet er ein weiteres Dreieck, trennt durch einen Strich eine weitere Spalte ab und bezeichnet diese mit „verhindert" und „zunichtemachend". Dasselbe Schaubild zeichnet er für die Mutter und für jede andere Person, die eng mit dem Leben seines Preclears in Beziehung steht.

Sein System des Befragens besteht somit darin herauszufinden, wann Papa Affinität erzwang, wann er Realität aufzwang, wann Papa mehr Kommunikation befahl und wann er zu beherrschen versuchte. Er stellt diese Fragen, indem er von einer Ecke des Dreiecks zur anderen geht und mit der Spalte. Er wird feststellen, ob der Preclear bestimmte unmittelbare Erinnerungen an Vaters Verhalten und seine Lieblingssprüche hat oder nicht. Dann geht er zum Dreieck, bei dem es um Verhindern geht, und zur Spalte „zunichtemachend". Er fragt den Preclear, wann der Vater Affinität verhindert oder zurückgewiesen hat, wann er Realität oder Übereinstimmung verhindert oder zurückgewiesen hat, wann er Kommunikation verhindert oder zurückgewiesen hat und wann und ob der Vater versucht hat, den Preclear zunichtezumachen. In derselben Sitzung geht der Auditor zur Mutter und zu anderen Personen weiter, wobei er denselben Plan verwendet.

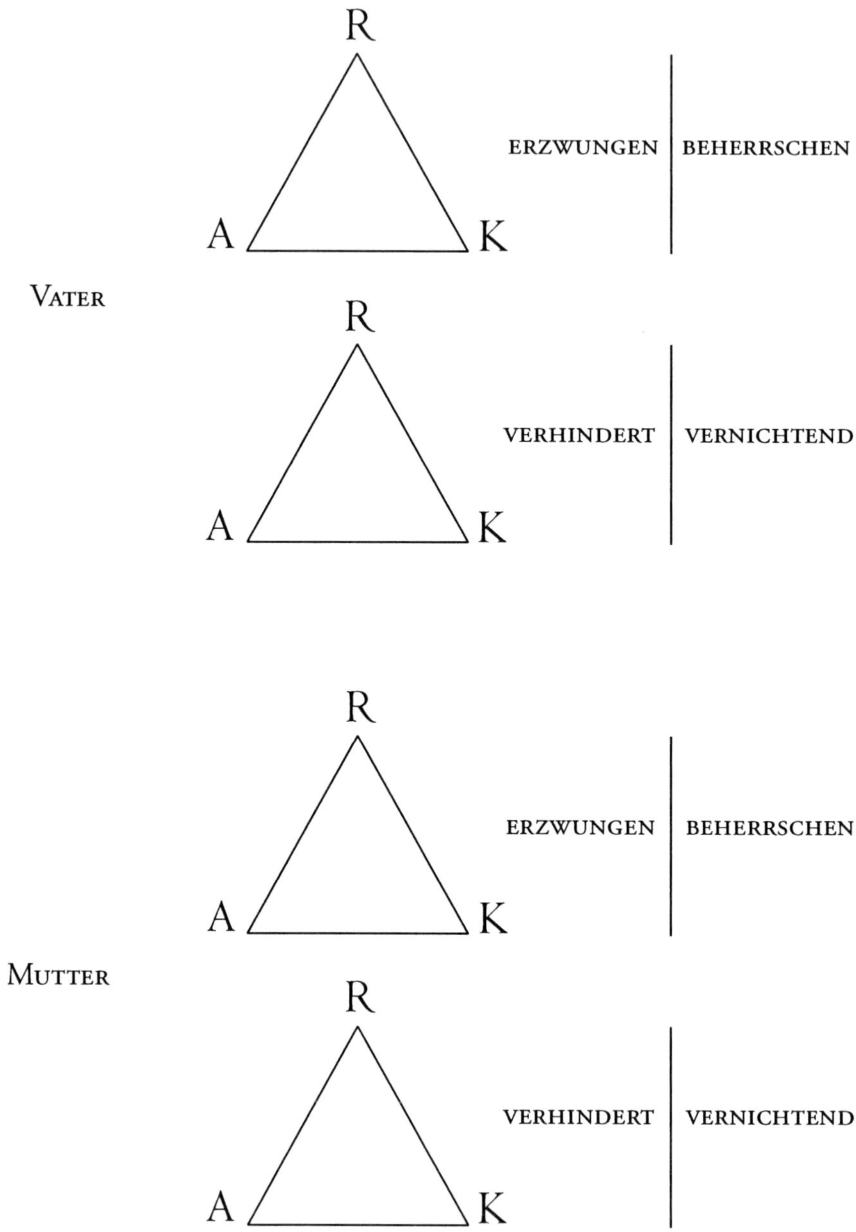

DREHORGELSYSTEM

Da das Gedächtnis des Preclears auf diese Weise aufgefrischt werden kann, lässt der Auditor das Thema „Vater“ nicht nach einer Sitzung fallen, sondern führt es über drei oder vier Sitzungen mit Direkterinnerung weiter und stellt in der nächsten Sitzung eine ähnliche Reihe von Fragen:

„Wann erzwang Vater Affinität (verlangte er, dass er geliebt werde, verlangte er, dass ihm Zuneigung gezeigt werde)?“
„Wann verlangte Vater Übereinstimmung?“
„Wann verlangte Vater Kommunikation?“
„Wann versuchte Vater zu beherrschen?“
„Wann versuchte Vater, Affinität zu unterbinden oder zu verhindern?“
„Wann versuchte Vater, Realität zu unterbinden oder zu verhindern?“
„Wann versuchte Vater, Kommunikation zu unterbinden oder zu verhindern?“
„Wann versuchte Vater zunichtezumachen?“

Dann geht der Auditor zur Mutter oder irgendeiner anderen Person weiter.

Derart systematisch durchgeführtes Straightwire wird enorm viel Stoff zutage fördern. Das Drehorgelsystem wurde ausgearbeitet, damit der Auditor nicht endlose Frageblätter zu führen braucht.

Dies ist der allgemeine Plan der Befragung. Die Fragen brauchen nicht jedes Mal genau gleich zu sein, doch sollten sie diesem Plan in ihrer allgemeinen Bedeutung folgen. Auf diese Weise können durch Direkterinnerung die aberrativsten Formen von Entheta in Locks kontaktiert werden, und mit jeder Sitzung werden die Informationen des Preclears reichhaltiger und sein Gedächtnis verbessert sich stetig.

Auch das Valenzproblem lässt sich im Rahmen der Direkterinnerung lösen. Oft leidet der Preclear an irgendeiner körperlichen Störung, die sich auf folgende Weise mit Direkterinnerung beheben lässt: Hat der Preclear zum Beispiel Dermatitis an den Händen, so entdeckt man vielleicht, dass irgendjemand in der Vergangenheit des Preclears an Dermatitis oder irgendeiner Krankheit oder Verletzung an den Händen gelitten hatte. Diese Person kann man ausfindig machen und dabei vielleicht feststellen, dass irgendein Lock-Befehl vorhanden ist, der den Preclear veranlasst, wie diese frühere kranke Person zu sein. Oft stellt man dies bei einem Preclear fest, der einen Verbündeten verloren hat. Anhand eines solchen Falles lässt sich dieser Mechanismus veranschaulichen: Die Großmutter des Preclears starb an Krebs an den Händen; der Preclear litt an Dermatitis an den Händen; es stellte sich heraus, dass Verwandte häufig geäußert hatten, wie sehr der Preclear „seiner Großmutter ähnlich sah". Dieser Ähnlichkeit folgte der Preclear so genau, dass er versuchte, Krebs an den Händen zu entwickeln, was als Dermatitis in Erscheinung trat.

Das ganze Problem von Valenzen ist ein Problem von Verbündeten und Antipathien. Der Preclear mag sich sehr oft in der Valenz irgendeiner Person befinden, die normalerweise gehasst wird. Dazu wird er durch Lock-Befehle gezwungen, da ihm andere beispielsweise sagen: „Du bist genau wie dein Vater, du wirst ihm mit jedem Tag ähnlicher, und du wirst zu nichts taugen, wenn du groß bist." Infolge solcher Befehle kann der Preclear vielleicht nicht anders, als sich selbst zu hassen, da er in die Valenz einer Person gezwungen wird, die verhasst ist und die er selbst gehasst hat. Mit Direkterinnerung kann dieses Problem oft gelöst werden, indem der Auditor ganz einfach fragt, wem der Preclear angeblich am stärksten ähnelte und welches die allgemeine Haltung gegenüber dieser Person war.

Bei der Direkterinnerung ist es von entscheidender Bedeutung, zu jeder Erinnerung den wirklichen Zusammenhang im eigentlichen Geschehnis zu erreichen. Der erste Versuch des Preclears, in seine Gedächtnisbank einzutauchen, wird einem vagen Gefühl gleichkommen, dass ein solches Geschehnis stattgefunden hat und jemand so etwas Ähnliches gesagt hat. Doch reicht dies noch nicht aus. Der Auditor muss den Preclear auf ein bestimmtes Geschehnis und auf die Worte in diesem Geschehnis festlegen. Ist dies in der ersten Sitzung nicht möglich, so wird es in einer der darauf folgenden Sitzungen möglich sein. Doch bis dies erreicht ist, wird das Lock nicht verschwinden. Es gibt einen guten Trick, um den Preclear zu veranlassen, sich an ein bestimmtes Geschehnis zu erinnern: Man fragt den Preclear, ob es ein solches Geschehnis gibt, und nimmt er vage an, dass dies der Fall sein muss, so fragt man ihn, wo er damals saß oder stand, als er jemanden dies sagen hörte. Der Preclear mag den Auditor rasch korrigieren, indem er sagt, dass er lag oder ging, und somit wird er Daten wiedergewonnen haben. Bei der Verwendung von Direkterinnerung kann der Auditor ein gewisses Maß an Herausforderung benutzen. Er spornt den Preclear an, sein Bestes zu geben. Wird es nicht zu weit getrieben, so wirkt es für den Preclear als sehr anregender Faktor.

Es ist ganz erstaunlich, wie viele psychosomatische Störungen und wie viele Aberrationen durch Direkterinnerung gelöst werden können, wenn der Auditor einmal etwas Übung darin besitzt. Er kann tatsächlich seinen Preclear aus einer chronischen Valenz befreien, ein gewisses Maß an Aberration beseitigen, ihn in die Gegenwart bringen und allgemein auf der Tonskala anheben, einfach indem er die richtigen Fragen stellt.

Der Auditor sollte sich nicht auf das Drehorgelsystem von Straightwire beschränken. Dieses System ist nur dazu da, in einem Minimum an Auditorenzeit ein Maximum an Entheta wegzuschaffen. Der Auditor kann von seiner Fantasie ausgiebig Gebrauch machen, um herauszufinden, was diesem Preclear gesagt oder angetan worden sein muss. Ein nützlicher Einstieg in jede Sitzung besteht darin, den Preclear zu fragen:

„Nun, was macht dir heute Sorgen?"

Nachdem ihm der Preclear geantwortet hat, will der Auditor wissen, wer in der Vergangenheit des Preclears dies gedacht haben könnte; und manchmal kann der Preclear sofort entdecken, welche früheren Aussagen anderer zu seiner augenblicklichen Besorgnis passen. Und sind die beiden Ursache und Wirkung, so wird der Preclear sich sofort von dieser Sorge befreien. Es ist wirklich erstaunlich, wie rasch dies möglich ist.

Hat der Preclear ein Lock aufgefunden, das recht viel Entheta enthält, so kichert oder lächelt er für gewöhnlich. Reagiert ein Preclear nicht auf diese Weise, so mag dennoch etwas Entheta aus diesem Lock frei werden; wenn er nicht lacht, besteht jedoch die Möglichkeit, dass ein früheres ähnliches Lock vorhanden ist. Lässt man den Preclear sich also an ein früheres Geschehnis erinnern und verspürt er immer noch keine Erleichterung (obwohl dies aufgrund der Art des Geschehnisses und der Tatsache, dass es bisher versteckt war, eigentlich der Fall sein sollte), so tut der Auditor gut daran, wenn er versucht, ein ähnliches Geschehnis aufzufinden, das früher liegt als jenes, an das sich der Preclear erinnert hat. Das Prinzip besteht hier darin, wenn möglich den Key-in zu entdecken – das erste Mal, als das darunterliegende Engramm restimuliert wurde.

Direkterinnerung wird auch verwendet, um eine bestimmte Art von Geschehnis zu entdecken, auf die sich dann Lock-Scanning anwenden lässt. Der Preclear, der zu einer bestimmten Art von Schaltkreisbefehl in seinem Fall hingelenkt wird, verspürt vielleicht durch Straightwire nicht viel

Erleichterung. Da der Auditor nun aber weiß, dass diese Art von Schaltkreis vorhanden ist, kann er den Preclear veranlassen, Lock-Scanning auf den Schaltkreis anzuwenden, indem er zum ersten Zeitpunkt, als er ihn entdecken kann, zurückkehrt und dann alle ähnlichen Geschehnisse bis zur Gegenwart durchscannt. So wird Direkterinnerung mit Lock-Scanning kombiniert, das eigentlich eher ein Schnell-Erinnerungsverfahren ist als eine Rückkehr durch Locks hindurch.

Kein Auditor sollte ein ungutes Gefühl darüber haben, Direkterinnerung in beliebigem Ausmaß zu verwenden. Es geschieht jedoch ab und zu, dass ein Auditor beim Preclear durch Direkterinnerung eine Erleichterung erzielt, den Preclear dann auf der Zeitspur zu einem Geschehnis zurückschickt, das daraufhin auditiert wird, und, nachdem er den Preclear wieder in die Gegenwart zurückgebracht hat, feststellt, dass die vorher erreichte Erleichterung nun offenbar verflogen ist. Dies rührt daher, dass durch das Zurückkehren ein Lock in der Gegenwart entstanden ist. Lässt man den Preclear, wenn er wieder in die Gegenwart zurückgebracht worden ist, sich einfach daran erinnern, wie er durch das Geschehnis gegangen ist, so sollte dies seinen Aplomb und sein Gleichgewicht wiederherstellen.

Direkterinnerung ist in vieler Hinsicht von Nutzen. Das Fortbestehen dieses Nutzens ist jedoch fraglich. Indem man Direkterinnerung auf Vergnügensmomente oder auf das erste Mal anwendet, als jemand eine bestimmte Krankheit hatte, lassen sich Kopfschmerzen, Magenschmerzen, Sorgen und Ängste lindern. Dies heißt jedoch nicht, dass die Wirkung dauerhaft ist, wie es der Fall wäre, wenn das Basik-Engramm ausauditiert wäre. Aber Direkterinnerung ist der „Salontrick" des Auditors. In jeder Gruppe von Menschen kann er immer mindestens eine Person finden, die er viel glücklicher machen kann, indem er ihr einfach ein paar geschickte Fragen stellt. Der Auditor, der Direkterinnerung zu diesem Zweck verwendet, sollte ebenfalls die Technik des Schützen entwickeln, der klug genug ist, sofort die Büchse beiseitezulegen, wenn er ins Schwarze getroffen hat. Sobald der Auditor durch Direkterinnerung eine spektakuläre Wirkung erzielt hat, sollte er den Fall für diese Sitzung in Ruhe lassen, außer natürlich, er arbeitet daran, seinen Preclear planmäßig auf der Tonskala anzuheben.

Beim Studium und bei der Anwendung von Direkterinnerung sollte man sich immer deutlich vor Augen halten, wie viel sich mit dieser Technik erreichen lässt. Kein Auditor sollte in den Trott verfallen zu glauben, dass der Preclear sehr weit kommen wird, wenn er sich einfach an die Vergangenheit erinnert. Sich aber an bestimmte Locks, die tatsächlich etwas verursacht haben, zu erinnern, kann eine bemerkenswerte Veränderung und Verbesserung für ihn hervorrufen. Direkterinnerung bedeutet nicht „freie Assoziation" und auch kein zielloses Gefasel. Sie ist eine Präzisionstechnik und sollte als solche studiert und verwendet werden.

Spalte AD
VERGNÜGENSMOMENTE

IN DER DIANETIK WIRD Vergnügen folgendermaßen definiert: Der Organismus, der auf das Überleben ausgerichtet ist, erzielt Vergnügen durch Handlungen, die das Überleben fördern, und indem er nach Zielen strebt, die dem Überleben förderlich sind. Ein Organismus unterhalb von 2,0, der auf den Tod ausgerichtet ist, findet ein reaktives Vergnügen an der Ausführung von Handlungen, die zum Unterliegen auf irgendeiner Dynamik führen. Mit anderen Worten ist Vergnügen oberhalb von 2,0 Überleben. Unterhalb von 2,0 aber wird Vergnügen nur erzielt, indem man unterliegt, indem man anderen Entitäten den Tod bringt oder indem man sich selbst oder andere Entitäten auf der Tonskala niederdrückt.

Wirkliches Vergnügen führt zum Glücklichsein. Das „Vergnügen", das in Richtung Tod geht, ist eine reaktive Nachahmung, erscheint aber denjenigen, die sich im Todesbereich der Tonskala befinden, äußerst wertvoll.

Glücklichsein könnte als das Überwinden von nicht unbekannten Hindernissen in Richtung auf ein bekanntes und wünschenswertes Ziel definiert werden.

Somit gehen wir davon aus, dass das größte Glück der Unsterblichkeit am nächsten kommt. Eine gute Arbeit, fachmännische Fähigkeiten, üppige Ernten, Besitztümer: Dies sind Ziele. Für jeden einzelnen Tag der Woche gibt es für den glücklichen Menschen sehr klar abgegrenzte Ziele, zusätzlich zu den großen Zielen, auf die er hinarbeitet. Sein Glücklichsein stammt nicht vom Erreichen dieser Ziele her, sondern vom Überwinden von Hindernissen auf dem Weg dorthin.

Vergnügen und Unsterblichkeit sind für Menschen oberhalb von 2,0 auf der Tonskala beinahe gleichbedeutend. Es gibt eine Gradientenskala der Arten von Vergnügen, die Menschen oberhalb von 2,0 genießen.

Es scheint offensichtlich, dass jemand auf Stufe 2,5 tatsächlich Vergnügen daran findet, gelangweilt zu sein; konzentriert sich aber sein Interesse auf irgendein Ziel, das sich nicht außerhalb des Verstehens der Stufe 2,5 befindet, so steigt er zu höheren Stufen auf.

Der Mensch auf 3,0 findet Vergnügen daran, auf sehr klar beobachtbare Ziele hinzuarbeiten. Jemand auf Stufe 3,0 akzeptiert Vergnügen vorsichtig und zögernd, doch findet er dennoch Genuss daran. Seine Vergnügen entspringen vermutlich routinemäßigen Handlungen und sind relativ fantasielos.

Der 3,5er ist auf höhere Überlebensziele ausgerichtet und vertraut darauf, diese Ziele zu erreichen. Er kann reichere Ebenen des Überlebens erfassen. Er kann erkennen, dass Überleben, welches sich nur auf das Allernotwendigste beschränkt, unsicher und untragbar ist und dass er gut daran täte, sich zwanzig Scheffel Weizen pro Monat zu beschaffen, wenn er allen Berechnungen zufolge zwei Scheffel Weizen pro Monat für seine Ernährung benötigt. Sein Vergnügen ist weit gespannt und ehrgeizig.

Der Mensch auf 4,0 erreicht beträchtlich viel helle Freude. Seine Vorstellung vom Überleben ist so reichhaltig und doch ist er sich seiner Fähigkeit, solche Stufen des Überlebens zu erreichen, so sicher, dass er ein Universum von Zielen erfassen und im Rahmen seiner Fertigkeiten und Begabungen erreichen kann.

Hier zeigen sich ganz deutlich Einstellungen im Hinblick auf das Erreichen von Zielen, im Hinblick auf die Größe von Zielen und die Fähigkeit, Vergnügen zu erlangen und zu genießen. Kein Mensch ist glücklich, ohne ein Ziel zu haben, und kein Mensch kann ohne Vertrauen in seine eigene Fähigkeit, dieses Ziel zu erreichen, glücklich sein. Die höchste Form von Sicherheit besteht in einem Vertrauen in sich selbst, die Zukunft, die Gruppe und die Menschheit. Ohne ein solches Vertrauen und ohne den Willen, das Überleben der verschiedenen Dynamiken zu erschaffen, findet ein Mensch keine Sicherheit. Jemand, der seine Sicherheit anhand einer guten Arbeitsstelle misst, stellt sich absichtlich gegenüber der wirklichen Unsicherheit seiner Stellung blind. Arbeitet jemand für eine Organisation, mag sie nun lange bestehen oder von vorübergehender Natur sein, so ist er nach allgemeiner Auffassung sicher. Und dennoch arbeitet er vielleicht bis zu der Zeitspanne seines Lebens, wo er nicht mehr anpassungsfähig ist, und steht plötzlich ohne Arbeitsstelle da, einfach weil eine jähe Veränderung im Vorstand stattfand oder weil sich ein Vorarbeiter gegen ihn stellte. Sicherheit würde darin bestehen, dass sich dieser Mensch seiner Umgebung anpassen kann, dass er auf jede mögliche Veränderung bei den Faktoren, die seine Arbeitsstelle beeinflussen, vorbereitet ist und dass er Vertrauen in seine Fähigkeit hat, jeder möglichen Veränderung zu begegnen und mit ihr fertigzuwerden. Sicherheit ist nichts Statisches. Sicherheit würde einzig und allein im Vertrauen eines Menschen liegen, seine Ziele zu erreichen, und natürlich darin, dass er Ziele hat, die er erreichen kann.

Es gibt automatische Ziele, die dem Plan des Lebens innewohnend sind. Die Eroberung von Mest, das Überleben des Theta-Körpers, Vertrauen in Unsterblichkeit und in das Höchste Wesen, dies alles sind automatische Ziele auf einer hohen Stufe. Potenziell finden sie sich bei jedem Menschen, doch kann die Menge an Entheta, das im Theta-Körper vorhanden ist und sich im Verlauf der jeweiligen Generation angesammelt hat, bewirken, dass die Einzelperson oder die Gruppe sich weit von der Verwirklichung ihrer Fähigkeit, diese Ziele zu erreichen, entfernt. Je mehr Entheta im Theta-Körper vorhanden ist und sich im Verlaufe der Generation angesammelt hat, desto tiefer bzw. weniger vernünftig werden die Ziele des Einzelnen oder der Gruppe sein.

Ohne Ziele, Hoffnungen, Ambitionen oder Träume ist es beinahe unmöglich, Vergnügen zu erreichen. Viele Menschen erkennen dies nicht. Und obwohl sie imstande sind, sich Ziele zu stecken und diese zu verfolgen, lassen sie sich doch von tiefer auf der Tonskala liegenden Menschen in ihrer Umgebung nicht nur ihr Vertrauen in ihre eigene Fähigkeit untergraben, Sicherheit und Überleben zu erreichen, sondern lassen es auch zu, dass ihnen das Recht verweigert wird, Ziele von wünschenswerter Größe zu formulieren und danach zu streben.

Auf den tieferen Stufen der Tonskala findet man Menschen, die absichtlich enturbulieren, Verstimmungen verursachen, Zerstörung bewirken und die Ziele, Hoffnungen und Träume der Menschen in ihrer Umgebung mit großem Eifer vereiteln. Hier finden wir die Menschen von 2,0 an abwärts. Diese haben Ziele, die an sich nicht weniger klar umrissen sind als die auf Überleben ausgerichteten Ziele oberhalb von 2,0. Es ist jämmerlich und schrecklich anzusehen, dass Menschen oberhalb von 2,0 ungeheuer viel dafür aufwenden, ihren Gefährten, Bekannten und Gruppenkameraden unterhalb von 2,0 gut zuzureden und sie dazu zu bringen, dem Überleben förderliche Ziele zu verfolgen. Menschen, die sich mit dieser Tätigkeit befassen, bilden sofort eine Zielscheibe für solche, die sich unterhalb von 2,0 befinden, da diese in den Menschen auf höherer Tonstufe eine Möglichkeit sehen, um ihre eigenen Ziele zu fördern – und das Ziel der Menschen von 2,0 an abwärts ist der Tod.

Bei einer genauen Analyse des Todes zeigt sich, dass der Tod in Form einer kleinen oder einer großen Sache auftreten kann. Der Tod ist in Wirklichkeit eine Gradientenskala. Kleine Missgeschicke und Unfälle können zu einer immer größeren Ansammlung von Missgeschicken und Unfällen führen – bis der Tod einer Bestrebung, der Tod eines Menschen, der Tod einer Sache oder der Tod einer Gruppe erreicht ist. So läuft es: „Da ein Nagel fehlte, ging das Hufeisen verloren. Da ein Hufeisen fehlte, ging das Pferd verloren. Da ein Pferd fehlte, ging der Reiter verloren. Da ein Reiter fehlte, wurde die Schlacht verloren. Und alles wegen eines fehlenden Hufnagels." Der Tod entsteht im Kleinen und geht immer mehr zum Großen über.

Der Tod kommt auf leisen Sohlen. Ein Mann begeht heute einen schwerwiegenden Fehler in der Buchführung. Er begeht ihn, weil seine Frau am Abend vorher an ihm herumgenörgelt hat. Morgen findet sein Chef den Fehler und merkt sich die Tatsache, dass dieser Buchhalter nicht immer genau arbeitet. An sich bedeutet dies nichts. Aber nächsten Monat, wenn ein Buchhalter entlassen werden muss, ruft man sich zurück, dass einer einen Fehler gemacht hat, und da alle anderen Fähigkeiten bei Buchhaltern ungefähr gleich sind, wird derjenige entlassen, der den Fehler gemacht hat. Da er arbeitslos ist, ist er zu Hause sogar noch mehr enturbuliert und wendet wenig Zeit dafür auf, eine neue Stelle zu finden. Er nimmt eine Arbeit an, die unter seinen Fertigkeiten liegt, in einem Büro, in dem große Hektik herrscht, und begeht noch mehr Fehler, weil er sich nun Sorgen macht. Dies ist ein kleines bisschen Tod.

Es gibt diejenigen, die von „Glückssträhnen“ und von der „Macht des Schicksals“ bei ihren Unternehmungen sprechen; eine ehrliche Prüfung menschlicher Unternehmungen wird jedoch zeigen, dass beinahe jeder Erfolg höchst angemessen verdient ist. Kürzlich sagte mir der Leiter eines bedeutenden Instituts für Psychologie in einer größeren amerikanischen Stadt, dass er anfänglich, als er in seinen Beruf einstieg, zu einem gewissen Grad davon überzeugt war, dass der Kapitalist, der große Industriemanager und der Direktor eines Großunternehmens durch Rücksichtslosigkeit gegenüber den Gefühlen von anderen und Habsucht seine jetzige Position erlangt hatte. Im Verlauf der vielen darauf folgenden Jahre hatte er jedoch entweder selbst oder mit Hilfe seiner Mitarbeiter in vielen Organisationen der Industrie psychometrische Tests durchgeführt, und durch diese Arbeit hatte er die Gelegenheit, sehr viele Kapitalisten, Manager, Direktoren und Großindustrielle Amerikas zu testen. In jedem Fall hatte er festgestellt, dass „diejenigen, die an der Spitze waren, dies sehr wohl verdient hatten“. Er hatte entdeckt, dass zur Veranlagung dieser Menschen eine reichhaltige Wertschätzung des Lebens und ein ausgeprägtes Verständnis für ihre Mitmenschen gehörte sowie eine unglaubliche Ausdauer und Intelligenz bei der Planung und Ausführung von Vorhaben. Er hatte entdeckt, dass die Welt auf den Schultern einiger weniger verzweifelter, aber sehr großer Menschen getragen wird. Außerdem hatte er entdeckt, dass Glück kein Zufall ist.

Menschen oberhalb von 2,0 auf der Tonskala haben durchweg Glück. Theta beinhaltet etwas mehr, als das bloße Auge zu sehen vermag. Hier sind die Menschen, denen Gott zulächelt.

Unterhalb von 2,0 finden wir den Pechvogel. Mit einiger Sicherheit könnte man jemandem, der sich hoch auf der Tonskala befindet, ein paar Dollar geben und erwarten, dass er von Las Vegas als Gewinner zurückkommt. Und man könnte erwarten, dass der Mensch, der sich tief auf der Tonskala befindet und dem man ebenfalls ein paar Dollar gibt, sehr wahrscheinlich als großer Verlierer aus dem Spiel hervorgeht. Oberhalb von 2,0 spielt der Mensch, um zu gewinnen. Unterhalb von 2,0 spielt der Mensch durchweg, um zu verlieren. Und er verspielt nicht nur sich selbst, sondern ebenfalls jeden in seiner Umgebung und die Zukunft.

Zum Mechanismus des Todes gehört, dass Menschen unterhalb von 2,0 so reden, als ob sie spielen würden, um zu gewinnen, dass sie verzweifelt von der Notwendigkeit sprechen, etwas zu retten und zu gewinnen, und dass sie von Notlagen sprechen, durch die man erwartungsgemäß gewinnen wird. Dies ist alles Bestandteil der Falle. Auch wenn sich ihnen jede Gelegenheit, jedes Mittel und jeder Umstand bieten würde, wie sie gewinnen können, so würden Menschen unterhalb von 2,0 in jeden Plan den Todeskeim einpflanzen – und indem sie ja so vernünftig handeln, werden sie es zulassen, dass dieser Keim weiterwachsen kann, bis der Tod für den Einzelnen, seine Bekannten, für die Zukunft oder für seine Organisation eintritt. Ein Hitler schreit seine Wut der Welt entgegen, treibt ganz Deutschland mit dem Argument des „Ruhms" in Aktion und bringt dennoch durch nicht sehr geheimnisvolle Fehler den Hoffnungen Deutschlands den Tod. Er macht aus Europa ein Leichenhaus, schlachtet dreißig Millionen Menschen ab, begeht Selbstmord und zerstört die Hoffnungen seiner Nation. Und doch hätte Hitler im Verlauf seiner 1,5er-Handlungen viele Male das Schicksal Deutschlands wenden und ihm zu Ruhm vor der Welt verhelfen können. Bevor er sich ausschließlich der Herstellung von Munition widmete, hatte er tatsächlich die deutsche Wissenschaft in solchem Maße wiederbelebt, dass sie einen höheren Ruf als die Wissenschaft jeder anderen Nation genoss. Und durch den einfachen, direkten Appell, dass Deutschland für das Überleben anderer Nationen lebenswichtig geworden war, hätte Deutschland aufsteigen und Ruhm erlangen können. Doch zu keinem Zeitpunkt, als Deutschland hätte aufsteigen können, schlug Hitler die Richtung des Überlebens ein. Stattdessen wählte er die Richtung, die zum Tod führte.

Dieses Stück wird nicht immer auf der Ebene von Nationen gespielt. Es geschieht in vielen Haushalten. Es ist ein erschütterndes und schreckliches Schauspiel, einen Mann zu sehen, der eine Verbindung mit einer Frau unterhalb von 2,0 eingeht. Er tut alles, was in seiner Macht steht, um Erfolg zu haben, und dennoch stellt er bei jeder Wende in seinem Leben immer wieder fest, dass er durch irgendeine seltsame Nicht-Befolgung oder irgendeine neue Enturbulierung angehalten wird. Und allmählich, Schritt für Schritt, sinkt seine Energie, bis er selbst Kurs auf den Tod und eine neue Generation einschlägt. Eine Frau, die sich mit einem Mann unterhalb von 2,0 verbindet und die selbst zu einer hohen Stufe von Überleben fähig ist, wird feststellen, dass sie durch kleine „Missverständnisse", seltsame Verdrehungen und Streitigkeiten zu unpassenden Zeitpunkten gebrochen wird – bis sich ihre Bestrebungen, eine Familie und eine Zukunft oder auch eine eigene Karriere aufzubauen, schließlich in Rauch auflösen, wie so viele Träume. Der Mann, der sich einen Geschäftspartner unterhalb von 2,0 sucht und der selbst ein gutes Stück oberhalb dieser Stufe ist, wird feststellen, dass sich um ihn herum eine seltsame Verknüpfung von Ereignissen bildet, die die Zerstörung dieses Unternehmens verursacht, egal mit wie vielen Hoffnungen es gegründet wurde und egal wie groß seine Fähigkeit sein mag, das Geschäft zum Erfolg zu führen. Es wäre für einen Menschen, der sich auf eine Ehe, ein Geschäft oder eine Gruppenunternehmung einlässt, weitaus besser, sich selbst das tödlichste Gift oder die bösartigsten Bakterien zu injizieren, als sich mit irgendjemandem unterhalb von 2,0 auf der Tonskala zu verbinden. Scheint Ihnen das ein wenig zu heftig, so schauen Sie sich die ruinierten Menschen an, die geplatzten Träume, die Geschichten, die nie geschrieben wurden, die Lieder, die nie gesungen wurden, weil sich irgendjemand aus einem Brei von Mitleid oder aus irgendeiner „Verpflichtung" heraus mit jemandem unterhalb von 2,0 auf der Tonskala verbunden hat. Dies bedeutet Tod – so sicher, wie wenn man seinen Nacken unter das Fallbeil einer Guillotine hält und die Auslösevorrichtung betätigt.

Von 2,0 an abwärts findet der Mensch ein reaktives, aber sehr deutliches Vergnügen daran, für sich selbst, die Zukunft und die Menschen in seiner Umgebung das „Ziel" des Todes zu erreichen. Hier versucht Entheta, Theta von Mest zu trennen, um den Tod herbeizuführen und eine neue Generation zu schaffen. In der Nähe solcher Menschen mag der Tod sich schweigend und abwartend verhalten, steht aber bereit, jede Handlung in Richtung Unterliegen zu beeinflussen und zu verdrehen.

Im Bereich 2,0 findet der Mensch ein reaktives „Vergnügen" daran, antagonistische Äußerungen von sich zu geben, herumzunörgeln, zu meckern und zu kritisieren. Lässt man ihm die Freiheit, so wird er nicht weiter auf der Tonskala sinken, sondern damit fortfahren, „seine Feindseligkeiten abzureagieren". Er dramatisiert Engramme. Bricht man aber diese Dramatisationen, so wird er auf der Tonskala sinken. Es ist eine Tatsache, dass in diesen Dramatisationen jegliches Vergnügen liegt, dessen er fähig ist. Durch Prozessing, Ausbildung oder Umgebungswechsel kann man ihn auf der Tonskala nach oben bringen. Lässt man ihn aber dort, so wird er andere mit Sicherheit auf diese Stufe herunterziehen, da er eine Quelle von Turbulenz ist – wie alle Menschen unterhalb von 2,0.

Auf Stufe 1,5 findet der Mensch reaktives „Vergnügen" nur dann, wenn er seiner Wut Luft machen kann. Er hat keine wirkliche Vorstellung von Vergnügen, sondern zieht ein Gefühl der Gefährlichkeit und deshalb des „Vergnügens" daraus, dass er seine Beherrschungs- oder Wut-Engramme dramatisiert. Lässt man ihn weiterhin wütend sein, so wird er bis zu einem gewissen Grad stabil auf diesem Punkt der Tonskala bleiben. Werden diese Dramatisationen jedoch verhindert oder bekämpft, so wird er auf der Tonskala sinken, da ihm nicht erlaubt wird, das „Vergnügen" zu erleben, das er durch das Wütendsein „erlangen" kann. Man sollte nicht erwarten, dass vernünftige Gründe existieren müssen, damit der Betreffende seine Wut auslassen kann. Eine solche Person wird ihre eigenen Gründe erfinden, sodass sie wütend sein kann. Ihr Ziel ist die Zerstörung von Dingen oder Menschen. Sie hat beträchtliche Freude daran, diese Zerstörung zu erreichen. Leute, die sich nur vorübergehend auf der Stufe 1,5 befinden (das heißt, akute 1,5er), kennen die Befriedigung gut, die sie erfüllt, wenn sie etwas kaputtschlagen. Der chronische 1,5er kann nicht höher steigen als auf die Stufe des Kaputtschlagens von Dingen. Es hat Zeiten gegeben, als man glaubte, dass ein Mensch, der mit Dingen um sich warf, der Wutanfälle bekam und in verzweifelter Weise destruktive Ausdrücke gebrauchte, sich auf der tiefstmöglichen Stufe von Geisteskrankheit befand. Dies trifft bei weitem nicht zu. Dies befindet sich im sehr hohen Bereich von Geisteskrankheit. Man sollte sich vor denjenigen Menschen in Acht nehmen, die tiefer auf der Tonskala sind und nur durch versteckte Mittel Zerstörung hervorrufen, denn es gibt für das, was sie tun werden, keine Vorwarnung. Jeder Preclear, dessen reaktiver Verstand (und jeder reaktive Verstand befindet sich unterhalb von 2,0 auf der Tonskala) in Richtung Release aufsteigt, wird reaktiv die Zone von Wut durchlaufen; er wird auf Leute, die ihm etwas angetan haben, oder vielleicht sogar auf die ganze Welt wütend sein. Diese Wut zeigt jedoch an, dass sich der Preclear auf dem Wege der Besserung befindet und nicht etwa, dass er verrückt wird. Es ist nicht leichter, mit Leuten unterhalb der Zone Wut umzugehen. Leute unterhalb der Zone Wut sind viel gefährlicher, da sie viel umfangreichere Methoden benutzen werden, um den Tod herbeizuführen. Sie verursachen

Zerstörung nicht etwa im hellen Tageslicht, wie der wütende Mensch, sondern in den dunklen Gassen und Sündenpfuhlen der Menschheit. Jemand, der chronisch wütend ist, kann durch Dianetik Prozessing recht leicht auf höhere Tonstufen gebracht werden, da er immer noch über seine Lebenskraft verfügt. Er muss nur jene Dinge entdecken, über die er wirklich wütend ist, damit er seine Aufmerksamkeit darauf konzentrieren und richten kann, und er verfügt immer noch über beträchtlich viel Theta, mit dem er Entheta umwandeln kann. Trotzdem (und dies darf man nie außer Acht lassen) besteht das Vergnügen dieser Person darin, wütend zu sein, und auditiert man Vergnügensmomente, so findet man am besten Augenblicke, in denen diese Person rückhaltlos über etwas wütend sein konnte.

Der 1,1er zeigt eine noch ausgeprägtere Neigung zum Tod als der offen wütende Mensch. Der 1,1er wird kleine Patzer und Fehler machen und mit beträchtlichem Aplomb Durcheinander und Unruhe in seine Umgebung bringen. Dies sind seine Freuden. Wenn der 1,1er überhaupt irgendwelches „Vergnügen" empfinden soll, so liegt es in einer Handlung, die für ihn, die Zukunft, seine Gruppe oder die Menschheit, das Leben selbst, für Theta oder sogar – obwohl dies unmöglich ist – für das Höchste Wesen indirekt und versteckt zerstörerisch wirkt. Man sollte verstehen, dass jemand vielleicht einen reaktiven Verstand der Stufe 1,1 aufweisen, dennoch recht analytisch wachsam sein kann und nur auf 1,1 sinkt, wenn er enturbuliert ist. Dies wäre ein akuter 1,1er, doch eine solche Person ist immer noch gefährlich. Mit völlig unbewegtem Gesicht kann der 1,1er jede nur denkbare zerstörerische oder tödliche Handlung abstreiten, die er begangen hat. Der 1,1er versteckt alle zerstörerischen Handlungen und tarnt recht häufig seine Tätigkeiten mit einem Deckmantel von konstruktiven Zielen. Er findet an Sex nur dann „Vergnügen", wenn viele Leute sich daran beteiligen, und zwar auf merkwürdige und eigenartige Weise. Dies widerspricht aber nicht der Tatsache, dass ein Mann, wie jedes männliche Lebewesen, bestrebt sein mag, so viele weibliche Wesen wie möglich zu besitzen und zu schwängern – was kein 1,1-Merkmal ist. Der 1,1er genießt Sexualität nicht, außer wenn sie hektisch und enturbulierend ist. Hier finden wir den Satyr, die Nymphomanin. Der 1,1er wird Tiere oder Menschen zum „Vergnügen" verletzen oder verstümmeln. Und wenn der Auditor „Vergnügens"-Momente bei einem 1,1er auditiert, so wird er solche Momente rund um eine Situation finden, als die Träume eines anderen Menschen zerstört oder der Körper irgendeines hilflosen Wesens verletzt wurde. Hier erreicht der Mensch „Vergnügen“ nicht im hellen Tageslicht, sondern versteckt und oft auf hässliche Weise. Der 1,5er findet „Vergnügen“ daran, einen mächtigen Gegner zu Fall zu bringen. Der 1,1er findet „Vergnügen“ daran, seinem Gegner das Rückgrat zu brechen, während dieser verwundet und hilflos daliegt. Der 1,1er mag mitleiderregend erscheinen und aus seiner Machtlosigkeit ein riesiges Theater machen. Jedoch richten sich im Verborgenen die Handlungen dieses Menschen ganz entschlossen auf den Tod – sei es nun Rufmord, der Tod einer Sache, obwohl er die Sache scheinbar unterstützt, oder sein eigener Tod, egal wie weit seine Handlungen seiner Meinung nach von Selbstmord entfernt sein mögen. Übrigens besteht der Mensch im Bandbereich 1,1 am lautesten auf Ethik und Moral bei anderen.

Der 0,5er, der noch viel stärker in Richtung Unterliegen und Sterben geht, versucht, den Tod seiner Familie, seiner Bekannten und seiner selbst durch ständiges, direktes, auf den Tod gerichtetes Enturbulieren herbeizuführen. Natürlich wird Wahrheit auf keiner einzigen Stufe unterhalb von 2,0 in Erwägung gezogen. Der Apathie-Bereich von 0,5 ist die Stufe offenkundigster Unwahrheit. Auf Stufe 0,5 findet der Mensch ein reaktives „Vergnügen“ daran, wehleidig die wildesten Lügen über die Hoffnungslosigkeit und Schrecken des Lebens aufzutischen, was ihm alles angetan wurde. Irgendetwas von dem zu auditieren, was ein Mensch auf einer annehmbaren Tonstufe als Vergnügensmoment bezeichnen würde, ist natürlich bei einer Person auf 0,5 nahezu unmöglich. Der 0,5er kann jedoch ein reaktives „Vergnügen“ darin finden, so intensiv wie möglich auf 0,5 zu sein.

Manchmal lässt sich ein 0,1er dazu bringen, einen Moment des „Vergnügens“ zu durchlaufen, der sich damit befasst, wie tot er ist und wie sehr ihm jegliche Gefährlichkeit abgeht. Kann der Auditor überhaupt mit ihm in Kontakt kommen, so lassen sich Momente des „Vergnügens“ nur auf dieser Stufe finden.

Als allgemeine Regel werden Vergnügensmomente somit auf derjenigen Stufe durchlaufen, wo sich die Person selbst auf der Tonskala befindet. Erwarten Sie von einem 2,5er nicht, dass er Momente gewaltiger heller Freude durchläuft, da das Entheta bei diesem Fall ihn daran hindert, eine solche Stufe zu erreichen. Erwarten Sie von einem 1,1er nicht, dass er einen Moment durchläuft, als er unglaublich wütend war, da seine Position auf der Tonskala offene Wut zu einer sehr gefährlichen Sache macht, und die Furcht, die seine Position auf der Tonskala enthält, mag ihn daran hindern, Wut zu zeigen. Wenn Sie ihn jedoch dazu bringen können, sich einen Moment zurückzurufen, als er außerordentlich und bewundernswert moralisch und ethisch war – während jedermann um ihn herum unehrlich und unaufrichtig war –, könnten Sie feststellen, dass er sehr viel „Vergnügen" an dieser unechten Situation empfindet.

Die allgemeine Regel lautet folgendermaßen: Oberhalb von 2,0 entdeckt der Auditor konstruktive und schöpferische Handlungen immer größer werdenden Triumphes und Ausmaßes, je weiter der Preclear auf der Tonskala nach oben kommt. Und unterhalb von 2,0 entdeckt er in den Vergnügensmomenten, die sich der Preclear aussucht, eine immer größere Anstrengung in Richtung Tod. In jedem Fall ist das Überwinden von Hindernissen in Richtung auf das Ziel der entscheidende Faktor in Bezug auf Vergnügen. Unterhalb von 2,0 überwindet der Mensch natürlich „Hindernisse", die ihm sagen, dass er überleben soll, während er auf sein „Ziel", den Tod, voranschreitet. Für Menschen unterhalb von 2,0 ist der Tod das einzig gültige und erreichbare „Ziel" – sei es nun für sie selbst, die Zukunft, die Gruppe oder die Menschheit. Menschen unterhalb von 2,0 werden alles, was sie auf diesem Weg zum „Ziel" des Nichtüberlebens behindert, bekämpfen. Der einzige Punkt, der bei dieser Erpichtheit auf Vernichtung noch lobenswert ist, liegt in der Gründlichkeit, mit der diese Menschen dafür kämpfen werden zu sterben. Da wir es hier mit acht Dynamiken zu tun haben, sollte man nicht glauben, dass der Mensch unterhalb von 2,0 nur auf seinen eigenen Tod hinarbeitet.

Auf 2,0 arbeitet er in einem sehr weiten Umkreis auf den Tod hin, jedoch eher auf abgeschwächte Weise, und er wird keinen starken Wunsch nach seinem eigenen Tod verspüren.

Auf Stufe 1,5 arbeitet er auf den Tod anderer Wesen, Lebensformen oder anderer Dynamiken hin. Natürlich wird er für sich selbst den Tod heraufbeschwören, wenn er dieser Tatsache auch keine Beachtung schenkt. Man kann die anderen Dynamiken nicht einschränken, ohne auch die Erste Dynamik, sich selbst, einzuschränken und den eigenen Tod herbeizuführen.

Auf Stufe 1,1 erkennt der Einzelne nur gelegentlich bewusst, dass er sich in Richtung Selbstmord bewegt. Mit hinterlistigen Mitteln beabsichtigt dieser Mensch den Tod in einem enger gefassten Umkreis. Versucht der 1,5er den

Tod von vielen herbeizuführen, so versucht der 1,1er mit versteckten Mitteln den Tod von einigen wenigen zu verursachen.

Der 0,5er sucht den Tod im umgekehrten Verhältnis zur Menge an Aufmerksamkeit, die er seiner Umgebung schenken kann; und diese Aufmerksamkeit beschränkt sich normalerweise auf die Erste Dynamik und schließt vielleicht nur wenige Vertraute in der Umgebung ein. Der 0,5er ist somit der Selbstmordfall; doch vor dem Selbstmord kann man mit ziemlicher Sicherheit damit rechnen, dass er versucht, zumindest den Tod seines engsten Vertrauten herbeizuführen, sei es durch Mord oder durch Enturbulierung mit Hilfe von Mitleid. Gelegentlich umfasst der Selbstmord des 0,5ers auch den Mord an Kindern. Der Vertraute eines 0,5ers ist tatsächlich der größten Gefahr ausgesetzt, in der sich ein Mensch überhaupt befinden kann.

Mit allgemeinem Auditieren von Vergnügensmomenten kann man bei einem Fall sehr viel erreichen. Eine ältere Frau hatte zum Beispiel viele Wochen lang kein anderes Prozessing als dieses erhalten. Berichten zufolge war sie zu Beginn dieser Auditing-Periode bettlägerig gewesen. Ein Auditor, der eine Vorliebe für Experimente hatte, verbrachte zwei Stunden pro Tag damit, mit dieser Frau Vergnügensmomente zu durchlaufen – kleine Erfolge, fröhliche Treffen, Augenblicke guter Gesundheit und des Wohlbefindens sowie Augenblicke des Stolzes auf Leistungen oder auf Personen, die sie geliebt hatte. Am Ende dieser Auditing-Periode war diese ältere Frau nicht mehr bettlägerig und zeigte einen beachtlichen Anstieg auf der Tonskala. Kein einziges Lock, Secondary oder Engramm war bei diesem Fall auditiert worden. Dies sollte dem Auditor eine Vorstellung davon vermitteln, wie wertvoll Vergnügen als Gegenstand von Prozessing ist.

Dann gibt es noch den Fall, bei dem kein Gram auditiert werden konnte, bis gründliches Scanning von Vergnügensmomenten durchgeführt worden war. Nachdem er erlebt hatte, dass es in seinem Leben tatsächlich Vergnügen gab, war er aufgrund des freien Thetas, das er durch das Richten seiner Aufmerksamkeit auf Vergnügensmomente zurückerlangt hatte, imstande, mit Augenblicken von Missemotion in Kontakt zu kommen, was für eine Befreiung seines Falles notwendig war.

Vergnügensmomente scheinen einem vor allem zu sagen, dass Überleben möglich ist. Unterhalb von 2,0 gewähren „Vergnügens“-Momente jedoch die Ermutigung, dass der Tod möglich ist. In beiden Fällen ist ein Ansteigen auf der Tonskala die Folge, ob der Preclear dies nun wünscht oder nicht.

Vergnügensmomente werden genauso auditiert, wie man ein Engramm oder Secondary-Engramm auditieren würde. Man fordert den Preclear auf, zu dem eigentlichen Zeitpunkt zurückzukehren, als das Vergnügen tatsächlich stattfand, und mit allen Wahrnehmungseindrücken aus dem Geschehnis in Kontakt zu gelangen, indem er das Erlebnis immer und immer wieder, so vollständig wie möglich nochmals sieht, hört und fühlt. Der Preclear kann viele Male durch das Geschehnis durchgehen, ohne dessen müde zu werden, da er bei jedem Durchgang neue Augenblicke und Wahrnehmungseindrücke entdecken sollte, die zuvor verborgen waren. Auditiert man Vergnügen auf diese Weise, so scheint sich die Menge an freiem Theta beim Fall beträchtlich zu vergrößern.

Auf tieferen Stufen der Tonskala lassen sich wirkliche Vergnügensmomente im Leben einer Person – Momente des Überlebens, insbesondere des Triumphs – nicht leicht auffinden. Lässt der Auditor den Preclear jedoch mögliche Vergnügensmomente als Vorstellungen und dann, nachdem der Preclear näher mit ihnen in Kontakt gekommen ist, als wirkliche Geschehnisse durchgehen, so kann er ihm auf diese Weise möglicherweise zeigen, dass Vergnügen vorhanden war und zugänglich ist.

Da das Erreichen von Vergnügen eines der Hauptziele im Leben ist, kann das Auditieren von Vergnügensmomenten sehr viel für einen Fall leisten. Es hat Fälle gegeben, bei denen allein durch das Auditieren von Vergnügensmomenten Sonik und Visio zurückkehrten.

Der Fall lässt sich durch das Auditieren von Vergnügensmomenten am leichtesten stabilisieren. Man sollte ihn, wenn er schwer in der Gegenwart zu stabilisieren ist, mehrere Vergnügensmomente durchgehen lassen. Danach kommt der Preclear oft leicht in die Gegenwart, da er aus Secondarys und Engrammen, die während des Prozessings leicht restimuliert worden waren, Aufmerksamkeitseinheiten zurückgewonnen hat.

Das Gedächtnis selbst kann man auffrischen, indem man den Preclear sich einfach auf der Zeitspur bewegen lässt. Als Experiment kann man einige bestimmte Daten im Leben des Preclears auswählen. Diese Daten können vollständig abgesperrt sein, der Auditor besteht jedoch darauf, dass der Preclear zu diesen Daten zurückgeht. Vielleicht tappt der Preclear völlig im

Dunkeln, was zum Beispiel am 3. Januar 1943 passiert ist. Der Auditor hat gegenüber dem Preclear den Vorteil, dass er weiß, dass der Preclear, wenn ihm gesagt worden ist, er solle zu einem bestimmten Datum zurückkehren, zu diesem Datum zurückgekehrt ist, ob der Preclear dies nun weiß oder nicht. Dann fordert der Auditor den Preclear auf, ihm zu erzählen, was zum Beispiel um 9.30 Uhr vormittags an diesem Tag geschehen ist. Der Preclear ist vielleicht imstande, ganz vage bestimmte Geschehnisse aus dem Jahre 1943 auszumachen. Mit viel Geduld und Ausdauer wird der Auditor dem „Ich" des Preclears Schritt für Schritt zu genauen Angaben in Bezug auf Datum und Zeitpunkt verhelfen, und dann kann er den Preclear diesen Augenblick mit den dazugehörigen wirklichen Wahrnehmungseindrücken durchgehen lassen. Diese Technik ist nicht weniger wirksam als das Auditieren von Vergnügensmomenten. Im Verstand ist alles aufgezeichnet, und der Auditor weiß, dass der Preclear, wenn er ihn zu einer bestimmten Zeit zurückschickt, dort ist, auch wenn dem „Ich" des Preclears vielleicht die Wahrnehmungseindrücke des Geschehnisses durch vorhandenes Entheta nicht zugänglich sind. Mit Geduld und Ausdauer kann der Auditor stets die Daten erhalten, die er verlangt.

Augenblicke des Triumphes sind natürlich Vergnügensmomente. Oft stellt man jedoch fest, dass Preclears, insbesondere diejenigen unterhalb von 3,0, Augenblicke des Vergnügens durchlaufen, ohne irgendwelches Vergnügen dabei zu empfinden. Der Auditor stößt vielleicht darauf, dass der Preclear bei einem Reitturnier einen Silberpokal gewonnen hat. Er schickt den Preclear zu diesem Geschehnis zurück, lässt ihn immer und immer wieder durch dieses Geschehnis gehen und stellt dabei fest, dass der Preclear das Gefühl hatte, den Pokal nicht verdient zu haben. Dies ist eine unterschiedliche Vorstellung von Realität zwischen Preclear und Auditor. Logischerweise müsste der Preclear Vergnügen empfunden haben, als er beim Reitturnier den Silberpokal gewann. Seiner Tonstufe entsprechend gewann der Preclear jedoch aus diesem Geschehnis kein Vergnügen, da es ihm möglicherweise zu viel Aufmerksamkeit und Bekanntheit verschaffte, oder mit einer bestimmten engrammatischen Berechnung des Preclears über Gewinnen oder das Verletzen der anderen Wettbewerber durch seinen Sieg in starkem Konflikt stand. Dies sollte den Auditor nicht entmutigen. Es sollte ihm nur zeigen, dass er Vergnügensmomente zu auditieren versucht, die für diesen Preclear zu hoch auf der Tonskala liegen. In einem solchen Fall sollte der Auditor auf der Tonskala nach unten gehen und eine Zeit finden, als der Preclear vielleicht durch irgendwelches Lügengeschwätz den Ruf eines guten Freundes zerstören konnte, und dies als Vergnügensmoment auditieren. Der Auditor wird auf diese Weise ein Ansteigen auf der Tonskala erreichen, auch wenn der Preclear das Gefühl hat, dies sei nicht möglich.

Außerdem sollte der Auditor auch beachten, dass sich Vergnügensmomente erschaffen lassen und dass ein Vergnügensmoment in der Gegenwart selbst eine Stelle auf der Zeitspur ist und dazu neigen wird, den Preclear zu desenturbulieren. Damit soll nicht gesagt werden, dass der Auditor das „Vergnügen" billigen sollte, das manche tief auf der Tonskala liegenden Menschen suchen würden und das zum Beispiel daraus bestehen könnte, den Ruf, die Zukunft oder die Gesundheit einer jungen Frau oder eines Kindes zu zerstören. Es heißt vielmehr, dass der Auditor den Preclear dazu ermuntern sollte, sich zur Unterstützung des Prozessings Vergnügen zu verschaffen.

Rät der Auditor dem Preclear, sich Vergnügen zu verschaffen, so sollte er dabei nicht in den alten Fehler verfallen zu glauben, dass Vergnügen gleich Müßiggang und Verschwendung sei. Das größte Vergnügen, das zum Beispiel ein Komponist erreichen kann, liegt im Komponieren. Ein Genie im Management erreicht sein größtes Vergnügen durch das Überwinden von Hindernissen, die sich dem Management in den Weg stellen. Das größte Vergnügen für einen Menschen liegt im Erreichen von Glück: dem Überwinden von nicht unbekannten Hindernissen in Richtung auf ein bekanntes Ziel. Durch geschicktes Befragen kann der Auditor dem Preclear zu der Erkenntnis verhelfen, dass er Ziele hat, auf die er hinarbeiten kann. Ein Trick von Menschen unterhalb von 2,0 besteht darin, einen kreativen und konstruktiven Menschen vom Weg seines größten Vergnügens abzubringen, das vielleicht darin liegt, Ziele zu verfolgen, die große Anstrengungen erfordern. Der Auditor würde einem Bergsteiger nicht den Rat geben, an die See zu fahren, um sich auszuruhen, sondern sollte ihn in seinem Glauben bestärken, dass er einen viel höheren Berg als je zuvor bezwingen kann – denn geht es ihm nicht gut, so liegt es daran, dass ihn irgendein Mensch unterhalb von 2,0 in seiner Umgebung durch umfangreiche und ausführliche Entmutigungen zu der Überzeugung gebracht hat, er könne keine Berge mehr besteigen.

Vergnügen, ob nun in Richtung Leben oder Tod, besteht darin, etwas zu erreichen oder Hindernisse auf dem Weg dazu zu überwinden. Wenn der Auditor seinen Preclear Vergnügensmomente durchlaufen lässt oder ihm dazu rät, Vergnügensmomente in der Gegenwart zu erschaffen und aufzubauen, um seine Tonstufe zu erhöhen, sollte der Auditor nicht vergessen, dass Glück daraus besteht, nicht unbekannte Hindernisse in Richtung auf ein bekanntes Ziel zu überwinden. Er wird feststellen, dass die meisten seiner Preclears keinerlei Ziel haben. Ohne mit der Selbstbestimmung seiner Preclears in Konflikt zu geraten, kann der Auditor ihnen durch Befragung dabei behilflich sein, ihre Ziele zu entdecken und klarzustellen. Er kann ihnen auch dabei helfen, Hindernisse auf dem Weg zu einem Ziel zu erkennen, über das der Preclear sich bereits klar ist. Oder er kann den Preclear einfach ermutigen, weiterhin die bekannten Hindernisse in Richtung auf seine bekannten Ziele zu überwinden.

Der Auditor wird auch Preclears entdecken, die zwar nicht besonders tief auf der Tonskala liegen, jedoch nicht genügend Gelegenheit hatten, Vergnügen zu erfahren, und somit ein ödes Leben hinter sich haben. Es ist ganz richtig, wenn der Auditor dem Preclear den Rat gibt, hinauszugehen, sich einen Vergnügensmoment zu erschaffen und ihn zu durchleben, sodass der Auditor diesen nachher zur Förderung des Falles auditieren kann. Das Erleben ist natürlich wichtiger als das Auditieren. Der wesentliche Aspekt ist, ob Vergnügensmomente existieren oder nicht.

Interessanterweise erfolgt der Niedergang einer beliebigen Gesellschaft genau im Verhältnis zur Stärke der Verachtung, die sie Vergnügen entgegenbringt, und ihr Aufstieg entspricht ihrer Achtung gegenüber Vergnügen.

Oberhalb von 2,0 enthält Vergnügen mehr aufbauende Elemente als Zerstörung, mehr Gutes als Böses. Unterhalb von 2,0 enthält „Vergnügen“ mehr Zerstörung als Aufbau, mehr Böses als Gutes. Unmoral entsteht dann, wenn einer Sache mehr Schmerz als Vergnügen innewohnt. Es gab Gesellschaften, die ihr Vergnügen darin fanden, mehr Böses als Gutes zu beobachten oder zu bewirken. Der römische Zirkus ist ein Beispiel dafür und bezeichnet einen Punkt im Niedergang des Römischen Reiches, mit der für diese großartige politische Organisation ein früher Tod vorhersagbar war.

Unter wirklichem Vergnügen verstehen wir Handlungen, die mehr Gutes als Böses enthalten.

Bevor man Vergnügen verurteilt, sollte man verstehen, von welcher Art Vergnügen jemand spricht. Offensichtlich hat es jedoch im Lauf der Jahrhunderte einen solchen Abscheu gegenüber dem gegeben, was das Römische Reich in der Anfangszeit des Christentums als „Vergnügen" bezeichnete, dass Vergnügen selbst unterbunden wurde. Das Leben zu genießen wird von bestimmten Menschen und Gruppen als Verbrechen betrachtet. Dadurch sind diese Menschen und Gruppen sofort automatisch auf der Tonskala festgelegt: Sie befinden sich unterhalb von 2,0 und gehen in Richtung Unterliegen. Trotzdem wird es der Auditor verstehen müssen, mit Menschen umzugehen, denen eingepaukt wurde, sich vor Vergnügen zurückzuhalten, und die aufgrund ihrer Erziehung unfähig sind, Vergnügen zu empfinden. Der Auditor sollte die Definitionen von Vergnügen vollkommen beherrschen und sollte verstehen, was Vergnügen wirklich ist. Von denjenigen, die behaupten, Vergnügen sei schlecht, sollte er sich definieren lassen, was ihrer Meinung nach Freude bereitet. Dies ist die Art von Geschehnissen, die mit diesem Fall als Vergnügensmomente auditiert werden können. Für diejenigen, die Vergnügen als gut bezeichnen und dann detailliert von Promiskuität und Sadismus erzählen, sollte der Auditor zumindest ein intellektuelles Verstehen aufbringen.

Da es im Leben jedes Menschen verschiedene Situationen gibt, vermischen sich manchmal Vergnügen als Überleben und Vergnügen als Tod. Gelegentlich kommt es vor, dass jemand, durch Schwindel, Hinterhältigkeit oder Verrat von anderen, seine Frau, sein Geschäft oder seinen Ruf verloren hat. Seine Vorstellung von Vergnügen besteht darin, diejenigen, die ihn geschädigt haben, auf schmerzhafte Weise auszulöschen. Dies ist nicht unbedingt gleich ein Hinweis auf eine tiefe Position auf der Tonskala, da der Auditor vielleicht feststellen wird, dass sich ein solcher Mensch nur wegen eines bestimmten Umstandes mit dem Tod befasst. Weisen die anderen Umstände der Person auf eine hohe Position auf der Tonskala hin, so sollte der Auditor sofort erkennen, wo er anzusetzen hat, um beträchtlich viel Theta zu befreien, das in Rachepläne und Träume von schmerzhaften Bestrafungen für den Feind verwickelt ist. In anderen Lebensbereichen kann ein solcher Mensch Vergnügensmomente aber normalerweise durchlaufen. Sogar jemandem, der sich tief auf der Tonskala befindet, gelingt es manchmal, irgendeinen, wenn auch sehr vereinzelten, konstruktiven Tätigkeitsbereich zu finden, und damit weiß der Auditor, wo er bei diesem Fall nach wirklichem Vergnügen suchen muss, und kann dieses besondere Geschehnis oder diese besondere Art von Geschehnis verwenden, um Theta zu befreien.

Das ganze Gebiet der Vergnügensmomente ist, soweit es wirkliches Vergnügen betrifft, eng mit Überleben verknüpft. Der Auditor sollte aber nicht übersehen, dass es für jemanden auf 0,5 ein „Vergnügen" ist, über den grausamsten Selbstmord, den es nur gibt, oder über den höchst erbärmlichen Tod des nächststehenden „geliebten Menschen" nachzusinnen.

Der Auditor sollte die Art von Vergnügen nicht kritisieren, die sein Preclear auswählt, sollte aber stets darauf hinarbeiten, das auf der Tonskala höchstmögliche, für seinen Preclear erreichbare Vergnügen zu wählen. Mit anderen Worten, er sollte beim 1,1er versuchen, Vergnügen auf 1,5, 2,0 oder 2,5 zu finden, anstatt sich an den Bereich des 1,1ers zu halten. Der Auditor versucht, den Preclear auf der Tonskala nach oben zu bringen. Dabei wird er feststellen, dass immer höhere und höhere Stufen des Vergnügens erreichbar sind, nicht nur in der Gegenwart, sondern auch in der Vergangenheit. Die Menge an wirklichem Vergnügen, das der Preclear empfinden oder durchgehen kann, ist nicht nur für seine chronische Position auf der Tonskala bezeichnend, sondern auch für seinen fortschreitenden Aufstieg zu wünschenswerteren Stufen hin.

POSITIVES PROZESSING

Eine technische Variation, die für den Auditor von Wert ist, wird als *Positives Prozessing* bezeichnet. Dies besteht darin, das Theta des Falles anzusprechen und ans Licht zu bringen. Der Auditor kann so damit beschäftigt sein, Entheta direkt anzusprechen, dass er vielleicht übersieht, dass unter dem Entheta Theta begraben liegen kann. Indem dieses Theta gesucht und ans Tageslicht gebracht wird, kann die Tonstufe eines Preclears beträchtlich verbessert werden.

Unter vielen Bereichen von Entheta auf der Zeitspur kann etwas liegen, das wir als „Theta-Ablagerungen" bezeichnen könnten. Wenden sich das Theta des Auditors und das Theta des Preclears solchen Theta-Ablagerungen zu, so werden sie das Entheta, das einen solchen Augenblick überlagern mag, desenturbulieren.

Vergnügensmomente könnte man als Theta-Ablagerungen bezeichnen. Solche Ablagerungen fördern die Umwandlung von Entheta in Theta. Somit unterstützt das Durchlaufen von Vergnügensmomenten das Ansteigen auf der Tonskala beträchtlich. Dieses Prinzip lässt sich auf viele Arten anwenden, die wir alle unter der Bezeichnung Positives Prozessing zusammenfassen könnten. Es gibt vermutlich zahllose Varianten des Positiven Prozessings. Einen Vergnügensmoment genauso zu auditieren, als ob er ein Engramm wäre, bis alle Wahrnehmungseindrücke zurückgewonnen sind, ist nur eines der Beispiele für Positives Prozessing. Das Scanning von Vergnügensmomenten in Ketten ist eine weitere Variante. Das Auditieren von zukünftigen Vergnügensmomenten spannt die Fantasie ein, ist jedoch lediglich eine weitere Variante des Positiven Prozessings.

Affinität, Realität und Kommunikation lassen sich beim Positiven Prozessing mit ausgezeichnetem Nutzen anwenden. In diesem Fall sucht der Auditor nicht nach ARK-Locks, in denen ARK aufgezwungen oder verhindert worden ist, sondern er sucht nach Momenten, als es vorhanden war. Durch Direkterinnerung veranlasst er den Preclear, sich Augenblicke zurückzurufen, als er *wirklich* spürte, dass er Affinität oder Kommunikation erhielt oder gab, oder wirklich Realität erlebte. Befindet sich der Preclear recht weit unten auf der Tonskala, so wird er vielleicht einige Zeit suchen müssen, bevor er sich einen Augenblick zurückrufen kann, als er für etwas oder jemanden wirklich Affinität empfand oder wirklich spürte, dass er Affinität erhielt. Genauso kann der Preclear Schwierigkeiten damit haben, einen Augenblick wirklicher Kommunikation zu finden. Er befand sich zu jenem Zeitpunkt vielleicht in einer Zuhörerschaft, sprach mit einem Freund oder auch einfach nur mit einem Hund. Außerdem sollte der Auditor daran denken, dass Kommunikation auch Wahrnehmung umfasst und dass er vielleicht eine Theta-Ablagerung entdecken wird, wenn er den Preclear veranlasst, etwas wirklich zu sehen oder sich wirklich zurückzurufen, wie er etwas gehört oder gespürt hat. Ein weiteres Beispiel von Positivem Prozessing wäre, den Preclear zu veranlassen, sich etwas zurückzurufen, wovon er wusste, dass es wirklich real war, oder sich auch nur eine Situation zurückzurufen, in der jemand wirklich mit ihm übereinstimmte.

Direkterinnerung wirklich vorhandener Affinität, Realität und Kommunikation ist bei Fällen, die tief auf der Tonskala liegen, sehr wertvoll. Weiterhin ist sie als Mittel zum Beenden einer Sitzung bei jedem Fall wertvoll.

Manchmal wird der Auditor während des Positiven Prozessings feststellen, dass der Preclear zu gähnen beginnt. Dies trifft besonders auf das Scanning von Vergnügensmomenten zu. Dieses Gähnen zeigt an, dass beim Preclear Vergnügens-Unterdrücker vorhanden sind, dass es etwas gibt, wodurch er für das Empfinden von Vergnügen Schuldgefühle bekommt. Aufgrund bestimmter, nicht überlebensförderlicher Maßstäbe wird Vergnügen als böse betrachtet, und man wird feststellen, dass in den Engrammen des Preclears Warnungen vor Vergnügen enthalten sind.

Gelegentlich wird der Auditor auch einen Preclear vor sich haben, der beim Positiven Prozessing in Tränen ausbricht. Offensichtlich ist hier (obwohl sich verschiedene Meinungen darüber vertreten ließen) die Unterdrückung von Vergnügen so stark, dass das darüber liegende Entheta denselben Wert wie das Entheta eines Secondary-Engramms aufweist. Die Tränen der Erleichterung zeigen, wie der Preclear bei bestimmten Geschehnissen von Apathie über Gram nach oben kommt. Denn jedes Geschehnis hat unabhängig von der Tonstufe des Preclears seine eigene Stellung auf der Tonskala und kommt schrittweise auf der Skala nach oben, während es reduziert wird.

Es gab einmal eine ganze Philosophie, die dem Vergnügen gewidmet war: den Hedonismus. Überleben ist Vergnügen, doch müßige Befriedigung der Sinne ohne Plan oder Fortschritt in Richtung auf irgendein Ziel ist für sich genommen auf lange Sicht zerstörerisch, so wie die Grille in Äsops Fabel. Diese müßige und zwecklose Befriedigung der Sinne war es, gegen die der Moralist wütete, und das mit ziemlichem Recht. Doch hätte man eine bessere Terminologie verwenden sollen. Vergnügen ist etwas, das weder der einzelne Mensch noch eine Zivilisation entbehren kann. Fehlt es, so ist Unterliegen die Folge. Da man feststellen kann, dass Glück das Überwinden nicht unbekannter Hindernisse in Richtung auf ein bekanntes Ziel oder die Betrachtung von Zielen ist, lässt sich erkennen, dass *müßiges* Vergnügen offenbar eine statische oder zerstörerische Sinnesbefriedigung wäre. So gesehen, ist Vergnügen selten müßig, bedeutet jedoch genauso oft bequemes Nichtstun und Entspannung wie dynamische und konstruktive Tätigkeit. Der Mensch kann ohne Vergnügen nicht leben. Und der Auditor wird bei der Verwendung des Positiven Prozessings in dem Faktor Vergnügen einen wertvollen Verbündeten finden.

Spalte AE
Imaginäre Geschehnisse

Eine der gesellschaftlichen Aberrationen Amerikas besteht darin, das Vorstellen und Einbilden von Dingen als Fehlverhalten zu bezeichnen. „Sich Dinge einbilden" wurde mit „Geisteskrankheit" gleichgesetzt. Eine häufige abwertende Aussage lautet, dass jemand sich „Dinge einbildet". Jemandem zu sagen, er unterliege einem Wahn, bedeutet eine vernichtende Kritik. Insbesondere Kinder werden regelrecht mit Kritik bombardiert, weil sie eine reiche Fantasie besitzen.

Das Verdammen von Fantasie zeugt von einer Furcht, von der Realität abzuweichen. Wird aber Fantasie so sehr verdammt, so müssen diejenigen, die sie verdammen, irgendeine grundlegende Furcht davor haben, dass sie selbst nicht an einer Realität festhalten können.

Mit Fantasie ist nichts verkehrt. Es ist jedoch eine Menge verkehrt mit der Art von Aberration, die es für den Einzelnen unmöglich oder zumindest schwierig macht, zwischen Imaginärem und Wirklichkeit zu unterscheiden. Solange man weiß, dass man sich etwas vorstellt, wenn es tatsächlich nur in der Fantasie existiert, und weiß, dass man es mit Tatsachen zu tun hat, wenn es sich wirklich um Tatsachen handelt, ist Fantasie von großem Wert.

Es gibt drei verschiedene Arten von Fantasie. Die eine ist die *schöpferische* Fantasie, durch die auf dem Gebiet der Ästhetik die Triebe und Impulse der verschiedenen Dynamiken zu neuen Szenen und Ideen verwoben werden.

Die zweite Art ist die mehr oder weniger *praktische* Art von Fantasie, die sich aus Berechnungen ergibt. Ohne diese zweite Art von Fantasie wäre es für einen Menschen unmöglich, die Zukunft vorauszuplanen oder sich ein wünschenswertes Ziel für die Zukunft zu postulieren. Diese Art von Fantasie ist für die Berechnung von so entscheidender Bedeutung, dass derjenige Mensch, dem sie fehlt, eindeutig einen Mangel an analytischer Denkfähigkeit aufweist.

Die dritte Art von Fantasie umfasst *Wahnvorstellungen* oder *Halluzinationen.* Möchte die Kultur größere geistige Gesundheit erreichen, so würde sie den Begriff „imaginär" nicht länger auf Wahnvorstellungen oder Halluzinationen anwenden. Der Begriff Wahnvorstellung bezeichnet eine Art von Fantasie, die der Betreffende nicht als imaginär erkennt. Bei Engrammen stößt man jedoch häufig auf Sätze, wie „Da geht deine Fantasie mit dir durch", „Das hast du dir bloß ausgedacht", „Das bildest du dir doch nur ein" und andere Befehlssätze, die die Fähigkeit des Preclears kurzschließen, zwischen dem, was wir von nun an als imaginär bezeichnen sollten, und Halluzinationen zu unterscheiden. Die Fantasie wird an die Tatsachen-Bank angeschlossen, und das „Ich" erhält Daten als „Tatsachen", die in Wirklichkeit ein Produkt der Fantasie sind.

Man könnte sagen, dass es vier verschiedene Quellen von Aberration gibt. Die erste ergibt sich aus *Engrammsätzen,* die insbesondere bestimmte Zwänge, Zwangsvorstellungen, Verdrängungen, Wahnvorstellungen, Neurosen und Psychosen aufzwingen. Solche Sätze besitzen jedoch gegenüber dem Analysator, der nicht weiß, dass sie unterschwellig im reaktiven Verstand existieren, nur in dem Maße Befehlskraft, wie der Fall mit Entheta geladen ist. Befehlssätzen und Aktionssätzen gehorcht der Analysator umso mehr, je stärker er durch sich anhäufende Aberrationen ausgeschaltet wird. Aktionssätze werden immer wirksamer, je tiefer der Mensch auf der Tonskala sinkt.

Somit gibt es eine zweite Quelle von Aberration, die einfach aus der *Menge an Ladung* bei einem Fall besteht. Man könnte sie *mechanische Aberration* nennen. Sie stammt nicht von bestimmten Befehlen, sondern von einer geistigen Unfähigkeit, die von sich anhäufendem Entheta verursacht wird. Indem der Preclear auf der Tonskala sinkt, treten bestimmte eindeutige Erscheinungen infolge dieser Anhäufung von Entheta auf. Die ganze Tabelle, um die herum dieses Buch geschrieben wurde, entstand aus einer

Untersuchung der Wirkung dieses sich anhäufenden Enthetas auf aberrierte Menschen. Entheta allein kann einen Fall so stark aufladen, dass er sich in einer ganz bestimmten Weise verhalten wird, unabhängig vom Befehlsinhalt der Engramme.

Die dritte Art von Aberration ist *umgebungsbedingt* und rührt von aberrierten Menschen und Situationen in der gegenwärtigen Umgebung des Preclears her. Normalerweise ist sie nur vorübergehend, doch häuft sich dieses umgebungsbedingte Entheta an, so zeigen sich chronische Auswirkungen beim Fall.

Die vierte Art von Aberration ist durch die *Ausbildung* bedingt; sie umfasst das gesamte angehäufte Entheta der Kultur, in welcher der Preclear aufwuchs, alle irrationalen und schlechten Daten, die er im Verlaufe seiner Erziehung von Eltern, in Schulen und durch Erfahrung erhalten hat.

Es wäre noch eine fünfte, sogar eine sechste und siebte Art von Aberration aufzuführen, doch sind diese zum jetzigen Zeitpunkt für den Auditor weniger wichtig. Die fünfte Art bestünde aus den *Aberrationen*, die *der Theta-Körper* im Verlaufe der zahlreichen Generationen *angesammelt* hat und die vielleicht angegangen werden müssen, um jemanden bis zu Clear zu bringen, vielleicht aber auch nicht. Die sechste Art wäre das *Verhaltensmuster*, das der Preclear auf der genetischen Linie geerbt hat, von der sehr wenig bekannt ist, doch lässt sich vermuten, dass jeder Organismus irgendein Verhaltensmuster aufweist, das in einigen wenigen Punkten für die Umgebung als nicht passend betrachtet werden könnte und somit unter eine weiter gefasste Definition des Begriffes Aberration fallen würde. Die siebte Art von Aberration wäre Aberration infolge fehlender oder missgebildeter Teile des *menschlichen Organismus,* entweder aufgrund genetischer Vererbung oder durch einen Unfall oder Psychochirurgie.

Somit sehen wir, dass Fantasie sowohl für das Erschaffen der Realitäten von morgen in der Gesellschaft – den unschätzbaren Beitrag des Künstlers, Schriftstellers und Komponisten – als auch bei den praktischen Berechnungen des Alltags wertvoll und äußerst wichtig ist und dass ihr Wert beim rationalen menschlichen Wesen nicht herabgesetzt werden sollte.

Außerdem zeigt sich, dass Fantasie aufgrund von engrammatischen Befehlen, wobei ohne richtige Auswertung das Wirkliche mit dem Unwirklichen durcheinandergebracht wird, falsche Elemente in das Denken und Handeln eines Menschen einführen kann.

Des Weiteren geschieht es, dass Fantasie infolge von Ladung bei einem Fall die Realität zu ersetzen beginnt, je mehr der Fall auf der Tonskala sinkt. Die Fantasie wird somit, je tiefer der Mensch auf der Tonskala absinkt, mechanisch immer mehr zu einem Ersatz für Realität kurzgeschlossen. Früher dachte man, dass sich jemand absichtlich etwas ausdachte, um der Realität zu „entfliehen". Bei diesen Therapien hat man sich nie darum gekümmert, Realität auszuwerten, aber sehr rasch war man mit der Aufforderung bei der Hand, dass man der Realität ins Auge sehen sollte. „Flucht" und „Wahnvorstellung" waren Bezeichnungen, die dazu verwendet wurden, den Patienten in eine gefügige Unterwerfung zu zwingen. (Dem Patienten zu sagen, seine Geschehnisse seien nur Einbildung, drückt ihn rasch auf der Tonskala nach unten, da es seinen Sinn für Realität zerstört. Diese Handlungsweise zielt eindeutig darauf ab, den Patienten noch unfähiger zu machen.) Die sich anhäufende Ladung auf dem Fall scheint das wirkliche Dasein immer unerträglicher zu machen, je tiefer man auf der Tonskala sinkt. Das Theta, das dieser Mensch noch übrig hat, ist vielleicht wegen der umgekehrten Polarität nicht in der Lage, in das Entheta des reaktiven Verstandes und den zum größten Teil ausgeschalteten Analysator einzudringen. Es geht nicht um eine fehlende Bereitschaft, der Realität ins Auge zu sehen, vielmehr ist der Mensch nicht imstande, der Realität ins Auge zu sehen. Mit anderen Worten, er wird von den Dingen abgebracht, die ihm im Leben angetan wurden, und zu imaginären Annahmen hingelenkt, die ihm anstelle von Tatsachen dienen können. Es ist äußerst wahr, dass jemand geisteskrank ist oder wird, der nicht glaubt, dass er für die Gegner in seiner Umgebung zumindest in gewissem Ausmaß eine Bedrohung darstellt. Sinkt der Mensch auf der Tonskala, wird er daher in seiner Fantasie zuerst für wirkliche Dinge und sodann für imaginäre Dinge eine Bedrohung, bis er schließlich keinerlei Bedrohung mehr für irgendetwas darstellt – womit er die Stufe des vorgetäuschten Todes erreicht hat. Deshalb entfernt sich der Mensch immer mehr von der Realität, wobei er sich zu Beginn bewusst ist, dass er sich von der Realität entfernt, und dann dieses Bewusstsein verliert, womit man ihn bis zu einem gewissen Grad als geisteskrank betrachten könnte.

Eine mögliche Erklärung dafür, wie Fantasie rein mechanisch durch eine Anhäufung von Ladung auf einem Fall kurzgeschlossen werden kann, mag für den Auditor von Interesse sein. Es gibt keine gute Beschreibung und in der Tat auch keine genaue Grundannahme oder entsprechende Theorie, welche die Erinnerungsfähigkeit des menschlichen Verstandes in ihrem tatsächlichen Ausmaß zu erklären vermag. Der jüngste Versuch auf diesem Gebiet stammt von einem Mann, der im Bereich der Körperstruktur dilettiert hatte, in der Mathematik aber nicht gerade bewandert war. Er stellte eine „Theorie von gelochten Proteinmolekülen" auf und behauptete, dass Erinnerungen in entsprechend gelochten Proteinmolekülen gespeichert würden. Seine Theorie hält nur so lange stand, bis man nachgerechnet hat, dass ein Mensch, der Tag für Tag bloß die Hauptwahrnehmungen seiner Umgebung aufzeichnet und speichert, nach dieser Theorie von Erinnerungsspeicherung durch Löcher in Molekülen (die Anzahl der Zellen im Gehirn geht in die 10^{21} Bits) dennoch nur über eine Speicherkapazität für die Erinnerungen von drei Monaten verfügen würde. Diese Theorie von gelochten Proteinmolekülen ist somit nicht haltbar.*

Eine praktisch brauchbare Analogie auf dem Gebiet der Struktur (die auch nur eine Analogie bleiben sollte, da sie einer Person lediglich verstehen hilft, was geschieht) zeigt uns, dass wir uns auf dem Gebiet des Gedächtnisses und des menschlichen Computers möglicherweise mit einem Problem befassen, das elektrischen Ladungen im physikalischen Universum, die voneinander

*Ich hatte die Gelegenheit, eines der ersten Seminare über Atom- und Molekularphänomene zu besuchen, die an einer amerikanischen Universität abgehalten wurden. Mein Ziel entsprach jedoch nicht dem Ziel einiger anderer Studenten in diesem Seminar, die später die Kernspaltung in die Praxis umsetzten und uns die Atombombe bescherten. Ich versuchte, die Lebenskraft als eine Energie zu finden. Durch Studien und Experimente, die ich damals (1931) durchführte, gelangte ich zu dem Schluss, dass keine Energie des physikalischen Universums dem menschlichen Gedächtnis zugrunde liegen konnte, da es weder eine genügend kleine Wellenlänge gab noch eine genügend kleine mögliche Grundeinheit in der menschlichen Struktur, die die ungeheure Speicherkapazität des Verstandes zu erklären vermochte. Weitere Studien ergaben im Verlauf der nächsten zwei Jahrzehnte die hier vorgelegten Konzeptionen der Dianetik sowie einige Vorstellungen und Axiome über gedankliche Energie, doch ist dieses Gebiet noch heute ein kaum betretenes Neuland, dem man die ihm gebührende Aufmerksamkeit widmen sollte. Schon dieser erste kleine Schritt in dieses Gebiet hinein ermöglichte uns bereits ein besseres Verstehen des Menschen, der Aberration und des menschlichen Verhaltens als je zuvor. Bislang wurde jedoch kaum die Oberfläche angekratzt, sodass ein gründliches und fortgesetztes Eindringen in dieses neue Universum von großem Nutzen sein sollte.

isoliert sind, nicht unähnlich ist. Bestimmte Dinge zerstören diese Isolation, sodass Erinnerungseinheiten in der Art eines Kurzschlusses miteinander in Kontakt kommen. So ließe sich die Tatsache erklären, dass in zunehmendem Maße eine Sache mit der anderen gleichgesetzt wird, je weiter der Mensch auf der Tonskala sinkt. Befindet er sich tief auf der Tonskala, so setzt er Dinge mit anderen Dingen gleich, die eigentlich voneinander völlig verschieden sind. Auf den höheren Stufen der Tonskala, wo der Verstand gut funktioniert und der Fall nicht viel Ladung enthält, kann der Computer hingegen winzige Unterschiede zwischen zwei verschiedenen Dingen in der Erinnerung erkennen. Ganz oben auf der Tonskala ist der Verstand zum Beispiel imstande, zwischen zwei Zigaretten zu unterscheiden, die, obwohl sie identisch scheinen und zur selben Marke gehören, verschieden sind, und sei es nur insofern, als sie verschiedene Raumeinheiten einnehmen. Am unteren Ende der Tonskala würden diese beiden Zigaretten nicht nur als dieselbe Zigarette erscheinen, sondern würden ebenfalls gleich Tabak sein, der gleich Tabakrauch ist, was ebenfalls gleich Kautabak ist, was ebenfalls bedeuten würde, dass Kauen einem brennenden Haus gleichkommt. Ganz oben auf der Tonskala, auf den höchsten Ebenen der Vernunft, ist man imstande, scharf und sehr genau zwischen Tatsachen zu unterscheiden. Am unteren Ende der Tonskala werden die verschiedensten Tatsachen und Dinge einander gleichgesetzt.

Es lässt sich sagen, dass die Gleichung des reaktiven Verstandes „A gleich A gleich A gleich A" lautet, ungeachtet dessen, wofür A steht. In einem Engramm sind alle Dinge und Bemerkungen einander gleich, sind dem Schmerz gleich, sind den Wahrnehmungseindrücken gleich, wobei Hören gleich Sehen ist und Sehen gleich Tastempfindung – es tritt eine vollständige Gleichsetzung auf. Befindet sich der Analysator voll in Aktion, so denkt er in winzigen Unterschieden. Die Denkfähigkeit hängt mit dem Differenzierungsvermögen zusammen. Fehlendes Denken hat mit mangelndem Differenzierungsvermögen zu tun und einem Zwang, ungleiche Dinge einander gleichzusetzen, und zwar so, als seien sie einander nicht nur gleich oder ähnlich, sondern sogar ein und dasselbe.

Bei einem Geisteskranken scheint vorübergehend geistige Gesundheit wieder einzutreten, wenn man ihm Beruhigungsmittel verabreicht. Als reine Analogie ließe sich somit sagen, dass Entheta die „strukturelle Isolierung" zerstört, die eine Erinnerung oder eine Erinnerungseinheit von der anderen trennt, und dadurch Gleichsetzung verursacht. Man könnte ebenfalls sagen, dass das Vorliegen einer Euphorie bis zu einem gewissen Grade diese Isolierung wieder aufbauen oder wiederherstellen würde und somit rationales Denken ermöglichen würde. Auditiert aber der Auditor einen unter Beruhigungsmitteln stehenden Preclear, so wird der Preclear, solange er unter der Wirkung dieser Beruhigungsmittel steht, scheinbar auf die Behandlung ansprechen. Sobald die Wirkung der Beruhigungsmittel nachlässt, wird sich aber zeigen, dass all dieses Auditing und der größte Teil des Enthetas, von dem der Auditor glaubte, es sei in Theta umgewandelt worden, jetzt durch einen weiteren Kurzschluss in eine völlig neue Aberration umgeformt worden sind. Das Gefährlichste, was man irgendeiner geisteskranken Person oder irgendeinem aberrierten Verstand antun kann, besteht vermutlich darin, ihn unter starke Beruhigungsmittel zu setzen und eine Behandlung zu versuchen. Oder ihn in eine restimulierende Atmosphäre zu versetzen, während er unter der Einwirkung von Beruhigungsmitteln steht. Geisteskranke unter Beruhigungsmittel zu setzen ist, kurz und bündig gesagt, kriminell, da es dadurch ermöglicht wird, dass neue Wahrnehmungseindrücke in das Durcheinander eines bereits verwirrten Verstandes hineingezogen werden, und zwar unter Wahrnehmungsumständen, die nicht auftreten könnten, wenn der Patient nicht unter dem Einfluss von Beruhigungsmitteln stünde.

Man sollte sich deutlich vor Augen halten, dass diese Analogie der Isolierung zwischen Erinnerungseinheiten im Verstand ganz eindeutig als Analogie zu verstehen ist und hier nur der Illustration dient, um dem Auditor zu verdeutlichen, womit er konfrontiert ist. Es scheint tatsächlich, dass Entheta jegliche unterteilenden und isolierenden Barrieren des Verstandes niederreißt und umgeht.

Als weitere Analogie könnte man davon ausgehen, dass die verschiedenen Teile des Analysators, je mehr die Unterscheidungsfähigkeit des Verstandes zusammenbricht und einer immer stärkeren Gleichsetzung weicht, ebenfalls in zu enge Verbindung geraten und einander zu ersetzen beginnen, sodass der Teil des Verstandes, der für Fantasie verwendet wird, nicht mehr von demjenigen Teil unterschieden wird, der aufgrund von Tatsachen Berechnungen anstellt.

Auch mit Valenzen geschieht etwas, worauf sich diese Analogie anwenden ließe, indem das „Ich“, die Person selbst, zugunsten sehr stark geladener anderer

Teile des Analysators regelrecht ausgelöscht wird. An diesem Punkt bricht jedoch die Analogie zusammen, da die Valenz-Wände zwischen verschiedenen Persönlichkeiten des Betreffenden immer deutlicher hervortreten könnten, je weiter er auf der Tonskala sinkt, bis schließlich der sehr stark geladene Fall so abrupt von einer Valenz zur anderen überwechselt, dass man es beinahe „klicken" hört, wenn er durch die Valenz-Wand geht. Man könnte natürlich diese Analogie noch weiterführen, indem man sagt, dass das Theta, das zu Entheta geworden ist, schließlich eine eigene Isolierung aufzubauen beginnt, doch scheint dies nicht sehr wahrscheinlich. Sicher ist aber, dass das Gleichsetzen von Geschehnissen, die sich nicht einmal entfernt ähnlich sind, für den Geisteskranken symptomatisch ist.

Der Auditor sollte deshalb verstehen, während er sich seinem Preclear gegenübersieht, dass dieser Mensch möglicherweise nicht imstande ist, irgendwelchen Tatsachen bei seinem Fall ins Auge zu sehen. Vielleicht beschränkt sich dies darauf, dass er in bestimmten Bereichen seines Lebens Tatsachen nicht ins Auge sehen kann, wie zum Beispiel Tatsachen, die seine Ehefrau betreffen. Vielleicht ist seine Zweite Dynamik so stark geladen, dass er sich außerstande sieht, irgendwelchen Tatsachen im Bereich seines Ehelebens oder bezüglich seiner Kinder ins Auge zu sehen, sondern sich imaginären „Tatsachen" zuwendet, die zwar nicht wahr, aber wenigstens sehr ungefährlich sind. Wie zuvor in diesem Buch erwähnt, sollte der Auditor seinen armen Preclear unter keinen Umständen mit Prügeln, Schlägen, Auf-ihn-Einhämmern oder Elektroschocks dazu zu bringen versuchen, dass er zugibt, dass alles Fantasie ist. Der Auditor sollte vollkommen bereit sein zu akzeptieren, dass in bestimmten Bereichen im Leben des Preclears die wirklichen Tatsachen des Falles so eindeutig Entheta sind, dass das im Verstand des Preclears noch vorhandene Theta infolge der Polarität nicht imstande ist, den echten Tatsachen bei dem Fall die Stirn zu bieten. Bis zur Stufe 3,0 hinauf wird fast jeder Mensch in irgendeinem Lebensbereich imaginäre Geschehnisse vorbringen. Sieht sich der eine Preclear mit dem Begriff Schule konfrontiert, so wird er imaginäre Geschehnisse erzählen, einfach weil seine eigenen Schulerfahrungen so viel Entheta enthielten, dass das Theta davon abschwenkt und sich die „Tatsachen" von der Fantasie herholt. Ein anderer Mensch wird sich vielleicht in seinem gesamten Tätigkeitsbereich an echte Tatsachen halten, außer was Religion betrifft. Auf dem Gebiet der Religion mag er so viel

Entheta haben, dass er dort von der Wirklichkeit abweicht und entweder von Atheismus oder von überzogenem Extremismus spricht oder sich vielleicht in die andere Richtung bewegt und vollständig in Halluzinationen aufgeht – in diesem Fall schwenkt er jedoch so stark von seinem Mest-Universum ab, dass er sich einen imaginären Tätigkeitsbereich aufbaut. (Jemand, der sich einfach dem Theta-Universum zuwendet und dort bestimmte visionäre Dinge wahrnimmt, ist überhaupt nicht unbedingt aberriert, sondern befindet sich vielleicht einfach in Bezug auf Theta-Wahrnehmungseindrücke auf einer hohen Stufe. Die oben erwähnte Aberration gehört zur Sorte des sadistischen Fanatikers, der der Kirche so viele Schwierigkeiten verursacht hat, verursacht und immer verursachen wird.) Der imaginäre Bereich, von dem das „Ich" glaubt, dass er ganz und gar auf Tatsachen beruht, kann sich auch auf das Vorhandensein vergessener Goldminen beziehen. Hier ist in Bezug auf praktische und durchführbare Wege des Lebensunterhalts so viel Entheta vorhanden, dass der Betreffende sich mit imaginären Mitteln befassen muss, ohne die Unbrauchbarkeit dieser imaginären Mittel zu erkennen. Oder der Bereich des Wahns könnte von der Ausbildung herrühren, bei der man zum Glauben erzogen wurde, dass man, weil man zwölf Jahre lang studiert hat und eine Zulassung bekommen hat, fähig ist, seinen Mitmenschen zu helfen. Das wäre nicht das Ergebnis persönlichen Wahns, sondern gesellschaftlichen Wahns, der auf dem gesamten Entheta beruht, keinerlei Kenntnisse über das menschliche Verhalten zu haben (sondern lediglich Aberglaube und Autoritarismus, sowie auf dem wirklichen und dringlichen Problem, dass etwas mit dem Geisteskranken unternommen werden muss, selbst wenn man ihn nur in die Hände von Sadisten und Schlächtern auslieferte).

Bei jedem Fall wird man irgendwo darauf stoßen, dass der Preclear imaginäre Geschehnisse, anstelle von wirklichen Geschehnissen durchläuft. Als Auditor sollte man sich deshalb keine Sorgen machen, es sei denn, der Preclear durchliefe vorwiegend imaginäre, anstatt wirkliche Geschehnisse. Denn dann durchläuft er eher Wahnvorstellungen als Tatsachen, weil er sich sehr tief auf der Tonskala befindet. Hier stehen Sie vor einem Problem. Sie dürfen dem Preclear nicht sagen, dass er Wahnvorstellungen durchläuft. Dies wäre ein Bruch des Auditorenkodexes. Irgendwie müssen Sie ihn aber dazu bringen, sich lange genug der Gegenwart oder einigen Locks zuzuwenden, um etwas Theta zu befreien, damit er eine gewisse Theta-Fähigkeit erlangen wird, um der Realität ins Auge zu sehen. Bei einem solchen Fall könnte man tatsächlich einen Fehler machen und Engramme mit körperlichem Schmerz auditieren, doch würde der Fall dadurch nur noch stärker enturbuliert, indem das existierende freie Theta des Falles im existierenden Entheta eingeschlossen wird; und so würde man den Fall mit Sicherheit auf der Tonskala weiter hinunterdrücken, anstatt ihn hinaufzubringen. Wenn der Fall im Allgemeinen die imaginären Geschehnisse den tatsächlichen vorzieht, kann man ganz sicher sein, dass man es mit einem Preclear zu tun hat, der sich an einer niedrigen Stelle auf der Tonskala befindet.

Nun gibt es drei Methoden, wie man diese Wahnvorstellungen handhabt. Die erste Art besteht darin, den Preclear durch Elektroschocks, präfrontale Lobotomie oder Beruhigungsmittel in tiefste Apathie zu drücken, ihn dabei für die Gesellschaft wertlos zu machen und völlig zu zerstören. Dies ist nicht empfehlenswert.

Die zweite Art besteht darin, durch Scanning genügend Theta zu befreien oder in der Gegenwart genügend freies Theta zu mobilisieren, um den Preclear auf der Tonskala nach oben bis zu einem Punkt zu bringen, dass er wirkliche Geschehnisse und nicht imaginäre Geschehnisse durchlaufen wird. Das ist äußerst wirksam.

Die dritte Art besteht darin, den Preclear dazu zu bewegen, ganz offen imaginäre Geschehnisse zu durchlaufen, und hierin liegt der entscheidende Punkt dieser speziellen Technik des Prozessings. Indem der Auditor den Preclear offen dazu auffordert, imaginäre Geschehnisse zu durchlaufen, durchbricht er die Barriere der Vortäuschung, die der Preclear unbewusst aufbauen wird. Das Auditieren von offen als imaginär bezeichneten Geschehnissen ist sehr fruchtbar. Manchmal wird sie der Preclear erstaunlicherweise mit Somatiken durchlaufen; es wird jedoch nicht von ihm verlangt, sie in irgendeinem Maße als real zu akzeptieren, und der Auditor besteht auch nicht darauf, dass irgendetwas an ihnen real ist. In erstaunlich vielen Fällen wird der Preclear jedoch wirkliche Geschehnisse durchlaufen. Solange er nicht eingestehen muss, dass sie echt sind, steht er ihnen nicht machtlos gegenüber. Man könnte sagen, dass der Auditor auf diese Weise den Fantasie-Mechanismus des Verstandes bestätigt und ihn stärkt und dass er dabei bereits beginnt, die allgemeinen Hauptteile des Verstandes wieder funktionstüchtig zu machen, indem er mit dem Preclear

Unterscheidungen zwischen ihnen erarbeitet. Natürlich besteht immer die Gefahr, dass das Wort „ausdenken“, das der Auditor benutzt, den Preclear restimulieren wird, da dieser Preclear vielleicht Engramme hat, die ihm sagen, er könne Wahrheit und Unwahrheit nicht unterscheiden und dass es sowieso alles nur Fantasie ist. Dieses Risiko sollte der Auditor jedoch eingehen.

Man sollte verstehen, dass noch so viele imaginäre Geschehnisse das Auditieren von wirklichen Geschehnissen nicht ersetzen können. Der bedeutendste Wert dieser Technik – der Aufforderung an den Preclear, ganz offen imaginäre Geschehnisse in seiner Vergangenheit zu durchlaufen – besteht darin, das Vertrauen des Preclears in den Auditor aufzubauen. So erhält der Preclear das Gefühl, er werde nicht dafür verurteilt, wenn er sich seiner Fantasie hingibt. In dieser herrlichen, allumfassenden und zweifellos „rationalen“ Kultur erntete beinahe jeder Preclear als Kind den schärfsten Tadel, weil er sich seiner Fantasie hingab. Dem Kind mangelt es an Daten, und diesen Mangel macht es durch wilde, ungezügelte Fantasie wett. In seiner Fantasie sieht das Kind mühelos Feen und Fabeltiere umherwandeln. Findet es das Leben eintönig und stellt es fest, dass das Interesse der Erwachsenen ihm gegenüber nur schwer aufzurütteln ist, so stellt es diese Dinge vielleicht als wahr hin. Natürlich wird es unausweichlich von den nüchternen, „praktischen“ und zweifellos „rationalen“ Erwachsenen getadelt, und somit sammeln sich eine Reihe von Locks auf entsprechenden Engrammen an, die dieses Kind vielleicht hat. Bleibt das Kind sich selbst und seinen Fantasien und Vorstellungen überlassen, so wird es natürlich mit der Zeit selbst herausfinden, was die Realität ist – dieses grimmige Ding in unserer Welt des zwanzigsten Jahrhunderts – und was Fantasie ist. Erwachsene haben jedoch die Neigung, das Kind zu früh zu zwingen, sich dieser „Realität“ zu unterwerfen. Was Realität ist, davon haben eigentlich weder Sie noch ich viel Ahnung. Doch haben wir uns auf bestimmte Dinge geeinigt, und nachdem wir uns geeinigt haben, wünschen wir weiterhin Freunde zu bleiben und halten daher an dieser Übereinstimmung fest. Je älter eine Kultur wird, desto weniger lassen sich diese Übereinstimmungen stören, und sie werden nicht deshalb beibehalten, weil sie wahr sind, sondern weil sie einfach und leicht sind und es keinerlei Energie bedarf, sie beizubehalten. Das Kind, welches frisch und neu in diese Welt gekommen ist, möchte in seiner Realität ein wenig Aufregung sehen. Der Erwachsene, erschöpft und abgespannt durch den Kampf mit einer

Umwelt, die wenig Sicherheit und sehr viel Bedrohung bietet, kämpft gegen diese schillernden Seifenblasen und Träume an. Jeder Preclear, der vor Ihnen auf der Couch liegt, hat also mit ziemlicher Sicherheit eine Verwirrung zwischen dem erlebt, was er als Realität annehmen wollte, und dem, was er nach Meinung der anderen als Realität zu akzeptieren hatte. Auf diese Weise wurde seine Realität abgewertet, obwohl seine Realität eigentlich Fantasie war. Entdeckt der Preclear auf der Couch, dass sein Auditor nicht nur gewillt ist, sich seine Fantasiegebilde anzuhören, sondern diese sogar fördert, so steigt das Affinitätsniveau, und auch die Fähigkeit des Preclears, im Hinblick auf Realität zu differenzieren, wird ansteigen.

Beim Auditieren von imaginären Geschehnissen darf der Auditor hinterher nie darauf bestehen, dass das Geschehnis Wirklichkeit war. Das wäre ein Vertrauensbruch. Er und der Preclear haben einen Vertrag abgeschlossen, dass das, was auditiert wird, reine Fantasie ist, und diesen Vertrag darf der Auditor nicht brechen.

Das Auditieren von imaginären Geschehnissen kann darin bestehen, imaginäre Vergnügensmomente zu laufen, wodurch das Theta erhöht wird, oder es kann darin bestehen, imaginäre Augenblicke von Gram oder körperlichem Schmerz durchzugehen, wodurch dem Auditor zusätzliche Daten über den Fall zugänglich werden und das vorhandene Theta des Falles tatsächlich gesteigert werden kann.

Hier ist eine für den Auditor höchst interessante Tatsache zu erwähnen: Bei einem aberrierten Kind kann es sein, dass es gelegentlich Verletzung oder Krankheit vorgetäuscht hat, um von seinen Eltern, seinem Vormund oder seinen Betreuern Mitleid oder Interesse zu erhalten. Der Auditor würde gut daran tun, die Zeiten im Leben des Preclears zu entdecken, als er *bewusst* Verletzung oder Krankheit vorgetäuscht hat, um von den Menschen in seiner Umgebung *bewusst* Mitleid oder Interesse zu bekommen. Zunächst einmal befindet sich ein Mensch, der dies tut, in recht schlechtem Zustand. Denn es ist eine Art vorgetäuschter Tod. Die Umgebung, in welcher der Preclear dies getan hat, muss eine sehr restimulierende Umgebung gewesen sein, die den Preclear weit unten auf der Tonskala hielt. (Man sollte sich darüber im Klaren sein, dass ein Mensch im Verlaufe seines Lebens je nach Umgebung sehr deutlich auf der Tonskala schwankt.) Diese *bewussten* Vortäuschungen sind für den Auditor deshalb von Interesse, weil sie ausnahmslos einen realen

Hintergrund haben. Der Preclear mag damals durchaus davon überzeugt gewesen sein, dass er lügt. Doch zeigte er den Menschen in seiner Umgebung in Wirklichkeit ein Mitgefühlsengramm. Auf diese Weise kann der Auditor ein höchst aberratives Engramm beim Fall entdecken. Ob nun der betreffende Fall dieses Engramm zu durchlaufen vermag oder nicht, ist der Einschätzung des Auditors überlassen, doch weiß er nun zumindest, dass es vorhanden ist. Täuschte der Preclear zum Beispiel ständig eine Verletzung am Fuß vor, so dachte er vielleicht, er lüge und hätte nie irgendeine Verletzung am Fuß erlitten. In Wirklichkeit gibt es aber eine früher liegende Fußverletzung, für die er damals sehr viel Mitgefühl erhalten hatte und die seinem analytischen Verstand verborgen ist.

Mitgefühlsgeschehnisse lassen sich relativ schwer ausfindig machen. Der Preclear wird sehr viel länger an einem Geschehnis festhalten, in dem er Mitgefühl erhielt, als an einem Geschehnis, in dem er nur Antagonismus empfing. Dadurch wird es für den Auditor schwierig, die Verbündeten des Preclears zu finden, aber die Methode, die „imaginären" Krankheiten zu entdecken, die der Preclear nach außen hin zur Schau stellte, bringt die Verbündeten zum Vorschein. (Es gibt noch eine weitere Methode, Verbündete zu entdecken, die von Interesse ist. Man findet im Leben des Preclears eine antagonistische Persönlichkeit und geht mit ihm ein Geschehnis nach dem anderen durch, als er von dieser antagonistischen Persönlichkeit angegriffen wurde, bis man eine Stelle findet, wo jemand den Preclear verteidigte. Die Person, die ihn verteidigte, ist ein Verbündeter oder ein Pseudoverbündeter* des Preclears. Und Geschehnisse mit dieser Person sollte man in beiden Richtungen auf der Zeitspur verfolgen und als eines der aberrativsten Elemente des Falles vollständig tilgen.)

Imaginäre Geschehnisse dienen vier Zwecken: In erster Linie liefern sie dem Auditor Daten über seinen Preclear, da ein imaginäres Geschehnis, das der Preclear erzählt, irgendeine Grundlage in der Realität hat.

*Eine Beschreibung von Verbündeten und Pseudoverbündeten finden Sie im Handbuch (*Dianetik: Der Leitfaden für den menschlichen Verstand*). Hier soll eine kurze Definition dieser Begriffe gegeben werden. *Verbündeter:* eine Person, die beim Preclear in einem oder mehreren Engrammen mit körperlichem Schmerz aufgezeichnet ist und von welcher der Preclear aufgrund dieser Aufzeichnung glaubt, dass sie ihn verteidigt hat oder seinem Überleben förderlich war. *Pseudoverbündeter:* eine Person, über die der Preclear eine ähnliche Berechnung hat, die jedoch nicht direkt auf einer Engramm-Aufzeichnung beruht, sondern auf einer Ähnlichkeit mit einem Verbündeten.

Als nächster Punkt erhöht das Erzählen eines imaginären Geschehnisses die Affinität zwischen Preclear und Auditor, denn der Preclear beginnt festzustellen, dass der Auditor offenbar bis zu einem gewissen Grade mit ihm zusammenpasst, da er die Auswertung des Daseins, die ihm der Preclear vorlegt, akzeptiert und somit offensichtlich mit ihm übereinstimmt und dem Preclear ähnlich ist.

Ein weiterer Nutzen imaginärer Geschehnisse liegt darin, dass sie die Kommunikation zwischen Preclear und Auditor steigern. Zumindest spricht hier der Preclear über etwas, und der Auditor hört ihm zu, wobei der Preclear entdeckt, dass der Auditor einer Erzählung, die vielleicht ziemlich abwegig und sensationell ist, ohne Unterbrechung oder Kritik zuhört.

Der vierte Nutzen von imaginären Geschehnissen besteht darin, dass der Auditor dabei nicht auf einem hohen Maß an Tatsächlichkeit besteht, sodass der Preclear eher dazu bereit sein wird, Tatsachen vorzubringen.

Das imaginäre Geschehnis könnte man sozusagen als Versuchsfeld bezeichnen. Der Auditor fordert den Preclear auf, ein imaginäres Geschehnis zu durchlaufen. Damit ist der Preclear einverstanden, da vereinbart ist, dass das Geschehnis imaginär sein soll; somit kann der Preclear alles sagen, was ihm gerade gefällt, ohne Tadel zu ernten.

Während des Auditierens von imaginären Geschehnissen kann es vorkommen, dass sich Somatiken einschalten. Es kann auch geschehen, dass der Preclear bestimmte Somatiken erleidet und dennoch in Bezug auf das betreffende Gebiet zu tief auf der Tonskala liegt, als dass er die wirkliche Ursache dieser Somatiken zugeben könnte. Indem man imaginäre Wörter und Sätze wegauditiert, sich ausdenkt, was Papa sagte, was Mama sagte, in welchem Jahr dies geschah, oder sich die damit verbundenen Umstände ausdenkt, wird das Somatik vielleicht verschwinden. Dabei ist tatsächlich ein Engramm oder ein schweres Lock wegauditiert worden, sodass der Fall davon profitiert hat.

In keinem Fall nörgelt der Auditor an Daten herum, die ihm der Preclear gibt. Wenn der Auditor imaginäre Geschehnisse verwenden muss, um überhaupt irgendwelche Informationen aus dem Preclear herauszuholen, hat er es mit einem Preclear zu tun, der sehr gründlich und die meiste Zeit seines Lebens von den Menschen in seiner Umgebung abgewertet worden ist. Das imaginäre Geschehnis ist ein Mechanismus, durch den frühere

Abwertungen tatsächlich behoben werden. Der Preclear wird nicht zugeben, dass ein Geschehnis echt ist, weil die Menschen in seiner Umgebung zu oft seine Fähigkeit in Frage gestellt haben, etwas so zu erzählen, wie es in Wirklichkeit geschehen war, oder sich an die Tatsachen zu halten. Der Auditor umgeht diese früheren Abwertungen, indem er selbst sich weigert, den Preclear abzuwerten, und um ein Geschehnis bittet, das vollständig auf Fantasie beruht. Der Preclear ist ermutigt. Der Auditor wird Daten erhalten. Und freies Theta kann im Fall freigesetzt werden.

Preclear und Auditor als Gruppe

In diesem Werk muss an irgendeiner Stelle vermerkt werden (und es lässt sich hier gut einfügen, da insbesondere das Auditieren von imaginären Geschehnissen am ehesten zum Ergebnis führt), dass Preclear und Auditor eigentlich eine *Gruppe* bilden. Man braucht nicht das hohe Niveau der Technologie zu kennen, die Gruppen-Dianetik genannt wird, um zu verstehen, dass zwei menschliche Wesen eine Gruppe ausmachen. Zwei ist nicht nur die Grundeinheit von Theta, sondern ebenfalls von menschlichen Wesen als Gruppen. In ihrer größten Erscheinungsform kann die Gruppe Millionen umfassen, in ihrer Grundeinheit umfasst sie jedoch mindestens zwei.

Gelegentlich wird der Preclear im Auditor eine antagonistische Person erkennen. Das geschieht, wenn der Auditor den Preclear an jemanden erinnert, den er früher in seinem Leben gekannt hat und der ihm irgendetwas Überlebensfeindliches angetan hat. Lässt der Auditor zu, dass er weiterhin in dieser imaginären Rolle eines früheren Gegners verbleibt, so wird er feststellen, dass seine Aufgabe sich wesentlich erhöht.

Für den Auditor ist es von sehr großem Wert, das Verhältnis zwischen sich selbst und dem Preclear als Gruppe zu Klären, bevor er irgendwelches ernstliches Auditing beginnt.

In der optimalen Gruppe muss ein hohes Niveau an Affinität, Realität und Kommunikation bestehen. Zwischen Auditor und Preclear muss das ARK hoch sein.

Zum Klären einer Gruppe gibt es verschiedene Methoden. Der Auditor sollte weniger darauf bedacht sein, dass er gut über den Preclear denkt, als darauf, dass der Preclear gut über seinen Auditor denkt. Dennoch wird es für den Fall und das Prozessing eine große Erleichterung bedeuten, wenn dies auf Gegenseitigkeit beruht. Um die Gruppe zu Klären (ihn selbst und den Preclear), fordert ein bestimmter Auditor den Preclear zum Beispiel gewohnheitsmäßig auf, ihm zu sagen, was er an ihm nicht mag. Um den Auditor günstig zu stimmen oder aufgrund gesellschaftlicher Gepflogenheiten wird der Preclear zunächst nicht zugeben, dass es überhaupt etwas gibt, das er an ihm nicht mag. Lässt der Auditor aber nicht locker, so wird er sehr bald auf antipathische Personen in der Vergangenheit des Preclears stoßen, an die er den Preclear erinnert. Die erste Handlung des Auditors besteht somit darin, durch Direkterinnerung diese negativen Assoziationen zu beseitigen.

Es ist von entscheidender Bedeutung, Affinität, Kommunikation und Realität zwischen Preclear und Auditor herzustellen, wenn Prozessing auch nur annähernd optimal verlaufen soll.

Wenn sich ein Ko-Auditing-Team bildet (und der Erfolg der Dianetik baut auf Ko-Auditing-Teams auf), ist eine gegenseitige Bereinigung des Verhältnisses erforderlich, indem sich jeder dem anderen anvertraut und durch Direkterinnerung unerwünschte Assoziationen aus der Beziehung entfernt werden. Erstaunlicherweise ist es praktisch unvermeidlich, dass sich zwischen zwei beliebigen menschlichen Wesen aufgrund von früheren Bekanntschaften negative Assoziationen bilden. Menschen auf der gewöhnlichen Ebene dieser gesellschaftlichen Kultur assoziieren mit Leuten, denen sie in der Gegenwart begegnen, verborgene frühere Personen. Durch Straightwire lässt sich das leicht beheben. Der oben erwähnte Auditor hatte mit einem weiblichen Preclear einige Schwierigkeiten, bis er entdeckte, dass sein Räuspern sie an den ersten ihrer drei Ehemänner erinnerte. Der entscheidende Punkt liegt darin, dass der Auditor nicht einfach deshalb, weil der Preclear etwas dagegen hatte, seine Gewohnheit ablegte, sich zu räuspern. Er ging vielmehr sofort an die Arbeit und veranlasste sie, sich zurückzuerinnern und dadurch einen Unterschied zwischen ihm und ihrem ersten Ehemann zu erkennen. Sobald ihr dies gelang, hatte das Räuspern des Auditors keinerlei Bedeutung mehr und er konnte sich weiterhin räuspern. Der Auditor sollte seine Gewohnheiten und seinen angelernten Schablonenablauf nicht einfach jedem Preclear anpassen, sondern die Wirkung, die dadurch auf den Preclear ausgeübt wird, dazu benutzen, frühere Personen zu entdecken, gegen die der Preclear eine Abneigung verspürt. Allein dadurch wird bereits Theta beim Fall freigesetzt.

Durch den Gebrauch von imaginären Geschehnissen wird zwischen Auditor und Preclear eine reibungslosere Beziehung hergestellt, indem der Preclear dadurch die Gewissheit erhält, dass der Auditor bereit ist, alles zu akzeptieren, was der Preclear zu sagen hat. Es bewirkt jedoch noch mehr. Es gibt dem Auditor eine wertvolle Möglichkeit, die Position des Preclears auf der Tonskala einzuschätzen; denn anhand der Art von Geschehnissen, die sich der Preclear gerne ausdenkt (siehe das Kapitel Vergnügensmomente), lässt sie sich recht leicht beurteilen; auch zeigt es dem Auditor, was in der gegenwärtigen Umgebung wohl am stärksten restimuliert wird.

Behandelt der Auditor Fantasie geringschätzig oder verurteilt er irgendetwas, das der Preclear sagt, als Wahnvorstellung – unabhängig davon, ob er diese Dinge mit seiner eigenen Vorstellung von Realität in Beziehung bringen kann –, so wird dies unausweichlich die Gruppe von Auditor und Preclear zerstören, und sie werden nicht miteinander arbeiten können.

Es hat sich erwiesen, dass ein aus Ehemann und Ehefrau gebildetes Team als Gruppe in der Dianetik am wenigsten zusammenpasst (ein Kommentar über die amerikanische Ehe, die Ausbildung des männlichen Partners, Ehe als Teil seiner Umgebung hinzunehmen, und die mangelnde Ausbildung des weiblichen Partners darin, wie man eine Ehefrau ist). Einige Ehemann-Ehefrau-Teams sind erfolgreich. Die Mehrzahl ist es aber nicht, und daher sollten Ehemann und Ehefrau außerhalb ihres Heimes nach Ko-Auditoren suchen, sonst könnte die Ehe in die Brüche gehen.

Spalte AF
Locks

An anderer Stelle wurde der Aufbau von Entheta beschrieben. Man kann davon ausgehen, dass es vier Arten von Entheta gibt. Vermutlich gibt es sogar noch mehr. Unter Entheta verstehen wir natürlich enturbuliertes Theta. Die erste Form ist die, welche die grundlegende Ursache von Entheta darstellt, nämlich das Engramm. Hier ist Theta in seinem Bemühen, Mest zu erobern, zu heftig mit Mest zusammengeprallt. Bei einem Organismus entsteht dadurch körperlicher Schmerz.

Nachdem Theta mit Mest in einen Zustand der Enturbulierung geraten ist, kann es (entweder durch den Mechanismus des Todes oder durch Dianetisches Prozessing) aus dem Mest zurückgewonnen werden und mit vermehrtem Wissen über die Gesetze von Mest wieder hervortreten, mit deren Hilfe es daraufhin Mest in geordneterer und harmonischerer Weise erobern kann. Alles beginnt mit einem heftigen Aufprall und Enturbulieren, wenn Theta irgendetwas über Mest lernen soll. Die Stiftung prallte zum Beispiel im ersten Jahr ihres Bestehens heftig mit Mest zusammen. Das entzückte zwar diejenigen, die gerne den Status quo beibehalten hätten oder ein Ende der Aberration nicht brauchen konnten, doch wurde auch viel daraus gelernt, sodass die Gruppen-Dianetik entstehen konnte und als Ergebnis von neuen Daten über die Dritte Dynamik Verbesserungen erzielt werden konnten – die wiederum Verbesserungen im Hinblick auf die Erste Dynamik und bei den Techniken des individuellen Prozessings zur Folge hatten.

Das Engramm ist ein Augenblick mit körperlichem Schmerz und Bewusstlosigkeit, der mit allen Wahrnehmungen, die während der Dauer der Bewusstlosigkeit empfangen wurden, im reaktiven Verstand aufgezeichnet ist. Durch Erfahrungen auf bewusster Ebene kann es eingekeyt werden; es kann dramatisiert werden und es kann entweder als geistige Aberration oder in Form von körperlichen Aberrationen (die früher psychosomatische Krankheiten genannt wurden) in Erscheinung treten.

Das Engramm besteht aus EnMest, womit wir das Mest des Organismus meinen, das durch den Aufprall enturbuliert oder durcheinandergebracht wurde, und aus Entheta, das mit dem EnMest vermischt ist.

Entheta kann als vorübergehende Enturbulierung in der Lebenskraft oder Vernunft des Menschen auftreten, wenn er sich mit unvernünftigen oder überlebensfeindlichen Umständen in seiner Umgebung konfrontiert sieht. Dies könnte man „vorübergehend" enturbuliertes Theta nennen. In jeder restimulierenden Situation in der Gegenwart wird aber eine gewisse Menge Entheta zu festsitzendem Entheta, das im reaktiven Verstand gespeichert wird. Und danach bleibt dieses fixierte Entheta von nun an fixiert, es sei denn, aufgrund außergewöhnlicher Umstände befindet sich in der Umgebung der Person ein riesiges Maß an freiem Theta oder dieser Mensch erhält Dianetisches Prozessing.

In Form von Secondary-Engrammen oder Locks verbleibt dieses „dauerhaft" fixierte Entheta im reaktiven Verstand.

Das Secondary-Engramm wird später noch getrennt beschrieben, doch ist es eine tief auf der Tonskala liegende Erfahrung von Verlust oder Furcht vor Verlust, von Wut wegen drohendem Verlust oder von Apathie, wenn der Verlust bereits eingetreten ist.

Das Lock unterteilt sich in drei verschiedene Arten: Bei der einen Art ist jemand daran gehindert worden, die Befehle eines Engramms, das durch Wahrnehmungen in der Umgebung in der Gegenwart restimuliert wird, auszuführen (gebrochene Dramatisation). Eine andere Art entsteht einfach dadurch, dass die Wahrnehmungen der Umgebung in der Gegenwart denjenigen des Engramms nahekommen (Restimulation). Die dritte Art wird durch Verhindern und Aufzwingen von ARK verursacht.

Damit sich ein Lock bilden kann, muss der analytische Teil des Verstandes in seiner Aktivität oder Aufmerksamkeit ein wenig herabgesetzt sein. Locks können nur entstehen, wenn ein Mensch müde oder erschöpft ist, durch Rückschläge aus dem Gleichgewicht gebracht worden ist oder sich sonst in einer nichtoptimalen Situation befindet. Diese leichten Annäherungen an Engramme in analytisch erlebten Situationen der gegenwärtigen Umgebung können von sich aus schon als aberrativ angesehen werden. In Wirklichkeit trifft dies nicht zu. Das Lock ist nämlich nur die Oberflächenerscheinung der gesamten umgebungsbedingten Ursache von Aberration. Jedem Lock muss ein Engramm zugrunde liegen. Ein Lock entsteht auch, wenn jemand versucht, die Befehle des Engramms auszuführen, wie irrational sie auch sein mögen, und durch einen Gegen-„Grund" der Gesellschaft oder eines anderen Menschen daran gehindert wird, die Dramatisation zu vollenden.

Locks sind Einkapselungen von Entheta auf analytischer Ebene.

Bei einem durchschnittlichen Fall sind vermutlich mehrere tausend Engramme vorhanden. Häufig werden Leute gefragt, wie oft sie bereits bewusstlos waren. Einige von ihnen werden antworten, dass sie in ihrem ganzen Leben nie bewusstlos waren. Sobald man sie auf der Zeitspur zurückschickt, entdecken sie eine Zeit nach der anderen, als sie verletzt waren oder operiert wurden. Und ganz sicher ist jeder Mensch einmal geboren worden, und mehr als alle anderen Erlebnisse ist die Geburt nun wirklich anstrengend genug, um Bewusstlosigkeit herbeizuführen. Da der reaktive Verstand auf zellularer Ebene und ebenfalls, wenn auch offenbar in geringerem Ausmaß, auf der Ebene des Theta-Körpers aufzeichnet, können eindeutig bereits vom Augenblick der Empfängnis an Engramme aufgenommen werden. Für gewöhnlich beginnen sich Locks auf den Engrammen erst einige Zeit nach der Geburt, üblicherweise sogar erst weit im Sprechalter zu bilden; doch reagieren bereits Babys auf nicht verstandene Geräusche in der Umgebung, die ebenfalls in ihren Engrammen enthalten sind.

Ein Lock ist somit ein relativ leichtes Geschehnis, welches anzeigt, dass irgendein Engramm beim Fall restimuliert worden ist. Jeder Fall hat Zehntausende von Locks. Würde man bei einem Fall fortgesetzt Locks und nur Locks ansprechen, so nähme das Prozessing kaum ein Ende.

Glücklicherweise ist dies nicht notwendig. Mit Locks braucht man sich bei einem Fall nur so lange zu befassen, bis beim Preclear Engramme ausauditiert worden sind. Nachdem beim Preclear Engramme (oder Engrammketten) ausauditiert worden sind, lassen sich die Locks, die sich darauf gebildet hatten, sehr rasch durch Scanning beseitigen.

Für den Auditor sind Locks hauptsächlich bei tief auf der Tonskala liegenden Fällen interessant. Bei vielen Fällen wird der Auditor die Erfahrung machen, dass Locks wie Engramme auditiert werden müssen. Er wird irgendeine Zeit finden, als der Preclear zum Beispiel als kleines Mädchen gezwungen wurde, Spinat zu essen, und dies wird als höchst aberratives Geschehnis erscheinen. Befindet sich der Preclear sehr tief auf der Tonskala, so reagiert er vielleicht auf die Aktionssätze oder Befehle in dem Lock. Doch dieses Geschehnis enthält keinerlei körperlichen Schmerz und dennoch, wenn man den Preclear einmal zu diesem Geschehnis geschickt hat, wird er es tatsächlich nicht mehr verlassen können, bis es einschließlich Aktionssätzen vollständig auditiert worden ist. Dies würde zeigen, dass der Preclear sich sehr tief auf der Tonskala befindet. Der Auditor sollte nicht denken, dass sein Preclear deshalb aberriert ist, weil er im Alter von acht Jahren gezwungen wurde, Spinat zu essen. Er sollte verstehen, dass diesem Geschehnis ein Engramm oder viele Engramme zugrunde liegen, die den Preclear beherrschen. Bemerkt der Auditor jedoch, dass das Lock selbst aberrativ ist, so sollte er sich darüber klar sein, dass dies nicht der richtige Zeitpunkt ist, um Engramme zu auditieren, da bei diesem Preclear viele Locks und kleinere Engramme entladen werden müssen, bevor er in der Lage sein wird, Engramme zu auditieren. Hier hat der Auditor einen sehr stark geladenen Fall vor sich.

Wie aus der entsprechenden Spalte auf der Tonskala-Tabelle hervorgeht, sind bei einem Clear alle Locks entladen. Dies wird vom ehrgeizigen Auditor manchmal übersehen. Definitionsgemäß ist ein Clear jemand, dessen gesamtes Entheta aus seinem jetzigen Leben in Theta umgewandelt worden ist. Das bedeutet, dass seine Engramme ausgelöscht, seine Secondarys entladen und seine Locks durch Scanning beseitigt worden sein müssen.

Der 3,5er wird Locks beinahe so rasch beseitigen, wie die unter Lock-Ketten liegenden Engramme reduziert werden.

Bei einem 3,0er müssen Locks nicht als einzelne Geschehnisse angegangen werden. Um jedoch den Fall vollständig zu säubern, ist Lock-Scanning erforderlich, wie man in der nächsten Spalte sehen wird.

Bei einem 2,5er können Locks gewinnbringend als einzelne Geschehnisse behandelt werden. Es wird sich zeigen, dass aus Situationen, als der 2,5er getadelt wurde, weil er in der Schule frech war oder weil er gemein zu seiner Schwester war, einiges Entheta befreit werden kann. In gewissem Maße verschwendet aber der Auditor auf dieser Stufe der Tonskala seine Zeit, wenn er Geschehnisse, die keinen körperlichen Schmerz und keine Missemotionen enthalten, als einzelne Geschehnisse behandelt.

Im Bereich um 2,0 herum werden Locks allmählich wichtig. Der Auditor kann den Preclear zu einem früheren Augenblick in seinem Leben zurückschicken, als ihm bei vollem Bewusstsein etwas geschah, das Entheta verursachte, und feststellen, dass sich das Geschehnis trotzdem nicht reduzieren lässt. Diese Tatsache, dass sich relativ einfache Geschehnisse nicht reduzieren lassen, wie dies von 2,0 an abwärts auf der Tonskala der Fall ist, deutet auf einen beträchtlich stark geladenen Fall hin. Falls die restimulierenden Faktoren in der Umwelt stark sind, kann schon das geringste körperliche Unbehagen in einem Geschehnis zur Folge haben, dass sich solche Momente, auch wenn der Preclear damals munter und wach war, nicht reduzieren lassen, wenn der Auditor sie anspricht.

Der 1,5er ist besonders für die Art von Locks empfänglich, die durch das Brechen von Dramatisationen verursacht werden. Nehmen wir einmal an, der 1,5er ist aus irgendeinem Anlass wütend und jemand tadelt ihn deshalb oder hindert ihn daran, den vollständigen Zyklus seiner Wut zu durchlaufen. Daraus entsteht ein Lock, das diesen Menschen überaus wirksam auf der Tonskala niederdrücken wird. Natürlich erlebt jeder 1,5er beinahe unzählige solche Geschehnisse, da die Gesellschaft im Allgemeinen Leute missbilligt, die wütend sind, und sie lieber apathisch sehen würde. Bei einem 1,5er kann der Auditor nutzbringend solche gebrochenen Dramatisationen als einzelne Geschehnisse auditieren, als ob es sich um Engramme handeln würde.

Auf Stufe 1,1 beginnen wir festzustellen, dass Locks äußerst wirksam sind, insbesondere wenn es sich um Brüche in Affinität, Kommunikation oder Realität oder um erzwungenes ARK handelt. Der 1,1er lebt die meiste Zeit in

Furcht – fürchtet sich vor irgendetwas, und sei es auch nur eine nebelhafte Besorgnis. Glaubt der 1,1er aufgrund einer Bemerkung seines „Freundes“, dass er seinen Freund nicht unmittelbar wiedersehen wird, so kann dies ein Lock verursachen, auch wenn der 1,1er vielleicht noch am selben Abend mit seinem Freund zusammen essen wird. Auf dieser Tonstufe beginnt das Entheta sich sehr rasch immer mehr anzuhäufen. Der Auditor kann solche Geschehnisse genau wie Engramme auditieren, was für den Fall einigen Nutzen bringen wird.

Im Bereich 0,5 beginnen wir festzustellen, dass Locks behutsam behandelt werden müssen. Denn auf Stufe 0,5 können Locks schwer genug wiegen, um den Preclear auf der Zeitspur festhängen zu lassen. Dies trifft natürlich nicht auf den weit offenen Fall zu, der sich selbst dann, wenn er völlig geisteskrank ist, auf der Zeitspur bewegt. Beim Apathie-Fall kann der Verlust eines Handschuhs oder allein schon die Tatsache, dass dieser Mensch einen Brief erhält, auch wenn es sich um eine gute Nachricht handelt, ein Lock verursachen, das vom Auditor wie ein Engramm auditiert werden muss. Ein schweres Lock, wo wirklich etwas geschah, würde für den Preclear viel zu viel Entheta bedeuten, als dass er es in Angriff nehmen könnte. Der Auditor sollte hier Geschehnisse vermeiden, die auf Stufe 1,5 oder auch nur auf Stufe 1,1 Aberrationen hervorrufen würden. Der 0,5er lässt sich durch ein Niesen aberrieren.

Der 0,1er, falls der Auditor mit ihm überhaupt in Kontakt kommen kann, hat so wenig Theta übrig, dass Geschehnisse, die für jedermann sonst Vergnügensmomente wären, die stärksten und schwerwiegendsten Einkapselungen sind, die man bei ihm angehen kann. Bei einem 0,1er sind die einzigen ansprechbaren Augenblicke in der Vergangenheit Geschehnisse der harmlosesten Art, wie zum Beispiel eine Spazierfahrt im Auto oder ein Abendessen. Jedes Geschehnis, das irgendwie mit geistiger Belastung verbunden ist, muss man vermeiden. Und jedes Geschehnis, das körperliche Belastung enthält, kommt natürlich erst recht nicht in Frage, wie es bereits im Bereich von 1,1 an abwärts auf der Tonskala der Fall ist.

Spalte AG
Lock-Scanning

Mit der Entwicklung von Lock-Scanning in den letzten sechs Monaten des Jahres 1950 wurde der entschieden größte Fortschritt bei Anwendungstechniken der Dianetik erzielt.

Lock-Scanning wurde entwickelt, um in einem Minimum an Zeit ein Maximum an Entheta in Theta umzuwandeln. Es ist eine bemerkenswerte Technik. Man stellte fest, dass Menschen, die auf der Zeitspur völlig feststecken und viel zu viel Ladung aufweisen, einige Aufmerksamkeitseinheiten zu einem Punkt vor und nach der Stelle schicken können, an der sie feststecken, und dadurch tatsächlich aus einer chronisch fixierten Stelle auf der Zeitspur herauskommen und somit in die Gegenwart gelangen können.

Der Wert von Lock-Scanning ist kaum zu überschätzen. Mit dem stark abgesperrten Fall kann man Lock-Scanning durchführen. Auditing, sei es nun schlecht oder gut, kann durch Lock-Scanning bei einem Fall bereinigt werden. Abwertungen der Dianetik, durch die der Preclear weniger leicht auditierbar wird, lassen sich vom Fall entfernen. Unzählige ARK-Locks können entschärft werden. Mit Hilfe dieser Technik ist es möglich, den Preclear rasch auf der Tonskala nach oben zu bringen. Lock-Scanning kann eine derartige Veränderung bei einem Fall hervorrufen, dass er in einer einzigen Sitzung zwei Punkte auf der Skala ansteigt.

Durch Lock-Scanning kann ein Fall, der unsachgemäß auditiert wurde, wieder in Ordnung gebracht und auf der Tonskala angehoben werden. Einige Fälle sind vielleicht nicht auf der Tonskala angestiegen, obwohl bereits viele Engramme auditiert wurden, weil das Entheta des Prozessings die Gegenwart enturbuliert und neue Locks gebildet hat. Lock-Scanning hilft dieser Situation ab. Einige Fälle, die Buchauditing erhalten haben, bleiben relativ unverändert auf der Tonskala, doch mit zwei bis vier Stunden Lock-Scanning leben sie rasch wieder auf und erreichen ein neues Aktionsniveau.

Die Technik des Lock-Scannings ist sehr einfach. Alle aberrativen Geschehnisse sind nach ihrer Art in Reihen ähnlicher Geschehnisse aufgezeichnet. Alle Affinitätsbrüche, die bei einem Fall von einer bestimmten Person verursacht wurden, könnten als Kette betrachtet werden. Alle Affinitätsbrüche, die irgendjemand in einer beliebigen Umgebung zu einem beliebigen Zeitpunkt verursacht hat, lassen sich als eine sehr allgemein gefasste, aufeinanderfolgende Kette im Leben des Preclears betrachten. Alle Vorkommnisse erzwungener Affinität, die dem Preclear durch eine bestimmte einzelne Person verursacht wurden, könnte man als eine kurze Kette bezeichnen. Und alle Vorkommnisse erzwungener Affinität, die dem Preclear durch beliebige Personen verursacht wurden, lassen sich als eine allgemein gefasste Kette betrachten. Kommunikation, Sprechen, Zuhören, Sehen, Nicht-Sehen und alle anderen Wahrnehmungseindrücke, aufgezwungen wie verhindert, bilden jeweils ihre eigene Kette. Aufgezwungene und verhinderte Realität bilden ihre eigenen Ketten von Übereinstimmungen und Nichtübereinstimmungen. Der Auditor kann tatsächlich ein Schaubild zeichnen, das alle nur möglichen Ketten von Locks aufzeigt, geordnet nach Affinität, Realität, Kommunikation und gebrochenen Dramatisationen.

Engramme sind ebenfalls in Ketten vorhanden, wie später noch beschrieben wird. Das Engramm oder die Engrammkette bilden die Grundlage, die die Ansammlung von Locks ermöglicht. Hunderte und Aberhunderte von Geschehnissen können auf einem Engramm oder einer Engrammkette beruhen. Jedes einzelne dieser Geschehnisse für sich zu auditieren würde für den Auditor viel zu viel Zeit beanspruchen. Der Auditor kann jedoch den Preclear leicht dazu veranlassen, langsam oder rasch ähnliche Arten von Geschehnissen vom frühesten bis zum spätesten zu scannen, die sich entweder auf eine Person, auf alle Personen oder auf einen bestimmten Zeitraum beziehen.

Die Anweisungen, die der Preclear für Lock-Scanning braucht, sind sehr einfach. Sie lassen sich viel komplizierter machen, da man vom Preclear beim Lock-Scanning auch verschiedene Geschwindigkeiten verlangen kann. Es hat sich jedoch gezeigt, dass der Preclear gewöhnlich seine eigene Geschwindigkeit beim Scanning haben wird. Der Auditor fragt den Archivar, ob es eine Art von Geschehnis gibt, die bei diesem Fall mit Scanning behandelt werden kann. Auf ein Fingerschnippen des Auditors hin antwortet der Archivar mit „Ja" oder „Nein". Der Auditor verlangt dann die Bezeichnung für die Art des Geschehnisses. Der Archivar gibt diese Bezeichnung an. Dann gibt der Auditor dem Preclear die Anweisung, zum frühesten zugänglichen Zeitpunkt auf dieser Kette von Locks zurückzugehen, und befragt wiederum den Archivar, ob Scanning auf dieser Kette möglich ist, ohne irgendwelche Engramme zu durchlaufen. Nachdem sich der Auditor versichert hat, dass dies möglich ist, und nur wenn er sicher ist, dass es möglich ist, weist er den Preclear an, alle Geschehnisse der genannten Art von diesem frühesten Moment an bis zur Gegenwart zu scannen. Der Auditor macht daraus ein immer gleich bleibendes Verfahren, welches er nie abwandelt. Er schickt den Preclear zu seiner Startlinie zurück, das heißt zum frühesten zugänglichen Lock der betreffenden Art. Er vergewissert sich, dass sich der Preclear dort befindet, indem er ihn fragt:

„Bist du dort?"

Wenn der Preclear bejaht, sagt der Auditor:

„Beginne diese Kette von Geschehnissen zu scannen, wobei du jeglichen körperlichen Schmerz vermeidest." (schnipp!)

Diese letzte Anweisung, die dem Preclear zu verstehen gibt, er solle mit Scanning beginnen, ist wie ein Startschuss. Langsam oder schnell geht der Preclear diese Reihe von ähnlichen Geschehnissen nach oben durch. Es handelt sich dabei vielleicht um alle Vorkommnisse, als jemand den Preclear anhielt oder unterbrach, als er reden wollte. Oder es könnte sich um die Vorkommnisse handeln, als eine bestimmte Person, wie zum Beispiel die Mutter oder Ehefrau des Preclears, Zuneigung verlangte. Doch unabhängig von der Art des Geschehnisses muss sich der Auditor ein Routineverfahren aneignen, von dem er nicht abweichen darf. Der Auditor sollte dem Preclear immer sagen, wann er mit dem Scanning beginnen soll. Er sollte den Preclear nicht auffordern, zum frühesten Augenblick zurückzugehen, den er entdecken kann, und danach ohne irgendein weiteres Zeichen in Richtung Gegenwart zu starten. Der Preclear sollte dem Auditor mitteilen, wann er den frühesten zugänglichen Augenblick erreicht hat, falls er dies erkennen kann. Und der Auditor sollte den Preclear ebenfalls anweisen, es ihm zu sagen, wenn er in der Gegenwart ankommt, damit keine Zeit verschwendet wird.

Scanning kann so durchgeführt werden, dass dabei gesprochen wird, oder auch schweigend. Der Preclear kann dem Auditor jedes Mal, wenn er ein neues Geschehnis berührt, den aberrativsten Satz dieses Geschehnisses angeben. Dies wäre Scanning mit Sprechen. Er kann aber auch einfach die Geschehnisse durchgehen und dabei jedes einzelne erkennen, wenn er es durchgeht, oder so rasch durchrasen, dass sie nur noch verschwommenen Eindrücken gleichkommen, ohne dem Auditor zu erzählen, was er kontaktiert.

Man wird entdecken, dass der Preclear gewöhnlich feststellt, dass die jüngsten Locks bei seinem Fall als Erstes mit Scanning behandelt werden können. Wenn er beginnt, Ketten von Locks mit Scanning von seinem Fall wegzuschaffen, wird er immer frühere und frühere Ketten von Locks und Teile von Ketten finden, die er scannen kann. Er sollte dazu ermutigt werden, immer frühere Augenblicke in seinem Leben zu entdecken.

Jedes Mal, wenn ein Preclear beginnt, eine Kette von Locks zu scannen, lässt sich erwarten, dass er beim zweiten oder dritten Durchgang frühere Geschehnisse derselben Art finden wird, die ihm vorher entgangen waren. Dies zeigt an, dass dem Fall immer mehr Theta zur Verfügung steht, sodass sich immer frühere Augenblicke erreichen lassen. Der Auditor sollte den Preclear jedoch nicht bedrängen. Kann der Preclear kein früheres Geschehnis entdecken, nachdem der Auditor eines verlangt hat, so sollte der Auditor nicht darauf bestehen.

Jede Kette wird mehrmals gescannt. Man wird feststellen, dass sich zunächst nur ein oder zwei Geschehnisse auf der Kette befinden. Durch weiteres Scanning tauchen fünf oder zehn Geschehnisse auf der Kette auf. Dann verschwinden die früheren Geschehnisse langsam, da sie unwichtig werden, und neue Geschehnisse beginnen zu erscheinen, die der Preclear sich bislang nicht zurückrufen konnte. Während des ersten Durchgangs beim Scanning ist die Kette normalerweise kurz, wird dann anscheinend länger, und schließlich wird der Preclear entweder an seiner äußeren Umgebung oder an einer anderen Kette interessiert, oder die Kette wird so kurz, dass er nur einen Augenblick braucht, um viele Jahre seines Lebens zu scannen.

Der Mechanismus des Scannings ist folgender: Man kontaktiert ein Geschehnis und erkennt es als Vorstellung eines Geschehnisses. Vielleicht gibt es einen Satz im ersten Geschehnis. Je nach Wunsch kann der Auditor den Preclear diesen Satz wiederholen lassen oder auch nicht. Dann geht der Preclear von diesem Geschehnis aus vorwärts zum nächsten Geschehnis ähnlicher Art, das er erkennen kann. Der Verstand hat eine äußerst hohe Fähigkeit, Geschehnisse bestimmter Art auszuwählen, die er scannen kann. Offenbar gibt es im Verstand ein Ablagesystem, das Geschehnisse nach Art der Themen einordnet. Dies wird beim Lock-Scanning verwendet.

Wenn man beim Lock-Scanning genau sein möchte:

Es gibt die *Sprechgeschwindigkeit*, mit der der Preclear scannt, wobei er bei jedem neuen Lock auf der Kette nur so lange verweilt, bis er den aberrativsten Satz daraus angegeben hat.

Es gibt auch *schweigendes Scanning*, wobei der Preclear die Sätze erkennt, während er an ihnen vorbeigeht, indem er ein Geschehnis nach dem anderen auf der Kette durchgeht, vom frühen zum späten, ohne dabei dem Auditor zu sagen, welche Sätze er kontaktiert.

Es gibt das *beschleunigte Tempo*, wobei der Preclear nur einen flüchtigen Blick auf das Geschehnis wirft, bevor er zum nächsten übergeht, und dem Auditor dabei nicht erzählt, worum es in den einzelnen Geschehnissen geht.

Und schließlich gibt es die *Höchstgeschwindigkeit*. Höchstgeschwindigkeit kann so hoch sein, dass die Geschehnisse nur ein verschwommener Eindruck sind. Der Preclear erkennt auf analytischer Ebene nicht, was geschieht, abgesehen von unterschiedlichen Positionen, von blitzschnell auftauchenden Gesichtern und Wörtern.

Lock-Scanning befreit Theta aus unzähligen Geschehnissen und ist für das Anheben der Tonstufe des Preclears höchst brauchbar. Es sollte nicht mit dem *Scanning von Engrammketten* verwechselt werden. Ketten-Scanning durch Augenblicke körperlichen Schmerzes bei Fällen unterhalb von 3,5 auf der Tonskala anzuwenden, ist nicht wünschenswert, da die Engramme durch den körperlichen Schmerz, den sie enthalten, mehr freies Theta wieder in die Enturbulierung hinabreißen werden, als dadurch frei wird.

Theoretisch kann ein Fall durch Lock-Scanning bis an einen Punkt gebracht werden, an dem sich praktisch keine Aberration mehr zeigt. Dies trifft jedoch nur in der Theorie zu, da nur eine der vier Arten von Entheta umgewandelt wird. Die vier Arten umfassen natürlich: Entheta, das ein Mensch aufgrund der gegenwärtigen Umgebung empfängt; Entheta, das in Form von Locks eingekapselt ist; Entheta, das als Ladung in Engrammen vorhanden ist; und Entheta, das in Form von Engrammen selbst existiert.

Die Art von Entheta, die als Ladung in Locks (und in Secondarys) vorhanden ist, wird vom späteren zum früheren hin freigesetzt. Engramme lassen sich vom früheren zum späteren hin auditieren. Somit beginnt man mit Lock-Scanning an einem sehr späten Zeitpunkt auf der Zeitspur des Falles. Möglicherweise muss eine Ehe oder eine Geschäftsbeziehung, die sich nahe an der Gegenwart befindet, gescannt werden, bevor man bei dem betreffenden Fall mit irgendetwas anderem fortfahren kann.

Für den Auditor ist es nicht sehr wichtig, ob sich der Preclear in seiner eigenen Valenz (in sich selbst) befindet, wenn er solche Ketten von Locks scannt. Lock-Scanning ist eine weit gefasste, lockere Technik. Der Preclear kann sich dabei außerhalb seiner eigenen Valenz befinden, er kann imaginäre Geschehnisse durchlaufen, er kann Vorstellungen durchlaufen, er kann sogar seine eigenen Schlussfolgerungen in Bezug auf das Leben durchlaufen. Er kann alles scannen, woraus sich Entheta befreien lässt.

Um das Entheta wegzuschaffen, das sich durch Erziehung und Bildung angesammelt hat, gibt es nichts, was sich in seiner Wirksamkeit mit Lock-Scanning vergleichen lässt. Mit Lock-Scanning lässt sich auch folgender Trick durchführen: Man kann einen bestimmten Bereich der Ausbildung auffrischen. Man kann zum Beispiel jemanden einer Prüfung in Geschichte, 8. Klasse Realschule, unterziehen. Daraufhin kann man das tatsächliche Geschichtsstudium der 8. Klasse Realschule mit Lock-Scanning behandeln und ihn dann noch einmal eine Prüfung machen lassen. Normalerweise wird er eine bessere Note erzielen, nachdem diese Zeitspanne seiner Ausbildung mit Lock-Scanning behandelt worden ist. Und dabei beanspruchte das Lock-Scanning vielleicht nicht mehr als fünfzehn oder zwanzig Minuten. Auf diese Weise ist Lock-Scanning für diejenigen, die vor einer akademischen Prüfung stehen, ein ausgezeichneter Trick.

Lock-Scanning kann man recht leicht bei sich selbst durchführen, es sei denn, man befindet sich zu tief auf der Tonskala. Man beginnt einfach mit dem frühesten Geschehnis einer bestimmten Art, an das man sich erinnern kann und das einem vielleicht Schwierigkeiten bereitet, und geht von da an durch alle ähnlichen Geschehnisse bis in die Gegenwart. Dieses Verfahren wiederholt man so lange, bis man sich für seine gegenwärtige Umgebung zu interessieren beginnt.

Der richtige Zeitpunkt, um Lock-Scanning bei einer bestimmten Kette von Locks zu beenden, ist dann gekommen, wenn der Preclear *extrovertiert* ist (das heißt, an seiner gegenwärtigen Umgebung interessiert ist) oder wenn das Scanning der Kette nur ein oder zwei Augenblicke erfordert. Es kann geschehen, dass Scanning bei einer bestimmten Lock-Kette länger als nötig fortgesetzt wird. In diesem Fall wird der Auditor feststellen, dass sein Preclear nun eine andere Reihe von Locks durchläuft. Dies ist zwar nicht besonders schlimm, doch hat der Auditor für einen Augenblick die Kontrolle über den Fall verloren. Deshalb sollte der Auditor darauf achten, wie lange der Preclear jeweils für einen Durchgang jeder Kette benötigt und wie der Preclear sich jedes Mal fühlt, wenn er mit dem Durchlaufen der Kette fertig ist, und er sollte ihn über diese Punkte befragen.

Lock-Scanning ist für den Auditor eine äußerst unrestimulierende Art von Verfahren. Geht der Preclear die Geschehnisse nicht mit Sprechgeschwindigkeit durch, so äußert er keine restimulierenden Sätze. Und er kann die erstaunlichste Parade von Geschehnissen vom frühesten bis zum spätesten Zeitpunkt durchlaufen, ohne dass der Auditor mitbekommt, was vor sich geht. Der Auditor wird daher nicht restimuliert. Es kann jedoch vorkommen, dass ein Auditor sich während des Auditierens von Lock-Ketten bei einem Preclear etwas langweilt. Wie gern er sich auch von dieser Eintönigkeit erlösen würde – er sollte den Preclear in keiner Weise unterbrechen, bis der Preclear mit dem Scannen der Kette fertig ist. Jedes Mal sollte der Auditor den Preclear bis in die Gegenwart vordringen lassen. Wie in jedem anderen Fall sollte der Auditor immer prüfen, ob sich der Preclear am Ende jedes Durchgangs in der Gegenwart befindet, es sei denn, er durchläuft eine Zeitspanne, die die Gegenwart nicht mit einschließt.

Lock-Scanning lässt sich im Hinblick auf Zeitabschnitte durchführen, zum Beispiel vom fünften bis zum zehnten, vom zwanzigsten bis zum fünfundzwanzigsten oder vom dreißigsten bis zum einundvierzigsten Lebensjahr des Preclears. Man kann Scanning auch für die Zeit zwischen zwei bestimmten Datumsangaben durchführen. Oder es kann in Bezug auf eine bestimmte Person hinsichtlich eines bestimmten Themas durchgeführt werden. Oder es kann in Bezug auf eine bestimmte Art von Tätigkeit durchgeführt werden. Oder es kann in Bezug auf die Ausbildung oder frühes Training durchgeführt werden. Oder es kann in Bezug auf die unmittelbare Umgebung des Preclears durchgeführt werden.

Lock-Scanning in Bezug auf Auditing durchzuführen ist ein höchst wertvolles Verfahren. Ist der Preclear überhaupt zu Scanning in der Lage, so sollte der Auditor in jeder Sitzung das gesamte Auditing scannen. Das heißt, er sollte den Preclear zu dem Augenblick zurückschicken, als die Sitzung begann, und ihn diesen Zeitraum bis zur Gegenwart vorwärts scannen lassen. Es ist also ziemlich gleichgültig, wie viele Engramme beim Preclear restimuliert wurden oder was während der Sitzung geschah. Durch dieses Scanning kann der Preclear die Geschehnisse, die an die Oberfläche kommen, destimulieren. Ein Engramm nicht zu reduzieren war früher viel schwerwiegender als heute. Lock-Scanning ermöglicht es, die Sitzung zu durchlaufen, in der das Engramm restimuliert wurde. Restimuliert man ein Engramm, ohne es zu reduzieren, so bildet sich natürlich einfach ein weiteres Lock. Lock-Scanning reduziert dieses neue Lock.

Der Auditor sollte nie Kritik daran üben, wie nachlässig der Preclear das Scanning vielleicht ausführt. Lock-Scanning ist so weit gespannt, dass solche Neigungen darin Platz finden.

Schaut man sich die Tonskala an, so stellt man als Erstes fest, dass bei jeder Person auf Stufe 3,5, nachdem ihre Engramme vollständig ausauditiert worden sind, Lock-Scanning auf alle Tätigkeitsbereiche des Lebens angewendet werden muss, damit sie als Clear bezeichnet werden kann. Dadurch werden alle Locks befreit. Auf dieser Tonstufe lassen sich Locks natürlich sehr leicht befreien, da ihnen wenige Engramme zugrunde liegen. Bei jemandem, der beinahe Clear ist, sind keine den Locks zugrunde liegenden Engramme mehr vorhanden. Es können jedoch bei einem Fall, dessen Engramme beseitigt worden sind, noch Locks vorhanden sein. Obwohl sich diese Locks vielleicht in den nächsten Monaten (nach dem Auditieren des letzten Engramms) auflösen, ist es doch viel leichter, alle Personen und Umstände im bisherigen Leben des Preclears systematisch mit Scanning durchzuarbeiten.

Eine Person auf 3,0 wird aus Lock-Scanning sehr großen Nutzen ziehen, und sie wird Locks scannen, ohne in irgendeinem von ihnen stecken zu bleiben. Auf diese Weise lassen sich neue Reihen von Engrammen zutage fördern. Der einzige Grund, weshalb Engramme nicht auditiert werden können, liegt darin, dass sie von zu vielen Locks überlagert sind. Und Lock-Scanning ist die beste Methode, um dieses Entheta wegzuschaffen, damit das Engramm selbst zugänglich wird.

Auf Stufe 2,5 muss mit Lock-Scanning gearbeitet werden, damit sich Engramme deutlich zeigen. Nach diesem Lock-Scanning kann man erwarten, dass ein Engramm mit all den erforderlichen Wahrnehmungseindrücken auftaucht. Lock-Scanning bringt die Person im Bereich 2,5 so weit, dass Engramme sauber auditiert werden können. Um bei einem 2,5er weitere Engramme zu entdecken, sollten weitere Ketten von Locks gescannt werden.

Auf Stufe 2,0 kann Lock-Scanning angewendet werden, doch sollte der Auditor mit Lock-Ketten arbeiten, die ihm der Archivar angibt. Jede Kette, die der Auditor auf dieser Stufe kontaktiert, sollte reduziert werden, genau wie man Engramme reduzieren würde, die kontaktiert worden sind. Auf dieser Stufe sollte keine Kette in Restimulation gelassen werden, sondern vollständig auditiert werden. Wenn die Sitzung dafür zu kurz ist, dann wird auf die Sitzung angewandtes Scanning die Restimulation vermutlich zum Abklingen bringen.

Von 2,0 an abwärts beginnt Lock-Scanning ein gewisses Risiko zu beinhalten, ist jedoch nicht weniger funktionstüchtig. Nachdem der Preclear eine bestimmte Lock-Kette einige Male gescannt hat, besteht durchaus die Möglichkeit, dass er in einem dieser Locks oder in einem kleineren Secondary hängen bleibt. Dieses Geschehnis, gleich welcher Art, in dem der Preclear feststeckt, muss dann als Einzelgeschehnis wie ein Engramm auditiert werden, obwohl es keinen körperlichen Schmerz enthalten mag.

Der 1,5er wird als Folge von Lock-Scanning häufig in einem Lock hängen bleiben. Der Auditor lässt den Preclear beginnen, Locks zu scannen, und nach kurzer Zeit stellt er fest, dass der 1,5er sich nicht auf der Zeitspur bewegt. Der Auditor sollte den 1,5er stets ermahnen, ihn zu informieren, wenn er auf der Zeitspur stecken bleibt oder sich offenbar nicht mehr auf der Zeitspur bewegt. Ansonsten kann es leicht geschehen, dass der 1,5er dort hilflos herumzappelt, sich fragt, warum er sich nicht auf die Gegenwart zubewegt (und nichts darüber sagt). Auf diese Weise werden viele Auditing-Minuten verschwendet, bis der Auditor erkennt, dass etwas nicht stimmt, und etwas dagegen unternimmt. Bleibt der 1,5er in einem Lock hängen, das der Auditor nicht reduzieren kann, indem er es wie ein Engramm durchlaufen lässt, so muss er den 1,5er lediglich veranlassen, eine andere Reihe von Locks zu scannen (die er sich natürlich vom Archivar angeben lässt). Indem der 1,5er diese neue Reihe von Locks durchläuft, kommt er von dem Engramm oder Lock los, in dem er feststeckte. Hierin liegt der besondere Wert des Lock-Scannings. Lässt sich das Engramm, Secondary oder Lock, in dem der Preclear hängen geblieben sein mag, nicht reduzieren, so braucht man den Preclear nur eine neue Lock-Kette scannen zu lassen, um ihn auf der Zeitspur frei werden zu lassen. Dies ist ein Mechanismus, der betont werden muss, da er sehr wichtig ist. Jedes Mal, wenn ein Preclear in einem Lock hängen bleibt und der Auditor feststellt, dass es sich nicht gleich reduzieren lässt, indem es wie ein Engramm auditiert wird, braucht der Auditor nur den Archivar zu befragen, um eine andere Lock-Kette zu finden, die der Preclear scannen kann, oder ein früheres Geschehnis derselben Art zu entdecken, in dem der Preclear feststeckt. Indem man die neue Reihe von Geschehnissen scannt oder durch Direkterinnerung mit dem früheren Geschehnis Kontakt aufnimmt, wird der Preclear auf der Zeitspur frei.

Unterhalb von 1,5 wird ein neuer Mechanismus ins Lock-Scanning eingeführt. Eigentlich handelt es sich um einen kombinierten Mechanismus. Auf Stufe 1,1, oder eigentlich schon von 2,0 an abwärts, lässt sich Lock-Scanning mit Direkterinnerung kombinieren. Durch Direkterinnerung kann eine bestimmte Art von Geschehnis, das auf den Preclear offenbar einen aberrativen Einfluss hat, kontaktiert werden. Wenn diese Art von Geschehnis kontaktiert ist, braucht der Auditor es nicht unbedingt dabei zu belassen, sondern kann den Preclear anweisen, zu diesem gefundenen Geschehnis zurückzugehen und alle ähnlichen Geschehnisse zu scannen. Sehr bald werden sich frühere Geschehnisse derselben Art zeigen und so lassen sich unzählige solche Geschehnisse vom Fall wegschaffen. Lock-Scanning kann tatsächlich eher als „Hochgeschwindigkeits-Straightwire“ bezeichnet werden als irgendetwas sonst. Durch eine Kombination von Direkterinnerung und Lock-Scanning lassen sich bestimmte Schaltkreisbefehle, Beherrschungsbefehle oder Befehle der Art „Beherrsche dich“ freilegen, die bei den üblichen Verfahren des Lock-Scannings verborgen bleiben würden.

Beim 1,1er kann man erwarten, dass er in einem Lock hängen bleibt, nachdem der Auditor mit Scanning begonnen hat. Bei einer Person auf 1,1 macht der Auditor Lock-Scanning daher in der vollen Erwartung, dass sich der 1,1er schon bald nicht mehr auf der Zeitspur bewegen wird. Tatsächlich wird dieser 1,1er gewöhnlich oder chronisch auf der Zeitspur feststecken, es sei denn, es handelt sich um einen weit offenen Fall. Dies trifft auch für einen 1,5er zu. Lock-Scanning wird jedoch schwerere Locks zutage fördern. Entheta wird in Theta umgewandelt, bis sich das schwerere Lock zeigt. Natürlich war dieses schwerere Lock in verborgenem Zustand nicht weniger wirksam. Lock-Scanning bringt es ans Licht. Der Auditor auditiert dann dieses neue Geschehnis, in dem der Preclear stecken geblieben ist, um ihn zu befreien, oder er findet, wenn ihm das nicht gelingt, eine andere Kette, die gescannt werden kann, um ihn zu befreien. Das Scanning einer neuen Kette, um den Preclear von einer Stelle auf der Zeitspur zu befreien, an der er feststeckt, kann vom Auditor komplizierter gemacht werden, als es tatsächlich ist. In Wirklichkeit muss der Auditor lediglich die Aufmerksamkeit des Preclears auf ein neues Thema lenken oder seinen Archivar um ein neues Thema bitten. Der Preclear ist vielleicht so auf das Lock fixiert, in dem er feststeckt, dass es ihm nicht in den Sinn kommt, er könnte in diesem Moment zu einem anderen Thema übergehen. Der Auditor muss dies erkennen und die Aufmerksamkeit des Preclears auf eine andere Art von Geschehnis lenken. Scannt man diese neue Art von Geschehnis, so kann man ihn aus dem Geschehnis befreien, in dem er feststeckte, doch bleibt er vielleicht in einem neuen Lock hängen. Der Auditor versucht nun, dieses Lock zu reduzieren, als sei es ein Engramm, und gelingt ihm dies nicht, so geht er zu einer dritten Art von Kette über.

Der 0,5er kann nicht nutzbringend mit Lock-Scanning auditiert werden, da es unvermeidlich ist, dass er zu sehr stecken bleiben wird. Begeht der Auditor jedoch den Fehler, bei einem 0,5er Scanning von Locks anzuwenden, so muss er daran denken, dass nichts weiter nötig ist, als eine neue Art von Lock zu scannen, um den 0,5er zu befreien (oder Direkterinnerung zu verwenden).

Einen 0,1er sollte man nie irgendwelche Locks scannen lassen.

Direkterinnerung ist eine Methode, jemanden, mit dem Lock-Scanning durchgeführt wird, aus einem Engramm oder Lock zu befreien, in dem er plötzlich hängen geblieben ist. Direkterinnerung hat die Wirkung von Stelzen, mit deren Hilfe der Preclear wieder in die Gegenwart zurückgebracht werden kann.

Lock-Scanning lässt sich sehr einfach mit dem Auditieren von einzelnen Locks und mit Direkterinnerung verbinden. Ist jemand irgendwo auf der Zeitspur stecken geblieben, so kann man Direkterinnerung durchführen oder neue Ketten von Locks scannen lassen.

Man sollte die Wirksamkeit der Technik, Vergnügensmomente zu scannen, um die Tonstufe eines Preclears anzuheben, nicht übersehen. Befindet sich ein Preclear zu Beginn einer Sitzung oder, falls der Auditor einen Fehler gemacht hat, am Ende einer Sitzung besonders tief auf der Tonskala, so muss die Tonstufe des Preclears angehoben werden. Das Scannen von Vergnügensmomenten wird oftmals genügend freies Theta schaffen, um entweder neue Geschehnisse zugänglich zu machen oder um die Sitzung erfolgreich abzuschließen.

Hier soll nochmals darauf hingewiesen werden, dass man beim Lock-Scanning so eng wie möglich mit dem Archivar zusammenarbeiten sollte, indem man ihn befragt, welche Lock-Kette als nächste bei diesem Fall zu scannen ist, und dann die Anweisungen des Archivars so genau wie möglich befolgt. Hat der Auditor keine Anweisungen des Archivars, so sollte er sein eigenes Urteilsvermögen gebrauchen oder die Sache mit dem Preclear besprechen.

Es wird sehr oft vorkommen, dass der Preclear beim Lock-Scanning in einen Boil-off gerät. Man sollte daran denken, dass Boil-offs sehr nützlich sind und unter gar keinen Umständen unterbrochen werden sollten. Wenn der Preclear aus dem Boil-off wieder herauskommt, sollte ihn der Auditor nach dem Satz fragen, der diesen Boil-off ausgelöst hat, und den Preclear diesen Satz wiederholen lassen. Gewöhnlich wird der Preclear wieder in diesen Boil-off zurückfallen, nachdem er diesen Satz mehrere Male laut oder leise für sich wiederholt hat. Boil-offs sollten vollständig ausgeschöpft werden. Es handelt sich dabei um einen Zustand von Schläfrigkeit, der sich manchmal von Schlaf nicht unterscheiden lässt, und der Preclear sollte nicht gestört werden, während er sich in einem solchen Zustand befindet. Wird dieser Boil-off von einem Fall entfernt, so bedeutet dies, dass angesammeltes Anaten entfernt wird, und dies ist von großem Nutzen. Manche Fälle sind zu nichts anderem als Boil-off imstande.

Der Einzelne kann Lock-Scanning bei sich selbst anwenden, wenn er sich vor Augen hält, dass er sich, falls er irgendwo in einem Lock außerhalb der Gegenwart hängen bleibt, einen Ruck geben und zum Scanning einer anderen Art von Lock übergehen muss, anstatt zu versuchen, sich irgendwie durch die Stelle zu wühlen, an der er feststeckt.

Es wird auch vorkommen, dass der Preclear in Gramladungen gerät, wenn er Lock-Scanning erhält. Es kann sein, dass er aufgrund eines einzelnen Satzes in Gram hineingerät. Vielleicht weiß er nicht, aus welchem Geschehnis dieser Satz stammt. Befindet er sich recht tief auf der Tonskala, so hat er vielleicht keinerlei Vorstellung davon, worüber er weint. Aber das Freiwerden von Gram ist auf jeden Fall nützlich. Es kann vorkommen, dass der einzige Weg, wie der Auditor Gram von einem Fall beseitigen kann, darin besteht, bestimmte Lock-Ketten zu scannen und dann Gram von einem einzelnen Satz wegzuschaffen.

Jemand, der an einem chronisch restimulierten Somatik leidet, das ihm Nebenhöhlenbeschwerden oder Kopfschmerzen verursacht, kann durch Scanning davon befreit werden, ohne überhaupt zu erkennen, welches Engramm die Ursache für die Kopfschmerzen oder anderen Beschwerden gewesen ist. In einem solchen Fall ist vor allem das Scannen von Vergnügensmomenten von Nutzen. Dies wird die Tonstufe des Preclears fast immer anheben.

Es soll hier noch einmal wiederholt werden, dass sich der Wert von Lock-Scanning kaum überschätzen lässt. Der Auditor wird es bei jedem Fall sehr ausgiebig anwenden. Jeder Fall (außer dem 0,5er und dem 0,1er) wird vom Lock-Scanning profitieren. Der Auditor kann den schweren Fehler begehen zu glauben, dass er ausschließlich oder hauptsächlich Engramme kontaktieren sollte, weil das Engramm die grundlegende Ursache von Aberration ist. Von dieser Vorstellung sollte er sich befreien. Mit der äußerst raschen Technik des Lock-Scannings kann er einen Fall so weit hinaufbringen, dass dieser durch das Auditieren von Engrammen dann auf den Zustand Clear zugehen kann. Ohne dieses Wegschaffen von Ladung könnte der Auditor noch tausend

Jahre lang Engramme auditieren, ohne seinen Preclear bis zur Stufe Clear zu bringen. Der Auditor sollte so lange bei Direkterinnerung, Lock-Scanning und dem Auditieren von Secondarys bleiben, bis der Fall genügend Theta verfügbar hat, um Engramme durchlaufen zu können.

Bei einem tief auf der Tonskala liegenden Preclear kann man Sitzung für Sitzung tatsächliche Engramme auditieren, ohne ihn auf der Tonskala anzuheben. Der Grund dafür ist, dass sich durch das Auditieren von Engrammen bei einem solchen Fall Auditing-Locks bilden. Das Theta, das aus dem Engramm frei wird, wird sofort wieder enturbuliert, sodass die Tonstufe des Preclears gleich bleibt oder sinkt, da immer mehr freies Theta in unzähligen Auditing-Locks enturbuliert wird. Bei einem solchen Fall sollte der Auditor Lock-Scanning anwenden.

Der Auditor sollte seine Fertigkeiten in der Technik des Lock-Scannings entwickeln und bei deren Verwendung sehr geduldig sein. Manchmal wird er zwanzig oder dreißig Minuten lang dasitzen, während der Preclear eine Kette scannt. Er sollte jedoch damit zufrieden sein, dazusitzen und den Preclear die Locks scannen zu lassen, bis es für ihn offensichtlich wird, dass sich der Preclear nicht mehr auf der Zeitspur bewegt oder sich irgendwie in Schwierigkeiten befindet. Der Auditor sollte mit dem Preclear in völligem Einverständnis darüber sein, was sie tun. Der Preclear sollte verstehen, dass der Auditor derjenige ist, der in Zusammenarbeit mit dem Archivar des Preclears die Lock-Ketten für das Scanning auswählt. Der Preclear sollte auch verstehen, dass der Auditor derjenige ist, der ihm das Startzeichen zum Scannen gibt, und dass der Auditor nach wie vor die Kontrolle über den Fall ausübt.

Durch Lock-Scanning wird der Auditor bei einem Fall ein Maximum an Entheta in freies Theta zurückverwandeln, wo es auch hingehört.

Spalte AH
SECONDARY-ENGRAMME

VERMUTLICH WIRD DER GRÖSSTE Teil des Enthetas, das sich bei einem Menschen ansammelt, in Secondary-Engrammen gefangen.

Ein *Secondary-Engramm* kann als ein Zeitraum der Qual definiert werden, die durch einen größeren Verlust oder drohenden Verlust für die Person ausgelöst wurde. Das Secondary-Engramm bezieht seine Stärke und Kraft aus Engrammen mit körperlichem Schmerz, die ihm zugrunde liegen. Ohne ein Engramm mit körperlichem Schmerz ist es offenbar unmöglich, dass sich ein Secondary-Engramm bildet.

Offensichtlich stellt die Art von Entheta, die in einem Secondary-Engramm eingeschlossen wird, eine ausgeprägte Umkehrung der Polarität von Theta dar. Emotion wird zu Missemotion. Die Theta-Bestandteile Affinität, Realität und Kommunikation werden durch den Verlust oder drohenden Verlust, den die Person erfährt, umgewandelt und stoßen danach die Affinitäts-, Realitäts- und Kommunikationsbestandteile ab, die noch im Theta-Zustand verbleiben.

Ein Engramm ist ein Augenblick von körperlichem Schmerz, wie zum Beispiel eine Operation unter Narkose, ein Unfall, eine Krankheit oder irgendein anderer Zustand, der Bewusstlosigkeit hervorruft. Ein Engramm kann sich jedoch ereignen und untätig bleiben. Kein Engramm ist wirksam, bis es *eingekeyt* wird, das heißt, bis ein Moment eintritt, in dem die Umgebung, die sich um das wache Individuum herum befindet, ihrerseits dem untätigen Engramm ähnelt. In diesem Moment wird das Engramm aktiv. Es wird eingekeyt und kann danach dramatisiert werden. Durch seine Befehle wird es die Denkprozesse des betreffenden Menschen beeinflussen und Zwangsvorstellungen, Zwänge, Neurosen und Psychosen unterhalb seiner Bewusstseinsschwelle hervorrufen. Auch kann es geschehen, dass das im Engramm enthaltene Element des körperlichen Schmerzes „psychosomatische Krankheiten" hervorruft (die in der Dianetik präziser als *chronische Somatiken* von Engrammen bezeichnet werden).

Es können bei einem Fall sehr viele Engramme mit körperlichem Schmerz vorhanden sein, ohne dass sie eingekeyt und aktiv werden. Der Key-in mag nur ein Lock sein. Der Key-in sowie zusätzliche Locks beginnen, dem Engramm immer mehr Entheta zuzuführen, sodass es in seiner Wirkung auf den Menschen immer mehr an Stärke gewinnt. Kurz gesagt muss es „aufgeladen" werden, damit es den Menschen beeinflussen kann.

Die schwerste und plötzlichste Ladung, die ein Engramm empfangen kann, ist ein Secondary-Engramm. Infolge des körperlichen Schmerzes im *Engramm mit körperlichem Schmerz* können große Mengen Theta eingeschlossen werden, wenn dieses Theta durch einen Schock in der Gegenwart enturbuliert wird, wie z. B. durch den Verlust oder drohenden Verlust von überlebensförderlichen Faktoren im Leben des Betreffenden. Stände das Engramm mit körperlichem Schmerz nicht bereit, um dieses vorübergehend enturbulierte Theta einzukapseln, so würde das Theta offenbar einfach wieder desenturbuliert werden, und die Person würde zu einem vollständig rationalen Zustand zurückfinden. Tritt nun eine Situation schweren, schockierenden Verlustes oder drohenden Verlustes ein und ist ein Engramm mit körperlichem Schmerz vorhanden (das diesem Verlust oder drohenden Verlust irgendwie ähnlich ist), so wird die Turbulenz des Menschen offenbar zu einem Großteil gefangen und dem Engramm mit körperlichem Schmerz wird eine starke Ladung zugeführt, die dort bleibt, bis sie durch Dianetisches Prozessing beseitigt wird oder bis das Theta und MEST des Betreffenden durch den Tod voneinander getrennt werden.*

*Es wurde entdeckt, dass der Theta-Körper eine bestimmte Menge Entheta in Form von Secondary-Engrammen enthält; doch sind diese Ladungen, wie aus Beobachtungen hervorgeht, nicht so stark wie jene aus dem gegenwärtigen Leben.

Ist ein Engramm mit körperlichem Schmerz einmal durch Secondary-Engramme aufgeladen, so wird es für den Analysator in solchem Maße unzugänglich, dass das Individuum, wenn es versucht, dieses Engramm oder diese Reihe von Engrammen anzugehen, nicht in der Lage ist (mit dem ihm verfügbaren freien Theta), in den Kern des körperlichen Schmerzes vorzustoßen. Es können halluzinatorische Eindrücke des Engramms auftreten. Das Engramm könnte als eine beinahe traumartige Abfolge von Ereignissen durchlaufen werden. Die Somatiken sind leicht oder überhaupt nicht vorhanden. Der Inhalt ist beträchtlich stark abgeändert. Die Position des Engramms auf der Zeitspur mag stark abgesperrt sein. Kurz gesagt, da es Secondary-Engramme gibt, die die grundlegenden Engramme überlagern, ist es dem betreffenden Menschen unmöglich, körperlichen Schmerz von seinem Fall zu beseitigen. Gibt es bei einem Fall nur einige unbedeutende Secondary-Engramme, so kann es sein, dass dadurch lediglich die Klarheit der Wahrnehmungseindrücke verringert wird; der durchschnittliche Fall hat jedoch viele schwere Secondary-Engramme. Der stark abgesperrte Fall ist deshalb abgesperrt, weil Secondary-Engramme vorhanden sind.

Die Trennungslinie zwischen Theta und Entheta liegt bei 2,0 auf der Tonskala. Die gegenwärtige Umgebung des Menschen ändert sich auf der Tonskala, genau wie auch der einzelne Mensch von einem Lebensabschnitt zum anderen Schwankungen unterworfen sein kann; ohne Prozessing befindet er sich allerdings auf einem Weg des schrittweisen Verfalls. Man könnte sich jede beliebige Umgebung vornehmen, um sie hinsichtlich ihrer Position auf der Tonskala einzuschätzen. Mit anderen Worten, man kann die chronische oder momentane Position eines Individuums auf der Tonskala bestimmen, man kann die chronische oder momentane Position einer Gruppe auf der Tonskala bestimmen und auch die gegenwärtige Umgebung kann auf der Tonskala bestimmt werden.

Heute ist jemandes Umgebung vielleicht glücklich. Sie ist seiner Tonstufe förderlich und zieht ihn leicht nach oben. Einer sehr glücklichen Umgebung gelingt es gelegentlich, Tätigkeiten und Verhalten des Einzelnen vorübergehend bis zur Stufe des Clears anzuheben, auch wenn dieser Mensch normalerweise ziemlich aberriert ist. Im Gegensatz zu einem Clear jedoch, der ziemlich unverwüstlich ist und nur teilweise auf eine bestimmte gegenwärtige Umgebung reagieren würde, ist eine stark aberrierte Person nahezu ein Sklave ihrer Umgebung. Je tiefer sich der Mensch auf der Tonskala befindet, desto schwerwiegender beeinflussen ihn tief auf der Tonskala liegende Umgebungen. In einer sehr glücklichen und sicheren Umgebung verhält sich der 1,1er somit vielleicht wie ein 2,0er. Doch schon eine leicht enturbulierte Umgebung lässt ihn vielleicht vorübergehend auf Stufe 0,8 handeln.

Gute Nachrichten, plötzliche Erfolge, die Aussicht auf neue, überlebensförderliche Faktoren oder das Erreichen solcher Faktoren schaffen eine angenehme und glückliche Umgebung. Dies wäre eine oberhalb von 2,0 liegende Umgebung, wobei die Tonstufe der Umgebung umso höher liegt, je mehr diese Umgebung potenziell zum Überleben der Menschen, die in ihr leben, beitragen kann. Trägt eine Idee, eine Information, ein Umstand, ein Mensch oder die allgemeine Umgebung zum Überleben der betreffenden Person bei, so kann man bei ihnen von einer Tonstufe oberhalb von 2,0 ausgehen.

Umstände in der Umgebung, die unterhalb von 2,0 auf der Tonskala liegen, sind Entheta-Umstände und enturbulieren den Menschen. Ideen, Nachrichten, Verbindungen, Personen oder die allgemeine Umgebung, die sich im Bereich von Wut abwärts bis zum vorgetäuschten Tod befinden, restimulieren das beim Menschen vorhandene Entheta und enturbulieren noch mehr vom freien Theta des Menschen, was bei ihm ein Absinken auf der Tonskala bewirkt. Es handelt sich hier um überlebensfeindliche Faktoren, Faktoren also, die in Richtung Tod des Menschen oder der Gruppe gehen, auch wenn sich diese allgemeine Richtung nicht in Form von wirklichem Tod ausdrücken mag.

Um Secondary-Engramme zu verstehen, sollte man in diesem Zusammenhang ebenfalls erkennen, dass die Tonskala sowohl *Höhe* als auch *Intensität* umfasst. In der Musik kann sich eine Note irgendwo auf der Tonleiter befinden, ohne jedoch laut zu sein. Diese Note weist eine bestimmte Höhe, jedoch geringe Lautstärke auf. Eine Note kann eine bestimmte Tonhöhe haben und sehr laut sein. Außerdem kann sie durch Harmoniken und Obertöne Qualität erhalten.

Ganz ähnlich verhält es sich mit der Tonskala menschlicher Reaktionen und Verhaltensweisen. Die Position eines momentanen Umstandes oder chronischen Zustandes auf der Tonskala zeigt uns lediglich die „Tonhöhe" des Menschen, der Gruppe oder der Umgebung. Intensität ist nun der zweite Faktor, den man studieren muss, wenn man sich mit der Tonskala befasst. Ein Mensch mag gelangweilt sein, aber „nicht besonders", wie man sagt. Er fühlt sich nur ein wenig gelangweilt. Ein anderes Mal mag er sich sehr langweilen. Befindet er sich tiefer auf der Tonskala, so hat er vielleicht Angst, aber nur ein wenig. Oder er kann eine solche Angst verspüren, dass die Furcht nackte Angst ist. Man könnte das Ausmaß oder die Intensität von Enturbulierung in einer dritten Dimension ablesen, nämlich von der Vorderseite der Tabelle aus in Richtung Leser. Es mag wenig Gram oder sehr viel Gram vorhanden sein, die Position auf der Tonskala wäre jedoch dieselbe.

Daneben gibt es den Faktor der Beschaffenheit der Enturbulierung. Die Beschaffenheit der Furcht oder Wut oder des Glücklichseins ist wichtig; dieser Faktor unterscheidet sich jedoch von Höhe oder Intensität auf der Tonskala.

Es ist von sehr großer Bedeutung, mit wie viel freiem Theta ein Mensch ausgestattet ist. Die Menge an freiem Theta hat sehr viel mit der Ausdauer oder Urteilskraft eines Menschen auf irgendeinem gegebenen Weg zu tun. Dies würde das Potenzial eines Menschen ausmachen. Die Beschaffenheit einer Person wäre eher eine strukturelle Sache. Um dies zu verdeutlichen: Jemand könnte mit einer gewaltigen Menge an Theta ausgestattet sein und dennoch nicht über die Struktur verfügen, mit der er intelligent sein kann. Oder er kann qualitativ sehr hochstehen und dennoch keine ausreichende Theta-Veranlagung aufweisen, um die Pläne auszuführen, die er sich ausdenken kann. Wir alle kannten Menschen, die in jedem Fach die besten Noten erhielten und trotzdem nie in der Lage waren, irgendetwas mit ihrer Ausbildung anzufangen. Und dann kannten wir Menschen, die überhaupt keine guten Noten erhielten, ja sogar unfähig schienen, grundlegende Fächer zu verstehen – die sich aber dennoch durch die Kraft ihrer Persönlichkeit im Leben eine hohe Stellung erarbeitet hatten. Wenn man sich mit dieser Sache auseinandersetzt, erhält man eine wertvolle Einschätzung des menschlichen Potenzials und Verhaltens. Was noch wichtiger ist, wir können auf dieser Grundlage recht gut verstehen, was mit einem Menschen geschieht, während er aberriert wird. Betrachtet man Aberration als Tonhöhe oder Ton, so ist sie theoretisch von Qualität (wahrscheinlich Struktur) und Intensität

(Theta-Veranlagung) unabhängig. Die Faktoren Qualität und Intensität würden teilweise die individuellen Unterschiede erklären, die man bei aberrierten Menschen auf ähnlichen Stufen der Tonskala feststellen kann. (Die Analogie mit der Musik sollte natürlich nicht übertrieben werden, da ein tiefer Ton in der Musik köstlich sein kann, aber eine tiefe Tonstufe im Bereich der Aberration nicht.)

Engramme mit körperlichem Schmerz stellen einen schwerwiegenden ARK-Bruch zwischen Theta und Mest dar. Gemäß unserer Dianetischen Theorie haben Theta und Mest eine gewisse natürliche Affinität füreinander. Erfolgt jedoch der Zusammenstoß oder Aufprall von Theta und Mest zu heftig oder zu plötzlich, so findet eine Umkehrung der Polarität statt, und diese Affinität nimmt die Merkmale einer tieferen Stufe an. Kommen Theta und Mest auf Stufe 4,0 zusammen, so werden sie in vollkommener Harmonie zueinander stehen. Daraus entstünde ein funktionsfähiger Organismus, in dem die Stoffe und Verbindungen in Raum und Zeit, die mit Mest-Energie angetrieben werden, durch die Ideen und Erfahrungen von Theta-Energie motiviert und belebt würden; hier wird eine hohe Überlebensstufe postuliert. Eine geringe Menge an körperlichem Schmerz bewirkt jedoch ein leichtes Absinken auf der Tonskala, da Theta und Mest ein gewisses Maß an Affinität füreinander verloren haben, nicht mehr in so guter Kommunikation miteinander stehen und somit auch keine so harmonische Übereinstimmung oder Realität über ihre Zielsetzungen erreichen können. Mest hat die Aufgabe, zu überleben oder zu unterliegen. Theta hat die Aufgabe, zu überleben oder zu unterliegen. Die Ziele von Theta und Mest weisen Parallelen auf. Sind Theta und Mest auf harmonischer Ebene vereint, so könnte man sagen, dass das ARK von Theta einen beinahe perfekten und klangvollen Akkord mit Mest bildet. Tritt körperlicher Schmerz auf, so entsteht eine geringe Dissonanz. Diese Dissonanz ist noch zu schwach, um eine Trennung von Theta und Mest zu verursachen, bis 2,0 auf der Tonskala erreicht ist. Danach ist die Dissonanz so groß, dass Theta gegenüber Mest antagonistisch, aber immer noch tätig ist. Bei 1,5 zeigt sich ein lebhafter und schriller Missklang, um das Theta vom Mest zu trennen. Geht es noch tiefer hinab, weitet sich die Dissonanz aus. Ist Stufe 0,5 erreicht, hat der Abstieg beinahe zu einer Null an Dissonanz geführt, wodurch das Theta in seiner Beziehung zu Mest beinahe untätig ist. Bei 0,1 ist dieser Nulleffekt dann so ausgeprägt, dass die beiden Elemente überhaupt nicht mehr zusammen existieren. Und bei 0,0 erreicht der Organismus den Tod.

Es gibt das Leben des Organismus als Ganzes, das man als Theta-Körper bezeichnen könnte. Dann gibt es das somatische Leben oder das Leben der Zellen. Das Leben der Zellen überdauert den Tod des Organismus. Doch da der grundlegende Organismus, Leben und das MEST, sich voneinander abgestoßen haben, stirbt das somatische Leben innerhalb der nächsten paar Minuten oder eines Jahres ab (es sei denn, es wird wie bei den Experimenten von Alexis Carrel von anderen Organismen unterstützt); dadurch wird der vollständige Tod des Organismus verursacht, und es bleiben nur noch die MEST-Verbindungen übrig, die vom Theta organisiert wurden und selbst eine Art Entwicklung von MEST darstellen.

Die Stufe 2,0 auf der Tonskala stellt den Punkt dar, an dem ein Verlust an Leben einsetzt (und die Tonskala ist in gewisser Hinsicht willkürlich, obwohl sie auf Beobachtung beruht und praktisch brauchbar ist). Eine Trennung von Theta und MEST ist, in Abwesenheit von Prozessing, für das chronisch enturbulierte Individuum oder die chronisch enturbulierte Gruppe von 2,0 an abwärts notwendig. Eine vorübergehende Enturbulierung aufgrund von umgebungsbedingten Umständen ruft ebenfalls diese Absicht hervor. Zeigt sich diese Absicht als Wut, so ist sie nicht sofort zu erkennen. Doch Wut bedeutet Zerstörung und Tod. Von dieser Stufe an abwärts wird Verlust immer wahrscheinlicher.

Es besteht eine deutliche Beziehung zwischen der Position des Menschen auf der Tonskala, dem Zustand des Thetas und der Art und Weise, wie Theta mit MEST umgeht.

Bei 4,0 übt Theta eine höchst zufriedenstellende Kontrolle über MEST aus.

Auf Stufe 3,5 zeigt sich Theta im Umgang mit MEST schon etwas weniger sicher.

Da Theta im Bereich 3,0 die Erfahrung gemacht hat, dass es MEST verlieren kann, verhält es sich nun im Umgang mit MEST konservativ.

Auf Stufe 2,5 geht Theta recht gleichgültig mit MEST um, da es nicht sehr überzeugt ist, dass es weiterhin mit MEST umgehen kann.

Auf Stufe 2,0 ist Theta nicht mehr in der Lage, auch nur annähernd angemessen mit MEST umzugehen, und beginnt daher, MEST abzustoßen und zu versuchen, sich aus MEST hinauszustoßen.

Im Bereich 1,5 ist Theta entschlossen, MEST abzustoßen und sich aus MEST hinauszustoßen, aber diese Absicht richtet sich immer noch auf das gesamte MEST in der Umgebung des Thetas, nicht so sehr auf den Organismus, in dem es sich befindet. Auf dieser Stufe versucht Theta, den Organismus aus der Umgebung zu entfernen, indem es die Umgebung zerstört.

Auf Stufe 1,1 gelangen wir in den Bereich der Furcht. Das Theta im Organismus muss bei der Zerstörung der Umgebung für den Organismus sehr vorsichtig vorgehen, doch das Loslösen seiner selbst aus dem Organismus und das Abstoßen der Umgebung sind nichtsdestoweniger gewiss. Hier funktioniert der Organismus immer noch, jedoch unter drohendem Verlust.

Auf Stufe 0,5 hat der Organismus die Tatsache akzeptiert, dass sich Theta und MEST trennen werden und dass die Umgebung keine überlebensförderlichen, sondern nur überlebensfeindliche Faktoren enthält.

Auf Stufe 0,1 hat der Organismus den Tod als Zustand einer Todesumgebung akzeptiert.

Bei näherer Untersuchung zeigt sich, dass die Theta-MEST-Theorie offensichtlich einen dritten Faktor enthält: Der Organismus selbst hat eine Absicht zu überleben, vielleicht sogar wenn das Theta und MEST, die den Organismus bilden, beschlossen haben, sich voneinander zu trennen. Über diesen Punkt lassen sich viele theoretische Annahmen aufstellen. Beim Prozessing aber ist für uns die Tatsache interessant, dass die Absicht von Theta unterhalb von 2,0 in Richtung der Trennung von MEST geht, was entweder auf die Trennung des Organismus von MEST durch die Zerstörung der Umgebung oder auf die Zerstörung des Organismus selbst hinausläuft. Theta hat viele Möglichkeiten, wie es dies erreichen kann.

Oft erreicht ein Organismus mit Hilfe eines anderen Organismus Überleben. Genau wie die Mistel ihr Leben aus dem Leben einer Eiche bezieht, kann sich auch die Existenz eines Menschen auf einen mächtigen Verbündeten gründen. Jedes Kind hat in seinen Eltern Verbündete, die sein Überleben unterstützen. Unterstützen diese Eltern das Überleben des Kindes nach Kräften, verweigern dem Kind jedoch seine Selbstbestimmung, dann beginnt das Kind beinahe so zu leben, als sei es seine Eltern. Man könnte sagen, dass das Theta des Kindes die Merkmale des Thetas der Eltern bekommt.

Es ließe sich sagen, dass sich das Theta eines Menschen, wenn ihm die Kontrolle über seinen eigenen Organismus verweigert wird, mit dem Theta anderer Organismen vermischen kann. Dies ist eine bisher noch nicht erforschte Beobachtung, aber so viel steht fest: Das Theta irgendeines Menschen kann sich mit dem Theta der Leute in seiner Umgebung so stark identifizieren, dass der Tod oder sogar die Krankheit von Menschen, die ihn umgeben, von einem oder auch mehreren, beim abhängigen Menschen das gleiche Absinken auf der Tonskala bewirken kann. Dieses Phänomen ließe sich nach dem Prinzip von Restimulation in der Umgebung erklären, doch scheint es eine noch tiefere Bedeutung zu haben. Oft wird der Auditor feststellen, dass sein Preclear so stark mit einem anderen, verstorbenen Menschen verbunden ist, dass er in einer Sitzung vielleicht seine Hände über der Brust kreuzt, als sei er ein Leichnam. Untersucht man diese Erscheinung, so stellt sich heraus, dass dieser Preclear einen mächtigen Verbündeten verloren hat, wie zum Beispiel seine Mutter, Großmutter, seinen Vater, Großvater oder Vormund, und dass er auf der Zeitspur an der Stelle feststeckt, als dieser Verbündete starb. Das Theta dieses Preclears hat sich so eng mit dem Theta eines anderen Menschen verbunden, dass der Preclear, als dieser andere Mensch starb, praktisch auch selbst den Tod fand (er lebte jedoch als Organismus weiter, wenn auch stark gestört in seiner Identität).

Dieses Durcheinander von Identitäten verschiedener Menschen ist ernstlich aberrativ. Durch die Technik der Direkterinnerung kann ein Auditor damit beginnen, bei seinem Preclear verschiedene Identitäten herauszulösen, indem er beim Preclear bestimmte Gewohnheiten sowie Denk- und Handlungsmuster feststellt und herausfindet, wer in der Vergangenheit diese Denk- und Handlungsmuster aufwies. Der Preclear mag die Person erkennen, zu der diese Gewohnheiten und Handlungen eigentlich gehörten, und gewinnt dadurch in diesem Maße seine eigene, persönliche Identität wieder. Persönliche Identität ist sehr wichtig. Sie verläuft parallel zur Selbstbestimmung. Wurde die Identität eines Menschen in hohem Maße in der Persönlichkeit eines anderen Menschen aufgesogen (wie sich „das Vermischen von Theta“ ebenfalls ausdrücken lässt), so erfolgt ein Verlust an Persönlichkeit, was die analytische Kraft sowie die Fähigkeit, vernünftig zu denken, vermindert. Es ist sehr wichtig, dass der Auditor diese Trennung bewirkt.

Das Secondary-Engramm kann aus einer beliebigen Missemotion von 2,0 an abwärts auf der Tonskala bestehen. Zunächst gibt es Antagonismus, weil dem Menschen der Verlust von überlebensförderlichen Faktoren droht. Dann folgt Wut gegenüber den Quellen, von denen Verlust droht. Daraufhin entsteht Furcht davor, dass ein Verlust eintreten wird, entweder der Verlust des eigenen Lebens oder der Verlust von Verbündeten. Dann gelangt man auf die Stufe, wo Verlust zur Tatsache geworden ist, sei es der Verlust der eigenen Stellung, der Verlust von Menschen oder der Verlust von Dingen. Dies ist die Stufe des Grams. Danach folgt diejenige Stufe, auf welcher der Verlust nicht nur eingetreten ist, sondern der Mensch aufgrund dieses Verlustes auch denkt, dass er selbst und alle Menschen in seiner Umgebung verloren sind. Dies ist Apathie. Schließlich akzeptiert der Mensch den Verlust so vollständig, dass er die Umgebung samt allem, was darin enthalten ist, und das Leben selbst als verloren aufgibt. Dies ist die Stufe des vorgetäuschten Todes, nur ganz knapp über dem wirklichen Tod.

Hier sehen wir die enger werdende Abwärtsspirale. Alle Locks liegen in der Tat unterhalb von 2,0 auf der Tonskala, wenn sie selbst aberrativ sind. Dies sind die geringfügigeren Bedrohungen des Überlebens, bei denen kleinere, sein Dasein bedrohende Faktoren in das Leben des Menschen eingeführt werden. Es gibt viele davon. Sie haben ein geringes Ausmaß, wie zum Beispiel vorübergehende Furchterlebnisse und der Verlust von kleinen Besitzgegenständen. Verluste, die anderen widerfahren, können Locks bilden, wenn frühere Engramme beim Fall vorhanden sind, die den körperlichen Schmerz enthalten, der das Eingeschlossensein des Enthetas ermöglicht.

Das Secondary-Engramm ist eine Angelegenheit großen Ausmaßes. Im Falle des Secondary-Engramms verspürt man bei 2,0 Antagonismus, weil größere Verluste drohen.

Auf Stufe 1,5 tritt Wut auf, weil größere Verluste drohen.

Auf Stufe 1,1 hat man Furcht, dass ein größerer Verlust eintreten wird.

Im Bereich 0,5 verspürt man Gram, weil ein größerer Verlust eingetreten ist, und weiterhin ein Apathiegefühl, das sich aus der augenscheinlichen Unfähigkeit ergibt, das Verlorene wiederzugewinnen.

Bei 0,1 sind die Verluste so ungeheuer groß geworden, dass das Leben unerträglich ist und es dem Menschen scheint, als ob die gesamte Umgebung zusammengebrochen und selbst leblos geworden sei.

Somit kann das Secondary-Engramm aus großem Antagonismus, großer Wut, großer Furcht, die nackter Angst gleichkommt, großem Gram oder großer Apathie bestehen oder aus einer umfassenden Vorstellung, dass es nichts als den Tod gibt. Daraus ergibt sich eine Gradientenskala, die von größeren angedrohten Verlusten über die eigentlichen Verluste bis hin zu den Auswirkungen von Verlusten verläuft.

Ein Kind erlebt viele vorübergehende oder flüchtige Augenblicke von Furcht oder Gram, denen ein Mangel an Informationen zugrunde liegt. Von dieser Enturbulierung hat jedoch nur ein sehr geringer Teil bleibende Folgen (das heißt, sie wird nicht eingeschlossen), weil sich bei einem Kind gewöhnlich nur wenige Engramme in Restimulation befinden. Man kann jedoch beim Prozessing von Kindern zahlreiche Furcht- und Gram-Geschehnisse wegauditieren, da ein gewisses Nachklingen der Enturbulierung festzustellen ist. Bei einem Erwachsenen gibt es normalerweise sehr wenige wirklich große Secondarys; doch bestehen diese aus derart heftigen Einwirkungen der Umgebung in Form von drohenden Verlusten oder Verlusten, dass große Mengen an Theta enturbuliert und in Form von Secondary-Engrammen eingekapselt werden, da bereits Engramme restimuliert sind.

Das Auditieren eines Secondarys und seine erschöpfende Behandlung, bis es vom Fall beseitigt ist, ist enorm wichtig. Bestimmte Leute, da sie ja wissen, dass jedes Secondary-Engramm nur aufgrund eines darunterliegenden Engramms mit körperlichem Schmerz besteht und die sich selbst vor Gram fürchten, versuchen hoffnungsvoll, andere Leute zu auditieren, indem sie Secondary-Engramme vermeiden und stattdessen Engramme mit körperlichem Schmerz angehen. Offen gesagt, werden sich Engramme mit körperlichem Schmerz nicht einfach auslöschen lassen, wenn nicht zuvor der Gram auditiert wird.

Das Secondary-Engramm wird durch die physiologische Absonderung von Tränen oder möglicherweise auch einigen anderen Körperflüssigkeiten reduziert. Gram scheint sich lediglich in Form von Tränen reduzieren zu lassen. Furcht oder nackte Angst scheinen sich uneleganterweise in Form von Urin, Schweiß und anderen Körperausscheidungen reduzieren zu lassen. Auch Wut lässt sich offenbar durch bestimmte körperliche Absonderungen reduzieren. Apathie lässt sich einfach dadurch reduzieren, dass man das

Gefühl von Apathie auditiert, und dies wird durch bestimmte physiologische Symptome erreicht.*

Ein Secondary-Engramm wird genau wie ein Engramm auditiert. Man beginnt am frühesten Punkt des Engramms, den man ausfindig machen kann, und macht dann weiter bis zum Ende des Engramms, wobei man alle Wahrnehmungseindrücke aufgreift. Dann geht man zum Beginn des Geschehnisses zurück und lässt ihn es nochmals wiedererleben. Der Auditor fährt damit fort, den Preclear das Geschehnis wiedererleben zu lassen, bis sich der Preclear bezüglich dieses Secondary-Engramms auf einer hohen Stufe der Tonskala befindet. Besteht das Secondary-Engramm aus Wut, so wird der Preclear rasch über Langeweile nach oben kommen und normalerweise die falsche Vier erreichen. Besteht es aus Furcht, so wird der Preclear die Stufen Wut und Langeweile durchlaufen und dann wiederum bis zur falschen Vier heraufkommen. Wenn das Secondary-Engramm mit Gram beginnt, wird es für gewöhnlich weiter durch Gram, hinauf durch Furcht, hinauf durch Wut, hinauf durch Langeweile und bis zur falschen Vier verlaufen. Wenn es sich bei dem Secondary um ein Apathie-Secondary handelt, geht es zunächst durch Apathie (was sehr mühsam ist), dann durch Gram, danach durch Furcht, durch Wut, durch Langeweile bis zur falschen Vier hinauf. Ein Engramm, das vorgetäuschten Tod enthält, ist eine viel tiefere Apathie und lässt sich viel schwieriger auditieren. Man muss viel Theta aus anderen Abschnitten

*Erwähnenswert ist hier, dass man dieser Tabelle, die bereits so viele Spalten umfasst, noch eine weitere Spalte hätte hinzufügen können. Das wäre die Spalte Körpergeruch. Bis herab zu 2,0 weist der Körper normalerweise einen süßlichen Geruch auf, beginnt aber von 2,0 an abwärts chronisch bestimmte unangenehme Ausdünstungen abzugeben. Menschen von 2,0 an abwärts weisen normalerweise Mundgeruch auf. Ihre Füße können sehr stark riechen. Die Geruchsdrüsen sind sehr aktiv. Der Schweiß hat einen sonderbaren Geruch. Die Geschlechtsorgane geben einen abstoßenden Geruch ab. Und verschiedene Absonderungsfunktionen des Körpers befinden sich nicht unter besonders guter Kontrolle. So hat dieser Mensch vielleicht schon bei ganz geringen Belastungen Harndrang oder Stuhldrang. Es kann auch sein, dass er sehr leicht ohne ersichtlichen Grund in Tränen ausbricht. Diese Spalte wurde der Tabelle nicht angefügt, weil sie noch nicht gründlich erforscht worden ist, sondern nur in ihren allgemeinen Zügen bekannt ist. Jeder wenig oder sehr stark abstoßende Körpergeruch bei einer Person deutet jedoch auf eine Position unterhalb von 2,0 auf der Tonskala hin. Amüsanterweise werden Frauen im Orient gewöhnlich nach dem süßlichen Geruch ihres Schweißes ausgewählt. Offenbar ist dies ein sehr verlässlicher Test, um die Position eines Menschen auf der Tonskala herauszufinden. Leute, die Mundgeruch haben, verlieren ihn im Verlaufe des Prozessings, wenn sie eine Stufe oberhalb von 2,0 erreichen. Leute, die auch nur vorübergehend auf eine Stufe unterhalb von 2,0 gedrückt werden, haben gewöhnlich Mundgeruch.

des Falles ansammeln, bevor man ein Engramm von vorgetäuschtem Tod auditieren kann.

Der Auditor sollte nie irrigerweise glauben, die Vorstellung eines Geschehnisses sei das Engramm selbst. Er sollte vielmehr sein Möglichstes tun, den Preclear durch Zureden in jeden einzelnen Wahrnehmungseindruck hineinzuschicken, während ein Secondary (oder irgendein anderes Engramm) wegauditiert wird. Beim Durchlaufen eines Secondarys ist es jedoch möglich, dass zu Beginn nur eine höchst vage Vorstellung des Geschehnisses oder nur ein einziger, kurzer Satz daraus zugänglich ist. Indem der Auditor den Preclear veranlasst, dies viele Male zu wiederholen, gelingt es ihm vielleicht, mehr von dem Engramm hervorzuholen und es auf diese Weise herauszuschälen, bis es schließlich vollständig offenliegt und sich wiedererleben lässt; an diesem Punkt wird der Preclear auf der Tonskala steigen.

Jedes Beseitigen von Missemotion ist für den Fall nützlich. Möglicherweise lässt sich ein Secondary-Engramm nur teilweise herausschälen, der Auditor sollte jedoch nie den Fehler begehen, dem Preclear zu erlauben, ein Secondary-Engramm zu verlassen, bevor jede nur mögliche Missemotion daraus entfernt ist. Jedes Secondary sollte man so weit wie möglich auf der Tonskala nach oben bringen. Außerdem sollte der Auditor nicht den Fehler begehen, das Engramm auf der Stufe des Antagonismus zu verlassen. Nachdem der Preclear das Erlebnis von vorn bis hinten mit allen nur möglichen Wahrnehmungseindrücken wiedererzählt hat, gelangt er manchmal an den Punkt, an dem er bezüglich der Umstände keck wird. Diese Keckheit drückt sich fast immer in Sätzen aus, die im Secondary oder Engramm noch verblieben sind. Auf der Stufe Antagonismus mag der Auditor auf einen gewissen Widerstand seitens des Preclears stoßen, doch wird er gut daran tun, das Engramm weiter zu auditieren. Daraufhin wird das Geschehnis bis zur Stufe Langeweile hinaufkommen. Der Preclear muss dazu gebracht werden, nochmals durch das Geschehnis hindurchzugehen. Für gewöhnlich wird er vorbringen, es langweile ihn. Doch reicht dies noch nicht aus. Weiteres Wiedererzählen ist notwendig, um das Geschehnis auf die wünschenswerte Tonstufe hinaufzubringen.

Denken Sie daran, denn es wird nicht noch einmal darauf hingewiesen werden, dass Missemotion Teil jedes Engramms mit körperlichem Schmerz ist. Die Missemotion wird auf der Tonskala in aufsteigender Richtung aus einem Engramm herauskommen, und genauso geschieht es bei einem Secondary.

Missachten Sie nicht die Bedeutung des Secondary-Engramms bei einem Fall. Eine Frau zum Beispiel, die soeben Witwe geworden war, wurde eine Woche nach dem Begräbnis ihres sehr erfolgreichen Gatten krank, trug Trauerkleider, sah um etwa zehn Jahre älter aus und konnte absolut keinen Teil des Daseins mehr ertragen. Ein Auditor arbeitete neun Stunden mit ihr und auditierte den Tod ihres Ehemannes vollständig aus. Danach sah sie jünger aus als seit einigen Jahren, konnte sich wieder normal kleiden und dem Leben mit beträchtlichem Aplomb entgegentreten. Die Veränderung nach diesen neun Stunden Prozessing war so bemerkenswert, dass man sie nach dem Prozessing nicht als dieselbe Frau wiedererkannt hätte, die unter der Belastung dieses Secondarys in die Sitzung gegangen war.

Aus einem Minnesota Multiphasentest, der mit einigen Personen vor und nach dem Auditieren von ausschließlich Secondary-Engrammen durchgeführt worden war, ging hervor, dass diese Personen, die sich vor dem Auditieren und Entladen der Secondarys jenseits der Trennlinie zum sehr aberrierten Bereich befunden hatten, nach dem Auditieren und Entladen dieser Secondarys beträchtlich weit in den normalen Bereich gelangt waren. Kein Ansteigen eines Falles auf der Tonskala ist spektakulärer als der Anstieg, der stattfindet, nachdem ein oder mehrere Secondary-Engramme entladen worden sind. Insbesondere trifft dies auf Gram-Engramme zu, doch zeigen sich auch bei anderen Secondary-Engrammen nutzbringende Wirkungen. Der Grund dafür scheint zu sein, dass das Engramm mit körperlichem Schmerz Secondary-Engramme und Locks zwar möglich macht, dass es aber die Secondarys sind, die den größten Teil des Thetas bei einem Fall einschließen und als Entheta eingekapselt halten.

Ganz besondere Aufmerksamkeit sollte der Auditor seiner eigenen Haltung schenken, wenn er versucht, beim Preclear ein Secondary-Engramm zu auditieren. In unserer heutigen Gesellschaftsordnung gibt es eine beträchtliche Scheu davor, zu weinen oder Furcht zu zeigen, sowie eine allgemeine Hemmung, Missemotion und Emotion zur Schau zu stellen. Wenn diese Hemmungen in Form von Schaltkreisen existieren, wie später noch beschrieben wird, ist es schwierig, das Secondary-Engramm zu entladen. Wenn der Auditor jedoch viel ARK zeigt, wenn er mitfühlend erscheint, so wird dies seine Arbeit sehr erleichtern. Der Preclear kann keine Secondary-Engramme durchlaufen, wenn er gegenüber dem Auditor, der mit ihm arbeitet, eine antagonistische Einstellung hat. Der Auditor muss also mit dem Preclear übereinstimmen und muss mit dem Preclear (als Zweiergruppe) Geklärt worden sein, bevor der Auditor erwarten kann, bei diesem Preclear irgendwelche Secondary-Engramme zu auditieren.

Sind Secondary-Engramme vorhanden, so arbeiten der Archivar und der Somatikstreifen nicht besonders zuverlässig (wie im Kapitel über das Auditieren von Engrammen noch beschrieben wird). In Secondarys sind riesige Mengen von Entheta vorhanden, sodass Theta-Entitäten, wie der Somatikstreifen und der Archivar, Schwierigkeiten haben, sich solchen Bereichen zu nähern. Gewinnt man jedoch beträchtliche Mengen von Entheta aus Locks zurück und wandelt sie in Theta um, wird der Fall schließlich so weit auf der Tonskala ansteigen, dass der analytische Verstand genügend freies Theta hat, um die Secondarys anzugehen.

Natürlich sind Secondary-Engramme der Hauptgrund dafür, dass ein Mensch ernstlich aberriert ist. Befindet sich jemand recht tief auf der Tonskala, so kann man ganz klar davon ausgehen, dass er zahlreiche schwere Secondary-Engramme hat, ob er sie nun durchlaufen kann oder nicht, denn Secondarys bilden die wichtigsten Entheta-Ablagerungen eines Falles.

Durch ihr Einfühlungsvermögen und ihre Fähigkeit, mit dem Preclear hohes ARK herzustellen, werden bestimmte Auditoren zu Experten im Auditieren von Secondary-Engrammen. Jeder, dem andere bereitwillig ihre Schwierigkeiten erzählen, wird Secondary-Engramme auditieren können. Das Auditieren eines Secondary-Engramms unterscheidet sich im Verfahren nicht vom Auditieren eines Engramms mit körperlichem Schmerz. Dies ist sehr wichtig. Das Secondary-Engramm wird *Secondary* genannt, weil sein Vorhandensein von einem früheren Engramm mit körperlichem Schmerz abhängt – während es selbst durch einen bewussten Augenblick von Verlust ausgelöst wird. Es wird als *Engramm* bezeichnet, um die Aufmerksamkeit des Auditors auf die Tatsache zu lenken, dass es wie ein Engramm auditiert werden muss und alle nur möglichen Wahrnehmungseindrücke daraus entfernt werden müssen. Nachdem der Auditor auf eine bestimmte Kette von Locks Lock-Scanning angewendet hat, wird er gelegentlich feststellen, dass sich der Preclear plötzlich in einem Secondary-Engramm befindet.

Vielleicht drängt sich irgendein Satz auf, und der Betreffende weint oder zeigt Furcht. Der Auditor sollte diesen Satz viele Male wiederholen lassen. Vielleicht kennen weder Auditor noch Preclear den Ursprung dieses Satzes. Doch kann bei einem stark abgesperrten Fall allein schon durch das Ausschöpfen dieses Satzes ein beträchtliches Ansteigen auf der Tonskala erzielt werden, wenn es auch nur vorübergehend sein mag. Es kann auch geschehen, dass nach Lock-Scanning ein ganzes Secondary bereitliegt, um auditiert zu werden. Der Auditor sollte es dann auditieren.

Dem Vorhandensein von Schaltkreisen bei einem Fall (das heißt, dem Vorhandensein von Überlebens-Unterdrückern auf Secondary-Engramme oder irgendeine andere Art von Entheta) sollte keine übertrieben große Bedeutung beigemessen werden. Durch Lock-Scanning und Direkterinnerung lassen sich entweder die Locks des betreffenden Schaltkreises finden oder der Schaltkreis kann bis zu einem gewissen Grad ignoriert werden. Für den Auditor ist der Schaltkreis eine beliebte Ausrede. Beinahe jeder, der sich tief auf der Tonskala befindet, wurde durch die Beherrschungen oder Zunichtemachungen von Personen oder der Umgebung unterdrückt. Man muss sich vor Augen halten, dass der Schaltkreis seinen Ursprung im Engramm hat und durch Entheta aufgeladen wird. Das Entheta kann bis zu einem gewissen Grad in Theta umgewandelt werden, wodurch sich der Schaltkreis zunichtemachen lässt, ohne dass man das Engramm entdeckt, in dem der betreffende Schaltkreis enthalten ist.

Secondary-Engramme, oder zumindest Sätze daraus, lassen sich bei jedem Fall entladen, egal wie abgesperrt dieser Fall sein mag. Es geht einfach darum, genügend freies Theta wiederzugewinnen, damit der Betreffende eine ausreichende Menge an freiem Theta verfügbar hat, um die Ausschöpfung von Secondarys zu ermöglichen. Man sollte daran denken, dass auch ein Fall, der mit Entheta überladen ist, durch leichte und behutsame Methoden genügend Theta wiedergewinnen kann, sodass das Entheta in Angriff genommen werden kann. Da ein Secondary-Engramm eine sehr schwere Ablagerung von Entheta ist, wird es Theta abstoßen.

Gelegentlich wird der Auditor auf einen Preclear stoßen, der mit sehr viel Gefühl in Form von nackter Angst, Gram oder Apathie imaginäre Secondarys durchläuft. Hier hat er es mit Schaltkreisen zu tun (die später noch beschrieben werden), die körperliche Erscheinungen hervorbringen, jedoch keine Ausschöpfung von Engrammen ermöglichen. Es kann sein, dass bei einer Person ein Teil des Analysators durch Ladung abgetrennt ist und unter dem Befehl eines Engramm-Satzes steht, der dieser Person sagt, sie müsse Gram durchlaufen. Als Folge davon wird sie Gram-Geschehnisse erzeugen. Ein engrammatischer Befehl, wie zum Beispiel „Du fürchtest dich immer und denkst dir Dinge aus, vor denen du dich fürchten kannst" oder irgendeine der vielen ähnlichen Formulierungen, die möglich sind, kann jemanden veranlassen, Furcht-Geschehnisse zu erzeugen und zu durchlaufen. Die Realität solcher Geschehnisse ist sehr gering, doch wird diese Person sie durchlaufen und dabei Furcht zeigen. Leider bringen diese Geschehnisse keinerlei Linderung von Aberrationen beim betreffenden Fall hervor. Es handelt sich um eine Manifestation von Dub-in. Dub-in lässt sich sehr leicht von wirklichen Geschehnissen unterscheiden, da der Preclear diese Geschehnisse kaum ein zweites Mal in derselben Art und Weise wiedererzählen kann und darauf erpicht ist, den Auditor davon zu überzeugen, dass das Geschehnis sehr real ist, auch wenn der Auditor in keiner Weise angedeutet hat, es könnte unreal sein. Als seinen Maßstab benutzt der Auditor, wie wahrscheinlich es ist, dass das Geschehnis tatsächlich stattgefunden hat, doch sorgt er sich nicht besonders um ein einzelnes Geschehnis. Ein Schaltkreis pflegt immer und immer wieder dieselbe Art von Geschehnis zu erzeugen, platziert es jedoch an verschiedenen Stellen auf der Zeitspur. Befindet sich der Preclear sehr tief auf der Tonskala, so ist er sich selbst der Wirklichkeit dieses Geschehnisses vielleicht nicht bewusst. Weiß der Auditor aber, dass sich der Preclear tief auf der Tonskala befindet, so vermutet er, dass es sich vielleicht um Dub-in handelt, wenn der Preclear fünf oder zehn Geschehnisse durchläuft, in denen er von seiner Mutter an die Eisenbahnschienen gebunden und im letzten Augenblick von seiner Tante gerettet wurde. Hier sind Wahnvorstellungen am Wuchern. Der Preclear wird sich zwar beträchtlich erleichtert zeigen, nachdem er das Geschehnis durchlaufen hat. Doch ist hier ein Schaltkreis am Werk und der Zustand des Preclears wird sich nicht verbessern, egal wie oft dieses Geschehnis durchlaufen wird. Indem der Auditor diesem Geschehnis Glauben schenkt und es weiterhin auditiert, bestätigt er das Geschehnis tatsächlich und bestärkt dadurch den Schaltkreis. Solche Geschehnisse sind für gewöhnlich grotesk und sensationell. Sehr oft sieht sich der Auditor jedoch tatsächlich sehr wahren und dennoch grotesken und sensationellen Geschehnissen gegenüber, da die Dinge, die den Menschen in diesem zwanzigsten Jahrhundert angetan werden, nicht immer harmlos und gewöhnlich sind.

Der Prüfstein für jedes Secondary besteht darin, ob der Betreffende durch dieses Secondary auf der Tonskala steigt oder nicht. Stellt der Auditor fest, dass er Furcht oder Apathie-Ladungen auditiert, die auf irgendeinem Schaltkreis beruhen, so sollte er sich sofort darüber klar sein, dass er hier eine viel zu schwere Art von Entheta anzugehen versucht. Er sollte nicht Secondarys, sondern Locks auditieren. Ein Preclear, der solche Missemotion von Dub-ins durchläuft, befindet sich sehr, sehr tief auf der Tonskala. Hätte der Auditor den Preclear auf der Tabelle eingeschätzt, so wäre ihm von Anfang an klar gewesen, dass der Preclear tief auf der Tonskala liegt. Daher sollte der Auditor vor Dub-ins auf der Hut sein. Missemotion von Dub-ins sollte nicht dadurch behandelt werden, dass man dreißig aufeinanderfolgende Geschehnisse auditiert, in denen der Preclear von seinem Vater in die Waschmaschine gesteckt oder von seinem älteren Bruder an einem Fahnenmast hochgezogen wurde, sondern man behebt dies am besten, indem man die Locks bei diesem Fall angeht – und je näher an der Gegenwart, desto besser. Schon sehr bald wird der Auditor entdecken, dass die Umgebung eines solchen Preclears normalerweise sehr restimulierend ist und dass in der Umgebung des Preclears Personen existieren, die gewohnheitsmäßig schwere Locks verursachen. Weiterhin wird der Auditor beim Lock-Scanning feststellen, dass dieser Preclear gewöhnlich in Locks hängen bleibt, nachdem die Kette gescannt wurde, und dass die Locks selbst als einzelne Geschehnisse auditiert werden müssen. Einen solchen Preclear sollte man nicht falsch behandeln, indem man ihn schwere Secondary-Engramme durchlaufen lässt. Bei einem weit offenen Fall, der nur wenige Absperrungen aufweist, könnten wirkliche Secondarys natürlich in einem recht frühen Stadium auditiert werden, was einen Riesensprung auf der Tonskala nach oben bewirken würde. Beim abgesperrten Fall hingegen sollte der Auditor mit Schaltkreisen rechnen, die beliebige Missemotion hervorbringen.

Arbeitet der Auditor mit einem Preclear oberhalb von 1,5, so sollte er sich über Dub-in-Missemotion keine großen Sorgen machen.

Zum Thema Secondary-Engramme sollte sich der Auditor, ungeachtet seiner eigenen, persönlichen Gefühle in Bezug auf Furcht, Gram oder

Apathie stets vor Augen halten, welche Erleichterung dem Preclear durch das Auditieren von Secondary-Engrammen verschafft werden kann und welcher Anstieg auf der Tonskala dadurch ermöglicht wird. Theoretisch ist es wahr, dass ein Fall den Zustand Release erreichen würde, wenn der Auditor allein die Secondary-Engramme dieses Falles in ihrer Gesamtheit wegauditieren könnte. In der Praxis ist dies jedoch unmöglich, da der Auditor nach dem Auditieren eines Secondarys recht häufig feststellt, dass ein Engramm mit körperlichem Schmerz durchlaufen wird, das dem Secondary zugrunde liegt. So sollte der Auditor beim Auditieren eines Secondary-Engramms nicht überrascht sein, wenn sich, nachdem ein paar Tränen vergossen worden sind, als Folge davon körperlicher Schmerz einstellt. Clears werden dadurch hervorgebracht, dass man bei einem Fall alle Engramme mit körperlichem Schmerz, alle Secondarys und alle Locks wegauditiert. Doch sehr häufig lassen sich Engramme überhaupt nicht kontaktieren, bis Lock-Scanning gemacht wurde und Secondarys vom Fall entfernt worden sind.

Ein Auditor muss geschickt sein, wenn er einem „hartgesottenen und emotionslosen" Bewohner unserer Kultur die Tränen oder die Furcht entlocken will, die erforderlich sind, um seinen Fall zu lösen. Doch indem Ketten von Locks gescannt werden oder die zugänglichen Engramme mit körperlichem Schmerz von einem Fall entfernt werden, wird der Auditor jedoch, wohl oder übel, auch die Entladung von Secondary-Engrammen herbeiführen. Der Auditor kann das Entheta von Locks in solchem Maße in Theta umwandeln, dass sich beinahe automatisch Secondary-Engramme zu entladen beginnen. Wenn dies geschieht, muss der Auditor seine eigene Konversation oder seine Kommentare sowie sein Auditing sorgfältig auf ein Minimum einschränken, wobei er den Preclear mit viel Einfühlungsvermögen einfach dazu bewegt, das Geschehnis immer wieder und wieder zu durchlaufen, bis es ausgeschöpft ist. Nimmt der Auditor Secondary-Engramme in Angriff, als handle es sich um Wild, auf das der Staat eine Prämie aussetzt, wie zum Beispiel Schakale oder Krähen, und macht er sich zu überschwänglich oder begeistert an die Secondarys des Preclears heran, so kann er die Entladung von Missemotion tatsächlich abschneiden.

Es wurden einige Experimente damit angestellt, traurige Musik oder andere schmerzliche Wahrnehmungseindrücke gezielt in der Umgebung des Preclears einzusetzen, um die Entladung von Secondary-Engrammen zu fördern.

Hier kann noch viel Arbeit geleistet werden. Mit der bisherigen Arbeit wurde jedoch gezeigt, dass Menschen, die sich chronisch sehr tief auf der Tonskala befinden, auf traurige und trübsinnige Wahrnehmungseindrücke reagieren, indem sie einfach Dub-in-Geschehnisse durchlaufen, was ihnen nichts nützt, und dass Menschen oberhalb dieser Stufe normalerweise imstande sind, Secondarys zu entladen, sobald die entsprechende Menge an Theta für den Fall wiedergewonnen worden ist. Die Verwendung ästhetischer Wahrnehmungseindrücke zur Förderung von Secondarys ist damit jedoch nicht ausgeschlossen.

Bei der Bestandsaufnahme eines Preclears sollte man sorgfältig darauf achten, alle größeren Verluste und größeren drohenden Verluste festzustellen, die der Preclear im Laufe seines Lebens erfahren hat. Bei jedem Verlust oder drohendem Verlust von Positionen, Besitztümern oder Menschen durch deren Weggehen oder Tod, wird eine Einkapselung von Entheta festzustellen sein. Wurde das Kind in der Nähe relativ antagonistischer Eltern durch Kindermädchen aufgezogen, so lässt sich jedes Mal, wenn ein Kindermädchen entlassen wird, ein Secondary-Engramm erwarten. Beim „Sarg-Fall" (der mit gekreuzten Armen daliegt und nie die Stellung des Fötus einnimmt, wenn er vorgeburtliche Engramme durchläuft, sondern stets so daliegt, als sei er für die Beerdigung aufgebahrt) wird man ganz sicher irgendwo weiter zurück auf der Zeitspur auf den Tod eines wichtigen Verbündeten stoßen. Ist das Entheta, das ein solches Geschehnis umgibt, stark genug, um den Menschen an dieser Stelle seines Lebens lahmzulegen, so lässt sich das Secondary-Engramm, das für den Sarg-Fall verantwortlich ist, normalerweise nicht früh beim Fall kontaktieren. Der Auditor sollte ganz einfach fortfahren und darauf gefasst sein, dass er früher oder später auf eine sehr schwere Ladung beim Tod eines Verbündeten stoßen wird. Bei einem solchen Fall ist die Übermacht von Entheta im Vergleich zum vorhandenen Theta sehr stark. Lock-Scanning, Direkterinnerung sowie das Auditieren von Locks, ja sogar einfach das Wahrnehmen der Gegenwart, sind vielleicht die einzige Art von Prozessing, das diesem Fall in seinen frühen Stadien gegeben werden kann. Früher oder später werden sich einige Secondarys entladen. Bei einem solchen Fall sollten nie Engramme mit körperlichem Schmerz auditiert werden. Hingegen sind imaginäre Geschehnisse für das

Prozessing eines solchen Falles innerhalb der auf der Tabelle angegebenen Grenzen besonders nützlich.

Die beste Fertigkeit, die ein Auditor entwickeln kann, liegt beim Auditieren von Secondarys. Ihre Entladung bringt den wirksamsten Anstieg auf der Tonskala hervor.

Spalte AI
ENGRAMME

DIE GRUNDURSACHE FÜR alle menschliche Aberration ist offenbar das Engramm. Es mag vielleicht noch andere, grundlegendere Ursachen als das Engramm geben, doch sind diese bis heute ganz sicher noch nicht entdeckt worden. Die Psychotherapie brachte zum Vorschein, dass es Locks gibt, wusste aber nicht, dass es sich um Locks handelt und woraus das Lock seine Kraft bezieht. Aber den Psychotherapeuten war sehr wohl bekannt, dass sich ein Mensch geringfügig verbesserte, wenn er sich an bestimmte seelisch schmerzhafte Geschehnisse in seinem Leben erinnern konnte.

Sigmund Freud entdeckte die leichteste Art von Entheta und wenn er auch nicht tiefer eindrang, war doch ein erster Schritt in das Gebiet des menschlichen Verhaltens getan. Das Secondary wurde entdeckt, jedoch in keiner Weise identifiziert. Durch bloße Beobachtung zahlreicher Fälle wurde festgestellt, dass es dem Patienten ab und zu besser ging, wenn man ihn dazu bringen konnte, zu weinen. Weder der Therapeut noch der Patient wussten, worüber der Patient weinte, aber diesem Weinen wurde die seltsame Bezeichnung „Affektentladung“ gegeben, und eine Menge irrelevanter Technologie entwickelte sich um diese Erscheinung herum. Das Psychodrama und andere Techniken wurden entwickelt, um dem Individuum zur „Affektentladung“ zu verhelfen. Dies war der zweite geringfügige Vorstoß in das Gebiet des menschlichen Denkens. Wenn die Ergebnisse nicht das waren, was man sich vorgestellt hatte, dann lag es daran, dass man die wichtige Dianetische Tatsache übersehen hatte, dass Secondarys häufiger restimuliert als erleichtert wurden. Secondarys müssen wie Engramme auditiert werden, das heißt, der Preclear wird auf der Zeitspur zurückgeschickt.

Der Sprung von der Psychotherapie zur Dianetik gewann seine Kraft nicht aus der Psychotherapie, sondern einem gesonderten Studium der Epistemologie und des Denkens in Begriffen von Energie. Die wesentlichen Lehren von Sigmund Freud (wie sie mir in den Zwanzigerjahren von Commander Thompson vom Medical Corps der US-Marine vermittelt wurden, der bei Sigmund Freud studiert hatte) förderten jedoch meinen Wunsch nach einer Neuüberprüfung der Rolle des Denkens beim menschlichen Verhalten beträchtlich.

Aus weiteren Beobachtungen des Denkens wurde das Vorhandensein des Engramms durch abgeleitete Berechnung prophezeit. Eine Untersuchung erwies, dass es tatsächlich Engramme gibt. Jedermann kann sehr leicht ein Engramm entdecken, wenn er einmal weiß, dass es sie gibt. Nehmen Sie sich eine Person vor, lassen Sie sie die Augen schließen und zum letzten Mal *zurückgehen,* als sie irgendeine kleinere Verletzung erlitten hat (fragen Sie nicht nach einer größeren Verletzung), und bitten Sie sie, den Moment der Verletzung wiederzuerleben. Veranlassen Sie die Person, diesen Moment einer kleineren Verletzung mehrmals zu erzählen und wiederzuerleben. Kann sie dies nicht, so befindet sie sich recht tief auf der Tonskala, und ihre Somatiken sind abgesperrt. Die meisten normalen Menschen können diese Augenblicke der Verletzung wiedererleben. Dabei wird derjenige, der dieses Experiment durchführt, feststellen, dass die Versuchsperson die Verletzung wieder spürt und dass die Seh-, Geräusch- und Geruchseindrücke und die anderen Wahrnehmungseindrücke, die sie zum Zeitpunkt der Verletzung empfing, wieder eintreten. Dem aufmerksamen Beobachter wird noch ein weiteres Phänomen auffallen: Wenn die Person zum ersten Mal zu diesem Augenblick geringfügiger Verletzung zurückkehrt und ihn erzählt, so wird man feststellen, dass sie sich diesen Augenblick kürzer vorstellt, als er in Wirklichkeit war. Wenn der Preclear dieses Geschehnis wiedererzählt, so werden sich während des Aufprallmomentes bei der Verletzung neue Wahrnehmungseindrücke zeigen – Dinge, die er zum Zeitpunkt der

Verletzung nicht bemerkt hatte. Dies ist ein Moment, in dem der analytische Verstand ausgeschaltet wurde, obwohl die Verletzung nur leicht war. Und hier gibt es einen Moment der „Bewusstlosigkeit", in dem der reaktive Verstand alle in der Umgebung vorhandenen Wahrnehmungseindrücke aufzeichnete. Während diese versteckten Wahrnehmungseindrücke wiedergewonnen werden, nimmt der zusätzliche Wahrnehmungseindruck der körperlichen Verletzung (in der Dianetik als *Somatik* bezeichnet) an Stärke ab. Schließlich kann die Versuchsperson dieses Somatik nicht mehr spüren, es sei denn, sie ist extrem stark aberriert, aber alle anderen Wahrnehmungseindrücke, die während dieses Augenblicks von körperlichem Schmerz und Bewusstlosigkeit aufgezeichnet wurden, werden dem analytischen Verstand als Daten des Standard-Gedächtnisses wieder zugeführt werden.

Eigentlich ist dies ein Dianetik *Assist.* Der Auditor kann sich jemanden vornehmen, der eine Verletzung erlitten hat, und die Verletzung als Engramm auditieren, auch wenn sie umfassende Bewusstlosigkeit enthält. Da es das jüngste Engramm des Falles ist, hat es relativ wenig Möglichkeiten gehabt, sich durch Locks und Secondarys aufzuladen, und ist daher für Auditing zugänglich, unabhängig von den beim Fall bereits vorhandenen Engrammen. Der Auditor kann eine Entbindungsstation aufsuchen, den Fall einer jungen Mutter übernehmen, die durch eine schwierige Geburt eine Wochenbettpsychose entwickelt hat, und die Geburt vollständig ausauditieren (wenn sich diese junge Mutter nicht von vornherein sehr tief auf der Tonskala befunden hat, sodass sie keine Somatiken wiedererleben kann): Er kann die eigentliche Geburt, einen Wahrnehmungseindruck nach dem anderen, entladen, einschließlich der Bewusstlosigkeit, die durch die Narkose bewirkt wurde, alles, was der Chirurg der Krankenschwester sagte und allgemein an Bemerkungen von sich gab (wobei zu hoffen ist, dass die Chirurgen im Amerika von morgen lernen werden, ihren Mund zu halten). Die Quelle der Wochenbettpsychose wird sich in der Interpretation finden, die der analytische Verstand den Bemerkungen zukommen lässt, die während der Entbindung gemacht wurden. Jede späte bzw. kürzlich zugezogene Verletzung lässt sich auf diese Weise auditieren. Jemand, der solches Auditing erhält, erholt sich den Beobachtungen zufolge viel rascher von der Krankheit oder dem Unfall, seine Wunden werden sauberer verheilen, die Infektionshäufigkeit wird geringer sein, und die Ernsthaftigkeit der Verletzung sowie des darin enthaltenen Schocks wird stark vermindert werden, indem der Augenblick der Verletzung selbst reduziert wird. Es lässt sich hoffen, dass früher oder später ein Auditor am Eingang der Unfallstation irgendeines Krankenhauses stehen wird, um einfach alle Unfallopfer zu auditieren, die eingeliefert werden, und dass die Statistiken der Infektionshäufigkeit und der Sterberate der Patienten dieses Krankenhauses mit den Statistiken anderer Krankenhäuser verglichen werden. Es gibt eindeutige Anzeichen dafür, dass die Sterberate unter denjenigen Patienten, bei denen die letzte Verletzung ausauditiert wurde, viel niedriger sein wird, dass die Infektionshäufigkeit verringert und die Genesungszeit des Patienten durch diesen Dianetik Assist stark verkürzt werden wird.

Führt man dieses Experiment in kleinem Rahmen durch, sollte es dem Experimentierenden unabhängig davon, was der Dianetik Assist bewirkt, zeigen, dass körperlicher Schmerz sofort das Bewusstsein hemmt und dass alle Wahrnehmungseindrücke aus der Umgebung (Seh-, Geruchs-, Hör-, Tastsinn usw.) bei Vorhandensein von körperlichem Schmerz nicht im analytischen Verstand, sondern anderswo aufgezeichnet werden, aber es wird ihm auch zeigen, dass das Auditieren des Geschehnisses die geistige Schwerfälligkeit vom Fall entfernt, die durch die Bewusstlosigkeit selbst verursacht wird, dass alle aberrativen Auswirkungen von Bemerkungen, die während des Geschehnisses gemacht wurden, entfernt worden sind und dass der körperliche Schmerz, der sich als sehr vergängliches Gut erweist, nicht mehr gespeichert ist.

Dies ist der Aufbau eines Engramms: Es enthält körperlichen Schmerz. Es enthält in mehr oder weniger hohem Maß einen Ausfall des analytischen Verstandes (des bewussten Verstandes). Es enthält alle Wahrnehmungseindrücke der Umgebung, in welcher der körperliche Schmerz empfangen wurde. Es enthält den physiologischen Zustand des Körpers, einschließlich des endokrinen Gleichgewichts oder Ungleichgewichts zum betreffenden Zeitpunkt. Es enthält das Alter des Menschen. Es umfasst die im Geschehnis enthaltene Missemotion bzw. Emotion, welche die Personen in der Umgebung des verletzten Menschen zeigten. Es enthält Bewusstlosigkeit in Form von Anaten (Abschwächung des analytischen Verstandes). Es enthält die Unterbrechung der Berechnungen, die diese Person zum betreffenden Zeitpunkt anstellte, was die Unterbrechung des Erschaffungszyklus von

Theta darstellt und sich geringfügig aberrativ auswirkt. Zusätzlich umfasst es alle Locks und Secondarys, die die Person zu späteren Zeitpunkten, als sie analytisch wach oder bewusst war, durch Ansteckung während der Restimulation des Engramms empfing. All dies ist in einem Engramm enthalten. Und all dies wird aus einem Engramm verschwinden, wenn es gründlich ausgelöscht wird.

Ähnelt die Umgebung dem Engramm zu einem Zeitpunkt, da der Mensch (wegen Müdigkeit, Krankheit oder anderen Belastungen) analytisch weniger bewusst ist, so können infolge des oben beschriebenen Inhaltes des Engramms verschiedene Erscheinungen auftreten. Befindet sich jemand unter der Belastung eines restimulierten Engramms, so wird er versuchen, dieses Engramm zu dramatisieren. Das heißt, er wird die Dinge sagen, die im Engramm enthalten sind, und das tun, was ihm das Engramm befiehlt, oder er wird die analytischen Berechnungen durchführen, die das Engramm verlangt; ganz allgemein wird er versuchen, den Geboten dieses Augenblickes von körperlichem Schmerz Folge zu leisten. Ist es ihm aufgrund seiner Umgebung unmöglich, diese Dramatisation so durchzuführen, wie es von dem aufgeladenen Engramm befohlen wird, so häuft sich die Ladung, der er ausgesetzt ist, noch mehr an, weil ihm die Möglichkeit versagt ist, den Befehlen des Enthetas im Engramm Folge zu leisten. Werden die Dramatisationen eines Menschen immer wieder gebrochen, so sinkt er Schritt für Schritt auf der Tonskala ab.

Engramme beruhen auf überlebensfeindlichen Umständen, in denen Theta und Mest zu heftig aufeinanderprallen, woraus sich eine Umkehrung der Polarität ergibt. Alle Engramme, sogar diejenigen, die höchst schmeichelhaft für die Fähigkeit des Individuums sprechen (zum Beispiel hypnotische Befehle, die eine leichte Form von Engrammen bilden und von früheren Engrammen mit körperlichem Schmerz abhängen), sind gegen das Überleben gerichtet. Es ist ausgeschlossen, dass ein Engramm einem Menschen im täglichen Leben hilft. Das Engramm benutzt lediglich eine natürliche Fähigkeit des Menschen und mag sie in solcher Weise verstärken, dass er sie fieberhaft, aber ineffektiv ausübt. Dies wäre ein manisches Engramm. Engramme zwingen unabänderliche Handlungsweisen auf, ohne irgendwelche Rücksicht auf Vernunft. In jedem Fall ist dies dem Überleben mehr oder minder abträglich, denn das Überleben des Individuums hängt von seiner Fähigkeit ab, je nach den Umständen seine Handlungen an die Umgebung oder die Umgebung an sich anzupassen. Das Engramm ist so stereotyp wie eine Schallplatte. Es schreibt bestimmte Handlungen vor, wenn bestimmte Wahrnehmungseindrücke vorhanden sind. Bei einem nicht denkenden Organismus, wie im Falle niedrigerer Lebensformen, bietet das Engramm tatsächlich eine gewisse Denk- und Handlungsmethode. Aber beim Menschen, der von der Vernunft als Hauptwaffe abhängt, ist das Engramm im höchsten Grade überlebensfeindlich.

Diese Ansammlung von Engrammen mit ihren Secondarys und Locks führt die Person schließlich in den Tod. Obwohl ihr Theta zum Zeitpunkt des Todes (aus der andauernden Enturbulierung mit MEST) sehr viel Wissen über MEST gewonnen haben mag und somit (einigen Beobachtungen zufolge) in der nächsten Generation vielleicht einen weitaus besseren Kurs des Überlebens zu halten vermag, ist das enturbulierte Theta doch nie imstande, sich aus eigener Kraft innerhalb der jeweiligen Generation zu befreien; nur mit Hilfe von Dianetik Prozessing ist dies möglich. Dennoch wird der Auditor immer wieder tief auf der Tonskala befindliche Preclears entdecken, die, infolge ihrer Erziehung oder aufgrund des Inhaltes der Engramme selbst, sich an den Engrammen festzuklammern versuchen, weil sie glauben, diese würden sie im Leben unterstützen. Diesen Umstand sollte der Auditor völlig ignorieren. Sehr bald wird er aufgrund seiner eigenen Erfahrung sehr klar erkennen, dass die Fähigkeit des Preclears, mit dem Leben fertigzuwerden und darin vorwärtszukommen, durch die Befreiung von Engrammen sehr stark erhöht wird. Es gibt Fälle, die Engramme, wie zum Beispiel Abtreibungsversuche, haben und die am Engramm festzuhalten suchen, weil darin gesagt wird: „Ich sterbe, wenn ich es verliere!" In vielen Engrammen sind Sätze enthalten, die das Engramm wertvoll erscheinen lassen. Das Engramm ist aber nie wertvoll. Hier tritt Nichtüberleben in seinem hauptsächlich bekannten Paket auf.

Das Engramm ist die grundlegende Quelle menschlicher Aberration. Für gewöhnlich finden sich im Leben eines jeden Menschen Hunderte oder sogar zwei- oder dreitausend Engramme. Jedes einzelne dieser Engramme mag seine eigenen Locks aufweisen. Die ganze Sprache eines Menschen kann praktisch in seinen Engrammen enthalten sein. Sätze von Zwang und Besessenheit, Schaltkreissätze, die Berechnungseinheiten im Analysator aufbauen, psychosomatische Krankheiten (die wir nun als *chronische Somatiken* bezeichnen) und aberrative Formen des Denkens sind im Grunde die Folge von Engrammen, ganz zu schweigen von reduzierter körperlicher Verfassung sowie den Behinderungen, wie sie gemäß der Tonskala zu erwarten sind.

Wenn auch das Engramm die grundlegende Ursache für menschliche Aberration bildet (was durch das angesammelte Beweismaterial erhärtet ist), sollte sich der Auditor doch klarmachen, dass er nicht davon ausgehen darf, ein Engramm sei das Einzige, was er bei einem Fall ansprechen soll. Bei Fällen, die tief auf der Tonskala liegen, muss er Locks und Secondarys angehen, lange bevor er Engramme berührt. Der Augenblick von körperlichem Schmerz und Bewusstlosigkeit ist grundlegender Art, aber er wird bei sehr aberrierten Fällen nicht vorrangig angegangen.

Bei Fällen, die sich recht hoch auf der Tonskala befinden, sind jedoch Engramme für das Auditieren verfügbar. Und werden sie auditiert, ergeben sich bemerkenswerte Verbesserungen hinsichtlich Gewohnheiten, Wohlbefinden, Verhalten und der körperlichen Gesundheit des Betreffenden.

Es gibt ganz bestimmte Dinge, die der Auditor wissen sollte, bevor er bei einem Fall Engramme auditiert. Um Locks zu auditieren, braucht er nicht annähernd so geschickt zu sein, wie wenn er Engramme auditieren will. Ein sehr unerfahrener Auditor kann mit Erfolg Locks scannen oder sogar kleinere Secondarys auditieren. Aber bevor ein Auditor Engramme in Angriff nimmt, sollte er sein Handwerkszeug ganz eindeutig beherrschen und Vertrauen in seine Werkzeuge haben. Zunächst einmal kann es passieren, dass ein Auditor einen täuschend offenen, in Wirklichkeit aber stark geladenen Fall angeht und versucht, Engramme zu auditieren, obwohl der Preclear völlig außerstande ist, genügend Wahrnehmungseindrücke im Engramm zu erkennen, um es zu reduzieren. Auf diese Weise lässt der Auditor nicht nur ein Engramm in Restimulation und hilft dem Preclear nur wenig, sondern kann im Gegenteil etwas Theta des Preclears wieder in Entheta umwandeln, indem er durch Auditing ein neues Lock auf dem Engramm verursacht. Obwohl jegliches Auditing herausgescannt und dieses Theta wiedergewonnen werden kann, bewirkt dies beim Fall keine Verbesserung.

Außerdem schätzt ein unerfahrener Auditor Engramme manchmal nicht richtig ein, das heißt, er versucht vielleicht, ein Engramm anzugehen, das sich sehr spät im Leben oder sehr spät auf einer Kette von Engrammen befindet, und er müht und plagt sich damit ab, bis es einfach nur zurückweicht.

Zwei oder drei Tage später wird dieses Engramm jedoch wieder auftauchen. Das liegt daran, dass es nicht wirklich reduziert oder ausgelöscht worden ist, da der Auditor nicht genügend Wissen besaß, um beim Fall weiter zurückzugehen und das Basik-Engramm auf der Kette zu finden. Beim Auditieren von Engrammen müssen daher bestimmte Vorsichtsmaßregeln beachtet werden; hält man sich jedoch daran, so können Engramme erfolgreich auditiert werden.

Um Engramme zu auditieren, muss der Auditor seine Werkzeuge kennen und ihnen vertrauen. Diese umfassen den *Somatikstreifen,* den *Archivar,* die *Zeitspur* sowie die *Wahrnehmungseindrücke.* Der Archivar ist ein äußerst nützlicher Mechanismus – nicht nur, wenn man Engramme auditiert, sondern auch, um Lock-Scanning durchzuführen, Locks zu entdecken und aus den Standard-Gedächtnisbanken Daten zu erhalten, die sonst abgesperrt wären. Der Archivar ist ein Reaktionsmechanismus, der blitzartig arbeitet. Man könnte davon ausgehen, dass es sich dabei um eine Gruppe von Aufmerksamkeitseinheiten handelt, die leicht und schnell Zugang zum reaktiven Verstand und zur Standard-Gedächtnisbank hat und die bei normaler geistiger Funktion Daten als Erinnerung an das „Ich" weiterleitet. Die Ladung auf einem Fall, die Menge an Entheta kann jedoch so ungeheuer stark sein, dass der Archivar nicht in der Lage ist, die vom „Ich" gewünschten Daten durchzudrücken. Und so ist es für das „Ich", das ganz allein mit dem Archivar arbeitet, manchmal schwierig, Antworten auf seine Fragen zu erhalten.

Mit seinen Forderungen und Signalen fügt der Auditor das hinzu, was man als die zusätzliche Kraft bezeichnen könnte, die erforderlich ist, um die Antworten des Archivars bis zum „Ich" durchzubringen. Dieser Vorgang ist äußerst einfach. Der Auditor stellt normalerweise Fragen, die mit „Ja" oder „Nein" oder mit Zahlen oder Datumsangaben beantwortet werden können. Dann, auf ein kräftiges Fingerschnippen des Auditors hin, wird dem Preclear ein plötzlicher Gedanke, ein Ja oder ein Nein, in den Sinn kommen, und er sagt dem Auditor, welche Antwort er erhalten hat.

Zum Beispiel möchte der Auditor wissen, an welcher Stelle auf der Zeitspur der Preclear feststeckt oder ob sich der Preclear in der Gegenwart befindet oder nicht. Der Auditor sagt:

„Nenne mir die erste Zahl, die dir in den Sinn kommt. Wie alt bist du?" (schnipp!)

Dem Preclear kommt ein Alter in den Sinn, und er teilt es dem Auditor mit. Vielleicht hat der Preclear einen Schaltkreis entwickelt, der auf die Frage *„Wie alt bist du?“* fortlaufend sein tatsächliches Alter angibt. Der Auditor kann es also doppelt überprüfen, indem er die Frage stellt:

„Was ist dein Alter?“ (schnipp!)

Er könnte dieselbe Antwort wie vorher erhalten oder auch nicht, da der Schaltkreis auf die zweite Frage vielleicht nicht eingestellt ist.

Um herauszufinden, wo sich der Preclear auf der Zeitspur befindet, kann man auch nach dem Jahr, Monat und Tag fragen. Durch den Mechanismus der Blitzantwort kann der Auditor nicht nur bestimmen, wo sich der Preclear auf der Zeitspur befindet oder wann sich in seinem Leben ein bestimmtes Geschehnis ereignet hat, sondern er kann damit auch feststellen, ob der Preclear am Ende der Sitzung in der Gegenwart ist oder nicht. Der Preclear sollte nach Möglichkeit immer in die Gegenwart gebracht werden, entweder indem man ihm einfach sagt: *„Komm in die Gegenwart!“*, oder indem man ihn mit der Scanning-Technik Vergnügensmomente bis zur Gegenwart hin scannen lässt.

Der Auditor arbeitet *mit* dem Archivar. Er kommandiert den Archivar nicht herum. Der Auditor zieht den Archivar zu Rate. Der Archivar wird dem Auditor die Bezeichnung der Lock-Kette sagen, die gescannt werden muss. Wird der Archivar mit Hilfe von Blitzantworten befragt, teilt er dem Auditor mit, ob eine Kette gescannt werden kann. Wird der Archivar mit Hilfe von Blitzantworten befragt, so wird er bestimmte Arten von Geschehnissen identifizieren, die den Fall behindern. Kurzum, der Archivar ist ein Berater, der jede gestellte Frage mit Hilfe des Mechanismus der Blitzantwort mit bestimmten Daten beantwortet. Interessanterweise lässt sich Material, das dem Analysator des Preclears vollständig unbekannt ist, durch Befragung des Archivars entdecken.

Der *Somatikstreifen* wird so genannt, weil es sich offenbar um einen körperlichen Anzeige-Mechanismus handelt, der etwas mit Zeit zu tun hat. Der Auditor gibt dem Somatikstreifen Anweisungen. Zwischen Archivar und Somatikstreifen besteht folgender Unterschied: Mit dem Archivar *arbeitet* der Auditor zusammen, dem Somatikstreifen hingegen erteilt er *Befehle*. Auf Befehl wird der Somatikstreifen zu jedem beliebigen Punkt im Leben des Preclears gehen, es sei denn, der Fall weist derart viel Entheta auf, dass der Somatikstreifen an einer Stelle erstarrt ist. Das könnte auch als die Konzentration der Aufmerksamkeit des „Ichs" bezeichnet werden. Der Somatikstreifen geht zu dem betreffenden Punkt zurück, was jedoch nicht einer vollständigen Rückkehr gleichkommt, da das „Ich" des Preclears in der Gegenwart bleiben kann, während der Somatikstreifen zu früheren Zeiten in seinem Leben zurückgeschickt wird. Dies ist ein sehr nützlicher Mechanismus. Der Somatikstreifen kann zum Beginn eines Engramms zurückgeschickt werden und wird dort hingehen. Der Somatikstreifen wird in Abschnitten von soundso vielen Minuten durch ein Engramm hindurchgehen, die vom Auditor abgezählt werden; der Auditor kann also sagen, dass der Somatikstreifen zum Beginn des Engramms gehen wird, dann zu dem Zeitpunkt fünf Minuten nach Beginn des Engramms usw. Indem der Auditor das Verhalten des Preclears beobachtet (der sich nicht bewusst ist, was vor sich geht, außer durch die Beobachtung seiner eigenen Veränderung der körperlichen Symptome), kann er ihn auf diese Weise Minute für Minute oder in größeren Abschnitten durch eine Operation hindurchschicken und mit Bestimmtheit erkennen, wie lange diese Operation genau gedauert hat.

Der Somatikstreifen lässt sich zu einem bestimmten Tag, einer bestimmten Stunde und Minute im Leben des Preclears zurückschicken und wird zu diesem Punkt gehen. Das „Ich" des Preclears wird dem Somatikstreifen dabei nicht unbedingt folgen. Wenn nicht äußerst viel Entheta bei einem Fall vorhanden ist, lässt sich der Somatikstreifen auf Befehl des Auditors zum Beispiel zu dem Augenblick zurückschicken, als der Preclear im Säuglingsalter dazu gebracht wurde, ein Bäuerchen zu machen. Daraufhin mag der Preclear, sehr zu seinem eigenen Erstaunen, vielleicht einen Rülpser von sich geben. Der Auditor kann den Somatikstreifen zu einem Zeitpunkt zurückschicken, als der Preclear einen Sonnenbrand erlitt, worauf beim Preclear das Somatik des Sonnenbrandes auftreten wird. Kurz gesagt, der Auditor kann den Somatikstreifen die ganze Zeitspur hinauf- und hinunterschicken (sowohl zu angenehmen als auch zu unangenehmen Augenblicken), auch wenn der Preclear vielleicht nicht besonders zur Zusammenarbeit bereit ist. Dabei handelt es sich ganz sicher nicht um Suggestionskraft, da der Preclear hellwach und aufmerksam ist. Durch Anweisungen an den Somatikstreifen kann der Auditor außerdem Daten entdecken, zum Beispiel, wie lange eine Operation dauerte, die dem Preclear offensichtlich völlig unbekannt sind – eine solche

Verwendung des Somatikstreifens ist jedoch weder üblich noch normal, sondern eher eine Art Kunststück.

Bei der Verwendung des Somatikstreifens sollte der Auditor vor allem darauf vertrauen, dass der Somatikstreifen den Befehlen des Auditors gehorcht. Der Auditor schickt den Somatikstreifen nicht zum Beginn des Engramms und fragt sich dann, ob der Somatikstreifen dort hingegangen ist, und er stellt auch keine entsprechenden Fragen, um es herauszufinden, noch stellt er Fragen über die Verfassung des Preclears. Mit beträchtlicher Gewissheit sollte der Auditor davon ausgehen, dass der Somatikstreifen genau dorthin gegangen ist, wohin zu gehen er ihn angewiesen hat. Kann der Preclear keinerlei Unterschied feststellen, so liegt der Fehler nicht beim Somatikstreifen, sondern es ist eine Folge der Menge an Entheta beim Fall. Der Somatikstreifen bewegt sich auf Anweisung des Auditors auf der Zeitspur umher, ungeachtet der Menge an Entheta beim Fall, es sei denn, der Somatikstreifen steckt selbst vollkommen in einem Engramm fest.

Somatikstreifen und Archivar sind nur zwei von vielen Mechanismen und Entitäten, die durch die Dianetik entdeckt wurden. Der Verstand umfasst noch viele weitere Phänomene, die der Auditor zwar derzeit nicht verwendet, die aber dennoch existieren. Es gibt möglicherweise so etwas wie Theta-Wahrnehmungseindrücke, die auf eine Befragung des Auditors ansprechen. Es ist sehr wenig über sie bekannt, doch sind wir der Meinung, dass es für einen Fall schädlich ist, von diesen Wahrnehmungseindrücken falschen Gebrauch zu machen oder sie abzuwerten, nachdem sie benutzt wurden. Experimente mit ihnen sollten deshalb sehr behutsam durchgeführt werden. Man könnte ein Buch über weitere Entitäten und Phänomene des menschlichen Verstandes schreiben. Doch gehört eine Behandlung dieser Dinge nicht in ein Buch über Prozessing, solange sie nicht auf eine derart direkte Weise mit Prozessing in Verbindung gebracht werden können, dass sie dem Auditor behilflich sind. Es steht bei weitem noch nicht fest, in welchem Maß diese zusätzlichen Wahrnehmungseindrücke und Entitäten das menschliche Verhalten beeinflussen.

Die Zeitspur besteht, wie an anderer Stelle beschrieben, einfach aus den aufeinanderfolgenden Augenblicken des „Jetzt", die sich in einem Leben aneinanderreihen und sich von der Empfängnis (oder, bei der Sperma- und Ovum-Folge, vom Zeitpunkt einige Tage vor der Empfängnis) bis zur

Gegenwart erstrecken. Die Zeitspur ist eigentlich ein „Strang" oder Bündel von Wahrnehmungseindrücken, da *alle* sechsundzwanzig Wahrnehmungskanäle, wenn es für sie irgendetwas wahrzunehmen gibt, Eindrücke aufzeichnen und bei einem Fall, der nicht gerade mit extrem viel Entheta belastet ist, simultan nebeneinander arbeiten. Der Auditor kann jemanden von der Gegenwart aus zurückschicken, indem er ihm einfach sagt, er solle die Augen schließen und zu einem bestimmten Augenblick in der Vergangenheit zurückgehen. Der Preclear kann zu einem ganz präzisen Augenblick auf der Zeitspur geschickt werden, da jeder Augenblick in seinem bisherigen Leben auf dieser Zeitspur aufgezeichnet ist. Natürlich wird ein Teil davon im reaktiven Verstand aufgezeichnet, wenn Bewusstlosigkeit und körperlicher Schmerz vorhanden sind. Interessanterweise kann ein Preclear zum 3. Januar 1936, einem sehr willkürlichen und vagen Datum, 8.15 Uhr morgens, zurückgeschickt werden. Obwohl der Preclear vielleicht nicht erkennt, dass er sich dort befindet, wird er in kurzer Zeit an diesen Zeitpunkt versetzt werden, wenn ihn der Auditor bittet, auch nur undeutliche Eindrücke dieses Augenblicks zu kontaktieren. Wird dieser Augenblick nun mehrmals genau so durchlaufen, als handle es sich um ein Engramm, so werden sich in den meisten Fällen eine ganze Reihe von Einzelheiten zu zeigen beginnen. Betrat der Preclear zum Beispiel am Morgen des 3. Januars um 8.15 Uhr sein Büro und begann Briefe zu öffnen, so weiß er zu Beginn vielleicht nicht einmal, ob er zu diesem Zeitpunkt ein Büro hatte. Nachdem er das Geschehnis jedoch mehrmals durchlaufen hat, wird er sogar imstande sein, Namen und Adresse von den Briefumschlägen zu lesen, während er sie öffnet und seine Morgenpost sortiert. Da Zeitsinn und Rückkehrfähigkeit in unserer Kultur aufgrund gesellschaftlicher Aberrationen gänzlich missachtet und beiseitegeschoben werden, blieben diese Fähigkeiten verborgen. Ist der Realitätssinn des Preclears sehr schwach und befindet er sich auch sehr tief auf der Tonskala, so hat der Preclear vielleicht keinerlei Vertrauen in irgendwelche Daten, die er bezüglich seiner Vergangenheit hervorholt. Da der Auditor weiß, dass der Somatikstreifen, der Archivar sowie die Rückkehrfähigkeit des „Ichs" präzise funktionieren, hat er die Verantwortung, den Preclear dazu zu ermutigen, seinen eigenen Sinnen Vertrauen zu schenken.

Somit sehen wir, dass drei Dinge beteiligt sind, wenn es darum geht, von der Gegenwart aus zu einem früheren Geschehnis zurückzugehen.

Zunächst einmal haben wir den Archivar. Dann haben wir den Somatikstreifen. Und als Drittes haben wir das „Ich" oder einen Großteil der Aufmerksamkeitseinheiten, über die der Verstand verfügt. Und diese drei zusammen verwendet der Auditor, um den Preclear auf dessen Zeitspur zu bewegen und frühere Augenblicke von körperlichem Schmerz und Bewusstlosigkeit oder eingekapselte Entheta-Bereiche zu entdecken und zu reduzieren oder auszulöschen.

Der Auditor wendet sich zum Beispiel mit folgenden Fragen an den Archivar:

„Welches Geschehnis ist erforderlich, um diesen Fall zu lösen?"
oder
„Welche Kette von Locks muss zum jetzigen Zeitpunkt auditiert werden?"
oder
„Sollten wir zum jetzigen Zeitpunkt Engramme durchlaufen, ja oder nein?"
oder
„Ist zum jetzigen Zeitpunkt eine Gramladung zugänglich?"

Nach dieser Befragung erkundigt er sich:

„Können wir diese Lock-Kette zum jetzigen Zeitpunkt scannen?"
oder
„Ist dieses Engramm bereit, auditiert zu werden?"

Man könnte sagen, dass der Auditor und der Archivar sich darüber beraten, wie der Fall des Preclears am besten auf der Tonskala anzuheben ist. Interesse und Beteiligung des Archivars sind dabei sehr groß. Die Fähigkeit des Archivars, Fragen zu beantworten, erstreckt sich manchmal sogar auf Vorschläge, wie der Fall zu auditieren ist, wenn der Auditor dies verlangt. Seltsamerweise weiß der Archivar immer, welche Art von Entheta bei dem betreffenden Fall auditiert werden kann. Er weiß ebenfalls, welches Engramm als Nächstes reduziert oder ausgelöscht werden kann. Der Auditor braucht den Archivar lediglich nach dem Engramm zu fragen, das erforderlich ist, um den Fall zu lösen, und der Archivar wird dieses Engramm anbieten, ganz gleich, wo es sich auf der Zeitspur befindet.

Engramme folgen dem allgemeinen Gesetz, dass sie in der Richtung vom frühesten zum spätesten Zeitpunkt reduziert oder ausgelöscht werden müssen, das heißt, dass das früheste Engramm auf der Kette das erste sein muss, das kontaktiert wird. Engramme in der Grundzone sind überraschend früh. Der Auditor wird sich an die Vorstellung gewöhnen müssen, dass körperlicher Schmerz und Wahrnehmungseindrücke, obwohl sie nicht verstanden werden, schon lange vor der Zeit aufgezeichnet werden, zu der es auch nur den Ansatz eines analytischen Verstandes im Organismus gibt. Der Archivar ist etwas unzulänglich, wenn es darum geht, wie weit zurück er suchen muss, um das Engramm zu finden, das jeweils erforderlich ist, um den Fall zu lösen; und besteht der Auditor nicht ab und zu darauf, dass der Archivar sehr, sehr, sehr frühe Engramme vorlegt, geht er vielleicht in seiner Suche nicht über das Alter von zwei, drei oder fünf Jahren hinaus zurück (was in der Dianetik als spät im Leben gilt). Mit dieser einzigen Einschränkung sollte die Wahl des Archivars, welches Engramm zu auditieren ist, immer als vorrangig gegenüber den Vorstellungen von Auditor oder Preclear betrachtet werden, welches Engramm als Nächstes angegangen und reduziert werden muss.

Der Auditor kann sich diese Regel nicht gut genug merken:

> DIE ENGRAMM-WAHL DES ARCHIVARS HAT VORRANG VOR DEN WÜNSCHEN DES PRECLEARS ODER DES AUDITORS UND DER ARCHIVAR WIRD DAS ENGRAMM VORLEGEN, DAS ALS NÄCHSTES AUDITIERT WERDEN MUSS, UM DEN FALL ZU LÖSEN.

Obwohl Engramme normalerweise vom frühesten bis zum spätesten Zeitpunkt durchlaufen werden, geschieht es manchmal, dass ein relativ spätes Engramm eine so dünne Verbindung zur übrigen Bank aufweist, dass es beinahe als unabhängige Entität auditiert und ausgelöscht werden kann. Obwohl sich der Auditor der Geburt immer mit Vorsicht nähern sollte, legt der Archivar vielleicht die Geburt vor. Und sie sollte in diesem Fall auditiert werden.

Der Auditor sollte sich sehr davor hüten, seinen Preclear in irgendein Engramm zu zwingen, das der Archivar nicht vorgelegt hat. Bei einem Fall zu einem frühen Zeitpunkt Engramme zu auditieren, die sich spät in seinem Leben befinden, wird den Fall im Allgemeinen nur enturbulieren, da sich diese Engramme nicht reduzieren lassen, bis frühere Augenblicke körperlichen Schmerzes reduziert worden sind oder bis durch andere Mittel sehr viel Entheta vom Fall weggeschafft worden ist.

Sobald der Archivar ein Engramm vorgelegt hat (wobei der Auditor einfach annimmt, dass der Archivar seiner Bitte darum, dies zu tun, nachgekommen ist), weist der Auditor dann den Somatikstreifen an, zum Beginn des Engramms zu gehen. Der Somatikstreifen führt dies sofort aus und benötigt keine weitere Überredung dazu. Nimmt man dies nicht als selbstverständlich, so kann der Somatikstreifen dadurch tatsächlich abgewertet werden, sodass seine Reaktion unsicher wird und der Preclear verwirrt darüber ist, was los ist.

Wenn sich der Somatikstreifen am Beginn des Engramms befindet, das der Archivar angeboten hat, so ist sich vielleicht das „Ich" des Preclears noch keines Somatiks bzw. keiner Veränderung bewusst. Nun muss der Auditor das „Ich" mit der Szene in Kontakt bringen, die der Archivar und der Somatikstreifen hergerichtet haben. Der Auditor tut dies, indem er eine weitere Blitzantwort verlangt. Obwohl Engramme nicht unbedingt immer Gespräch enthalten, geht man ziemlich sicher, wenn man einfach davon ausgeht, dass dies bei jedem Engramm der Fall ist. Um das „Ich" mit dem Engramm in Berührung zu bringen und das Somatik voll einzuschalten, damit das Engramm durchlaufen werden kann, fragt der Auditor nun nach dem ersten Satz im Engramm und schnippt mit den Fingern. Dem Preclear kommt ein Satz in den Sinn, der ihm vielleicht im ersten Moment völlig irrelevant erscheint. Der Preclear wiederholt nun diesen Satz zwei oder drei Mal, wodurch das „Ich" mit dem Beginn des Engramms in Kontakt kommt. Der Preclear wird sich des Somatiks und anderer Wahrnehmungseindrücke bewusst und durchläuft das Engramm, Satz für Satz: Er erlebt es wieder, fühlt die im Allgemeinen abgeänderte Version des Schmerzes, den der Augenblick einst enthielt, erzählt den gesamten gesprochenen Inhalt, den er nun im Geschehnis wahrnimmt, wird den „Boil-off" los, der das Geschehnis verbarg, oder er entfernt durch Gähnen das restliche Anaten aus dem Geschehnis oder verspürt die Missemotion des Geschehnisses und er reduziert, kurz gesagt, das Engramm oder löscht es aus.

Der Auditor muss sich des Vorhandenseins und der Wichtigkeit von Aktionssätzen in Engrammen bewusst sein. Diese Sätze sind eigentlich Befehle innerhalb der Engramme, die als eine Art „innerer Auditor" die Kontrolle übernehmen. Und ehe der Auditor sich's versieht, schicken diese Sätze den

Somatikstreifen auf der Zeitspur woandershin, vorwärts oder rückwärts, oder bringen den Archivar in Bezug auf die nächsten Sätze durcheinander. Bemerkt der Auditor irgendeine Besonderheit beim Durchlaufen dieses Engramms (wie zum Beispiel, dass das Somatik einmal aufgetreten ist, nun aber nicht mehr auftreten will, dass Sonik beinahe eingeschaltet war, nun aber nicht mehr vorhanden ist), obwohl er weiß, dass das Engramm noch nicht reduziert ist, so vermutet er einen Aktionssatz und fragt den Archivar, ob ein Rausschmeißer, Verleugner, Zusammenpacker, Valenzwechsler oder Festhalter tätig ist. Zu diesem Zweck fragt er:

„Ist ein Aktionssatz vorhanden?“ (schnipp!)

Bei einer Ja-Antwort fragt der Auditor dann:

„Welcher Art?“ (schnipp!)

Der Archivar sagt dann (über das „Ich“), dass es sich um einen Rausschmeißer, Festhalter, Zusammenpacker, Missweiser, Verleugner oder was auch immer handelt.

Dann sagt der Auditor:

„Der Satz kommt dir jetzt in den Sinn!“ (schnipp!)

Der Satz taucht auf, der Preclear wiederholt ihn und gelangt wieder in das Engramm zurück, aus dem er hinausgeworfen wurde, falls es ein Rausschmeißer war. Eigentlich ist ein Fall, der auf Aktionssätze eindeutige Reaktionen zeigt, in sehr schlechter Verfassung, und vermutlich sollte man gar keine Engramme bei ihm auditieren. Fälle, die sich weiter oben auf der Tonskala befinden, reagieren überhaupt nicht auf Aktionssätze, das heißt, Archivar und Somatikstreifen haben genügend Theta verfügbar, um sich sogar über starke und energische Befehle hinwegzusetzen, die ihnen etwas anderes vorschreiben, als mit dem Auditor bei der Reduzierung oder Auslöschung des Engramms zusammenzuarbeiten. Der Wirksamkeitsgrad der Aktionssätze zeigt tatsächlich an, wo sich der Preclear auf der Tonskala befindet. Eine sehr deutliche Reaktion auf Aktionssätze zeigt, dass eine andere Art von Entheta, anstatt Engrammen, bei dem Fall beseitigt werden sollte, bevor Engramme reduziert werden. Stellt der Auditor fest, dass sein Preclear jedes Mal kraftvoll aus dem Geschehnis hinausgeworfen wird, wenn die Wendung „raus mit dir“ in einem Engramm auftritt, so sollte er (falls möglich) das Engramm, an dem er arbeitet, reduzieren und dann seine Aufmerksamkeit auf andere Arten von Entheta richten, wie zum Beispiel Ketten von Locks und Secondarys, anstatt mit dem Auditieren von Engrammen weiterzumachen.

Der Auditor sollte verstehen, dass ein Engramm nicht immer mit einem Satz beginnt und dass der Satz, den er zuerst bekommt, vielleicht nicht das Engramm einleitet. Außerdem sollte er verstehen, dass das schwerste Entheta im Engramm, wenn das Engramm zum Beispiel durch einen Schlag verursacht wurde, zu Beginn des Engramms auftritt. Der Archivar mag also diesen Beginn anbieten, und der Somatikstreifen versucht vielleicht, bis ganz zum Beginn vorzustoßen, doch ist das Entheta gleich zu Beginn des Geschehnisses am schwersten. Daher sollte der Auditor immer prüfen, ob es bei diesem Engramm einen früheren Satz oder ein früheres Somatik gibt, bevor er hart daran arbeitet, das ganze Engramm zu reduzieren; denn der früheste Teil des Engramms ist derjenige Teil, der das übrige Engramm unterdrückt. Sobald das Entheta aus dem frühesten Beginn eines Schlag-Engramms beseitigt ist, lässt sich der Rest vielleicht so leicht wie ein Lock reduzieren. Finden Sie immer den frühesten Teil des jeweiligen Geschehnisses.

Es gibt eine weitere Art von Engramm, bei der Bewusstlosigkeit langsam einsetzt und sich körperlicher Schmerz vielleicht erst entwickelt, nachdem Bewusstlosigkeit einzusetzen begonnen hat. Dies würde im Fall eines Blutverlustes oder während einer Operation unter Narkose geschehen, wo die Narkose eingeleitet wird, bevor der körperliche Schmerz der Operation selbst einsetzt.

Dann gibt es die Kombination dieser Engramm-Arten, bei der das Engramm mit einem Schlag oder Schock beginnt, dann Bewusstlosigkeit einsetzt und sich vertieft und dann während der Bewusstlosigkeit weitere Schläge und Schocks auftreten, wodurch die Bewusstlosigkeit noch weiter verstärkt wird. Die Sätze aus den leichtesten Phasen der Bewusstlosigkeit werden als erste aus einem Engramm hervorkommen und sich auflösen. Der Zeitraum der tiefsten Bewusstlosigkeit oder der Punkt, an dem der körperliche Schmerz am heftigsten ist, werden zuletzt auftauchen. Somit kann ein Auditor ein Engramm mehrmals durchlaufen lassen und der Ansicht sein, es sei beinahe reduziert, nur um festzustellen, dass mehrere neue Sätze im Engramm aufgetaucht sind. Dies geschieht deshalb, weil einige Teile des Engramms tiefere Bewusstlosigkeit und stärkeren Schmerz als andere enthalten, und diese heben sich zuletzt.

Das Engramm kann drei Dinge tun: Es kann *verlöschen,* es kann *reduziert* werden oder es kann *zurückweichen.*

Ein Engramm lässt sich dann *auslöschen,* wenn es entweder eines der ersten paar Engramme auf der Zeitspur ist oder vom restlichen reaktiven Verstand relativ unabhängig ist. Die Sätze und andere Wahrnehmungseindrücke tauchen auf, der Preclear erzählt das Engramm vom ersten Augenblick des körperlichen Schmerzes und der Bewusstlosigkeit bis zum letzten und nach mehrmaligem Erzählen verschwindet das Engramm mit einigem Gähnen. Manchmal lässt sich der Auditor täuschen, indem er glaubt, das Engramm sei ausgelöscht oder reduziert, weil der Preclear durch einen Rausschmeißer aus dem Geschehnis hinausgeworfen wurde. Doch tritt in diesem Fall kein Gähnen auf. Das Ende des Auslöschungsvorganges ist immer durch Gähnen gekennzeichnet, da es sich dabei um die letzten Reste des Anatens handelt (des physiologischen Nebenprodukts von Bewusstlosigkeit), die das übrige Engramm festhielten. Schließlich wird der ganze Fall, das heißt, der gesamte Inhalt des reaktiven Verstandes, ausgelöscht werden. Bei einer gründlichen Auslöschung, die einfach dadurch erreicht wird, dass sämtliche Wahrnehmungseindrücke des Engramms wieder und wieder erzählt werden, während der Preclear zu jenem Augenblick auf der Zeitspur zurückgekehrt ist, gibt es kein Wiederauftauchen. Eine Auslöschung ist endgültig und vollständig. Das Engramm ist verschwunden. Der körperliche Schmerz wird nicht wieder auftreten. Die Sätze sind in keiner Weise mehr aberrativ, ja oft sind sie so vollständig verschwunden, dass sich der Preclear nicht einmal mehr an den Inhalt des Engramms erinnern kann.

Da das Engramm die grundlegende Ursache menschlicher Aberration darstellt, bringen diese Sätze, die dem analytischen Verstand als versteckte Befehle aufgezwungen werden, sehr viel Aberration hervor, falls das betreffende Engramm durch späteres Entheta des Falles aufgeladen wird. Kann der Analysator diese Befehle nicht befolgen oder dramatisieren, so versucht sich das Engramm dadurch Gehorsam zu erzwingen, dass es körperlichen Schmerz einschaltet, der in ihm enthalten ist. Derjenige Körperteil, der verletzt wurde, als der Mensch das betreffende Engramm empfing, wird wieder schmerzen oder sich sonst irgendwie unangenehm bemerkbar machen. Dies wurde bislang als psychosomatische

Krankheit bezeichnet. Eigentlich handelt es sich dabei um das Somatik eines früheren Augenblickes von körperlichem Schmerz, das wieder auftritt, da das Engramm durch späteres Entheta übermäßig geladen worden ist und dieser Mensch den Wortinhalt des Engramms nicht dramatisieren kann. All das ist verschwunden: Das Anaten, das den analytischen Mechanismus sowie die analytische Kraft des Verstandes abschaltet, die aberrative Kraft der Engrammbefehle, die vom Analysator wörtlich angenommen werden, sowie der körperliche Schmerz des Engramms, der sich zu einem chronischen Somatik entwickeln kann, sie verschwinden und kehren nicht mehr wieder, wenn das Engramm ausgelöscht ist.

Damit ein Engramm ausgelöscht werden kann, muss es sich früh auf seiner eigenen Engrammkette befinden; es dürfen nicht zu viele Secondarys oder andere Arten von Entheta vorhanden sein, die dieses Engramm aufladen, und während des Auditierens dieses Engramms muss der Großteil der Wahrnehmungseindrücke vorhanden gewesen sein. Ein Auditor, der nicht genügend beobachtet und über wenig Sachkenntnis verfügt, denkt vielleicht ab und zu, er habe Engramme bereits ausgelöscht, nur um einige Tage später festzustellen, dass das Engramm teilweise wiedergekehrt ist. Damit dies geschieht, muss das Engramm recht spät auf der Kette gelegen haben oder von beträchtlich viel Entheta überlagert gewesen sein. Hier gilt es, das frühere Engramm zu finden oder auf andere Art und Weise Entheta vom Fall zu beseitigen.*

*Ein Auditor, der sehr früh zur Dianetik gestoßen war, sich aber wieder davon abwandte, weil er beim Umgang mit psychotischen Fällen unfähig war und zu wenig Mut besaß, war fallmäßig selbst so sehr mit Gram beladen, dass er sich davor fürchtete, bei irgendeinem Preclear Gram zu auditieren. Somit war er bei jedem Fall unterhalb von 2,0 auf der Tonskala unfähig, Geschehnisse auszulöschen, da er es einfach nicht fertigbrachte, den Anblick eines weinenden Preclears zu ertragen, und jedes Mal sofort und abrupt Einhalt gebot, wenn ein Preclear ein Secondary-Engramm zu entladen versuchte. Anstatt seiner eigenen Unfähigkeit ins Auge zu sehen und Fälle von ihren Secondary-Engrammen zu befreien, nahm er die außerordentliche Mühe eines langwierigen Versuches auf sich, die Grundsätze der Dianetik so lange zu verändern, bis sie mit seinen eigenen Engrammen übereinstimmten. Wir erwähnen hier diesen ziemlich bemitleidenswerten Fall, um dem Auditor vor Augen zu führen, dass er es nicht zulassen darf, durch seine eigenen Mängel seine Fertigkeit im Auditieren herabzusetzen, sondern dass er seine Notwendigkeitsstufe und seinen persönlichen Mut auf eine Stufe hinaufbefördern muss, wo er einen Preclear durch alles durchbringen kann. Bevor jemand, der auditieren will, die Axiome und Verfahren der Dianetik, die Ergebnisse erzielt haben, abzuändern versucht, sollte er damit anfangen, diese Axiome und Verfahren so anzuwenden, wie sie in diesem Buch beschrieben sind.

Eine *Reduzierung* wird genau wie eine Auslöschung durchgeführt, wobei aber das Engramm nicht vollständig verlöschen wird, stattdessen verharrt es nach mehrmaligem Erzählen in einem mehr oder weniger gleichbleibenden Zustand, in dem es nur noch geringe aberrative Kraft und keinen körperlichen Schmerz mehr enthält. In der Anfangsphase erzielt der Auditor beim Fall mehr Reduzierungen als Auslöschungen. Wenn schließlich Auslöschungen erreicht werden, so fühlt sich der Auditor sehr zuversichtlich. Denn eine Auslöschung bringt den Preclear auf der Zeitspur nach vorne in die Gegenwart, und wenn auch ein weiterer Durchgang gemacht werden mag, um übersehene Engramme zu finden, weiß der Auditor doch, dass er den Preclear zu Clear hin durchbringt. Bei einer Reduzierung wird Theta, das enturbuliert war, aus dem Geschehnis zurückgewonnen, der Preclear fühlt sich beträchtlich wohler, doch bleibt das Engramm in einem ruhigen Zustand bestehen. Normalerweise erfordert es nur sieben- bis zehnmaliges Wiedererzählen oder Wiedererleben des Engramms, um es auszulöschen oder zu reduzieren. Die Reduzierung lässt sich daran erkennen, dass mit jedem Wiedererzählen das im Engramm enthaltene Somatik etwas zurückgeht und immer weiter zurückgeht, bis das Somatik verschwunden ist. Ein reduziertes Engramm gewinnt nicht wieder an Kraft, sondern verbleibt in diesem ruhigen Zustand und erlaubt es dem Auditor, zu anderen Engrammen weiterzugehen.

Als dritte Möglichkeit kann ein Engramm, das im Prozessing behandelt wird, *zurückweichen*. Ein Zurückweichen ist nicht wünschenswert. Es tritt nur bei Engrammen auf, die nicht früh genug auf der jeweiligen Engrammkette liegen, um reduziert zu werden, oder die zu stark geladen sind. Der Archivar wird nie ein Engramm vorlegen, das sich nur bis zum Zurückweichen behandeln lässt. Das Phänomen des Zurückweichens tritt dann auf, wenn der Auditor es „besser weiß" als der Archivar und den Preclear zwingt, auf der Zeitspur zurückzugehen, die Wiederholungstechnik mit irgendeinem Satz anwendet, den der Auditor als aberrativ ausgewählt hat, und mit dem Fall allgemein falsch umgeht. Dass ein Engramm lediglich zurückweicht, zeigt sich daran, dass sich das Somatik nicht über einen bestimmten Punkt hinaus reduzieren lässt. Das Engramm wird bis zu einer bestimmten Intensität zurückgehen, doch wird das Somatik in gewissem Ausmaß bestehen bleiben, auch wenn man das Engramm dreißig-, fünfzig- oder hundertmal erzählen lässt. Im Gegensatz zu einer Reduzierung verringert sich das Somatik des

Engramms, während es zurückweicht, zunächst leicht und bleibt danach gleich. Bei einer Reduzierung geht das Somatik mit jedem Wiedererzählen Schritt für Schritt zurück. Bei einem Zurückweichen des Geschehnisses bleibt das Somatik beständig. Weicht ein Engramm lediglich zurück, so bedeutet dies einfach, dass an früherer Stelle im Fall ein Engramm liegt, das dem gegenwärtig wiedererlebten ähnelt, oder dass eine Unmenge Entheta in Secondarys und Locks oberhalb des Engramms, das lediglich zurückweicht, existiert. Ein Zurückweichen tritt nur dann auf, wenn der Auditor nicht genügend Entheta in Form von Locks und Secondarys aus dem Fall weggeschafft hat, damit sich Engramme auditieren lassen. Es bedeutet ein verfrühtes Herangehen an Engramme oder hat seine Ursache darin, dass unter Missachtung der Angaben des Archivars auditiert wird.

Normalerweise würde man zum Beispiel annehmen, dass die Empfängnis das früheste Engramm des Falles ist. Manchmal geschieht es jedoch, dass der Auditor das Geschehnis der Empfängnis kontaktiert und es sich nicht reduzieren lässt. Es liegt auf der Hand, dass die Empfängnis ein sehr frühes Geschehnis ist. Vielleicht sind entweder auf der Sperma- oder der Ovum-Seite einige vor der Empfängnis liegende Engramme vorhanden. Versteht man aber nicht, dass sehr viel Ladung vorhanden sein kann, die ein Engramm unterdrückt, so kann es passieren, dass man zum Beispiel ein Empfängnis-Engramm durch Wiedererzählen nur bis zum Zurückweichen bringt. Verlangt der Auditor, der Preclear solle das Geschehnis der Empfängnis durchlaufen, bevor es bereitliegt, sollte er nicht erstaunt sein, wenn dieses Geschehnis lediglich zurückweicht. Vielleicht gibt es im jetzigen Leben kein vor der Empfängnis liegendes Engramm, doch wird die darin enthaltene Ladung, falls es oberhalb der Empfängnis genügend Entheta in Secondarys und Locks gibt, sehr starken Widerstand leisten.

Es gibt einen Trick, wie man bei einem Fall bis zur Empfängnis gelangt. Wegen des Enthetas, das dieses frühe Engramm vielleicht aufgeladen hat, ist er jedoch mit Vorsicht zu gebrauchen. Der Auditor bittet den Preclear, einen Moment sexuellen Vergnügens zu durchlaufen. Und wenn sich sein Preclear, der diesen Moment nicht laut zu erzählen braucht, offenbar in diesem Moment befindet, so fordert der Auditor ihn auf, unmittelbar zur Empfängnis zurückzugehen. Für gewöhnlich wird er dies tun, und so lässt sich die Empfängnis finden und auditieren. Doch weist dieses Geschehnis, wie bereits gesagt wurde, möglicherweise zu viel Ladung auf, um reduziert oder ausgelöscht zu werden. Dieser Trick kann mit jedem Engramm in der Grundzone durchgeführt werden. Der Auditor kann den Preclear bitten, einen Augenblick zu durchlaufen, als der Preclear wütend war. Und wenn der Preclear sich offensichtlich recht gut in die Wiedererzählung seiner eigenen beinahe gegenwärtigen Dramatisation von Wut eingefunden hat, weist ihn der Auditor einfach an, zu dem frühesten Engramm in der Bank zurückzugehen, das Wut enthält. Für gewöhnlich wird der Preclear dorthin gehen. Dies trifft ebenfalls auf Furcht und Gram zu, doch tut man weitaus besser daran, den Fall gut zu entladen und den Archivar so weit zu bringen, dass er gut funktioniert, bevor man einen solchen Trick anwendet.

Ganz eindeutig bildet die Empfängnis in der Mehrzahl der Fälle ein Engramm. Gelegentlich wird sich herausstellen, dass die Empfängnis lediglich jeweils einen Augenblick der Bewusstlosigkeit in der Sperma-Linie und einen in der Ovum-Linie enthält, sonst aber nicht aberrativ ist. Die normale Empfängnis enthält jedoch eine beträchtliche Menge an Wahrnehmungseindrücken und körperlichem Schmerz. Man sollte sich sehr vor dem Versuch hüten, das Geschehnis der Empfängnis bei einem Fall zu früh zu kontaktieren und zu auditieren. Jemand, der sich recht tief auf der Tonskala befindet, unterhalb von 2,5, weist normalerweise genügend Ladung auf der Empfängnis auf, um eine Reduzierung unmöglich zu machen. Durch das Auditieren der Empfängnis bei jemandem unterhalb von 2,5 verstärken sich seine aberrativen Erscheinungen. Jemand, der sich an der Grenze zur Psychose befindet, kann tatsächlich in einen psychotischen Zusammenbruch versetzt werden, wenn ihn ein Auditor auf autoritäre Weise in das Geschehnis der Empfängnis hineinstößt und darauf besteht, dass er dieses Geschehnis durchläuft, weil er der Theorie folgt, dass die Empfängnis sich auslöschen lassen sollte, da sie ein frühes Engramm ist.

Die falsche Betonung der Zweiten Dynamik, die bei veralteten Therapien anzutreffen ist, kommt vielleicht deshalb zustande, weil die Basik-Engramme des Falles sexueller Natur sind. Das führt zu einer falschen Schlussfolgerung vonseiten derjenigen, die die Mechanismen der Aberration nicht verstanden haben. Da in der Dianetik bislang keine umfassenden Untersuchungen über die Struktur unternommen worden sind, wird hier in keiner Weise versucht, das tatsächliche Vorhandensein von vor der Empfängnis liegenden

Sperma- oder Ovum-Engrammen, von Empfängnis-Engrammen oder Geburts-Engrammen zu begründen. Tatsächlich ist man in einigen fortgeschrittenen Methoden der Psychotherapie immer wieder auf solche Engramme gestoßen, doch wurden sie abgetan, einfach weil sie nicht mit den Vorstellungen des Therapeuten vereinbar waren. Kürzlich durchgeführte Experimente an der Rutgers University erhärten jedoch die Tatsache, dass der Embryo die Fähigkeit besitzt, auf Geräusche und andere Reize zu reagieren. Bereits in Büchern aus den Jahren 1912 und 1914 werden diese frühen Aufzeichnungen unter der Bezeichnung „zellulare Erfahrungen" erwähnt (was wir in der Dianetik heute nicht mit Sicherheit als richtige Bezeichnung annehmen können). Durch die Arbeit von Biologen auf dem Gebiet der Embryologie wurde hinreichend nachgewiesen, dass der Embryo die Fähigkeit besitzt, auf Reize zu reagieren.

In der Dianetik wurden Engramme aus den frühesten Perioden mit der Wirklichkeit verglichen, und es zeigte sich, dass diese Ereignisse tatsächlich stattgefunden hatten. So manche Eltern, die anwesend waren, als ihr Sohn oder ihre Tochter im Kindes- oder Teenageralter auditiert wurden, stellten mit Verblüffung fest, dass aus Engrammen die Namen von Hausmädchen genannt wurden, die entlassen worden waren, lange bevor das Kind geboren war, oder dass Umstände aus ihrer Ehe genannt wurden, die nicht eben von buchstabengetreuem Einhalten von Sittenparagraphen seitens der Eltern zeugten, sowie andere Dinge, die dem Preclear sonst nicht bekannt gewesen wären. Einige Mütter, die es mit der Treue vielleicht nicht so genau nahmen, wie dies ihre Ehegatten erwarteten, opfern womöglich lieber die Gesundheit des Kindes (das sonst durch Prozessing einen besseren geistigen und körperlichen Zustand erreichen könnte), als es zuzulassen, dass ihre Ehegatten von diesen Treulosigkeiten erfahren, die leider Wort für Wort in den Engrammen des Kindes aufgezeichnet sind. Das Bewusstsein, dass diese Aufzeichnungen existieren und echt sind, wird eine Person unterhalb von 2,0 tatsächlich davon abhalten, die Einwilligung zu geben, dass ihre Kinder auditiert werden. Der Auditor sollte immer vor einer Mutter auf der Hut sein, die aktiv versucht, die Dianetik gegenüber Ehemann oder Kindern abzuwerten. Immer wieder hat sich der Wunsch, Dinge zu verstecken, die der betreffende Elternteil nicht preisgeben wollte, als die alleinige Triebfeder solcher Abwertungen herausgestellt. Nachdem jemand gesehen hat, wie die

Dianetik funktioniert, und sie versteht, besteht der einzige sonstige Grund für eine Abwertung der Dianetik darin, dass der aberrierte Zustand des Ehepartners oder Angestellten derjenigen Person, die die Abwertungen äußert, die Möglichkeit gibt, ihre Kontrolle über ihn aufrechtzuerhalten. Dies ist ein höchst schändliches Vorgehen, ist aber viel häufiger anzutreffen, als dem Auditor lieb ist, und wird ihn vor beträchtliche Probleme stellen. Wer sich gegen Prozessing stellt, hat entweder etwas zu verbergen oder glaubt, dass er irgendwie etwas gewinnen kann, wenn er weiterhin den betreffenden Preclear in autoritärer Weise beherrscht.

Da der Auditor Zeiten auditiert, als der Preclear krank, bedrückt, verletzt oder sonst wie gestört war, kann er damit rechnen, dass er früher oder später auf dem Weg des Preclears zu Clear beinahe jeden Gesundheitszustand, jede Neurose oder Psychose zu Gesicht bekommt. Diese Zustände sind natürlich von sehr kurzer Dauer, da sie nur während des Zeitraums auftreten, wenn der Preclear zu einem Engramm zurückgeschickt ist, und so lange, wie dieses Engramm auditiert werden muss, was gewöhnlich einige Minuten oder eine Stunde erfordert. Ist man sich nicht bewusst, dass das Wiedererleben von Engrammen bedeutet, durch die eigentliche Substanz von Geisteskrankheit hindurchzugehen, so kann man darüber sehr beängstigt werden. Das einzig wirklich Gefährliche beim Auditieren von Engrammen besteht aber gerade darin, dass man beunruhigt wird. Wird der Preclear in die Grundzone zurückgeschickt, so wird er die zusammengerollte Haltung des Fötus einnehmen. Schickt man ein Mädchen zur Geburt zurück, so gerät es vielleicht in die Valenz von Mama und schreit immer wieder so laut, dass es die Nachbarn einen Häuserblock weiter stört. Wird jemand zu dem Zeitpunkt zurückgeschickt, als er Mumps hatte, so wird er möglicherweise plötzlich ein sehr aufgedunsenes Gesicht aufweisen. Schickt man einen Jungen zu einem sehr starken Sonnenbrand zurück, so stellen sich vielleicht eine Rötung der Haut und beträchtliches Unbehagen ein, bis das Engramm reduziert ist. Schickt man den Preclear auf der Zeitspur zu einer Zeit zurück, als er hohes Fieber hatte, so wird seine Körpertemperatur deutlich ansteigen. Reduziert man dieses Engramm, so reduziert man damit auch das Fieber sowie die aberrativen Auswirkungen, die der Preclear noch Jahre nach dieser Krankheit verspürte.

Ein Arzt, der Dianetik Prozessing zum ersten Mal beobachtet, sieht, wie sich der Preclear heiter auf die Couch legt, hört den Auditor bestimmte Sätze sprechen und sieht dann, wie der Preclear über und über rot wird oder auf andere Weise offenbar für kurze Zeit erkrankt. Ein Arzt, der dies beobachtet, verspürt dabei impulsiv den Drang, mit seinen eigenen Methoden zu heilen, und zwar so stark, dass er manchmal verlangt, die Sitzung sei zu unterbrechen, weil dieser Preclear vielleicht Fieber hat, an ernsten Krämpfen zu leiden scheint oder sich allgemein nicht gut fühlt. Der Preclear wird dabei der erste sein, der versucht, den Arzt zu beruhigen, da das Somatik, das er verspürt, von sehr kurzer Dauer ist. Der Preclear, der erkennt, warum er zum Beispiel beinahe ein ganzes Leben lang Migräne-Kopfschmerzen hatte, und diese Ursache nun loswird, hat nichts gegen diese Erscheinungen, sondern wird sie im Gegenteil eher willkommen heißen, da diese Kopfschmerzen nun bald reduziert sein werden. Wird der Preclear jedoch in die Gegenwart zurückgebracht, bevor ein solches Engramm reduziert ist, so werden das Somatik und andere Erscheinungen, die an der Stelle auf der Zeitspur, wo sie zum ersten Mal auftraten, mild waren, sich für gewöhnlich verstärken. Und wird der Preclear von einem schlecht unterrichteten oder feigen Auditor in die Gegenwart zurückgebracht, bevor das Engramm reduziert oder ausgelöscht ist, so kann der Preclear einige Nachwirkungen verspüren, die viel unangenehmer als das Durchlaufen des Engramms sind.

Das geltende Motto dazu lautet:

DER EINZIGE WEG AUS EINEM ENGRAMM HINAUS BESTEHT DARIN, VIELE MALE DURCH ES HINDURCHZUGEHEN.

Hat der Archivar ein Engramm vorgelegt, so wird entweder dieses Engramm selbst oder das Basik auf der betreffenden Kette sich reduzieren oder auslöschen lassen. Somit liegt es am Auditor, seinen Werkzeugen zu vertrauen und seine Fertigkeit so beim Fall anzuwenden, wie es in diesem Kapitel beschrieben ist. Es liegen keine besonderen Gefahren darin, Engramme zu auditieren, es sei denn, man reduziert sie nicht oder reduziert nicht das früheste Engramm auf der Kette – oder man wertet sie gegenüber dem Preclear ab, indem man sie als Wahnvorstellung oder Ähnliches brandmarkt. Wenn ein gesundes, heiteres menschliches Wesen in wenigen Augenblicken dazu gebracht werden kann, dass seine Temperatur um anderthalb Grad ansteigt, dass es sich wie eine Kugel zusammenrollt oder am ganzen Körper rot wird, so lässt sich die Ursache nicht auf einen Wahn zurückführen. Sie könnten einen Preclear sogar hypnotisieren (aber lassen Sie sich nie von mir dabei erwischen!) und ihm sagen, er werde genau dieselben Merkmale aufweisen, und er wird sie nicht zeigen. Sie entstehen somit nicht durch die Kraft der Suggestion und haben nichts mit Wahnvorstellungen zu tun. Wenn Sie einen Preclear auf der Zeitspur in ein Engramm hineinschicken, so reduzieren Sie dieses Engramm. Oder Sie verlangen das früheste Engramm auf dieser Kette und reduzieren dieses, falls das spätere Engramm zurückzuweichen beginnt. Wenn sich zeigt, dass auch dieses frühere Engramm zurückzuweichen beginnt, suchen Sie nach einem noch früheren Engramm. Früher oder später sollten Sie auf den Grund der Kette stoßen, selbst wenn Sie den Preclear törichterweise in einen Teil der Bank gestoßen haben, den der Archivar nicht angeboten hatte.

Gehen Sie nicht halbherzig an das Auditieren von Engrammen heran. Locks lassen sich völlig risikofrei auditieren, ohne irgendein Unglück. Sogar beim Auditieren von Secondarys kann man sich eine gewisse Unachtsamkeit leisten, ohne beim Preclear irgendeinen ernsten Zustand hervorzurufen. Auditieren Sie aber nicht die grundlegende Quelle, das Engramm, wenn Sie nicht wirklich vorhaben, dieses Engramm bzw. das Basik auf der betreffenden Kette zu reduzieren, indem Sie es mit allen Wahrnehmungseindrücken so lange wiedererzählen lassen, bis es den Preclear nicht mehr belästigt. Jede neue Entdeckung sammelt Experimentierfreudige um sich an; mit dem Auditieren eines Engramms sollte man jedoch nicht experimentieren. Man sollte es vielmehr routinemäßig so lange weiter auditieren, bis es reduziert ist. Es ist tatsächlich sehr leicht, ein Engramm zu auditieren, wenn man wirklich die Absicht hat, es zu auditieren, und nicht bloß herauszufinden versucht, ob es Engramme gibt oder nicht.

Aufgrund seiner Neugierde in Bezug auf Engramme sagte einmal ein Mann zu seiner Frau, ohne irgendwie studiert zu haben, wie man Engramme auditiert, geschweige denn einen Kurs in der Stiftung besucht zu haben, sie solle die Augen schließen und zu der Zeit zurückgehen, als sie die Masern hatte. Da es so etwas vor 1950 einfach nicht gegeben hatte, überlegte die Frau nicht weiter, schloss die Augen und verspürte ganz kurz darauf das

Hitzegefühl der Masern. Sie war sehr überrascht. Ihr Ehemann ebenso. Doch noch mehr überrascht waren sie einen Tag später, als sich bei ihr plötzlich ein Ausschlag zeigte. Ihr Ehemann brachte sie sofort zum Arzt, der sagte: „Ich würde schwören, dass es die Masern sind, nur sind keine Symptome an den Atmungsorganen und keinerlei Fieber festzustellen." Zwei Tage später verschwand der Ausschlag von selbst, da Engramme, die auf diese Weise restimuliert werden, sich normalerweise wieder beruhigen. Richtigerweise hätte ihr Ehemann zunächst einmal den Archivar befragen sollen, ob ein Engramm zum Auditieren bereitliege; dann hätte er nach der genauen Bezeichnung des Engramms fragen und es schließlich gemäß dem Routine-Verfahren durchlaufen lassen sollen, bis es reduziert gewesen wäre.

Nichts bestätigt die Dianetik für einen Preclear so sehr wie das Erlebnis, in eine Masse von Somatiken hineingeschickt zu werden, von denen er nicht gedacht hätte, sie jemals verspürt zu haben. Am ernsthaftesten wird die Gültigkeit der Dianetik von solchen Leuten in Frage gestellt, die derart stark mit Entheta geladen sind, dass sie keine Somatiken verspüren können. Doch auch diese Leute werden schließlich beipflichten, wenn sie die Wirkung der Dianetik bei Leuten sehen, die höher auf der Tonskala und imstande sind, Somatiken zu verspüren. Wer Somatiken verspüren kann, wird am stärksten dadurch beeindruckt, dass diese neue Sache, die Dianetik, etwas zuwege bringen kann, das es noch nie gegeben hat. Nämlich den körperlichen Zustand eines Menschen radikal und nach Belieben zu verändern. Nicht einmal in der Blütezeit der Hexerei konnte man einen Singsang von sich geben und unmittelbare Ergebnisse beobachten. In der Dianetik können einfache Worte, die ein gewöhnlicher Mensch an einen anderen Menschen richtet, bewirken, dass der andere sich zu einer Kugel zusammenrollt, Fieber oder ein Sonnenbrand in Erscheinung tritt oder dass der Betreffende nur noch verschwommen sehen kann, und es können bei einem Fall, der recht hoch auf der Tonskala ist, noch viele andere Erscheinungen hervorgebracht werden. Dies ist so ausgeprägt, und die Stichhaltigkeit der Dianetik ist so deutlich, selbst wenn man nur die Erscheinungen in Betracht zieht, dass ein Physikprofessor von Columbia einmal die Stiftung besuchte, nur um eine Bemerkung über die „teuflische Genauigkeit von Hubbards Vorhersagen menschlichen Verhaltens" zu machen.

Die drei Regeln beim Prozessing von Engrammen lauten folgendermaßen:

LASSEN SIE SICH DURCH NICHTS ÜBERRASCHEN.

BEFRAGEN SIE IMMER DEN ARCHIVAR.

REDUZIEREN SIE IMMER JEDES ENGRAMM, DAS SIE KONTAKTIEREN, ODER DAS BASIK AUF DER KETTE.

Befolgen Sie diese Regeln, und Sie können Ihren Preclear nicht groß in ernste Schwierigkeiten bringen.

Außerdem gibt es jetzt das Lock-Scanning, eine Technik, die im Herbst 1950 entwickelt wurde und mit der sich das so durchgeführte Auditing aus dem Fall beseitigen lässt. Theoretisch kann sich der Auditor deshalb beinahe jeden denkbaren Schnitzer leisten. Nachdem er irgendeinen Fehler gemacht hat – ein Engramm stark restimuliert hat, seinen Preclear dazu gebracht hat, sich zu einer Kugel zusammenzurollen, und keinen Ausweg aus der Situation gefunden hat –, kann er dieses Auditing theoretisch mit Lock-Scanning bereinigen und die Restimulation lindern, die er ausgelöst hat. Das Wort „theoretisch" wird hier mit Bedacht verwendet. Der Auditor könnte nämlich bei Fällen unterhalb von 2,0 auf der Tonskala einen Preclear so gründlich in ein Engramm hineinschicken, dass kein freies Theta mehr verfügbar wäre, um die negativen Auswirkungen dieses Auditings durch Scanning aufzuheben. Dies wäre ein sehr extremer Fall und würde nur zutreffen, wenn der betreffende Preclear an der Grenze zur Psychose steht oder tatsächlich psychotisch ist, und nicht bei jemandem mit sehr viel freiem Theta, der sich dennoch unterhalb von 2,0 auf der Tonskala befindet. Beenden Sie auf jeden Fall alle Sitzungen grundsätzlich damit, dass Sie das Auditing mit Scanning bereinigen. Lassen Sie sich jedoch nicht darin bestärken, Fehler zu machen, nur weil Sie sie mit Lock-Scanning wieder ausbügeln können.

Um Auditing mit Lock-Scanning zu bereinigen, fragt man einfach: *„Können wir nun das Auditing mit Scanning bereinigen?"* (schnipp!)

Antwortet der Archivar des Preclears mit „Nein", so sollte der Auditor herausfinden, ob irgendeine andere Kette mit Scanning bereinigt werden muss, bevor das Auditing mit Scanning bereinigt werden kann. Und wenn dies der Fall ist, lässt er diese Kette scannen. Normalerweise wird der Archivar „Ja" sagen, und der Auditor weist den Preclear danach an, zum ersten

Augenblick der Sitzung zurückzugehen und die Sitzung bis zur Gegenwart zu scannen. Er bittet den Preclear dabei, ihm zu sagen, wenn er am Beginn der Sitzung angelangt ist, und erlaubt es dem Preclear nicht, mit Scanning zu beginnen, bis er ihm das Startzeichen gegeben hat:

„Beginne mit dem Scanning." (schnipp!)

Der Preclear scannt so rasch oder langsam durch die Sitzung, wie es ihm beliebt, wobei er die aufeinanderfolgenden Ereignisse des Auditings einen Augenblick nach dem anderen kontaktiert und seine Aufmerksamkeit dabei hauptsächlich auf die äußeren Stimuli der Auditing-Sitzung richtet und nicht so sehr auf die Engramme, durch die er hindurchgeschickt wurde. Dies extrovertiert den Preclear.

Lock-Scanning der Sitzung sollte einige Male wiederholt werden, doch nur unter der Voraussetzung, dass der Auditor den Archivar nach jedem Durchgang fragt:

„Sollten wir dieses Auditing noch einmal scannen?" (schnipp!)

Der Archivar wird darauf normalerweise zwei- oder dreimal mit „Ja" und schließlich mit „Nein!" antworten.

Dann sollte der Auditor den Archivar fragen:

„Können wir die Sitzung beenden?" (schnipp!)

Normalerweise wird der Archivar mit „Ja" antworten. Antwortet der Archivar mit „Nein!", so ist vielleicht unbeabsichtigterweise irgendeine frühere Kette restimuliert worden, die mit Lock-Scanning behandelt werden muss, bevor die Sitzung beendet werden kann, damit sich der Preclear nach der Sitzung wohlfühlt; dies geschieht jedoch selten. Wird dieses festgelegte Verfahren befolgt, so behebt es jegliche Fehler, die in der Sitzung gemacht wurden, es sei denn, der Auditor hat es mit jemandem zu tun, der sich an der Grenze zur Psychose befindet oder tatsächlich psychotisch ist, wie oben schon gesagt wurde – in diesem Falle hätte er den Preclear von vornherein entsprechend auf der Tonskala erkennen und ihn gemäß den Weisungen der Tabelle auditieren sollen. Bei solchen Personen dürfen *niemals* Engramme auditiert werden, bis sie durch das Aufbauen von Affinität, Kommunikation und Realität mit dem Auditor, durch die Herstellung von Kontakt mit der Umgebung sowie durch Direkterinnerung, leichtes Lock-Scanning und gelegentliches Durchlaufen eines Secondarys auf der Tonskala nach oben gebracht worden sind.

Der Auditor sollte daran denken, dass Sätze in Engrammen immer wörtlich genommen werden. Ein Satz in einem Engramm bedeutet genau das, was gesagt wird, genau wie ihn Simple Simon an dem Tag interpretiert hätte, als er so genau aufpasste und in alle Kuchen trat. So bedeutet zum Beispiel der in einem Engramm enthaltene Satz „Ich krieg's nicht raus" für den Preclear bei seinen ersten Kontakten mit dem Engramm nicht, dass er etwas nicht verstehen oder herausfinden kann. Es heißt einfach, dass er etwas nicht aus dem Engramm herausbekommen kann. Das Engramm, das den Satz enthält: „Schleich dich!" wird zunächst vom analytischen Verstand nicht als „Verschwinde!" interpretiert und ist kein Rausschmeißer, sondern einfach ein aberrativer Satz, der den Preclear dazu veranlassen könnte, äußerst langsam und vorsichtig durch das Geschehnis hindurchzugehen. Der Auditor sollte, besonders wenn er Engramme auditiert, die wörtliche Bedeutung der Sprache recht genau studieren. Das ist die Hauptschwierigkeit mit einem Engramm: dass es wortwörtlich aufgefasste Bedeutungsinhalte mit Befehlsgewalt durchsetzt. Der Satz „Ich sehe, was du meinst" wird bewirken, dass der Preclear eher im Geiste ein Bild sieht, als dass er versteht, was gemeint ist. Dies trifft sowohl auf gewöhnliche aberrative Sätze als auch auf Aktionssätze zu.

Der Unterschied zwischen einem Aktionssatz und einem aberrativen Satz besteht darin, dass der Aktionssatz den Preclear dazu veranlasst, was Raum und Zeit betrifft, irgendwohin zu gehen, irgendwo zu bleiben oder mit etwas nicht in Berührung zu kommen. Der aberrative Satz schreibt einfach ein bestimmtes Verhalten vor und ist für den Auditor lange nicht so schwerwiegend wie der Aktionssatz. Der aberrative Satz hat die Fähigkeiten des Preclears behindert, der Aktionssatz hingegen behindert die Fähigkeit des Auditors, den Preclear in dem betreffenden Engramm zu halten und es ihn durchlaufen zu lassen. Wenn Aktionssätze in Engrammen sehr wirksam sind (verursachen, dass der Preclear aus einem Engramm rausgeschmissen wird, zu einem Engramm zurückgeht, zu einem späteren Zeitpunkt im Engramm springt, in ein Durcheinander gerät oder feststellt, dass die Zeitspur um das Engramm herum zusammengebrochen ist, wie es irgendein Zusammenpacker bei einem stark geladenen Fall bewirken würde), dann sollte der Auditor von vornherein keine Engramme auditieren und hat nur deshalb damit begonnen, weil er seinen Preclear nicht richtig auf der Tonskala eingeschätzt hat und den auf der Tabelle gegebenen Weisungen für einen Fall dieser Art nicht gefolgt ist.

Theoretisch könnte man einen Fall von Locks und Secondarys befreien, ohne irgendwelche Engramme zu berühren. Es gibt jedoch Schaltkreise, wie später noch beschrieben wird, und manchmal ist es notwendig, bei einem stark geladenen Fall Engramme zu auditieren, um einen Schaltkreis anzugehen. Dies wäre jedoch ein außergewöhnliches Vorgehen und sollte nur von geschulten Auditoren, wie sie bei der Stiftung ausgebildet werden, durchgeführt werden.

Das Engramm ist unterdrückt und für den Analysator nicht erkennbar. Das ist ein Hauptmerkmal. Unter der Schockeinwirkung von körperlichem Schmerz oder bei einsetzender Bewusstlosigkeit wird die Kontrolle des Analysators mehr oder weniger ausgeschaltet, sodass er in größerem oder geringerem Grade aufhört, die Körperfunktionen zu regulieren, etwas aufzuzeichnen oder zu denken. Während eines Engramms kann der Analysator teilweise eingeschaltet sein, oder er kann beinahe vollständig oder völlig ausgeschaltet sein. Auf jeden Fall werden die Wahrnehmungen im reaktiven Verstand aufgezeichnet. Früher war der reaktive Verstand als der „unbewusste Verstand" bekannt. Diese Bezeichnung ist jedoch höchst irreführend, denn der reaktive Verstand ist derjenige Verstand, der immer bewusst ist, während der sogenannte „bewusste Verstand" derjenige Verstand ist, der abgeschaltet oder bewusstlos wird. Somit besteht der gesamte Inhalt des reaktiven Verstandes aus Entheta, das von Engrammen mit körperlichem Schmerz festgehalten wird, die die Grundlage dafür bilden, dass später enturbuliertes Theta „dauerhaft" im reaktiven Verstand eingeschlossen wird. Aufgrund von Engrammen mit körperlichem Schmerz verschwindet im Verlaufe eines Lebens der Großteil des freien Thetas eines Menschen aus dem Bewusstsein hinaus und ist nicht mehr für Berechnungen verfügbar, sondern arbeitet gegen den Analysator und das „Ich", um das Denken zu stören und versteckte und willkürliche Daten sowie Werte in das Denken einzuführen. Der körperliche Schmerz im reaktiven Verstand wirkt auf den physischen Körper des Preclears ein, und gehorcht der Analysator nicht den Engrammbefehlen, so wird dieser Schmerz eingeschaltet und aberriert den physischen Körper.

Hier sei nochmals wiederholt, dass die Aufgabe des Auditors darin besteht, durch jegliche angezeigten oder möglichen Mittel das angesammelte Entheta aus dem reaktiven Verstand zu erschöpfen und dieses Entheta in Theta umzuwandeln, indem er einfach das enturbulierte Theta dem Gedächtnis zuführt oder es von dem körperlichen Schmerz trennt, der es gefangen hält. Die Aufgabe des Auditors besteht nicht einfach darin, Engramme bei einem Fall wegzuauditieren. Diesen Fehler kann ein Auditor sehr leicht begehen, weil er mit so viel Eifer darauf bedacht ist, einen Clear hervorzubringen. Technisch ausgedrückt ist ein Clear einfach ein Mensch, bei dem alle Engramme mit körperlichem Schmerz, alle Secondarys und alle aberrativen Locks ausgelöscht worden sind. *Der Clear kann neue Engramme empfangen,* diese müssen jedoch von sehr ernster Natur sein, um eine stark aberrative Wirkung auszuüben, sind es doch die frühen Engramme bei einem Fall, die das höchste Maß an Aberration und die stärksten Auswirkungen bei einem Menschen hervorrufen. Seien Sie sich jedoch darüber im Klaren, dass schwere Engramme, die einem Clear absichtlich mit grausamem körperlichem Schmerz eingepflanzt werden, einen psychotischen Zusammenbruch auslösen können, sofern dieser Clear von vornherein mit wenig freiem Theta ausgestattet ist. Erwarten Sie aber nicht, dass Engramme, wenn sie einmal ausgelöscht sind und das Entheta aus dem reaktiven Verstand entfernt ist, dann auf irgendeine seltsame Weise wiederkehren würden. Nachdem man sie richtig behandelt und umgewandelt hat, werden sie nicht wiederkehren. Es erfordert neuen körperlichen Schmerz, um bei einem Clear weitere Engramme hervorzurufen. Ein Clear kann jedoch durch die Umgebung enturbuliert werden, wird aber nur vorübergehend enturbuliert sein und keine Nachwirkungen der Enturbulierung verspüren, da es ja nichts gibt, wodurch das Entheta eingeschlossen werden könnte.

Beseitigt man die Locks und Secondarys und dabei vielleicht auch einige Engramme bei einem Fall, so bringt man einen Dianetik Release hervor.

Auf diese Weise kann der Auditor erkennen, worauf er sich bei einem Fall zu konzentrieren hat. Der Fortschritt jedes Preclears wird anhand seines Anstiegs auf der Tonskala gemessen und nicht anhand der Anzahl von Engrammen, die bei ihm reduziert oder ausgelöscht werden. Bei einem tief auf der Tonskala liegenden Fall können mit autoritärem Auditing Engramme zwar, Stunde um Stunde, viele Dutzende von Stunden lang reduziert und ausgelöscht werden, der Fall kann dabei jedoch dermaßen turbulent zurückgelassen werden, dass er relativ wenig auf der Tonskala steigt. Der körperliche Schmerz ist dafür verantwortlich, dass Theta „dauerhaft" eingeschlossen wird, doch wird der Auditor in Secondarys und Locks die größte Ansammlung von Entheta vorfinden, die er in Theta umwandeln kann.

Ein Engramm, das von vielen Locks und Secondarys überlagert ist, liegt völlig darunter begraben und außer Sicht und ist für das Auditing nicht zugänglich. Ein Engramm, das beinahe keine Secondarys und Locks hat, enthält alle Wahrnehmungseindrücke, das heißt, der Preclear kann beim Wiedererzählen, wenn er zu dieser Stelle auf der Zeitspur zurückgekehrt ist, nahezu genauso sehen, hören, fühlen und Bewegung, Feuchtigkeit sowie Temperatur empfinden wie zu dem Zeitpunkt, als er den betreffenden Augenblick damals tatsächlich durchlebte. Nachdem ein vollständiger Key-in des Engramms erfolgt ist und sich Secondarys und Locks darauf ansammeln, beginnen die Wahrnehmungseindrücke für den zurückgekehrten Preclear in zunehmendem Maße undeutlich zu werden, und zwar in direktem Verhältnis zur Menge an Entheta, die dieses Engramm aufgeladen hat. Somit sieht, hört oder fühlt der Preclear ein sehr stark geladenes Engramm nicht. Ein äußerst stark geladenes Engramm existiert für den Preclear nicht einmal; sein Vorhandensein wird jedoch dadurch angezeigt, dass auf einem bestimmten Gebiet schwere Secondarys und Locks zu finden sind. Nachdem diese auditiert worden sind und ihr Entheta durch die hier beschriebenen Standard-Techniken des Prozessings in Theta umgewandelt worden ist, wird das Engramm selbst auftauchen; und vielleicht ist dieses Engramm oder dessen Kette (da Engramme in Form von Ketten existieren) erst dann für den Auditor zugänglich. Man sollte jedoch verstehen, dass bis zu dem Zeitpunkt, an dem das Engramm auf diese Weise zugänglich wird, der Großteil des Enthetas, das es enthielt, bereits durch Lock-Scanning oder das Erschöpfen von Secondarys in freies Theta umgewandelt worden ist. Nun ist das Engramm also relativ harmlos, abgesehen davon, dass es neue Secondarys und neue Locks ansammeln wird. Außerdem enthält es immer noch den körperlichen Schmerz und seine Befehle sind immer noch aberrativ; es muss also auditiert werden. Der Auditor sollte aber vom Auditieren von Locks und Secondarys mehr Veränderung beim Fall erwarten als vom Auditieren von Engrammen mit körperlichem Schmerz, obwohl Engramme die grundlegende Quelle menschlicher Aberration sind. Natürlich wird das

Engramm durch Entheta festgenagelt und verborgen gehalten. Entheta gibt es in vielen Formen. Man könnte sagen, dass es bei einem Fall auf Grund von EnMEST vorhanden ist, was bedeutet, dass das Freiwerden von Entheta von einer physiologischen Reaktion begleitet sein wird, in der die physische Seite des Organismus einen chemischen Wandel durchmacht oder ein chemisches Produkt abgibt. Oxydation hat offenbar sehr viel mit der Befreiung von Entheta zu tun. Tränen und Urin, Schweiß, Körpergeruch, Drüsenprodukte sowie körperliche Energie werden als die EnMEST-Begleiterscheinung des frei gewordenen Enthetas aus einem Fall freigesetzt. Der Auditor sollte nicht erwarten, diese EnMEST-Erscheinungen nur bei Engrammen zu finden. Am deutlichsten treten sie nämlich bei der Entladung von Secondarys und Locks auf. (Dieses Thema wird unter einer anderen Spalte weiter behandelt.)

Die Zugänglichkeit eines Falles lässt sich anhand der Tonskala messen und ist für den Auditor von sehr großer Bedeutung. Ein Fall mag offenbar sehr tief auf der Tonskala liegen und dennoch zugänglich sein – das heißt, der Preclear will sich verbessern. Dies deutet darauf hin, dass der Preclear von vornherein mit recht viel Theta ausgestattet sein muss und dass (ungeachtet des geringen Prozentsatzes an freiem Theta im Verhältnis zur Menge an Entheta) genügend freies Theta vorhanden ist, um im Preclear den Wunsch zu wecken, wieder in Richtung Überleben zu gehen. Natürlich strebt das Entheta des Falles in Richtung Unterliegen. Hier könnte man von einem zugänglichen Fall sprechen, obwohl er unterhalb von 2,0 auf der Tonskala liegt. Wenn der Auditor einen solchen Fall auditiert, sollte er insbesondere den Überlebenswillen des verbliebenen freien Thetas respektieren und sanft mit dem Fall umgehen, indem er so behutsam wie möglich Entheta beseitigt und es in freies Theta umwandelt. Einen solchen Fall sollte man nie in Engramme hineinschicken, da das restimulierte Engramm ein neues Lock bilden und einen Teil des vorhandenen freien Thetas absorbieren wird. Oberhalb von 2,0 sind Fälle für gewöhnlich zugänglich. Aufgrund von erziehungs- oder umgebungsbedingten Betrachtungen, dass etwas Schimpfliches daran sei oder man sich schämen müsse, wenn man sich verbessern will, oder infolge einer besonderen Art von Engrammbefehl, die die Kontaktaufnahme verbietet, trifft man aber auch bei diesen Fällen gelegentlich auf Unzugänglichkeit.

Allgemein könnte man Zugänglichkeit also als den Wunsch des Einzelnen betrachten, neue und höhere Stufen des Überlebens und die Verbesserung von Verstand und Körper zu erreichen. Die Zugänglichkeit entspricht etwa der Menge an freiem Theta, die bei einem Fall vorhanden ist; dieses Verhältnis kann jedoch durch erziehungsbedingte oder engrammatische Behinderungen gestört sein.

Der weit offene Fall ist für den Auditor besonders irreführend. Dieser Fall ist den Einflüssen der Umgebung insofern völlig ausgesetzt, als er in Gegenwart von Leuten, die sich hoch auf der Tonskala befinden, und in einer auf hoher Stufe befindlichen Umgebung ganz normal scheinen mag. In einer durchschnittlichen Umgebung liegt er jedoch beträchtlich unterhalb der normalen Stufe. Und bei geringer Enturbulierung beginnt er engrammatischen Befehlen zu gehorchen, wohin auch immer sie ihn treiben. Dennoch sind bei diesem Fall offenbar alle Wahrnehmungseindrücke verfügbar. Im Bereich von Stufe 1,1 wird ein solcher Fall sogar Engramme durchlaufen, doch wird das Somatik wahrscheinlich leicht sein, auch wenn die restlichen Wahrnehmungseindrücke offenbar deutlich sind. Hier haben wir einen Fall vor uns, dem (vermutlich strukturmäßig) ein Mechanismus fehlt, mit dem er Ladung absperren könnte. Für gewöhnlich ist dieser Fall unterhalb von 2,0 unzugänglich, es sei denn, er wird durch manische Engramme oder durch eine allgemeine Meinung in seiner Umgebung unterstützt, dass man sich auditieren lassen sollte, denn dieser Fall ist oft sehr beeindruckbar und folgt leicht der jeweiligen Modeströmung in der Umgebung. Hat der unerfahrene Auditor bei einem solchen Fall entdeckt, dass Sonik, Visio und Rückruf von Tastempfindungen vorhanden sind, so entscheidet er vielleicht, ohne seine Tonskala-Tabelle überhaupt anzusehen, dass der Fall Engramme durchlaufen kann. Irgendwie bewegt er den Fall dazu, sich auditieren zu lassen, schickt ihn auf der Zeitspur zurück und stürzt ihn in Augenblicke von körperlichem Schmerz und Bewusstlosigkeit hinein. Für gewöhnlich wird er die Erfahrung machen, dass dieser Fall im Prozessing widerspenstig ist oder sich leicht dabei ablenken lässt. Möglicherweise fährt der Auditor jedoch beharrlich fort und entdeckt erst nach reichlichem Prozessing, dass kein beträchtlicher Anstieg des Falles auf der Tonskala zu verzeichnen ist.

Sollte der Auditor so kurzsichtig sein, bei einem solchen Fall mit dem Auditieren von Engrammen zu beginnen, so werden ihn zusätzliche Anzeichen darüber belehren, dass er sich auf dem falschen Weg befindet. Beim weit offenen Fall werden normalerweise einige Wahrnehmungseindrücke eindeutig fehlen. Einer davon ist die Körperstellung. Dieser Fall wird sich nicht zu einer Kugel zusammenrollen oder sonst wie die Stellung verändern, selbst wenn er offenbar harte Engramme in der Grundzone mit vollständigem Sonik und einigen anderen Wahrnehmungseindrücken durchläuft. Gelegentlich tritt auch die umgekehrte Situation auf. Dieser Fall rollt sich vielleicht immer zu einer Kugel zusammen und weist Sonik und Visio auf, viele der anderen Wahrnehmungseindrücke fehlen jedoch. Das immer gleichbleibende Merkmal dieses weit offenen Falles, der sich tief auf der Tonskala befindet, besteht darin, dass er Sonik und Visio aufweist, dass die Somatiken normalerweise leicht sind und dass er keine raschen Fortschritte auf der Tonskala nach oben macht, obwohl augenscheinlich Engramme reduziert werden, und dass der Fall, was am wichtigsten ist, selten eine Erleichterung zeigt, während Engramme ausgelöscht oder reduziert werden. Das heißt, die Geschehnisse kommen niemals auf die Ebene des Lachens herauf, sondern der Fall wird sehr nüchtern durch das Auditing gehen. Diese letzte Tatsache zeigt, dass der Analysator nicht das Verhalten in der gewöhnlichen Umgebung mit dem vergleicht, was von den Engrammen befohlen wurde. Ab und zu wird man auf einen tief auf der Tonskala liegenden weit offenen Fall stoßen, der lange und lauthals über alles lacht, was kontaktiert wird. Der Auditor sollte sich dadurch nicht beunruhigen lassen und den Preclear nicht dafür tadeln; er sollte sich vielmehr vor Augen halten, dass er dabei ist, von einem sehr stark geladenen Fall enorm viel sogenannte *Line-Charge* zu beseitigen.

Es lassen sich bei diesen tief auf der Tonskala liegenden weit offenen Fällen Engramme reduzieren und auslöschen, doch ist das Realitätsniveau bezüglich der Geschehnisse normalerweise niedrig, und außerdem wird sich, wie bereits gesagt, kein sehr deutlicher Anstieg auf der Tonskala zeigen. Bei einigen dieser weit offenen Fälle sind anscheinend alle wirklichen Somatiken in körperliche Verdrehung umgewandelt, und diese Fälle werden verschiedene Verrenkungen durchmachen, ohne dabei die in Geschehnissen enthaltenen Schmerzen zu verspüren. Offenbar reduzieren sie in dieser Weise Engramme.

Bei keinem weit offenen Fall, der sich tief auf der Tonskala befindet, sollten Engramme auditiert werden, bis sehr viel Entheta durch das Entladen von Secondary-Engrammen und Lock-Scanning in freies Theta umgewandelt ist. Denn sonst wird dieser Fall für den Auditor wahrscheinlich immer weniger zugänglich, protestiert dagegen, auditiert zu werden, und wird sich darüber beklagen, dass er keine Erleichterung verspürt. Dieser Fall ist nicht einfach widerspenstig. Es ist tatsächlich wahr, dass der Fall keine Erleichterung verspürt, obwohl der Auditor, der Engramme erkennt, wenn er sie vor sich hat, und sieht, dass sie ausgelöscht werden, ein anderes Verhalten dieses Falles erwarten würde.

Ein weit offener Fall, der tief auf der Tonskala liegt, sollte also wie ein abgesperrter Fall, der tief auf der Tonskala liegt, auditiert werden, das heißt, dass der Auditor Secondarys und Locks angehen sollte, wie es auf der Tabelle angegeben ist.

Der Faktor der Zugänglichkeit eines Falles stellt den Auditor vor ein beträchtliches Problem. Er muss immer auf eine Verbesserung der Zugänglichkeit hinarbeiten. Unter *Zugänglichkeit* verstehen wir natürlich die Bereitschaft des Preclears, Auditing zu akzeptieren, und die Fähigkeit von Auditor und Preclear, als Team zusammenzuarbeiten, um die Position des Preclears auf der Tonskala anzuheben.

Ein Fall ist in dem Maße zugänglich, wie er bereit ist, mit dem Auditor zusammenzuarbeiten und auditiert zu werden. Einige Fälle sind vollständig unzugänglich, und diese Unzugänglichkeit beschränkt sich nicht auf den Fall, der sich in einer Anstalt befindet oder sich dort befinden sollte. Die einzigen Fälle, die in eine Anstalt gelangen, sind nämlich diejenigen, die für ihr eigenes Leben, für das Leben anderer oder für Eigentum eine offenkundige Bedrohung darstellen – wobei allerdings diejenigen, die eine Bedrohung für Eigentum darstellen, normalerweise in einer Strafanstalt landen, obwohl sie gewöhnlich nicht weniger psychotisch sind. Der tief auf der Tonskala befindliche Fall, der aber kein offensichtlicher Selbstmörder ist, sondern in der Lage zu sein scheint, irgendwie routinemäßig mit der Umgebung fertigzuwerden, wird vom schwer überlasteten Staat übersehen, der gegenwärtig mit dem Problem von 19 Millionen offensichtlich Geisteskranken fertigzuwerden versucht.

Bei Personen oberhalb von 2,5 lässt sich eine fehlende Bereitschaft zur Verbesserung des Denk- oder Handlungsvermögens recht leicht überwinden, indem der Auditor einfach zeigt, dass die Dianetik funktioniert und was sie bewirken kann. Dies ist also ein Problem, das der Auditor mit Unterweisung löst. Niemand oberhalb von 2,5 wird Prozessing ablehnen, nachdem er die Dianetik bestätigenden Ergebnisse von psychometrischen Tests gesehen hat oder nachdem er mit Hilfe von etwas Lock-Scanning oder Direkterinnerung lang vergessen geglaubtes Material ausfindig gemacht hat, das ihn gestört hatte – außer es ist ein finanzielles Problem beteiligt, das er nicht lösen kann. Doch das wiederum lässt sich lösen, indem Ko-Auditing-Teams gebildet werden. Dies ist nicht einfach eine optimistische Bemerkung, sondern eine Tatsache, die sich in zahlreichen Erfahrungen bewahrheitet hat. Natürlich können auch Personen oberhalb von 2,5 mit nur sehr wenig Theta ausgestattet sein oder bis zu einem gewissen Grad einen strukturbedingten Mangel an Intelligenz aufweisen. Verwendet der Auditor jedoch die nötige Sorgfalt, so erlangen auch sie ein gewisses Verständnis dieses Fachgebietes. Einige von ihnen eignen sich nicht als Ko-Auditoren und müssen daher von anderen unterstützt werden, ohne die Unterstützung in derselben Weise erwidern zu können.

Von 2,5 an abwärts stellt die Unzugänglichkeit ein Problem dar. Doch werden auch in diesem Bereich Menschen, die mit viel Theta ausgestattet sind, oder solche, die sich nur vorübergehend in diesem Bereich befinden, zur Zusammenarbeit bereit sein. Es gibt zwei Arten von Fällen, die den Auditor verblüffen werden. Der erste ist ein Fall, der in der Gesellschaft als normal gilt, da er eine routinemäßige Fähigkeit aufweist, mit der Umgebung fertigzuwerden, der sich aber tief auf der Tonskala befindet, den Leuten in seiner Umgebung sehr zusetzt und sich dennoch fest entschlossen gegen jede Hilfe oder Unterstützung wehrt. In Anbetracht der riesigen Anzahl von Menschen, deren Geisteskrankheit ganz augenfällig ist, wird diese Art Fall normalerweise nicht als geisteskrank erkannt. Doch genau wie Bakterien durch die Gesellschaft schleichen, so schädigen und enturbulieren diese unzugänglichen Fälle ihre Ehepartner, Kinder und Freunde und ziehen sie auf der enger werdenden Abwärtsspirale nach unten. Solche Leute bringen so „vernünftige" Erklärungen für die Beweggründe ihrer Handlungen hervor, sind normalerweise so unnachgiebig auf ihre enturbulierenden Verhaltensweisen festgelegt und waren bislang für jedermann so unklassifizierbar, dass sie die Gesellschaft weiterhin mit der Rechtfertigung für ihre Engramme und der Zerstörung der Träume, des Verstandes und der Gesundheit dieser und der nächsten Generation heimsuchen – ähnlich den Leprakranken, die einst bettelnd durch die Straßen von Paris zogen, wobei man nicht verstand, in welcher Art und Weise sie die öffentliche Gesundheit eigentlich bedrohten. Hierin liegt für den Auditor das wirkliche Problem. Der Ehemann einer solchen Frau ist vielleicht ein verzweifelter, gehetzter Mann, weil er erleben muss, wie sein Heim vernachlässigt wird, wie seine Träume verhöhnt und seine Kinder durch Nörgeln, Zunichtemachen oder Beherrschung genauso gehetzt werden. Vielleicht kommt er zum Auditor oder beginnt selbst mit einem Studium der Dianetik, um seiner Situation abzuhelfen. Die Dianetik kann dieser Situation abhelfen. Doch wird er seine Frau nicht auditieren können, da solche Ehemann-Ehefrau-Teams nicht funktionieren. Und wenn er sie zu bewegen versucht, ihn zu auditieren, so gibt er ihr eine weitere Waffe zu seiner eigenen Zerstörung in die Hand. Nimmt sich ein anderer Auditor ihrer an, wird sie sich launenhaft, griesgrämig oder wütend zeigen. Und selbst wenn der Auditor bei diesem Fall ein paar Erfolge erzielt, indem er etwas Entheta in Theta umwandelt und somit wiedergewinnt, so werden er und der Ehemann möglicherweise mit ansehen müssen, wie diese Frau nun gerade so viel Selbstbestimmung wiedergewonnen hat, dass sie mit einem anderen Mann davonläuft. Befindet sich umgekehrt eine Frau mit ihrem Ehemann in dieser Situation, so kann sie es sogar noch schwerer haben. Die Dianetik ist eine Abhilfe, die sich anwenden lässt und Ergebnisse erzielt, doch ist der Auditor oftmals verblüfft, wenn er diesen „rationalen" unzugänglichen Fällen begegnet. Seine Verblüffung sollte er beiseite legen und diese Fälle so behandeln, wie er den unzugänglichsten, offensichtlichen Psychotiker behandeln würde. Der Auditor braucht sich nicht täuschen zu lassen, indem er annimmt, dass diese Leute wirklich rational sind, nur weil sie es fertigbringen, in anerkannter oder äußerlich normaler Weise ein stetiges Maß an „Vernunft" an den Tag zu legen. Er hat es hier mit einem Fall zu tun, bei dem Affinität, Realität und Kommunikation aufgebaut werden müssen, bei dem die Wahrnehmungseindrücke des Preclears auf Gegenstände in der Gegenwart gerichtet werden müssen und das Entheta auf sanfteste Weise angegangen werden muss. Die Tatsache, dass solche Fälle kein großes Schild mit der Aufschrift „GEISTESKRANK!" um den Hals tragen und dass der Tod, den sie den Menschen in ihrer Umgebung bringen, nicht plötzlich, rasch und spektakulär verläuft, sondern langsam und schleichend (aber ebenso tödlich), ist kein Grund dafür, sie so zu auditieren, als seien sie schon bald Clear. Die hier angewandten Prozessing-Methoden sollten sich nach den jeweiligen Angaben auf der Tonskala-Tabelle richten. Stellt sich bei einer ordentlichen Einschätzung heraus, dass sie auf 0,5 oder 1,1 einzustufen sind, so sollten die entsprechenden Methoden verwendet werden, ganz gleich, wie „rational" der Preclear ist.

Anzumerken ist, dass Leute tief auf der Tonskala sein können und dennoch mit genügend Theta ausgestattet sind, um Prozessing zu wünschen, es zu erhalten und Nutzen daraus zu ziehen. Es handelt sich hier um zugängliche Fälle, doch sollten bei ihnen natürlich leichte Methoden angewandt werden, und das Auditieren von Engrammen ist ebenso wenig angezeigt wie bei unzugänglichen Fällen dieser Stufe.

Der nächste Falltypus, der dem Auditor ein Problem aufgeben wird, ist der offensichtlich unzugängliche Psychotiker. Unter einem Psychotiker verstehen wir in der Dianetik definitionsgemäß jemanden, dessen Theta vollständig zu Entheta geworden ist und der entweder völlig in einem Engramm oder einer Engrammkette festsitzt und nichts anderes tut, als diese zu dramatisieren, oder der unter dem Befehl eines Kontroll-Schaltkreises steht und in eingeschränkter, wenn auch unvernünftiger Weise, einige Berechnungen durchführt. Die Erscheinungsformen bei Psychotikern sind verschieden, aber der Grund dafür, dass sie psychotisch sind, bleibt gleich. Es gibt Psychotiker, die die ganze Zeit ausschließlich Entheta an den Tag legen, Psychotiker, bei denen dies nur akut unter bestimmten Umständen auftritt, und solche, die während bestimmter Zeiträume innerhalb des Tages, der Woche oder des Monats vollständig enturbuliert werden. (Beim letzten Typus, der in regelmäßig wiederkehrenden Phasen restimuliert wird, ist im Allgemeinen ein im Engramm enthaltener Zeitfaktor am Werk. Das Geschehnis fand vielleicht am fünfundzwanzigsten statt und dauerte bis zum dreißigsten, sodass die Person nun jeden Monat vom fünfundzwanzigsten bis zum dreißigsten psychotisch wird. Oder es fand vielleicht um zehn Uhr abends statt, sodass die Psychose nur jeweils täglich um zehn Uhr abends auftritt. Der in regelmäßigen Abständen psychotische Mensch wird vom Auditor nur zu Zeiten auditiert, in denen eine geringe Menge an freiem Theta verfügbar ist.)

Bei Menschen, die sich unterhalb von 2,0 auf der Tonskala befinden, dürfen keine Engramme auditiert werden, ob es sich nun um zugängliche oder unzugängliche Fälle handelt, außer in jenen seltenen Fällen, in denen der Archivar darauf besteht, ein Engramm zum Auditieren anzubieten. Man muss dann beim Auditieren außerdem äußerste Vorsicht walten lassen. Und ist der Auditor der Ansicht, dass er nicht genügend Erfahrung besitzt, so dürfen solche Engramme nicht einmal in diesem Fall auditiert werden.

Sieht sich der Auditor dem unzugänglichen psychotischen Menschen gegenüber, dessen „Vernunft" so schwer fassbar und aberriert ist, dass sogar ein oberflächlicher Beobachter es bemerken muss, und sieht er sich dem psychotischen Menschen gegenüber, der in irgendeinem Engramm feststeckt, so sollte er sich in allen seinen Bemühungen darauf konzentrieren, einen Kontakt herzustellen – wenn auch nur dadurch, dass er den Psychotiker nachahmt oder in der Umgebung des Psychotikers etwas entdeckt, das diesen geringfügig interessiert, und so dessen Aufmerksamkeit lenkt. Wahrnehmungseindrücke können in sehr sanfter Weise gefördert und wiederhergestellt werden, zum Beispiel durch zusätzlichen Kontakt mit irgendeinem Gegenstand in der Umgebung. Nachdem dadurch ein gewisses Maß an Affinität, Kommunikation und Realität wieder aufgebaut worden ist, kann als Nächstes Direkterinnerung folgen.

All dies wird deshalb hier erwähnt, weil Auditoren, da sie die grundlegende Ursache der Aberration kennen, darauf brennen, die Ursache zu behandeln. Die Grundursache der menschlichen Aberration entstammt jedoch einem Umstand, der noch grundlegender ist als ein Engramm mit körperlichem Schmerz. Der Dianetischen Theorie zufolge ist diese eigentliche Grundursache eine Enturbulierung und ein Eingeschlossensein von Theta. Befreien Sie das Theta. Sobald die Engramme zu auditieren sind, werden sie sich schon anbieten.

Der Redeablauf, den der Auditor beim Auditieren von Engrammen gebraucht, ist sehr einfach. Es ist leicht, das Prozessing, das doch so einfach ist, übermäßig zu verkomplizieren. Leute haben mich schon in Briefen gefragt, wie man Reverie erreicht, da sie nach zwanzig Versuchen bei ihrem Preclear immer noch keine Reverie erzielt hätten. Offensichtlich verwechseln sie Reverie mit Hypnose und betrachten es als etwas Ungewöhnliches, einfach weil es eine Bezeichnung dafür gibt. Reverie führt man herbei, indem man den Preclear einfach die Augen schließen lässt. Man holt den Preclear aus der Reverie heraus, indem man ihm einfach sagt, er solle die Augen öffnen.

Der Redeablauf für das Auditieren eines Engramms lautet wie folgt: *„Der Archivar wird das Engramm anbieten, das zur Lösung des Falles notwendig ist. Der Somatikstreifen wird zum Beginn des Engramms gehen. Wenn ich von eins bis fünf zähle und mit den Fingern schnippe, wird der erste Satz in diesem Engramm auftauchen. Eins, zwei, drei, vier, fünf.“* (schnipp!)

Der erste Satz im Engramm taucht auf. Der Auditor lässt den Preclear diesen Satz wiederholen, bis ein Somatik einsetzt. Dann weist der Auditor den Preclear an, zum nächsten Satz im Engramm zu gehen und diesen zu wiederholen und so weiter, Satz für Satz, bis das Engramm durchlaufen ist. Dann weist er ihn an, zum Beginn zurückzugehen.

Oberhalb von 2,5 wirken die Aktionssätze bei dem Fall vielleicht nicht sehr stark, sodass der Preclear, nachdem er wie beschrieben den ersten Satz wiederholt hat, ohne große Unterstützung vonseiten des Auditors das Engramm fortlaufend durchgehen kann, wobei er jeden Satz nur einmal wiederholt. Verlässt der Preclear plötzlich das Engramm, um in später auf der Zeitspur liegende Locks hineinzugeraten, oder erzählt er dem Auditor plötzlich von Locks, so ist er aus dem Geschehnis rausgeschmissen worden und befindet sich nicht mehr im Engramm, sondern ist auf einen Satz gestoßen, der ihn veranlasst hat, das Engramm zu verlassen. Gerät der Preclear plötzlich in ein weiter zurückliegendes Engramm hinein, so ist er auf einen Abwärts-Rausschmeißer gestoßen.

In jedem Fall sollte sich der Auditor mit Hilfe des Archivars die erforderlichen Informationen verschaffen, indem er fragt, ob ein Aktionssatz vorliegt, diesen Aktionssatz erhält und den Preclear dann veranlasst, diesen Satz zu wiederholen, bis er sich wieder in dem Engramm befindet, das er durchlaufen sollte. Sind aber Aktionssätze derart wirksam, dann darf der Auditor sowieso nicht besonders viele Engramme bei diesem Fall auditieren, ganz gleich, wie eilig er es hat, diesen Preclear zum Clear zu machen. Er wird dieses Ziel rascher erreichen, indem er Secondarys und Locks angeht. Die Befehlskraft, die Sätze in Engrammen auf den Preclear ausüben, zeigt sich daran, wie heftig Rausschmeißer den Preclear aus den Engrammen rausschmeißen, wie sehr Missweiser ihn in die falsche Richtung weisen und Verleugner ihm den weiteren Inhalt des Engramms verleugnen. Dies ist eine sehr wichtige Tatsache. Hat der Auditor festgestellt, wie wirksam Aktionssätze sind, so wird er besser beurteilen können, ob er bei diesem Fall weitere Engramme auditieren soll oder nicht. Wird das Entheta in Locks und Secondarys entladen, so geht auch die Befehlskraft von Aktionssätzen und allen in Engrammen enthaltenen Sätzen beträchtlich zurück. Die Stärke eines Engramm-Satzes hängt von Secondarys und Locks ab. Ein Engramm, das gerade erst geschehen ist und deshalb noch keine Locks angesammelt hat, lässt sich bei fast allen Preclears ausauditieren; doch sogar hier gibt es Ausnahmen. Es gibt aber keine Ausnahmen zu der Regel, dass *ein Satz in einem Engramm seine Kraft verliert, wenn das Entheta in Secondarys und Locks über dem Engramm durch Lock-Scanning, durch das Auditieren von Secondarys oder durch Direkterinnerung weggeschafft wird.* Beseitigen Sie die Ladung, und das Engramm verfügt nur noch über geringfügige aberrative Kraft.

Nichtsdestoweniger kann natürlich, nachdem der Auditor einige Secondarys auditiert oder Lock-Scanning oder etwas Direkterinnerung bei einem Preclear angewandt und dadurch etwas freies Theta wiedergewonnen hat, ein Engramm auftauchen, das der Auditor auditieren muss, obwohl der Preclear sich immer noch relativ weit unten auf der Tonskala befindet.

Das Engramm ist offenbar deshalb grundlegend, weil es der grundlegende Zusammenprall von Theta und Mest ist. Es ist wichtig, weil zukünftige Enturbulierungen darin eingeschlossen werden. Jeder Fall kann Hunderte oder gar Tausende von Engrammen mit körperlichem Schmerz aufweisen. Nur ein dummer, unerfahrener und ungeschickter Auditor wird bei einem Fall Engramme auditieren, ohne den Fall richtig auf der Tonskala einzustufen und sich von den entsprechenden Angaben auf der Tabelle leiten zu lassen.

Entlasten von Engrammen

Kürzlich habe ich eine Technik entwickelt, die sich *Entlasten* nennt und offenbar beträchtliche Möglichkeiten beinhaltet. Ich hatte noch nicht genügend Gelegenheit, ihre Möglichkeiten gründlich zu testen oder sie richtig auf der Tonskala einzuordnen. Ich füge sie hier an, um Sie darüber zu informieren, und würde es sehr schätzen, von jeglichen Erfolgen zu erfahren, die Sie damit erzielen.

Das zuletzt erhaltene Engramm bei einem Fall lässt sich normalerweise auditieren, vorausgesetzt, dass sich noch nicht zu viele Locks darauf angesammelt haben. Außerdem hängt das Ausmaß der Unzugänglichkeit eines Engramms offenbar davon ab, wie viele Locks sich darauf angesammelt haben.

Gelegentlich stellt ein Auditor fest, dass er ein Engramm auditieren muss, obwohl er nicht alle Wahrnehmungseindrücke erhalten kann, die sich in diesem Engramm befinden. Es wäre wertvoll, wenn er sämtliche Wahrnehmungseindrücke erhalten und sie reduzieren oder auslöschen könnte. „Entlasten" wäre eine Technik, die dazu bestimmt ist, dem Auditor beim Ausauditieren aller Wahrnehmungseindrücke zu helfen.

Das Engramm wird bei dieser Technik so lange durchlaufen, bis alles, was sich darin kontaktieren lässt, reduziert ist. Dann lässt der Auditor den Preclear sämtliche Locks dieses Engramms, vom Augenblick des Engramms bis in die Gegenwart, mit Lock-Scanning durchgehen. Der Auditor lässt diese Locks einmal oder mehrmals scannen, wobei er mit dem Archivar zusammenarbeitet. Danach auditiert er dieses Engramm, wiederum unter Verwendung des Standard-Verfahrens für Engramme ein weiteres Mal oder zwei weitere Male oder so lange, bis jeder zusätzlich auftauchende Inhalt reduziert ist. Dann lässt er den Preclear nochmals alle Locks dieses Engramms scannen. Danach auditiert er das Engramm erneut.

Die Ladung in den Locks ist es, die das Engramm versiegelt. Indem diese Locks durch die Technik des Lock-Scannings entladen werden, sollten immer mehr Wahrnehmungseindrücke im Engramm auftauchen.

Entlasten wäre also die Technik, alles, was in einem Engramm enthalten ist, durch das Scannen der Locks dieses Engramms gründlich ans Tageslicht zu fördern. Abwechselndes Auditieren des Engramms und Scannen seiner Locks sollte zu maximalem Freiwerden von Entheta führen.

Die praktische Anwendbarkeit dieser Technik ist zuverlässig. Das Ausmaß ihres Nutzens wurde jedoch noch nicht genau erforscht.

Es steht absolut fest, dass aller Missemotion ein Engramm mit körperlichem Schmerz zugrunde liegt und dass sich normalerweise ein Engramm mit körperlichem Schmerz zeigt, wenn aus einem Secondary Missemotion herausauditiert wird. Es kann tatsächlich geschehen, dass der Preclear in das Engramm mit körperlichem Schmerz hineintaucht und es zu durchlaufen beginnt, während der Auditor noch immer versucht, eine Entladung des Secondarys zu erreichen. Es kommt auch vor, dass der Preclear, wenn der Auditor ein Engramm zu auditieren versucht, plötzlich in die Missemotion eines Secondarys hineingerät (welches dann auditiert werden sollte).

Während der Auditor ein Engramm zu auditieren versucht, geschieht es auch normalerweise, dass der Preclear sich plötzlich in die Locks dieses Engramms hinaufschwingt. Normalerweise ist dies die Folge eines Rausschmeißers in dem betreffenden Engramm. Doch ganz ungeachtet des Rausschmeißers sind die Locks vorhanden, und sie sind wichtig. Wenn ein Engramm reduziert ist, können daher die Locks durchlaufen werden, wonach sich vielleicht weitere Wahrnehmungen finden lassen.

Spalte AJ
ENGRAMMKETTEN

ENGRAMME EXISTIEREN IN KETTEN. Sätze existieren in Ketten. Somatiken existieren in Ketten. Wahrnehmungseindrücke existieren in Ketten. Der Verstand ordnet nach Zeit und Thema ein. Es handelt sich um ein ausgeklügeltes Ablagesystem, das, obwohl es von der Idee her einfach ist, jeden verblüffen würde, der den Versuch unternähme, es mit rein mechanischen Mitteln zu kopieren.

Zum Beispiel sind im reaktiven Verstand alle Verletzungen des rechten Daumens als eine Kette von Verletzungen am rechten Daumen eingeordnet. Der Satz „Ich liebe dich" ist im reaktiven Verstand, wo immer er dort auftaucht, in einer Kette vorhanden und in einer anderen Kette im analytischen Verstand. Während einer Restimulation können sich diese beiden Ketten zu einer Kette vereinigen. Ein heftiger Schlag auf den rechten Daumen, begleitet von den Worten „Ich liebe dich", ergäbe eine Kreuzung der Kette von Somatiken am rechten Daumen und der Kette des Satzes „Ich liebe dich". Somatiken und Worte können somit in der Bank durch die Zeit hindurch kreuzweise angeordnet sein. Für jedes Thema, das sich in eine Kategorie einreihen lässt, gibt es somit eine Zeitspur. Dieses Einordnungssystem ist ein höchst komplexes, verflochtenes Netzwerk, das sich zwar mathematisch berechnen, doch zeichnerisch wohl nicht darstellen lässt, so vielfältig kann es sein.

Spricht man von einer Kette von *Geschehnissen*, so meint man damit normalerweise eine Kette von *Locks,* von *Engrammen* oder von *Secondarys* mit ähnlichem Inhalt. Diese in Form von Ketten aufgezeichneten Geschehnisse könnten dieselben Akteure enthalten, wie zum Beispiel alle Secondarys, die Mutter und Vater enthalten, oder alle Engramme, die Großmutter enthalten; oder es können alle Locks sein, deren Existenz von einem bestimmten, unbekannten Engramm oder einer Kette von Engrammen abhängt, die aber vom Archivar als eine Kette von Locks identifiziert werden können. Es kann sich auch einfach um irgendein Geschehnis oder irgendeinen Wahrnehmungseindruck handeln, das bzw. der sich auf der Zeitspur befindet und mit anderen Geschehnissen oder Wahrnehmungseindrücken verbunden ist.

Ein einzelnes Engramm ist eine Aneinanderreihung von Wahrnehmungseindrücken, die aufeinanderfolgende Sätze umfassen mag oder auch nicht und mit einer Verletzung zu einem bestimmten Zeitpunkt auf der Zeitspur zu tun hat. Da sich von einem Aberrierten erwarten lässt, dass er jedes Mal dasselbe sagen wird, wenn seine Umgebung einer bestimmten Reihe von gleichen Umständen ähnlich ist, so kann man ebenfalls erwarten, dass die Engramme einer jeden Person, die oft in der Nähe dieses Aberrierten bewusstlos war, immer und immer wieder dieselbe Dramatisation enthalten.

Jedes dieser Dinge kann eine Kette bilden. Man könnte sagen, dass das einzelne Engramm an einer Stelle auf der Zeitspur quer liegt, aber eine Kette von Engrammen ist eine ganze Reihe von Geschehnissen, die auf der Zeitspur zur Gegenwart hin verläuft. Oder man könnte eine Kette als eine zur Gegenwart hin verlaufende Reihe von Geschehnissen auf der Zeitspur betrachten, in denen sich ein bestimmter Satz wiederholt, wobei vielleicht jedes Mal ein anderes Somatik vorhanden ist.

Es ist möglich, einen Zusammenbruch der Zeitspur auszulösen. Bei einem sehr stark geladenen Fall kann ein Zusammenpacker (ein Satz, der alles zu sich hin zusammenzieht, wie z. B. „Es geschieht alles auf einmal“ oder „Ihr seid alle gegen mich“, was mit Sicherheit der zentrale Engrammsatz des paranoiden Menschen oder Paranoikers ist) die Zeitspur auf eine Stelle zusammenquetschen, wenn dieser Satz zu stark restimuliert wird. Gelegentlich geschieht das ganz einfach im täglichen Leben. Es wird ein Engramm restimuliert, das einen Zusammenpacker enthält, und der Fall ist so stark geladen, dass die gesamte Zeitspur zusammenbricht. Zu Beginn wird der Auditor bei einem solchen Fall ein wirres Durcheinander antreffen, keine Zeitspur ist vorhanden, der Preclear ist verwirrt und befindet sich tief auf der Tonskala, weist normalerweise körperliche Missbildungen auf und befindet sich mit Sicherheit in einem stark aberrierten Geisteszustand. Es wäre nun sehr schön, wenn man bei diesem Preclear einfach diesen einen Zusammenpacker ausauditieren könnte, aber alle übrigen Elemente des Falles (Entheta) wirken zusammen, um diesen Zusammenpacker zu verdecken. Daher müssen leichtere Methoden des Prozessings angewendet werden, als das Engramm selbst zu auditieren.

Beim Scanning von Engrammen mit körperlichem Schmerz stellt der Zusammenpacker immer die Hauptgefahr dar. Bei einem stark geladenen Fall kann man auf einen Zusammenpacker stoßen, der die Zeitspur zusammenbrechen lässt. Tritt dies auf und handelt der Auditor rasch genug, so könnte er vielleicht eine Blitzantwort darauf erhalten, wie der Zusammenpacker lautet, und ihn noch rechtzeitig wiederholen lassen, um zu verhindern, dass er unter der Zeitspur begraben wird. Bricht die Zeitspur jedoch über einem Zusammenpacker zusammen, so bedeutet dies, dass die Aktionssätze bei diesem Fall äußerst wirksam sind und der Auditor von vornherein keine Engramme scannen darf.

Ursprünglich wurde das Scanning von Engrammen für alle Fälle entwickelt und auch bei allen möglichen Fällen angewendet. Obwohl damit bei einigen Fällen eine Erleichterung (wenn auch keine Auslöschung von Engrammen) erzielt wurde, verursachte es bei anderen Fällen eine deutliche Verschlechterung. Es handelt sich hier um eine Technik mit beschränktem Anwendungsbereich, die nur dann benutzt werden kann, wenn der Auditor die Menge an Ladung beim Fall genau eingeschätzt hat.

Wie aus der Tonskala-Tabelle hervorgeht, lässt sich das Scanning von Engrammen unterhalb der Stufe 3,5 nie ohne Risiko anwenden. Im Bereich von 3,5 bis zu Clear kann man bei jemandem Scanning anwenden, aber er kann nur Scanning erhalten, wenn Rausschmeißer nicht rausschmeißen und Missweiser nicht in die falsche Richtung weisen, wenn der größte Teil der Wahrnehmungseindrücke sehr klar ist und die meisten Secondarys vom Fall beseitigt worden sind.

Das Scanning von Engrammen bietet somit eine rasche Methode, um einen Fall abzuschließen, der bereits durch andere Auditing-Fertigkeiten bis zu 3,5 hinaufgebracht wurde. Unterhalb der Stufe 3,5 sollte man sich nicht auf das Ketten-Scanning von Engrammen einlassen, da der Auditor früher oder später an einen Zusammenpacker oder irgendeinen anderen Aktionssatz geraten wird und so den Fall sehr stark enturbulieren wird. Es handelt sich um eine gefährliche Technik, die der Auditor nur dann verwenden sollte, wenn er mit völliger Sicherheit weiß, dass er es mit einem Preclear auf Tonstufe 3,5 zu tun hat.

Das Scanning von Secondary-Engrammen kann manchmal durchgeführt werden. Doch wiederum nur bei jemandem auf Tonstufe 3,5, da das Risiko besteht, dass der gesamte Gram des Falles zu einem Knäuel enturbuliert wird.

Das Scanning von Locks lässt sich von Stufe 1,1 an aufwärts durchführen, und die Warnungen hinsichtlich des Engramm-Scannings treffen auf das Scanning von Locks nicht zu. Beim Lock-Scanning gerät der Preclear jedoch gelegentlich in ein Engramm hinein. Der Grund dafür ist, dass durch die Befreiung von Entheta ein unvermutetes Engramm freigelegt wird. Befindet sich ein Fall zu tief auf der Tonskala, um mühelos ein Engramm zu durchlaufen, so könnte der Preclear in einen Boil-off versetzt werden, und dann könnte man ihn eine andere Kette scannen lassen, bis er wieder aus diesem Engramm befreit ist. Normalerweise sollte jedoch körperlicher Schmerz vermieden werden.

Beim Lock-Scanning sollte der Auditor den Archivar wie folgt befragen:

„Kann diese Kette gescannt werden, ohne körperlichen Schmerz zu berühren?“ (schnipp!)

Lautet die Antwort „Ja“, so wird die betreffende Kette gescannt. Lautet sie jedoch „Nein“, so wird um eine andere Kette gebeten. Kurz gesagt, man sollte bei keinem Fall, der sich unterhalb von 3,5 auf der Tonskala befindet, körperlichen Schmerz scannen lassen.

Diese Technik des Ketten-Scannings hat viele Nebenaspekte. Auf den ersten Blick scheint es sich beim Ketten-Scanning um eine ausgezeichnete Methode zu handeln, um alle Engramme aus einem Fall rasch hinwegzufegen und einen Clear zu erreichen. So läuft es jedoch nicht. Sogar auf der Stufe 3,5 verbleiben nach dem Ketten-Scanning noch viele Somatiken, die anschließend beseitigt werden müssen. Man könnte sagen, dass durch das Ketten-Scanning von Engrammen die obere Schicht von den Engrammen abgetragen wird. Unterhalb von 3,5 auf der Tonskala lassen sich Engramme durch Scanning nur geringfügig reduzieren, und unterhalb von 2,5 wird dabei erfahrungsgemäß mehr Theta von den Engrammen eingeschlossen, als aus ihnen befreit wird.

Wenn ein Auditor sicher ist, dass sich sein Preclear auf Stufe 3,5 befindet, beginnt er mit dem Scanning von Engrammketten, indem er den Archivar befragt, ob eine Engrammkette gescannt werden kann oder nicht. Antwortet der Archivar mit „Ja“, so weist der Auditor den Preclear an, zum ersten Engramm auf der Kette zu gehen. Ist der Auditor sicher, dass der Preclear dort angelangt ist, gibt er ihm das Zeichen, mit dem Scanning zu beginnen, worauf der Preclear alle Engramme dieser Kette bis zur Gegenwart scannt. Dies kann so langsam vor sich gehen, dass ihm Zeit bleibt, die aberrativsten Sätze, denen er dabei begegnet, auszusprechen, oder er kann langsam genug scannen, um die Sätze zu erkennen, ohne sie jedoch auszusprechen; oder er kann es auch mit mittlerer Geschwindigkeit durchführen, wobei er eine Vorstellung der Geschehnisse bekommt, die er auf der Zeitspur durchläuft; oder er kann mit Höchstgeschwindigkeit scannen, wobei der Preclear nur durch ein Aufflackern und Verschwinden von Somatiken weiß, dass er Geschehnisse durchläuft.

Durch Lock-Scanning kann Schaden, der durch das Ketten-Scanning entstanden ist, wieder behoben werden. Begeht der Auditor mit anderen Worten den Fehler, Ketten-Scanning bei einem Preclear auf 2,5 anzuwenden, und stellt fest, dass die Aktionssätze hier genügend stark sind, um den Preclear auf der Zeitspur stecken bleiben zu lassen, so kann er die letzten paar Minuten des Auditings mit Lock-Scanning behandeln, und zwar sehr gründlich, sodass der Schaden entsprechend behoben werden kann. Man sollte sich jedoch nicht darauf verlassen, dass dies immer möglich ist.

Spalte AK
SCHALTKREISE

DER SCHALTKREIS WIRD durch eine besondere Art von Engrammbefehl verursacht, der, wenn er durch Locks und Secondarys genügend stark aufgeladen ist, offenbar einen bestimmten Teil des analytischen Verstandes abtrennt. Dieser Teil handelt daraufhin (in beschränktem Ausmaß) als eine getrennte Entität oder als eine andere Persönlichkeit. „Du"-Sätze, wie z. B. „Ich muss immer das Denken für dich besorgen", „Ich sage dir jetzt, was du zu tun hast, und du musst es tun", die zu einem Menschen oder in seiner Nähe gesprochen werden, während er bewusstlos ist und körperliche Schmerzen hat, erzeugen der Theorie und den Beobachtungen zufolge dieses Phänomen. In der Praxis lösen sich diese Schaltkreise auf, wenn Ladung vom Fall entfernt wird oder wenn das Engramm, das den Schaltkreis enthält, ausgelöscht oder reduziert wird.

Die Valenz-Abtrennung, die sich im Verstand abspielt, unterscheidet sich von Schaltkreisen. Wie an anderer Stelle beschrieben wurde, kann sich das Überleben einer Person so eng mit dem Überleben eines anderen menschlichen Wesens verknüpfen, insbesondere während Zeiten, in denen er bewusstlos oder krank ist, dass die Dramatisationen, persönlichen Angewohnheiten und sogar Faktoren des persönlichen Erscheinungsbildes der nachgeahmten Person offenbar als Teil des analytischen Verstandes aufgebaut werden. Der betreffende Mensch kann mehrere Valenzen aufweisen, die durch diese Art der Verknüpfung entstanden sind. Recht häufig besitzt ein Kind die Valenz seines Vaters, die Valenz seiner Mutter sowie die Valenzen anderer Menschen in seiner Umgebung.

Eine Valenz bedeutet eine Übertreibung jenes grundlegenden Faktors bei der Erziehung: Nachahmung. Ein menschliches Wesen lernt seine ersten Lektionen und die meisten seiner späteren grundlegenden Lektionen im Bereich der Gewohnheiten, Eigenheiten und Fertigkeiten durch Nachahmung. Für alles, was im Verstand aberriert sein kann, gibt es im unaberrierten Zustand eine ganz bestimmte überlebensförderliche Verwendung. Ein Kind lernt sprechen durch Nachahmung von Lauten. Gehen lernt es, indem es die Schritte der Großen nachahmt. Während Augenblicken von körperlichem Schmerz, Bewusstlosigkeit und Krankheit gelangt diese Fähigkeit in den reaktiven Verstand, der danach den analytischen Verstand zwingt oder zwingen kann, das Verhaltensmuster eines anderen Menschen anzunehmen (ohne in seinem Denken oder Handeln die geringste Selbstbestimmung auszuüben). Eine Valenz ist die Darstellung einer ganzen Persönlichkeit. Wenn ein Fall recht viel Ladung aufweist, so kann jemand in eine Valenz geraten bzw. gerät wirklich in eine Valenz hinein und zeigt von da an die Eigenheiten, Gewohnheiten und Denkmuster jener Valenz. Eine Person hat ihre eigene Valenz und potenziell die Valenzen der Leute in ihrer Umgebung. Ein Fall, der sehr stark geladen ist, geht so vollständig in Valenzen hinein, dass die Person abrupt und deutlich Persönlichkeit und Aussehen verändert, wenn sie von einer Valenz in eine andere wechselt. Die ursprüngliche Definition einer schizophrenen oder „gespaltenen Persönlichkeit“ stammte von der Beobachtung eines solchen Identitätswechsels. Ein Fall muss wirklich sehr stark geladen (und natürlich weit unterhalb von 2,0) sein, damit diese Valenzwände so klar ausgeprägt sind, dass sie wirkliche Abteilungen im Verstand bilden und derart getrennte Gedächtnisbanken aufweisen, dass die Person, wenn sie von einer Valenz zur anderen wechselt, sich vielleicht gar nicht mehr erinnern kann, was sie in einer anderen Valenz getan hat oder dass sie sich überhaupt je in einer anderen Valenz befand. Eine Person kann potenziell zwei, sechs, zehn oder jede beliebige Anzahl von Valenzen haben. Ein Psychotiker mag (in ausgeprägterem Maße) zwei oder mehr Personen sein, wobei er von der einen zur anderen wechselt, ohne zu erkennen, dass es eine andere Valenz überhaupt gegeben hat.

Beinahe jeder Mensch hat insofern ein gewisses Maß an Valenzschwierigkeiten, als er sich gegenüber verschiedenen Menschen auch selbst als eine andere Persönlichkeit erlebt. Ein Mann fühlt sich vielleicht wie ein

Löwe, wenn er mit seinen Freunden Golf spielt, und wie eine Maus, wenn er mit seiner Frau spricht. Bei seinen Freunden ist er vielleicht in seiner eigenen Valenz (der glücklichste Zustand) oder in der Valenz einer heiteren Person, die er früher gekannt hat. Sieht er sich jedoch seiner Frau gegenüber, die er unwissentlich deshalb geheiratet hat, weil sie ihn an seine Mutter erinnerte, so wird er in die Valenz seines Vaters gezwungen, und sein Vater mag ein sehr eingeschüchterter Mann gewesen sein.

Diese Valenzunterteilungen des Verstandes befinden sich bei einem Individuum oberhalb von 2,0 unter sehr genauer Überwachung durch das „Ich". Bei Personen oberhalb von 2,0 könnte man sagen, dass das „Ich" tatsächlich jede Valenz kontrolliert. Je mehr Ladung aber bei einem Fall vorhanden ist, desto weniger vermag das „Ich" diese Valenzen zu kontrollieren. Und unterhalb von 2,0 hat sich für gewöhnlich so viel Ladung angesammelt, dass die Valenzunterteilungen des Verstandes ihr eigenes „Ich" bzw. ihr eigenes Zentrum, das sich des Bewusstseins bewusst ist, entwickeln. Hier wird das wirkliche „Ich" des Individuums auf die wenigen verbleibenden Aufmerksamkeitseinheiten eingeschränkt, die die Grundpersönlichkeit bilden.

Selbstbeherrschung ist tatsächlich etwas, das vom „Ich" ausgeübt wird. Solange dem „Ich" genügend Aufmerksamkeitseinheiten zur Verfügung stehen, um den Analysator zu kontrollieren oder zu führen, ist Selbstbestimmung vorhanden – und zwar in dem Maße, wie das „Ich" in der Lage ist, diese Führung oder Kontrolle auszuüben.

Was nun Valenzen betrifft, so erzeugt das Untertauchen des „Ichs" in diese Valenzunterteilungen bei fortschreitendem Absinken der Person auf der Tonskala einen Zustand, in dem ein Mensch, wenn er sich in Vaters Valenz befindet, sich so kontrolliert, wie Vater es getan hätte, und wenn der Betreffende sich in Mutters Valenz befindet, sich so kontrolliert, wie Mutter es getan hätte.

Man könnte sagen, dass Valenzen, ebenso wie Engramme, Rausschmeißer, Zusammenpacker, Verleugner und Festhalter aufweisen. Damit ist gemeint, dass der Satztyp, der als *Valenzwechsler* bekannt ist, jemanden zwingen kann, in einer bestimmten Valenz zu sein (Festhalter), jemanden zwingen kann, in jeder beliebigen oder in allen Valenzen zu sein (Zusammenpacker), oder ihn von einer bestimmten Valenz aussperren kann (Rausschmeißer), sodass er ein menschliches Wesen nicht nachahmen kann, wie zum Beispiel Vater, der vielleicht sehr gute, nachahmenswerte Eigenschaften hatte. Typische Valenzwechsler sind Sätze, wie „Du bist genau wie dein Vater", „Ich werde so tun müssen, als ob ich jemand anders bin", „Du bist genau wie deine Mutter, mit jedem Tag wirst du ihr ähnlicher, und deshalb hasse ich dich" (was zur Folge hätte, dass jemand wie seine Mutter wird, seine Mutter hasst und deshalb sich selbst hasst). Es gibt auch die synthetische Valenz, was eine künstliche Person ist. Oder den Valenzbefehl, der jemanden veranlasst, so zu sein wie jeder Schauspieler auf der Bühne, den er sieht. Oft sind für Haustiere Valenzen vorhanden, und nicht selten ist ein kleines Mädchen in der Valenz seines Hundes oder seiner Katze und drückt sich in nachgeahmten Eigenheiten aus. Nimmt diese Nachahmung ein beträchtliches Ausmaß an, so hat dieses Kind einen Valenzwechsler, der es in die Valenz des Haustieres bringt, wie zum Beispiel „Du bist genau wie Fiffi!" Jedes Mal, wenn die Mutter wütend ist, wird das Kind „wie Fiffi".

Am deutlichsten lassen sich Valenzen beobachten, während ein Engramm durchlaufen wird. In einem Engramm bildet jede Person in der Nähe des Bewusstlosen eine potenzielle Valenz. Sind zum Beispiel ein Arzt, eine Krankenschwester und ein Elternteil während einer Mandeloperation zugegen und sprechen sie während der Operation (was man nie tun sollte!), so ergibt dies je eine potenzielle Valenz für den Arzt, die Krankenschwester und für den betreffenden Elternteil. Natürlich muss ein solches Engramm sehr stark geladen sein, bevor diese Valenzen irgendeinen Teil des Analysators übernehmen können. Handelt es sich um ein schwer geladenes Engramm, so wird der Preclear, während er das Geschehnis durchläuft, recht häufig die Valenzen von Leuten übernehmen, die während des Geschehnisses zugegen waren. Er wird nicht seine eigenen Somatiken verspüren, sondern solche, die von Sätzen befohlen werden, die im Geschehnis enthalten sind. Durchläuft er ein vorgeburtliches Engramm in der Valenz seiner Mutter, so wird er dic Magenbeschwerden seiner Mutter haben und nicht den Druck, den er damals verspürte. Dies zeigt, dass er außerhalb seiner eigenen Valenz ist. Nachdem die betreffende Valenz entladen oder der Valenzwechsler lokalisiert worden ist, kann der Preclear dann das Geschehnis in seiner eigenen Valenz durchlaufen, und nur auf diese Weise empfindet er wirklich eine große Erleichterung. Bei einem Fall, der so stark geladen ist, dass er Befehlssomatiken verspürt und leicht seine eigene Valenz verlässt, sollte der Auditor nicht fortwährend Engramme auditieren.

Der Schaltkreis unterscheidet sich von der Valenz. Der Valenzmechanismus lässt ganze Persönlichkeiten entstehen, die der Preclear sein soll, und umfasst Gewohnheiten und Eigenarten, die nicht in Engrammen erwähnt sind, sondern dem Zwang des Preclears entspringen, bestimmte Leute nachzuahmen. Der Schaltkreis hingegen ist ein Mechanismus, der zu einer eigenständigen Identität wird, mit seinem eigenen „Ich", das einen Teil des Analysators wegnimmt, ihn mit der Ladung abkapselt und danach dem Preclear Befehle erteilt. In früheren Zeiten wurden diese Schaltkreise als „Dämonen" bezeichnet. Sokrates beispielsweise hatte einen Dämon, der ihm Weisungen erteilte, obwohl der sokratische Dämon vielleicht nicht die Folge eines Engramms, sondern ein Theta-Wahrnehmungseindruck war.

Für gewöhnlich haben Leute verschiedene Arten von Schaltkreisen, ohne sich dieser Tatsache bewusst zu sein. Beim „Bewusstseinsstrom" einer Person (wie sie über ihre Probleme vor sich hinredet) ist im Grunde ein Schaltkreis am Werk, der „ihr sagt, wie sie zu denken hat" oder „ihr sagt, wie sie zu handeln hat". Das Denken ist ein so rascher und komplizierter Vorgang, dass man nie schnell genug wäre, um alles in Worte zu kleiden. Wenn dem Denken Stimme verliehen wird, so geschieht dies gewöhnlich auf Befehl eines Schaltkreises. Ein Preclear mag einen Schaltkreis haben, der ihn kritisiert, einen Schaltkreis, der ihn offenbar herumkommandiert, einen weiteren Schaltkreis, der ihn verhöhnt oder sich über ihn lustig macht, wenn er etwas falsch macht, und noch einen weiteren Schaltkreis, der ihm imaginäre Bilder eingibt.

Hat ein Preclear aktive Schaltkreise, so weist er einen relativ stark geladenen Fall auf, und es sollte zuerst Ladung vom Fall abgebaut werden, bevor der Auditor den Versuch unternimmt, diese Schaltkreise in Engrammen zu lokalisieren. Ergibt sich ein Schaltkreis aus der Dramatisation eines Elternteils, wie zum Beispiel „Du bleibst jetzt hier und hörst mir zu!", so kann es geschehen, dass sich durch Straightwire ein im Wachzustand erlebtes Geschehnis im Leben des Preclears finden lässt, als der betreffende Elternteil diesen Satz zu jemandem sagte. Indem einfach durch Straightwire die tatsächliche Dramatisation lokalisiert und identifiziert wird, kann dieser Schaltkreis zunichtegemacht werden. Auch wenn der Preclear für gewöhnlich wie sein Vater handelt und unter denselben (oder ähnlichen) chronischen Somatiken leidet, wie sein Vater sie hatte, so geschieht es gelegentlich, dass der Preclear in seine eigene Valenz wechselt, wenn durch Direkterinnerung der grundlegende Valenzwechsler gefunden wird. Es kann auch geschehen, dass man durch Direkterinnerung eine Zeit finden kann, als Vater über Magenbeschwerden klagte, und dadurch erreichen kann, dass der Preclear, der bis jetzt mit Magenbeschwerden zu kämpfen hatte, plötzlich davon befreit ist.

Für gewöhnlich muss ein Fall aber in beträchtlichem Maße von Entheta befreit werden, bevor Schaltkreise und Valenzen ihre Wirksamkeit verlieren; dann gewinnt das „Ich" des Preclears wieder seine Selbstbestimmung und Kontrolle über den Organismus, die ihm von künstlichen „Ichs", die ihren Ursprung in den Engrammen hatten, streitig gemacht worden war.

Man könnte sagen, dass alle Schaltkreise *Kontroll-Schaltkreise* sind, da sie versuchen, im Widerstreit zum eigenen „Ich" des Preclears eine Wirkung auf den Preclear auszuüben. Diese Kontroll-Schaltkreise sind künstliche Kontrollen und sollten keineswegs mit der wünschenswerten Selbstkontrolle des Individuums verwechselt werden. Kein Kontroll-Schaltkreis ist wirklich imstande, das Individuum auf eine Weise zu beherrschen, dass es in Richtung Überleben geht. Ermahnt man einen Menschen, sich zu beherrschen, so kann dies, wenn er wach ist, vielleicht das „Ich" dazu anregen, dass es sein Recht auf die Führung des Körpers durchsetzt. Doch kann dadurch ebenso leicht ein Schaltkreis restimuliert werden und der Mensch unter die Kontrolle irgendeines Befehls in einem Engramm gestellt werden.

Es gibt eine besondere Art von Kontroll-Schaltkreis, die dadurch hervorsticht, dass sie dem Auditor besondere Schwierigkeiten verursacht. Enthält ein Engramm einen besonders durchschlagenden Satz, wie zum Beispiel „Beherrsche dich", so wird der Auditor, wenn er dieses Engramm auditiert (obwohl es stark geladen ist), vielleicht plötzlich feststellen, dass der Preclear „sich selbstständig macht" und ohne irgendwelche weiteren Anweisungen auf der Zeitspur hin- und herspringt. Hier hat plötzlich ein Auditing-Schaltkreis die Kontrolle übernommen. Der Auditor muss nun feststellen, was dieser Satz genau ist, und ihn dann wiederholen lassen. Manchmal ist der Archivar nicht in der Lage, einen Kontroll-Schaltkreis anzugeben, und funktioniert der Archivar plötzlich nicht mehr, obwohl er zuvor gut gearbeitet hat, so sollte der Auditor vermuten, dass ein Kontroll-Schaltkreissatz aufgetaucht ist.

Mit dem Valenzwechsler treten ähnliche Schwierigkeiten auf. Doch verschwinden hier vielleicht Sonik und das Somatik, während der Preclear sich immer noch im Engramm befindet. Der Valenzwechsler übernimmt nur insofern die Kontrolle, als er den Preclear in eine andere Identität hineinbringt, und nicht in der Weise, dass er seine Position auf der Zeitspur verändert. Dies trifft bei einem Kontroll-Schaltkreis nicht zu. Der Kontroll-Schaltkreis kann sich als eine eigenständige innere Entität verhalten, die den Preclear der Kontrolle des Auditors entzieht.

Wenn es sehr schwer ist, mit Preclears umzugehen, „sie die Zügel in die Hände nehmen" und versuchen, ihren eigenen Fall selbst zu auditieren, trotz allem, was der Auditor tun mag (vorausgesetzt, der Auditor hat recht gute Arbeit geleistet, denn das „Ich" wird manchmal den Fall der Kontrolle des Auditors entziehen, falls der Auditor sehr schlechte Arbeit leistet), so werden sie von Kontroll-Schaltkreisen gelenkt – aufgezeichneten Befehlen, die verursachen, dass sich der Preclear während des Auditings nicht richtig verhält. Ein Fall, bei dem dies auftritt, ist sehr stark geladen, und man sollte keine Engramme bei ihm auditieren.*

Von Kontroll-Schaltkreisen wird der Preclear nicht nur beherrscht und herumkommandiert, sondern auch zunichtegemacht. Der Preclear hat vielleicht einen defätistischen Schaltkreis, der ihn glauben lässt, dass er nicht imstande sei, die an ihn gestellten Erwartungen zu erfüllen, und ihn auf der Tonskala niederdrückt, indem er ihm ständig einredet, er werde versagen. Ein solcher Schaltkreis könnte folgenden Wortlaut haben: „Ich bin hier, um dir zu sagen, dass aus dir nie etwas werden wird. Du bist ein Nichts. Du bist ein Niemand. Du wirst es nie zu etwas bringen. Du wirst nie Erfolg haben.

*Selbstauditing führt aus vielen Gründen zu keinen guten Ergebnissen. Ein Preclear, der sich selbst durch Entheta hindurchauditiert, wird unvermeidlich auf Schwierigkeiten stoßen. Er wird sich selbst auf der Tonskala hinunterbringen, egal wie viele Engramme oder Boil-offs er kontaktiert. Während er sich selbst auditiert, dramatisiert er Valenzen in Engrammen, die ihn verletzt haben, und deshalb hat er weiterhin nur Schmerzen via Engramme. „Selbst"-Prozessing ist nur in einem System wie *Selbstanalyse* möglich. Dies ermöglicht es, weil der Autor den Preclear via das Buch auditiert. Dieses System *verhindert* Selbstauditing und *verbessert* die Position des Preclears auf der Tonskala. *Selbstanalyse* ist bei den Adressen erhältlich, die am Ende dieses Buches aufgeführt sind. Es enthält das Selbst-Prozessing-System und eine vereinfachte Darlegung der Dianetik.

Und es wird auch Zeit, dass dir jemand die Wahrheit sagt.“ Befindet sich viel Ladung auf diesem Schaltkreis, so wird er den Preclear ständig in die unteren Bereiche der Tonskala niederdrücken, indem er ihn entmutigt. Um jedoch überhaupt wirken zu können, müsste dieser Schaltkreis schon sehr stark geladen sein und wahrscheinlich durch irgendeine andere Person in der Umgebung restimuliert werden, die Tag für Tag dem Preclear gegenüber genau diese Haltung zum Ausdruck bringt.

Es gibt Schaltkreise, die Sonik stören, und Schaltkreise, die Visio stören. Schaltkreise, die Sonik stören, lassen sich sehr leicht erkennen, denn sie sprechen hörbar im Kopf des Preclears oder vermitteln ihm schwache Sonik-Eindrücke. Gelegentlich mag dieser Sonik-Schaltkreis versuchen, Engramme für den Preclear zu erzeugen. Doch weisen Schaltkreise ein bestimmtes Merkmal auf, anhand dessen sie der Auditor immer unterscheiden kann. Schaltkreise sind gewöhnlich dumm. Sie sind auch unhöflich. Der Auditor sollte ihnen keine Aufmerksamkeit schenken, wenn er sie entdeckt, denn ihnen Aufmerksamkeit zu schenken würde bedeuten, sie zu einem bestimmten Grad zu bestätigen. Entdeckt er einen Schaltkreis dieser Art, so sollte er nicht versuchen sich damit abzumühen. Er sollte genügend Ladung vom Fall abbauen, sodass der Schaltkreis seine Wirksamkeit verliert. Diese Schaltkreise, die Sonik und Visio erzeugen, besitzen ein sehr beschränktes Repertoire und der Auditor sollte sich nicht beunruhigen, wenn er auf sie stößt. Doch sollte er dann auch nicht denken, dass alles, was der Preclear durchläuft, immer auf solchen Schaltkreisen beruht. Um solche Schaltkreise zu haben, muss der Fall ein gutes Stück unterhalb von 2,0 auf der Tonskala sein, und auf dieser Stufe werden die Daten vom „Ich“ ohnehin selten richtig ausgewertet. Der Auditor ist in diesem Bereich nicht an Daten interessiert. Somit sollten ihn die Visio- und Sonik-Schaltkreise nicht beunruhigen, da sie ihn nicht daran hindern werden, Ladung von einem Fall wegzuschaffen. Der Auditor versucht nicht, Engramme zu auditieren.

Es gibt auch den Schaltkreis-Typ, der Absperrungen bewirkt, der Schaltkreis, der bestimmte Informationen verbirgt oder die Standard-Bank oder die reaktive Bank vor dem „Ich“ verbirgt, sodass es nicht in Kontakt mit ihnen kommen kann. Dieser Schaltkreis könnte folgenden Wortlaut aufweisen: „Ich muss dich zu deinem eigenen Besten vor dir selbst schützen.“ Dies mag sehr mitfühlend in einem Engramm geäußert und danach von derselben Person in der Umgebung des Preclears genügend oft wiederholt worden sein, dass daraus eine sehr stark geladene Absperrung entstanden ist. Diese Person kann zu keinem Teil ihres Verstandes gelangen, um auch nur annähernd ein optimales Funktionieren zu erreichen, da sie „sich vor sich selbst schützt". Doch gilt auch hier, dass jeder dieser Absperrungs-Schaltkreise sehr viel Ladung aufweisen muss, um wirksam zu sein. Lock-Scanning und Direkterinnerung werden diese Schaltkreise beträchtlich erleichtern, doch kann der Absperrungs-Schaltkreis, der auf tausend verschiedene Arten formuliert sein kann, in solchem Maße bestehen bleiben, dass alles Entheta mehr oder weniger abgesperrt wird.

Schaltkreise wirken sich besonders schlimm aus, wenn sie das Freiwerden von Emotion behindern. Der stark geladene Fall, der aber unter der Wirkung von Schaltkreisen steht, die ihm befehlen, er dürfe nicht weinen, nichts fühlen, er müsse alles vergessen usw., stellt den Auditor vor ein echtes Problem. Er stellt vielleicht fest, dass sein Einstieg in den Fall am Anfang stark behindert ist. Der Schaltkreis macht es dem Preclear unmöglich, ein Secondary-Engramm zu entladen. Doch normalerweise kann der Auditor den Preclear durch Direkterinnerung und Lock-Scanning so weit bringen, dass er Secondary-Engramme durchlaufen kann, selbst ohne diese behindernden Schaltkreise zu entladen.

Es gibt Schaltkreise, die Affinität, Realität und Kommunikation entweder erzwingen oder verhindern. Der Satz „Du liebst niemals irgendwen" verhindert Affinität. „Du musst mich lieben" erzwingt Affinität. „Alles kommt dir unwirklich vor" und „Du musst alles glauben, was du hörst" verhindern und erzwingen Realität. „Du musst mir zuhören" erzwingt Kommunikation, und „Du hörst nie zu, wenn ich dir etwas sage" verhindert Kommunikation.

Valenzwechsel bereiten dem Auditor ebenfalls Schwierigkeiten, wenn er einen Fall von Secondarys zu entladen versucht. Ein Preclear kann sich in der Valenz seines Vaters befinden, der keine Gefühle an den Tag legte, und daher unfähig sein, Tränen zu vergießen. Jemand kann sich so vollständig in der Valenz seiner Mutter befinden, die die ganze Zeit weinte, dass er scheinbar Secondarys durchläuft, in Wirklichkeit jedoch Befehlen zum Weinen gehorcht oder einem Nachahmungstrieb folgt, der ihm gebietet zu weinen. Auf diese Weise wird bei dem Fall keinerlei Secondary entladen. Durch die einfache Tatsache, dass er sich außerhalb seiner Valenz befindet, vermag er weder seinen eigenen Schmerz, noch seine eigene emotionale Ladung zu berühren. Der Schmerz und die emotionale Ladung sind bei dem Fall zwar sehr stark vorhanden, da aber der Preclear in eine andere Valenz hineingewechselt ist, verspürt er Befehls-Somatiken oder die Schmerzen der anderen Person und vergießt die Tränen und empfindet die Ängste dieser anderen Person. Damit könnte jemand einige Zeit fortfahren, ohne dass eine besondere Verbesserung des Falles eintritt. Man sollte verstehen, dass nur unterhalb von 2,2 ein Fall genügend Ladung aufweisen kann, um den Preclear so weit aus seiner eigenen Valenz herauszubringen, dass er zumindest auf einem Teil der Zeitspur nicht mehr imstande ist, seinen eigenen Schmerz und seine eigene Emotion zu verspüren. Befindet sich ein Preclear auf diese Weise außerhalb seiner Valenz, so werden abwechselnd Direkterinnerung, Lock-Scanning (bei dem sich der Auditor nie darum sorgt, ob der Preclear in seiner Valenz ist oder nicht) und das Auditieren von einzelnen Locks angewandt, bis genügend Ladung vom Fall abgebaut ist, sodass der Fall natürlich in seine eigene Valenz kommt und seinen eigenen körperlichen Schmerz durchläuft.

Sind es auch vielleicht nicht die eigenen Ängste oder Tränen, die frei werden, so gibt doch glücklicherweise ein Fall sein eigenes Anaten in Form von Gähnen oder Boil-off ab, wobei es keine Rolle spielt, wie sehr er sich außerhalb seiner Valenz befindet oder wie stark auch die Schaltkreise sein mögen. Die Valenz hat manchmal eine relativ mangelhafte, aber nichtsdestoweniger vorhandene Zeitspur. Und man kann einen Preclear, der sich in der Valenz seines Vaters befindet, auf der Zeitspur seines Vaters zurückschicken. Diese Zeitspur wird überall da vorhanden sein, wo der Vater mit dem Preclear in Kontakt war. Auf dieser Zeitspur lässt sich tatsächlich Lock-Scanning anwenden, doch braucht sich der Auditor über diesen Mechanismus keine allzu großen Gedanken zu machen.

Der Auditor sollte die Mechanismen von Valenzen und Schaltkreisen verstehen, um zu begreifen, was den Fall seines Preclears möglicherweise aufhält, und um menschliches Verhalten verstehen und auswerten zu können. Das Studium dieses Kapitels sollte jedoch dem Auditor nachdrücklich klarmachen, dass eine Valenz oder ein Schaltkreis schwer geladen sein muss, um sehr wirksam zu sein, und somit hängt die Lösung von Fällen, die sich chronisch außerhalb ihrer Valenz befinden (wie zum Beispiel der Sarg-Fall), oder von Fällen, die stark unter dem Einfluss von Kontroll-Schaltkreisen stehen, vom Abbau von Ladung ab. Ladung lässt sich in Form von Locks und sogar Secondarys durch Direkterinnerung und Lock-Scanning beim Fall beseitigen, und sie lässt sich auch durch hohe Affinität, Realität und Kommunikation wegschaffen, die sich entweder aus der Verbindung mit dem Auditor ergeben oder aus starken überlebensförderlichen Faktoren in der Gegenwart, aus Vergnügen oder sogar durch Ausbildung (wie es sich in Gruppendiskussionen zeigt, wo die Tonstufe des Einzelnen sehr oft ansteigt).

Zu Beginn war in der Dianetik unglaublich viel Wissen und Können erforderlich, um mit Schaltkreisen und Valenzen umzugehen. Der Grund dafür war, dass Engramme auditiert wurden, bevor die Ladung des Falles in ausreichendem Maße abgebaut war, damit sich Engramme überhaupt an ihm auditieren ließen. Da wir nun dem Auditor ein besseres Verständnis bezüglich seiner Arbeit vermitteln können und da nun der Auditor auch besser verstehen kann, was mit „Ladung" gemeint ist und wie man sie wegschafft, benötigt er dieses enorme Ausmaß an Technologie nicht mehr in solchem Grade. Er sollte jedoch ein Verständnis dieses Gebietes haben, da es Fälle geben wird, die sich viel rascher lösen ließen, wenn der Auditor begreifen würde, dass der Preclear einzig und allein Mamas Tränen vergießt oder einem Schaltkreis gehorcht.

Eine der offenkundigsten Äußerungen von Schaltkreisen und Ladung bei einem Fall ist das sogenannte „vorgeburtliche Visio". Es gibt durchaus vorgeburtliches Visio, doch ist es schwarz. Steckt der Preclear in einem vorgeburtlichen Engramm fest, so wird die Schwärze dieses Engramms sein Visio tatsächlich verdunkeln oder verdecken. Sein Sonik wird verdeckt sein, weil er in einem Engramm feststeckt. Was aber Visio betrifft, so sollte man verstehen, dass Zellen und der Theta-Körper zwar vermutlich Licht registrieren, jedoch kein Mechanismus außer der Fantasie bekannt ist, der die Bilder hervorbringt, die mit „vorgeburtlichem Visio" verbunden sind.

„Vorgeburtliches Visio" mag aus völlig farbigen Szenen außerhalb von Mama bestehen. Vielleicht besteht es auch einfach aus Bildern, die plötzlich kommen und wieder verschwinden.

Ein Kontroll-Schaltkreis wird „vorgeburtliches Visio" erzeugen. „Vorgeburtliches Visio" ist falsch und hat mit der Realität nichts zu tun; es bedeutet einfach, dass der Fall stark geladen ist. Recht häufig wird

„vorgeburtliches Visio“ einen Moment lang einsetzen, während der Preclear ein Engramm in der vorgeburtlichen Zone durchläuft. Der Auditor sollte sofort nach einem Kontroll-Satz fragen, wenn diese vorübergehende Visio-Erscheinung auftritt. Er wird irgendeinen Satz, wie „Ich sehe, was du meinst“ oder einfach „Beherrsche dich“ finden, der irgendwie die Fantasie auf die tatsächliche Bank übergreifen lässt.

„Vorgeburtliche ASW“ ist eine weitere Art, wie sich Ladung und Schaltkreise äußern. Ein Schaltkreis mag zum Beispiel lauten: „Ich weiß, was du denkst“, und wird der Preclear in dessen Nähe zurückgeschickt, so scheint er durch ASW die Gedanken von Vater und Mutter zu erfahren. Diese „Gedanken“ sind in Wirklichkeit Verbindungen von Sätzen aus der reaktiven Bank und den Standard-Banken des Preclears. Es ist gut möglich, dass es außersinnliche Wahrnehmung gibt, doch „vorgeburtliche ASW“ ist falsch.

Es kann beim Preclear noch eine weitere Art von Visio auftreten, die dem Auditor bekannt sein sollte. Sie ist der Fata Morgana in der Wüste nicht unähnlich. Starker Boil-off oder Bereiche von schwerem Anaten können den Preclear dazu bringen, sich von der Wirklichkeit zu lösen, wobei er Szenen sieht und sogar Stimmen hört. Diese Szenen und Stimmen sind für gewöhnlich völlig unzusammenhängend. Der Preclear sollte niemals unterbrochen werden, wenn er dies macht. Es ist ein ganz sicheres Anzeichen für Boil-off. Diese Phase wird (normalerweise) bald vorübergehen, und andere Wahrnehmungseindrücke des Engramms werden auftauchen. Man muss den Preclear immer durch einen solchen Boil-off durchgehen lassen, ohne ihn zu unterbrechen, anzustoßen, aufzurütteln oder anzusprechen, da Dinge, die geschehen, während er sich in diesem Zustand befindet, aufgezeichnet werden; denn er befindet sich am Rande der Bewusstlosigkeit.

Hierin scheint auch die Wurzel von Träumen zu liegen. Der Traum ist normalerweise ein Engramm, das sich durch den Nebel des Anatens auf irgendeinem Umweg zum „Ich“ hinauf widerspiegelt und auf seinem Weg beträchtlich verzerrt wird. Sobald man das Engramm kennt, findet der Traum seine volle Erklärung. Er ermöglicht es vielleicht sogar, ein Engramm zu finden, das man sonst nicht vermuten würde. Normalerweise ist ein derartiges Ratespiel jedoch nicht nötig, da ein Fall, der intensiv träumt, entweder an Vitamin-B_1-Mangel leidet oder sehr viel Ladung aufweist.

Spalte AL
Zustand des Archivars

Wie an anderer Stelle bereits erwähnt wurde, sind im menschlichen Verstand offenbar mehrere Entitäten oder Reaktionsmechanismen vorhanden. Für den Auditor ist der Archivar der wichtigste davon, wenn nicht sogar der höchstrangige.

Aus einer Untersuchung geht klar hervor, dass die allgemeinen Erscheinungsformen von Aberration – Valenzen, Schaltkreise und Verzerrungen der Fähigkeiten des Verstandes – davon abhängen, dass der Aufbau des analytischen Verstandes im Grunde die Mechanismen enthält, die der Aberration durch Engramme ausgesetzt sind. Der reaktive Verstand verfügt nicht über die Funktionsmechanismen, die erforderlich sind, um Engramme über ihren Inhalt an Entheta und körperlichem Schmerz hinaus wirksam zu machen. Jemand, der an einem manischen Engramm leidet, das ihm sagt, er sei der beste Straßenbahnschaffner der Welt, mag als Straßenbahnschaffner durchaus sehr gute Arbeit leisten. Man könnte sagen, dass der analytische Verstand der Verstand ist, der allein das Potenzial enthält, das für den Beruf des Straßenbahnschaffners erforderlich ist. Dieses Potenzial wird durch das Engramm nicht gesteigert, sondern nur aufgezwungen, und zwar unter Ausschluss anderer Fähigkeiten des Menschen. Wenn die Wirkung des Engramms beseitigt ist, vermag er somit ein noch viel besserer Straßenbahnschaffner zu sein, da das Engramm die Faktoren körperlicher Schmerz und Bewusstlosigkeit enthält, welche die analytische Fähigkeit vermindern und somit die Handlungsfähigkeit beschneiden.

Der Kontroll-Schaltkreis kann als Erscheinung eines Engrammbefehls nur deshalb bestehen, weil dem analytischen Verstand der Mechanismus von Kontroll-Schaltkreisen von Natur aus zu eigen ist. Im Rahmen seiner üblichen Denkvorgänge baut sich das „Ich“ diese Kontroll-Schaltkreise nach Belieben auf und schafft sie wieder weg. Mit jedem neuen Lernmuster werden eine ganze Reihe Schaltkreise aufgebaut, und diese führen wiederum unabhängig vom „Ich“ Berechnungen durch. Um zum Beispiel ein Auto zu lenken, schenkt das „Ich“ vielen routinemäßigen Handlungen des Körpers wenig oder gar keine Beachtung, sondern stellt auf dem Wege des Lernens Schaltkreise bereit, denen es die Lenkung dieser Funktionen überträgt. Das „Ich“ baut bei vollständiger Kontrolle über den Analysator Unterteilungen in ihm auf, die für verschiedene Denkvorgänge zu sorgen haben, und hebt diese Unterteilungen nach Belieben wieder auf. Der Verkäufer baut sich z. B. einen Schaltkreis auf, um sein Produkt zu verkaufen. Das „Ich“ des Verkäufers achtet vielleicht sehr wenig darauf, was der Verkaufs-Schaltkreis sagt oder tut, während dieser Schaltkreis das routinemäßige Verkaufsgespräch abwickelt. Das Denken ist so komplex, dass Schaltkreise sehr notwendig sind, um verschiedene Aspekte des Denkens zu erledigen. Eine Köchin hat normalerweise viele Schaltkreise, die ihr sagen, was sie mit verschiedenen Gerichten tun soll, während sich ihr „Ich“ mit der Planung von Vorgehensweisen auf höherer Ebene befasst oder vom Radio unterhalten wird.

Im vorhergehenden Kapitel wurde besprochen, wie es zu Valenzen kommt.

Durch Engramme oder Ladung kann die Fantasie übersteigert oder gehemmt werden und tatsächlich auch dazu gebracht werden, auf Berechnungs-Schaltkreise überzugreifen. Die Fantasie muss jedoch als analytische (wenn auch manchmal unabhängig selbstgesteuerte und scheinbar automatisch ablaufende) Funktion und als natürlicher Teil des analytischen Verstandes bestanden haben, bevor sie durch ein Engramm und durch Entheta aberriert werden kann.

Offenbar besteht die Hauptfunktion des Archivars darin, dass er Wahrnehmungsdaten, alte Schlussfolgerungen und Fantasien sowie andere Daten aus den Standard-Gedächtnisbanken nimmt und sie an die Computer niederer Stufen oder an das „Ich“ weiterleitet. Es gibt wahrscheinlich viele Aufmerksamkeitseinheiten entlang der Standard-Banken, die diese Funktion ausüben, da offensichtlich in jedem gut funktionierenden Verstand viele Untercomputer an der Arbeit sind.

Befindet sich der analytische Verstand in sehr gutem, funktionstüchtigem Zustand (das heißt, wird er nicht durch die willkürlichen Daten in Engrammen falsch informiert oder durch das Entheta im reaktiven Verstand unterdrückt), so erhält er die meisten Antworten in der Art von Blitzantworten. Der „Bewusstseinsstrom" des Romanschriftstellers oder das nutzlose Geschwätz eines Menschen, dem von einem Schaltkreis befohlen wird, er müsse „sich alles sehr sorgfältig überlegen", und der endlose Schlussfolgerungen vor sich hin formuliert – all dies ist für gewöhnlich die Folge von Engrammen und Entheta. Der Archivar oder dessen Gehilfen geben dennoch jene Daten, die gültig und genau sind, an das „Ich" durch. Diese Übergabe spielt sich gewöhnlich in Millisekunden ab.

Stellt der analytische Verstand infolge von Entheta und Engrammen seine Funktion immer mehr ein, so werden immer mehr Aufmerksamkeitseinheiten gefangen genommen oder unter dem Entheta begraben. Je mehr sich dieser Zustand verschlimmert, desto größere Schwierigkeiten hat der Archivar, Daten zum „Ich" durchzubringen, da er nach und nach in die Situation gerät, sie durch Schaltkreise, durch Valenzwände und auf ungewöhnlichen Wegen durchschicken zu müssen. Unter solchen Umständen verlängern sich die Millisekunden nicht nur zu Sekunden oder Minuten, sondern womöglich sogar zu drei Tagen. Bei einer durchschnittlich aberrierten Person muss der Archivar durch so viel Entheta und über so viele abwegige Umleitungen den Befehl erhalten und die Antwort durchbringen, dass man „nachdenken muss", um sich an etwas zu erinnern; so kann es tatsächlich geschehen, dass man plötzlich die Daten, die gestern verlangt wurden, heute um zehn Uhr morgens erhält – ohne jeden Zusammenhang mit der augenblicklichen Tätigkeit.

Wenn der Fall durch Entheta noch mehr unterdrückt und der Analysator aus demselben Grund noch mehr zerteilt wird, so bleibt vom Archivar nur noch ein schwaches Echo. Das Gedächtnis wird als „sehr schlecht" betrachtet, und der betreffende Mensch gelangt nur sehr langsam zu seinen Schlussfolgerungen.

Ist die Person unterhalb von 2,0 gesunken, so hört nicht nur der Archivar als solcher für sie zu bestehen auf, sondern die Daten beginnen durch

Entheta-Archivare hin- und hergeleitet zu werden, die den wirklichen Archivar ersetzen. Der wirkliche Archivar ist zwar immer noch da, doch derart unterdrückt, dass ihm seine Funktionen entrissen werden. Somit können der Empfang von Daten sowie die Schlussfolgerungen eines Menschen, der sich unterhalb von 2,0 auf der Tonskala befindet, gelinde gesagt, erstaunlich sein. Nicht nur ist sein Analysator so stark eingeschränkt, dass er instinktiv überlebensfeindliche Berechnungen anstellt, wenn auch diese Richtung verdeckt sein mag, sondern die Daten, auf deren Grundlage diese Berechnungen durchgeführt werden, sind auch durch engrammatische Auswahl- und Speichereinheiten, die aus Entheta bestehen, falsch ausgewählt und verzerrt. Man könnte sogar so weit gehen zu sagen, dass ein Mensch unterhalb von 2,0 die meisten seiner Daten aus seiner Engrammbank und nicht aus seiner Standard-Gedächtnisbank bezieht.

Bemerkenswert ist, dass man sogar bei einem sehr aberrierten Menschen, der sich in Amnesie-Trance befindet oder unter dem Einfluss starker Beruhigungsmittel steht (versuchen Sie diese Dinge auf keinen Fall beim Prozessing, da sie noch viel mehr Enturbulierung und Aberration des Preclears zur Folge hätten), die gelassene und heitere Grundpersönlichkeit entdecken kann; und der Archivar, der sonst tief vergraben war, aber hier zum Vorschein kommt, kann in einem immer noch gut funktionierenden Zustand vorgefunden werden. Der Grundpersönlichkeit verbleiben jedoch so wenige Aufmerksamkeitseinheiten, obwohl sie die Grundlagen der Persönlichkeit enthält, die diese Person als Clear darstellen würde, dass diese Beobachtung nur als Randbemerkung ohne jeden praktischen Nutzen für das Prozessing zu verstehen ist. Es wurde hier nur erwähnt, um dem Auditor vor Augen zu führen, dass der Archivar nicht stirbt oder verschwindet, nicht einmal bei einem Psychotiker, auch wenn sich der Auditor dieses Eindrucks vielleicht nicht erwehren kann, wenn er mit stark aberrierten Menschen arbeitet.

Der Archivar gibt normalerweise Antworten, die genaue Daten enthalten, und nicht solche, die Berechnungen erfordern. Zum Beispiel kann man dem Archivar (oberhalb von 1,5) recht zuversichtlich irgendeine Frage stellen, die sich mit „Ja“ oder „Nein“ beantworten lässt, und die Antwort erhalten. Außerdem wird der Archivar Zeitangaben in Form von Wochentagen sowie das Datum des Monats, der Monate oder der Jahre angeben, um den Preclear oder ein Geschehnis auf der Zeitspur zu lokalisieren. Des Weiteren wird der Archivar die Bezeichnungen von Dingen oder von Ketten sowie die Namen von Personen angeben, wenn man ihn danach fragt. Der Archivar wird auch die in Worte gefasste Schlussfolgerung darüber, was mit dem Fall durchgeführt werden sollte, an den Auditor weitergeben, falls diese bereits an anderer Stelle im Verstand vorhanden ist.

Die gewöhnliche Verwendung des Archivars ist sehr einfach. Der Auditor stellt einfach die Frage:

„Ja oder Nein: Steckst du in der Geburt fest?“ (schnipp!)

Er wird „Ja“ oder „Nein“ als Antwort erhalten. Die gewünschte Form der Antwort sollte der Auditor als Erstes angeben. Er sagt daher „Ja oder Nein“, *bevor* er die Frage stellt. Genauso würde er „Datum“ sagen, bevor er das betreffende Ereignis nennt. Und jedes Mal lässt er der Frage ein Fingerschnippen folgen. Die üblichen aus Unachtsamkeit begangenen Fehler bestehen darin, dieses Verfahren umzudrehen, indem zum Beispiel der Archivar das „Ja oder Nein“ nach der Frage erhält. Bei einer durchschnittlich aberrierten Person gibt der Archivar vielleicht einfach das „Ja oder Nein“ als Echo wieder zurück. Ein anderer, einfach lächerlicher Fehler besteht darin, mit den Fingern zu schnippen, noch bevor die Frage ganz gestellt ist. Das Fingerschnippen stellt den Geräuschimpuls dar, der die Antworten durch die Schaltkreise durchtreibt. Schnippt man mit den Fingern, bevor die Frage vollständig gestellt ist, so hat man gar keine Daten, die durch die Schaltkreise hindurchgetrieben werden könnten.

Im Umgang mit dem Archivar muss der Auditorenkodex vollkommen eingehalten werden. Wenn der Fall relativ viel Ladung aufweist, kommt es tatsächlich vor, dass der Archivar, bei einem Auditor, der mit dem Preclear hohes ARK hat, perfekt arbeitet, bei einem Auditor aber, der mit dem Preclear etwas geringeres ARK hat, überhaupt nicht funktioniert. Dies gilt natürlich nur für Fälle, die sich unterhalb von 2,0 befinden.

Bei den meisten Fällen scheint der Impuls des Fingerschnippens notwendig zu sein. Es gibt Fälle, die ernsthaft gegen dieses Fingerschnippen des Auditors protestieren. Diese Fälle werden durch das Geräusch des Fingerschnippens restimuliert und durch ein wenig Straightwire lässt sich normalerweise die Ursache des Protests feststellen. Der Auditor sollte jedoch beim Fingerschnippen seine Hand nicht in Richtung des Preclears stoßen, da dies für jeden Preclear, der früher geohrfeigt wurde, sehr restimulierend ist. Plötzliches Bewegen der Hand gegen eine Person wird durchweg als eine feindselige Geste aufgefasst. Genau wie der Auditor seine Füße nicht auf die Couch, das Bett oder seine Umrandung legen und den Preclear nicht berühren sollte (außer, wenn dieser sich sehr unbehaglich fühlt und die Hand des Auditors zu halten wünscht), so sollte er auch gegenüber dem Archivar jede gebotene Höflichkeit an den Tag legen.

Der Archivar sollte nie, unter gar keinen Umständen, abgewertet werden. Der Auditor sollte ihm nicht Fragen zuerst auf die eine Art und dann anders stellen, als ob er die erste Antwort bezweifeln würde. Eine Ausnahme zu dieser Regel bildet der Fall, der sich tief auf der Tonskala befindet und einen eingebauten Schaltkreis hat, der auf Fragen nach dem Alter antwortet. Dies weiß der Archivar offenbar zu schätzen. Aber eine sehr zweifelnde Haltung des Auditors kann den Archivar leicht zum Verstummen bringen.

Sowohl in positiver als auch in negativer Hinsicht lässt sich sehr viel über das Thema Realität sagen. Der Archivar kann durch eine ausgeprägt interessierte und zufriedene Annahme seiner Daten durch den Auditor bestätigt und umgekehrt durch hochgezogene Augenbrauen oder Achselzucken des Auditors abgewertet werden. In den mittleren Bereichen misstraut der Preclear häufig seinem Archivar und wird selbst schon für eine Menge Abwertung sorgen. Stellt er jedoch fest, dass der Auditor diese Antworten akzeptiert, so stellt er diese Praktik ein.

Ganz allgemein lässt sich in Bezug auf die Arbeit mit Archivar und Preclear Folgendes sagen: Ein Auditor kann einen Fall, der sich in den mittleren oder tieferen Bereichen der Tonskala befindet, vorwärtsdrängen und ihn mit solchem Eifer zu auditieren beginnen, dass der Preclear enturbuliert wird und manchmal beträchtlich auf der Tonskala absinkt. Desgleichen ärgern sich Archivar und Preclear und werden unruhig, wenn sie sich einem Auditor gegenübersehen, der apathisch oder desinteressiert ist, der eindöst, wenn eine lange Kette von Locks gescannt wird, oder der den Archivar nur dann befragt, wenn der Preclear selbst es verlangt. Somit beeinträchtigen sowohl ein zu ungestümes als auch ein zu geringes Interesse nicht nur den Archivar, sondern auch die allgemeine Arbeit mit dem Fall. Der Auditor muss lernen, sich und seine Stimmung nicht nur der Art des Geschehnisses, das der Preclear gerade durchläuft, und der Persönlichkeit des Preclears anzupassen, sondern auch seiner Position auf der Tonskala. Je tiefer der Preclear sich auf der

Tonskala befindet, desto sanfter, geduldiger und verständnisvoller muss der Auditor vorgehen. Sogar wenn sich der Preclear tief auf der Tonskala befindet, funktioniert sein Archivar vielleicht gelegentlich. Und diese gelegentliche Ansprechbarkeit kann durch Bestätigung des Archivars so weit gefördert werden, dass sie zu einer beständigen Antwortbereitschaft wird. Ist der Auditor jedoch weniger sanft und tüchtig, als er sein sollte, so wird dieses gelegentliche Funktionieren des Archivars verschwinden.

Nichts macht die Bereitschaft eines Archivars oder Preclears rascher zunichte als Ungeschicktheit. Ein paar Fehler lassen sich zwar noch verzeihen, doch wenn der Auditor ständig ungeschickt und unsicher ist, kann dies einen Archivar zum Aufgeben bringen und beim Preclear eine ähnliche Reaktion bewirken.

Amüsanterweise trat in der Stiftung eine Phase der Vergötterung des Archivars und anderer Entitäten auf, die im Verstand entdeckt worden waren. Das allgemeine Ergebnis war, dass Auditoren mit diesen Entitäten zu sprechen begannen, anstatt mit dem Preclear zu sprechen. Dadurch konnte leicht der Preclear als Individuum abgewertet werden. Der Preclear hat ein Recht auf seine Ansichten und steht im Mittelpunkt der Aufmerksamkeit. Der Archivar und andere Einheiten sind, wie wir annehmen, einfach Teile der analytischen Funktion des Verstandes. Es wurde sogar einmal die Anredeform „Herr Archivar" eingeführt, und für jede Blitzantwort wurde ihm gedankt. Offensichtlich benötigt der Archivar diese Art Höflichkeit nicht besonders. Aber der Auditor wird hin und wieder feststellen, dass er mit einem Antwortmechanismus des Verstandes arbeitet, der sehr auf Höflichkeit und angemessenes Auftreten besteht. Der Auditor hat in diesem Fall nicht den Archivar vor sich, denn der Archivar ist ein grob gebauter Mechanismus, der wenig zu sagen hat und sich dabei kurz fasst. Damit soll aber nicht gesagt sein, dass man eine andere Entität nicht akzeptieren sollte.

Gelegentlich wird sich der Auditor plötzlich Gedanken darüber machen, ob er es nun mit dem Archivar oder einem Dämonenschaltkreis zu tun hat. Sein Preclear müsste jedoch recht tief auf der Tonskala sein, um diese Verwechslung überhaupt möglich zu machen. Dämonenschaltkreise werden zwar tatsächlich reagieren, doch reagieren sie nicht mit der raschen Direktheit und Einfachheit des Archivars. Ab und zu wird der Auditor auf einen wirklichen Hör-Dämonenschaltkreis stoßen, der ihn aufs Schärfste beleidigt, denn Dämonenschaltkreise sind sowohl dumm als auch unhöflich. Sobald der Auditor feststellt, dass er einen solchen Schaltkreis anspricht, tut er gut daran, ihm keine weitere Beachtung mehr zu schenken und keine weiteren Antworten von ihm zu akzeptieren; denn schenkt man dieser Form von Entheta noch weitere Aufmerksamkeit, so wird sie dadurch dem Preclear gegenüber nur noch bestätigt und womöglich selbst noch gestärkt. Obwohl diese Dämonenschaltkreise amüsant sind, sollte der Auditor ihnen nur beschränkte Aufmerksamkeit widmen, da sämtliche Bemühungen in dieser Richtung nichts als verschwendete Bemühungen sind. Der Auditor sollte einfach wissen, dass so etwas auftreten kann, sodass er nicht überrascht sein wird, wenn ihm, wie es in seltenen Fällen geschieht, ein Dämonenschaltkreis in die Quere kommt.

Je tiefer der Fall auf der Tonskala absinkt, desto mehr gehen Scharfsinn und Genauigkeit des Archivars zurück. Allgemein lässt sich sagen, dass die Zuverlässigkeit des Archivars immer mehr schwindet, je mehr Entheta bei einem Fall vorhanden ist. Dies nimmt jedoch normalerweise erst dann ernste Formen an, wenn der Fall bis auf 2,0 abgesunken ist. Danach gerät der Archivar nicht nur in einen schlechten Zustand, sondern seine Erscheinungen sind um 1,1 und 0,5 herum auch von solcher Art, dass der Auditor ihnen keinen Glauben schenken kann.

Ab und zu wird man einem Preclear begegnen, der, wie er selbst meint, „Archivar"-Antworten gibt. Der Auditor sollte zwar die Position des Preclears auf der Tonskala bereits erkennen, bevor er mit dem Prozessing beginnt. Aber dennoch kann der Auditor manchmal von einem „Archivar" überrascht werden, der sehr außergewöhnliche Reaktionen zeigt. Es gab Preclears, die erzählten, dass ihr „Archivar" seine Ja- und Nein-Antworten in Form von sichtbaren Signalzeichen gab. Bei einer Blitzantwort ging ein Signalarm mit der Aufschrift Ja oder Nein in die Höhe, manchmal sogar noch mit rotem oder grünem Licht. Ein anderer Preclear berichtet vielleicht, sein „Archivar" bestünde aus zwei Händen, die Spielkarten austeilen, auf denen „Ja" oder „Nein" geschrieben steht. Oder es kann sein, wie dies bei einem Fall zutraf, dass der „Archivar" als eine Spielzeugeisenbahn auftaucht, die angedampft kommt, anhält und einen Kippwagen zur Seite dreht, auf dessen Boden „Ja" oder „Nein" aufgemalt ist. Diese „Archivare" sind überhaupt keine Archivare, sondern Schaltkreis-Mechanismen, wie sie normalerweise bei Fällen mit sehr viel Ladung zu finden sind, die eine große Menge an Kontroll-Circuitry aufweisen.

Diese Kontroll-Circuitry hat etwas an sich, das Visio einschaltet. Möglicherweise liegt es daran, dass die Fantasie auf relativ selbstkontrollierter Basis arbeitet und ein Kontroll-Schaltkreis die Fantasie anschalten kann. Wie dem auch sei, solche mechanischen Hilfsmittel und andere Erscheinungen, die auftreten, wenn der Auditor eine Antwort vom wirklichen Archivar haben will, deuten auf Fälle hin, die tief auf der Tonskala liegen. Den Antworten dieser Mechanismen sollte man nicht trauen.

Dann gibt es Fälle, die sehr viel Entheta aufweisen und bei denen der Archivar immer mit „Ja-Nein" oder „Nein-Ja" antwortet. Auch hier verhindert ein Übermaß an Ladung eine Verwendung des Archivars durch den Auditor.

Wenn der Auditor nicht, wenigstens gelegentlich, eine klare und authentische Antwort vom Archivar erhalten kann, so sollte er nicht mit dem Archivar zu arbeiten versuchen. Das Folgende ist für den Auditor das sicherste und automatischste Unterteilungskriterium in Bezug auf die Prozessing-Arten, die zu verwenden sind: Verfügt der Preclear über einen funktionierenden Archivar? Wenn ja, so sind Direkterinnerung, Lock-Scanning sowie das Auditieren von Secondarys für gewöhnlich durchführbar.

Reagiert der Archivar nicht oder nur unzuverlässig oder mit Hilfe irgendeines seltsamen Mechanismus, so sollte der Auditor sein Prozessing als allgemeine Regel auf Direkterinnerung, sehr leichtes Lock-Scanning und eventuell Furcht-Secondarys beschränken, jedoch Gram oder Apathie vermeiden.

Ist die Reaktion des Archivars stark und genau, so können bei diesem Fall vermutlich Engramme auditiert werden.

Diese Hinweise werden dem Auditor eine rasche, behelfsmäßige Diagnose erlauben, falls er aus irgendeinem Grund für kurze Zeit zu Demonstrationszwecken oder für einen Assist mit einem Fall arbeiten will, aber keine Tabelle zur Hand hat oder nicht genügend Zeit hat, um zu bestimmen, wo sein Preclear auf der Tabelle angesiedelt ist. Übernimmt er aber einen Fall für eine Zeitspanne, die über eine kurze Auditing-Sitzung hinausgeht, so sollte er seinen Preclear immer so genau wie möglich auf der Tabelle einstufen.

Spalte AM
Stufe der Hypnotisierbarkeit

Die Beeinflussbarkeit oder Hypnotisierbarkeit des Preclears spielt bei der Diagnose ebenfalls eine Rolle.

Hypnose spricht den reaktiven Verstand an. Offen gesagt, vermindert sie die Selbstbestimmung, indem sie die Befehle eines anderen unterhalb der analytischen Stufe im Verstand eines Menschen einfügt. Hypnose enturbuliert einen Fall ganz erheblich und aberriert Menschen beträchtlich, indem sie einen Key-in von Engrammen auslöst, die sonst untätig bleiben würden; und es handelt sich um jene Art von Kontrollmechanismus, an der sich ein autoritärer Mensch, Kult oder eine autoritäre Ideologie ergötzen. Höchst selten mag es vorkommen, dass Leute, die Hypnose betreiben, an Experimenten auf dem Gebiet des menschlichen Verstandes interessiert sind, um mehr darüber zu erfahren. Die Verbreitung von Hypnose in der Gesellschaft sollte strikt auf nur zwei Bereiche beschränkt sein: einmal die echte experimentelle Hypnose, strikt auf das Laboratorium begrenzt und nie im Salon durchgeführt (wobei man sich vollständig darüber im Klaren sein muss, dass man die Leistungsfähigkeit des Menschen verringert, an dem die Experimente durchgeführt werden, und dass ihm vielleicht ein dauerhafter Schaden zugefügt wird), und zum anderen die Verwendung von Hypnose für chirurgische Zwecke (jedoch ohne Kombination mit irgendeinem anderen Narkotikum).

Sich einer Hypnose zu unterziehen hat einige Ähnlichkeit mit einer Vergewaltigung, nur dass sich ein Mensch im Allgemeinen von einer Vergewaltigung wieder erholen kann. Für jedes klar denkende menschliche Wesen, das an die Menschenwürde glaubt, haftet der Hypnose etwas grauenvoll Obszönes an. Das Eingeben von unbekannten Kontrollmechanismen unterhalb der Bewusstseinsschwelle kann dem Verstand nicht nützen, sondern ihn nur verderben. Es spielt dabei keine Rolle, ob der Hypnotiseur der Person, die er hypnotisiert, sagt, sie werde bei ihrer Arbeit mehr Erfolg haben oder bessere Gesundheit erlangen. Was auch immer der scheinbar angestrebte Nutzen sein mag, wer es zulässt, hypnotisiert zu werden, ist, ganz offen gesagt, ein Dummkopf.

Wie sie allgemein gebraucht wird, bedeutet Hypnose einfach eine Dramatisation eines Individuums, das versteckt die Kontrolle über seine Mitmenschen anstrebt.

Bei einer Untersuchung der Hypnose und ihrer Verwendung in der Gesellschaft hat sich klar gezeigt, dass sie viel stärker verbreitet ist, als je zuvor vermutet worden war, da dem Menschen vor dem Dianetik Prozessing keine Methode bekannt war, mit der der Schaden von Hypnose behoben werden könnte. Hypnotiseure vertraten die Ansicht, dass diese Suggestionen beseitigt werden könnten, indem man sich einfach daran erinnert, und dass sich ihre Wirkung mit der Zeit verlieren würde. Diese beiden Vorstellungen entsprechen jedoch einfach nicht der Wahrheit. Eine hypnotische Suggestion muss als sehr schwere Entheta-Ablagerung auditiert werden, die fast so schwerwiegend ist wie ein Secondary-Engramm. Und sie ist absolut dauerhaft, bis sie durch Dianetik Prozessing beseitigt wird, und genau wie jedes Engramm oder Secondary kann sie restimuliert werden.

Natürlich übt der Chirurg oder Zahnarzt, der irgendwelche unnötigen Gespräche oder Wahrnehmungseindrücke in der Umgebung des narkotisierten Patienten duldet, eine viel ernstere, länger anhaltende und grausamere Art von Hypnose aus, als die gewöhnliche Hypnose sie darstellt, auch wenn diese keinen körperlichen Schmerz und keine hypnotischen Drogen umfasst. Demonstriert man Dianetik Prozessing vor Chirurgen, die einfach „wussten", dass ihre Patienten bewusstlos waren, und „wussten", dass keine Aufzeichnungen stattfanden, so sind sie erstaunt, wenn eben dieselben Patienten während des Auditings dieselben Worte des Chirurgen wiedergeben, an die sich der Chirurg gut erinnert, und mit enormer Genauigkeit Operationen beschreiben, von denen sie angesichts ihres Mangels an fachlicher Ausbildung keine Kenntnis haben könnten. Der Arzt und Zahnarzt vergessen, dass Narkotika erst gegen Ende des neunzehnten Jahrhunderts allgemein in Gebrauch kamen und somit auf dem Gebiet der Medizin ganz eindeutig Neuankömmlinge sind, über die (zumindest bis vor kurzem) nicht sehr viel bekannt *war*. Betrachtet man die Sache in diesem Licht, so sollte es einen weniger erstaunen, dass die Ärzte nicht wussten, was mit einem Patienten unter Narkose geschieht, da der Mensch auch wenig Wissen über die Narkose selbst hatte.

Der Facharzt für Geburtshilfe, dessen Patientin nach der Entbindung an einer Wochenbettpsychose litt, zuckt zusammen, wenn er feststellt, dass es seine Worte waren, in der Gegenwart der „offensichtlich bewusstlosen" Frau gesprochen, die ihr den Befehl eingaben, der ihren Abscheu vor dem Kind verursachte und sie zehn Tage nach der Geburt zu dem Versuch trieb, es zu töten. Es ist schwierig, einen Menschen dahin zu bringen, dass er eine Verantwortung dieser Größenordnung akzeptiert, da es so erschreckend ist, was im Operationssaal angerichtet werden kann. Obszöne Scherze sowie krasse, abwertende persönliche Bemerkungen über den Patienten stellen heute den üblichen Gesprächsinhalt in den Operationssälen Amerikas dar. Die Chirurgie sollte dafür nicht getadelt werden, denn Dianetik Prozessing und das Wissen um die Folgen von Lärm, Gesprächen und sogar Musik in der Nähe eines narkotisierten Patienten wurden erst letztes Jahr (1950) veröffentlicht. Immer mehr Krankenhäuser in den Vereinigten Staaten, die nun den Schaden erkannt haben, der dadurch angerichtet werden kann, erziehen ihre Chirurgen dazu, in der Nähe von narkotisierten Patienten zu schweigen, und führen strenge Bestrafungen für jegliches Sprechen in Operationssälen ein. Die Medizin unternimmt also zumindest einen Versuch. Jemand, der die Dianetik kennt, sollte sich jedoch nicht scheuen oder sich wegen Abwertungen durch den Arzt zurückziehen, wenn sich ein Freund oder Angehöriger einer Operation unterziehen wird. Denn man kann einige Rüffel, Abwertungen oder Tadel von einem rückständigen Arzt in Kauf nehmen, wenn dafür ein Freund oder Angehöriger viel rascher wieder gesund wird und weder ein erheblich höheres Aberrationsniveau noch ein starkes Absinken auf der Tonskala als Folgeerscheinung der Operation oder des Zahnziehens in

Kauf nehmen muss. In nicht allzu vielen Jahren werden Sie es erleben, dass Sprechen in der Nähe eines Bewusstlosen als Verbrechen geahndet wird.

Die regelmäßige Einnahme von Beruhigungsmitteln, wie zum Beispiel Phenobarbital, führt dazu, dass die Person in einer leichten hypnotischen Trance durch die Gegend läuft. Die Droge selbst mag für das Nervensystem nicht sehr schädlich sein, doch durch diese leichte Trance ist die Möglichkeit gegeben, dass alles in der Umgebung dieser Person zu einem Key-in führt, obwohl sie es unter dem Einfluss des Beruhigungsmittels scheinbar nicht bemerkt. Einem neurotischen oder psychotischen Menschen Beruhigungsmittel zu verabreichen ist sehr gefährlich. Wenn man bei diesen Leuten schon Drogen einsetzen muss, so lassen sich laut Beobachtung von Ärzten bessere Ergebnisse erzielen, wenn man ihnen Anregungsmittel, wie zum Beispiel Benzedrin, verabreicht. Aus irgendeinem Grunde (vermutlich deshalb, weil Menschen, die gründlich unter Kontrolle stehen, in einer tief auf der Tonskala liegenden Gesellschaft weniger Furcht erregen) wird das Verabreichen von Beruhigungsmitteln als weniger schädlich betrachtet. Irgendwie glaubt man, dass ein Anregungsmittel zu viel Energie verleiht, und Ärzte verschreiben offenbar viel bereitwilliger Beruhigungsmittel als Anregungsmittel. Aus der einschlägigen Literatur und genauen ärztlichen Beobachtungen geht klar hervor, dass ein Mensch unter dem Einfluss von leichten Anregungsmitteln weniger aktive Aberrationen zeigt. Natürlich werden unterhalb eines bestimmten Punktes auf der Tonskala Beruhigungsmittel in der Hoffnung verabreicht, der Patient werde daraufhin dem Arzt, der Krankenschwester oder anderen in seiner Umgebung viel weniger Schwierigkeiten bereiten, und nicht, weil man im Geringsten hoffen oder glauben würde, dass diese Mittel dem Patienten in irgendeiner Weise helfen könnten. Tatsächlich werden einige Stunden Lock-Scanning bei jedem beliebigen Fall eine größere Linderung seiner „Nervosität“ bewirken als ein ganzes Fass voll Phenobarbital.

Es gibt noch eine weitere Form der Hypnose, die zwischen der chirurgischen Operation und direkter Hypnose ohne körperlichen Schmerz liegt. Diese Form der Hypnose war ein sorgfältig gehütetes Geheimnis von bestimmten militärischen und Geheimdienstorganisationen. Es handelt sich um eine heimtückische Kriegswaffe, die vielleicht von beträchtlich größerem Nutzen bei der Eroberung einer Gesellschaft ist als die Atombombe. Dies ist keineswegs eine Übertreibung. Die Verwendung dieser Art von Hypnose ist heute in der Spionagearbeit so weit verbreitet, dass das öffentliche Bewusstsein schon längst hätte alarmiert werden sollen. Die „Schmerz-Drogen-Hypnose" ließ sich erst durch Dianetik Prozessing aufdecken. Ansonsten war sie ein verborgenes, unvermutetes und unbekanntes Phänomen.

Die Schmerz-Drogen-Hypnose ist einfach eine Erweiterung der Narkosynthese, der Hypnose mit Hilfe von Drogen, die in Amerika erst seit dem Zweiten Weltkrieg verwendet wird.

Hypnose hat, zumindest zu Beginn, den Vorteil, dass sie das Einverständnis der zu hypnotisierenden Person erfordert, bevor sie durchgeführt wird. Außerdem hat die Hypnose im Vergleich zur Drogenhypnose und Schmerz-Drogen-Hypnose den Vorteil, dass ein Mensch in hypnotischer Trance nur selten eine unmoralische Handlung begehen wird, auch wenn ihm der Hypnotiseur dies befiehlt, es sei denn, dieser Mensch würde normalerweise solche Handlungen begehen.

Drogenhypnose braucht nicht mit dem Einverständnis des betreffenden Menschen durchgeführt zu werden. Ein Mensch, der unter Drogen steht, kann hypnotische Befehle aufnehmen, die ihm vom Arzt oder Hypnotiseur gegeben werden, wird ihnen gehorchen, und er wird diese Befehle auch weiterhin befolgen, nachdem er aus seinem Betäubungsschlaf aufgewacht ist. Drogenhypnose kann eingeleitet werden, indem man jemandem ein schweres Beruhigungsmittel, wie zum Beispiel Chloralhydrat, in sein Getränk hineingibt oder indem man ihn plötzlich von hinten mit einem Seidenschal knebelt und Morphium in seinen Arm einspritzt. Man kann ihn auch in betrunkenem Zustand aufspüren oder sich kurz nach oder während einer Operation oder während der Verabreichung von Elektroschocks oder Beruhigungsmitteln in einer Nervenheilanstalt an ihn heranmachen. Von da an arbeitet der Hypnotiseur dann etwa genauso wie bei der gewöhnlichen Hypnose. Drogenhypnose kann mit solchem Wortlaut verabreicht werden, dass der Patient nicht nur vergessen wird, was ihm gesagt wurde, und es trotzdem ausführt, sondern auch vergessen wird, dass ihm überhaupt eine Drogenhypnose verabreicht wurde, falls auch dieser Befehl mit enthalten ist. Man kann ihm sogar Daten eingeben, um die Zeitspanne zu erklären, in der er die Narkosynthese erhielt. Drogenhypnose kann also ohne Einwilligung des Betreffenden durchgeführt werden, und häufig tun Ärzte dies sogar im normalen Verlauf ihrer Praxis. Drogenhypnose hat nichts Neues oder Seltsames an sich. Gelegentlich funktioniert sie nicht so, wie der Hypnotiseur es beabsichtigt, und gewöhnlich stellt sie keinen Schlag gegen die normale Moral des Betreffenden dar, abgesehen davon, dass sie ihn natürlich unausweichlich auf der Tonskala niederdrückt und somit eine Tendenz zu allgemein niedrigerer Moral zur Folge hat. Es wurde festgestellt, dass ein Mensch, der geschlagen wird und Befehle erhält, während er unter der Einwirkung von Drogen steht, beinahe ausnahmslos diesen Befehlen gehorchen wird, ganz gleich, wie sehr diese Befehle seiner Moral, seiner Stellung oder seinen besten Interessen im Leben Hohn sprechen mögen.

Bis zur Dianetik war nicht vermutet worden, dass diese Praktik so weit verbreitet angewendet wird, da es einfach kein Mittel gab, um das Vorhandensein von Schmerz-Drogen-Hypnose überhaupt zu entdecken. Man könnte einem Menschen am Dienstagabend Schmerz-Drogen-Hypnose geben, sodass er am Mittwochmorgen erwachen würde, ohne überhaupt zu wissen, dass er beim Aussteigen aus dem Auto niedergeschlagen worden war, eine Spritze erhalten und danach schmerzhafte Schläge empfangen hatte (jedoch so, dass es keine Spuren hinterließ) und nachher ruhig in sein eigenes Bett gelegt worden war. Dieser Mensch weiß nicht, dass ihm irgendetwas Ungewöhnliches widerfahren ist, und wird es auch nicht vermuten, selbst wenn man ihn mit der Tatsache konfrontiert, dass sich sein Verhalten gegenüber früherem Verhalten in gewissen Bereichen sehr stark verändert hat. Falls der verbrecherische Hypnotiseur es so wünscht, würde dieser Mensch tatsächlich den Befehlen so weit gehorchen, dass er sogar eine Freundschaft mit einer bestimmten Person beginnt, die ihm der Hypnotiseur angegeben hat, und danach seine geschäftlichen Angelegenheiten in der Art erledigen würde, wie dieser „Freund" es ihm vorschlägt.

Die Stiftung unternahm einige Tests in Bezug auf die Wirksamkeit von Schmerz-Drogen-Hypnose und stellte fest, dass sie eine so erschreckend zerstörerische Wirkung auf die Persönlichkeit hat und dabei mit so todsicherer Zuverlässigkeit funktioniert, außer bei Menschen, die mit Theta weit über dem Normalbereich ausgestattet sind, dass dieses Gebiet noch weiter untersucht wurde, um festzustellen, wie viele Leute in der näheren Umgebung bereits Schmerz-Drogen-Hypnose erhalten hatten. Schmerz-Drogen-Hypnose ist in ihrer verheerenden Wirkung so effektiv, dass die Stiftung jegliche Experimente in diesem Bereich eingestellt hat, da sie bereits genug darüber herausgefunden hat und sich weigert, die geistige Gesundheit von Menschen zu gefährden. Psychotherapeuten, mit denen die Stiftung zu tun hatte, brannten darauf, einem Patienten ein Engramm einzupflanzen und die Stiftung dieses Engramm wieder herausholen zu lassen, um zu sehen, wie viele der Wahrnehmungseindrücke wiedergewonnen werden können. Die Stiftung wird in dieser Hinsicht keine weiteren Experimente mehr akzeptieren und weist die experimentierenden Personen darauf hin, dass sie das ernste Risiko, das damit verbunden ist, auf eigene schwere Verantwortung eingehen. Ein viel natürlicherer und stichhaltigerer Nachweis für Engramme kann ohne Verwendung von Drogen erbracht werden.

Wenn man über Engramme Bescheid weiß und die Tatsache erkennt, dass Menschen durch das Vorhandensein von Engrammen bis zur Geisteskrankheit oder Kriminalität aberriert werden können, so sollte dies hinreichend beweisen, dass es möglich ist, Schmerz-Drogen-Hypnose ohne Wissen des Individuums durchzuführen, und dass ihm dabei Dinge befohlen werden können, die nicht nur seinem eigenen Überleben zuwiderlaufen, sondern auch höchst unmoralisch oder destruktiv sind.

Die Stufe der Hypnotisierbarkeit entspricht genau dem Mengenverhältnis zwischen Entheta und Theta beim betreffenden Fall. Hypnose verbreitet Entheta, nicht Vernunft. Die Verabreichung des Implants erfolgt direkt in den reaktiven Verstand hinein. Je mehr Entheta oder Ladung der reaktive Verstand enthält, umso leichter lässt sich erreichen, dass Implants zur Wirkung kommen, und umso leichter kann die betreffende Person hypnotisiert werden.

Jede neue Hypnose enturbuliert in etwas höherem Maße, und im Verstand der Person, die hypnotisiert wird, wird immer mehr Theta in Entheta umgewandelt und als solches gefangen genommen und eingekapselt. Wird jemand ständig und wiederholt unter Hypnose gesetzt, so wird er auf der Tonskala sinken, da einfach immer mehr freies Theta in Entheta umgewandelt wird. Die manische Wirkung eines manischen hypnotischen Befehls ist von beschränkter Dauer, doch das Absinken auf der Tonskala, das dadurch bewirkt wird, bleibt bestehen (es sei denn, die Person erhält Dianetik Prozessing).

Außerdem wirkt die Hypnose als Key-in für viele Engramme sowie als Restimulation von Locks und Secondarys und vergrößert somit die Aberration der Person, die hypnotisiert wird, indem sie während einer Zeit von vermindertem oder ausgeschaltetem analytischem Bewusstsein den Worten in Engrammen und Secondarys nahekommt.

Der Auditor sollte daher klar erkennen, was Hypnose bei einem Fall anrichtet:

1. Damit er Hypnose nicht verwenden wird.
2. Damit er als eine seiner vorrangigen Aktionen alle hypnotischen Befehle bei dem Fall ausfindig machen und entfernen wird.

Der bei der Hypnose verwendete Anweisungsablauf lautet etwa wie folgt: „Sie entspannen sich. Sie sinken tiefer, tiefer, tiefer (dadurch wird die Person auf der Zeitspur zurückgeschickt, obwohl dies der Hypnotiseur nicht weiß). Sie werden immer schläfriger. Sie können jetzt nur noch den Klang meiner Stimme hören, die Ihnen sagt, dass Sie einschlafen sollen (was einen Schaltkreis einrichtet). Sie wollen alles glauben, was ich Ihnen sage (was die Fähigkeit der Person einschränkt, Daten auszuwerten). Alles, was ich Ihnen sage, wird einen tiefen und nachhaltigen Eindruck bei Ihnen hinterlassen. Wenn Sie wieder aufwachen, werden Sie bemerken, dass Sie sich sehr leicht und locker fühlen. Sie werden nett zu den Leuten sein wollen. In Zukunft werden Sie jedes Mal, wenn ich das Wort ‚Abrakadabra' sage, in hypnotische Trance verfallen, ganz gleich, wo Sie sich befinden oder was Sie gerade tun. Sie wollen genau das tun, was ich Ihnen sage. Ich bin Ihr Freund. Ich bin der beste Freund, den Sie haben. Wenn Sie aufwachen und ich meine Krawatte berühre, so werden Sie Ihren linken Schuh ausziehen. Wenn ich meine Hände in die Tasche stecke, so werden Sie Ihren linken Schuh wieder anziehen und Ihre Handlungen erklären (Letzteres würde die Person sowieso tun; es handelt sich hier um eine posthypnotische Suggestion, und die Person wird diese Handlungen nach dem Aufwachen auf das Zeichen des Hypnotiseurs hin ausführen). Sie werden nun alles vergessen, was ich Ihnen während dieser Sitzung gesagt habe. Sie wollen sich nicht erinnern. Je mehr Sie sich anstrengen, sich zu erinnern, umso mehr werden Sie vergessen. Wenn ich nun von eins bis sieben zähle, wird Ihre Erinnerung an dieses Geschehnis immer schwächer werden und schließlich ganz verschwinden. Eins, Sie beginnen zu vergessen. Zwei, Sie vergessen ein bisschen mehr. Drei, Sie vergessen mehr. Vier, Sie vergessen sogar noch mehr. Fünf, es wird schon sehr schwach. Sechs, es ist nur ein schwacher, schwacher Traum. Sieben, schütteln Sie nun den Kopf, und die Tatsachen werden alle herausfallen."

Dies ist ein recht typischer Ablauf. Er variiert ein wenig, und die Sätze werden oft viele Male wiederholt. Weiß der Auditor, dass Hypnose in ihrem Wortlaut mehr oder weniger nach diesem Muster abläuft, so kann er, wenn er daran herangehen will, den Preclear diese Sätze oder ähnliche Sätze wiederholen lassen, oder er kann die Sätze vom Archivar erhalten – was der verlässliche Weg ist. Indem er so den Vergessermechanismus am Ende des Hypnose-Geschehnisses ausmerzt oder eine idiotische (aber nicht unübliche) Aussage wie „schütteln Sie den Kopf, und die Tatsachen werden alle herausfallen" von sich gibt, kann er vielleicht erreichen, dass der Preclear nicht nur in Bezug auf das Geschehnis, sondern auch in Bezug auf sein Leben im Allgemeinen eine beträchtliche Menge an Erinnerungen wiedergewinnt.*

Kommen Drogen zur Hypnose hinzu, so vergrößert sich die Menge an Entheta beträchtlich; die Wirkung der Drogen wird jedoch während des Prozessings in Form von Boil-off aus dem Geschehnis verschwinden (dies wird im Kapitel Anteil an Entheta beim Fall behandelt).

Stellt der Auditor fest, dass sein Preclear außergewöhnlich beeinflussbar ist, so sollte er sehr vorsichtig damit sein, was er dem Preclear sagt. Vielleicht stellt er fest, dass die Augenlider des Preclears zu zittern beginnen, nachdem er die Augen zugemacht hat. Dies ist ein Symptom für die allerleichteste Stufe von hypnotischer Trance. Der Auditor kann es nicht umgehen, den Fall zu auditieren, doch sollte er sorgfältig darauf achten, dass die Worte, die er verwendet, sich von hypnotischen Suggestionen klar unterscheiden, und es auf keinen Fall versäumen, am Ende der Auditing-Sitzung das Auditing zu scannen.

*Wenn der Preclear im Alter von elf Jahren von seinem Cousin Freddy und nicht von einem öffentlich oder „klinisch" arbeitenden Berufshypnotiseur hypnotisiert wurde, so kann der Auditor irrigerweise annehmen, es liege bei einer solchen Hypnose kein Grund zur Besorgnis vor. Die Erfahrung hat jedoch gezeigt, dass furchtsame, schuldbewusste Amateurhypnotiseure oft sogar noch mehr Vergesser- und Realitätsbruch-Mechanismen verwenden als der selbstsichere professionelle oder verbrecherische Hypnotiseur. Somit lässt sich erwarten, dass diese Geschehnisse ein wahrer Morast von entsprechenden Sätzen sind, wie zum Beispiel „kannst dich nicht erinnern", „vergiss es", „glaube nicht, dass dies je geschehen ist", „kannst es niemandem erzählen, sie würden es dir nicht glauben, wenn du es erzählen würdest" usw. usw. usw. Bei einem bereits abgesperrten Fall kann praktisch allein so etwas mit Leichtigkeit fünf oder zehn Jahre im Leben des Preclears auswischen. Wendet man Direkterinnerung und Lock-Scanning auf solche Zeiträume an, so wird der Preclear dadurch in Kontakt mit der Hypnose gelangen, die der Auditor dann vielleicht auditieren kann.

Es gibt sehr wenig, was der Auditor mit einem Fall tun kann, der jedes Mal in hypnotische Trance gerät, wenn ihm die Anweisung gegeben wird, die Augen zu schließen. Während des Zurückkehrens auf der Zeitspur wird bei jeder Person die Beeinflussbarkeit ein wenig erhöht. Darin liegt kein Risiko, außer während eines Boil-offs. Bemerkungen, die während eines Boil-offs gegenüber dem Preclear gemacht werden, können nämlich in Vergessenheit geraten und somit zu hypnotischen Suggestionen werden. Alle Sitzungen sollten deshalb unter besonderer Berücksichtigung jeglicher Zeitabschnitte, in denen sich der Preclear in einem Boil-off befand, gescannt werden.

Der Auditor wird vielleicht einem Preclear begegnen, der als Dramatisation irgendeines früheren Befehls darauf besteht, Drogen zu erhalten oder hypnotisiert zu werden, um auditiert zu werden. Besteht dieser Preclear darauf, hypnotisiert zu werden, so kann der Auditor sicher sein, dass Hypnose bei diesem Fall zur Anwendung gebracht worden ist, ob sich der Preclear nun überhaupt daran erinnern kann oder nicht. Hypnose ist in unserer Gesellschaft allgemein verbreitet und ein Verlangen nach Hypnose ist eine Dramatisation von Hypnose. Außerdem ist der Prozentsatz an Leuten, die sich daran erinnern, dass sie hypnotisiert worden sind oder wie viele Male dies geschehen ist, sehr klein.

Hypnose ist als Salonspiel betrieben worden; sie ist das Werkzeug des Perversen und die Befehlsübernahme des Autoritären gewesen, und sie kommt häufiger vor, als man auf den ersten Blick vermuten würde; der Auditor wird dies feststellen, nachdem er ein paar Fälle auditiert hat. Er sollte nicht darüber erstaunt sein, was er in einem Hypnose-Geschehnis findet, da es in Wirklichkeit vielleicht ganz anders war, als der Hypnotiseur der Person erzählt hat. Man könnte folgendes Motto verwenden: „Glaube nie einem Hypnotiseur."

Im Dianetik Prozessing verwendeten wir früher einen sogenannten *Löscher*. Zu Beginn der Sitzung wurde dem Preclear gesagt, dass alles, was ihm während der Sitzung gesagt würde, gelöscht sei, sobald am Ende der Sitzung das Wort „gelöscht" ausgesprochen werde. Dieser Löscher wird nicht mehr verwendet, nicht weil er nicht nützlich gewesen wäre, sondern weil Lock-Scanning das Mittel bietet, um alle negativen Nachwirkungen des Auditings mit Scannen zu bereinigen. Dies ist ein viel wirksamerer und sicherer Mechanismus als der Löscher. Wendet der Auditor auf früheres Auditing

Lock-Scanning an, so wird er gelegentlich feststellen, dass der Preclear nicht mehr wiederfinden kann, was der Auditor gesagt hat. Der Grund dafür ist, dass der Löscher als Vergessermechanismus gewirkt und den Auditor ausgeschaltet hat. Indem man einfach Wiederholungstechnik anwendet (das heißt, die Standardworte des Löschers einige Male aussprechen lässt), wird der Preclear mit dem ersten Löscher im Fall in Kontakt gebracht werden, und die späteren Löscher werden dann keine stark aberrative Wirkung mehr haben.

In Bezug auf Hypnose sollte noch darauf hingewiesen werden, dass eine frühere Hypnosesitzung stärkere Geltung hat, auch wenn sie durch eine spätere Hypnosesitzung gelöscht wurde. Der einfache Befehl in einer späteren Hypnose, dass die frühere Hypnose nicht existiert, wird nichts dazu beitragen, die frühere Hypnose weniger wirksam zu machen, sondern zur Folge haben, dass die betreffende Person das Geschehnis noch gründlicher vergisst, und die Befehle des früheren Geschehnisses werden immer noch mit Vorrang vor denjenigen des späteren Geschehnisses akzeptiert. Alle Engramme funktionieren auf diese Weise. Wenn man dabei ist, Hypnosesitzungen bei einem Fall abzubauen, muss man jedoch manchmal mit der spätesten Sitzung beginnen und sich von da aus zu den früheren durcharbeiten, da in den letzten Sitzungen sehr viel Entheta eingeschlossen ist; denn sie sind die letzten in einer langen Reihe von Geschehnissen, und daher wird man feststellen, dass sie für den Fall sehr aberrativ sind.

Spalte AN
Bewusstseinsniveau der einzelnen Verstandesebenen

Man könnte davon ausgehen, dass es tatsächlich mehrere Funktionsstufen des Verstandes gibt. Als Analogie und zur Vermittlung der Technologie des Prozessings verwenden wir einfach nur den *reaktiven* und den *analytischen Verstand.*

Der *analytische Verstand* ist derjenige Teil des Wesens, der wahrnimmt, wenn der Mensch wach ist oder sich im normalen Schlaf befindet (denn Schlaf ist nicht Bewusstlosigkeit, und alles, was jemand im Schlaf wahrgenommen hat, kann vom Auditor relativ leicht wieder hervorgeholt werden), und der in den Standard-Gedächtnisbanken aufzeichnet. Die Standard-Gedächtnisbanken umfassen somit Aufzeichnungen von allem, was die Person während des ganzen Lebens bis hin zur Gegenwart wahrgenommen hat, mit Ausnahme von körperlichem Schmerz (der nicht im analytischen Verstand, sondern im reaktiven Verstand aufgezeichnet ist). Außerdem enthält der analytische Verstand Aufzeichnungen seiner Schlussfolgerungen, zu denen er jeweils gelangt ist, als er bestimmte Dinge in der Umgebung wahrnahm. Schlussfolgerungen bildet der analytische Verstand anhand von Beobachtungen, Erfahrungen und Erziehung, unter Berücksichtigung der gegenwärtigen Umgebung und der Zukunft. Schlussfolgerungen und Wahrnehmungseindrücke sind nach Zeit und Thema eingeordnet. Der Berechnungsmechanismus des analytischen Verstandes arbeitet offenbar auf der Grundlage eines Vergleichs von Daten und ihrer Auswertung nach *Unterschieden.*

Die Klugheit des analytischen Verstandes besteht aus Folgendem:

Erstens darin, dass er Wahrnehmungen in der Umgebung aufzeichnen kann.

Dann darin, dass er sich diese zurückrufen kann, um Erinnerungen durchzusehen oder um neue Berechnungen anzustellen.

Drittens darin, dass er Daten vergleicht und auswertet, um auf bestimmten oder sämtlichen Dynamiken optimales Überleben zu erreichen.

Viertens darin, dass er die Schlussfolgerungen neu einordnen kann, zu denen er auf diese Weise gelangt ist.

Fünftens darin, dass er diese Schlussfolgerungen zusammenfassen und für weitere Berechnungen vergleichen kann.

Der analytische Verstand enthält ebenfalls die Fantasie, die entweder aus dem Nichts heraus völlig neue Realitäten erschafft oder diese aus alten Einzelbestandteilen der Erfahrung zusammensetzt. Die Funktion der Fantasie besteht darin, Ziele zu postulieren, Hindernisse, die auf dem Weg zu diesen Zielen liegen, vorauszusehen und der Umgebung in Gegenwart und Zukunft eine eindeutige Form zu verleihen. Neben Schlussfolgerungen zeichnet der analytische Verstand auch alle Vorstellungen auf und gebraucht sie als Hilfsmittel, um optimales Überleben zu erreichen, indem er sie miteinander vergleicht und sie sich in neuer Form wieder vorstellt.

Wird der analytische Verstand nicht durch willkürliche Daten beeinflusst, so ist er theoretisch jederzeit zu perfekten Berechnungen fähig. Die Daten, auf deren Grundlage er die Berechnungen anstellt, mögen zwar verkehrt sein, der Computer selbst jedoch hat *Recht*.

Eine Rechenmaschine gibt, solange sie benutzt wird, richtige Lösungen, es sei denn, mit der bedienenden Person oder mit der Maschine selbst ist etwas nicht in Ordnung. Da der analytische Verstand für sich selbst die Rolle der bedienenden Person übernimmt, muss man bei der Suche nach Fehlern also die Quellen der Daten prüfen. Die Standard-Gedächtnisbanken enthalten nur aufgrund von Erziehung falsche Daten. Stellen Sie sich einmal eine Rechenmaschine vor, die bei jeder Zahlenreihe ohne Wissen der bedienenden Person zusätzlich eine 5 dazuzählt. Jedes Mal, wenn diese

Person 5 und 5 zusammenzählt, erhält sie 15. Zählt sie 20 und 10 zusammen, so erhält sie 35. Wird bei einer Multiplikation jedes Mal mit einer weiteren 5 multipliziert, wenn man ein Ergebnis von der Maschine verlangt, so erhält man 100, wenn man 2 mit 10 multipliziert, und 25, wenn man 1 mal 5 rechnet. In all diesen Fällen liegt der Fehler der Maschine darin, dass ein versteckter willkürlicher Faktor hinzugefügt wird. Würde die Maschine bei Subtraktionen immer 5 mehr abziehen, als die bedienende Person verlangt hat, so erhält sie 0, wenn sie 10 minus 5 in die Maschine eingibt, und 5, wenn sie 20 minus 10 rechnet. Wenn man nun 30 durch 5 teilen will, die Maschine jedoch immer durch die nächstgrößere Zahl teilt, so erhält man dabei einen Quotienten von 5. Teilt man 12 durch drei, erhält man einen Quotienten von 3. Hier bringen unbekannte und verdeckte Fehler, die unterhalb der beobachtbaren Mechanik der Maschine liegen und der bedienenden Person nicht bekannt sind, falsche Lösungen hervor, indem sie bei Summen und Multiplikationen, Subtraktionen und Divisionen verborgene Zahlenwerte hineinschmuggeln.

Bei einem aberrierten Menschen ist der analytische Verstand ständig solchen willkürlichen Daten ausgesetzt. Der Mensch ist sich des Vorhandenseins dieser Daten nicht bewusst, weil sie während eines Zeitabschnitts in den reaktiven Verstand gelangen, zu dem der analytische Verstand bewusstlos ist. Der analytische Verstand hat dieses Eindringen weder wahrgenommen noch aufgezeichnet und ist sich daher nicht bewusst, dass diese Daten vorhanden sind. Somit kann der analytische Verstand verborgenen willkürlichen Faktoren ausgesetzt werden, die ihn verfolgen, ihn zu etwas zwingen oder ihn daran hindern, korrekte Schlussfolgerungen zu ziehen.

Das Ziel des analytischen Verstandes ist es, *Recht* zu haben und nie im Unrecht zu sein. Ein Mensch, der sich allgemein mehr im Recht als im Unrecht befindet, überlebt. Ein Mensch, der sich mehr im Unrecht als im Recht befindet, unterliegt. Erst wenn der analytische Verstand seine Funktion beinahe vollständig eingestellt hat, das heißt von 2,0 an abwärts, schlägt der Mensch die Richtung zum Unterliegen hin ein, da der analytische Verstand nun nicht mehr genügend Kraft hat, um angesichts all der willkürlichen Daten, die ihm vom reaktiven Verstand aufgezwungen werden, den Kurs des Überlebens einzuschlagen.

Der reaktive Verstand besteht aus dem gesamten angesammelten Entheta des Falles. Der analytische Verstand ist die Summe des Thetas, das vernunftgemäße Überlegungen anstellt. Der gesamte Inhalt des reaktiven Verstandes besteht aus Locks, Secondarys und Engrammen. Diese enthalten Sätze, die das Berechnungsvermögen und die Fantasie beträchtlich stören und durcheinanderbringen können. Da diese willkürlichen Daten durch den körperlichen Schmerz des Engramms aufgezwungen werden, besitzen sie Befehlsgewalt über den analytischen Verstand. Leistet der analytische Verstand nun dieser Befehlsgewalt Widerstand, so zwingt er dadurch den Schmerz, sich gegen den Körper zu wenden, wodurch chronische Somatiken entstehen, die sich mit Rheumatismus, Herzbeschwerden, Migräne-Kopfschmerzen, Fehlfunktion des endokrinen Systems und anderen nicht wünschenswerten, typischen chronischen Somatiken vergleichen lassen.

Theoretisch verfügt der analytische Verstand, wenn er unbehindert arbeitet, unter anderem über die Fähigkeit, Befehlsgewalt über jeden beliebigen Teil des Organismus auszuüben. Dies trifft zumindest dann zu, wenn er via den *somatischen Verstand* arbeitet. Der somatische Verstand ist derjenige Verstand, der sich um die automatischen Mechanismen des Körpers kümmert, um die Regelung der kleinen Einzelheiten, die den Organismus in Funktion halten. Es handelt sich um ein riesiges System von Ventilen und Messungen. Der reaktive Verstand kann jedoch gegen den analytischen und den somatischen Verstand arbeiten und all diese regulierenden Funktionen aufzwingen, hemmen und aus dem Gleichgewicht bringen, was verschiedene körperliche Zustände hervorruft, die nicht optimal sind.

Man kann, wie bereits gesagt wurde, davon ausgehen, dass es noch weitere Stufen des Verstandes gibt. Man könnte bis zu acht oder zehn Verstandesstufen in Betracht ziehen. Die Stufe des somatischen Verstandes wäre diejenige, die Körperzellen betrifft. Diese scheinen aufgrund einer Verbindung von Theta und MEST zu funktionieren, die jeder Zelle ein eigenes Leben als Organismus verleiht. Viele Jahre lang vertrat die Wissenschaft die Meinung, dass das Leben des Organismus als Ganzes sich lediglich aus dem Leben der einzelnen Zellen zusammensetzt. Diese Annahme ist jedoch überhaupt nicht brauchbar. Und die vor kurzem von Wissenschaftlern gemachte Entdeckung, dass der Körper ein Energiefeld aufweist, das von einem einzigen Punkt ausgeht, bietet den genauesten Nachweis, dass Leben auf der Ebene des

Gesamtorganismus vorhanden ist. Ein Körper, der sich einfach nur aus Zellen zusammensetzt, von denen jede ihr eigenes Leben hat, würde kein von einem Punkt ausgehendes Feld aufweisen. Der Gesamtorganismus weist jedoch ein solches Feld auf. Es handelt sich um eine messbare Aura, die in klar ersichtlicher Weise und den Arbeiten in der Dianetik zufolge unabhängig vom Zellenleben des Körpers existiert. Mit anderen Worten, es gibt offensichtlich einen Theta-Körper, der zu eigenem unabhängigem Überleben fähig ist und dem Organismus als übergeordnete Einheit hinzugefügt ist. Das Weggehen dieses Theta-Körpers bezeichnet den Punkt, an dem der Tod des Organismus eintritt. Der Organismus enthält jedoch immer noch Leben. Der Organismus als Ansammlung von Zellen überlebt, soweit es die am wenigsten unabhängigen Zellen betrifft, acht bis zehn Minuten lang, während sehr unabhängige Zellen sogar länger als ein Jahr überleben. Anders gesagt, es findet gemäß diesen Grundannahmen und Beobachtungen eine Trennung des Organismus-Körpers und des Theta-Körpers statt, und darauf folgt schließlich der Tod des zellularen Lebens im Körper des Organismus.

Die somatische Ebene könnte man somit als eine niedrige Art von Verstand bezeichnen. Denn diese Zellen weisen bestimmte eigene Reaktionen und Verhaltensmuster auf und ihr Organisationsnetz insgesamt liegt unterhalb der Ebene von rationalem Denken.

Als Nächstes käme der *reaktive Verstand*, jene Art von Verstand, die bei den meisten niedrigeren Lebensformen die dominierende Stellung einnimmt. Der reaktive Verstand lernt durch körperlichen Schmerz, denkt in *Gleichheiten* und reagiert mit absolut autoritärer Befehlsgewalt. Er führt den Organismus bis zu 2,0 auf der Tonskala hinauf. Von 2,0 an abwärts auf der Tonskala spielt sich beinahe alles Denken in Form von Reizreaktion ab – was jene Art des Denkens ist, die uns einige Selbstbevollmächtigte gern als die einzige Art des Denkens hingestellt hätten, zu der der Mensch überhaupt fähig sei.

Je höher wir auf der Tonskala gelangen, desto mehr übernimmt der analytische Verstand die Kontrolle über den Organismus. Natürlich bleibt bei allen menschlichen Wesen, auch noch bei solchen unterhalb von 2,0, ein gewisses Maß an analytischer Tätigkeit bestehen. Doch von 2,0 an abwärts wird diese analytische Tätigkeit normalerweise zur Rechtfertigung der reaktiven Handlungen des Organismus aufgewendet. Von 2,0 an aufwärts übt der analytische Verstand immer mehr die Kontrolle über seinen eigenen

Organismus aus und stellt immer mehr Berechnungen auf optimalen Stufen des Denkens an, das heißt, er wird immer vernünftiger. Wenn schließlich Stufe 4,0 erreicht ist, vermag das freie Theta, mit dem ein Mensch ausgestattet ist, frei durch die Denkstruktur zu fließen, die dieser Mensch besitzt (und unter Denkstruktur verstehen wir nicht unbedingt körperliche Struktur).

Offenbar gibt es oberhalb der analytischen Ebene noch zahlreiche weitere Verstandesebenen. Es gibt zum Beispiel eindeutige Beweise dafür, dass es eine Ebene des *ästhetischen Verstandes* gibt, die vermutlich unmittelbar oberhalb der Stufe des analytischen Verstandes liegt. Der ästhetische Verstand wäre derjenige Verstand, der sich mittels eines Wechselspiels der Dynamiken mit dem nebelhaften Feld von Kunst und Erschaffen befasst. Seltsamerweise ist es möglich, dass trotz der Ausschaltung des analytischen Verstandes und der Aberration des reaktiven Verstandes der ästhetische Verstand immer noch recht gut funktioniert. Der ästhetische Verstand wird durch die Stellung auf der Tonskala nicht in hohem Grade beeinflusst. Da er jedoch bei der Schaffung von Kunst und Kunstformen offensichtlich den analytischen, reaktiven und somatischen Verstand benutzen muss, behindert die Menge an Aberrationen, die jemand hat, die Fähigkeit seines ästhetischen Verstandes in der Ausführung stark.

Eine Person, die ursprünglich mit sehr viel Theta ausgestattet ist, mag dank ihres ästhetischen Verstandes potenziell ein gewaltiger Musiker sein. Offensichtlich versucht der ästhetische Verstand mit Hilfe der vorhandenen Mittel des analytischen und des reaktiven Verstandes auf dem Gebiet der Musik zu wirken. Und sowohl die analytische Kraft als auch die Aberrationen des Individuums werden wegen der Ausstattung mit viel Theta in Erscheinung treten. Je mehr Theta ein Mensch hat (sei es in Form von freiem Theta oder in Form von Entheta), desto stärker wird er *alle* Faktoren, das heißt sowohl analytische als auch reaktive, zur Schau stellen. Da Menschen, die mit sehr viel Theta ausgestattet sind, versuchen, riesige Mengen an MEST und anderen Organismen zu beherrschen, werden sie von Organismen, die ihre eigene Selbstbestimmung geltend machen, heftig bekämpft. Jemand, der mit viel Theta ausgestattet ist, empfängt daher zahlreichere und schwerere Locks und Secondarys als Leute mit weniger. Dies liegt nicht etwa daran, dass mehr Theta vorhanden ist, das enturbuliert werden kann, sondern daran, dass mehr Gegenangriffe gegen das Individuum geführt werden. Der Theorie zufolge verwendet der ästhetische Verstand bei seinem Versuch, Kunstformen zu schaffen, *alles* Theta.

Früher dachte man, dass es für einen Künstler absolut notwendig sei, neurotisch zu sein. Alte Richtungen geistiger Heilung verherrlichten, was sie weder verhindern noch heilen konnten, da sie völlig außerstande waren, irgendetwas gegen Neurosen zu tun, genau wie der Fuchs in Äsops Fabel, der keinen Schwanz hatte und die anderen Füchse überreden wollte, sich ihre Schwänze abzuschneiden. Dumme kleine Schriften zu dem Thema, in denen zu lesen stand, „wie glücklich der Verrückte sei", wurden als Rechtfertigung für diesen Defätismus und diese Hilflosigkeit angeboten.

Unser Verständnis der Ästhetik sowie der Annahme, dass ein ästhetischer Verstand existiert, sind derzeit höchst nebelhaft. So viel ist jedoch bekannt: Jeder schöpferische Künstler, ist immer weniger in der Lage, schöpferische Impulse in die Tat umzusetzen, je weiter er auf der Tonskala absinkt, bis er schließlich gar nicht mehr mit seinen schöpferischen Impulsen in Verbindung treten kann. Durch Dianetik Prozessing bringen wir einen gegenwärtig zwar erfolgreichen, aber sehr aberrierten Künstler auf der Tonskala nach oben. Es lässt sich beobachten, dass im Hinblick auf seine Fähigkeit, seinen Vorstellungen Gestalt zu verleihen, sowie bei der Klarheit dieser Vorstellungen selbst eine sehr deutliche Verbesserung eintritt. Seine ästhetischen Ideen werden nicht konservativer oder fade, sondern können umfassender und komplexer werden. Er wird mehr er selbst und in größerem Maße in die Lage versetzt, seine Fähigkeiten auf dem Gebiet der Ästhetik auszuführen. Die einzige Änderung, die hierbei eintritt, besteht darin, dass er immer mehr Spannweite und Kraftfülle in sein Werk aufnimmt, je weiter er auf der Tonskala steigt. Die Kunstform, mit der er arbeitet, und seine Methode bei ihrer Anwendung erschienen dem oberflächlichen Beobachter vielleicht als Ausdruck beträchtlicher Aberration. Seine Gemälde waren vielleicht seltsam und gruselig, oder seine Musik war so schaurig, dass sie den Leuten nicht aus dem Sinn ging. Steigt er nun auf der Tonskala nach oben, so ändert sich seine Kunstform offensichtlich wenig, nur dass sie in der Ausführung kraftvoller und in ihrer Kommunikation geschickter wird. War der schaurige Charakter seiner Musik nicht davon abhängig, wie traurig er sich persönlich im Leben fühlte, so verschwindet diese schaurige Eigenschaft nicht. Doch wenn er auf der Tonskala steigt, ist er nicht mehr an einem Punkt fixiert, an dem er *gezwungen ist,* seltsame und gruselige Gemälde zu malen oder schaurige Musik zu schreiben. Seine Vielseitigkeit erhöht sich. Ehrlich gesagt – ein Schriftsteller, der nur ein Buch einer bestimmten Art auf einer einzigen Tonstufe schreiben kann, ist kaum als Schriftsteller zu bezeichnen.

Beinahe jeder Künstler lacht Tränen angesichts des Gefummels und Gebrummels, das die verschiedenen Splittergruppen im Bereich der geistigen Heilung veranstalten, wenn sie sich der Ästhetik gegenübersehen. Einige dieser Leute wagen sogar anzunehmen, sie könnten aus einer Durchsicht der Schriften eines Schriftstellers auf seinen Geisteszustand schließen. Das lässt sich ungefähr mit einer Schnecke vergleichen, die sich eine Meinung über den Parthenon anmaßt, indem sie durch dessen Reliefs kriecht. Als Erläuterung hierzu lässt sich sagen, dass jeder fähige Komponist oder Schriftsteller in vielen ästhetischen Formen schreiben und mit seinem Werk jede beliebige Stufe auf der Tonskala recht gut wiedergeben kann. Kein Künstler, der den Versuch unternimmt, das Leben zu interpretieren, verdient, ein Künstler genannt zu werden, wenn er nicht beinahe im selben Atemzug sowohl Apathie als auch Überschwang betrachten kann. Ein guter Dichter kann fröhlich ein Gedicht schreiben, das so grauenvoll ist, dass selbst starke Männer zusammenzucken, oder er kann so freudige Verse schreiben, dass selbst die Weinenden lachen. Jeder fähige Komponist kann so hinterhältige Musik schreiben, dass sich der Sadist vor Vergnügen windet, oder so offene Musik, dass sich die größten Geister daran erfreuen. Der Künstler arbeitet mit dem Leben und mit Universen. Er kann mit jeder beliebigen Kommunikationsstufe umgehen. Er kann jede beliebige Realität erschaffen. Er kann jede beliebige Affinität fördern oder hemmen. Ästhetik hat sehr viel mit der Tonskala und mit der Art und Weise zu tun, in der die verschiedenen Dynamiken und die Antriebe auf diesen Dynamiken zu harmonischen Mustern verflochten werden können, die willkürlich genug und kunstvoll genug sind, um das zu erreichen, was der Künstler zu erreichen beabsichtigt.

Der Künstler spielt eine überragende Rolle bei der Förderung der Realität von heute und der Erschaffung der Realität von morgen. Er nimmt mit seiner Arbeit einen Rang ein, der noch vor dem Rang der Wissenschaft liegt, soweit es die Bedürfnisse und Erfordernisse des Menschen betrifft. Die Kulturstufe einer Gesellschaft lässt sich direkt an der Anzahl ihrer Leute messen, die auf dem Gebiet der Ästhetik tätig sind. Eine Gesellschaft, die ihre Künstler in irgendeiner Art und Weise behindert, unterdrückt oder reglementiert, befindet sich nicht nur tief auf der Tonskala, sondern ihr Todesurteil ist mit Sicherheit bereits gesprochen. Totalitäre Staaten, die wie üblich auch bei diesem Thema die Wahrheit verdrehen, sprechen endlos und lärmend von ihrer Unterstützung des Künstlers, jedoch unterstützen sie nur diejenigen Künstler, die bereit sind, genau nach den Vorschriften des Staates für den Staat zu arbeiten. Sie reglementieren den Künstler und schreiben ihm vor, was er tun wird, schreiben wird, denken wird. Dies läuft der Funktion des Künstlers in einer Gesellschaft direkt zuwider. Da sich der Künstler mit zukünftigen Realitäten befasst, strebt er immer nach Verbesserungen oder Änderungen der bestehenden Realität. Dies macht ihn unausweichlich und ausnahmslos zu einem Rebellen gegen den Status quo. Tagtäglich vollbringt der Künstler eine friedliche Revolution, indem er die neuen Realitäten der Zukunft postuliert.

Demokratien und andere Regierungsformen neigen jedoch gelegentlich dazu, die Rolle des Künstlers in der Gesellschaft zu übersehen. In den Vereinigten Staaten zum Beispiel kann Folgendes vorkommen: Ein Künstler schreibt ein einziges großes Buch, produziert einen großen Film oder komponiert eine große Sinfonie und erzielt vielleicht in einem Augenblick den Großteil der Gewinne seines Lebens. Seine ganze Hingabe mag seit seiner Kindheit auf die Schaffung dieses einen großen Werkes ausgerichtet gewesen sein. Trotzdem entreißt ihm die Demokratie jegliche Früchte des Sieges und verhängt eine unglaubliche Strafe für die Erschaffung jedes Kunstwerkes, indem sie durch eine gierige Besteuerung ihre effektiv schöpferischen Individuen zur Nicht-Produktion treibt. Eine der unbestritten größten Maßnahmen, die man treffen könnte, um eine Kultur wie Amerika zu fördern und zu beleben, bestände darin, die Künstler komplett von sämtlichen Steuern und ähnlichen Bedrängungen zu befreien. Und so die strebsamsten und fähigsten Individuen in den Bereich der Künste zu locken und sie zu ermuntern, sich ungehindert der Erschaffung all der Schönheit und Herrlichkeit zu widmen, von denen eine jede Kultur abhängig ist, die materiellen Wohlstand wünscht. Der Künstler führt der Kultur ihr Theta zu. Und ohne dieses Theta wird die Kultur reaktiv.

Diese Abhandlung über die Funktion des Künstlers wird an dieser Stelle zum einen deshalb angeführt, weil diese Dinge einmal gesagt werden müssen, und zum anderen, weil der Auditor verstehen sollte, dass der Impuls, zu erschaffen und aufzubauen, die lediglich rationalen und reaktiven Denkebenen überragt. Außerdem muss der Auditor die Dianetik vielleicht gelegentlich gegen die seltsame Neurose verteidigen, dass ein Künstler weniger fähig wird, wenn er weniger neurotisch wird. Bedauerlicherweise wurden einige Künstler zu diesem Glauben erzogen und versuchen nun aufgrund genau dieser Erziehung, in ihrem privaten und öffentlichen Leben auf höchst aberrierte Weise zu handeln, um damit zu beweisen, dass sie Künstler sind. Infolge einer solchen Erziehung kann der Auditor häufig auf eine junge Künstlerin stoßen, die wie eine Prostituierte lebt, um sich und ihre Freunde davon zu überzeugen, dass sie wirklich künstlerisch ist. In der römischen Frühzeit hatte die Kunst ein recht hohes Niveau erreicht. Die Christen erhoben sich gegen die Missachtung des menschlichen Lebens und der Sklaven durch die Römer. In dieser Revolte führten die Christen die reaktive Berechnung durch, sie würden gegen die Römer an sich rebellieren. Sie verurteilten also alles, was römisch war, als schlecht. Und fünfzehnhundert Jahre lang war es daher schlecht, ein Bad zu nehmen, denn die Römer hatten gebadet. Zwar kam die katholische Kirche bald wieder zur Besinnung und begann, den Künstler zu schätzen, doch traf dies leider auf einige der ersten Religionen, die nach Amerika gelangten, nicht zu. Diese befanden sich noch immer in voller Rebellion gegen alles, was römisch war. Sie rebellierten gegen Vergnügen, Schönheit, Sauberkeit und viele andere wünschenswerte Dinge, die in sich selbst den Glanz des Menschseins ausmachen. Der Künstler setzte sich dann gegen diese erklärte Unvernunft zur Wehr und schlug einen Kurs ein, der genauso gründlich reaktiv war, wie der des Puritanismus und Kalvinismus es gewesen waren. Künstlerisch zu sein wurde für gewöhnlich mit lockerer Moral, Verruchtheit, Müßiggang und Trunkenheit gleichgesetzt. Und der Künstler versuchte dieser Rolle gerecht zu werden, damit man ihn als Künstler anerkannte. Dieses Gefühl ist bis auf den heutigen Tag erhalten geblieben, und Leute, die tief auf der Tonskala sind, stürzen sich oft nur deshalb in die Künste, um damit Promiskuität, unkonventionelles Verhalten und lockere Moral entschuldigen zu können.

In der Nähe der Malerstaffeleien sieht man Frauen herumlungern, die den Anspruch erheben, „künstlerisch" zu sein, in ihrem wirklichen Verhalten jedoch nicht den Versuch unternehmen, irgendetwas zu erschaffen, sondern nur der Bezeichnung entfliehen wollen, die ihnen in Wirklichkeit gebührt. Und man stößt auf einen armen jungen Burschen, der ein ausgezeichneter Architekt hätte werden können; nur leider ist er nach der Denkrichtung ausgebildet worden, Große-Kunst-Kann-Nur-Von-Moralisch-Aussätzigen-Geschaffen-Werden. Diese Beobachtungen werden dem Auditor hier nur aus einem einzigen Grunde vorgeführt: Künstler werden vermutlich die Menschen mit dem größten potenziellen Wert sein, die er auditieren wird. Er wird gut daran tun, sich der ganzen „Ausbildung" und „künstlerischen Umgebung" von Künstlern und solchen, die es werden wollen, gründlich zu widmen, ob Schriftsteller, Komponisten, Dichter oder Maler, denn hier wird er feststellen, dass die Zeitspur mit Entheta übersät ist.

Wenn der Auditor einen ästhetischen Verstand rehabilitieren möchte, so muss er alles Entheta angehen, das sich um das Gebiet der Ästhetik herum angesammelt hat. Ein in größerem Maße autoritäres Gebiet gibt es gar nicht, denn keines der Prinzipien der Ästhetik ist je genau formuliert worden. Es gibt in der Dianetik ein Axiom, gemäß dem Folgendes gilt:

EIN GEBIET IN DEN GEISTESWISSENSCHAFTEN WIRD UMSO AUTORITÄRER SEIN, JE WENIGER EXAKTES WISSEN DARÜBER EXISTIERT.

Jedes Gebiet, das sehr viele Kritiker aufweist, in dem es Tausende von unterschiedlichen Richtungen mit abweichenden Meinungen geben kann und man anstelle vernunftgemäßer Überlegungen, aus denen jedermann seine Schlussfolgerungen ziehen könnte, mit offenem Mund Meinungen zuhört, ist ein autoritäres Gebiet. Auf dem Gebiet der Ästhetik wimmelt es leider von solchen Kritikern und Meinungen.

So wird der ganze Bereich der Künste enturbuliert, und das künstlerische Niveau einer Kultur wird dadurch stark herabgemindert. Die Rehabilitierung dieser Fähigkeit zur Kunst in einer Kultur ist ein ungeheuer wertvolles Unternehmen, und jede Anstrengung in dieser Richtung wird sich für eine Kultur tausendfach bezahlt machen. Eine Kultur ist nur so groß wie ihre Träume, und ihre Träume werden von Künstlern geträumt. Wird das Daseinsniveau des Künstlers unrein, so wird die Kunst selbst unrein, zum Schaden der Gesellschaft.

Eine Gesellschaft, in die der Totalitarismus eindringen kann, ist wahrhaft eine sterbende Gesellschaft. Der ästhetische Verstand dieser Gesellschaft als

Gruppe muss beinahe vollkommen funktionsunfähig sein. Keine Gesellschaft, in der die Kunst hochgehalten und gefördert wird, in welcher der Schriftsteller, der Musiker, der Dichter oder der Architekt ein Mindestmaß an Stabilität oder Stellung genießt, würde die Theorie dulden, dass ein „Dasein als Arbeitsesel" die höchste Bestimmung des Menschen sei. Denn ebenso wie Industrie und Handel und die materiellen Vorhaben einer Nation auf den Schultern von einigen wenigen fähigen, verzweifelten Menschen getragen werden, so werden die Ehre und die Herrlichkeit dieser Gesellschaft vom Künstler getragen und gefördert.

Oberhalb des ästhetischen Verstandes mag es viele weitere Verstandesebenen geben. Es wäre anmaßend, sie zu klassifizieren, wenn man sie nicht versteht, sondern nur die Beobachtung gemacht hat, dass sie möglicherweise vorhanden sind. Eine Klassifizierung oder Zuweisung von Bezeichnungen für Dinge, die man mit dem Verstehen nicht erfasst, ist ein autoritäres Vorgehen und führt lediglich zu Verwirrung. Eine Geisteskrankheit zum Beispiel sollte mit einer Bezeichnung klassifiziert werden, die zu ihrer Linderung führt. Sie einfach zu klassifizieren führt nur Kompliziertheit ein, ohne das Verstehen zu fördern. Auf autoritären Gebieten wird sehr häufig eine große Anzahl beschreibender Bezeichnungen für Dinge vorgebracht, die auf unvollständigen oder vagen Beobachtungen oder uninformierten und ungeschulten Beobachtern beruhen. So entsteht eine riesige Menge an „Technologie", und so wird einer „Autorität" auf einem autoritären Gebiet zu einer gewissen „Würde" (sprich Aufgeblasenheit) verholfen. Man würde keineswegs einen Professor der englischen Literatur als einen Schöpfer von Literatur betrachten, nur weil der Professor die Namen der Schriftsteller und all ihrer Werke sowie die Vielzahl an Meinungen kennt, die Kritiker darüber zum Ausdruck gebracht haben. Dieses Katalogisieren kann sehr leicht als „wahres Kunstverständnis" hingenommen werden.

In einer tief auf der Tonskala liegenden Gesellschaft, die Autoritarismus ohne großen Widerspruch annimmt und sich vor den donnernden, geistlosen Manifesten irgendeines Kritikers oder Praktizierenden beugt, der von seinem Fach nicht mehr als ein unglaublich kompliziertes Vokabular kennt, lässt sich erwarten, dass ein „Gebildeter" als jemand definiert wird, der zahlreiche künstlerische Werke und humanitäre -ologien aufzählen und die standardgemäße Meinung darüber zum Besten geben kann. Dadurch wird es jemandem, der sich „Kultur" aneignen will, sehr leicht gemacht. Er braucht lediglich, ohne denken zu müssen, die Namen der großen Opern, der großen Bücher, der großen Gemälde und der humanitären Unternehmungen der Vergangenheit auswendig zu lernen. In einer sehr tief auf der Tonskala liegenden Gesellschaft üben die Universitäten diese Funktion zufriedenstellend aus – und wenn es noch so widerwärtig ist. In einer tief auf der Tonskala liegenden Gesellschaft verlassen die meisten Leute, die aufgrund ihrer Vernunft für ihre Mitmenschen von Wert sein wollen, diese „Lehr"-Institutionen nach ein oder zwei Jahren. Mit anderen Worten, in einer solchen Gesellschaft wird den meisten Leuten, die dieser Gesellschaft tatsächlich helfen würden, die Ausbildung verweigert (weil nur Ausbildung durch Klassifizierung vermittelt wird).

Daher wird kein Versuch unternommen, irgendeine Ebene geistigen Bewusstseins oberhalb der Ebene des ästhetischen Verstandes zu klassifizieren, abgesehen von der Aussage, dass diese Verstandesebenen offenbar einem Zustand der Allwissenheit immer näherkommen. Irgendwo, vielleicht auf der fünften Ebene, befindet sich der tätige Verstand des geistigen oder religiösen Menschen, der über die Grenzen der Orientierung an MEST oder an Organismen hinausgeschritten ist und sich einem Verstehen sowohl des Theta-Universums als auch des Höchsten Wesens zugewandt hat und mit ihnen zusammenarbeitet.

Welch ungeheures Neuland sich aufgrund der wissenschaftlichen Nachweise auftut, die sich in der Dianetik beständig weiter ansammeln, und in welcher Art dieses Neuland sowie das darin enthaltene Wissen die Kultur des Menschen ändern oder fördern werden, lässt sich zum jetzigen Zeitpunkt nicht abschätzen. Zum Beispiel lässt sich bereits jetzt in der Dianetik nachweisen, denn die Wissenschaft verlangt ja schließlich (fühlbare, messbare und erfahrbare) Beweise, dass das Individuum unsterblich oder praktisch unsterblich ist. Seltsamerweise, oder vielleicht doch nicht so seltsamerweise, ist dabei kaum irgendein Uminterpretieren von religiösen Schriften erforderlich – außer dass Kühnheit und Reichweite früherer Betrachtungen über die menschliche Seele, Gott und den Teufel, Himmel und Hölle gefestigt und greifbar gemacht werden. Der Tod des Organismus verliert stark an Bedeutung und Wert, sollten die Untersuchungen und Schlussfolgerungen der Dianetik weiterhin auf einer Linie mit den großen Religionen der Menschheit liegen oder mit ihnen vereinbar sein. Die Religionen, die mit Mühe gegen die Unterdrückung durch gottlose Ideologien ankämpfen, werden vielleicht neue Kraft und Bedeutung gewinnen. Das Verhaltensniveau des Individuums, sei es nun gut oder schlecht, würde offenbar zu neuer Bedeutung gelangen. Denjenigen Menschen, die die unterdrückenden Faktoren ihrer Güte, Ethik und Ehre überwinden, scheint ein Emporsteigen in Richtung geistiger Unsterblichkeit zu winken. Diejenigen aber, die den Kräften des Bösen unterliegen und unfähig sind, mehr als ein böses und zerstörerisches Leben zu führen, wären offenbar – sofern sich diese Schlussfolgerungen in weiteren wissenschaftlichen Untersuchungen bewahrheiten – nicht nur innerhalb einer Generation auf eine enger werdende Abwärtsspirale geraten, sondern würden sogar einen Niedergang durchmachen, der schließlich zu einem letzten Ende in Form von Schmerz oder Nichtüberleben als persönliche Identität führen kann. Einige dieser teilweise beobachteten und erforschten Möglichkeiten (oder Wahrscheinlichkeiten) scheinen dem Zyklus, den Gesellschaften und Gruppen durchlaufen, sowie ihrem Überleben oder Sterben eine neue Bedeutung zu verleihen.

Wenn man diese oberen Verstandesebenen untersucht, wenn man die Nachweise für den Theta-Körper untersucht – und wenn man als Nebenerscheinung des Prozessings persönlich den Beweis dafür erfährt, dass man selbst bereits in früheren Zeiten gelebt hat und offensichtlich die Garantie dafür hat, dass man über seinen Tod in der jetzigen Generation hinaus in die Zukunft hinein weiterleben wird, so wird die eigene Orientierung in Bezug auf Ziele und Zwecke vielleicht eine beträchtliche Wandlung erfahren. In seiner Revolte gegen Kirchen, die früher vielleicht, vielleicht auch nicht, die wissenschaftliche Forschung beträchtlich unterdrückt haben, unternahm der Biologe den Versuch, sich für den Menschen eine Herkunft aus Schlamm und Ammoniak-Meeren auszudenken sowie einen Ursprung, der unabhängig von Gott ist und allein in der Materie wurzelt. Diese reaktive Übertreibung hat uns kein Mittel geboten, um das Unglück des Menschen zu erleichtern, nicht einmal in den beschränkten Bereichen von chronischen Somatiken und geistiger Aberration, sondern hat uns stattdessen gewaltige Zerstörungswaffen in die Hand gegeben, ohne gleichfalls das geringste Maß an geistiger Gesundheit zu liefern, mit der man darüber verfügen könnte. Unter der Führung des mit materialistischen Scheuklappen versehenen Wissenschaftlers (dessen höchstes Ziel es war, den Menschen, einem Arbeitstier gleich, an eine physikalische Umgebung anzupassen, der als Ende für das Individuum ein 1,80 Meter großes Fleckchen Erde und einen manchmal wurmsicheren Sarg vorsah und dessen Ziel für die Gruppe in einer Ameisengesellschaft bestand, deren kleinste beachtungswürdige Lebenseinheit zehntausend Menschen umfasste), unter dieser Führung wurden wir dunkle und böse Seitenwege hinuntergeleitet, die nicht nur für die Träume, Hoffnungen und die Ethik der Menschen, sondern auch für den MEST-Planeten die Zerstörung bedeuten. Die materialistischen Wissenschaften, die von der Voraussetzung ausgehen, dass der Mensch nur aus Schlamm entstanden sei, dass der Verstand einen merkwürdig fehlerhaften Reizreaktionsmechanismus darstelle, dass die menschliche Seele eine Wahnvorstellung und Gott nur der Mythos irgendeines aberrierten Mesopotamiers sei, haben uns zu guter Letzt die echte Drohung der schlagartigen Auslöschung des Menschen als Spezies beschert. In Anbetracht der Tatsache, dass diese materialistische Wissenschaft also nur in Richtung Tod geführt hat, sollten sogar Gedankenlose erkennen, dass den Lehren der Lysenkos, der Darwins und meiner weisen Studienkollegen, der Atomwissenschaftler, die dem Menschen schließlich die Atombombe gegeben haben, damit er sich sein Grab schaufelt, etwas Grundfalsches anhaften muss. Als Organismus, der stark mit MEST enturbuliert ist, war es jedoch natürlich für den Menschen, ein gewisses Verstehen der Gesetze von MEST bis zur Perfektion zu treiben, bevor er sich umsah, ob es vielleicht noch etwas anderes gibt. Der materialistische Wissenschaftler hat die Kontrolle des Menschen über MEST bedeutend vergrößert, auch wenn er (durch seine Lehren) den Menschen beträchtlich daran gehindert hat, das zu verstehen, was wir in der Dianetik als Theta bezeichnen. Francis Bacon, Newton und die übrigen entwickelten Methoden, über das Denken nachzudenken, und Wege, um vernünftige Überlegungen über die Vernunft anzustellen, die für die Dianetik von beträchtlichem Wert waren, ja ohne die es gar nicht möglich gewesen wäre, die Dianetik zu formulieren. Doch weder Bacon noch Newton unterstützten den Materialismus. Erst ihre Schüler entwickelten die Lehre, dass der Mensch dem Schlamm entstamme und keiner anderen Bestimmung entgegengehe, als wieder zu Schlamm zu werden.

Sofern die Dianetik nicht zu spät auf der Bildfläche erscheint, kann ihre Untersuchung höherer Verstandesebenen – sogar in diesem niedrigen, noch unentwickelten Stadium – einiges dazu beitragen, dass sich im Menschen wieder ein gewisser Glaube an ein Göttliches Wesen und an sich selbst als eine teilweise göttliche Entität regt. Die Grundprinzipien der Dianetik fordern, dass eine Tatsache empfunden, gemessen oder erfahren werden muss, damit sie als bewiesen gelten kann. Als die Wissenschaft plötzlich dieses Prinzip in das Gebiet des Denkens einführte, verringerte sich ganz allgemein die Bereitschaft des Menschen, eine Sache einfach auf der Grundlage des Glaubens zu akzeptieren. Als die Religionen sich nun unvorbereitet dieser neuen Lehre gegenübersahen, deren Bedingungen (nach Ansicht ihrer Vertreter) erst erfüllt sein müssen, bevor irgendetwas Gültigkeit besitzen kann, versuchten sie noch immer den Wert des Glaubens hochzuhalten, der auch wirklich einen lebenswichtigen Bestandteil des gesellschaftlichen Daseins des Menschen darstellt. Doch eine Generation nach der anderen kamen die jungen Männer und (warum, können wir selbstverständlich nicht sagen) jungen Frauen von den Fließbändern der Studiengänge des sogenannten „Bildungswesens" und waren vollgestopft mit dem Lehrsatz, dass sie nur das glauben dürfen, was sie erleben können, und fein gemahlen in den Mühlen des Materialisten. Ganz gleich, ob diese Generationen in der Lage waren, „Bach zu zitieren oder Hamlet auf dem Klavier zu spielen", in Mikroskope zu schauen, als Leiter in Büros von Dampfschifffahrtsgesellschaften zu dienen und MEST zu verschieben, zu beherrschen und ganz allgemein zu verändern, sie waren doch nichtsdestoweniger sozial verlorene Generationen, die keine Vorstellung von ihrem eigenen Wert als Individuen hatten und keine nennenswerte funktionsfähige Gesellschaftsordnung besaßen – wenn wir davon ausgehen, dass der Wert einer Gesellschaftsordnung nach Glück gemessen werden sollte. Diese Generationen wurden durch Ehescheidung, Hemmungen, Ziellosigkeit, Blasiertheit, Unehrlichkeit und allgemeine Hoffnungslosigkeit zerschlagen. Für ihre Empfindungsweise waren auf dem Gebiet der Geisteswissenschaften Denkrichtungen repräsentativ, die ihnen beibrachten, das höchste Ziel eines Menschen liege darin, „sich an seine Umgebung anzupassen" (ohne je zu erkennen, dass der Fortschritt des Menschen einzig und allein von seiner Fähigkeit abhängt, *die Umgebung an sich selbst als Spezies anzupassen*); die ihnen weiterhin beibrachten, dass allein die genetische Vererbung für Neurose und Wahnsinn verantwortlich sei und dass Schmutz und Dreck allein das gesamte Problem des menschlichen

Geistes von A bis Z beinhalten. Dies ist eine traurige und erbärmliche Lage. Kein Reich aus früherer Zeit, das man studiert hat, war je in seiner Senilität so verdorben und gottlos geworden, wie dies die Gesellschaften des Menschen im Ganzen gesehen heute sind. Es ist nicht verwunderlich, dass eine Ideologie, die behauptet, der Mensch könne Generation für Generation zu geistlosen Maschinenteilen geformt werden und es gebe für das Individuum keinerlei Bestimmung, die über seinen Platz als gefühlloses, festsitzendes Zahnrad in einem grauen, hoffnungslos mahlenden gesellschaftlichen Getriebe hinausgeht, von ihren Handlangern die Zerstörung und Ausrottung des Produzierenden, des Individualisten, des Denkers und jedes edlen Menschen in der Gesellschaft verlangt.

Der Fortschritt nach oben, in Richtung Überleben auf höheren Ebenen, ist auch ein Fortschritt in Richtung Gott. Der Auditor wird bei einem Fall nach dem anderen diese Feststellung machen. Vermutlich wird er anfangs mit Erstaunen beobachten, dass Atheisten, die er auditiert, bald nicht mehr zum Atheismus neigen und zumindest eine gewisse Toleranz für die Vorstellung aufbringen können, dass Religion bestehen und in einer sozialen Ordnung eine wertvolle Funktion erfüllen kann. Wendet der Auditor auf einen Teil der Erziehung der Person Scanning an, einfach als ein Schritt, um in einem sehr wahrscheinlich fruchtbaren Bereich Entheta in Theta umzuwandeln, so wird er vielleicht mit Interesse bemerken, dass der Preclear Spekulationen über die Möglichkeit eines geistigen Daseins anzustellen beginnt. Obwohl der Preclear vielleicht kein Anhänger einer bestimmten Lehre ist, wird er sich offenbar, wenn er sich recht hoch auf der Tonskala befindet, instinktiv irgendeines höheren Daseinsniveaus bewusst. Von seiner materialistischen Haltung kehrt er sich normalerweise ab, wenn er auf der Tonskala nach oben kommt, da diese Haltung nun einmal für Menschen von 2,0 an abwärts verträglich zu sein scheint.

Man könnte davon ausgehen, dass bei einem Menschen von 2,0 an abwärts mehr MEST als Theta vorhanden ist. Denn Menschen in diesen Bereichen ziehen es vor, MEST-Kraft (Kilopondmeter an Energie), anstatt Vernunft zur Erreichung ihrer Wünsche zu gebrauchen. Menschen auf dieser Stufe verbessern MEST normalerweise nicht, sondern werden vorhandene Strukturen zu EnMEST machen. Wenn Menschen bis unter die Stufe 2,0 enturbuliert worden sind, so neigen sie im Allgemeinen dazu, alles Leben und alle Organismen als Mest zu betrachten, und werden so mit ihnen umgehen, dass sie sie in Richtung Mest herabmindern. Erstaunlicherweise lässt sich dies mit früheren Vorstellungen über den Auftrag von Handlangern des Teufels vergleichen. Die Kräfte des Bösen minderten das Leben zu Materialismus und Tod hinab.

Oberhalb von 2,0 geht die Tendenz des Individuums dahin, das Leben und Organismen in ihrem Dasein zu fördern und ihnen zu helfen, eine harmonische Kontrolle über Mest auszuüben. Dies ist jenen Handlungen überraschend ähnlich, die früher als gut und gottgefällig betrachtet wurden.

Man sollte es nicht als seltsam erachten, dass sich der Organismus so viel höher über Stufe 2,0 erheben kann, als er unterhalb 2,0 absinken kann. Stufe 4,0 liegt so weit unterhalb der Höhe, die sich vorläufigen Beobachtungen zufolge offensichtlich durch welche Mittel auch immer erreichen lässt, dass man sich des Gefühls nicht erwehren kann, der Mensch habe sich in seiner bisherigen Entwicklung als Wesen erst wenig über seine Verwandten im Tierreich erhoben, im Vergleich zu der Strecke, die er noch zurückzulegen hat, wenn er auch nur annähernd auf eine höchste erreichbare Stufe gelangen will. Stellt man die Beobachtung an, dass sich eine ganze soziale Ordnung wie Amerika um 2,5 bewegt und dass sich das normale Individuum vermutlich unterhalb von 3,0 befindet, so kommt dies einem Vergleich des jetzigen Zustandes des Menschen mit dem des hässlichen kleinen Entleins gleich, das zu einem Schwan heranwachsen wird. Der Vergleich hinkt jedoch. Im Falle des hässlichen Entleins ist es nahezu unausweichlich, dass es heranwachsen wird. Aber es muss *leben,* um ein Schwan zu werden. Angesichts der Verrücktheiten in der heutigen Welt steht es jedoch um die Chancen des Menschen, Gott zu erreichen, nicht so gut.

Spalte AO
Anteil an Entheta beim Fall

Wie auf dem Begleitschaubild festgehalten ist, setzt sich ein Organismus den Dianetischen Grundannahmen und Beobachtungen zufolge aus Theta und MEST und ihrer veränderten Form, Entheta und EnMEST, zusammen.

Unter *Theta* verstehen wir natürlich Gedanken-Energie, die möglicherweise als Gedanken-Materie in Gedanken-Raum existiert. Unter *MEST* verstehen wir das physikalische Universum aus Materie, Energie, Raum und Zeit, wie wir sie in den Naturwissenschaften kennen. Wir gehen davon aus, dass sich diese beiden Energien verbinden und dass durch die harmonische Kontrolle von MEST durch Theta ein Lebensorganismus entsteht. Somit lässt sich sagen, dass Theta plus MEST Leben bildet.

(umseitig)

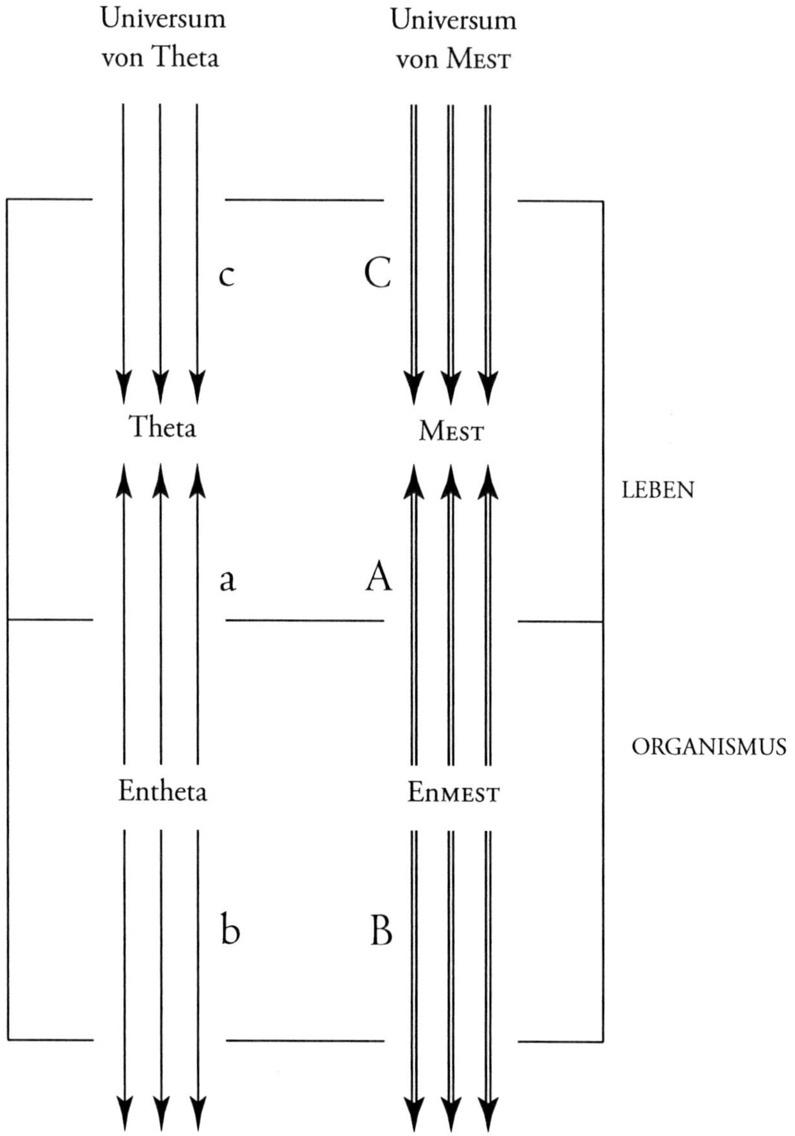

Während des Prozessings wird Entheta in Theta umgewandelt und EnMest wird in Mest umgewandelt. Es wird angenommen, dass dies wie folgt geschieht: EnMest wird zu Mest, von dem ein Teil A) für den Organismus zurückbehalten wird und ein Teil B) den Organismus verlässt, um später C) durch neues Mest ersetzt zu werden. Entheta wird zu Theta a). Es kann auch angenommen werden, dass Entheta den Organismus verlässt b) und durch neues Theta ersetzt wird c).

Die Bildung von Organismen und ihre Entwicklung erfolgt offensichtlich über vier Entwicklungslinien. Zunächst einmal gibt es die Entwicklung des *Theta-Körpers*, über den wir wenig wissen, außer dass er offenbar (zumindest bei menschlichen Organismen) vorhanden ist und sich in der Zeit voranbewegt, wobei er sich unabhängig von der genetischen Linie von Generation zu Generation entwickelt.

Die zweite Entwicklung ist offenbar die Entwicklung von *Organismen* selbst, die sich in einer Protoplasma-Linie von Generation zu Generation fortsetzt, wobei jede Generation eine gewisse Abänderung erfährt, die aufgrund der Umgebung stattfindet, aufgrund einer natürlichen Auslese, wodurch die Untauglichsten oder am wenigsten Anpassungsfähigen ausgeschieden werden, und aufgrund einer anscheinend geplanten Entwurfsarbeit, die auf Berechnungen für die Zukunft beruht.

Die dritte Entwicklung ist die Entwicklung in *Mest*. Dies mag nicht leicht ersichtlich sein, doch Mest wird durch die fortschreitenden Generationen von Lebensformen verändert, geordnet, durcheinandergebracht und komplexer gestaltet. Die verwirrende Kompliziertheit bakterieller Nebenprodukte und die Bildung oder Zerstörung von Bergen oder Maschinen ist nicht minder eine Entwicklung als die Entwicklungslinie der Organismen.

Es gibt noch eine vierte Entwicklung, der nur wenig Beachtung geschenkt wurde. Es handelt sich um die abgestufte Skala steigender Komplexität von Lebensformen im „Jetzt" so, wie sie sich jetzt auf der Basis von Mest erhalten. Der Grundstein dieser Skala der Komplexität wird natürlich durch jene winzigen Lebensformen gebildet, die allein von Sonnenlicht und anorganischen chemischen Stoffen leben und Fels und Sand in Erde umwandeln oder die im Meer Nahrung für die nächsthöhere Pflanzenform bilden. Der Boden trägt dann eine etwas höhere Pflanzenform. Dies wiederum ergibt besseren oder zusätzlichen Boden, oder im Meer entsteht auf diese Weise bessere oder zusätzliche Nahrung. Und eine Evolution der Komplexität in den immer höheren Stufen des Pflanzenreiches kann dann festgestellt werden, danach in den einfacheren Tier- und Fischarten und schließlich in so komplizierten Arten wie dem Menschen. Die zuletzt beschriebene Evolution findet in der Gegenwart ständig statt und bildet eine Stufenleiter der Unterstützung, da der Mensch sowie andere bewegliche Tiere von immer niedereren Formen abhängen, die immer grundlegendere Arbeit zu leisten haben, um Mest zur Verfügung zu stellen, sowie deren Nährstoffe für den Aufbau. Diese Evolution in der Gegenwart findet fortwährend statt; in diesem Moment sind die niedersten Arten hier bei uns damit beschäftigt, Sonnenlicht und Mineralien zur Unterstützung höherer Arten umzuwandeln. Je mehr Mest eine bestimmte Lebensform außerhalb von sich selbst kontrolliert, umso komplexere Anforderungen stellt sie in Bezug auf vorverarbeitetes Mest. Diese Verarbeitung von Mest zum Verzehr durch immer höhere Formen ist somit als Lebensgrundlage erforderlich. Es ließe sich also sagen, dass Theta als ein Band des „Jetzt" quer über dem Parademarsch von Mest in der Zeit liegt, genau wie das Mest-Universum vermutlich in der ständigen Gegenwart des Theta-Universums liegt.

Theta und Mest scheinen der Regel zu folgen, dass sie nur in einem Augenblick, in dem sie schwer miteinander zusammenprallen, eine Verbindung eingehen. Wenn auch Theta sich von Natur aus zu Mest hingezogen fühlt und Mest sich von Natur aus zu Theta hingezogen fühlt (falls Mest überhaupt eine Absicht hat), so bedeutet dies doch nicht, dass es sich bei der ersten Verbindung zwecks irgendeines Vorrückens um eine harmonische Verbindung handelt. Der erste Moment des Aufpralls ist ein Zusammenstoß, bei dem ein beträchtlicher Teil des Thetas mit dem Mest durcheinandergerät, während etwas freies Theta und etwas nützliches Mest übrig bleibt. Der Rest verändert seine Wellenlänge oder Polarität und wird zu dem, was wir enturbuliertes Theta und enturbuliertes Mest nennen (in der Dianetik kürzen wir dies als *Entheta* und *EnMest* ab).

Wenn auch bei dieser ersten Verbindung ein gewisses Maß an Organisierung erfolgen mag, scheinen sich Entheta und EnMest doch trennen zu müssen, damit das Theta Wissen über die physikalischen Gesetze von Mest mit sich nehmen kann. Dann erfolgt ein zweiter Zusammenprall, der mit einem größeren Fortschritt verbunden ist, da Theta nun mehr Wissen über Mest besitzt und somit Mest harmonischer erobern kann. Dieser Ablauf wiederholt sich immer wieder, und Theta erhält immer mehr Informationen. Durch immer größere Fähigkeit im Umgang mit Mest entstehen komplexere Formen und Organisationen. Dies trifft in gleichem Maße auf Gruppen wie auf Individuen zu; alle Gruppenunternehmungen, durch die mit der Zeit Wissen entsteht, beginnen mit einem beträchtlichen Maß an Turbulenz. Nachdem die Turbulenz vorüber ist, werden dann größere Fortschritte möglich, da Theta nun über ein viel größeres Verstehen des physikalischen Universums verfügt. Als Beispiel dafür ließen sich die wissenschaftlichen Fortschritte anführen, die in Kriegszeiten gewonnen worden sind und in den nachfolgenden Friedenszeiten konstruktiv für den Menschen genutzt werden können. Hierbei gilt jedoch die Einschränkung, dass nicht das ganze Theta enturbuliert werden darf, da es die Entwicklung des Organismus sonst abwärtsführen würde.

Als „Tod" bezeichnen wir ein Phänomen, das offenbar den Mechanismus darstellt, mit dessen Hilfe Theta sich selbst und den Großteil seines Umfangs vom Mest wieder löst, um in einer nächsten Generation eine harmonischere Eroberung von Mest durchführen zu können. Arten machen so lange Fortschritte, wie Theta und Mest noch immer in der Lage sind, sich so zu trennen, dass dabei freies Theta übrig bleibt. Schließlich beginnt jedoch das Theta offenbar die genetische Linie in eine enger werdende Abwärtsspirale zu führen, und die betreffende Spezies verfällt und stirbt aus.

Die Tonskala drückt nicht die Vorstellung aus, dass alles oberhalb von 2,0 Theta in reiner Form und alles unterhalb von 2,0 Entheta in reiner Form darstellt. Auch ist sie nicht so zu verstehen, dass oberhalb von 2,0 alles Mest im Organismus von Theta gut organisiert ist und dass genau von 2,0 an abwärts alles aus EnMest oder desorganisierter Materie besteht. In älteren Denkarten, die nur zweiwertige Logik erlaubten (das heißt, „schwarz und weiß" oder „richtig und falsch", ohne dazwischenliegende Werte), wäre die Tonskala und ihr Nutzen sehr stark herabgemindert worden. In der Dianetik gibt es eine neue Denkweise, die einem Großteil der Dianetischen Technologie zugrunde liegt. Statt einer zwei- oder dreiwertigen Logik haben wir *unendlichkeitswertige Logik.* Es handelt sich um eine Gradientenskala, die an beiden Enden keine absoluten Werte zulässt. Es gibt mit anderen Worten keine absolute Richtigkeit und keine absolute Verkehrtheit, genau wie es keine absolute Bewegungslosigkeit und keine absolute Bewegung gibt. Einer der Grundsätze der Dianetik ist natürlich, dass Absolutwerte nicht erreichbar sind, sondern man sich nur an sie annähern kann. Daher haben wir *Gradientenskalen.* Man nähert sich dem Tod schrittweise durch Fehlschläge, durch Unrechthaben, durch eine Ansammlung von Krankheiten und Unfällen. Ein Aufstieg in Richtung Leben bedeutet eine Ansammlung von kleineren Erfolgen, die zu immer höheren Überlebensstufen, Erfolgen beim Wachstum und bei der Vervollkommnung des Organismus sowie im Bildungsbereich und bei der Erreichung von Zielen führen.

Bei 2,0 auf der Tonskala liegt eigentlich die Stelle, wo das ARK von Theta und die Ordnung des Organismus im Hinblick auf Mest, sowohl ein jedes für sich als auch vermischt, genug Dissonanz angenommen haben, dass ein leichtes Unbehagen entsteht. Das EnMest ist noch nicht in hohem Grade EnMest und das Entheta noch nicht in hohem Grade Entheta. Doch wird sich diese Dissonanz immer mehr verstärken und ausweiten, je tiefer der betreffende Mensch auf der Tonskala sinkt, und ist schließlich so weit, dass er beinahe einen Nullwert erreicht; das heißt, dass zwischen Entheta und EnMest sehr wenig Wechselwirkung besteht und die Bestandteile des EnMest nun so schlecht organisiert sind, dass sie nicht einmal mehr in Konflikt miteinander stehen, sodass das ARK von Theta praktisch nicht mit sich selbst verbunden ist. Der vollständige Nullpunkt für das Leben des Organismus liegt bei 0,0, wo Theta und Mest, was den Organismus betrifft, so wenig miteinander gemeinsam haben, dass sie sich trennen. Durch diese Trennung des Theta-Körpers vom Mest-Körper tritt das Mest des alten Körpers aus der Verbindung hervor, um in neuen Organismen weiterverwendet zu werden, und der Theta-Körper wird (der heutigen Theorie zufolge) zur weiteren Eroberung von Organismen freigesetzt.

Findet der Auditor, dies sei ein viel zu hochgestochenes Spezialwissen, so sollte er doch zumindest verstehen, dass er die Enturbulierungen von Theta und Mest trennen muss, die im Organismus als Entheta und EnMest vorhanden sind, wenn er einen Organismus auf der Tonskala nach oben bringen will. Jeder Augenblick eines harten Zusammenpralls zwischen dem Theta-Teil und dem Mest-Teil des Körpers oder zwischen dem Organismus und anderen Organismen bzw. Mest hat eine Stelle von derart intensivem Entheta und EnMest gebildet, dass diese Stelle danach das Theta und das Mest enturbulieren wird, mit dem sie in Berührung kommt.

Dies ist das Engramm: ein Augenblick von körperlichem Schmerz mit der daraus resultierenden Bewusstlosigkeit und den darin eingeschlossenen Wahrnehmungseindrücken. Von 0,1 bis 2,0 versuchen Entheta und EnMest sich zu trennen und enturbulieren dabei das vorhandene Theta und Mest. Jeder Augenblick oder Bereich körperlichen Schmerzes versucht somit selbst zu sterben, damit das eingeschlossene Entheta und EnMest für einen neuen

Eroberungszug genügend frei werden können, um weniger enturbuliertes Theta zu bilden.

Mit dem Dianetik Prozessing wurde in der Entwicklung von Organismen, des Theta-Körpers und von MEST etwas Neues eingeführt (neu insofern, als es jetzt gründlich durchgeführt werden kann). Durch Prozessing werden Entheta und EnMEST getrennt, ohne den Tod des Organismus herbeizuführen. Diese Ansteckungsherde summieren sich schließlich zum Tod des Organismus, wenn kein Prozessing darauf angewendet wird.

Genau wie der MEST-Körper des Organismus offenbar durch anderes MEST wieder ergänzt wird – dieses MEST verarbeitet und MEST abgibt – wird vielleicht auch der Theta-Körper wieder mit Theta ergänzt, und er gibt offenbar auch Theta ab. Abgesehen von der Tatsache, dass Theta existiert, und abgesehen von grundlegenden Beschreibungen von Theta, die für den Auditor nützlich sind, ist zum jetzigen Zeitpunkt sehr wenig über Theta bekannt (obwohl die Erkenntnis, dass Theta vermutlich vorhanden ist, die Spannweite des Wissens auf dem Gebiet der Geisteswissenschaften bedeutend erweitert hat und die Entdeckung des Theta-Körpers in Form von Aspekten, die sich nach guter wissenschaftlicher Gepflogenheit empfinden, messen und erfahren lassen, zusätzlich einen beträchtlichen Fortschritt bedeutet, falls sie weiterhin durch sich häufende Nachweise bestätigt wird).

Der heutigen Theorie zufolge lässt sich Entheta, entweder auf einem Umweg oder direkt, in Theta des Organismus umwandeln oder dazu bringen, dass es die Bahn frei macht, damit weiteres Theta zum Organismus hingezogen werden kann, indem man einfach Theta selbst in die Nähe des Enthetas und EnMEST richtet. Offenbar genügt es, eine beträchtliche Menge Theta nahe an einen Bereich von Entheta heranzuführen, um zu veranlassen, dass dieses Entheta seine Wellenlänge, Schwingungsrate oder Polarität ändert und entweder zu Theta wird oder sich einfach entlädt und einen Bereich hinterlässt, in den frisches Theta eindringen kann. Genauso wie genügend ruhig fließendes Wasser die Turbulenz eines unruhigen Strömungsbereiches überwindet, wandelt auch Theta, das in einen Entheta-Bereich eingeführt wird, dieses Entheta um oder beruhigt es. Es lässt sich feststellen, dass diese Umwandlungswirkung von Theta auf Entheta auch dann erfolgen kann, wenn das Theta, das auf das Entheta angewendet werden (oder darauf einwirken) soll, in einem anderen Organismus oder in einer Gruppe von Organismen vorhanden ist. Es gibt eine Art überall gültige Gemeinschaftlichkeit von Theta. Und vielleicht gibt es verschiedene Formen und Arten von Theta, die alle mehr oder weniger dieselben Grundbestandteile aufweisen, wie es auch große Qualitätsunterschiede bei Ideen gibt, die anscheinend die Materie von Theta darstellen.

Von 2,0 an aufwärts auf der Tonskala weist das Theta in seinen drei Bestandteilen Affinität, Realität und Kommunikation immer weniger Dissonanz oder immer mehr Verträglichkeit auf. Das heißt jedoch nicht, dass Stufe 4,0 die Perfektion von Theta darstellt. Theta, das in Organismen enthalten ist, scheint bei manchen Organismen im Gegensatz zu anderen zumindest einige seiner Faktoren verfeinert zu haben. Und oberhalb von 4,0 nimmt Theta offenbar andere Qualitäten an. Wie hoch diese Qualitäten genau reichen, ob der Bereich von 2,0 bis 4,0 stark persönlich bedingt ist oder nicht, wo sich der Bereich von wahrem freiem Theta befindet, ob oberhalb dieser Stufen immer größere Stärke anzutreffen ist, all dies sind Fragen, die gegenwärtig noch beträchtlichen Raum für Spekulationen offen lassen. Es sind gerade genügend Daten vorhanden, um mit einiger Sicherheit sagen zu können, dass die Theta-Theorie dem Rang von Naturgesetzen viel näher steht, als der Mensch es bis jetzt in seinen Versuchen, das Leben, das menschliche Verhalten sowie generell die Geisteswissenschaften zu verstehen, allgemein akzeptiert hatte. Möglicherweise stößt man also auf immer höher liegende Ebenen von Theta, je weiter man auf der Tonskala nach oben gelangt.

Mest lässt sich um einiges leichter verstehen, da es sich dabei um eine alte Vorstellung handelt, die gelinde gesagt von mehreren Generationen am physikalischen Universum orientierter Menschen bearbeitet worden ist. Doch auch hier gab es in der Dianetik noch viel mehr zu lernen, insbesondere was Mest als Bestandteil des Organismus betrifft.

Ganz gleich, wie oberflächlich der Auditor die obigen Daten zur Theta-Mest-Theorie studieren oder betrachten möchte, die folgenden Daten über Mest und EnMest sind für das Prozessing von entscheidender Bedeutung; ein Auditor, der sie nicht kennt, wird bei einem Fall keine sehr guten Ergebnisse erzielen können. Ein Großteil dieser Daten ist neu und noch nie zuvor herausgegeben worden. Doch konnten dank der Theorie und Anwendung dieser Techniken Fälle gelöst werden, die bis dahin als äußerst schwierig gegolten hatten, wie z. B. der stark abgesperrte Fall, der nicht nur „unfähig war, sich aus der Gegenwart zu lösen", sondern auch nicht einmal besonders großen Nutzen aus dem Prozessing zu ziehen schien. Jeder Auditor, der mit seinem Preclear Schwierigkeiten hat, tut gut daran, diesen Abschnitt nochmals durchzulesen.

Während des Prozessings lässt sich bei einem Individuum eine Entwicklung beobachten, die sich als fortlaufende Zunahme von Theta betrachten lässt, und zwar mit der gleichen Geschwindigkeit, wie Entheta wiedergefunden und umgewandelt wird. Es mag noch andere, bisher noch nicht beobachtete Erscheinungsformen des Freiwerdens von Entheta geben. Wenn sie vorhanden sind und beobachtet werden, führen sie vielleicht zu einer Erweiterung der Prozessing-Technologie.

Die EnMest-Seite der Umwandlung oder Tilgung von Ladung bei einem Fall ist für den Beobachter weitaus offensichtlicher – möglicherweise deshalb, weil heutzutage unsere Kenntnis des materiellen Universums so viel größer ist und wir darin geübt sind, das Verhalten des Organismus zu beobachten.

Wir haben bereits die Beschreibungen von Locks, Secondarys und Engrammen behandelt. Was wir hier behandeln, ist der mechanische Vorgang, Bereiche der Turbulenz zu beseitigen und, gemäß der Theorie, Entheta in Theta und EnMest in Mest umzuwandeln.

Die größten Entheta- und EnMest-Ablagerungen befinden sich in Secondarys, nicht in Engrammen mit körperlichem Schmerz. Ein Engramm mit körperlichem Schmerz fungiert als eine Art Falle. Es bildet den grundlegenden enturbulierenden Faktor. Durch Ansteckung kann es aufgrund von Augenblicken des Verlustes oder drohenden Verlustes verschiedene Missemotionen enthalten. Das Secondary lädt vor allem das Engramm mit körperlichem Schmerz in solchem Grade auf, dass das Engramm sein Entheta stark gegen die analytischen Prozesse geltend machen kann oder sein EnMest stark gegen den physischen Teil des Organismus; Letzteres führt zu chronischen Somatiken, und dies ist gemäß der Dianetik der Ursprung von psychosomatischen Krankheiten. Sehr viel Entheta, doch nicht so viel, wie in Secondarys eingeschlossen sein kann, ist in Lock-Ketten enthalten. Hier wird, Tag für Tag, Schritt für Schritt, immer mehr Theta eingefangen und in Entheta umgewandelt. Und das Mest an der jeweiligen Stelle auf der Zeitspur wird in geringem Ausmaß in EnMest umgewandelt. Man sollte keine Ablagerung von Entheta und EnMEST übergehen. Das ganze Prozessing ist dieser Umwandlung gewidmet.

Gelingt es, dem Preclear zu zeigen, dass irgendein Teil der Gegenwart wirklich vorhanden ist, so wird durch diese Kontaktaufnahme mit der Gegenwart voraussichtlich etwas Entheta desenturbuliert. Indem durch Direkterinnerung das Theta des analytischen Verstandes auf die Vergangenheit gerichtet wird (insbesondere auf Bereiche, die abgesperrt sind, denn all diese Absperrungen sind Bereiche von Entheta), entsteht weiteres Theta. Insbesondere bei einem Fall, der sich tief auf der Tonskala befindet, kann zusätzliches Theta gebildet werden, indem man ein Lock immer wieder durchläuft, als wenn es ein Engramm wäre. Lock-Scanning ist für die Umwandlung von Entheta eine besonders wirksame Technik. Secondarys können während Augenblicken von starker gegenwärtiger Enturbulierung Engramme, die eingekeyt worden sind, stark aufladen und bilden schwere, umfangreiche Ablagerungen. Engramme selbst enthalten das grundlegende Entheta und EnMEST und sind in der Lage, selbst beträchtlich viel Theta zu enturbulieren und als Entheta festzuhalten. Interessanterweise wäre es jedoch möglich, den Entheta-Inhalt des Engramms praktisch bis auf das ursprüngliche Maß zu reduzieren, ohne das Engramm selbst zu auditieren. Dies lässt sich leicht verstehen, sobald man eine Verletzung auszuauditieren versucht, die nahe an der Gegenwart liegt. Diese nahe an der Gegenwart liegende Verletzung ist noch nicht aufgeladen worden. Der letzte Augenblick von körperlichem Schmerz und Bewusstlosigkeit bei einem Fall kann normalerweise auditiert werden. Nach einer gewissen Zeit, die zwischen einigen Tagen bis zu Jahren liegen kann, wird dieses Engramm eingekeyt, woraufhin es sich an den reaktiven Verstand ankoppelt, und zwar in direktem Verhältnis zur Menge an Restimulation, die es erhält, das heißt, in direktem Verhältnis zur Häufigkeit, mit der Bestandteile einer enturbulierten Umgebung den Worten und anderen in diesem Engramm enthaltenen Wahrnehmungseindrücken nahekommen.

Der Auditor richtet daher seine Fertigkeit und Fähigkeit darauf aus, Entheta zu beseitigen, indem er es umwandelt. Und alles, was eine solche Umwandlung zustande bringt, ist wirksames Prozessing.

Es gibt ganz bestimmte Bestandteile von EnMEST, die sich zeigen, wenn sie frei werden. Jedes Mal, wenn Entheta in Theta umgewandelt wird, tritt dabei eine physiologische Begleiterscheinung auf. Der Auditor kann auf diese physiologische Erscheinung sehr leicht abzielen und sie auslösen, denn EnMEST weist ganz bestimmte Bestandteile auf. Mit anderen Worten, wenn Entheta in Theta umgewandelt wird, äußert sich dies durch bestimmte Anzeichen beim Organismus. Diese lassen sich in vier allgemeine Arten einteilen: *Gase, Flüssigkeiten, Festkörper* und *physikalische Energie*. Man sollte sich darüber im Klaren sein, dass der EnMEST-Bestandteil von Ladung der physikalische Unterdrücker von Aberration und chronischen Somatiken ist.

Beim Freiwerden von Entheta und seiner Umwandlung in Theta, wie zum Beispiel während des Auditierens von Locks, Secondarys oder Engrammen, oder gelegentlich sogar bei der Anwendung von Straightwire, stellt Gas eine der Hauptäußerungen beim Organismus dar. Es gibt Aspekte der Oxidation, die man bis jetzt noch nicht versteht, was wiederum das Prozessing beschleunigen könnte. Löscht man zum Beispiel ein Engramm aus, so ist die Auslöschung von Gähnen begleitet. Dies ist eine gasförmige Manifestation und eine Energiemanifestation. Der Fall wird etwas los. Während des Durchlaufens von Locks gähnt der Preclear gelegentlich. Hin und wieder ist das Freiwerden von Entheta auch von Blähungen begleitet.

Der Körper gibt während des Freiwerdens von EnMEST verschiedene Arten von Flüssigkeiten ab. Am offensichtlichsten sind Tränen. Wird ein Secondary-Engramm auf der Stufe Gram reduziert, so wird es durch Tränen reduziert. Treten Tränen auf, so sollte das Secondary so lange auditiert werden, bis es völlig erschöpft ist, oder der Satz sollte (falls er das Einzige ist, was sich hervorholen lässt) vom Preclear so lange wiederholt werden, bis er keine Tränen mehr hervorruft; denn das Erschöpfen von Tränen ist offenbar die Hauptmanifestation bei der Entleerung der schädlichsten Secondarys – nämlich der Gram-Secondarys. Tränen sind jedoch nicht die einzige Manifestation. Das Freiwerden von Furcht scheint von Schweiß begleitet zu sein, der manchmal einen eigentümlichen Geruch aufweist. Es gibt Menschen, die sich chronisch in einem solchen Zustand von Furcht befinden, dass sich jeder Wahrnehmungseindruck der Gegenwart durch Schweiß entlädt. Apathie entlädt sich normalerweise in Form von Keuchen oder Urin, doch muss noch mehr Arbeit geleistet werden, um endgültig festzustellen, wie sich Apathie in physiologischer Hinsicht entlädt.

Festkörper werden auf der Stufe Furcht durch Erbrechen und, ebenfalls bei Furcht wie auch auf tieferen Stufen, in Form von Exkreten abgegeben.

Es gibt in der Dianetik eine besondere Erscheinung, die als *Boil-off* bekannt ist. Boil-off hat für das Prozessing eine äußerst große Bedeutung gewonnen, da die Ladung bei einem Fall, der sehr viel Entheta aufweist, durch solche Mengen von Anaten zurückgehalten wird, dass hier die wirksamste Methode zur Entladung des Falles offenbar darin besteht, einen Boil-off herbeizuführen. Während des Boil-offs wird der Preclear scheinbar in Schlaf versinken. Es handelt sich jedoch nicht um Schlaf, wenn es dem Schlaf auch noch so ähnlich sieht, sondern stellt tatsächlich ein äußerst konzentriertes und schweres Freiwerden von Bewusstlosigkeit dar. Das Freiwerden dieser Bewusstlosigkeit ermöglicht dem Fall viel raschere Fortschritte, da sich darunter mengenweise tatsächliche Geschehnisse befinden, die ansonsten durch diese dicke Schicht verdeckt sind. Es ist möglich, dass ein Preclear eine 25- oder gar 50-stündige Phase des Boil-offs durchmacht, falls er äußerst stark mit Entheta belastet ist. Der Boil-off wird von bestimmten seltsamen Erscheinungen begleitet. Während der Preclear ein Geschehnis durchläuft, beginnt er vielleicht plötzlich zu faseln und abzuschweifen, indem er irgendetwas über seltsame Bilder und unzusammenhängende Ereignisse brummelt. Hierbei handelt es sich um einen Fata-Morgana-Effekt, der durch Boil-off ausgelöst wird; sonderbar unzusammenhängende Dinge zerstreuen dabei die Aufmerksamkeit des Preclears. Doch spielt sich dieser ganze Vorgang in einem sehr schläfrigen, benommenen Zustand ab, und kurz darauf erfolgt vielleicht ein noch tieferer Boil-off.

Anfangs hielt man es in der Dianetik für nötig, den Preclear während eines Boil-offs mehr oder weniger wach zu halten. Dies war ein Irrtum. Während eines Boil-offs sollte der Preclear nie gestört werden, sondern man sollte ihn in diesem Zustand lassen, bis sich der Boil-off erschöpft hat. Außerdem dachte man früher, dass man den Preclear während des Boil-offs in die Gegenwart zurückbringen könne und dass sich der Boil-off automatisch fortsetzen würde. Dies scheint aber nicht zuzutreffen. Ein Boil-off muss an der Stelle auf der Zeitspur fortgesetzt werden, wo er aufzutreten begann.

Für den Auditor mag ein Boil-off langweilig sein, da sich der Preclear in einem benommenen Zustand befindet und dieser Zustand vielleicht viele Minuten oder sogar ein bis zwei Stunden andauert. Auch wenn er so lange dauert, sollte der Auditor den Preclear nicht unterbrechen. Die therapeutische Wirksamkeit des Boil-offs zeigt sich darin, dass der Preclear danach hellwach ist und andere Formen von Entheta durchlaufen kann. Wird jedoch ein Boil-off unterbrochen, so wird sich der Preclear in einem unbefriedigenden Zustand befinden. Wenn Boil-offs nicht zugelassen oder herbeigeführt werden, wird der Fall keine raschen Fortschritte machen. Ein abgesperrter Fall mag dann sogar nur ausgesprochen langsam vorankommen. Vielleicht wurde die Bedeutung des Boil-offs früher deshalb so unterschätzt, weil der Auditor nicht genügend Geduld aufbrachte, um den Boil-off in seiner ganzen Dauer vorbeiziehen zu lassen – er kann sehr lange dauern.

Ein Boil-off kann herbeigeführt werden, abklingen und dann durch einen einzigen Satz wieder herbeigeführt werden. Der Auditor sollte sich darauf verlassen, dass er vom Archivar den Satz erhält, der einen Boil-off auslösen wird. Man hat zu hören bekommen, dass Boil-off aufgrund von Schaltkreissätzen erfolgt und dass er tatsächlich die Entleerung von riesigen Mengen Anaten in sehr konzentrierter Form aus dem analytischen Verstand darstellt; dieses Anaten würde aus Bereichen stammen, die vorher Valenz-Abteilungen bildeten oder Sitz von Dämonenschaltkreisen waren. Für eine Bekräftigung dieser Annahme reichen die bis jetzt vorliegenden Beobachtungen jedoch nicht aus, denn Boil-off wurde auch infolge von anderen Sätzen, die keine Schaltkreissätze waren, beobachtet. Der Auditor kann den Archivar des Preclears fragen, ob sich jetzt ein Boil-off erzielen lässt oder nicht, und dann den betreffenden Satz verlangen. Diesen Satz wiederholt der Preclear einige Male und gerät plötzlich in einen Boil-off. Er taucht vielleicht ganz kurz darauf wieder aus diesem Boil-off auf; der Auditor bittet ihn dann, den Satz zu wiederholen, worauf er wieder in den Boil-off verfällt. Jedes Mal, wenn der Boil-off zurückgeht, wiederholt der Preclear diesen Satz, indem er ihn vor sich hinspricht oder ihn zum Auditor sagt, bis schließlich bei der Wiederholung dieses Satzes keinerlei Boil-off mehr auftritt. Danach kann sich der Auditor vom Archivar einen weiteren Satz beschaffen, durch den ein Boil-off herbeigeführt werden kann, und so geht es weiter voran, bis sich eine beträchtliche Menge dieses offenbar konzentrierten Anatens entladen hat. Der Fall wird eine sehr deutliche Verbesserung zeigen.

Man sollte nicht übersehen, dass körperlicher Schmerz einer der Faktoren ist, die Entheta aufrechterhalten. Der Auditor kann einen Fall vor sich haben, der keine Engramme durchlaufen, gelegentlich jedoch durch Wiederholung eines einzelnen Satzes körperlichen Schmerz kontaktieren kann.

Hat der Preclear ein neues (nicht ein chronisches) Somatik, so kann ihn der Auditor nach dem Satz fragen, der dieses Somatik reduzieren wird, doch erst nachdem er sich beim Archivar vergewissert hat, ob sich das Somatik reduzieren lassen wird oder nicht. Am besten lassen sich solche Somatiken, falls sie den Preclear zu Beginn oder am Ende der Sitzung stören, normalerweise einfach durch das Scannen von Vergnügensgeschehnissen reduzieren.

Beim Lock-Scanning des Falles werden die Wahrnehmungseindrücke kontaktiert. Die Wahrnehmungseindrücke selbst scheinen eingeschlossenes Entheta zu enthalten. Durch das Auditieren aller Wahrnehmungseindrücke aus einem Engramm wird daher beträchtlich viel Entheta befreit.

Ein weiterer Punkt sind körperliche Bewegungen. Der Preclear dreht und windet sich vielleicht, während er Furcht durchläuft, oder schlägt vielleicht die Faust auf das Bett, während er Wut durchläuft. Jedenfalls entlädt er durch körperliche Bewegung Energie. Offenbar tut ihm dies gut, und die Sätze und Umstände, die den Preclear dazu veranlassen, sollten wiederholt werden. Der Auditor sollte hier jedoch keiner Täuschung verfallen und seine Zeit nicht einfach mit einer Dramatisation verschwenden. Der Preclear muss sich im Prozessing befinden und normalerweise zu einem bestimmten Geschehnis zurückgeschickt worden sein, bevor körperliche Bewegung von irgendwelchem Nutzen ist.

Vermutlich gibt es zahlreiche weitere Erscheinungen von Entheta und EnMEST und weitere Beobachtung sollte darauf verwendet werden, diese genau zu bestimmen und für das Prozessing nutzbar zu machen.

Es ist bekannt, dass eine gute Eiweißration und bestimmte Vitamine die Entladung und Umwandlung von EnMEST fördern und dass eine recht stabile Gegenwart (was auch einen Auditor umfasst, der über viel Theta verfügt) die Erschöpfung und Umwandlung von Entheta fördert. Es ist ebenfalls bekannt, dass die Umwandlung von EnMEST von bestimmten physiologischen Erscheinungen begleitet ist und dass möglicherweise bestimmte Theta-Erscheinungen die Umwandlung von Entheta begleiten. Diese wurden jedoch noch nicht eindeutig genug festgestellt oder beobachtet, um das Prozessing fördern zu können.

Es kann sehr gut geschehen, dass der Auditor bei einem abgesperrten Fall auf den folgenden routinemäßigen Weg kommt, und er sollte sich sehr gut damit auskennen. Zu Beginn versucht er es bei dem Fall mit ein wenig

Direkterinnerung oder vielleicht etwas Lock-Scanning. Er stellt vielleicht fest, dass der Preclear auf einen bestimmten Satz hin in Tränen ausbricht oder verängstigt wird. Der Auditor sollte diesen Satz wiederholen lassen und dem Geschehnis, mit dem der Satz verbunden ist, etwas mehr Aufmerksamkeit schenken, so nahe man eben daran herankommen kann. Zu diesem Zeitpunkt hat der Umwandlungsprozess bereits begonnen. Als Nächstes kann es sein, dass der Auditor, während des Lock-Scannings oder wenn er nach einem bestimmten Satz gefragt hat, der Boil-off auslösen wird, feststellt, dass der Preclear in einen Boil-off gerät. Wenn der Boil-off zurückgeht, sollte der Auditor herausfinden, welcher Satz den Boil-off beim Preclear auslöst, sodass der Boil-off fortgesetzt werden kann, bis er völlig entladen ist. Dadurch wird weiteres Entheta umgewandelt, und weiteres Material aus Geschehnissen wird zugänglich gemacht. Durch weiteres Lock-Scanning können dann Augenblicke körperlicher Spannung oder geistiger Belastung, die in Form von Locks aufgezeichnet wurden, aufgedeckt werden. Diese sollten dann gescannt werden, bis sie gründlich entleert sind. Zu diesem Zeitpunkt kann es geschehen, dass sich ein ganzes Secondary-Engramm zeigt, und wenn dieses auditiert worden ist, wird der Fall einen beachtlichen Sprung auf der Tonskala nach oben machen. Nach ein oder zwei Tagen stellt man aber vielleicht fest, dass ein weiterer Boil-off bereitliegt oder eine weitere Reihe von Belastung enthaltenden Locks durchlaufen werden sollte. Indem der Auditor den Fall auf diese Weise von Boil-off über Lock-Scanning bis zum Durchlaufen von Secondarys hinführt und dabei jeweils alle verfügbaren Wahrnehmungseindrücke behandelt, kann er erwarten, dass der Fall rasch auf der Tonskala ansteigt.

Jedenfalls sollte der Auditor folgende Entwicklung beobachten können, und stellt sie sich nicht ein, so macht er etwas falsch. Durch Straightwire stabilisiert er den Fall und kann ihn aus irgendeinem Geschehnis, das sich nicht auditieren lässt, herausholen. Er wandelt hierbei Entheta in Theta um. Es steht daraufhin mehr Theta zur Verfügung, um größeres Entheta in Angriff zu nehmen; und daher mag er imstande sein, Locks zu scannen, ein Secondary-Engramm zu durchlaufen, bei einem hoch auf der Tonskala liegenden Fall sogar ein Engramm zu auditieren, oder er kann vielleicht einen Boil-off auslösen. Der Auditor sollte aber jedes Mal ein Ergebnis erzielen. Und jedes Mal, wenn er dem Preclear zu mehr Theta verhilft, sollte er dieses in einen weiteren, vielleicht umfassenderen Angriff auf Entheta und EnMEST investieren. Tut er dies, so wird der Fall weiterhin auf der Tonskala ansteigen, nicht in einem gleichmäßigen Anstieg auf gerader Linie, sondern in einer ungleichmäßigen Kurve, deren Hochs immer etwas höher liegen und deren Tiefs jeweils nicht mehr so tief sind wie zuvor. Auditiert man einfach Engramme oder steigt man heftig in den Fall ein, so besteht das Risiko, dass das vorhandene Theta einfach in die Nähe einer zu großen Menge an Entheta gebracht wird und noch mehr Theta enturbuliert und eingeschlossen wird, wodurch der Preclear auf der Tonskala gesenkt, anstatt angehoben wird.

Bei manchen Preclears kann der Auditor ziemlich weitgehend auf die Lenkung verzichten, das heißt, er kann den Preclear Sätze durchlaufen und die nächste Art von Entheta auswählen lassen, die anzugehen ist. Er sollte jedoch auf jeden Fall den Archivar so weit wie möglich befragen.

Der Auditor sollte aber nicht zulassen, dass sein Preclear Engramme Ketten-Scannt oder ständig automatisch und im Alleingang verschiedene Sätze durchläuft, da dies zur Enturbulierung des vorhandenen Thetas führt. Engramme können nur dann Ketten-Gescannt werden, wenn der Preclear ungefähr die Stufe 3,5 erreicht hat, beständig und ganz eindeutig, und so viel freies Theta und so wenig Entheta aufweist, dass die Wirkung des Thetas auf das Entheta übermächtig, ja sogar in der Lage ist, körperlichen Schmerz auf der Stelle auszulöschen.

Wenn der Auditor möchte, kann er seinen Preclear sogar zwischen Sitzungen mit einer Ration *Guk* in *Freewheeling* versetzen. Er wird feststellen, dass dies gelegentlich zur Auslöschung ganzer Somatiken führt und seine weitere Aufgabe im Prozessing erleichtert. Jedenfalls scheint Guk den Fall zu fördern. Beim Freewheeling, bei dem der Somatikstreifen und der Archivar beim Durchlaufen von Geschehnissen miteinander verbunden werden, das „Ich" jedoch in der Gegenwart zurückbleibt, bleibt der Preclear vielleicht in einem Festhalter hängen oder stößt auf einen Rausschmeißer, und das Freewheeling kann zum Stillstand kommen. Es ist jedoch so, dass der Preclear durch die Wiederholung des betreffenden Aktionssatzes während des Freewheelings nicht befreit wird, sondern dass dies die Wirkung einer Wiederholungstechnik hat und das „Ich" dabei in die Bank hineinzieht, um sich dem Somatikstreifen anzuschließen. Dies kann den Fall beträchtlich enturbulieren. Bleibt der Preclear während des Freewheelings stecken, so sollte der Auditor den Archivar nach dem betreffenden Satz fragen und den Preclear dann durch Direkterinnerung dazu veranlassen, sich zu erinnern, wann er diesen Satz gehört hat. Erinnert sich der Preclear an ein solches Geschehnis, das heißt irgendein Geschehnis, das diesen Satz enthält, so scheint sich das Freewheeling dann fortzusetzen. Offenbar liegt die einzige Gefahr beim Freewheeling darin, in Verbindung damit die Wiederholungstechnik zu benutzen. Man sollte jedoch nie einem Archivar glauben, der „Ja!" antwortet, wenn ihm der Auditor die Frage stellt: *„Bist du Clear?"* Aus irgendeinem Grunde ist der „Archivar" in dieser Hinsicht viel zu optimistisch. Der „Archivar-Clear" sowie der Gebrauch der Wiederholungstechnik brachten das Freewheeling in Verruf. Bei jemandem, der Freewheeling gemacht hat, kann und sollte dieses jedoch durch Lock-Scanning weggescannt werden, genau wie es mit jeder Sitzung getan würde. Gelegentlich scheint das Freewheeling einem Fall Nutzen zu bringen.

Um einen Preclear in Freewheeling zu versetzen, braucht ihm der Auditor lediglich zu sagen, er solle die Augen schließen, und dann Folgendes:

„Der Archivar wird Augenblicke von körperlichem Schmerz oder Unbehagen vorlegen, und der Somatikstreifen wird diese durchlaufen, bis sie ausgelöscht sind. Dieser Prozess wird so lange andauern, bis ich ‚gelöscht' sage" oder *„bis ich dem Somatikstreifen die Anweisung gebe, in die Gegenwart zu kommen"*.

Der Auditor sollte daran denken, dass der Schaltkreissatz sowohl widerspenstig als auch widerstandsfähig gegen das Auditing ist. Eine der Hauptschwierigkeiten beim Ketten-Scanning besteht darin, dass die betreffende Person mit dem Ketten-Scanning alle möglichen Sätze beseitigt, jedoch die Schaltkreissätze lediglich in Restimulation versetzt. Die Schaltkreise werden dadurch offenbar aktiviert, sodass wir uns beim Ketten-Scanning vor die Situation gestellt sehen, dass die Person scheinbar keine Engramme mehr hat, durch gründliches Prozessing jedoch zahlreiche Schaltkreissätze mitsamt den Somatiken bei diesem Fall entdeckt werden können. In geringem Ausmaß tritt diese Schwierigkeit auch bei Lock-Scanning auf, doch lässt sie sich dadurch beheben, dass man durch Direkterinnerung alle möglichen Schaltkreissätze findet. Schaltkreissätze tauchen manchmal nicht einmal als Blitzantwort auf, sogar wenn die Aktionssätze des Falles relativ wenig Kraft haben. Durch Raten und Gespräche mit dem Preclear kann der Auditor jedoch schließlich bestimmte Satzarten entdecken, die Schaltkreissätze sind und in mehr oder weniger starkem Ausmaß die Kontrolle über das Auditing vom Auditor und vom „Ich“ des Preclears übernehmen würden. Durch Direkterinnerung wird ein bestimmter Augenblick gefunden, als dieser Satz ausgesprochen wurde, und normalerweise kann der Preclear mit Lock-Scanning durch alle ähnlichen Augenblicke gebracht werden, wodurch ein Teil der Ladung von dem Basik-Engramm entfernt wird, das den Schaltkreissatz enthält, und auch der Dämon-Kontroll-Schaltkreis geschwächt oder entfernt wird, der dem Auditor vielleicht beträchtliche Schwierigkeiten verursacht hat.

Vermutlich gibt es zahllose Wege, Entheta in Theta umzuwandeln und die EnMEST-Ablagerungen im Organismus zu entfernen. Die hier beschriebenen Methoden sind einfach die besten, die bis jetzt bekannt sind. Diese Methoden haben sich bewährt und sind zuverlässig. Auf der Tonskala-Tabelle kann der Auditor feststellen, auf welchen Stufen er verschiedene Arten von Entheta auditieren kann. Dies ist eine Sicherheitsvorkehrung und wird den Auditor vor sehr vielen Schwierigkeiten bewahren. Es gibt mehrere ausgefallene Techniken, wie zum Beispiel jemanden automatisch Ketten scannen zu lassen; solche Techniken führen nahezu mit Sicherheit zu einer gesteigerten Enturbulierung des Falles. Vor einiger Zeit testete ich eine bestimmte Technik, die darin bestand, dass die Person abends nach Hause geschickt wurde, um im Schlaf Ketten von Secondarys zu durchlaufen und auszulöschen. Dies erwies sich als ziemlich unbefriedigend, doch zeigte sich interessanterweise, dass eine der Testpersonen, die angewiesen wurde, im Schlaf eine Kette von Gram-Secondarys zu durchlaufen, am Morgen mit tränennassem Kopfkissen erwachte, ohne jedoch zu wissen, worüber sie geweint hatte. Dies wird hier angefügt, um zu zeigen, dass es nicht nur viele Kombinationen der bekannten Mechanismen des Verstandes gibt, sondern dass es vermutlich eine große Zahl von Mechanismen gibt, die noch nicht bekannt sind.

Ein sehr fruchtbares Feld bietet vielleicht die Erforschung von Theta-Wahrnehmungseindrücken, da es theoretisch möglich sein könnte, bei einem Fall mit ausgezeichneten Ergebnissen eine neue Wiederbelebung von Theta herbeizuführen. Möglicherweise spielt sich dieser Vorgang ab, wenn jemand nach spiritueller Neubelebung strebt. Es lohnt sich sehr, dieses Gebiet zu untersuchen.

Der Auditor sollte sich vor Augen halten, dass die Menge an freiem Theta, mit der die Person ausgestattet ist, von Fall zu Fall verschieden groß ist. Er wird Fällen begegnen, die sich tief auf der Tonskala befinden und sehr stark abgesperrt sind, die aber trotzdem sehr gut logisch denken können und über großes konstruktives Vermögen verfügen, trotz ihrer Tendenzen in Richtung Unterliegen. Er wird feststellen, dass diese Fälle ziemlich rasch auf der Skala nach oben kommen, doch sollte der Auditor nicht die jeweiligen Prozessing-Arten aufgeben, die für die allgemeine Stufe seines Preclears gelten, nur weil der Preclear hier und da in einzelnen Spalten eine höhere Position aufweist.

Gleichermaßen ist es für den Auditor eine große Versuchung, sofort auf den Grund des Falles hinabzutauchen und mit dem Auditieren von Engrammen zu beginnen, wenn er einen Fall findet, der anscheinend Sonik und Visio und etwas Wahrnehmung von Schmerz aufweist. Nachdem er dies eine Weile fortgesetzt hat, stellt er vielleicht fest, dass der Fall nicht sehr auf der Tonskala ansteigt, und prüft womöglich erst dann die Tabelle, um zu seiner Bestürzung festzustellen, dass er mit jemandem auf Stufe 0,8 gearbeitet hat. Diese tief auf der Tonskala liegenden Fälle werden rasch enturbuliert, und man kann bei ihnen, ganz gleich wie weit offen sie sind, Hunderte von Stunden auf das Auditieren von Engrammen verwenden, ohne irgendeinen offensichtlichen nennenswerten Anstieg der Tonstufe des Falles festzustellen. Der Grund dafür liegt darin, dass der Auditor allzu begeistert freies Theta in das Auditieren von Engrammen mit körperlichem Schmerz investiert, von denen das in Secondarys und Locks vorhandene Entheta noch nicht entfernt ist. Bei jedem Fall liegt das Ziel darin, Theta zu befreien, und davon sollte sich der Auditor leiten lassen.

Spalte AQ
Tonstufe des Auditors, die zur Behandlung des Falles erforderlich ist

In dieser Spalte sollen die Voraussetzungen für optimales Vorankommen im Prozessing eingeschätzt werden.

Der Auditor sollte sich der Tatsache bewusst sein, dass die Engramme des Preclears sowie seine Secondarys und Locks nur in Gegenwart des ganzen verfügbaren freien Thetas auf Auditing ansprechen. Das Theta des Auditors plus das restliche Theta des Preclears bilden eine Summe, die gegen das Entheta im reaktiven Verstand des Preclears gerichtet wird. Es ist eine seltsame Tatsache, dass die bloße Anwesenheit eines Auditors es dem Preclear ermöglicht, Geschehnisse zu durchlaufen, die er nicht anrühren könnte, wenn kein Auditor zugegen wäre, obgleich es Preclears gegeben hat, die Locks und einige Secondarys erfolgreich allein durchlaufen und ausgelöscht haben. Normalerweise wird ein Fall durch Selbstauditing jedoch verwirrt, und die Gegenwart eines Auditors ist sehr wünschenswert.

Auditoren, die sich unterhalb von 2,0 auf der Tonskala befinden, neigen unbewusst und sogar bewusst dazu, in Richtung Unterliegen zu gehen. Sie weisen selbst verhältnismäßig mehr Entheta als Theta auf. Zwar haben Auditoren, die sich unterhalb von 2,0 auf der Tonskala befanden, ab und zu bei Fällen Erfolge erzielt, weil die Mechanismen der Dianetik bis zu einem gewissen Grad mechanisch angewendet werden können.

Doch der Preclear, der sich einem Auditor unterhalb von 2,0 anvertraut, beschwört einen Misserfolg im Prozessing herauf, da unausweichlich Brüche des Auditorenkodexes erfolgen werden und mit dem Fall unwissentlich falsch umgegangen wird, ganz ungeachtet der offenbaren Absicht des Auditors.

Somit lässt sich sagen, dass 2,5 die tiefste Stufe ist, die der Preclear bei seinem Auditor akzeptieren sollte. Und selbst das birgt ein gewisses Risiko in sich, da der Auditor auf Stufe 2,5 ein eher lustloses Interesse am Preclear zeigen wird und große oder rasche Fallfortschritte nicht begünstigen wird.

3,0 wäre die tiefste Stufe für den Auditor, auf der Auditing wirklich erfolgreich sein kann. Auf dieser Stufe wird der Auditor interessiert sein, Einfühlungsvermögen haben, den Auditorenkodex ohne Anstrengung befolgen können und jegliche Schwierigkeiten, auf die der Preclear stößt, rasch verstehen können; in der Gegenwart von Ausbildung lässt sich für gewöhnlich erwarten, dass er seine Aufgabe als Auditor gut und mit Verantwortungsbewusstsein bewältigt. Außerdem wird der Auditor auf dieser Stufe keinerlei entehrende Daten über einen Fall, die er im Leben des Preclears entdeckt, als Gesprächsstoff gebrauchen. Von tief auf der Tonskala liegenden Auditoren lässt sich dies sicher nicht behaupten.

Im Umgang mit Preclears von 1,5 an abwärts wird man normalerweise feststellen, dass der Preclear für den Auditor höchst restimulierend ist, dazu neigt, wütend, widerspenstig oder beleidigend zu werden, bei einem Teil des Enthetas sehr große Schwierigkeiten hat, es zu kontaktieren, und ganz allgemein so viel Ladung aufweist, dass vom Auditor viel Geduld und Toleranz gefordert wird. Dies bedeutet einfach, dass sich der Auditor nicht leicht von seinem Preclear restimulieren lassen darf. Fälle, die von 1,5 an abwärts auf der Tonskala liegen, sind durchschnittlich sehr restimulierend. Fälle von dieser Stufe an abwärts, die chronisch psychotisch oder zum Zeitpunkt des Prozessings psychotisch sind, das heißt Fälle, bei denen das gesamte freie Theta enturbuliert ist, erfordern in besonderem Maße Auditoren, die sich auf einer hohen Tonstufe befinden. Denn Auditoren auf tieferen Stufen betrachten den psychotischen Menschen wahrscheinlich zu kritisch, und eine kritische oder einschränkende Haltung gegenüber dem Psychotiker verhindert dessen Genesung. Außerdem erfordert der psychotische Fall ein hohes Niveau an Mut von Seiten des Auditors, ein Niveau, das ganz sicher nicht unterhalb von 3,0 anzutreffen und erst auf der Stufe 3,5 gewährleistet ist (unter der Voraussetzung, dass der Auditor mit einem guten Maß an freiem Theta ausgestattet und seine Ausbildung seinem Mut nicht hinderlich ist). Der psychotische Mensch oder Personen im Tonstufenbereich unterhalb von 2,0, die jedoch leicht enturbuliert werden, weisen in den meisten Fällen so viel Ladung auf, dass sie vielleicht schreien oder Missemotionen oder Dramatisationen in einem erschreckenden Ausmaß zeigen. Ein völlig enturbulierter Paranoiker mag während einer Auditing-Sitzung sehr wohl versuchen, den Auditor zu töten, falls ihn der Auditor plötzlich an einen Feind erinnert. Geht jemand, der unterhalb von 3,0 liegt, an die Behandlung heran, so kann seine Reaktion auf den psychotischen Menschen derart irrational ausfallen, dass er ihm hastig Beruhigungsmittel verabreicht, seine Bewegungsfreiheit entzieht, ihm Elektroschocks verpasst oder eine präfrontale Lobotomie anordnet oder kurz gesagt irgendeines dieser Dinge unternimmt, die eine entsetzliche Furcht vor einem anderen Menschen ausdrücken, dessen Vernunft man nicht trauen kann. Ein 1,5er, der einen Psychotiker zu behandeln versucht, kann sich nur Bestrafungen und Zunichtemachungen des Psychotikers vorstellen und kann unmöglich allein durch seine Gegenwart und die Qualität seines logischen Denkvermögens eine Erleichterung für den Fall herbeiführen; er wird im Gegenteil durch seine eigene Furcht den Psychotiker noch mehr enturbulieren. Außerdem ist das Leben in einer Umgebung voll von psychotischen Personen, wie zum Beispiel in einer Anstalt mit Leuten, die dramatisieren, schreien, irrational oder stumpfsinnig sind, äußerst restimulierend – so sehr, dass ein beträchtlich großer Teil der Wärter und Anstaltsärzte selbst mit der Zeit als Patienten ihren Weg in die Stationen finden.

Kurzum, es erfordert Leben und Energie bei einem Menschen, um Leben und Energie bei anderen hervorzurufen. Und umgekehrt zehrt jemand, der tief auf der Tonskala ist, stark an Leben und Energie der Menschen in seiner Umgebung, um auf der Tonskala hinaufzuklettern oder sich auch nur auf seiner Stufe zu halten. Die Vampirlegenden stammen wahrscheinlich ursprünglich von der Beobachtung, dass es Leute gibt, die anscheinend kein eigenes Leben haben, sondern sich nur in der Nähe anderer Menschen sowie auf deren Kosten Ausdruck verschaffen. Tief auf der Tonskala liegende Menschen lechzen für gewöhnlich einzig und allein deshalb nach Heirat, damit sie vom Ehepartner jene Energie und jenes Leben erhalten können, die sie zum Fortbestehen brauchen, oder vielleicht, weil sie hier freies Theta vorfinden, das sie angreifen können, und es herunterziehen möchten.

Der Auditor sollte sich völlig darüber im Klaren sein, dass das Ansprechen von Entheta beim Preclear für ihn als Auditor restimulierend ist. Ein gewisses Maß an freiem Theta des Auditors wird enturbuliert werden, wenn er Preclears auditiert. Zuallermindest werden sich neue Locks auf seinen eigenen Ketten bilden. Somit ist die Enturbulierung nicht völlig vorübergehend, sondern ein bestimmtes Maß an Enturbulierung wird „dauerhaft", was bedeutet, dass es wegauditiert werden muss. Auditoren, die nicht selbst auditiert werden, sind nicht erfolgreich. Eine Gruppe von Auditoren, die Preclears auditieren, selbst jedoch nicht auditiert werden, verwandelt sich in relativ kurzer Zeit in eine wahre Schlangengrube von Entheta und wird wohl oder übel auf der Tonskala sinken.

Das Allermindeste, was ein Auditor für sich selbst tun sollte, wenn er Leute auditiert, besteht darin, regelmäßig Scanning auf die Prozessing-Sitzungen zu erhalten, die er bei anderen durchgeführt hat. Er sollte davon ausgehen, dass dies für ihn genauso nötig ist wie Essen und genügend Schlaf. Denn sein eigenes Absinken auf der Tonskala als Folge des Auditierens wird für ihn so unbemerkt vor sich gehen, dass er gar nicht weiß, wie tief er gesunken ist, bis er plötzlich erkennt, dass er nicht nur keinen Spaß am Auditieren mehr findet, sondern der nächsten Sitzung sogar mit beträchtlichem Widerwillen entgegensieht. Wenn dies geschieht, so kann der Auditor sicher sein, dass er Prozessing nun genauso dringend braucht wie seine Preclears, da er das Gebot der Notwendigkeit nicht beachtet hat, auf seine Sitzungen Lock-Scanning zu erhalten. Er sollte dann jede nur mögliche Maßnahme ergreifen, um sich auf der Skala nach oben zu bringen. Die Maßnahme, die dabei am unmittelbarsten angezeigt ist, besteht darin, die Prozessing-Sitzungen mit Scanning zu behandeln. Je weiter der Auditor auf der Tonskala sinkt, desto stärker geht er in Richtung Unterliegen, und er wird so weit kommen, dass er nicht glaubt, er brauche irgendwelches Prozessing. Wenn dies eintritt, so ist er in einen sehr enturbulierten Zustand geraten.

Die Dianetik bietet wirksame Methoden an, um den Menschen zu einem höheren Niveau an Vernunft, Energie und Glück zu bringen und ihm zu einem besseren Gesundheitszustand zu verhelfen. Soll der Dianetik in weitem Rahmen großer Erfolg beschieden sein – was auch der Fall sein wird, ob dies nun zwei Jahre oder die nächsten zwanzig Jahre dauert –, so hängt dieser Erfolg vom Ko-Auditing-Team ab, bei dem sich zwei Personen abwechselnd gegenseitig auditieren. Es ist öffentlich verkündet worden, dass die Dianetik einfach eine preisgünstige Therapie ist. Abgesehen davon, dass die Dianetik keine Therapie ist, bietet sie doch jeder Gruppe von zwei Personen, die intelligent sind und sich recht hoch auf der Tonskala befinden, die Möglichkeit, sich gegenseitig aus eigener Kraft zu weitaus wünschenswerteren Stufen menschlichen Daseins hinaufzuheben. Noch nie zuvor war jemand dazu in der Lage. Eine Ko-Auditing-Gruppe sollte mit einiger Sorgfalt gebildet werden. Die beiden Personen sollten sich ungefähr auf derselben Stufe der Tonskala befinden, und zwar ganz bestimmt oberhalb von 2,0. Besteht eine Ungleichheit, so hat dies zur Folge, dass einer von beiden das gesamte Auditing durchführt und der andere das gesamte Auditing erhält, sodass kein gegenseitiger Austausch stattfindet.

Aus Ehemann und Ehefrau gebildete Teams ergeben normalerweise keine guten Ko-Auditing-Gruppen. Wenn auch einige solche Teams erfolgreich waren, brach der größte Teil doch nach kurzer Zeit wieder auseinander, da sich diese Zusammensetzung als nicht funktionsfähig erwies, worauf Mann und Frau außerhalb ihres Heimes nach anderen Auditoren suchen mussten. Ganz zu Beginn wäre es daher wahrscheinlich klug, sich Ko-Auditoren außer Haus zu suchen. Dafür gibt es viele Gründe. Zunächst einmal sind eheliche Beziehungen ziemlich heikel, und durch Dianetik Prozessing bildet sich eine andere Art von Affinität zwischen zwei Personen. In einer Ko-Auditing-Gruppe aus Ehemann und Ehefrau können viele Brüche des Auditorenkodexes tatsächlich die Ehe zerstören. Sucht man außer Haus, so lassen sich Ko-Auditoren finden, falls sich das ursprüngliche Ko-Auditing-Team als erfolglos erwiesen hat. Außerdem gibt es in den meisten Ehen bestimmte Informationsbarrieren zwischen Mann und Frau. Und kann die Frau dem Mann nicht alles sagen, was sie weiß, und kann der Mann der Frau nicht alles sagen, was er weiß, so wird die Kommunikation dadurch genügend stark gebremst, um das Prozessing zu behindern. Angesichts der gesunkenen Moral der Teenager in letzter Zeit gibt es gewöhnlich recht viel in der Vergangenheit jedes Ehepartners, das er dem anderen Partner nicht mitzuteilen wünscht. Mit einem Ko-Auditing-Partner außerhalb des eigenen Heimes ist freie Kommunikation möglich. Und so kann die Affinität hergestellt werden, die für das Ko-Auditing erforderlich ist, was zwischen Ehemann und Ehefrau selten möglich ist.

Es gibt auch die Möglichkeit einer Dreiecks-Gruppe, in der sich drei Personen Ko-Auditing geben. Dies hat den Vorteil, dass dabei jeder Auditor in den Augen des Preclears seine Ranghöhe als Auditor beibehält, da beim Dreiersystem niemand von jemandem auditiert wird, den er selbst auditiert.

Ist der Preclear bis zur Stufe 3,0 gestiegen, so kann er von nahezu jedermann auditiert werden, der in der Dianetik ausgebildet wurde und sich nicht unterhalb von 2,0 befindet, da er beachtliche Brüche des Auditorenkodexes oder Ungeschicklichkeit des Auditors standhalten kann. Er sollte sich jedoch darüber im Klaren sein, dass er umso rascher vorwärtskommt, je höher sich sein Auditor auf der Tonskala befindet.

Jedes Zweier- oder Dreier-Team, das sich Ko-Auditing gibt, sollte darauf achten, dass das Gleichgewicht gewahrt bleibt. Es sollte nicht zugelassen werden, dass irgendein Mitglied der Gruppe zurückbleibt und dadurch eine Ungleichheit in der Tonstufe entstehen kann. Dies ist sehr wichtig, da der Auditor, der sich höher befindet, selbst wieder auf der Tonskala nach unten gezogen wird, wenn er die Entstehung einer solchen Ungleichheit zulässt.

Der Theorie zufolge wären Clears die besten Auditoren. Doch Menschen, die ihre eigenen Aberrationen verloren haben, finden sehr wahrscheinlich Interesse an derjenigen Tätigkeit, die ihnen durch ihre grundlegende Zielsetzung vorgegeben ist. Besteht diese nun darin, einzelne Mitmenschen glücklicher, gesünder und vernünftiger zu machen, so werden sie in der Dianetik bleiben. Für gewöhnlich wenden sie sich jedoch ganz anderen Gebieten zu.

Spalte AR
Wie man den Fall auditiert

In diesem Kapitel werden wir uns mit Fällen auf bestimmten Tonstufen befassen. Dabei sollte man daran denken, dass sich jemand auf einer beliebigen Tonstufe befinden und trotzdem von der heutigen Gesellschaft als „rational" betrachtet werden kann.

Es gibt zwei Punkte, die ein Auditor beachten sollte, wenn er mit einem Fall beginnt. Entweder schätzt er den Fall anhand der Tabelle aufs Gründlichste ein und weiß danach, welchen Falltypus er angeht. Oder er verwendet in Ermangelung einer solchen Einschätzung anhand der Tabelle sehr leichte Prozessing-Methoden wie Direkterinnerung oder Scanning von weniger gewichtigen Lock-Ketten. Wenn der Auditor nicht sehr viel Erfahrung hat, wird er nicht in der Lage sein, sofort zu bestimmen, wo sich der Preclear auf der Tonskala befindet, es sei denn, er hat die Tabelle vor sich und hat eine Prüfung der somatischen und allgemeinen Reaktionen seines Preclears durchgeführt.

Es kann einige Zeit dauern, bis der Auditor gelernt hat, die Tabelle zu verwenden und die Position des Preclears darauf festzustellen, denn die Tabelle ist insofern kompliziert, als sie mehrere Elemente umfasst. Es lassen sich mindestens fünf verschiedene Faktoren unterscheiden, nach denen die Tonstufe variieren kann. Hauptsächlich sucht der Auditor die chronische reaktive Tonstufe des Preclears, damit er weiß, auf welcher Stufe er ihn ohne Risiko auditieren kann. Einige Auditoren, die viel Theta aufweisen, können mit Erfolg Methoden anwenden, die oberhalb der chronischen reaktiven Tonstufe ihrer Preclears liegen. Sie tun dies, indem sie den Preclear durch sehr hohes ARK vorübergehend auf der Tonskala nach oben bringen.

Leider ist dies jedoch eine ungewöhnliche Fähigkeit. Und wenn der Auditor sichergehen will, dass er den Preclear nicht enturbulieren wird, so sollte er sehr vorsichtig sein, keine Methoden zu gebrauchen, die oberhalb der Stufe des Preclears auf der Tonskala liegen. Es gibt fünf Faktoren, die einen Einfluss darauf haben, welche Tonstufe der Preclear jeweils zeigt:

1. Das Verhältnis von Entheta zu Theta bei dem Fall; der Anteil an „erstarrtem" Entheta in Locks, Secondarys und Engrammen.
2. Die gegenwärtige Umgebung des Preclears, deren Tonstufe und Intensität.
3. Die Tonstufe eines bestimmten Engramms, in dem der Preclear vielleicht festsitzt, falls er irgendwo festsitzt.
4. Die Tonstufe, die von einem bestimmten Engramm-Befehlssatz oder von einer Reihe von Sätzen erzwungen wird, die sich entweder akut oder chronisch in Restimulation befinden.
5. Die allgemeine umgebungsbedingte Vergangenheit des Preclears; die Tonstufe seiner Erziehung, seiner Familie, Gruppe und so weiter.

Es kann für den Auditor eine etwas schwierige Aufgabe sein, diese verschiedenen Faktoren bei der Tonstufe, die der Preclear an den Tag legt, auseinanderzuhalten, um die eine Sache festzustellen, die für die Prozessingstufe, die beim Preclear anzuwenden ist, am wichtigsten ist: nämlich das Verhältnis von Theta zu Entheta bei diesem Fall.

Indem der Auditor auf die gegenwärtige Umgebung des Preclears, die Geschehnisse der letzten zwei oder drei Tage oder auch nur Stunden, Straightwire anwendet, wird er eine Vorstellung davon erhalten, welche Auswirkung die Gegenwart auf die vom Preclear gezeigte Tonstufe hat.

Wird während und nach der Bestandsaufnahme auf die allgemeine Vergangenheit des Preclears Straightwire angewandt, so erhält der Auditor eine Einschätzung der Auswirkung, die dieser Faktor auf die vom Preclear gezeigte Tonstufe hat; in diesem Fall ist die Einschätzung jedoch etwas weniger eindeutig, denn ein Großteil der betreffenden Daten mag abgesperrt sein oder absichtlich verheimlicht werden.

Der Versuch, einen Vergnügensmoment zu durchlaufen und ein paar Blitzantworten zu erhalten, wird dem Auditor zeigen, ob dieser Preclear schlimm auf der Zeitspur feststeckt oder nicht, und daraus lässt sich ersehen, ob dies ein wichtiger Faktor für die vom Preclear gezeigte Tonstufe ist.

Die Auswirkung eines Engramms oder einer Engrammkette, die chronisch oder akut restimuliert sind, ist vielleicht am schwierigsten festzustellen und einzubeziehen. Hier tritt der manische Fall auf die Bildfläche, und hier läuft der Auditor auch am meisten Gefahr, seinen Preclear zu hoch auf der Tonskala einzustufen, wenn er nämlich einen weit offenen Fall mit einem voll restimulierten, stark ausgeprägten manischen Engramm vor sich hat.

Da all diese Faktoren das Problem komplizieren, wird der Auditor die Erfahrung machen, dass die Verhaltensspalten auf der Tonskala-Tabelle ihm den verlässlichsten Test des Mengenverhältnisses von Theta zu Entheta bei einem gegebenen Fall bieten (nachdem er gelernt hat, diese Spalten zu gebrauchen), und sich nicht von der Vorstellung täuschen lassen, die der Preclear von seiner eigenen Tonstufe hat. Feinfühliges, geduldiges Befragen, das sich vielleicht über viele Stunden hinzieht, ist erforderlich, bevor der Auditor mit Recht davon ausgehen kann, dass er wirklich die chronische Tonstufe des Preclears in jeder dieser Spalten festgestellt hat. Aus diesem Grund könnte man sagen, dass zu Beginn beinahe ausnahmslos bei jedem Fall viele Stunden Straightwire durchgeführt werden sollten. Fragt der Auditor den Preclear zum Beispiel nach seiner Einstellung zu Kindern, so erfährt er dadurch entweder, welche Einstellung zu Kindern der Preclear seiner eigenen Ansicht nach hat oder welche Einstellung er dem Auditor in dieser Hinsicht weismachen will, oder vielleicht die Einstellung, die er tatsächlich hat. Gesten und Tonfall des Preclears bei der Beantwortung der Frage werden für den Auditor sehr aufschlussreich sein, und auch die Befragung selbst wird dem Fall nützen. Wirkliche Gewissheit über die Einstellung des Preclears zu Kindern wird der Auditor jedoch erst erlangen, wenn er beim Preclear Straightwire auf verschiedene Geschehnisse mit Kindern angewendet hat. Es mag Fälle geben, bei denen direkte Fragen über diese Punkte lediglich die Heimlichkeits-Berechnungen des Preclears in Gang setzen werden und bei denen der Auditor gut daran täte, die Tabelle gründlich und erschöpfend zu verwenden, ohne dies jedoch auf offenkundige Art mit direkten Fragen zu tun. Eine direkte Frage, wie z. B.: „Mögen Sie Kinder?", kann für den Preclear leicht so erscheinen, als werde er ausgefragt oder kritisiert, und sei dieser Eindruck auch nur unbewusst. Bittet man ihn, ein Geschehnis mit

Kindern zu erzählen, so ergibt dies für den Auditor vielleicht Informationen von unschätzbarem Wert, die er mit direkten Fragen nicht erhalten könnte.

Die Tonskala-Tabelle ist ein heikles und etwas komplexes Instrument. Lernt der Auditor durch Praxis und aufmerksames Beobachten der Ergebnisse, diese Tabelle gut zu verwenden, so werden sowohl seine Fähigkeiten als auch sein Verständnis ungeheuer erhöht.

Ein Fall auf 4,0, der Dianetische MEST-Clear (das heißt jemand, der Clear in Bezug auf den Organismus des jetzigen Lebens ist), kann als jemand betrachtet werden, der kein weiteres Prozessing mehr braucht, so lange wir nicht weitere Gebiete kennen, die sich auditieren lassen.

Der Fall auf Stufe 3,5 lässt sich sehr leicht auditieren, doch befindet sich kaum je ein Fall zu Beginn des Prozessings auf dieser Stufe. Hat ein Fall durch Prozessing diese Stufe erreicht, so ist es relativ leicht, ihn bis zu Clear hinaufzubringen. Was das Auditieren von Entheta betrifft, lässt sich mit diesem Fall beinahe alles machen; es bleibt praktisch nur noch die Frage, wie rasch die Person zum Zustand Clear gebracht werden kann, und nicht, ob sie diesen Zustand erreichen wird oder nicht, denn, wenn sie Stufe 3,5 erreicht hat, kann sie sich beinahe selbst bis zu Clear auditieren. Hier kann man Engramme scannen, ein Prozess, der beinahe wie Lock-Scanning durchgeführt wird, nur mit dem Unterschied, dass hier Geschehnisse mit körperlichem Schmerz, Secondarys und von körperlichem Schmerz umgebene Wortketten gescannt werden können. Doch wie bei jedem anderen Fall sollten auch beim 3,5er stets die Auditing-Sitzungen gescannt werden.

Der 3,0-Fall sollte kein Engramm-Scanning erhalten. Scanning ist ein sehr attraktiver Mechanismus. Es scheint so einfach, die Person beim Basik-Basik beginnen zu lassen und ihr die Anweisung zu geben, alle Engramme auf der Zeitspur bis zur Gegenwart mit Scanning zu entfernen. Beim 3,0-Fall ist jedoch noch eine beträchtliche Menge Entheta vorhanden, sodass der Mechanismus des Scannings ihn enturbulieren und auf der Tonskala hinunterziehen wird. Hier sind Schaltkreise immer noch wirksam genug, um durch Ketten-Scanning in Tätigkeit versetzt zu werden; ein „falscher Clear" wird die Folge sein – das heißt, der Auditor wird einen Preclear vor sich haben, dessen Schaltkreise so stark aufgeladen worden sind, dass der Auditor kein Engramm finden kann und deshalb annimmt, er hätte einen Clear erreicht, während dies in Wirklichkeit nicht der Fall ist. Bei einem 3,0er liegen jedoch beinahe alle

Engramme dafür bereit, per Standard-Verfahren auditiert zu werden. Der Auditor schickt die Person, die sich auf 3,0 befindet, zum frühesten Augenblick von Schmerz oder Unbehagen zurück, nimmt den frühesten Satz auf und geht daraufhin weiter durch das ganze Engramm hindurch. Für gewöhnlich muss er den Preclear nicht jeden Satz häufig wiederholen lassen, sondern kann ihn direkt das ganze Engramm von Anfang bis Ende durchlaufen lassen und dann wiederum von Anfang bis Ende. Wenn eine Auslöschung erreicht wird, hat der Auditor natürlich den ersten Augenblick von Schmerz oder Unbehagen lokalisiert und sehr viele Secondarys reduziert. Das früheste Engramm mit körperlichem Schmerz ist herausauditiert, und dann braucht der Auditor nur Schritt für Schritt durch die Bank hindurch in Richtung Gegenwart zu gehen und jedes nachfolgende Engramm auszulöschen, sobald er darauf stößt, vom ersten Schmerzempfinden oder vom Beginn der Bewusstlosigkeit im Engramm bis zum letzten Augenblick. Bei einer Person auf 3,0 wird sich zeigen, dass Engramme ziemlich rasch verlöschen. Ein oder zwei Durchgänge werden Gähnen auslösen, und dann lässt sich das nächste Engramm erreichen. Der Auditor darf jedoch nicht übersehen, dass auf dem Weg voran durch die Bank von einem Engramm zum anderen – wobei jedes Mal das früheste Engramm ausgewählt wird, das man finden kann – Secondary-Engramme auftauchen können, die entladen werden müssen. Ein Auditor kann tatsächlich den Weg durch die Bank beginnen, bis nahe an die Gegenwart eine Auslöschung abschließen und danach eine neue Kette von Secondary-Engrammen finden, die in Form von Tränen oder anderen Erscheinungen freigesetzt werden müssen. Und danach entdeckt er vielleicht, dass jeder weitere Augenblick körperlichen Schmerzes oder Unbehagens bereits zum Zeitpunkt der Empfängnis vorhanden ist. Er muss dann zu diesem frühesten Engramm zurückkehren. Es ist für den Auditor nicht schwierig, dies zu entdecken, wenn er jedes Mal nach dem frühesten Augenblick von Schmerz oder Unbehagen fragt, der bei diesem Fall vorhanden ist. Der Auditor hält sich auch immer vor Augen, dass durch das Freiwerden von Anaten, Missemotion oder körperlichem Schmerz weitere Bereiche von Anaten, Missemotion oder körperlichem Schmerz auftauchen. Indem er nach dem frühesten Augenblick von Schmerz oder Unbehagen fragt und sich stets vor Augen hält, dass weitere Secondarys auftauchen können, fährt er mit dem Auslöschen des Inhalts des reaktiven Verstandes fort. Auf Stufe 3,0 muss der Auditor den Fall jedoch immer wieder durch gründliches Scanning bereinigen, und zwar nicht nur Scanning auf das Auditing anwenden, sondern auch auf Geschehnisse nahe der Gegenwart, die für den Preclear enturbulierend sein mögen. Von Stufe 3,0 an abwärts muss der Auditor immer daran denken, dass er den Fall auf der Tonskala nach oben bringt und dass das einfache Auslöschen von Engrammen nicht genügt, um einen befriedigenden Fortschritt des Falles zu erzielen, sondern im Gegenteil diesen Fall wieder auf der Tonskala nach unten ziehen kann (wenn einzig und allein Engramme ausgelöscht werden und keine andere Form von Entheta angesprochen wird). Besonders trifft dies zu, falls eine restimulierende Situation in der Gegenwart vorhanden ist, die den Preclear beträchtlich enturbuliert. Doch ist Stufe 3,0 ganz eindeutig der Bereich, in dem das Auslöschen beginnt. Engramme lassen sich auf dieser Stufe nicht nur reduzieren, sondern auslöschen.

Der Fall auf Stufe 2,5 bereitet dem Auditor ein klein wenig mehr Sorge als der 3,0er. So geht es auf dem ganzen Weg durch die Bank hinab, da man umso mehr Entheta bei einem Fall antrifft, je tiefer er sich auf der Tonskala befindet, und umso größere Achtsamkeit geboten ist, um die gegenwärtige Tonstufe des Preclears oben zu halten und den Preclear weiter auf der Tonskala nach oben zu auditieren. Jemand im Bereich 2,5 scannt Locks sehr leicht. Er kann jedoch nicht wie der 3,5er Secondarys scannen. Es ist bei jemandem auf 2,5 nicht ratsam, Scanning auf irgendwelche Augenblicke schwerer Missemotion anzuwenden, weil der Fall dadurch restimuliert wird und mehr Theta in die turbulenten Bereiche absorbiert wird, als durch Auditing aus diesen Bereichen befreit wird. Der 2,5er wird jedoch routinemäßig Engramme durchlaufen, wenn sie als einzelne Engramme und nicht, wie dies beim Ketten-Scanning der Fall ist, als Engrammketten angesprochen werden. Augenblicke großen Kummers oder Verlustes, großer Wut oder Apathie werden als Geschehnisse, Wahrnehmungseindruck um Wahrnehmungseindruck, ausauditiert, bis sie reduziert sind. Durch Lock-Scanning werden beim 2,5er weitere Secondarys und weitere Engrammketten freigelegt. Ein 2,5er benötigt nur dann Direkterinnerung als Prozessing-Technik, wenn der Auditor mehr über seinen Fall erfahren möchte oder Schaltkreise feststellen will. Bei jemandem auf Stufe 2,5 stellt der Auditor Schaltkreise durch Direkterinnerung fest, indem er herausfindet, welche Person in der Umgebung des Preclears ihn zu beherrschen oder zunichtezumachen versuchte, und indem er vom

Preclear wach erlebte Augenblicke findet, als diese Leute Aussagen vom Schaltkreis-Typ machten, wie zum Beispiel „Beherrsche dich“ oder „Sieh zu, dass du dich unter Kontrolle behältst“. Der Schaltkreis spielt auf dieser Stufe eine wichtige Rolle. Schaltkreise sollten auf dieser Stufe in beträchtlichem Ausmaß angesprochen werden. Durch Direkterinnerung sollten die betreffenden Sätze ausfindig gemacht werden und dann als Sätze durch Lock-Scanning entfernt werden, um alle in Engrammen enthaltenen Schaltkreissätze zu entladen und abzuschwächen. Denn von dieser Stufe an abwärts kann ein Schaltkreis mehr oder weniger die Kontrolle anstelle des Auditors übernehmen, sodass der Preclear gelegentlich darauf bestehen wird, seinen Fall selbst zu auditieren. Oder es kann geschehen, dass ein Schaltkreis riesige Mengen an Entheta absperrt. Die größte Schwierigkeit, die der 2,5er dem Auditor bereitet, besteht darin, dass er gewöhnlich der Auffassung ist, sich in einem guten Gesundheitszustand zu befinden, und dass ihn das Prozessing ziemlich langweilt. Hat ein Preclear von einer tieferen Stufe aus die Stufe 2,5 erreicht, so wird er sehr häufig auf weiteres Prozessing verzichten. An diesem Punkt muss der Auditor seine eigene Persönlichkeit in die Waagschale werfen und seinen Preclear geduldig durch diesen ziemlich stagnierenden Bereich der Tonskala hindurchführen.

Der 2,0er, der zur Mitarbeit bereit ist, bietet dem Auditor keine besonderen Probleme. Der Auditor kann auf dieser Stufe Lock-Scanning anwenden und Secondarys als einzelne Augenblicke von Missemotion auditieren. Er kann jedoch den Preclear auch sehr leicht überschätzen und beschließen, routinemäßig Engramme mit körperlichem Schmerz zu auditieren. Auf dieser Stufe kann der Auditor zwar ein Engramm mit körperlichem Schmerz nach dem anderen auditieren, wird dabei jedoch, indem er durch das Auditieren dieser Engramme neue Locks beim Fall erzeugt, mehr freies Theta einkapseln, als er aus den Engrammen wiedergewinnt. Jeder Auditor hat großen Ehrgeiz, was seinen Preclear betrifft, und neigt dazu, viel früher mit dem Auditieren von Engrammen zu beginnen, als der Preclear einen Nutzen daraus ziehen oder es überhaupt verkraften kann. Trotzdem kann sich ein Engramm mit körperlichem Schmerz auf dieser Stufe präsentieren und sich so aufdrängen, dass man es auditieren muss, besonders bei einem Fall, wenn der Preclear eine Drogen-Hypnose erhalten oder kürzlich eine Operation durchgemacht hat. Der Archivar funktioniert auf Stufe 2,0 für gewöhnlich, und man sollte ihn sehr sorgfältig befragen, bevor man irgendwelche Engramme mit körperlichem Schmerz angeht. Werden bei einem Fall auf Stufe 2,0 Engramme mit körperlichem Schmerz durchlaufen, so sollte der Auditor auf jeden Fall gründliches Scanning auf diese Auditing-Sitzung anwenden, um die Locks aufzulösen, die sich durch das Auditing selbst bilden.

Der 1,5er spricht auf Lock-Scanning an, doch wird der Auditor feststellen, dass dieser Fall manchmal in einzelnen Locks stecken bleibt. Wenn dies geschieht, muss das Lock vielleicht wie ein Engramm mit allen einzelnen Wahrnehmungseindrücken durchlaufen werden, bis es reduziert ist. Danach kann man das Lock-Scanning fortsetzen. Für den Fall ist dies von Nutzen, da das Scanning von Locks den Preclear näher an die schwersten Locks bringt, die sich danach kontaktieren und auditieren lassen. Diese schweren Locks bleiben nämlich verdeckt, bis der Preclear durch Scanning genügend freies Theta wiedererlangt hat, um schwere Locks, die den Fortschritt des Falles aufhalten, angehen zu können. Bei einem 1,5er lassen sich am besten solche Secondarys lokalisieren, die sich auf der Stufe Wut befinden. Der Auditor kann einen Zeitpunkt feststellen, als der Preclear Wut dramatisierte, und ihn diesen Moment durchlaufen lassen oder ihn zu einem früheren Augenblick zurückschicken, als jemand ihm gegenüber derart wütend war. Der Preclear wird ein früheres Lock entdecken, bei dem er selbst Empfangspunkt der Wut war, die er später dramatisierte, und wird normalerweise durch dieses frühere Lock hindurchgehen. Der Auditor sollte mit jedem körperlichen Schmerz, den er bei einem 1,5er auditiert, äußerst vorsichtig umgehen. Dies ist eine Stufe, auf der jeder körperliche Schmerz eine höchst gefräßige Falle darstellt. Auf Stufe 1,5 hat das Engramm so viel Gewalt, dass freies Theta, wenn es an das Engramm herangeht, selbst enturbuliert wird. Deshalb sollte es der Auditor vermeiden, auf Stufe 1,5 Engramme zu auditieren. Es gibt einen Trick bei Direkterinnerung, der hier sehr wichtig ist: Der Auditor sollte versuchen, ein ARK-Bruch-Geschehnis oder eines von der aufgezwungenen Art zu finden, das für den Preclear gründliche und vollständige Realität hat. Von diesem Punkt an abwärts kann und sollte bei jeder Gelegenheit die Realität des Preclears dadurch bekräftigt werden, dass durch Direkterinnerung Kontakt mit Locks hergestellt wird, von denen er selbst und ohne jede Hilfe des Auditors mit völliger Sicherheit sagen kann, dass sie tatsächlich geschehen sind. Diese Methode bringt den Preclear rascher auf der Tonskala nach oben als irgendeine andere Prozessing-Methode, die man von 1,5 an abwärts verwenden kann.

Auf dieser Stufe sollte der Auditor mit besonderer Sorgfalt sicherstellen, dass er das Auditing stets durch Scanning bereinigt, und jegliche Mittel einsetzen, um das freie Theta, das er beim Fall vorfindet, so frei wie möglich zu halten. Schlechtes Auditing sowie Brüche des Auditorenkodexes können den Preclear auf dieser Stufe in einer einzigen Sitzung mehr Theta kosten, als sich in mehreren Sitzungen zurückgewinnen lässt. Der Preclear auf 1,5 wird häufig auf den Auditor wütend. Er befindet sich noch immer auf einer Stufe, auf der er zu dominieren versucht, und seine Methode, andere zu dominieren, besteht darin, Wut auszudrücken. Dies bedeutet jedoch nicht, dass der 1,5er ausschließlich wütend ist oder dass er für den Auditor nicht reibungslos arbeiten wird. Normalerweise wird nur schlechtes Auditing Wut auslösen. Es gibt 1,5er, die weit offene Fälle sind und auf trügerische Weise zum Auditieren von Engrammen bereit scheinen. Genauso gibt es 1,5er, die völlig abgesperrt sind. Bei beiden Fällen geht man genau dieselbe Art von Entheta an und verwendet dieselben Vorgehensweisen dafür.

Befasst man sich nun mit Stufe 1,1, so muss man sehr viel Sorgfalt walten lassen, da im Verhältnis zum freien Theta außerordentlich viel Entheta beim Fall vorhanden ist. Ein 1,1er ist ursprünglich vielleicht mit genügend Theta ausgestattet, um Prozessing zu wünschen. Es handelt sich jedoch um einen sehr zögernden Wunsch, und diese Person wird sich auch ihrem Auditor gegenüber äußerst kritisch verhalten. Sie hat Angst, und das mit gutem Grund, da sie im Vergleich zum Entheta, das auf ihrem Fall lastet, so wenig freies Theta übrig hat, dass schlechtes Auditing eine starke Verschlimmerung ihres Zustandes verursachen kann. Vielleicht ist der 1,1er aber auch gar nicht an Auditing interessiert, und er mag der Ansicht sein, er befinde sich in guter Verfassung, obwohl er mit dem Leben sehr schlecht zu Rande kommt. Oft ist er aufgrund irgendeines Somatiks chronisch krank. Seine Ernährung mag ihm gleichgültig sein. Das wenige freie Theta, das ihm verbleibt, befindet sich in einem solchen Kampf mit dem Entheta, dass er sich ständig in einem Grenzbereich befindet. Das muss der Auditor erkennen. Der Auditor muss ebenfalls erkennen, dass der 1,1er beleidigend oder verdrossen sein kann, völlig unwillig sein kann, auditiert zu werden, und äußerst anstrengend sein kann. Wenn sich der Auditor mit einem 1,1er befasst, erschöpft sich seine Geduld leicht. Denn der 1,1er kann sich auf die Couch niederlegen, wissentlich völlig imaginäre Geschehnisse durchlaufen und von Somatiken und Wahrnehmungen erzählen, die er gar nicht hat. Er kann für den Auditor ein ganzes früheres Leben erfinden. Außerdem kann er unwissentlich Daten vorbringen, die falsch sind. Er kann zum Beispiel denken, dass er von seinem Vater tausendmal geschlagen worden sei, und glauben, er erzähle die Wahrheit, obwohl ihn der Vater in seinem ganzen Leben nur zweimal angerührt hat. Oder er glaubt vielleicht, er sei von seinen Eltern königlich behandelt worden, während sie ihm gegenüber in Wirklichkeit eine äußerst überlebensfeindliche Einstellung an den Tag legten. Der Auditor muss daran denken, dass sowohl beim 1,5er als auch beim 1,1er die Wahrheit nicht als sehr wertvolles Gut betrachtet wird und dass es für den Preclear schwer ist, an sie heranzukommen. Obwohl der 1,1er vielleicht andauernd protestiert und Beweise vorbringt, wie ehrlich und offenherzig er ist, hat es der Auditor doch hier mit einer Stufe zu tun, auf der die Schwindelei etwas Automatisches ist. Auf dieser Stufe kann es dem Auditor tatsächlich gelingen, chronische Somatiken, wie zum Beispiel Migräne-Kopfschmerzen oder Geschwüre, abzuschalten, ohne die Turbulenz des Falles zu vermindern. Offensichtlich hat er lediglich eine EnMEST-Manifestation in eine Entheta-Manifestation umgewandelt, sodass das chronische Somatik dem 1,1er zwar nicht mehr als körperlicher Schmerz, dafür aber gewaltig als geistige Aberration zu schaffen macht. Eine Verschiebung von einem Somatik zu einem anderen Somatik oder eine Umwandlung körperlicher Aberration in geistige Aberration lässt sich erwarten, wenn der Auditor den Preclear falsch auf der Tonskala einschätzt und versucht, Prozessing-Methoden anzuwenden, die sich oberhalb der Ebene des 1,1ers befinden. Bei einem weit offenen Fall kann sich der Auditor vollständig täuschen und den Fall immer weiter bis ins Unendliche mit schweren Prozessing-Methoden auditieren und dabei den Fall immer stärker enturbulieren (bis der Preclear des Prozessings überdrüssig wird und sich weigert fortzufahren), wenn er das Verhalten des Preclears nicht sorgfältig beobachtet, um ihn auf der Tonskala-Tabelle zu lokalisieren.

Wahrscheinlich besteht das Hauptmerkmal des 0,5ers, soweit es das Verhältnis zwischen Auditor und Preclear betrifft, in dessen völliger Hilflosigkeit. Selbst wenn der 0,5er auditiert werden will, kann sich der Auditor nicht darauf verlassen, dass sein Preclear irgendwelche Verantwortung in Bezug auf das Prozessing oder irgendetwas anderes übernimmt. Dieser Fall braucht einen Auditor mit viel Geduld und Durchhaltevermögen.

Der Auditor sieht sich nämlich einem Menschen gegenüber, für den Schwarz gleich Weiß und Gut gleich Böse ist und der alles für verloren hält. Lässt der Auditor es zu, so wird sein Preclear vielleicht stundenlang Dub-in-Geschehnisse durchlaufen. Der Auditor muss jedoch sehr behutsam dabei vorgehen, wie er den Preclear auf wirkliche Geschehnisse zusteuert; diese sollten niemals schwerer als Locks sein – vorzugsweise Apathie-Locks, da das magere verbleibende Theta des Preclears vollständig enturbuliert werden kann, wenn der Auditor das, was der Preclear sagt, auch nur im Geringsten missbilligt oder zu wenig akzeptiert. Der 0,5er befindet sich nur einen halben Punkt oberhalb vom Tod. Jeder Auditor, der bei einem 0,5er schwerere Methoden als Direkterinnerung und das Auditieren von einzelnen leichten Locks anwendet, riskiert damit, eine Todesmanifestation beim Preclear auszulösen, entweder Selbstmord oder (gelegentlich) Mord, und wird den 0,5er ganz sicher in Richtung vorgetäuschten Tod niederdrücken. Achtet der Auditor jedoch darauf, dass er selbst stets genügend Prozessing erhält, sodass er durchhalten kann, den 0,5er mit den sanftesten Methoden zu auditieren, und mit dem Preclear sehr hohes ARK beizubehalten vermag (wobei dieses ARK ganz vom Auditor abhängen wird), so wird er früher oder später einen Preclear vor sich haben, der in den 1,1-Bereich hinaufzukommen beginnt. Dieser Anstieg auf der Tonskala wird zwar dem Auditor vielleicht keine Erleichterung bringen, da 1,1 eine sehr unangenehme Stufe ist, doch wird er eine große Erleichterung für den Preclear bedeuten (wenn auch der Auditor von dem neu entstandenen 1,1er keinen Dank erwarten sollte).

Der durchschnittliche Auditor wird in allernächster Zukunft nicht mit einem 0,1er arbeiten, da sich die meisten Fälle, die Tod vortäuschen, in Krankenhäusern, Anstalten oder Heimen befinden, in denen sie mit der Gesellschaft nicht mehr im Kontakt sind. Die Umstände des 0,1ers in der heutigen Gesellschaft haben jedoch keinen Einfluss auf die Methoden, die zu verwenden sind, um einen 0,1er zu auditieren, und kein Auditor sollte denken, dass sich die Funktionsprinzipien des Verstandes im Falle des 0,1ers in irgendeiner Weise ändern. Wird ein Auditor von einem aufmerksamen, aber verwirrten Arzt in irgendeine private Anstalt eingeladen, wie das bei einigen Auditoren der Fall war, so wird er vielleicht feststellen, dass er es genau mit einem solchen Fall zu tun hat. Es gibt verschiedene Methoden, wie man das Problem des Falles auf Stufe 0,1 angehen kann, doch alle laufen auf eine einzige Sache hinaus: den Preclear dazu zu bringen, sich der Wahrnehmungen der Gegenwart bewusst zu werden oder sich zumindest der Vorstellung bewusst zu sein, dass es die Gegenwart überhaupt gibt. Bei allen anderen Stufen ist es notwendig, zwischen Auditor und Preclear hohes ARK aufzubauen und zu bewahren. Jedoch besteht das Hauptproblem hier darin, ARK zwischen dem Preclear und irgendetwas in der Gegenwart herzustellen, was den Auditor natürlich einschließt. Wie dies zuwege gebracht werden kann, wird davon abhängen, wie genau der Auditor die in diesem Buch dargelegten Prinzipien wirklich versteht; denn hier hat er einen Fall vor sich, von dessen Theta sich vielleicht sagen lässt, dass es zu 98 Prozent enturbuliert ist. Wir haben gesehen, dass immer sanftere Prozessing-Methoden benutzt werden müssen, je tiefer sich der Preclear auf der Tonskala befindet. Deshalb hat der Auditor vielleicht das Gefühl, für einen 0,1er gebe es keine genügend sanften Prozessing-Methoden. Er sollte jedoch nicht übersehen, dass allein schon die Anwesenheit eines Auditors beim Preclear im Zimmer in gewissem Grade Prozessing bedeutet. Auf dieser Grundlage kann der Auditor daran zu arbeiten beginnen, die Gegenwart für den Preclear interessant und attraktiv zu machen. Durch die Gegenwart des Auditors über wenige Stunden mag genügend Affinität aufgebaut werden, um es dem Auditor zu ermöglichen, die Aufmerksamkeit des Preclears auf irgendeinen Gegenstand zu lenken. Wenn der Preclear mit diesem Gegenstand in Kommunikation getreten ist, indem er ihn anschaut, so wird die Tatsache, dass der Auditor den Gegenstand hält oder ihn ebenfalls anschaut, voraussichtlich eine Übereinstimmung über diesen Gegenstand herstellen. Und ein einzelnes Ding in der Welt wird dann für diesen Preclear ein wenig Realität aufweisen.

Zukünftige Veröffentlichungen werden sich noch gründlicher mit dem Prozessing unzugänglicher psychotischer Fälle befassen, einschließlich des 0,1ers. Die Prinzipien, die Sie in diesem Buch gelesen haben, bilden aber den Ausgangspunkt für zukünftige, verfeinerte Techniken. Und jeder Auditor, der die Gelegenheit und die Ausdauer hat, einen solchen Fall zu auditieren, wird feststellen, dass diese Grundlagen bei all ihrer Einfachheit wirkungsvoller sind als alle Mittel, die der Mensch früher zur Verfügung hatte, um Licht zu bringen, wo Dunkelheit herrscht, Unordnung in Ordnung zu verwandeln und Unvernunft in Vernunft umzuwandeln – oder *Entheta* zu *Theta* werden zu lassen.

Das Ziel von Prozessing

Das ziel von prozessing liegt darin, das Individuum auf der Tonskala nach oben zu bringen. Zu diesem Verfahren gehört das Herausauditieren aller Engramme, um den Anstieg auf der Tonskala dauerhaft zu machen; das Wichtige daran ist jedoch der Anstieg selbst. Das Verhalten eines Menschen auf 4,0 oder auch nur auf 3,5 liegt so weit über dem normalen menschlichen Verhalten, die Fähigkeit des Menschen auf diesen höheren Stufen, Glück, Vollendung, schöpferische Tätigkeit und Lebensfreude zu entfalten, ist so groß, dass wir die Neigung haben, dies als ferne Ziele zu betrachten, einfach weil sie so hoch liegen. Sie sind jedoch nicht so fern. Noch während ich dieses Buch abschließe, entwickeln sich neue Methoden, neue Wege des Herangehens an einen Fall, die es immer mehr Fällen leichter machen, die höheren Ebenen der Tonskala zu erreichen. Die bestätigende oder positive Methode, an den Fall heranzugehen, die Entwicklung von *Dynamik-Straightwire* (bei der anhand der Auswirkung jeder einzelnen Dynamik auf jede andere Dynamik alle überhaupt möglichen Locks entdeckt werden), die Entdeckung der Grundnatur von Mest-Locks und die Entwicklung der Mest-Technik sind nur einige der neuen Dinge, die gerade erst vom „Reißbrett" kommen.

Die Dianetik ruht nicht und bleibt nicht stehen; sie lässt nicht nach und hält nicht an. Auditor und Preclear werden auf ihrem Weg die Tonskala hinauf wohl nicht nur durch ihre eigenen Erfolge, sondern auch durch die Tatsache ermutigt werden, dass, während sie selbst sich dem Ziel nähern, das Ziel gleichzeitig ihnen entgegenkommt. Es gibt etwas, das in dieser Zeit des Krieges und der geistigen Verseuchung vergessen wurde: Es hat in der Geschichte und Vorgeschichte des Menschen Zeiten gegeben, in denen er *erfolgreich* war. Nicht alles bestand aus Düsterkeit und Hoffnungslosigkeit, sonst wären wir heute gar nicht hier, nicht einmal in unserem ziemlich schlechtem Zustand. Die Menschen haben weitergelebt und alle anderen Lebensformen vom Mammut bis zur Mikrobe erobert. Menschen haben Mauern, Straßen und Pyramiden erbaut, die der zersetzenden Kraft der Elemente schon Tausende von Jahren trotzen. Es hat Menschen gegeben, deren Musik die Götter erbaute, und Menschen, deren Verse die Engel seufzen und den Teufel weinen ließen.

Dies ist eine Zeit, in der der Mensch wieder Erfolg haben soll. Hier ist das Wort, die Technologie, das Ziel. Die Aufgabe ist klar umrissen, ihr Name ist Überlebe!

Definitionen und Axiome

Überleben:

Das Dynamische Prinzip des Daseins ist ÜBERLEBE! Am entgegengesetzten Ende des Daseinsspektrums befindet sich Unterliegen.

Die Dynamiken:

der Drang zum Überleben, der durch ein Spektrum mit acht Teilen ausgedrückt wird: 1) Man selbst, 2) Sexualität, die Familie und die zukünftige Generation, 3) Die Gruppe, 4) Die Menschheit, 5) Das Leben, alle Organismen, 6) MEST, 7) Theta, 8) Das Höchste Wesen.

Unsterblichkeit:

unendliches Überleben, das absolute Ziel des Überlebens. Der Einzelne strebt danach, auf der Ersten Dynamik als Organismus und als Theta-Einheit und auf dem Wege der Verewigung seines Namens durch seine Gruppe. Auf der Zweiten Dynamik strebt er es durch seine Kinder an, und so geht es weiter durch die acht Dynamiken. Das Leben überlebt durch das Fortbestehen von Theta. Eine Art überlebt durch das Fortbestehen des Lebens in ihr.

Eine Kultur überlebt durch das Fortbestehen der Art, die von ihr Gebrauch macht. Es sind Zeichen dafür vorhanden, dass das Theta eines Individuums als persönliche Einheit von einem Leben zum anderen durch viele Lebenszeiten auf der Erde hindurch überlebt.

Vergnügen:
: Vergnügen ist die Belohnung für eine auf Überleben ausgerichtete Tätigkeit auf irgendeiner Dynamik. Erfolge bringen Vergnügen und Überleben.

Unterliegen:
: Unterliegen ist die höchste Bestrafung für nicht auf Überleben ausgerichtete Tätigkeit. Dies ist Schmerz. Fehlschläge bringen Schmerz und Tod.

Menschliches Denken:
: ein Vorgang, der daraus besteht, Daten wahrzunehmen und zu speichern, Schlussfolgerungen zu berechnen und Probleme aufzuwerfen und zu lösen. Der Zweck davon ist Überleben auf sämtlichen Dynamiken.

Intelligenz:
: die Fähigkeit, Probleme wahrzunehmen, aufzuwerfen und zu lösen. Intelligenz und der Drang zum Überleben (die Dynamik) sind für ein fortdauerndes Dasein beide erforderlich. Von Mensch zu Mensch und von Gruppe zu Gruppe variieren diese beiden Größen in ihrem Umfang. Die Dynamiken werden durch Engramme gehemmt, die ihren Theta-Fluss oder ihre Lebenskraft blockieren und zerstreuen. Die Intelligenz wird ebenfalls durch Engramme behindert, indem die Engramme falsche oder unrichtig bewertete Daten in den analytischen Verstand eingeben.

Glücklichsein:
: das Überwinden von nicht unbekannten Hindernissen in Richtung auf ein bekanntes Ziel.

Analytischer Verstand:
: derjenige Teil des Verstandes, der durch Erfahrung Daten wahrnimmt und diese aufbewahrt, um Probleme aufzuwerfen

und zu lösen und den Organismus auf den acht Dynamiken zu lenken. Dieser Teil des Verstandes denkt in Unterschieden und Ähnlichkeiten.

Reaktiver Verstand:
derjenige Teil des Verstandes, der körperlichen Schmerz und Missemotion einordnet und speichert und den Organismus einzig und allein nach dem Reizreaktionsprinzip zu lenken versucht. Er denkt nur in Gleichheiten.

Somatischer Verstand:
derjenige Teil des Verstandes, der entweder unter der Lenkung des reaktiven oder des analytischen Verstandes Lösungen auf körperlicher Ebene in die Tat umsetzt.

Schablonenablauf:
ein Reizreaktionsmechanismus, der vom analytischen Verstand aufgebaut wurde, um entweder Routine- oder Notfalltätigkeiten auszuführen. Es lässt sich sagen, dass der Schablonenablauf im somatischen Verstand festgehalten ist, doch kann ihn der analytische Verstand nach Belieben verändern.

Gewohnheit:
ein Reizreaktionsmechanismus, der dem Schablonenablauf ähnlich ist, jedoch vom reaktiven Verstand gemäß dem Inhalt von Engrammen aufgebaut wurde. Er kann vom analytischen Verstand nicht nach Belieben verändert werden.

Aberrationen:
irrationales Verhalten oder Berechnen (Denken). Sie sind ihrer Art nach Reizreaktionsmechanismen und können auf das Überleben oder gegen das Überleben gerichtet sein. Das Engramm ist die Grundursache aller Aberrationen.

PW=I mal D^X:
Diese Formel drückt den Potenziellen Wert eines Menschen aus. I steht für Intelligenz und D für Dynamik.

Wert:
Ist der PW eines Menschen hoch und im Einklang mit den Dynamiken auf das Überleben ausgerichtet, so lässt sich sagen,

dass der Wert dieses Menschen sehr hoch ist. Jemand mit hohem PW ist jedoch vielleicht aberriert, sodass sein PW in Richtung Unterliegen umgekehrt ist, und somit ist sein Wert gering. Dies lässt sich für jede einzelne der acht Dynamiken oder auch für alle Dynamiken zusammen berechnen.

Theta (θ):
Gedankliches, potenziell unabhängig von einer materiellen Hülle oder einem materiellen Hilfsmittel. Lebenskraft. *Elan vital.*

Theta-Universum:
Gedanken-Materie (Ideen), Gedanken-Energie, Gedanken-Raum und Gedanken-Zeit, die sich zu einem unabhängigen Universum verbinden, analog dem materiellen Universum. Wir gehen davon aus, dass eines der Ziele von Theta das Erobern, Verändern und Ordnen von Mest ist.

Mest (ϕ):
Materie, Energie, Raum und Zeit. Das physikalische Universum.

Leben (λ):
die harmonische Eroberung von Mest durch Theta, bei der ein sich selbst erhaltender Organismus gebildet wird. Tod ist der Rückzug von Theta aus dem Organismus.

Entheta:
Theta, das mit Mest (EnMest) in einer unharmonischen Verbindung enturbuliert ist. Irrationales Denken.

Enmest:
Mest, das durch Entheta enturbuliert oder zu hart in Theta hineingestoßen wurde und dadurch weniger brauchbar geworden ist.

Schmerz:
die Alarmreaktion für Theta, das zu stark in Mest hineingestoßen wurde. Die Strafe für Nichtüberlebensaktivität.

Engramm:
eine Einkapselung, die Entheta und EnMest enthält. Eine (möglicherweise zellulare) Aufzeichnung eines Zeitraums von

Schmerz und Bewusstlosigkeit (oder Anaten). Sie ist dem analytischen Verstand als Erfahrung nicht zugänglich. Die einzige Ursache von Aberrationen und psychosomatischen Krankheiten.

Lock:
: ein Geschehnis auf analytischer (wacher) Ebene, das eine mehr oder weniger große Enturbulierung von Theta enthält und den Wahrnehmungen eines Engramms oder einer Kette von Engrammen nahekommt. Aufgrund des körperlichen Schmerzes, der im Engramm aufgezeichnet ist, wird das Theta daher eingefangen und bleibt als eine Einkapselung von Entheta bestehen.

Secondary-Engramm:
: ein Lock von solcher Größenordnung, dass es im Prozessing als Engramm behandelt werden muss. Ein Lock mit enorm viel Entheta.

Ladung:
: die Ansammlung von Entheta in Locks und Secondarys, die die Engramme auflädt und ihnen ihre aberrierende Kraft verleiht.

Tod:
: der Rückzug von Theta aus einem Organismus, wobei nur Mest zurückbleibt, mit dem Ziel, neues Mest zu erobern und einen anderen Organismus zu bilden, der besser überleben kann.

Lebenszyklus:
: die periodisch wiederholte Eroberung von Mest, das Sich-Zurückziehen und Wiedererobern von Mest durch Theta. Wir gehen davon aus, dass ein bestimmter Ausschnitt oder eine bestimmte Einheit von Theta (zumindest bei menschlichen Wesen) Geburt, Wachstum, Tod, Geburt, Wachstum, Tod usw. durchläuft, wobei Theta jedes Mal mehr über die Tätigkeit lernt, aus Mest erfolgreiche Organismen zu bilden, die besser überleben können.

Evolution:
: eine Theorie, die nützlich wird, sobald ihr das Konzept von Theta hinzugefügt wird. Die natürliche Auslese erklärte nicht viele Fakten der Evolution. Der Versuch, das Leben einzig in Form von Mest zu erklären, ist natürlich gescheitert.

Es gibt offenbar vier verschiedene Evolutionslinien: die Evolution des Organismus durch natürliche Auslese, Zufall und (entsprechenden Nachweisen zufolge) direkte Planung; die Evolution von Mest, die durch das Wirken von Lebensorganismen hervorgebracht wird; Theta-Evolution, wobei angenommen wird, dass dies ein Prozess des Lernens ist, den Theta als Gesamtheit oder als einzelne Einheiten durchmacht; und die stets in der Gegenwart existierende Evolution, aufgebaut nach einer Stufenleiter der Unterstützung, wobei weniger komplizierte Organismen kompliziertere Organismen unterstützen.

Theta-Körper:
die persönliche Theta-Entität (Theta-Einheit). Die Seele. Nachweisen zufolge ist es möglich, dass der Theta-Körper durch viele Lebenszeiten auf tiefen Stufen der Tonskala zu einem Entheta-Körper werden kann, dass ein solcher Entheta-Körper jedoch durch Dianetik Prozessing Geklärt werden könnte. Es ist auch möglich, dass der Theta-Körper, zumindest teilweise, den Organismus vorübergehend verlassen kann, ohne zu verursachen, dass der Organismus stirbt.

Mest-Körper:
der physische Körper. Der Organismus in all seinen Mest-Aspekten. Der Mest-Körper ist belebt oder unbelebt, lebendig oder tot, je nachdem, ob ein Theta-Körper vorhanden ist oder nicht.

Persönlichkeit:
ein Komplex von Faktoren, die teils ererbt (Mest, organisch, Theta) und teils umgebungsbedingt sind (Aberration, Bildung, gegenwärtige Umgebung, Ernährung usw.).

Genetische Persönlichkeit:
persönliche Merkmale und Neigungen, die von den drei angeborenen Faktoren (Mest, organische Linie, dem Theta-Körper) herstammen. Man könnte dies als die Grundpersönlichkeit oder den Kern der Grundpersönlichkeit bezeichnen.

Aberrierte Persönlichkeit:
die Persönlichkeit, die sich daraus ergibt, dass der genetischen Persönlichkeit persönliche Merkmale und Neigungen aufgepfropft

werden, die durch alle umgebungsbedingten Faktoren hervorgerufen werden, überlebensförderliche und aberrierende.

Umwelt:
: alle Umstände, die den Organismus vom ersten Augenblick seines Daseins im jetzigen Leben bis zum Tod hin umgeben; dies umfasst physische, emotionale, geistige und gesellschaftliche Umstände sowie die Faktoren Bildung und Ernährung.

Bildung:
: alle wahrgenommenen Daten, die in den Standard-Gedächtnisbanken gespeichert sind. Man könnte den Begriff auch auf sämtliche Daten ausweiten, die überhaupt in den Banken gespeichert sind, einschließlich Schlussfolgerungen sowie Fantasieprodukten.

Ernährung:
: Erhaltung des Organismus durch organische und anorganische Mittel (Nahrung, Wasser, Luft, Sonnenlicht) während des gesamten jetzigen Lebens, von der Empfängnis oder ungefähr diesem Zeitpunkt bis zum Tod. Die Ernährung einer genetischen Linie geht natürlich von den Eltern auf die Kinder in Form von organischer Vererbung und durch den Einfluss der Schwangerschaftsumgebung über.

Kultur:
: das Muster (falls eines vorhanden ist), nach dem sich das Leben in der Gesellschaft abspielt. Alle Faktoren der Gesellschaft – soziale, bildungsmäßige, wirtschaftliche usw., ob schöpferisch oder zerstörerisch. Man könnte sagen, dass die Kultur der „Theta-Körper der Gesellschaft ist".

Zeitspur:
: ein Begriff, der die Tatsache veranschaulicht, dass ein Mensch über einen bestimmten Zeitraum von MEST-Zeit existiert. Die Zeitspur des jetzigen Lebens beginnt mit dem ersten Augenblick, in dem überhaupt etwas aufgezeichnet wurde, und reicht bis in die Gegenwart bzw. endet beim Tod. Sie umfasst alle aufeinanderfolgenden Augenblicke des „Jetzt" sowie die Wahrnehmungseindrücke dieser Augenblicke. Der Theta-Körper besitzt offenbar eine eigene MEST-Zeitspur.

Aktionssätze:

Wörter oder Sätze in Engrammen oder Locks (oder, auf 0,1, in der Gegenwart), die das Individuum veranlassen, auf der Zeitspur unwillkürliche Handlungen durchzuführen. Aktionssätze sind in den unteren Bereichen der Tonskala wirksam, in den oberen hingegen unwirksam. Je höher ein Fall auf der Skala kommt, desto mehr verlieren diese Sätze ihre Kraft. Arten von Aktionssätzen sind: Rausschmeißer, Abwärts-Rausschmeißer, Zusammenpacker, Verleugner, Festhalter, Missweiser, Mixer und die Valenzwechsler, die diesen entsprechen.

Rausschmeisser:

Schickt den Preclear auf der Zeitspur in Richtung Gegenwart. („Hoch mit dir", „Geh raus", „Berühr mich nicht", „Lass mich in Ruhe", „Ich muss vorwärtskommen".)

Abwärts-Rausschmeisser:

Schickt den Preclear auf der Zeitspur zurück. („Runter mit dir", „Komm nach unten", „Es ist darunter", „Du bist früh dran", „Er ist unten", „Gleite hinunter!")

Zusammenpacker:

Bringt die Zeitspur zum Zusammenbrechen, bringt viele Geschehnisse zusammen. („Ich habe keine Zeit", „Leg sie alle zusammen", „Es liegt immer alles an mir", „Alles wird hier an mich herangetragen", „Ihr seid alle gleich", „Ich krieg das schon zusammen", „Ewige Solidarität!")

Verleugner:

Verleugnet die Existenz einer Wendung oder eines Geschehnisses. („Nein, nein", „Ich will nicht", „Ich kann es nicht sagen", „Das darfst du nicht", „Es ist nicht hier", „Niemals", „Unmöglich", „Unbekannt", „Undenkbar", „Du leugnest alles".)

Festhalter:

Hält den Preclear an einer Stelle auf der Zeitspur fest. („Bleib hier", „Verlass mich nicht", „Halte dich daran fest", „Lass nicht los", „Ruhig bleiben", „Nimm das, es wird dir guttun.")

Missweiser:

Schickt den Preclear in die falsche Richtung. („Nicht hier entlang", „Die andere Richtung", „Das ist falsch", „Ich weiß weder ein noch aus", „Du kannst oben und unten nicht unterscheiden".)

Mixer:

Wirft Geschehnisse und Sätze durcheinander. („Ich bin verwirrt", „Ich nehme meins verrührt", „Rühr es um", „Es ist alles durcheinander" und „Ich bin mitten drin".)

Valenzwechsler:

(„Du bist genau wie dein Vater", „Sei nicht wie Onkel Rudi", „Du bist genau wie alle anderen", „Du bist genau wie Hasso", „Du bist niemand", „Du bist nicht menschlich", „Du bist weltfremd", „Du kannst nie du selbst sein", „Ich muss einfach vorgeben, jemand anders zu sein, sonst werde ich nie wieder glücklich".)

ARK:

Affinität, Realität, Kommunikation, die Dreieckserscheinung von Theta, wobei jeder Aspekt die beiden anderen Aspekte beeinflusst.

Affinität:

die Anziehung, die zwischen zwei Menschen, zwischen einem Menschen und einem anderen Lebensorganismus oder zwischen einem Menschen und Mest, Theta oder dem Höchsten Wesen besteht. Die dem in etwa entsprechende Erscheinung im physikalischen Universum wären magnetische und schwerkraftbedingte Anziehung. Die Affinität oder der Mangel an Affinität zwischen einem Organismus und der Umgebung oder zwischen Theta und Mest eines Organismus sowie innerhalb des Thetas (einschließlich des Enthetas) des Organismus ruft das hervor, was wir früher als Emotionen bezeichnet haben. Die Affinitätsskala umfasst den Großteil der üblichen Emotionen: Apathie, Gram, Furcht, Wut, Feindseligkeit, Langeweile, Erleichterung, Zufriedenheit, Begeisterung, helle Freude, Inspiration.

Kommunikation:

Kommunikation mit der aufgezeichneten Vergangenheit (durch Rückruf und Erinnerung), der Gegenwart (durch Wahrnehmung) und der Zukunft (durch Fantasie und/oder andere Mechanismen),

Kommunikation zwischen Leuten durch Schreiben, Sprechen, Berühren, Sehen usw., auch Kommunikation, wie sie in Gruppen stattfindet, und die dazugehörige Technologie (Gruppen-Dianetik). Es gibt Emotionen auf der Kommunikationsskala, doch wurden sie in unserer Gesellschaft normalerweise nicht mit Bezeichnungen versehen.

Realität:

Realität über die Vergangenheit (das „Ich" empfängt die Daten der Vergangenheit so, wie sie tatsächlich aufgezeichnet wurden, und stimmt auch damit überein, dass dies der Fall ist). Realität über die Gegenwart (das „Ich" empfängt die Daten der Gegenwart so, wie sie tatsächlich aus der Umgebung auf den Organismus einwirken, und das „Ich" stimmt auch damit überein, dass dies der Fall ist). Realität über die Zukunft (die Vorstellung des „Ichs" von der Zukunft stimmt mit den Daten aus Vergangenheit und Gegenwart überein, und das „Ich" stimmt überein, dass dies der Fall ist). Realität zwischen zwei Personen (sie stimmen über etwas überein). Realität in einer Gruppe (die Mehrzahl stimmt mit etwas überein). Die physikalische, „tatsächliche" Realität, die einzige Art Realität, die viele Leute überhaupt betrachten, ist lediglich Übereinstimmung zwischen Mest-Umständen oder Lebensumständen und jemandes Wahrnehmungen dieser Umstände. Stimmen diese nicht überein, so sagen wir, dass der Betreffende die Realität nicht kennt (d. h. unsere Realität, denn wir haben nur unsere eigenen Wahrnehmungen, nach denen wir die Umstände von Mest beurteilen können). Es gibt auf der Realitätsskala Emotionen. Eine davon ist Sich-Schämen.

Emotion:

Dieses Wort wird in der Dianetik neu definiert, und zum Vergleich haben wir einen Gegensatz – „Missemotion". Früher war das Wort „Emotion" nie zufriedenstellend definiert worden. Wir definieren es nun als eine Erscheinung des Organismus, die eine Position auf der Tonskala anzeigt, der gegenwärtigen Umgebung rational entspricht und wirklich die gegenwärtige Position auf der Tonskala repräsentiert. Rationale Gemütsbewegung.

Missemotion:
eine Erscheinung des Organismus, die den Anschein erweckt, eine Emotion gemäß der obigen Definition zu sein, jedoch irrational ist, der gegenwärtigen Umgebung nicht entspricht oder nicht die wirkliche gegenwärtige Position auf der Tonskala darstellt. Irrationale Gemütsbewegung. Missemotion umfasst auch Entheta im reaktiven Verstand, Emotion, die unterdrückt worden ist und in Locks und Secondarys im Fall verbleibt.

ARK-Locks:
„dauerhafte" Einkapselungen von Entheta durch die Enturbulierung von Theta durch Erzwingungen oder Verhinderungen von Affinität, Realität oder Kommunikation und das Einschließen dieses enturbulierten Thetas durch den körperlichen Schmerz von irgendeinem Engramm oder einer Engrammkette, dessen/deren Wahrnehmungseindrücke der Enturbulation in der Gegenwart ähneln. Locks sind analytische Erfahrungen. Wenn es keinen körperlichen Schmerz gäbe, um das enturbulierte Theta einzuschließen, würde es unter mehr oder weniger großer Entfaltung von Emotion wieder desenturbuliert werden.

ARK-Secondarys:
ARK-Locks von solcher Größenordnung, dass sie im Prozessing wie Engramme behandelt werden müssen. Oder anders gesagt, da oft auch Locks wie Engramme behandelt werden, ARK-Locks von enormer Größenordnung.

Restimulations-Locks:
Locks, bei denen der wichtigste nennenswerte Faktor darin besteht, dass in der Gegenwart Wahrnehmungseindrücke vorhanden sind, die den Wahrnehmungseindrücken in einem Engramm ähneln; es dreht sich hier nicht um einen bestimmten Bruch von ARK. Damit solche Locks auftreten können, muss das analytische Bewusstsein sich auf niedriger Stufe befinden, wie es z. B. bei Ermüdung der Fall ist.

Dramatisationsbruch-Locks:
Locks, deren Hauptfaktor darin besteht, dass die Person daran gehindert wurde, die Dramatisation eines restimulierten Engramms

vollständig durchzuführen. Am häufigsten kommen solche Locks auf der Stufe 1,5 vor.

Gegenwart:
: die Stelle auf jemandes Zeitspur, an der sein physischer Körper (falls lebendig) vorzufinden ist. „Jetzt." Der Schnittpunkt der Mest-Zeitspur und der (von uns vorausgesetzten) Theta-Zeitspur.

Zukunft:
: auf der Zeitspur derjenige Bereich, der später als die Gegenwart liegt. Wahrnehmung der Zukunft wird als Möglichkeit angenommen. Die Erschaffung zukünftiger Realitäten als Funktion der Fantasie liegt klar auf der Hand.

Vergangenheit:
: auf der Zeitspur alles, was früher als die Gegenwart liegt. In der Theorie eine nicht genau festgelegte Zeitspanne. Wahrscheinlich ab einem bestimmten Punkt bedeutungslos. Beginnt möglicherweise mit dem Beginn des Mest-Universums.

Absperrung:
: ein versteckter Bereich oder ein verstecktes Geschehnis auf der Zeitspur. Das Vorhandensein eines Vorhangs zwischen dem „Ich" und irgendeiner Information in den Standard-Gedächtnisbanken. Absperrungen werden von Entheta verursacht.

Verbündeter:
: eine im reaktiven Verstand des Preclears aufgezeichnete Person, über die der Preclear die reaktive Berechnung anstellt, sie sei für sein Überleben notwendig.

Wahrnehmungseindrücke:
: spezielle Daten aus den Standard-Gedächtnisbanken oder den reaktiven Banken, die den Sinnesbotschaften eines Augenblicks in der Vergangenheit entsprechen und sie wiedergeben; in anderer Bedeutung auch die Sinnesbotschaften der Gegenwart. (Früher wurde das Wort „Sinneswahrnehmungen" in der Bedeutung „Sinnesbotschaften der Gegenwart" verwendet, aber im Sprachgebrauch wurde diese Unterscheidung fallen gelassen.)

Theta-Wahrnehmungseindrücke:
: Kommunikation mit dem Theta-Universum. Solche Wahrnehmungseindrücke mögen Ahnungen und Vorhersagen umfassen, ASW über größere und geringere Entfernung, Kommunikation mit den „Toten", Wahrnehmung des Höchsten Wesens usw.

Mest-Wahrnehmungseindrücke:
: ganz normale, gewöhnliche Sinnesdaten – sowohl neue als auch aufgezeichnete Wahrnehmungen von Materie, Energie, Raum und Zeit sowie Kombinationen dieser Wahrnehmungen. Wir gehen davon aus, dass es 26 Kanäle der Mest-Wahrnehmung gibt.

Sonik:
: der Rückruf von etwas, das gehört wurde, sodass es im Verstand in vollem Ton und voller Stärke wieder gehört wird.

Visio:
: der Rückruf von etwas Gesehenem, sodass es im Verstand erneut gesehen wird, in voller Farbe, naturgetreuem Maßstab, Ausmaß, Helligkeit und im Detail.

Tastempfindung:
: der Rückruf von Berührungswahrnehmungseindrücken.

Geruch:
: der Rückruf von Geruchwahrnehmungseindrücken.

Bewegungsrückruf:
: der Rückruf von Bewegung.

Wärmesinn:
: der Rückruf von Temperatur.

Gelenkstellung:
: der Rückruf von Körperpositionen.

Feuchtigkeit:
: ein zurückgerufener Wahrnehmungseindruck, der normalerweise mit der vorgeburtlichen Zeit verbunden ist.

Organwahrnehmungen:
: die Wahrnehmungen der Zustände verschiedener Organe, Druck, Wohlbefinden, Leiden usw.

Gradientenskalen:
das Werkzeug von unendlichkeitswertiger Logik. Ein Grundsatz der Dianetik lautet, dass Absolutes unerreichbar ist. Begriffe wie gut und böse, lebendig und tot, richtig und falsch werden nur in Verbindung mit Gradientenskalen verwendet. Auf der Skala von richtig und falsch wäre alles, was über Null oder oberhalb der Mittellinie liegt, in zunehmendem Grade richtig, wodurch es mehr und mehr an unendliche Richtigkeit herankommen würde; und alles, was unter Null oder unterhalb der Mittellinie liegt, wäre in zunehmendem Grade falsch, wodurch es mehr und mehr an unendliche Falschheit herankommen würde. Mit der Gradientenskala als Denkmethode für Überlegungen in Bezug auf das Universum wird man den wirklichen Bedingungen des Universums besser gerecht als mit jeder anderen logischen Methode, die es gibt.

Einführung eines Willkürfaktors:
Ein Willkürfaktor kann als ein Faktor betrachtet werden, der in die Lösung eines Problems eingeführt wird, ohne dass dieser Faktor von einem bekannten Naturgesetz hergeleitet ist; er gründet sich vielmehr nur auf eine Meinung oder auf einen autoritären Befehl. Ein Problem, das mit Daten gelöst wird, die von bekannten Naturgesetzen abgeleitet sind, lässt sich gut und reibungslos lösen, wobei die Lösung nützlich ist. Wird ein Problem jedoch durch die Einführung von Willkürfaktoren gelöst (Faktoren, die auf Meinung oder Befehl, nicht aber auf Naturgesetzen beruhen), so wird diese Lösung, wenn sie verwendet wird, normalerweise weitere Willkürfaktoren erforderlich machen, damit sie überhaupt anwendbar ist. Je mehr man sich anstrengt, die durch Willkürfaktoren verdorbene Lösung auf irgendeine Situation anzuwenden, umso mehr Willkürfaktoren müssen eingeführt werden. Im Bereich des Regierungswesens erzeugen daher Gesetzeserlasse, die Willkürfaktoren enthalten, neue Probleme, die ihrerseits nicht gelöst werden können, ohne dass man wieder neue Willkürfaktoren einführt; und so entsteht schon sehr bald eine kopflastige und nicht funktionstüchtige Regierungsstruktur. Sie könnte nur dann funktionieren, wenn sie im Lichte bekannter Naturgesetze der Regierungsarbeit vollständig umgestaltet würde.

Entwicklung der Logik

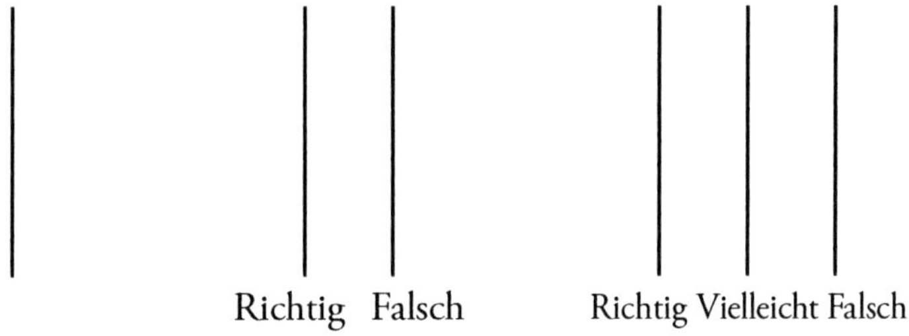

Einwertige Logik

Wille Gottes
Weder Richtig noch
Falsch

Zweiwertige Logik

Absolute Werte
von Richtig u. Falsch
Aristotelische Logik

Dreiwertige Logik

Absolut Richtig u.
Falsch + Vielleicht
Ingenieur-Logik

Gradientenskala des relativen Wertes von Daten

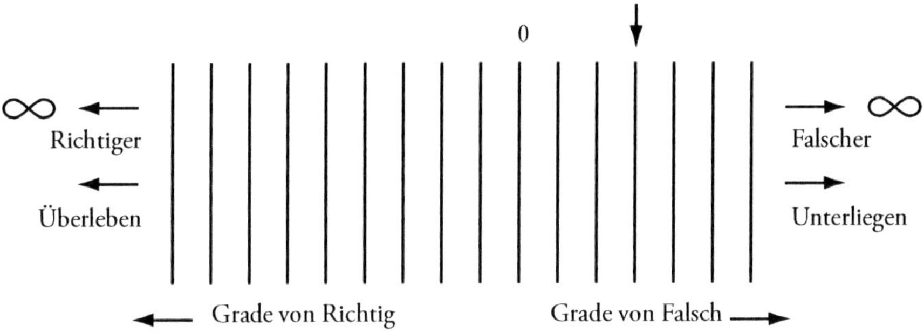

Unendlichkeitswertige Logik

Ein absolut Richtig oder Falsch ist unerreichbar
Dianetik

Auswertung von Daten:
Ein Datum wird in dem Maße verstanden, wie es mit anderen Daten in Beziehung gesetzt werden kann.

Wert von Daten:
Ein Datum ist so wichtig oder wertvoll, wie es mit Überleben in Beziehung steht.

Vergleichbare Grössenordnung:
Ein Datum kann nur ausgewertet werden, indem man es mit einem anderen Datum von vergleichbarer Größenordnung vergleicht. Dies bedeutet, dass die Grundeinheit somit zwei sein muss.

Zugänglichkeit:
der Wunsch des Preclears, durch Prozessing auf der Tonskala angehoben zu werden. (In einer früheren Veröffentlichung wurde der Begriff „Zugänglichkeit" nicht nur in der obigen Bedeutung verwendet, sondern bezog sich auch auf die Zugänglichkeit von Entheta beim Fall für verschiedene Prozessing-Methoden. Diese letzte Bedeutung wird im vorliegenden Werk nicht verwendet.) Ein Fall wird als zugänglich betrachtet, wenn er bereitwillig mit dem Auditor zusammenarbeitet, unabhängig davon, wie abgesperrt der Fall sein mag.

„Ich":
das Zentrum, das sich des Bewusstseins bewusst ist. Organismen sind sich ihrer Umgebung bewusst. Höhere Organismen sind sich außerdem dieses Bewusstseins bewusst. Man könnte sagen, dass das „Ich" des Menschen das Zentrum oder der Monitor (die Steuereinheit) dieses Bewusstseins über das Bewusstsein ist.

Ranghöhe:
ein Prestige, das der Auditor beim Preclear besitzt. Eine etwas künstliche Position des Auditors, die dem Preclear größere Zuversicht und daher eine bessere Fähigkeit gibt, Dinge zu durchlaufen, als er sonst hätte. In der Gesellschaft im Allgemeinen gibt es vier verschiedene Arten von Ranghöhe, die ein Individuum haben kann.

Ranghöhe aufgrund von Daten:
Bedeutet, dass das Individuum einen Schatz an Wissen hat, den es aus Büchern und Aufzeichnungen oder manchmal aus Erfahrungen gesammelt hat und der anderen nicht bekannt ist. Ein Hochschullehrer besitzt Ranghöhe aufgrund von Daten.

Berechnungs-Ranghöhe:
Bedeutet, dass das Individuum eine hervorragende Fähigkeit hat zu denken, Berechnungen aufgrund von Daten anzustellen. Albert Einstein besaß Berechnungs-Ranghöhe.

Positions-Ranghöhe:
Stammt von einer willkürlich zugewiesenen Position her. Offiziere beim Militär und Bürokraten sind häufig stark von Positions-Ranghöhe abhängig.

Ranghöhe aufgrund persönlicher Präsenz:
das Individuum, das andere allein aufgrund seiner persönlichen Präsenz führt oder beeindruckt, dadurch, dass es als Beispiel vorangeht und durch den Umstand seines Daseins, hat Ranghöhe aufgrund persönlicher Präsenz. Gandhi verfügte darüber in sehr hohem Maße.

Befehlssomatik:
ein Somatik, das durch einen Befehlssatz wie z. B. „Mein Arm tut mir weh“ von einem anderen Teil der Zeitspur her übertragen wird. Der Preclear könnte dieses Somatik haben, während er ein vorgeburtliches Engramm durchläuft, obwohl er in dem Geschehnis erst vor drei Tagen gezeugt worden ist. Befehlssomatiken treten dort auf, wo sich der Preclear nicht in seiner eigenen Valenz befindet.

Falsche Vier:
Gelächter und Freude, die der Preclear zum Ausdruck bringt, wenn er ein Geschehnis gründlich von Ladung befreit hat. Es ist eigentlich nichts „falsch“ an der falschen Vier, außer dass sie oft nur von sehr kurzer Dauer ist.

Grundlegende Zielsetzung:

Bereits im Alter von zwei oder drei Jahren weiß ein Individuum offenbar, was seine grundlegende Zielsetzung im Leben ist. Später wird sie durch individuelle und gesellschaftliche Aberrationen entstellt und verfälscht, doch wird sie durch Dianetik Prozessing wiedergewonnen. Vergangene Leben haben möglicherweise einen Einfluss auf die Bildung der grundlegenden Zielsetzung.

Basik-Engramm:

das erste Engramm auf einer bestimmten Kette von Engrammen.

Grundzone:

die Zeitspur von der ersten Aufzeichnung auf der Sperma- oder Ovum-Linie bis zur ersten ausgebliebenen Menstruation der Mutter.

Basik-Basik:

der erste Augenblick von Schmerz, Anaten oder Unbehagen im gegenwärtigen Leben des Individuums.

Sprach-Locks:

Locks, deren hauptsächlicher aberrativer Inhalt von Sprache herrührt. Diese können als symbolische Restimulatoren von Mest-Locks betrachtet werden, die grundlegender sind.

Mest-Locks:

Locks, die dadurch entstehen, dass dem Individuum Erfahrung oder Kontrolle von Materie, Energie, Raum oder Zeit verweigert oder aufgezwungen wird. Wir nehmen an, dass die Reduzierung der Mest-Locks, in denen das Individuum dazu gebracht wurde, nach oben zu gehen, oder nicht herunterkommen durfte, alle Rausschmeißer-Sätze im Fall unwirksam macht – und dies würde auch für alle anderen Arten von Aktionssätzen gelten.

Bestätigungstechnik:

Prozessing, bei dem sich der Auditor zumindest für eine Sitzung ausschließlich auf die Theta-Seite von Lock-Ketten konzentriert und den Preclear nur analytische Augenblicke zu irgendeinem Thema durchlaufen lässt. Trifft der Preclear auf einer bestimmten Kette auf zu viel Entheta, so führt ihn der Auditor zu analytischen

Augenblicken eines anderen Themas, das er vom Archivar erhält (wobei diese Augenblicke natürlich eine parallele Kette zu den Locks des ursprünglichen Themas darstellen). Während dieser Art von Prozessing werden sich Somatiken ein- und ausschalten, manchmal recht heftig, doch der Auditor ignoriert sie und bringt den Preclear immer wieder zu analytischen Momenten zurück (bei denen es sich nicht unbedingt um Vergnügensmomente handeln muss). Die Bestätigungstechnik sollte *nicht* mit der Entheta-Technik vermischt werden.

Mest-Technik:
: Straightwire, Repetitives Straightwire (langsames, vom Auditor gelenktes Lock-Scanning) und Lock-Scanning von Mest-Locks. Sprach-Locks werden durch Straightwire lediglich als Hinweis auf die darunterliegenden Mest-Locks gefunden. Mest-Technik und Bestätigungstechnik können und sollten miteinander verbunden werden.

Anhang

Weiteres Studium 557

Guide zu den Materialien 570

Adressen 572

Herausgeber-Glossar von Wörtern, Fachausdrücken und Wendungen 577

Stichwortverzeichnis 679

Weiteres Studium
Bücher und Vorträge von L. Ron Hubbard

Die Materialien der Dianetik und Scientology umfassen das größte Informationsgefüge, das je über den Verstand, das geistige Wesen und das Leben zusammengetragen wurde. Während fünf Jahrzehnten der Forschung, Untersuchung und Entwicklung verbesserte und systematisierte L. Ron Hubbard es unablässig. Die Ergebnisse dieser Arbeit sind in Hunderten von Büchern und mehr als 3.000 aufgezeichneten Vorträgen enthalten. Eine vollständige Auflistung und Beschreibung von ihnen allen, einschließlich der übersetzten Ausgaben, die in Ihrer Sprache erhältlich sind, können von jeder Scientology Kirche oder Verlagsorganisation bezogen werden. (Siehe ***Guide zu den Materialien***.)

Die im Folgenden aufgeführten Bücher und Vorträge bilden die Grundlage, auf der die Brücke zur Freiheit gebaut ist. Sie werden hier in der Reihenfolge aufgeführt, wie L. Ron Hubbard sie geschrieben beziehungsweise gehalten hat. In vielen Fällen hielt L. Ron Hubbard eine Reihe von Vorträgen direkt im Anschluss an die Herausgabe eines neuen Buches, um weitere Erklärungen und Einblicke in diese entscheidenden Informationen zu bieten. Aufgrund enormer Bemühungen, jene Vorträge zu übersetzen, sind sie jetzt auf Deutsch verfügbar. Sie werden hier zusammen mit dem jeweiligen begleitenden Buch aufgeführt.

Während L. Ron Hubbards Bücher die Zusammenfassungen von Errungenschaften und Schlussfolgerungen enthalten, so wie sie auf dem Entwicklungspfad seiner Forschung erschienen, liefern seine Vorträge die laufende, tägliche Aufzeichnung der Forschung und erklären die Gedanken, Schlussfolgerungen, Tests und Demonstrationen, die auf dieser Route liegen. In dieser Hinsicht bilden die Vorträge die vollständige Aufzeichnung des gesamten Forschungsweges und liefern nicht nur die wichtigsten Errungenschaften in der Geschichte des Menschen, sondern auch, warum und wie L. Ron Hubbard zu ihnen gelangte.

Ein chronologisches Studium dieser Bücher und Vorträge ist nicht zuletzt deshalb von Vorteil, weil dabei Wörter und Ausdrücke einbezogen werden, die L. Ron Hubbard bei ihrer ursprünglichen Verwendung mit beträchtlicher Genauigkeit definierte. Weit über eine bloße „Definition" hinaus sind ganze Vorträge einer vollständigen Beschreibung jedes neuen Dianetik- oder Scientology-Ausdruckes gewidmet – das ermöglichte die Errungenschaft, sowohl ihre Anwendung im Auditing als auch ihre Anwendung auf das Leben selbst. Infolgedessen bleibt man ohne missverstandene Ausdrücke, erhält ein vollständiges begriffliches Verstehen der Dianetik und Scientology und begreift die Themen auf einer Stufe, wie es sonst nicht möglich wäre.

Wenn Sie in der richtigen Reihenfolge studieren, können Sie sehen, wie das Fachgebiet Fortschritte machte, und die höchsten Entwicklungsstufen erkennen. Die nachfolgende Auflistung von Büchern und Vorträgen zeigt, wo *Die Wissenschaft des Überlebens* sich innerhalb der Entwicklungslinie einfügt. Davon ausgehend können Sie bestimmen, was Ihr nächster Schritt ist oder welche früheren Bücher und Vorträge Sie ausgelassen haben mögen. Dann werden Sie imstande sein, Lücken zu füllen, und somit nicht nur das Wissen jeder Errungenschaft erlangen, sondern ein größeres Verstehen dessen, was Sie bereits studiert haben.

Das ist der Weg, um zu wissen, wie man weiß; so schließen Sie das Tor zu Ihrer zukünftigen Ewigkeit auf. Beschreiten Sie ihn.

Dianetik: Die Ursprüngliche Studie • L. Ron Hubbards *erste* Beschreibung der Dianetik. Ursprünglich war das Buch als Manuskript im Umlauf, wurde schon bald vervielfältigt und von einem zum anderen weitergereicht. Die daraus resultierende Mundpropaganda erschuf eine solche Nachfrage nach weiterer Information, dass Hubbard beschloss, dass ein Buch die einzige Möglichkeit wäre, auf die Anfragen zu antworten. Dieses Buch war Dianetik: Der Leitfaden für den menschlichen Verstand, das jetzt zum unübertroffenen Selbsthilfe-Bestseller geworden ist. Finden Sie heraus, wie alles begann. Denn hier befinden sich die fundamentalen Grundlagen der Entdeckungen über die Dianetik: die *Ursprünglichen Axiome,* das *Dynamische Prinzip des Daseins,* der *Aufbau des Analytischen* und *Reaktiven Verstandes,* die *Dynamiken,* die *Tonskala,* der *Auditorenkodex* und die erste Beschreibung eines *Clears.* Und sogar noch mehr als das: Hier findet man die Hauptgesetzmäßigkeiten, die beschreiben, *wie* und *warum* Auditing funktioniert. Es steht nur hier in Dianetik: Die Ursprüngliche Studie.

Dianetik: Die Entwicklung einer Wissenschaft • Dies ist die Geschichte davon, *wie* L. Ron Hubbard den reaktiven Verstand entdeckte und die Verfahren für Auditing entwickelte, um ihn loszuwerden. Das Buch wurde ursprünglich für ein nationales Magazin geschrieben und erschien zur gleichzeitigen Veröffentlichung mit Dianetik: Der Leitfaden für den menschlichen Verstand – nach seiner Veröffentlichung setzte es praktisch über Nacht eine Bewegung in Gang, die sich wie ein Lauffeuer verbreitete. Hier findet man somit sowohl die Grundlagen der Dianetik als auch den einzigen Bericht von L. Ron Hubbard über seine zwei Jahrzehnte dauernde Entdeckungsreise und darüber, wie er wissenschaftliche Methodik auf die Probleme des menschlichen Verstandes anwandte. Er schrieb es, damit Sie Bescheid wissen würden. Daher ist dieses Buch ein Muss für jeden Dianetiker und Scientologen.

Dianetik: Der Leitfaden für den menschlichen Verstand • Der Blitz aus heiterem Himmel, der eine weltweite Bewegung in Gang setzte. Zwar hatte Hubbard seine Entdeckung des reaktiven Verstandes vorher bekannt gegeben, doch dieses Buch schürte das entfachte Feuer derer weiter, die nach mehr Informationen strebten. Genauer gesagt: Es war für einen einzigen Menschen praktisch unmöglich, einen ganzen Planeten zu klären. Dieses Buch beinhaltet alle von Hubbards früheren Entdeckungen sowie die Fallgeschichten jener bahnbrechenden Erkenntnisse, die es in Anwendung zeigt. Somit stellte L. Ron Hubbard das vollständige Handbuch des Dianetik Verfahrens zur Verfügung, um Auditoren auszubilden, die es überall anwenden sollten. Dianetik: Der Leitfaden für den menschlichen Verstand ist seit mehr als einem halben Jahrhundert ein Bestseller. Es existieren viele Millionen gedruckte Exemplare in mehr als fünfzig Sprachen und das Buch wird in mehr als 100 Ländern der Erde angewandt. Es ist unbestreitbar das meistgelesene und einflussreichste Buch über den menschlichen Verstand, das je geschrieben wurde. Und das ist der Grund, warum es für immer als *Buch Eins* bekannt sein wird.

Dianetik-Vorträge und -Demonstrationen • Gleich nach der Veröffentlichung von *Dianetik* begann L. Ron Hubbard vor vollen Auditorien in ganz Amerika Vorträge zu halten. Obwohl er sich an Tausende auf einmal wandte, wuchs die Nachfrage unaufhörlich. Um dieser Nachfrage gerecht zu werden, wurde seine Vorführung in Oakland, Kalifornien, aufgezeichnet. In diesen vier Vorträgen berichtet L. Ron Hubbard von den Ereignissen, die ihn zu seiner Untersuchung veranlassten und zu seiner persönlichen Reise zu seinen bahnbrechenden Entdeckungen. Er ließ dem Ganzen eine persönliche Demonstration von Dianetik Auditing folgen – die einzige erhältliche derartige Demonstration von Buch Eins. *4 Vorträge.*

Dianetik Professionellen-Kurs-Vorträge – *Ein Spezieller Kurs für Buch-Eins-Auditoren* • Nachdem L. Ron Hubbard sechs Monate lang von Küste zu Küste gereist war, um den ersten Dianetikern Vorträge zu halten, versammelte er Auditoren in Los Angeles zu einem neuen Professionellen-Kurs. Das Thema war seine nächste umfassende Entdeckung über das Leben – das *ARK-Dreieck,* das die Beziehung von *Affinität, Realität* und *Kommunikation* beschreibt. In einer Reihe von fünfzehn Vorträgen gab Hubbard viele neue Entdeckungen bekannt, einschließlich des *Spektrums der Logik,* das unendlich viele Gradienten von richtig bis falsch enthält, *ARK und die Dynamiken;* die *Tonskalen von ARK,* den *Auditorenkodex* und wie er mit ARK in Verbindung steht; und die *Tabelle der Zugänglichkeit,* die einen Fall klassifiziert und verrät, wie er auditiert werden muss. Hier findet man daher sowohl die endgültige Aussage über das Auditing-Verfahren aus Buch Eins als auch die Entdeckung, an die sich jede weitere Forschung anlehnen sollte. Man hatte seit mehr als fünfzig Jahren angenommen, dass die Informationen in diesen Vorträgen verloren waren und sie nur als Studentennotizen zur Verfügung standen, veröffentlicht in Notizen zu den Vorträgen. Die ursprünglichen Aufnahmen wurden jetzt entdeckt und zum ersten Mal allgemein verfügbar gemacht. Das Leben in seinem höchsten Zustand, *Verstehen,* besteht aus Affinität, Realität und Kommunikation. Und wie LRH sagte, findet man die beste Beschreibung des ARK-Dreiecks in diesen Vorträgen. *15 Vorträge.*

Die Wissenschaft des Überlebens – *Die Vorhersage Menschlichen Verhaltens* • *(Das vorliegende Buch.)* Das nützlichste Buch, das Sie je besitzen werden. Im Mittelpunkt von Die Wissenschaft des Überlebens steht die *Hubbard Tabelle der Einschätzung des Menschen.* Damit stellt das Buch die erste genaue Vorhersage für menschliches Verhalten dar. Die Tabelle umfasst alle Manifestationen von jemandes Überlebenspotenzial, abgestuft von der höchsten bis zur niedrigsten. Das macht es zum vollständigen Buch über die Tonskala. Wenn man nur ein oder zwei charakteristische Merkmale einer Person kennt und diese Tabelle verwendet, kann man die Position des Betreffenden auf der Tonskala bestimmen und so das Übrige wissen. Man kann auf diese Weise einen akkuraten Hinweis auf die *gesamte* Persönlichkeit, das Verhalten und den Charakter der Person erhalten. Vor diesem Buch war die Welt davon überzeugt, dass sich Fälle nicht verbessern, sondern nur verschlechtern könnten. Die Wissenschaft des Überlebens vermittelt die Vorstellung von verschiedenen Fallzuständen sowie die brandneue Vorstellung, dass man auf der Tonskala nach oben voranschreiten kann. Dieses Buch bildet die Grundlage der heutigen Gradkarte.

Vorträge zu Die Wissenschaft des Überlebens • Der Entwicklung der Tonskala und der Hubbard Tabelle der Einschätzung des Menschen lag eine monumentale Entdeckung zugrunde: Die *Theta-MEST-Theorie.* Sie beinhaltet die Erklärung der Wechselbeziehung zwischen Leben – *Theta* – und dem physikalischen Universum aus Materie, Energie, Raum und Zeit – *Mest.* In diesen Vorträgen, die direkt nach der Veröffentlichung des Buches vor Studenten gehalten wurden, lieferte Hubbard die ausführlichste Beschreibung von allem, was der Tabelle der Einschätzung des menschlichen Verhaltens und ihrer Anwendung im Leben selbst zugrunde liegt. Außerdem befindet sich hier auch die Erklärung des Verhältnisses von *Theta* und *en(turbuliertem) Theta,* d. h. *Entheta,* das jemandes Position auf der Tonskala bestimmt, sowie die Mittel, um zu höheren Zuständen aufzusteigen. *4 Vorträge.*

Selbstanalyse • Die Barrieren des Lebens sind eigentlich nur Schatten. Lernen Sie sich selbst kennen – nicht nur einen Schatten Ihrer selbst. Selbstanalyse, das die vollständigste Beschreibung des Bewusstseins enthält, führt Sie durch Ihre Vergangenheit und Ihre potenziellen Möglichkeiten, Ihr Leben. Unter Verwendung einer speziellen Version der Hubbard Tabelle der Einschätzung des Menschen und einer Reihe von Selbstuntersuchungen ermitteln Sie, wo Sie sich auf der Tonskala befinden. Indem Sie dann eine Reihe leichter, jedoch äußerst wirkungsvoller Prozesse verwenden, beginnen Sie das großartige Abenteuer der Selbstentdeckung. Zusätzlich enthält dieses Buch umfangreiche Prinzipien, die *jeden* Fall erreichen, vom niedrigsten bis zum höchsten – einschließlich Auditing-Techniken, die so wirkungsvoll sind, dass Hubbard in allen folgenden Jahren bis hin zu den höchsten Stufen wiederholt auf sie verweist. Kurz gesagt, dieses Buch bringt jemanden nicht nur die Tonskala hinauf, sondern ist imstande, eine Person aus praktisch allem herauszuholen.

Fortgeschrittenes Verfahren und Axiome • Mit neuen Errungenschaften über die Natur und den Aufbau von Engrammen – „Engramme sind nur dann wirksam, wenn die Person selbst bestimmt, dass sie wirksam sein werden" – ging die Entdeckung einher, wie ein Wesen *Service-Faksimiles* verwendet: ein Mechanismus, der eingesetzt wird, um Versagen im Leben hinwegzuerklären, der eine Person dann aber in schädlichen Verhaltensmustern und weiteren Fehlschlägen festhält. Daraus ging eine neue Art von Prozessing hervor, das sich an *Gedanke, Emotion* und *Anstrengung* richtet. Es wird in den „Fünfzehn Akten" des Fortgeschrittenen Verfahrens beschrieben und zielt auf die Rehabilitierung der *Selbstbestimmung* des Preclears. Daher schließt dieses Buch auch eine allumfassende, keine Ausreden zulassende Beschreibung von *Voller Verantwortung* ein – dem Schlüssel, der das Ganze aufschließt. Des Weiteren finden Sie hier auch die systematische Darstellung von *Definitionen, Logiken* und *Axiomen,* die sowohl eine Zusammenfassung des gesamten Wissensgebietes als auch eine Richtung für jegliche künftige Erforschung darstellt. *Siehe das Handbuch für Preclears, das als begleitendes Selbst-Prozessing-Handbuch zu Fortgeschrittenes Verfahren und Axiome geschrieben wurde.*

Gedanke, Emotion und Anstrengung • Mit der Systematisierung der Axiome kamen die Mittel, um Schlüsselstellen bei einem Fall anzugehen, die imstande wären, jegliche Aberration zu entwirren. *Grundlegende Postulate, Primärer Gedanke, Ursache und Wirkung* und deren Auswirkung auf alles, von *Erinnerung* und *Verantwortung* bis hin zur Rolle, die eine Person selbst dabei spielt, *Engrammen* Kraft zu verleihen – Themen, die nur in dieser Vortragsreihe behandelt werden. Diese Vorträge enthalten auch die vollständigste Beschreibung von *Service-Faksimiles* – und warum, sie aufzulösen, jegliches selbst auferlegtes Unvermögen behebt. *21 Vorträge.*

Handbuch für Preclears • Mit den „Fünfzehn Akten" von Fortgeschrittenes Verfahren und Axiome gehen die im Handbuch für Preclears beschriebenen fünfzehn Selbst-Prozessing-Akte einher. Darüber hinaus enthält dieses Buch eine Reihe von Essays, welche die ausführlichste Beschreibung des *Idealen Zustandes des Menschen* angeben. Entdecken Sie, warum Verhaltensmuster zu etwas derart fest Fixiertem werden, warum Gewohnheiten scheinbar nicht abgelegt werden können, inwiefern vor langem getroffene Entscheidungen mehr Macht über eine Person haben als ihre heutigen Entscheidungen und warum jemand in der Gegenwart vergangene, negative Erfahrungen behält. Alles ist klar in der Tabelle der Einstellungen dargestellt – ein Meilenstein, der die Tabelle der Einschätzung des Menschen ergänzt –, die den idealen Seinszustand und die *Einstellungen* und *Reaktionen* einer Person auf das Leben festlegt. *Beim Selbst-Prozessing wird Das Handbuch für Preclears in Verbindung mit Selbstanalyse verwendet.*

Das Lebenskontinuum • Unter einem Sturm von Anfragen um Vorträge über seine neusten Errungenschaften antwortete Hubbard mit allem und mehr auf der Zweiten Jährlichen Zusammenkunft von Dianetik Auditoren. Hier beschreibt er die Technologie, die den Selbst-Prozessing-Schritten des *Handbuches* zugrunde liegt, und es ist der Ort, wo das *Wie* und *Warum* des Ganzen zu finden ist: die Entdeckung des *Lebenskontinuums* – des Mechanismus, der die Person dazu zwingt, das Leben einer verstorbenen oder dahingeschiedenen Person fortzuführen, indem sie in ihrem eigenen Körper die Gebrechen und Eigenarten des Verstorbenen hervorbringt. Kombiniert mit Instruktionen an Auditoren, wie sie die Tabelle der Einstellungen beim Bestimmen des richtigen Einstiegsgradienten bei jedem Fall verwenden sollten, finden sich hier ebenfalls Anweisungen in Bezug auf die Verbreitung des Handbuches und somit die Mittel, umfangreiches Clearing in Gang zu setzen. *10 Vorträge.*

Scientology: Meilenstein Eins • Hubbard begann den ersten Vortrag in dieser Reihe mit sechs Worten, die die Welt für immer verändern würden: „Dies ist ein Kurs in *Scientology*." Von da an beschrieb Ron nicht nur den gewaltigen Anwendungsbereich für das damals brandneue Fachgebiet, er beschrieb auch ausführlich seine Entdeckungen über vergangene Leben. Dann ging er zur Beschreibung des ersten E-Meters und seiner anfänglichen Verwendung bei der Enthüllung der *Theta-Linie* (der gesamten Zeitspur des Daseins eines Thetans) über, die sich von der *genetischen Körperlinie* (der Zeitspur von Körpern und ihrer physischen Entwicklung) völlig unterscheidet, erschütterte damit die „Nur-ein-Leben"-Lüge und offenbarte die *Gesamtzeitspur* des spirituellen Daseins. Dies ist die eigentliche Geburtsstunde der Scientology. *22 Vorträge*

Der Weg zur Unendlichkeit: Technik-80-Vorträge • L. Ron Hubbard erklärte: „Technik 80 ist die *Sein-oder-Nicht-Sein*-Technik." Damit enthüllte er das entscheidende Fundament, auf dem Fähigkeit und geistige Gesundheit ruhen: *das Vermögen eines Wesens, eine Entscheidung zu treffen.* Hier sind also der Aufbau von „Vielleicht", die *Wellenlängen von ARK,* die *Tonskala von Entscheidungen* beschrieben und die Werkzeuge, um die Fähigkeit eines Wesens *Zu Sein* zu rehabilitieren ... praktisch *alles. 7 Vorträge. (Die Kenntnis von Technik 80 ist erforderlich für Technik 88, wie sie in Scientology: Entwicklungsgeschichte des Menschen beschrieben ist – im Weiteren.)*

Scientology: Entwicklungsgeschichte des Menschen • „Eine kaltblütige, auf Tatsachen beruhende Beschreibung Ihrer letzten 76 Billionen Jahre." So beginnt Entwicklungsgeschichte des Menschen, welches die bahnbrechende *Technik 88* vorstellt. In diesem Buch wird zum ersten Mal die Wahrheit über die Gesamtzeitspur-Erfahrung enthüllt und ausschließlich der Thetan im Auditing angesprochen. Hier wird Geschichte mit dem ersten E-Meter enträtselt und es werden die Hauptgeschehnisse auf der Gesamtzeitspur dargelegt und beschrieben, die bei jedem menschlichen Wesen gefunden werden können: *Elektronische Implants, Entitäten,* die *genetische Zeitspur, Geschehnisse zwischen-den-Leben, wie sich Körper entwickelten und warum Sie in ihnen gefangen wurden* – all das wird hier ausführlich beschrieben.

Technik 88: Geschehnisse auf der Zeitspur Vor der Erde • „Technik 88 ist die übertriebenste, überschäumendste, dramatischste, nicht zu überbietende, hochfliegendste, hervorragendste, eindrucksvollste, überdimensionalste und großartigste Technik, die der Verstand des Menschen in vorstellbarer Weise je umfassen könnte. Sie ist so groß wie die Gesamtzeitspur samt all ihren Geschehnissen darauf. Sie ist das, was Sie darauf anwenden; sie ist das, was geschah. Sie enthält die Rätsel und Geheimnisse, die Mysterien aller Zeiten. Sie könnten dieser Technik eine Schlagzeile widmen, so wie es bei einer Nebenattraktion gemacht wird, aber es gibt nichts, was Sie sagen könnten, es existiert kein Adjektiv, das Sie verwenden könnten, um auch nur einen kleinen Ausschnitt davon angemessen zu beschreiben. Sie setzt nicht nur der Vorstellungskraft arg zu, sondern sie veranlasst Sie dazu, sich zu schämen, sich irgendetwas vorzustellen." So lauten Hubbards einführende Worte an Sie in dieser noch nie zuvor erhältlichen Vortragsreihe, die alles andere ausführt, was in Entwicklungsgeschichte des Menschen enthalten ist. Was Sie erwartet, ist die Gesamtzeitspur selbst. *15 Vorträge.*

Scientology 8-80 • Die *erste* Erklärung der Elektronik menschlichen Denkens und der Energiephänomene bei jedem Wesen. Entdecken Sie, wie sich in einem Wesen sogar Bewegungsgesetze des physikalischen Universums widerspiegeln, ganz zu schweigen von der Elektronik von Aberration. Hier ist die Verbindung zwischen Theta und Mest; hier wird beschrieben, was Energie *ist* und wie man sie *erschafft.* Es war diese bahnbrechende Erkenntnis, die das Gebiet über die *Flows* eines Thetans aufdeckte und die wiederum heute in *jedem* Auditing-Prozess verwendet wird. Im Titel des Buches steht „8-8" für *Unendlichkeit-Unendlichkeit* und „0" symbolisiert das Statik, *Theta.* Es beinhaltet die *Wellenlängen von Emotion, Ästhetik, Schönheit und Hässlichkeit, Inflow und Outflow* sowie die *Unter-Null-Tonskala* – nur auf den Thetan anwendbar.

Der Ursprung der Lebensenergie • Angefangen mit der Ankündigung seines neuen Buches – Scientology 8-80 – enthüllte L. Ron Hubbard nicht nur seine Entdeckungen über Theta als den Ursprung der Lebensenergie, sondern beschrieb auch genau die *Forschungsmethoden,* die er verwendete, um diese sowie jede andere Entdeckung der Dianetik und Scientology zu machen: die *Qs* und *Logiken* – Methoden des *Denkens,* die auf jedes Universum oder jeden Denkprozess Anwendung finden. Hier finden Sie demnach sowohl *wie man denkt* als auch *wie man sämtliche Daten und sämtliches Wissen auswertet,* und somit das Kernstück zu einem vollständigen Verstehen der Scientology und des Lebens selbst. *14 Vorträge.*

Die Herrschaft von Theta • Während er sein neuestes Buch und den Doktoratskurs vorbereitete, den er im Begriff war abzuhalten, versammelte Hubbard Auditoren für einen neuen Professionellen-Kurs. Er sagte: „Mit diesem Kurs treten wir zum ersten Mal wirklich außerhalb des Rahmens des Wortes *Überleben.*" Mit dieser Aussicht vermittelt Die Herrschaft von Theta die Technologie, welche die Brücke vom Wissen aus 8-80 zu 8-8008 schlägt, und liefert die erste vollständige Erklärung des Themas *Ursache* sowie einen permanenten Orientierungswechsel im Leben; von *Mest* zu *Theta. 10 Vorträge.*

Scientology 8-8008 • Die vollständige Beschreibung des Verhaltens und der potenziellen Möglichkeiten eines *Thetans* sowie das Lehrbuch für die Philadelphia-Doktoratskurs-Vorträge und die Vorträge über Die Faktoren: Bewunderung und die Renaissance von Beingness. Wie L. Ron Hubbard sagte, dient der Titel des Buches dazu, dem Individuum einen Weg einzuprägen, wie es sich selbst, seine Fähigkeiten, Ethik und seine Ziele rehabilitieren kann – das Erreichen von *Unendlichkeit* (8) durch die Reduzierung der scheinbaren *Unendlichkeit* (8) des Mest-Universums auf *null* (0) und die Vergrößerung der scheinbaren *Null* (0) des eigenen Universums bis zur *Unendlichkeit* (8). Das Buch enthält mehr als 80.000 Stunden Untersuchungen mit einer Zusammenfassung und Erläuterung jeder bis dahin erreichten Erkenntnis – und die vollständige Bedeutung dieser Entdeckungen bildet die neue Aussicht auf *Operating Thetan.*

Die Philadelphia-Doktoratskurs-Vorträge • Diese berühmte Serie bildet das größte eigenständige Werk über Aufbau, Verhalten und potenzielle Möglichkeiten der menschlichen Seele, das je zusammengestellt wurde. Diese Vorträge liefern die Grundlagen, die dem Weg zu Operating Thetan zugrunde liegen. Sie behandeln detailliert die Beziehung des Thetans zur *Erschaffung, Erhaltung* und *Zerstörung von Universen.* Genau diese Ausdrücke beinhalten den *Aufbau* von Materie, Energie, Raum und Zeit und wie man Universen ins Dasein *postuliert.* Hier findet man auch den Abfall des Thetans von Gesamtzeitspur-Fähigkeiten und die *universellen Gesetze,* durch die sie wiederhergestellt werden. Kurz gesagt, wird hier Hubbards Systematisierung der höheren Ebenen der Theta-Beingness und ihres Verhaltens dargestellt. Vortrag für Vortrag wird jeder Begriff des Kurslehrbuchs Scientology 8-8008 näher ausgeführt, wobei der volle Umfang des *Sie* im Urzustand vorgestellt wird. *76 Vorträge samt beiliegenden Reproduktionen der ursprünglichen 54 handgezeichneten LRH-Vortragsschaubilder.*

Die Faktoren: Bewunderung und die Renaissance von Beingness • Nachdem die *potenziellen* Möglichkeiten eines Thetans wieder vollständig hergestellt worden waren, richtete Hubbard seinen Blick nach draußen, was in seiner monumentalen Entdeckung eines *universalen Lösungsmittels* resultierte und den grundlegenden Regeln des Theta-*Universums* – Regeln, die praktisch buchstäblich allem übergeordnet sind – *Die Faktoren: Zusammenfassung der Betrachtungen über den menschlichen Geist und das materielle Universum.* Diese Erkenntnisse waren so dramatisch, dass Hubbard das Buch Scientology 8-8008 erweiterte und sowohl vorherige Entdeckungen klarstellte als auch ein Kapitel nach dem anderen hinzufügte. Diese stellen, wenn sie zusammen mit diesen Vorträgen studiert werden, eine weiterführende Stufe zum Doktoratskurs dar. Dies sind also Vorträge mit dem Wissen über *universale Wahrheit,* die das Rätsel der Schöpfung selbst lösen. *18 Vorträge.*

Das Schaffen Menschlicher Fähigkeiten – *Ein Handbuch für Scientologen* • Direkt im Anschluss an L. Ron Hubbards Entdeckungen von Operating Thetan folgte ein Jahr intensiver Forschung, in dem er das Reich eines *Thetans exterior* erforschte. Mit Hilfe von Auditing und Instruktion, wozu 450 Vorträge in dieser gleichen zwölfmonatigen Zeitspanne zählten, systematisierte L. Ron Hubbard das gesamte Fachgebiet der Scientology. Und es ist alles in diesem Handbuch enthalten, von einer *Zusammenfassung der Scientology* bis zu ihren grundlegenden *Axiomen* und *Kodizes.* Darüber hinaus ist hier das *Intensiv-Verfahren* beschrieben, das die bekannten Exteriorisationsprozesse *Route 1* und *Route 2* enthält – Prozesse, die sich direkt aus den Axiomen ableiten. Jeder einzelne Prozess wird im Detail beschrieben – *wie* er verwendet wird, *warum* er funktioniert, die axiomatische Technologie, die seiner Verwendung zugrunde liegt, und die vollständige Erklärung dessen, wie ein Wesen die *falschen Übereinstimmungen* und *selbst erschaffenen Barrieren* zerbrechen kann, die es zum Sklaven des physikalischen Universums machen. Kurz gesagt, enthält dieses Buch die endgültige Zusammenfassung der OT-Fähigkeiten eines Thetans exterior und wie man sie mit Beständigkeit erreichen kann.

Die Phoenix-Vorträge: Befreiung der Menschlichen Seele • Hier ist der umfassende Überblick über die Scientology insgesamt. Nachdem Hubbard das Fachgebiet der Scientology in Das Schaffen Menschlicher Fähigkeiten systematisiert hatte, hielt er eine Reihe halbstündiger Vorträge, um eigens ein vollständiges Studium des Buches zu begleiten. Von den *wesentlichen Grundlagen,* die der Technologie zugrunde liegen – *Die Axiome, Zustände des Daseins* und *Betrachtungen und mechanische Dinge* bis zu den Prozessen des *Intensiv-Verfahrens,* was zwölf Vorträge mit einschließt, die einer nach dem anderen die Thetan-exterior-Prozesse von *Route 1* beschreiben – alles wird vollständig behandelt und vermittelt ein begriffliches Verstehen von der *Wissenschaft des Wissens* und *OT-Fähigkeiten im Urzustand.* Hier finden sich die grundlegenden Prinzipien, auf denen alles in der Scientology aufbaut, einschließlich der allumfassenden Aussage der Religion und ihres Erbes – *Scientology, ihr allgemeiner Hintergrund.* Daher ist dies die entscheidende Vortragsreihe über Scientology selbst und die axiomatische Grundlage für alle zukünftige Forschung. *42 Vorträge.*

Dianetik 55! – *Das Vollständige Handbuch über Menschliche Kommunikation* • Mit allen bisherigen Errungenschaften war ein einziger Faktor isoliert worden, der für den Erfolg bei jeder Art von Auditing ausschlaggebend ist. LRH drückte es folgendermaßen aus: „Kommunikation ist heutzutage in der Dianetik und Scientology so außerordentlich wichtig (wie sie es auf der Gesamtzeitspur immer gewesen ist), dass man sagen könnte, wenn Sie einen Preclear in Kommunikation bringen würden, dann würden Sie ihn in guten Zustand bringen." Und dieses Buch beschreibt den *genauen,* aber früher unbekannten Aufbau von *perfekter* sowie Formeln für *perfekte* Kommunikation. Die Magie des Kommunikationszyklus ist *die* Grundlage des Auditings und der Hauptgrund, weshalb Auditing funktioniert. Die hier erzielten Errungenschaften eröffneten neue Perspektiven zur Anwendung – Entdeckungen von solcher Tragweite, dass L. Ron Hubbard Dianetik 55! das *Zweite Buch* der Dianetik nannte.

Der Vereinigungskongress: Kommunikation! Freiheit & Fähigkeit • Der historische Kongress, auf dem mit der Veröffentlichung von *Dianetik 55!* die Wiedervereinigung der Fachgebiete Dianetik und Scientology bekannt gegeben wurde. Bisher hatte jedes Fachgebiet in seinem eigenen Bereich gewirkt: Die Dianetik richtete sich an den Menschen *als Menschen* – die ersten vier Dynamiken –, während die Scientology sich an das *Leben selbst* richtete – die Dynamiken fünf bis acht. Die Formel, die als die Grundlage für jede zukünftige Entwicklung diente, war in einem einzigen Wort enthalten: *Kommunikation.* Dies war eine Errungenschaft von großer Tragweite. Hubbard bezeichnete sie später als „die großartige Entdeckung der Dianetik und Scientology". Hier sind die Vorträge, so wie es sich ereignete. *16 Vorträge samt beiliegenden Reproduktionen der ursprünglichen handgezeichneten LRH-Vortragsschaubilder.*

Scientology: Die Grundlagen des Denkens – ***Das grundlegende Buch über die Theorie und Praxis der Scientology für Anfänger*** • Wurde von Hubbard als das *Buch Eins der Scientology* bezeichnet. Nachdem er die Fachgebiete Dianetik und Scientology vollständig vereinigt und systematisiert hatte, folgte die Verfeinerung ihrer *Grundlagen*. Das Buch war ursprünglich als Resümee der Scientology zur Verwendung bei Übersetzungen in nicht-englische Sprachen veröffentlicht worden. Dieses Buch ist von unschätzbarem Wert für den beginnenden wie auch für den fortgeschrittenen Studenten, der den Verstand, die Seele und das Leben studiert. Man kann, nur mit diesem Buch ausgerüstet, eine Praxis eröffnen und praktisch an Wunder grenzende Veränderungen des Wohlergehens von Leuten, ihrer Fähigkeit und Intelligenz bewirken. Im Buch enthalten sind die *Zustände des Daseins, Acht Dynamiken*, das *ARK-Dreieck*, die *Teile des Menschen*, die vollständige Analyse von *Leben als ein Spiel* und mehr, einschließlich exakter Prozesse, damit jeder die Prinzipien im Prozessing anwenden kann. Hier ist also, in einem einzigen Buch, der Ansatzpunkt, um Scientology den Leuten überall zu bringen.

Die Hubbard Professionellen-Kurs-Vorträge • Während Die Grundlagen des Denkens eine Einführung ins Fachgebiet für Anfänger darstellt, wird auch eine Zusammenfassung von Grundlagen für jeden Scientologen vermittelt. Hier sind die gründlichen Beschreibungen jener Grundlagen enthalten; jeder Vortrag hat halbstündige Länge und vermittelt, einer nach dem anderen, eine vollständige Beherrschung einer eigenständigen Entdeckung in der Scientology – *Axiome 1–10; der Aufbau von Kontrolle; die Handhabung von Problemen; Starten, Verändern und Stoppen; Verwirrung und stabile Daten; Exteriorisation; Valenzen* und mehr – das *Warum* dahinter, *wie* sie ins Dasein kamen, und ihre mechanischen Aspekte. Und alles wird zusammen mit dem *Kodex eines Scientologen* dargestellt, Punkt für Punkt, sowie seiner Verwendung bei der eigentlichen Erschaffung einer neuen Zivilisation. Kurz gesagt, hier sind die LRH-Vorträge, die einen *Professionellen Scientologen* hervorbringen – einen, der das Gebiet auf alle Aspekte des Lebens anwenden kann. *21 Vorträge.*

Zusätzliche Bücher mit wesentlichen Konzeptionen der Scientology

Arbeit

Die Probleme der Arbeit – *Scientology* auf den Bereich des Alltags angewandt • Nachdem L. Ron Hubbard das gesamte Gebiet der Scientology systematisiert hatte, machte er sich sofort daran, das *Anfänger*handbuch verfügbar zu machen, damit jeder sie anwenden konnte. Er beschrieb dies folgendermaßen: Das Leben besteht zu sieben Zehnteln aus Arbeit, zu einem Zehntel aus Familie, zu einem Zehntel aus Politik und zu einem Zehntel aus Entspannung. Hier wird die Anwendung der Scientology auf diese sieben Zehntel des Daseins beschrieben, einschließlich der Lösungen für *Erschöpfung* und des *Geheimnisses der Leistungsfähigkeit.* Hier befindet sich auch die Analyse des Lebens selbst – eines Spiels mit exakten Regeln. Wenn Sie sie kennen, werden Sie Erfolg haben. Die Probleme der Arbeit enthält die Technologie, ohne die niemand leben kann, und sie kann direkt angewandt werden, sowohl von Scientologen als auch von denjenigen, für die das Fachgebiet neu ist.

Lebensprinzipien

Scientology: Eine Neue Sicht des Lebens • Scientology Grundlagen für jeden Aspekt des Lebens. Grundwahrheiten, die Ihnen die Verantwortung für Ihr Leben geben, Wahrheiten, auf die man immer wieder zurückgreifen kann: *Ist es möglich, glücklich zu sein?, Zwei Regeln für ein glückliches Leben, Persönliche Integrität, Die antisoziale Persönlichkeit* und vieles mehr. Sie werden in jedem Teil dieses Buches Scientology Grundlagen finden, die Zustände in Ihrem Leben beschreiben und *exakte* Methoden verfügbar machen, um sie zu ändern. Scientology: Eine Neue Sicht des Lebens enthält grundlegendes Wissen für jeden Scientologen und eine perfekte Einführung für jeden, dem das Fachgebiet neu ist.

Axiome, Kodizes und Skalen

Scientology 0-8: Das Buch der Grundlagen • Der Begleitband zu *allen* Büchern, Vorträgen und Materialien L. Ron Hubbards. Dies ist *das* Buch der Grundlagen. Es enthält unentbehrliche Daten, auf die Sie sich ständig beziehen werden: die *Axiome der Dianetik und Scientology; Die Faktoren;* eine vollständige Zusammenstellung aller *Skalen* – insgesamt über 100; Auflistungen der *Wahrnehmungseindrücke* und *Bewusstseinsstufen;* alle *Kodizes* und *Glaubensbekenntnisse* und vieles mehr. In diesem einen Band sind die übergeordneten Gesetze des Daseins zusammengefasst, die über 15.000 Seiten an Schriften, 3.000 Vorträgen und Dutzenden von Büchern entnommen sind.

Scientology Ethik: Technologie über Optimales Überleben

Einführung in die Ethik der Scientology • Eine neue Hoffnung für den Menschen entsteht mit der ersten brauchbaren Technologie der Ethik – einer Technologie, um einer Person zu helfen, sich selbst von der Talfahrt des Lebens zu einer höheren Ebene des Überlebens hinaufzuziehen. Dieses Buch ist das umfassende Handbuch, das die entscheidenden Grundlagen zur Verfügung stellt: *Die Grundlagen der Ethik und des Rechts; Ehrlichkeit; Zustände des Daseins; Zustandsformeln* von Verwirrung bis Macht; die *Grundlagen der Unterdrückung* und wie man sie in den Griff bekommt, genauso wie die *Rechtsverfahren* und ihre Verwendung in Scientology Kirchen. Hier findet man also die Technologie, um alle Hürden zu nehmen, sowohl im Leben als auch auf Ihrer persönlichen Reise die Brücke hinauf zu völliger Freiheit.

Reinigung

Reiner Körper, Klares Denken – *Das Wirksame Reinigungsprogramm* • Wir leben in einer biochemischen Welt. Dazu ist dieses Buch die Lösung. Als L. Ron Hubbard die schädlichen Auswirkungen untersuchte, die eine frühere Drogeneinnahme auf die Fälle von Preclears hatte, machte er die bedeutende Entdeckung, dass viele Straßendrogen, vor allem LSD, lange nach ihrer Einnahme im Körper einer Person verblieben. Rückstände der Droge konnten ernste und dauerhafte Folgen haben, bemerkte er, u. a. zur Auslösung von weiteren „Trips" führen. Weitere Forschung enthüllte, dass eine erhebliche Bandbreite von Substanzen – Arzneimittel, Alkohol, Schadstoffe, Haushaltschemikalien und sogar Konservierungsstoffe in der Nahrung – ebenfalls im Körpergewebe eingelagert werden können. Mit Hilfe von Forschungen an Tausenden von Fällen entwickelte L. Ron Hubbard das *Reinigungsprogramm,* um die zerstörerischen Auswirkungen von Drogen zu beseitigen. Reiner Körper, Klares Denken führt im Detail jeden Aspekt des durch und durch natürlichen Verfahrens auf, der einen von den schädlichen Auswirkungen von Drogen und anderen Giftstoffen befreien kann und den Weg zu spirituellem Fortschritt öffnet.

Nachschlagewerke

Was ist Scientology?

Das vollständige und grundlegende enzyklopädische Nachschlagewerk über das Fachgebiet und die Ausübung der Scientology. Dieses Buch ist anwendungsorientiert und enthält die sachdienlichen Daten zu jedem Aspekt des Fachgebietes:

- L. Ron Hubbards Leben und sein Entdeckungspfad
- Das spirituelle Erbe der Religion

- Eine vollständige Beschreibung der Dianetik und Scientology
- Auditing – was es ist und wie es funktioniert
- Kurse – was sie enthalten und wie sie strukturiert sind
- Die Gradkarte der Dienste und wie man zu höheren Zuständen aufsteigt
- Das Ethik- und Rechtssystem der Scientology
- Die Organisationsstruktur der Kirche
- Eine vollständige Beschreibung der vielen gesellschaftlichen Verbesserungsprogramme, die von der Kirche unterstützt werden, einschließlich Drogenrehabilitierung, Reform des Strafvollzugs, Lese- und Schreibfertigkeit und Bildung und die Übermittlung von echten moralischen Werten

Dieses Buch ist über 1.000 Seiten lang, enthält mehr als 500 Fotos, Illustrationen und Glaubensbekenntnisse, Kodizes, eine vollständige Liste aller Bücher und Materialien sowie einen Katechismus mit Antworten auf praktisch jede Frage über das Fachgebiet.

Sie stellen eine Frage und dieses Buch beantwortet sie.

Das Scientology Handbuch

Die Grundlagen der Scientology für den täglichen Gebrauch in jedem Lebensbereich. Es behandelt 19 verschiedene Bereiche der Technologie und ist damit das umfassendste Handbuch über die Grundlagen des Lebens, das je veröffentlicht wurde. Jedes Kapitel enthält Schlüsselprinzipien und die Technologie für Ihre ständige Verwendung:

- Studiertechnologie
- Die Dynamiken des Daseins
- Die Bestandteile von Verstehen – Affinität, Realität und Kommunikation

- Die Tonskala
- Kommunikation und ihre Formeln
- Beistände für Krankheiten und Verletzungen
- Wie man Konflikte löst
- Integrität und Ehrlichkeit
- Ethik und die Zustandsformeln
- Lösungen für Unterdrückung und eine gefährliche Umgebung
- Die Ehe
- Kinder
- Werkzeuge für den Arbeitsplatz

Mehr als 700 Fotos, Illustrationen und Schaubilder machen es Ihnen leicht, die Verfahren zu erlernen und sie sofort anzuwenden. Dieses Buch ist wirklich das unentbehrliche Handbuch für jeden Scientologen.

Die Technologie, um eine bessere Welt zu bauen.

Über L. Ron Hubbard

„Um das Leben wirklich zu kennen, muss man Teil des Lebens sein", sagte L. Ron Hubbard. „Man muss sich heranmachen und schauen; man muss in die Ritzen und Spalten des Daseins vordringen und man muss alle Arten und Typen von Menschen kennen gelernt haben, bevor man schließlich bestimmen kann, was der Mensch ist."

Während seiner langen und außergewöhnlichen Reise der Gründung der Dianetik und Scientology hat L. Ron Hubbard genau das getan. Von seiner abenteuerlichen Jugend in einem rauen und turbulenten amerikanischen Westen bis hin zu seiner weiten Reise durch das damals noch geheimnisvolle Asien; von seiner zwei Jahrzehnte währenden Suche nach dem Wesen des Lebens hin zum Triumph der Dianetik und Scientology – das sind die Geschichten, die in den biografischen Veröffentlichungen L. Ron Hubbards gefunden werden.

L. Ron Hubbard: Bilder eines Lebens präsentiert einen fotografischen Überblick über L. Ron Hubbards große Reise. Diese Bilder wurden Hubbards eigener archivarischer Sammlung entnommen und vermitteln so sein Leben, wie er selbst es gesehen hat.

Die vielen Aspekte dieses reichen und vielseitigen Lebens werden dagegen in der Ron-Serie behandelt. Jede Ausgabe konzentriert sich auf ein spezifisches Metier L. Ron Hubbards: *Auditor, Menschenfreund, Philosoph, Künstler, Dichter, Musiker, Fotograf* und viele mehr; es gehören auch seine veröffentlichten Artikel über Freiheit und seine persönlichen *Briefe und Tagebücher* dazu. Hier stellt sich das Leben eines Menschen dar, der im Zeitraum eines einzigen Lebens mindestens zwanzig Leben geführt hat.

Für weitere Informationen besuchen Sie
www.lronhubbard.org

GUIDE ZU DEN MATERIALIEN

SIE SIND TEIL EINES ABENTEUERS! HIER IST DIE WEGEKARTE.

- Alle Bücher
- Alle Vorträge
- Alle Nachschlagewerke

Alles in chronologischer Reihenfolge dargestellt mit jeweils vollständigen Beschreibungen.

Ihre Reise zu einem vollständigen Verstehen der Dianetik und Scientology ist das größte Abenteuer überhaupt. Aber Sie brauchen eine Karte, die Ihnen zeigt, wo Sie stehen und wohin Sie gehen.

Diese Karte ist die Materialien-Guide-Karte. Sie zeigt alle Bücher und Vorträge von L. Ron Hubbard mit einer vollständigen Beschreibung ihres Inhalts und Themas, sodass Sie genau das finden können, wonach *Sie* suchen und was *Sie* brauchen.

Da jedes Buch und jeder Vortrag in chronologischer Reihenfolge ausgelegt ist, können Sie sehen, *wie* die Fachgebiete Dianetik und Scientology entwickelt wurden. Was das bedeutet, ist Folgendes: Allein beim Studieren dieser Karte können Sie sich auf eine Erkenntnis nach der anderen gefasst machen!

Die Neuausgaben jedes Buches beinhalten umfassende Glossare mit Definitionen für jeden technischen Ausdruck. Und als Ergebnis eines umfangreichen Übersetzungsprogramms werden Hunderte von Vorträgen L. Ron Hubbards auf CD erhältlich gemacht, samt Abschriften, Glossaren, Vortragsschaubildern, Diagrammen und Ausgaben, auf die er sich in den Vorträgen bezieht. Als Ergebnis erhalten Sie *sämtliche* Informationen, können mit Leichtigkeit lernen und ein vollständiges *begriffliches* Verstehen davon erlangen.

All das führt zu einem neuen Goldenen Zeitalter des Wissens, von dem jeder Dianetiker und Scientologe geträumt hat.

Um Ihre KOSTENLOSE Materialien-Guide-Karte mit Katalog zu bekommen oder L. Ron Hubbards Bücher und Vorträge zu bestellen, kontaktieren Sie:

Östliche Hemisphäre:
New Era Publications International ApS
Store Kongensgade 53
1264 Kopenhagen K, Dänemark
www.newerapublications.com
Telefon: (0045) 33 73 66 66
Fax: (0045) 33 73 66 33

Westliche Hemisphäre:
Bridge Publications, Inc.
4751 Fountain Avenue
Los Angeles, CA 90029 USA
www.bridgepub.com
Telefon: 001-800-722-1733
Fax: 001-323-953-3328

Bücher und Vorträge sind auch direkt bei Scientology Kirchen erhältlich.
*Siehe **Adressen**.*

Adressen

Dianetik ist ein Vorläufer und ein Teilbereich der Scientology, der am schnellsten wachsenden Religion auf der Welt. Zentren und Kirchen existieren in Städten auf der ganzen Welt und ständig bilden sich neue.

Dianetik Stiftungen bieten Einführungsdienste und können Ihnen helfen, Ihre Reise zu beginnen oder Sie mit dem Abenteuer des Dianetik Auditings beginnen zu lassen. Um weitere Informationen zu erhalten oder das nächstgelegene Dianetik Zentrum zu finden, besuchen Sie die Dianetik Website:

www.dianetics.org
E-Mail: info@dianetics.org

Jede Scientology Kirche enthält ein Dianetik Zentrum, das sowohl Einführungsdienste als auch formale Ausbildung auf diesem Gebiet bietet. Sie kann auch weitere Informationen über L. Ron Hubbards spätere Entdeckungen über das Gebiet der Scientology zur Verfügung stellen. Für weitere Informationen besuchen Sie:

www.scientology.org
E-Mail: info@scientology.org

Sie können auch an jede der kontinentalen Organisationen schreiben, die auf der folgenden Seite aufgeführt sind; diese können Sie an eine der Tausenden von Kirchen auf der ganzen Welt verweisen.

Die Bücher und Vorträge von L. Ron Hubbard können Sie bei jeder dieser Adressen oder direkt bei den Verlagsorganisationen beziehen, die auf der vorhergehenden Seite angegeben sind.

KONTINENTALE KIRCHEN-ORGANISATIONEN:

EUROPA

CONTINENTAL LIAISON OFFICE EUROPE

Store Kongensgade 55
1264 Kopenhagen K, Dänemark

Liaison Office of Commonwealth of Independent States
Management Center of Dianetics and Scientology Dissemination
Pervomajskaya Street, House 1A
Korpus Grazhdanskoy Oboroni
Losino-Petrovsky Town
141150, Moscow, Russia

Liaison Office of Central Europe
1082 Leonardo da Vinci u. 8-14
Budapest, Hungary

Liaison Office of Iberia
C/Miguel Menendez Boneta, 18
28460 – Los Molinos
Madrid, Spain

Liaison Office of Italy
Via Cadorna, 61
20090 Vimodrone
Milano, Italy

AUSTRALIEN, NEUSEELAND UND OZEANIEN

CONTINENTAL LIAISON OFFICE ANZO

20 Dorahy Street
Dundas, New South Wales 2117
Australia

Liaison Office of Taiwan
1st, No. 231, Cisian 2nd Road
Kaohsiung City
Taiwan, ROC

VEREINIGTE STAATEN VON AMERIKA

CONTINENTAL LIAISON OFFICE
WESTERN UNITED STATES

1308 L. Ron Hubbard Way
Los Angeles, California 90027 USA

CONTINENTAL LIAISON OFFICE
EASTERN UNITED STATES

349 W. 48th Street
New York, New York 10036 USA

KANADA

CONTINENTAL LIAISON OFFICE
CANADA

696 Yonge Street, 2nd Floor
Toronto, Ontario,
Canada M4Y 2A7

LATEINAMERIKA

CONTINENTAL LIAISON OFFICE
LATIN AMERICA

Federación Mexicana de Dianetica
Calle Puebla #31
Colonia Roma, Mexico D.F.
C.P. 06700, Mexico

GROSSBRITANNIEN

CONTINENTAL LIAISON OFFICE
UNITED KINGDOM

Saint Hill Manor
East Grinstead, West Sussex
England, RH19 4JY

AFRIKA

CONTINENTAL LIAISON OFFICE AFRICA

5 Cynthia Street
Kensington
Johannesburg 2094, South Africa

Werden Sie ein Mitglied

der International Association of Scientologists

Die International Association of Scientologists ist die Mitgliedschaftsorganisation aller Scientologen, die in der wichtigsten Aktion auf der Erde vereinigt sind.

Eine beitragsfreie sechsmonatige Einführungsmitgliedschaft wird jedem zuteil, der vorher keine Mitgliedschaft bei der Association hatte.

Als Mitglied haben Sie das Anrecht auf Vergünstigungen für Scientology Materialien, die nur IAS-Mitgliedern angeboten werden. Sie erhalten auch das Magazin der Association, *IMPACT,* das sechs Mal im Jahr herausgegeben wird und voll mit Neuigkeiten über die Scientology aus der ganzen Welt ist.

Der Zweck der IAS ist:

„Die Scientology Religion und Scientologen in allen Teilen der Welt zu vereinigen, zu fördern, zu unterstützen und zu schützen, damit die Ziele der Scientology, wie L. Ron Hubbard sie aufgestellt hat, erreicht werden."

Schließen Sie sich der stärksten Bewegung für positive Veränderung an, die es heute auf dem Planeten gibt, die das Leben von Millionen von Menschen für eine höhere Wahrheit geöffnet hat, die in der Scientology enthalten ist.

Treten Sie der International Association of Scientologists bei.

Um sich für eine Mitgliedschaft zu bewerben, schreiben Sie an die
International Association of Scientologists
c/o Saint Hill Manor, East Grinstead
West Sussex, England, RH19 4JY

www.iasmembership.org

Herausgeber-Glossar

von Wörtern, Fachausdrücken und Wendungen

Wörter besitzen oft mehrere Bedeutungen. Die hier benutzten Definitionen geben nur die Bedeutung an, die das Wort gemäß seiner Verwendung in diesem Buch hat. Dianetik Ausdrücke erscheinen in Fettschrift. Neben jeder Definition werden Sie die Seite finden, auf der das Wort zum ersten Mal erscheint, sodass Sie sich, wenn Sie es wünschen, auf den Text beziehen können.

Dieses Glossar ist nicht zur Verwendung anstelle eines regulären Wörterbuches gedacht oder eines Wörterbuches der Dianetik und Scientology. Diese Wörterbücher sollte man bei jedem Wort, Fachausdruck oder jeder Wendung benutzen, die nicht im Folgenden aufgeführt sind.

Das Kapitel Definitionen und Axiome sollte vollständig gelesen werden, um ein solides Grundwissen der Nomenklatur dieses Gebietes zu erwerben. Definitionen aus diesem Kapitel sind jedoch zwecks erleichterten Nachschlagens im Folgenden eingeschlossen, und es wird darauf hingewiesen, wo sie auftreten.

– Die Herausgeber

Aberrationen: irrationales Verhalten oder Berechnen (Denken). Sie sind ihrer Art nach Reizreaktionsmechanismen und können auf das Überleben oder gegen das Überleben gerichtet sein. Das Engramm ist die Grundursache aller Aberrationen. (Aus *Definitionen und Axiome.*) Seite 15.

Aberrierte Persönlichkeit: die Persönlichkeit, die sich daraus ergibt, dass der genetischen Persönlichkeit persönliche Merkmale und Neigungen aufgepfropft werden, die durch alle umgebungsbedingten Faktoren hervorgerufen werden, überlebensförderliche und aberrierende. (Aus *Definitionen und Axiome.*) Seite 540.

aberrierter Mensch: eine beliebige aberrierte Person. Seite 51.

abgedroschen: an Frische oder Wirksamkeit mangelnd, aufgrund von zu häufigem Gebrauch oder übermäßig vielen Wiederholungen. Seite 33.

abgekapselt: getrennt und ausgesperrt oder abgesperrt. Seite 77.

abgespannt: ein verbrauchtes oder erschöpftes Aussehen habend, das beispielsweise daher rührt, dass man sehr müde ist oder von anhaltender Besorgnis. Seite 341.

abkapseln: einschließen oder versiegeln. Seite 79.

Ablagerungskrankheiten: Krankheiten, bei denen Ablagerungen von Stoffen in einem Teil des Körpers gebildet werden, wie zum Beispiel bei Arthritis, bei der sich verhärtete Knorpelstückchen in den Gelenken bilden, was zu Schwellungen und Verformungen führt. *Hubbard Tabelle der Einschätzung des Menschen und des Dianetischen Prozessings.*

ablegen: vollziehen, leisten, machen. Seite 152.

ableugnen: mit Entschiedenheit sagen, dass etwas nicht der Fall ist. Seite 198.

Abneigung: ein Gefühl der Unlust, der Missbilligung oder leichten Abscheus. Seite 64.

abreagieren: einem Impuls, einer Emotion usw. nachgeben oder Ausdruck verleihen, indem die frühere Situation, die eine solche Reaktion erzeugt, nachgespielt wird, z. B. durch Worte, Verhalten oder Einbildung. Seite 317.

abschaffen: (einer Sache) ein Ende machen; völlig beseitigen. Seite 8.

abschätzig: dazu neigend, den Verdienst oder Ruf einer Person oder Sache zu verringern. Seite 100.

Abschaum: Leute, die moralisch schlecht oder widerwärtig sind. Seite 103.

abscheulich: starkes Missfallen und starken Ekel hervorrufend; verhasst, widerlich. Seite 114.

Abschürfung: eine allmähliche Zerstörung oder Schwächung von etwas über einen Zeitraum. Seite 244.

Abschwächung: die Aktion des Schwächens oder Reduzierens von Kraft oder Intensität. Seite 92.

Absonderungsfunktion: die Funktion des Körpers, die für das Abgeben oder Ausscheiden von Abfallprodukten sorgt (wie Urin, Kot, verbrauchte Luft aus der Lunge usw.). Seite 380.

ABSPERRUNG: EIN VERSTECKTER BEREICH ODER EIN VERSTECKTES GESCHEHNIS AUF DER ZEITSPUR. DAS VORHANDENSEIN EINES VORHANGS ZWISCHEN DEM „ICH" UND IRGENDEINER INFORMATION IN DEN STANDARD-GEDÄCHTNISBANKEN. ABSPERRUNGEN WERDEN VON ENTHETA VERURSACHT. (Aus *Definitionen und Axiome.*) Seite 44.

Abstufung: eine Reihe stufenartiger und fortschreitender Grade, Schritte oder Etappen. Seite 76.

Abstumpfung: die Kraft oder Heftigkeit von etwas schwächen oder beeinträchtigen; die treibende Kraft von etwas abschwächen oder abtöten. Seite 64.

abtun: abstreiten oder abweisen. Seite 413.

Abwärts-Rausschmeisser: Schickt den Preclear auf der Zeitspur zurück. („Runter mit dir“, „Komm nach unten“, „Es ist darunter“, „Du bist früh dran“, „Er ist unten“, „Gleite hinunter!“) (Aus *Definitionen und Axiome.*) Seite 121.

abwerten: bewirken, dass etwas als unwahr oder unwichtig betrachtet wird; etwas im Wert vermindern. Seite 71.

Adhäsion: in der Physik die Kraft, welche die Moleküle ungleicher Substanzen zusammenhält. Wenn zum Beispiel eine Glasscheibe in Wasser gehalten und dann wieder herausgezogen wird, bleibt etwas Wasser am Glas haften (Adhäsion), aber der Rest wird in die Wassermasse zurückgezogen werden (Kohäsion). Seite 63.

Affektentladung: in der Psychotherapie die Entladung von unterdrückten oder zurückgehaltenen Emotionen, Gefühlen usw., und zwar durch Weinen, Sprechen, durch Zeigen von Wut usw., wobei man annimmt, dass sie sich unter normalen Umgebungsbedingungen nicht entladen lassen. *Affekt* wird hier verwendet, um sich auf Gefühle, Stimmung oder ausgedrückte emotionale Reaktion eines Menschen zu beziehen. Seite 391.

Affinität: Die Anziehung, die zwischen zwei Menschen, zwischen einem Menschen und einem anderen Lebensorganismus oder zwischen einem Menschen und Mest, Theta oder dem Höchsten Wesen besteht. Die dem in etwa entsprechende Erscheinung im physikalischen Universum wären magnetische und schwerkraftbedingte Anziehung. Die Affinität oder der Mangel an Affinität zwischen einem Organismus und der Umgebung oder zwischen Theta und Mest eines Organismus sowie innerhalb des Thetas (einschliesslich des Enthetas) des Organismus ruft das hervor, was wir früher als Emotionen bezeichnet haben. Die Affinitätsskala umfasst den Grossteil der üblichen Emotionen: Apathie, Gram, Furcht, Wut, Feindseligkeit, Langeweile, Erleichterung, Zufriedenheit, Begeisterung, helle Freude, Inspiration. (Aus *Definitionen und Axiome.*) Seite 6.

Ahnung: eine vage Idee oder Vorstellung; schwaches Verstehen. Seite 3.

akademisch: **1.** dermaßen wissenschaftlich, dass es keinen praktischen Zweck und keine praktische Absicht hat. Seite 295.
2. Bezieht sich auf College-Studenten oder ist typisch für sie; in diesem Fall soll es gelehrt bedeuten, wobei es jedoch an wirklichem Wissen und Charakter fehlt. Ein *College* ist in den Vereinigten Staaten eine Einrichtung für fortgeschrittene Ausbildung (die sich häufig auf eine bestimmte Fertigkeit oder einen bestimmten Beruf bezieht), die man nach der Highschool besucht. Seite 360.

Akkord: eine Kombination von zwei oder mehreren Klängen, die man zusammen ertönen lässt, besonders Klänge, die miteinander harmonieren. Im übertragenen Sinne verwendet. Seite 374.

Aktionssätze: Wörter oder Sätze in Engrammen oder Locks (oder, auf 0,1, in der Gegenwart), die das Individuum veranlassen, auf der Zeitspur unwillkürliche Handlungen durchzuführen. Aktionssätze sind in den unteren Bereichen der Tonskala wirksam, in den oberen hingegen unwirksam. Je höher ein Fall auf der Skala kommt, desto mehr verlieren diese Sätze ihre Kraft. Arten von Aktionssätzen sind: Rausschmeisser, Abwärts-Rausschmeisser, Zusammenpacker, Verleugner, Festhalter, Missweiser, Mixer und die Valenzwechsler, die diesen entsprechen. (Aus *Definitionen und Axiome.*) Seite 118.

akut: kurz oder einen kurzen Verlauf habend, im Gegensatz zu chronisch (lange andauernd oder ständig geschehend). Seite 40.

Alibi: eine Erklärung, die abgegeben wird, um eine Handlung zu rechtfertigen, Verantwortung zu umgehen oder dergleichen; eine Ausflucht. Seite 33.

allgemeine Semantik: eine in hohem Grade organisierte philosophische Herangehensweise an die Sprache, die von Alfred Korzybski (1879–1950), einem polnisch-amerikanischen Gelehrten, entwickelt wurde. Korzybski glaubte, dass der ungenaue Gebrauch der Sprache das menschliche Verhalten beeinflusse und Verwirrung und falsche Kommunikation, Fehlverhalten und sogar psychosomatische Krankheiten verursache. Um dies zu beheben, schuf er verschiedene Übungen und Regeln. Zum Beispiel führte er den Gebrauch von nummerierten Bezeichnungen ein, wie z. B. das Datum unter jemandes Namen zu setzen (Schmidt$_{1920}$ und Schmidt$_{1935}$), um eine Gleichsetzung von Leuten oder Dingen zu vermeiden, die tatsächlich nicht identisch waren, und somit einen Zeitunterschied zu erhalten, wenn auf jemanden Bezug genommen wird. Seite 67.

Allwissenheit: alles Wissen; unbegrenztes Bewusstsein oder Verstehen. Seite 489.

Altar: eine erhöhte Konstruktion, die normalerweise eine flache Oberfläche aus Holz oder Stein hat, oder ein erhöhter Bereich, an bzw. in dem religiöse Zeremonien abgehalten werden. Seite 49.

Ammoniak-Meeren, Herkunft aus: Bezieht sich auf eine Evolutionstheorie, die besagt, dass das Leben durch eine Reihe spontaner chemischer Reaktionen entstand, an denen verschiedene Stoffe beteiligt waren, unter anderem Ammoniak. Gemäß dieser Theorie wird gemutmaßt, dass diese Verbindungen aus der Atmosphäre ins Meer fielen und eine Art vorbiologische Suppe erschufen, sich gegenseitig beeinflussten und immer größer wurden. Irgendwie wurden Zellen gebildet, die schließlich zu den Lebensformen führten, die die Erde heute bewohnen, darunter den Menschen. Seite 490.

Amnesie-Trance: Die *Amnesie-Trance* ist die tiefe Trance einer Person wie in einem Schlaf, die sie für Befehle empfänglich macht. *Amnesie* bezieht sich in diesem Sinne auf die Tatsache, dass sich die Person normalerweise nicht daran erinnert, was während des Zustandes tiefer Trance geschah. Seite 458.

Analysator: der analytische Verstand. Seite 79.

analysieren: etwas genau untersuchen, um es auszuwerten oder um seine Merkmale oder Ähnliches festzustellen. Seite 239.

Analytischer Verstand: DERJENIGE TEIL DES VERSTANDES, DER DURCH ERFAHRUNG DATEN WAHRNIMMT UND DIESE AUFBEWAHRT, UM PROBLEME AUFZUWERFEN UND ZU LÖSEN UND DEN ORGANISMUS AUF DEN ACHT DYNAMIKEN ZU LENKEN. DIESER TEIL DES VERSTANDES DENKT IN UNTERSCHIEDEN UND ÄHNLICHKEITEN. (Aus *Definitionen und Axiome.*) Seite 10.

Anästhesie: Unempfindlichkeit gegen Schmerz, die vor chirurgischen Operationen entweder (örtlich) in einem bestimmten Teil des Körpers oder (vollständig) im ganzen Körper durch Medikamente herbeigeführt wird. Vollständige Anästhesie führt auch zu Verlust des Bewusstseins, Entspannung der Muskeln und Gedächtnisverlust. Seite 188.

Anaten: *Anaten* ist die Abkürzung für Verminderung der analytischen Denkfähigkeit (engl.: *ana*lytical at*ten*uation). *Attenuation* bedeutet Abschwächung oder Verminderung von Kraft oder Intensität. Seite 92.

Andenken: Dinge, die an etwas erinnern. Seite 34.

Anfälligkeit: ein Zustand, durch den sein Besitzer dazu neigt, krank zu werden. Seite 38.

anfällig machen: bewirken, dass jemand einer Sache ausgesetzt ist oder dazu neigt, etwas zu tun, z. B. krank zu werden; (für etwas) empfänglich machen. Seite 17.

angeboten: zur Annahme hingehalten; dargereicht. Seite 64.

angelastet: zurückgeführt auf; beschuldigt. Seite 33.

angezapft: erschlossen, eingedrungen usw., zum Zweck, etwas abzuziehen. Seite 88.

Anhaltspunkt: Stütze für eine Annahme; Hinweis. Seite 4.

Anliegen: Dinge, die die Aufmerksamkeit, das Interesse oder die Sorge einer Person in Anspruch nehmen oder die jemandes Wohlergehen oder Glück beeinflussen. Seite 65.

anmaßend: zu überheblich oder vorlaut; zu viel für selbstverständlich haltend. Seite 488.

anorganisch: nicht von lebenden Dingen stammend. *Anorganische* Substanzen sind Stoffe, wie Stein oder Metall. Seite 497.

ansammeln: zu einem Ganzen scharen; zusammensammeln. Seite 8.

anspornen: einen Anreiz geben, das Beste zu leisten. Seite 306.

ansprechen: **1.** die Handlung, etwas, wie beispielsweise seine Energie, Aufmerksamkeit usw., auf etwas zu richten, um sich damit zu beschäftigen. Seite 97.

2. Aufmerksamkeit oder Interesse von jemandem anziehen oder einnehmen. Seite 113.

Anstalt: eine Einrichtung für die Behandlung und Erholung der Geisteskranken oder derjenigen mit einer chronischen Krankheit. Seite 29.

Ansturm: ein starker, energischer Angriff, der jemanden oder etwas überwältigt. Seite 6.

Antikapitalismus: Einstellung gegen Kapitalisten oder Personen, die mit Kapitalismus übereinstimmen. *Anti-* bedeutet gegen und *Kapitalismus* ist ein Wirtschaftssystem, in dem die Geschäfte und die Industrie eines Landes eher von Privatbesitzern kontrolliert und geführt werden, um Profit damit zu machen, als von der Regierung, und in dem Geld (Kapital) in verschiedene Unternehmen investiert oder an diese verliehen wird, um einen Profit daraus zu erzielen. Seite 146.

Antipathien: etwas oder jemand, gegenüber dem man ein Gefühl der Abneigung hat, gewöhnlich mit dem intensiven Wunsch, es oder ihn zu meiden oder sich von ihm abzuwenden. Seite 306.

antipathisch: feindselig oder antagonistisch; durch Anfeindung gekennzeichnet; in Art oder Eigenschaft entgegengesetzt. Seite 346.

Antreiber: buchstäblich jemand, der eine Arbeit vergibt oder jemanden mit Arbeit überhäuft; jemand, dessen Aufgabe darin besteht, Arbeiten zuzuweisen. Daher eine anstrengende Quelle von Belastung. Seite 170.

Antrieb: eine (kraftvolle oder sonstige) Bewegung in eine gewöhnlich festgelegte Richtung; eine treibende, lebendige, energiegeladene Kraft, von der man sich vorstellt, dass sie nach vorn verläuft. Seite 80.

anzeigen: kennzeichnen oder zeigen; etwas beweisen (ein Beweis sein für). Seite 84.

Aplomb: Selbstvertrauen oder Zuversicht. Seite 308.

Appell, antreten zum: sich einer förmlichen militärischen Inspektion unterziehen. Seite 126.

Arbeitsesel, Theorie: Bezieht sich auf die Sicht, dass der Mensch eine Kreatur ist, die sich am besten dafür eignet, niedere, mechanische Arbeit zu leisten, wie sie einem Esel zukommt. Seite 488.

Archivar: ein Antwortmechanismus, der augenblicklich erfolgt. Man könnte annehmen, dass der Archivar eine Gruppe von Aufmerksamkeitseinheiten ist, die sofortigen Zugang zum reaktiven Verstand sowie zur Standard-Gedächtnisbank hat und im Verlauf der üblichen geistigen Vorgänge dem „Ich“ Daten als Erinnerung aushändigt. Seite 119.

ARK: AFFINITÄT, REALITÄT, KOMMUNIKATION, DIE DREIECKSERSCHEINUNG VON THETA, WOBEI JEDER ASPEKT DIE BEIDEN ANDEREN ASPEKTE BEEINFLUSST. (Aus *Definitionen und Axiome.*) Seite 41.

ARK-Locks: „DAUERHAFTE“ EINKAPSELUNGEN VON ENTHETA DURCH DIE ENTURBULIERUNG VON THETA DURCH ERZWINGUNGEN ODER VERHINDERUNGEN VON AFFINITÄT, REALITÄT ODER KOMMUNIKATION UND DAS EINSCHLIESSEN DIESES ENTURBULIERTEN THETAS DURCH DEN KÖRPERLICHEN SCHMERZ VON IRGENDEINEM ENGRAMM ODER EINER ENGRAMMKETTE, DESSEN/DEREN WAHRNEHMUNGSEINDRÜCKE DER ENTURBULATION IN DER GEGENWART ÄHNELN. LOCKS SIND ANALYTISCHE ERFAHRUNGEN. WENN ES KEINEN KÖRPERLICHEN SCHMERZ GÄBE, UM DAS ENTURBULIERTE THETA EINZUSCHLIESSEN, WÜRDE ES UNTER MEHR ODER weniger grosser Entfaltung von Emotion wieder desenturbuliert werden. (Aus *Definitionen und Axiome.*) Seite 82.

ARK-Secondarys: ARK-Locks von solcher Grössenordnung, dass sie im Prozessing wie Engramme behandelt werden müssen. Oder anders gesagt, da oft auch Locks wie Engramme behandelt werden, ARK-Locks von enormer Grössenordnung. (Aus *Definitionen und Axiome.*)

Arthritis: akute oder chronische Entzündung der Gelenke, durch die Schmerzen, Schwellungen und Steifheit verursacht wird. Seite 39.

Asche: Vulkanasche, feine Partikel mineralischer Substanz, die während eines Ausbruchs von einem Vulkan ausgestoßen werden. Seite 42.

Äsops Fabel, die Grille in: Bezieht sich auf die Grille in der Fabel *Die Grille und die Ameise* von dem legendären griechischen Dichter Äsop. Die Fabel handelt von einer Grille, die nur daran denkt, sich ein schönes Leben in der Gegenwart zu machen, und nicht daran arbeitet, sich auf den Winter vorzubereiten. Deshalb leidet sie schließlich Hunger, während die fleißige Ameise den ganzen Winter über Nahrung hat. Seite 330.

Äsops Fabel, Fuchs in: Bezieht sich auf einen Fuchs in der Fabel *Der Fuchs ohne Schwanz*, geschrieben von dem legendären griechischen Dichter Äsop. Die Fabel handelt von einem Fuchs, der sich in einer Falle fängt. Da er es nicht schafft, der Falle zu entkommen, löst er dies, indem er sich den Schwanz abbeißt, um sich zu befreien. Kurz danach erkennt er, wie seltsam er ohne Schwanz aussieht, und beschließt daher, die anderen Füchse davon zu überzeugen, wie vorteilhaft es sei, schwanzlos zu sein, und sie zu überreden, ihren eigenen Schwanz loszuwerden. Die anderen Füchse durchschauen das und sein Plan scheitert. Seite 483.

Ästhetik: die Lehre oder Theorie der Schönheit und Reaktionen darauf; genauer gesagt, der Bereich der Philosophie, der sich mit Kunst, ihren kreativen Quellen, Formen und Wirkungen befasst. Seite 112.

ästhetischer Verstand: der Verstand, der sich durch ein Zusammenspiel der Dynamiken mit dem vagen Gebiet von Kunst und Kreieren befasst. Seite 14.

ASW: Abkürzung für *außersinnliche Wahrnehmung*, Wahrnehmung oder Kommunikation außerhalb der normalen Wahrnehmungsfähigkeit. Seite 454.

Atheist: eine Person, die die Existenz von Gott leugnet oder bezweifelt. Seite 493.

Äthergeruch: der aromatische Geruch einer farblosen Flüssigkeit, die einen süßen, brennenden Geschmack hat; Äther wurde früher als

Betäubungsmittel verwendet, das eingeatmet wurde, um Bewusstlosigkeit und Empfindungslosigkeit in Bezug auf Schmerz zu bewirken. Seite 245.

Atom: ein winziger Grundbaustein der Materie. Es ist die kleinste materielle Einheit, die an einer chemischen Reaktion mitwirken kann. Atome sind aus kleineren Teilchen zusammengesetzt, die man Elektronen, Protonen und Neutronen nennt. Ein Atom besteht aus einer Wolke von Elektronen (negativ geladenen Teilchen), die einen kleinen, dichten Kern (Mittelpunkt) von Protonen und Neutronen umkreisen. *Protonen* sind Partikel, die positiv geladen sind und *Neutronen* enthalten keine elektrische Ladung. Seite 3.

Atombombe: eine extrem zerstörerische Art von Bombe, deren Kraft aus der gewaltigen Energiemenge stammt, die bei der Spaltung der Atomkerne in Bruchstücke plötzlich freigesetzt wird. Seite iii.

Atom- und Molekularphänomene: das Fachgebiet oder Studium der Struktur und Energie von *Atomen* und *Molekülen* sowie der Beziehung zwischen diesen. Ein *Atom* ist ein sehr kleines Teilchen, das man als den Baustein physischer Materie ansieht. Jeder Stoff auf der Erde ist aus verschiedenen Kombinationen von Atomen zusammengesetzt, die sich in einer unendlichen Anzahl von Möglichkeiten zu komplexeren Strukturen verbinden, genannt Moleküle. Ein *Molekül* ist eine der Grundeinheiten von Materie und besteht aus einem oder mehreren Atomen, die durch chemische Kräfte zusammengehalten werden. Seite 335.

Auditor: jemand, der Prozessing durchführt. Seite vi.

auferlegt: als etwas aufgezwungen, das ertragen werden muss, dem man unterliegt oder ausgesetzt ist. Seite 20.

auf freiem Fuß: frei von Einschränkung oder Gefangenschaft. Auch, frei zu handeln, sich zu bewegen, zu denken usw. Seite 36.

aufgeben, als verloren: verzichten auf oder zur Seite legen. Seite 378.

Aufgeblasenheit: ein übermäßiges Gefühl der Eigenwichtigkeit, das normalerweise durch übertriebenen Ernst in Rede und Verhalten zur Schau gestellt wird oder indem lange und förmliche Wörter verwendet werden (um Wissen vorzutäuschen). Seite 488.

aufgelaufen: (in Bezug auf ein Schiff) auf Grund gelaufen und stecken geblieben, besonders an einer Küste, auf Felsen oder in Flachwasser. Im übertragenen Sinne verwendet. Seite 113.

aufheben: unnötig machen oder durch wirksame Maßnahmen verhindern. Seite 265.

Aufmerksamkeitseinheiten: eine Theta-Energie-Menge des Bewusstseins. Man könnte sagen, dass Aufmerksamkeitseinheiten von Person zu Person in unterschiedlicher Menge im Verstand vorhanden sind. Dies wäre die Menge an Theta, mit der das Individuum ausgestattet ist. Aufmerksamkeitseinheiten sind in Buch Zwei, Kapitel Sechs, Gegenwart, vollständig beschrieben. Seite 60.

Aura: eine geheimnisvolle Eigenschaft, Atmosphäre, Kraft oder ein solches Feld, die/das als von einer Person ausströmend oder sie umgebend betrachtet wird. Seite 19.

Aura, 10-Kilowatt-Aura: eine anschauliche Bezugnahme auf ein sehr starkes Energiefeld in der Umgebung eines Körpers. Ein *Watt* ist eine Maßeinheit für elektrische Energie, die notwendig ist, um Arbeit zu leisten. Zum Beispiel hat eine sehr helle elektrische Glühbirne 100 Watt, was bedeutet, dass 100 Watt elektrische Energie pro Stunde nötig sind, um Licht zu erzeugen. *Kilowatt* bedeutet 1.000 Watt. *10 Kilowatt* sind 10.000 Watt. Eine *Aura* ist eine geheimnisvolle Eigenschaft, Atmosphäre, Kraft oder ein Feld, die man als von einer Person ausströmend oder sie umgebend betrachtet. Seite 19.

Ausdünstungen abgeben: durch die Poren oder kleine Öffnungen (einen Geruch oder Schweiß) ausscheiden. Seite 380.

ausgeben, sich als (etwas): eine Erscheinungsform annehmen, die falsch ist und dazu verwendet wird, das, was darunterliegt, zu maskieren. Seite 3.

ausgehen, davon: etwas als wahr, real oder notwendig voraussetzen, besonders als Grundlage für logisches Denken. Seite 6.

ausgeklügelt: gekennzeichnet durch komplizierte und übermäßig viele Einzelheiten. Seite 159.

ausgestoßen: zum Zwecke der Bestrafung gezwungen, sein Land, Zuhause oder Gebiet zu verlassen oder ihm fern zu bleiben. Seite 112.

Aushöhlung: eine allmähliche Zerstörung oder Schwächung von etwas über einen Zeitraum. Seite 186.

auslöschen: verursachen, dass ein Engramm durch wiederholtes Wiedererzählen gänzlich „verschwindet"; in diesem Moment wird es als Erinnerung und Erfahrung abgelegt. Seite 18.

Auslösung: das Ingangsetzen von etwas. Seite 38.

ausradieren: alle Spuren zerstören oder verschwinden lassen; ganz auslöschen. Seite iii.

Aussätzige: Personen, die abgelehnt oder aus der normalen sozialen Struktur ausgeschlossen wurden; Ausgestoßene. Seite 487.

äußeres Gefäßsystem: Bezieht sich auf die äußeren Blutgefäße des Körpers. Wie *äußere* hier verwendet wird, bedeutet es nahe oder in der Nähe der Oberfläche des Körpers, weg vom zentralen Teil. *Gefäß* bezieht sich auf Gefäße, die Körperflüssigkeiten, wie z. B. Blut, durch den ganzen Körper befördern, und *System* bezieht sich auf ein zusammenhängendes Gefüge von Organen, die zusammenwirken, um grundlegende Funktionen zu erfüllen. Seite 27.

außersinnliche Wahrnehmung: Wahrnehmung oder Kommunikation außerhalb der normalen Wahrnehmungsfähigkeit. Seite 69.

aussetzen: plötzlich zu arbeiten aufhören. Seite 89.

aussperren: wörtlich, mit einer Sperre draußen halten. Im übertragenen Sinne also: hindern, jemanden oder etwas zurückhalten oder davon abhalten, sich zu bewegen, weiterzugehen, einzutreten oder dergleichen. Seite 445.

ausspucken, wieder: rein mechanisch wiederholen oder wiedergeben, was gehört, gelesen oder gelehrt wurde, ohne Beweis des Verstehens. Seite 204.

Auswertung: die Handlung, die Bedeutung, den Wert oder die Qualität von etwas zu beurteilen oder zu bestimmen. Seite 146.

Auswertung von Daten: Ein Datum wird in dem Masse verstanden, wie es mit anderen Daten in Beziehung gesetzt werden kann. (Aus *Definitionen und Axiome.*)

Automat: ein Geschöpf, das auf eintönige, routinemäßige Art mechanisch oder ohne aktive Intelligenz handelt; ein Roboter. Seite 223.

autoritär: gekennzeichnet durch Gehorsam gegenüber einer (willkürlichen) Autorität oder diesen erzwingend. Seite 36.

Autoritarismus: ein autoritäres System oder autoritäre Prinzipien, gekennzeichnet durch Gehorsam gegenüber einer (willkürlichen) Autorität oder diesen erzwingend, im Gegensatz zu individueller Urteilsfähigkeit und Handlungsfreiheit. Seite 151.

Axiome: Aussagen über Naturgesetze in der gleichen Art wie diejenigen der Naturwissenschaften. Seite 1.

Bach: Johann Sebastian Bach (1685–1750), deutscher Komponist und Organist. Seite 492.

„Bach zitieren oder Hamlet auf dem Klavier spielen“: Bezieht sich humorvoll auf zwei in der westlichen Kultur bekannte Namen und spielt auf

Hochschul-Kurse an, die kurz über diese Personen unterrichten, und auf Studenten, die unzureichend duplizieren, was man ihnen beibringt. Johann Sebastian Bach (1685–1750) war ein deutscher Komponist und Organist; Hamlet ist die zentrale Figur eines tragischen Bühnenstücks mit dem gleichen Titel von William Shakespeare und wurde 1603 erstmalig veröffentlicht. Man würde also korrekterweise *Hamlet zitieren* und *Bach auf dem Klavier spielen*. Seite 492.

Bacon, Francis: (1561–1626) einflussreicher englischer Philosoph, der glaubte, dass jede Vorliebe oder jedes Vorurteil beim wissenschaftlichen Denken aufgegeben werden müsse und dass genaue Beobachtung und Untersuchung für die Wissenschaft äußerst wichtig seien. Er half dabei, die wissenschaftliche Methode für Problemlösungen zu entwickeln. Seite 491.

Bagger: eine große Maschine mit einer großen Schaufel zum Graben, ursprünglich mit Dampf betrieben. Seite 7.

Bakterien, durch: mittels einzelliger Organismen, die etwa einen millionstel Meter lang sind (Hunderttausende würden auf einem runden, mit einem Bleistift gemachten Punkt Platz haben). Bakterien leben in der Luft, dem Meer und im Erdboden. Manche Bakterien sind nützlich und manche erzeugen Krankheiten bei Menschen, Tieren und Pflanzen. Seite 37.

banal: gewöhnlich, ausdruckslos und langweilig. Seite 109.

Bank: 1. reaktiver Verstand. Seite 60.

2. eine Speicherung von Informationen, wie in einem Computer, wo ehemals alle Daten auf einer Anzahl oder Reihe von Karten gespeichert wurden, die *Bank* genannt wurde. Seite 75.

barbarisch: sich beziehend auf oder charakteristisch für die *Barbaren*. Barbaren sind Leute, die gefühllos und grausam sind und eher wie Tiere als Menschen handeln. Seite 35.

BASIK-BASIK: DER ERSTE AUGENBLICK VON SCHMERZ, ANATEN ODER UNBEHAGEN IM GEGENWÄRTIGEN LEBEN DES INDIVIDUUMS. (Aus *Definitionen und Axiome*.) Seite 121.

BASIK-ENGRAMM: DAS ERSTE ENGRAMM AUF EINER BESTIMMTEN KETTE VON ENGRAMMEN. (Aus *Definitionen und Axiome*.) Seite 302.

beanspruchen, für sich: für einen bestimmten Zweck oder einen bestimmten Gebrauch fordern, worauf man Anspruch hat. Seite 226.

Beckenbau: Bezieht sich auf das *Becken*, den starken, beckenförmigen Knochen neben dem unteren Ende der Wirbelsäule, der von den Hüftknochen vorn und an den Seiten und von einem dreieckigen Knochen hinten geformt wird. Seite 134.

B_1: ein B-Vitamin, auch *Thiamin* genannt, das lebenswichtig für die normale Tätigkeit des Nervensystems ist. Seite 262.

beeinträchtigen: vermindern, von jemandem wegnehmen oder geringer machen. Seite 58.

befasst, sich mit (etwas): beschäftigt sich eingehend mit jemandem oder etwas. Seite vi.

Befehlssomatik: Ein Somatik, das durch einen Befehlssatz wie z. B. „Mein Arm tut mir weh" von einem anderen Teil der Zeitspur her übertragen wird. Der Preclear könnte dieses Somatik haben, während er ein vorgeburtliches Engramm durchläuft, obwohl er in dem Geschehnis erst vor drei Tagen gezeugt worden ist. Befehlssomatiken treten dort auf, wo sich der Preclear nicht in seiner eigenen Valenz befindet. (Aus *Definitionen und Axiome.*) Seite 446.

begierig: mit großem Eifer oder Gier; leidenschaftlich. Seite 142.

Behauptung: eine Aussage oder ein Argument, das/die man als wahr vertritt. Seite 2.

behelfsmäßig: als vorübergehender Ersatz gedacht, wenn vollständigere Maßnahmen nicht leicht verfügbar sind. Seite 463.

behütet: in einer äußerst aufmerksamen Weise umsorgt. Seite 261.

behutsam: **1.** mit großer Sorgfalt oder Vorsicht. Seite 34.
2. sanft, ruhig. Seite 354.

beipflichten: als wahr oder korrekt bestätigen. Seite 417.

beiseiteschieben: etwas abtun oder als unwichtig behandeln, als ob man es mit der Hand wegschiebt. Seite iv.

bejubeln: öffentlich mit großer Begeisterung preisen. Seite 196.

Bekanntheit: ein Zustand, weithin und öffentlich bekannt zu sein, berühmt. Seite 324.

belanglos: unwichtig. Seite 84.

benommen: träge oder dumpf, als hätte man Schlafmangel. Seite 276.

Benzedrin: Markenname für ein Medikament, das die körperliche und geistige Aktivität erhöht, Schlaf verhindert und den Appetit verringert. Seite 468.

beratende Versammlung: eine *beratende Versammlung* ist das Treffen einer Gruppe von Leuten, die gewählt oder ausgewählt wurden, um darüber zu diskutieren und zu entscheiden, welche Aktionen in Bezug auf ein bestimmtes Thema unternommen werden sollen. Seite 141.

beraubt: gewaltsam entzogen, weggenommen; den Besitz oder die Nutzung einer Sache verloren haben. Seite 13.

berechnend: Bezogen auf die Merkmale des *Berechnens* oder damit zu tun habend, der Handlung des Einschätzens, Ausrechnens und Ermittelns. Seite 104.

Berechnungs-Ranghöhe: Bedeutet, dass das Individuum eine hervorragende Fähigkeit hat zu denken, Berechnungen aufgrund von Daten anzustellen. Albert Einstein besass Berechnungs-Ranghöhe. (Aus *Definitionen und Axiome.*)

Bergson: Henri Bergson (1859–1941), französischer Philosoph und Schriftsteller, der den Verstand als reine Energie definierte, als *Elan vital* oder Lebenskraft, die für jede organische Entwicklung verantwortlich ist. Seite 3.

beschmiert: mit Schmutz oder anderem dreckigen Material bedeckt. Seite 114.

beschmutzt und befleckt: zu etwas Schlechtem oder Schändlichem gemacht. Seite 187.

Beschwerden: ein schlimmes oder nicht optimales körperliches oder geistiges Befinden oder ein solcher Zustand. Seite 39.

Beschwichtigung: die Handlung des Beschwichtigens (Besänftigens oder Beruhigens, besonders indem Anforderungen nachgegeben werden). Seite 101.

Besitztitel: eine Urkunde, die das Recht auf Besitz (von etwas) angibt. Seite 50.

Besitztitel verschleiern: die Rechte auf klare Eigentümerschaft über etwas verdecken, verbergen oder schmälern. Seite 50.

Besorgtheit: ängstliche und unbehagliche Erwartung hinsichtlich der Zukunft. Seite 59.

Bestandsaufnahme: der erste Schritt, der bei einem Fall durchgeführt wird und bei dem man Informationen über den Preclear sammelt, wie z. B. Name, Alter, Größe, Gewicht, Fremdsprache sowie Informationen über frühere Behandlungen, Psychose, Neurose, psychosomatische Krankheiten, Operationen, Verlust von Verbündeten und frühe Umgebung. Seite 255.

bestätigen: eine Tatsache usw. förmlich oder bestimmt erklären; sagen, dass etwas wahr ist. Seite vii.

Bestätigungstechnik: Prozessing, bei dem sich der Auditor zumindest für eine Sitzung ausschliesslich auf die Theta-Seite von

Lock-Ketten konzentriert und den Preclear nur analytische Augenblicke zu irgendeinem Thema durchlaufen lässt. Trifft der Preclear auf einer bestimmten Kette auf zu viel Entheta, so führt ihn der Auditor zu analytischen Augenblicken eines anderen Themas, das er vom Archivar erhält (wobei diese Augenblicke natürlich eine parallele Kette zu den Locks des ursprünglichen Themas darstellen). Während dieser Art von Prozessing werden sich Somatiken ein- und ausschalten, manchmal recht heftig, doch der Auditor ignoriert sie und bringt den Preclear immer wieder zu analytischen Momenten zurück (bei denen es sich nicht unbedingt um Vergnügensmomente handeln muss). Die Bestätigungstechnik sollte *nicht* mit der Entheta-Technik vermischt werden. (Aus *Definitionen und Axiome.*)

Beteuerung(en): eine betonte Aussage, dass etwas der Fall ist. Seite 143.

Bethanien: ein Dorf, das in der Bibel erwähnt wird, sich etwa drei Kilometer östlich von Jerusalem befand, häufig von Jesus besucht wurde und eng mit seinen letzten Lebensabschnitten in Verbindung steht. Seite 49.

Bethesda-Marinekrankenhaus: Bezieht sich auf das National Naval Medical Center, ein großes staatliches Krankenhaus, das 1942 in Bethesda, Maryland, USA, gegründet wurde. Es wird von der US-amerikanischen Marine geleitet und versorgt Marinepersonal. Seite 197.

beträchtlich: in großem Ausmaß; erheblich; um einiges. Seite 21.

Bewegungsrückruf: der Rückruf von Bewegung. (Aus *Definitionen und Axiome.*) Seite 91.

Bewusstseinsstrom: **1.** der beständige ununterbrochene Fluss von Gedanken und Gefühlen durch den Verstand. Seite 447.

2. eine Schreibweise, bei der Gedanken oder Wahrnehmungen einer Romanfigur so dargestellt werden, dass sie beliebig auftreten, ohne logische Abfolgen, Unterschiede zwischen verschiedenen Realitätsstufen oder Ähnliches zu beachten. Seite 457.

Beziehung: ein sexuelles Verhältnis, besonders eines, das mit Untreue einem Partner gegenüber einhergeht. Seite 173.

Bezugnahme: wenn man sich auf etwas bezieht, beispielsweise als Unterstützung, Beweis, Veranschaulichung oder Bestätigung. Seite 31.

Bildung: alle wahrgenommenen Daten, die in den Standard-Gedächtnisbanken gespeichert sind. Man könnte den Begriff auch auf sämtliche Daten ausweiten, die überhaupt in den Banken gespeichert sind, einschliesslich Schlussfolgerungen sowie Fantasieprodukten. (Aus *Definitionen und Axiome.*) Seite vi.

Biochemie: die Wissenschaft, die sich mit der Chemie lebender Materie befasst. Seite 3.

biologisch: wörtlich vom Leben oder sich darauf beziehend oder lebende Substanzen in all ihren Formen. Biologische Eltern sind diejenigen, die das Kind gezeugt bzw. geboren haben. Daher bedeutet biologisch, so wie es hier verwendet wird, nur fleischlich. Seite 9.

birgt das Risiko: hat die Gefahr; könnte leicht anfällig dafür sein. Seite 22.

Bits, 10^{21}: (Engl. binary digits, binäre Ziffern.) *Binär* kommt von einem lateinischen Wort, das *zwei auf einmal* bedeutet. *Bits* bezieht sich auf ein Zahlensystem, das bei Computern verwendet wird und bei dem nur zwei Zahlen (Ziffern) benutzt werden, 0 und 1. Der Ausdruck *10^{21} Bits* (10 Bits 21 mal mit sich selbst multipliziert) bezieht sich auf eine große Menge an Nullen und Einsen (1.000.000.000.000.000.000.000 davon), die, eine nach der anderen aneinandergereiht, eine riesige Zahl bilden. Seite 335.

Blähungen: der Umstand, Gas im Magen oder in den Gedärmen zu haben. Seite 505.

Blasiertheit: Überheblichkeit, Eingebildetheit, Hochnäsigkeit, Hochmütigkeit. Seite 492.

Blässe: Mangel an Farbe; unnatürliche Bleichheit, zum Beispiel im Gesicht, in Verbindung mit schlechter Gesundheit. Seite 27.

blind stellen, sich: im übertragenen Sinne, ein Versagen darin, gründlich über die möglichen Auswirkungen nachzudenken, die etwas in der Zukunft haben könnte. Seite 313.

Blinddarmentzündung: Infektion und Verdickung des Blinddarms, was starken Schmerz hervorruft. Da sich die Infektion auf andere Körperteile ausweiten kann und der Blinddarm keine bekannte körperliche Funktion besitzt, wird er normalerweise operativ entfernt. Der *Blinddarm* ist ein kleiner röhrenförmiger Sack, der am Ende des Dickdarms hängt. Seite 39.

Blindheit, geschlagen mit: in geistiges, moralisches oder gesellschaftliches Dunkel gehüllt. Seite iii.

Blütezeit: (in Bezug auf etwas Schlechtes) überall vorhanden oder sich überall ausbreitend, auf eine Weise, die nicht kontrolliert werden kann. Seite 417.

Boil-off: ein Zustand der Schläfrigkeit (Benommensein oder Verschlafenheit), der sich manchmal von Schlaf nicht unterscheiden lässt. Boil-off wird in Buch Zwei, Kapitel Neunzehn, Anteil an Entheta beim Fall, beschrieben. Seite 160.

bombardieren: mit einer ständigen Flut von etwas beschießen, zum Beispiel Kritik, die in aggressiver Weise auf jemanden gerichtet wird. Seite 331.

bösartig: extrem schädlich oder tödlich. Seite 170.

boxen, mit einem Schatten: mit einem Schatten boxen oder kämpfen, anstatt mit einem Gegner, der tatsächlich da ist. Wird im übertragenen Sinne verwendet. Seite 102.

brandmarken: wie mit einem *Brandzeichen* kennzeichnen, einem Zeichen, das früher Kriminellen mit einem heißen Eisen aufgedrückt wurde; folglich mit jeglichen Mitteln als schlecht oder schändlich ausgewiesen. Seite 290.

brechen, Treue: sein Versprechen oder Wort missachten; als Verräter handeln. *Brechen* bedeutet übertreten oder verletzen, indem man (etwas) ignoriert oder nicht beachtet; darin versagen, sein Wort oder Versprechen zu halten. *Treue* bedeutet ein mündliches Versprechen, Gelübde; die Pflicht, eine Aufgabe zu erfüllen. Seite 150.

Brei: wörtlich, weiche oder halbflüssige Nahrung für Kleinkinder, die aus Brot, Mehl usw. hergestellt und mit Wasser oder Milch aufgeweicht wird. Im erweiterten Sinne etwas, wovon sich jemand ernährt und dem wirklicher Wert und Substanz fehlen, während die Person denkt, es sei wohltuend, wobei es in Wirklichkeit seine Stärke, Gesundheit und sein Wohlbefinden schwächt. Seite 317.

Buchauditing erhalten: Auditing erhalten, das auf den Techniken basiert, die im Buch *Dianetik: Der Leitfaden für den menschlichen Verstand* enthalten sind. Seite 356.

Buchauditor: ein Auditor ohne professionelle Ausbildung, der aufgrund von Informationen auditiert, die er im Buch *Dianetik: Der Leitfaden für den menschlichen Verstand* gelesen hat. Seite 290.

buchstabengetreu: vollständig und ohne Einschränkungen; in vollstem Umfang. Seite 178.

Bühne: der Schauplatz eines Ereignisses oder einer Reihe von Ereignissen. Seite ii.

bummeln: sich Zeit nehmen; langsam vorankommen. Seite 172.

Bürokrat: ein Beamter, der in einer Organisation oder einem Ministerium arbeitet, besonders jemand, der mit starrer Routine arbeitet, ohne Urteilsvermögen zu zeigen. Seite 551.

Carlyle, Thomas: (1795–1881) schottischer Essayist und Historiker. Seite 71.

Carrel, Alexis: (1873–1944) französischer Biologe und Chirurg, der für seine Experimente bekannt ist, Organe und Gewebe am Leben zu erhalten, während sie sich außerhalb des Körpers befanden. Anfang der 30er Jahre schufen Carrel und der amerikanische Flieger Charles Lindbergh (1902–1974) einen Apparat, der als mechanisches oder künstliches Herz bekannt ist und der es möglich machte, das Leben eines Organs zu unterstützen, wenn es einmal einem Körper entnommen war. Seite 375.

Charme, gesellschaftlicher: Vorgehensweisen oder Haltungen, die einen positiven Eindruck hervorrufen, Anziehungskraft. Seite 184.

Chloralhydrat: eine weiße, kristalline chemische Verbindung, die als Beruhigungs- und Schlafmittel verwendet wird. Seite 469.

chronisch: lange andauernd oder oft erfolgend. Seite vi.

Circuitry: Schaltkreise (engl.: „circuit"), die als Gruppe angesehen werden. *Siehe auch* **Schaltkreis.** Seite 84.

Clear: Ein Clear ist per Definition jemand, dessen gesamtes Entheta in seinem gegenwärtigen Leben in Theta umgewandelt wurde. Das bedeutet, seine Engramme müssen ausgelöscht, seine Secondarys entladen und seine Locks herausgescannt worden sein. Seite 13.

Columbia: Bezieht sich auf die Columbia Universität in New York City, New York, USA, gegründet 1754. Seite 417.

Darwins: diejenigen, die Charles Darwin (1809–1882) ähnlich sind, dem englischen Naturforscher und Schriftsteller, Urheber der Evolutionstheorie der natürlichen Auslese. Gemäß dieser Theorie wird die Ansicht vertreten, dass sich alle Pflanzen- und Tierarten aus früheren Formen entwickelten und dass die überlebenden Formen diejenigen sind, die am besten an die Umwelt angepasst sind. Seite 491.

dauerhaft werden: für eine lange Zeit bestehen. Seite 97.

Deckmantel: etwas, mit dem Verschleierung beabsichtigt wird, um etwas zu verdecken oder die wahren Absichten zu verbergen. Seite 181.

defätistisch: eine Niederlage befürwortend oder akzeptierend; beschreibt eine Person, die leicht aufgibt oder sich nicht länger gegen eine Niederlage wehrt, weil sie überzeugt ist, dass eine weitere Anstrengung nutzlos wäre (zu keinem Ergebnis führen würde). Seite 3.

dekadent: in einem Zustand des Verfalls oder Niedergangs; von einem früheren Zustand der Vortrefflichkeit, Vitalität, des Gedeihens usw. herabsinkend oder sich verschlechternd. Seite 136.

Demokratie im Sinne Jeffersons: Bezieht sich auf die ideale Gesellschaft, wie Thomas Jefferson (1743–1826) sie sich vorstellte. Jeffersons Auffassung von der Demokratie war, dass sie ihre Autorität vom Volk bezieht und dass sie die Freiheit des Einzelnen wahren muss. Jefferson schwor, wie er es ausdrückte, „jeder Form von Tyrannei über den Verstand des Menschen" Gegnerschaft. Er hatte großes Vertrauen in die Herrschaft des Volkes, und es ist dieser Optimismus, der die Essenz dessen ausmacht, was Demokratie im Sinne Jeffersons genannt wird. Seite 141.

Denkrichtung: Bezieht sich hier auf die Psychologie und Psychiatrie. Eine *Richtung* ist eine Gruppe oder Aufeinanderfolge von Personen in einem Gebiet oder bei einer Vorgehensweise, die Anhänger desselben Lehrers sind oder durch eine allgemeine Ähnlichkeit von Prinzipien, Überzeugungen und Methoden miteinander vereinigt sind. Seite 2.

Dermatitis: Entzündung der Haut, die zu Rötung, Schwellung, Jucken oder sonstigen Symptomen führt. Seite 305.

Dianetik Release: eine Person, die einen Punkt erreicht hat, an dem sie keine psychosomatischen Krankheiten mehr hat, stabil ist und das Leben genießen kann. Seite 13.

dichterisch: wird von Büchern und schriftlichen Werken gesagt, die einen hohen *künstlerischen* Wert haben und wegen der Schönheit ihres Stils oder ihrer Form anerkannt sind. Seite viii.

dilettieren: in wissenschaftlichen, künstlerischen oder ähnlichen Bereichen nicht fachmännisch tätig sein. Seite 335.

Dimension, dritte: *Dimension* ist ein Raummaß, das Länge (eine Dimension), Breite (zweite Dimension) und Tiefe (dritte Dimension) beinhaltet. Die Dimensionen der Hubbard Tabelle der Einschätzung des Menschen und des Dianetischen Prozessings beinhalten Länge (senkrecht verlaufende Spalten), Breite (waagerecht verlaufende Reihen) und Tiefe (sich aus der Tabelle in Richtung des Lesers erstreckend und Menge oder Ausmaß darstellend). Zum Beispiel könnte eine Person Angst haben, aber nur ein wenig. Oder sie könnte so sehr Angst haben, dass die Furcht nackte Angst ist. Hier unterscheidet sich die Menge oder das Ausmaß, aber die Position auf der Tonskala wäre dieselbe. Die dritte Dimension wird in Buch Zwei, Kapitel Zwölf, Secondary-Engramme, behandelt. Seite 15.

Direkterinnerung: auch *Straightwire* genannt. Sie wird so genannt, weil der Auditor die Erinnerung des Preclears lenkt und dabei einen Draht spannt, ähnlich dem einer Telefonverbindung, und zwar zwischen dem „Ich" und der Standard-Gedächtnisbank, wobei er alle Absperrungen und Schaltkreise durchpflügt. *Direkterinnerung* wird in Buch Zwei, Kapitel Sieben, Direkterinnerung, vollständig beschrieben. Seite v.

Direktheit: die Eigenschaft, frei von Verschleierung, offen, ehrlich und deutlich zu sein. Seite 186.

direktive Therapien: Formen vermeintlicher „Behandlung", die in der Psychotherapie verwendet werden und bei denen der Therapeut eine aktive, oft autoritäre Haltung gegenüber dem Patienten einnimmt, indem er Ratschläge, Vorschläge, Interpretationen und Forderungen vorbringt, gemäß denen der Patient handeln soll. *Direktiv* bedeutet Anleitung und Führung gebend oder dazu neigend, sie zu geben, wie beispielsweise mit Rat, Information, Instruktionen usw. Seite 188.

Dissonanz: Fehlen von Harmonie oder Übereinstimmung. Seite 46.

donnernd: verwendet, um sich auf eine drohende, kraftvolle oder überzeugende Ausdrucksweise zu beziehen. Seite 488.

Dramatisation: Ablauf, bei dem jemand eine ganze Reihe irrationaler Handlungen vollführt. Dramatisationen entstehen, wenn ein Engramm gründlich restimuliert wird, so gründlich, dass sein eingelöteter Aspekt Kontrolle über den Organismus übernimmt. Es gibt Dramatisationsgrade. Wenn das Engramm voll in Aktion ist, läuft es wortwörtlich ab und die Person verhält sich wie ein Schauspieler, der gleich einer Marionette die ihm zugewiesene Rolle spielt. Seite 93.

Dramatisationsbruch-Locks: Locks, deren Hauptfaktor darin besteht, dass die Person daran gehindert wurde, die Dramatisation eines restimulierten Engramms vollständig durchzuführen. Am häufigsten kommen solche Locks auf der Stufe 1,5 vor. (Aus *Definitionen und Axiome.*)

Drehorgelsystem: ein Ausdruck, der einen sich ständig wiederholenden Vorgang beschreibt, als Bezugnahme auf ein System, bei dem man Fragen bestimmt, die man dem Preclear stellt. Der Ausdruck wurde nach der

„Drehorgel" benannt, einem orgelähnlichen Musikinstrument, das gespielt wird, indem man eine Kurbel dreht. Das Drehorgelsystem von Straightwire wird vollständig im Buch Zwei, Kapitel Sieben, Direkterinnerung, beschrieben. Seite 289.

Dreieckserscheinung: wie ein Dreieck, eine Figur, Gegenstand, Teil usw. mit drei Seiten. Seite 543.

drei wirksame Prozesse: Die drei wirksamen Prozesse sind 1) die Umgebung des Preclears verändern, 2) Ausbildung und 3) individuelles Prozessing. Die drei wirksamen Prozesse werden in Buch Zwei, Kapitel Eins, Die Grundprinzipien des Prozessings, vollständig beschrieben. Seite 183.

dritte Dimension: *Dimension* ist ein Raummaß, das Länge (eine Dimension), Breite (zweite Dimension) und Tiefe (dritte Dimension) beinhaltet. Die Dimensionen der Hubbard Tabelle der Einschätzung des Menschen und des Dianetischen Prozessings beinhalten Länge (senkrecht verlaufende Spalten), Breite (waagerecht verlaufende Reihen) und Tiefe (sich aus der Tabelle in Richtung des Lesers erstreckend und Menge oder Ausmaß darstellend). Zum Beispiel könnte eine Person Angst haben, aber nur ein wenig. Oder sie könnte so sehr Angst haben, dass die Furcht nackte Angst ist. Hier unterscheidet sich die Menge oder das Ausmaß, aber die Position auf der Tonskala wäre dieselbe. Die dritte Dimension wird in Buch Zwei, Kapitel Zwölf, Secondary-Engramme, behandelt. Seite 15.

Dub-in: ein Begriff, der benutzt wird, um eingebildete Sicht oder eingebildeten Rückruf zu charakterisieren. Der Ausdruck stammt aus der Filmindustrie. Beim Filmemachen wird „synchronisiert" (engl.: dub), indem man Ton erzeugt und hinzufügt, nachdem das Filmen abgeschlossen ist. Dieses Verfahren („dubbing") führt zu einer derart angefertigten Tonspur, die dem Publikum so *erscheint*, als ob es tatsächlich geschah, als es gefilmt wurde. Aber eigentlich wurde viel oder *alles* dazu im Studio erzeugt, nachdem die Filmaufnahmen fertig waren, und dann „synchronisiert" (engl.: „dubbed in"). In der Dianetik bedeutet „Dub-in" abgeänderter Rückruf, wobei die Person mehr „sieht" oder etwas ganz anderes, als da war. Es ist eingebildet, aber sie ist sich sicher, dass sie es gesehen hat. Was geschieht, ist Folgendes: Ohne dass die Person es analytisch weiß, wirft ein Teil ihres Verstandes Daten ein, die nicht wahr sind, und die Person wird einem Lügen erzählen. Seite 71.

dulden: hinnehmen; ertragen oder aushalten. Seite 195.

Dunkelheit: Fehlen von geistigem oder intellektuellem Wissen, Wahrheit oder Kultur. Auch Bösartigkeit oder Böses. Seite 532.

dunkle Zeit: ein Zeitraum starken Verfalls innerhalb einer Zivilisation, in dem Wissen oder Kultur fehlt; ein Zeitraum, der durch das Fehlen von intellektueller und geistiger Aktivität gekennzeichnet ist. Seite iv.

Durchhaltevermögen: körperliche oder moralische Stärke, mit der man Krankheit, Erschöpfung oder Elend widersteht. Seite 35.

düster: schlimm oder trostlos. Seite 169.

Dyn: Krafteinheit; ein *Dyn* ist die Menge an Kraft, die notwendig ist, um ein Gewicht von einem Gramm auf eine Geschwindigkeit von einem Zentimeter pro Sekunde zu beschleunigen. Seite 8.

Dynamiken, Die: Der Drang zum Überleben, der durch ein Spektrum mit acht Teilen ausgedrückt wird: 1) Man selbst, 2) Sexualität, die Familie und die zukünftige Generation, 3) Die Gruppe, 4) Die Menschheit, 5) Das Leben, alle Organismen, 6) Mest, 7) Theta, 8) Das Höchste Wesen. (Aus *Definitionen und Axiome.*) Seite 51.

dynamisch: vom griechischen *dynamikos*, mächtig. Daher bezogen auf eine motivierende oder neue Energie gebende Kraft (des Daseins oder des Lebens) wie in *„Dynamisches Prinzip des Daseins"*. Seite 249.

edel: hohe Moral, starken geistigen Charakter oder große Vorzüglichkeit habend oder aufweisend. Seite 493.

eidetisch: Bezieht sich auf zurückgerufene oder wiedererzeugte visuelle Bilder, die mit nahezu fotografischer Genauigkeit lebendig und lebensecht sind. Seite 78.

Eifer: intensive Begeisterung oder Leidenschaft; große Begierde oder Wunsch. Seite 314.

eifrig: mit ernstem, angespanntem Streben, Bemühen. Seite 115.

einbeziehen: als bestehenden Bestandteil berücksichtigen. Seite 523.

Eindruck: eine Wirkung, die durch äußere Kraft oder Beeinflussung auf die Sinne oder den Verstand geschaffen wurde; eine Empfindung oder Sinneswahrnehmung. *Hubbard Tabelle der Einschätzung des Menschen und des Dianetischen Prozessings.*

einfallen: (ein Land) durch schnelles Vorrücken übernehmen und kontrollieren. Seite 142.

Einführung eines Willkürfaktors: Ein Willkürfaktor kann als ein Faktor betrachtet werden, der in die Lösung eines Problems eingeführt wird, ohne dass dieser Faktor von einem bekannten Naturgesetz hergeleitet ist; er gründet sich vielmehr nur auf eine Meinung oder auf einen autoritären Befehl. Ein Problem, das mit Daten gelöst wird, die von bekannten Naturgesetzen abgeleitet sind, lässt sich gut und reibungslos lösen, wobei die Lösung nützlich ist. Wird ein Problem jedoch durch die Einführung von Willkürfaktoren gelöst (Faktoren, die auf Meinung oder Befehl, nicht aber auf Naturgesetzen beruhen), so wird diese Lösung, wenn sie verwendet wird, normalerweise weitere Willkürfaktoren erforderlich machen, damit sie überhaupt anwendbar ist. Je mehr man sich anstrengt, die durch Willkürfaktoren verdorbene Lösung auf irgendeine Situation anzuwenden, umso mehr Willkürfaktoren müssen eingeführt werden. Im Bereich des Regierungswesens erzeugen daher Gesetzeserlasse, die Willkürfaktoren enthalten, neue Probleme, die ihrerseits nicht gelöst werden können, ohne dass man wieder neue Willkürfaktoren einführt; und so entsteht schon sehr bald eine kopflastige und nicht funktionstüchtige Regierungsstruktur. Sie könnte nur dann funktionieren, wenn sie im Lichte bekannter Naturgesetze der Regierungsarbeit vollständig umgestaltet würde. (Aus *Definitionen und Axiome.*)

eingehen, etwas: sich auf etwas einlassen; annehmen (eine Folge, gewöhnlich eine unerwünschte). Seite 162.

eingeimpft: (Vorstellungen, Prinzipien usw.) in den Verstand der Menschen hineingesetzt haben. Seite 206.

eingekeyt: bewirkt, dass es aktiv wird. (engl. „*key*" bedeutet „Druckkontakt".) Wörtlich ist ein Druckkontakt eine kleine manuelle Vorrichtung zum Öffnen, Schließen oder Umschalten von elektronischen Kontakten. *Eingekeyt* wird hier verwendet, um ein untätiges Engramm zu bezeichnen, das in Gang kam und jetzt im Schaltkreis aktiv ist. Seite 37.

eingeprägt: eindringlich etwas aufdrücken, wie beispielsweise eine Erinnerung dem Verstand. Wörtlich in eine harte Oberfläche ein Muster oder eine Beschriftung eingeritzt oder eingeätzt haben, zu Verzierungs- oder Druckzwecken. Seite 12.

einkapseln: etwas in eine (widerstandsfähige) Hülle einschließen oder damit ummanteln. Eine *Kapsel* ist ein geschlossener, schützender Behälter. Seite 124.

Einkerkerung: die Handlung des Einkerkerns oder die Tatsache, *eingekerkert* zu sein, in ein Gefängnis gesteckt zu werden; eingesperrt. Seite 197.

Einklang, in: in genauer und perfekter Übereinstimmung oder Harmonie; genau abgestimmt. Seite 116.

einlagern: an einen Ort oder in eine Position ablagern. Seite 35.

einreihen: sich in die gleiche Reihe stellen. Seite 112.

Einrichtung: eine Konstruktion, die einen Ort, ein Zimmer oder eine Szene darstellt, in der eine Handlung auf der Bühne, in einem Film oder einer Fernsehproduktion stattfindet. Seite 113.

einschmeichelnd: auf eine freundliche, sanfte oder angenehme Art und Weise. Seite 143.

Einstein: Albert Einstein (1879–1955), deutscher Physiker und ab 1940 US-Staatsbürger, der die *Relativitätstheorie* formulierte, eine Reihe von Schlussfolgerungen, dass Raum, Zeit und Objekte nicht absolut, sondern relativ sind. Zum Beispiel stellte Einstein die These auf, dass die Zeit für ein Objekt langsamer wird, wenn es sich der Lichtgeschwindigkeit nähert, während die Zeit für andere Objekte, die sich nicht mit Lichtgeschwindigkeit bewegen, normal weiterläuft. Seite 111.

Eintönigkeit: der Zustand, müde oder gelangweilt zu sein. Seite 361.

einwirken: eine Wirkung auf etwas haben oder damit tätig sein, besonders bei sich wiederholenden Aktionen. Seite 5.

Einzug halten, in viele Gebiete: sich weit verbreiten; einen großen Bereich umfassen, wie etwa ein Thema, Fachgebiet, einen Bereich menschlichen Strebens usw. Seite ii.

Elan vital: entsprechend der Philosophie von Henri Bergson (1859–1941) eine schöpferische Lebenskraft, die in allem Lebendigen vorhanden ist. Im Französischen bedeutet das Wort *élan* Vorwärtsschub oder Impuls; eine Bewegung, die durch ein starkes oder intensives Gefühl angefeuert wird. *Vital* bedeutet zum Leben gehörend. Seite 3.

elegant: auf ordentliche Weise und mit systematischer Genauigkeit. Seite vii.

Elektronen: die negativ geladenen Teilchen, die Bestandteil aller Atome sind. Seite 4.

Elektroschock: das Schießen von 180 bis 460 Volt Elektrizität durch das Gehirn von Schläfe zu Schläfe oder von der Stirn zu einer der Hinterseiten des Kopfes. Es verursacht eine massive Zuckung (unkontrollierbares Schütteln des Körpers) oder einen massiven Anfall (Bewusstlosigkeit und Unfähigkeit,

Bewegungen des Körpers zu kontrollieren) für einen langen Zeitraum. Seite 2.

Embryo: das ungeborene Kind eines Menschen in den frühesten Entwicklungsstadien, speziell von der Empfängnis bis ungefähr zur achten Woche. Seite 274.

Embryologie: ein Zweig der Biologie, der sich auf das Studium der Entwicklung des Individuums vom Ei zur Geburt oder vom Ei zum Schlüpfen bezieht. Seite 413.

Emotion: Dieses Wort wird in der Dianetik neu definiert, und zum Vergleich haben wir einen Gegensatz – „Missemotion". Früher war das Wort „Emotion" nie zufriedenstellend definiert worden. Wir definieren es nun als eine Erscheinung des Organismus, die eine Position auf der Tonskala anzeigt, der gegenwärtigen Umgebung rational entspricht und wirklich die gegenwärtige Position auf der Tonskala repräsentiert. Rationale Gemütsbewegung. (Aus *Definitionen und Axiome.*) Seite 19.

Empfängnis: Beginn der Schwangerschaft; Befruchtung. Seite 9.

empirisch: beruhend auf oder gekennzeichnet durch Beobachtung und Ausprobieren anstatt Theorie. Seite 113.

endokrin: mit dem Drüsensystem und dessen Absonderung von Hormonen (chemischen Substanzen) zu tun habend, die von bestimmten Organen und Geweben im Körper abgesondert werden. Diese Drüsen und ihre Hormone regulieren Wachstum, Entwicklung und Funktion von bestimmten Geweben und koordinieren viele Prozesse innerhalb des Körpers. Einige dieser Drüsen erhöhen zum Beispiel während Zeiten von Stress Blutdruck und Herzschlagfrequenz. Seite 38.

enger Kumpan: jemand, der ein Verbündeter oder Partner ist, besonders einer, mit dem man in Verbindung steht, um irgendein gemeinsames Ziel zu erreichen. Seite 191.

enger werdende Abwärtsspirale: ein dreidimensionaler „Teufelskreis", der die Person die Tonskala hinunterbefördert. Er wird so genannt, denn je mehr Entheta der Fall hat, umso mehr Theta wird bei jeder neuen Restimulation in Entheta umgewandelt. *Spirale* bezieht sich hier auf eine fortschreitende Abwärtsbewegung, die das Kennzeichen für eine unbarmherzige Verschlechterung der Lage ist und von der angenommen wird, dass sie die Form einer Spirale hat. Der Ausdruck stammt aus der Luftfahrt, wo er verwendet wird, um das Phänomen eines herunterkommenden Flugzeugs zu beschreiben, das in immer enger werdenden Kurven, wie bei einem Unfall oder beim Kunstflug, abwärtsfliegt und, wenn dies nicht gehandhabt wird, außer Kontrolle geraten und abstürzen kann. Seite 57.

Engramm: Eine Einkapselung, die Entheta und Enmest enthält. Eine (möglicherweise zellulare) Aufzeichnung eines Zeitraums von Schmerz und Bewusstlosigkeit (oder Anaten). Sie ist dem analytischen Verstand als Erfahrung nicht zugänglich. Die einzige Ursache von Aberrationen und psychosomatischen Krankheiten. (Aus *Definitionen und Axiome.*) Seite v.

Enmest: Mest, das durch Entheta enturbuliert oder zu hart in Theta hineingestossen wurde und dadurch weniger brauchbar geworden ist. (Aus *Definitionen und Axiome.*) Seite 6.

Entbindungsstation: eine Station, ein Stockwerk oder eine andere Abteilung eines Krankenhauses, die sich der Pflege von Frauen bei der Geburt und ihren neugeborenen Säuglingen widmet. Seite 393.

Entheta: Theta, das mit Mest (Enmest) in einer unharmonischen Verbindung enturbuliert ist. Irrationales Denken. (Aus *Definitionen und Axiome.*) Seite 6.

Entität: eine Sache oder Identität, die eine unabhängige, eigenständige oder in sich abgeschlossene Existenz besitzt; etwas, das als eine bestimmte Ganzheit existiert. Seite 5.

entrissen: (von jemand anderem) übernommen und durchgeführt, ohne das Recht dazu zu haben. Seite 458.

enturbuliert: in einen turbulenten oder aufgewühlten und durcheinandergebrachten Zustand versetzt. Seite 6.

Epistemologie: ein Zweig der Philosophie, in dem Ursprung, Wesen und Methoden menschlichen Wissens untersucht werden. Seite 392.

erbärmlich: Mitgefühl erregend oder verdienend, ein Gefühl von Traurigkeit oder Sorge, das durch Leid, Unglück oder Schmerz anderer hervorgerufen wird. Seite ii.

Erg: eine sehr kleine Energie-Einheit, welche das Maß oder die Quantität der erledigten Arbeit misst. Um zum Beispiel ein Gewicht von einem Pfund 37 Zentimeter senkrecht nach oben zu heben, braucht man 13.560.000 Erg. Seite 8.

ergänzt: mit der nötigen Energie oder Nahrung wieder aufgefüllt. Seite 501.

Ergänzungsband: ein Teil, der als Fortsetzung zu einem Buch oder einer anderen Veröffentlichung hinzugefügt oder herausgegeben wird, um es auf den neuesten Stand zu bringen. Seite 1.

ergötzen, sich: jemandem Spaß, Vergnügen, Freude bereiten. Seite 465.

erhaltend, sich selbst: in der Lage, ohne äußeren Beistand weiterzubestehen oder sich zu erneuern. Seite 2.

Erhaltung der Energie: ein Gesetz der Physik, das besagt, dass die Energie selbst weder erschaffen noch zerstört werden, sondern nur ihre Form ändern kann. Zum Beispiel glaubt man Folgendes: Wenn man ein Stück Kohle verbrennen und sämtlichen Rauch, die Asche und andere Partikel, die aus dem Brand strömen, einsammeln und wiegen würde, erhielte man dasselbe Gewicht wie vor der Verbrennung der Kohle. Seite 250.

Erinnerungsspur: Beweis oder Anzeichen des früheren Vorhandenseins oder der Existenz von einer Erinnerung. Seite 12.

erklären: einer Sache oder jemandem offiziell einen bestimmten Zustand zuschreiben. Seite 72.

erklärt: offen anerkannt oder bekannt gegeben. Seite 33.

ermutigt: Mut oder Vertrauen bekommen; bestärkt, sich hoffnungsvoll zu fühlen. Seite 199.

ERNÄHRUNG: ERHALTUNG DES ORGANISMUS DURCH ORGANISCHE UND ANORGANISCHE MITTEL (NAHRUNG, WASSER, LUFT, SONNENLICHT) WÄHREND DES GESAMTEN JETZIGEN LEBENS, VON DER EMPFÄNGNIS ODER UNGEFÄHR DIESEM ZEITPUNKT BIS ZUM TOD. DIE ERNÄHRUNG EINER GENETISCHEN LINIE GEHT NATÜRLICH VON DEN ELTERN AUF DIE KINDER IN FORM VON ORGANISCHER VERERBUNG UND DURCH DEN EINFLUSS DER SCHWANGERSCHAFTSUMGEBUNG ÜBER. (Aus *Definitionen und Axiome.*) Seite 16.

erobern: Handlung oder Vorgang, etwas zu überwinden oder zu meistern, wie beispielsweise durch physikalische oder geistige Kraft. Seite 6.

Erpichtheit: Eigenschaft oder Zustand, auf etwas erpicht zu sein; wenn großer oder extrem großer Eifer, extrem große Hingabe oder Begeisterung für etwas aufgebracht wird. Seite 321.

Erscheinungsform: eine der Formen, in der jemand oder etwas offenbart wurde. Seite 7.

Erschießungskommando(s): eine Gruppe Soldaten mit der Aufgabe, eine Hinrichtung (einer Person oder von Personen) durch Erschießen auszuführen. Seite 190.

erschöpfend: sehr gründlich; keinen Teil unerforscht oder unbeachtet lassend. Seite 159.

erschreckend: entmutigend oder enttäuschend. Seite 222.

erträglich: akzeptabel oder annehmbar für den Verstand oder die Gefühle. Seite 282.

Erwartungen: Annahmen, dass etwas passieren wird. Seite 199.

es sei denn: mit Ausnahme von; außer. Seite vi.

etabliert: so fest bestehen, dass eine Veränderung schwierig gemacht wird. Seite iii.

Ethik: Vernunft in Richtung auf das höchste Überlebensniveau für das Individuum, das zukünftige Menschengeschlecht, die Gruppe, die Menschheit und die anderen Dynamiken zusammengenommen. Ethik ist Vernunft. Seite 102.

ethische Maßstäbe: System von moralischen Standards oder Grundsätzen. Seite 156.

Euphorie: ein Gefühl des Wohlbefindens oder freudiger Erregung, das manchmal zeitweilig auftritt oder unter den gegenwärtigen Umständen unangebracht ist. Seite 266.

Evolution: Eine Theorie, die nützlich wird, sobald ihr das Konzept von Theta hinzugefügt wird. Die natürliche Auslese erklärte nicht viele Fakten der Evolution. Der Versuch, das Leben einzig in Form von Mest zu erklären, ist natürlich gescheitert. Es gibt offenbar vier verschiedene Evolutionslinien: die Evolution des Organismus durch natürliche Auslese, Zufall und (entsprechenden Nachweisen zufolge) direkte Planung; die Evolution von Mest, die durch das Wirken von Lebensorganismen hervorgebracht wird; Theta-Evolution, wobei angenommen wird, dass dies ein Prozess des Lernens ist, den Theta als Gesamtheit oder als einzelne Einheiten durchmacht; und die stets in der Gegenwart existierende Evolution, aufgebaut nach einer Stufenleiter der Unterstützung, wobei weniger komplizierte Organismen kompliziertere Organismen unterstützen. (Aus *Definitionen und Axiome.*) Seite 7.

Existenzgrundlage: was man zum Leben oder für einen bestimmten Zweck braucht, besonders in finanzieller Hinsicht. Seite 14.

Exkrete: vom Körper ausgeschiedene Abfallstoffe. Seite 505.

exteriorisiert: bezogen auf einen Zustand der *Exteriorisation*, einen Zustand, bei dem der Preclear sich selbst als Teil der Szene des Geschehnisses sieht, das er durchläuft. Während das Geschehnis durchlaufen und Ladung entfernt wird, ist das Individuum dann in der Lage, in sich selbst hineinzugehen und eine Sicht der Szene zu erhalten, wie es sie zur damaligen Zeit sah. Das Phänomen der Exteriorisation wird in Buch Eins, Kapitel Elf, Visio, beschrieben. Seite 85.

Extroversion: das Ausrichten von Gedanken, Wahrnehmungen, Gefühlen usw. auf die Außenwelt. Seite 115.

fade: fehlende Abwechslung; trüb; gleichförmig; langweilig. Seite 483.

Fähigkeit, sich rasch wieder aufzurichten: die Fähigkeit, schwierigen Zuständen, wie Krankheit, Verletzung, seelischen Schmerzen usw. zu widerstehen oder sich schnell davon zu erholen. Seite 52.

Fähigkeitsniveau: Grad an Geltung oder Wert einer Person oder Sache; Qualität oder Eignung. Seite 34.

Faksimile: eine aufgezeichnete Erinnerung für eine begrenzte Zeitperiode. Das Wort *Faksimile* wird so direkt verwendet, wie es auch in Verbindung mit der Zeichnung eines Kartondeckels verwendet wird, anstatt des tatsächlichen Kartondeckels. Mit Faksimile ist ein ähnlicher Gegenstand anstelle des tatsächlichen Gegenstandes gemeint. Man kann sich das Erinnerungsbild eines Elefanten oder einer Fotografie zurückrufen. Der Elefant und die Fotografie sind nicht mehr da. Von beiden wurde in Ihrem Verstand ein Faksimile abgespeichert. *Vordere Vorsatzblätter.*

Falkenaugen, mit: sorgfältig wahrnehmend, mit ausgeprägtem Sinn für Einzelheiten. Falken sind Vögel, die andere Vögel und kleine Säugetiere erbeuten. Sie haben sehr große, hochentwickelte Augen. Seite 194.

FALSCHE VIER: GELÄCHTER UND FREUDE, DIE DER PRECLEAR ZUM AUSDRUCK BRINGT, WENN ER EIN GESCHEHNIS GRÜNDLICH VON LADUNG BEFREIT HAT. ES IST EIGENTLICH NICHTS „FALSCH" AN DER FALSCHEN VIER, AUSSER DASS SIE OFT NUR VON SEHR KURZER DAUER IST. (Aus *Definitionen und Axiome.*) Seite 58.

Fanatiker: jemand, der für eine Sache übermäßige Begeisterung aufbringt, vor allem für eine religiöse Sache; Eiferer. Seite 339.

Faschismus: ein Regierungssystem, das von einem Diktator angeführt wird, der uneingeschränkte Macht besitzt, bei dem Opposition und Kritik gewaltsam unterdrückt werden und die gesamte Wirtschaft, der gesamte Handel usw. unter staatliche Aufsicht gestellt sind. Seite 33.

Faschist: jemand, der an Faschismus glaubt oder ihn praktiziert. Seite 33.

Fassade: äußeres Erscheinungsbild oder äußerer Eindruck, der vermittelt wird und anders ist als die eigentliche Wahrheit. Seite 102.

Fata Morgana: etwas, das fälschlicherweise als wirklich erscheint. *Fata Morgana* ist eine optische Täuschung, bei der in der Wüste oder auf einer heißen Straße eine Wasseroberfläche erscheint, die dadurch erzeugt wird, dass Licht durch abwechselnde Schichten heißer und kühler Luft verzerrt wird. Seite 454.

Faustregel: ein allgemeiner oder ungefährer Grundsatz, ein Verfahren, eine solche Regel oder Berechnungsmethode, die auf praktischer Erfahrung oder Gewohnheit beruht, im Gegensatz zu einer bestimmten wissenschaftlichen Berechnung oder Einschätzung. Seite 187.

feierlich: in einer Weise, die der Würde des Augenblicks entspricht. Seite 149.

Festhalter: Hält den Preclear an einer Stelle auf der Zeitspur fest. („Bleib hier", „Verlass mich nicht", „Halte dich daran fest", „Lass nicht los", „Ruhig bleiben", „Nimm das, es wird dir guttun".) (Aus *Definitionen und Axiome.*) Seite 119.

Festigungsphase: Zeitraum der Stärkung, Festigung; die Handlung, stabil oder vollständig zu machen. Seite 190.

festlegen, genau: genau erkennen oder feststellen. Seite 136.

Feuchtigkeit: ein zurückgerufener Wahrnehmungseindruck, der normalerweise mit der vorgeburtlichen Zeit verbunden ist. (Aus *Definitionen und Axiome.*) Seite 67.

fieberhaft: in einer Art, die durch starke Aktivität, Emotion oder Aufregung gekennzeichnet ist, als stünde man unter dem Einfluss von Fieber. Seite 102.

Fingerspitzengefühl: die Fähigkeit, die richtigen Dinge zu sagen und zu tun; in der Lage sein, mit schwierigen oder heiklen Situationen umzugehen. Seite 61.

Flechten: graue, grüne oder gelbe pflanzenähnliche Organismen, die gewöhnlich einen krustenähnlichen oder verzweigten Wuchs auf Felsen oder Baumstämmen bilden. Seite 7.

Flehen: die Handlung, sich unterwürfig an jemanden zu wenden, der die Macht hat, eine Bitte zu erfüllen. Seite 65.

fleischlich: auf eine Art, die sinnlich oder sexuell ist. Seite 234.

Folgeerscheinung: Erscheinung, die auf etwas folgt, das danach kommt. Seite 197.

Folgerung: der Vorgang, aus bekannten Tatsachen zu Schlüssen zu gelangen. Seite 18.

fördern: helfen, dass sich etwas entwickelt oder geschieht. Seite 21.

Forrestal, James: (1892–1949) amerikanischer Bankier und Regierungsbeamter, der 1940 Unterstaatssekretär der Marine der Vereinigten Staaten wurde.

Während des Zweiten Weltkriegs (1939–1945) leitete er riesige Expansions- und Beschaffungsprogramme der Marine und war dafür verantwortlich, in Friedenszeiten eine Marine bereitzustellen, um den enormen Ansprüchen eines Weltkrieges gerecht zu werden. Seite 197.

Fortdauer: der Vorgang, dass etwas fortbesteht (wie z. B. eine unerwünschte Situation oder ein erwünschter Zustand). Seite 38.

Fötus: der ungeborene Mensch im Mutterleib, nach Ende des zweiten Monats der Schwangerschaft bis zur Geburt. Seite 274.

Freewheeling: die Aktion des Somatikstreifens und des Archivars, Somatiken auszuauditieren. Der Archivar und der Somatikstreifen werden Somatiken ohne die Aufmerksamkeit des „Ichs" ausschalten. Seite 510.

freie Assoziation: in der Psychoanalyse eine Technik, bei der man den Patienten spontan reden lässt, wobei er ohne Einschränkung alle beliebigen Vorstellungen, Erinnerungen usw. ausspricht, die ihm in den Sinn kommen, und zwar in der Hoffnung, verdrängte Erinnerungen oder Gedanken zu finden. Seite 35.

freie Liebe: die Lehre oder Praxis, sexuelle Beziehungen (oder Zusammenleben) mit vielen zu teilen, ohne gesetzliche Ehe oder fortgesetzte Verpflichtung, mit der Neigung, sich der traditionellen Einrichtung von Ehe und Familie entgegenzustellen. Seite 132.

freies Theta: Theta, das frei und nicht enturbuliert ist bzw. nicht in Entheta umgewandelt wurde. Seite 8.

Freud: Sigmund Freud (1856–1939), österreichischer Begründer der Psychoanalyse. Seite 19.

Friedenszeit: der normale Zustand ohne Kampfhandlungen, der zwischen Nationen besteht und der beispielsweise der Beendigung eines Krieges folgt. Seite 499.

Fuller, Margaret: (1810–1850) amerikanische Schriftstellerin und Gesellschaftsreformerin, die auf dem Gebiet des *Transzendentalismus* tonangebend wurde. Der Transzendentalismus umfasst die verschiedenen Philosophien, gemäß denen man Wissen durch geistige Anleitung entdecken kann oder indem man den Denkvorgang untersucht usw., anstatt durch Sinneswahrnehmung oder durch objektive oder praktische Erfahrung. Seite 71.

Funktion: intellektuelle Fähigkeiten; Geistestätigkeiten; Denken, im Gegensatz zu *Struktur*, wie etwas zusammengesetzt ist oder welchen physischen Aufbau es hat. Seite 38.

Fuß, auf freiem: frei von Einschränkung oder Gefangenschaft. Auch, frei zu handeln, sich zu bewegen, zu denken usw. Seite 36.

Füßen treten, mit: gründlich missachten oder zunichtemachen. Seite 158.

Galaxis: ein riesiges System aus Milliarden von Sternen und ihren Planeten, ihrem Gas und ihrem Staub. Eine Galaxis wird durch die Schwerkraft zusammengehalten und ist durch gewaltige Bereiche an Raum von ähnlichen Systemen getrennt. Seite 7.

Gandhi: Mohandas Karamchand Gandhi (1869–1948), indischer Führer, der die Freiheit seines Landes durch eine gewaltlose Revolution erreichte. Gandhis Kampagne des zivilen Widerstands gegen die britische Herrschaft über Indien führte 1947 zu Indiens Unabhängigkeit. Ghandi wurde später Mahatma genannt (Sanskrit für „große Seele") und bekämpfte wirksam Diskriminierung durch seine Prinzipien von Wahrheit, Gewaltlosigkeit und Mut. Seite 551.

gasförmig: wie Gas, weder fest noch flüssig; im Zustand eines Gases existierend. Seite 505.

Gashebel: eine Vorrichtung (Hebel, Fußpedal usw.), um den Fluss des Treibstoffes zum Motor zu kontrollieren. Seite vii.

Gassen der Morallosigkeit: Bereiche, die verschmutzt und abstoßend, vernachlässigt und widerlich sind und durch Geheimnistuerei und niedrige Moral gekennzeichnet sind. Im übertragenen Sinne verwendet. Seite 197.

Gebote: respekteinflößende Anweisungen, Befehle oder Anleitungen. Seite 93.

Geburtshilfe: der Zweig der Medizin, der im Zusammenhang mit der Betreuung und Behandlung von Frauen bei der Geburt sowie während der Zeit vor und nach der Entbindung steht. Seite 264.

Gefasel: abschweifendes, unsinniges oder bedeutungsloses Gerede; zusammenhangloses oder offensichtlich zielloses Gerede. Seite 309.

Gefäßsystem: Gefäße, die Körperflüssigkeiten, wie z. B. Blut, durch den Körper befördern. Seite 27.

Gefüge: eine große Gruppierung oder Gliederung von Dingen. Seite 46.

gefügig: leicht zu führen, zu kontrollieren oder zu beeinflussen. Seite 188.

Gegenströme: entgegengesetzte oder sich widersprechende Zielsetzungen, Einflüsse, Richtungen oder Flows. Seite 169.

GEGENWART: DIE STELLE AUF JEMANDES ZEITSPUR, AN DER SEIN PHYSISCHER KÖRPER (FALLS LEBENDIG) VORZUFINDEN IST. „JETZT." DER

Schnittpunkt der Mest-Zeitspur und der (von uns vorausgesetzten) Theta-Zeitspur. (Aus *Definitionen und Axiome.*) Seite 7.

Geheimpolizei: eine Einheit der Polizei, die als Vollzugsarm der politischen Richtlinien einer Regierung dient und deren Aktivitäten vor der Öffentlichkeit verborgen sind. Sie arbeitet mit Überwachung, Einschüchterung und körperlicher Gewalt als Mittel, um Nichtübereinstimmung mit politischen Richtlinien zu unterdrücken. Seite 103.

gehorchen: sich fügen und tun, was befohlen wird. Seite 77.

Geist: die Gabe, vernünftig zu denken; geistige Gesundheit; Verstehen. Seite 112.

Geistertänzer: Mitglieder einer religiösen Bewegung von amerikanischen Indianern im Westen der Vereinigten Staaten, genannt Ghost Dance (Geistertanz). Die Religion beruhte auf dem Glauben, dass der weiße Mann verschwinden würde und die toten Ahnen und der Büffel aus dem Jenseits zurückkehren würden. Im Mittelpunkt der Bewegung stand der Geistertanz. Die Tänzer vollführten Gesänge und trugen besondere Hemden, genannt Geisterhemden, die mit heiligen Symbolen verziert waren, wie z. B. Sternen, Adlern und Monden, wodurch sich die Indianer vor feindlichen Kugeln geschützt glaubten. Seite 197.

Geistes-: in Bezug auf den menschlichen Verstand. Seite ii.

Geisteswissenschaften: die Lehrbereiche, die sich mit menschlichem Denken und menschlichen Beziehungen auseinandersetzen (im Unterschied zu den Naturwissenschaften); besonders Literatur, Philosophie, Geschichte usw. Seite iii.

geistlos: **1.** an Verstand oder Intelligenz mangelnd; dämlich; sinnlos. Seite 204. **2.** ohne Leben, trüb oder langweilig. Seite 493.

gelehrt: großes Wissen aufweisend; gut ausgebildet. Seite viii.

Gelenkrheumatismus, chronischer: eine chronische Krankheit, die durch eine Steifheit und Entzündung der Gelenke gekennzeichnet ist, häufig begleitet von beachtlichen Missbildungen, Beweglichkeitsverlust und Schwäche. Seite 97.

Gelenkstellung: der Rückruf von Körperpositionen. (Aus *Definitionen und Axiome.*) Seite 67.

gelinde gesagt: als Untertreibung verwendet (deutet an, dass die Wirklichkeit extremer ist, gewöhnlich schlechter). Seite 458.

genetisch: Bezieht sich auf Ursprung, Entwicklung und *Vererbung*, das Weitergeben körperlicher oder geistiger Merkmale von einer Generation zur nächsten. Seite 9.

Genetische Persönlichkeit: persönliche Merkmale und Neigungen, die von den drei angeborenen Faktoren (Mest, organische Linie, dem Theta-Körper) herstammen. Man könnte dies als die Grundpersönlichkeit oder den Kern der Grundpersönlichkeit bezeichnen. (Aus *Definitionen und Axiome.*)

gereizt: gekennzeichnet oder charakterisiert durch Wut, Verärgerung usw. Seite 230.

Geruch: der Rückruf von Geruchwahrnehmungseindrücken. (Aus *Definitionen und Axiome.*) Seite 67.

Geruchsdrüsen: Bezieht sich auf die Schweißdrüsen eines menschlichen Körpers, die winzigen Gebilde innerhalb der Haut, die Schweiß produzieren. Seite 380.

Geschlechtskrankheit: eine Krankheit, die durch Geschlechtsverkehr mit einer bereits infizierten Person übertragen wird. Seite 195.

Geschmack treffen (jemandes): jemanden ansprechen; jemanden zufrieden stellen. Seite 113.

Geschworener: Mitglied eines Geschworenengerichts. Ein *Geschworenengericht* ist eine Gruppe von Menschen, gewöhnlich zwölf, die ausgewählt wurden, um in Bezug auf einen Gerichtsfall, der ihnen in einem Gerichtshof vorgelegt wird, ein Urteil zu fällen. Seite 152.

Geschwüre: wunde Stellen auf der Haut oder Schleimhaut eines Organs, wie der des Magens, begleitet von Verfall des umliegenden Gewebes, wie auch von Schmerz und Unbehagen. Seite 530.

gesellschaftlicher Charme: Vorgehensweisen oder Haltungen, die einen positiven Eindruck hervorrufen, Anziehungskraft. Seite 184.

Gesellschaftsordnung: die Gesamtheit der strukturierten menschlichen Wechselbeziehungen in einer Gesellschaft oder einem Teil davon; das gebildete soziale System. Seite 103.

Gesetze der Elektromagnetik und der Schwerkraft: Bezieht sich auf die hauptsächlichen Gesetze, die im physikalischen Universum in Erscheinung treten und die Wechselbeziehung zwischen Elektrizität, Magnetismus und Schwerkraft betreffen. Seite 3.

gespickt sein, mit (etwas): völlig von etwas bedeckt oder voll mit einer bestimmten Sache. Seite 199.

Gesundbeten: Heilen, das durch Beten oder religiösen Glauben bewirkt wird. Seite 48.

Gesundheitsspaziergang: ein kurzer Spaziergang, der regelmäßig aus gesundheitlichen Gründen unternommen wird. Seite 126.

getrieben: vorwärts gezwungen; zu Aktion angeregt. Seite 19.

gewachsen sein, nicht: etwas nicht bewältigen können, unfähig sein. Seite 223.

gewaltig: extrem; in einem großen Ausmaß. Seite 81.

gewaltig erscheinen: wahrscheinlich schwer zu bewältigen oder schwer damit umzugehen; herausfordernd. Seite 240.

gewaltsam: durch Verwendung körperlicher Kraft oder Gewalt oder durch Einschüchterung unter Androhung von Gewalt gekennzeichnet, um ein Ziel zu erreichen. Seite 9.

Gewissensbisse: jedes Unbehagen oder Zögern, was die Richtigkeit einer Handlung betrifft. Seite 196.

Gewohnheit: EIN REIZREAKTIONSMECHANISMUS, DER DEM SCHABLONENABLAUF ÄHNLICH IST, JEDOCH VOM REAKTIVEN VERSTAND GEMÄSS DEM INHALT VON ENGRAMMEN AUFGEBAUT WURDE. ER KANN VOM ANALYTISCHEN VERSTAND NICHT NACH BELIEBEN VERÄNDERT WERDEN. (Aus *Definitionen und Axiome.*) Seite 40.

gierig: ein starkes Verlangen habend, etwas zu besitzen, besonders etwas, das jemand anderem gehört. Seite 150.

Glauben: Überzeugung in Bezug auf die Wahrheit einer Sache. Seite vii.

Gleichgewicht: geistige oder emotionale Ausgeglichenheit. Seite 308.

gleichgültig: fehlende Begeisterung und Entschlusskraft; ohne Interesse oder Vitalität. Seite 184.

gleichkommen: etwas entsprechen. Seite 188.

gleichsetzende Denkweise: der Vorgang beim Denken, eine Sache mit einer anderen gleichzusetzen, wenn sie tatsächlich nicht gleich ist. Solches Denken kann durch die Gleichung A=A=A=A=A dargestellt werden, wie es im Buch *Dianetik: Der Leitfaden für den menschlichen Verstand* behandelt wird. Seite 245.

Gleichung: Bezieht sich auf die Gleichung, die am Ende von Buch Eins, Kapitel Fünf, Zusammenfassung, in *Dianetik: Der Leitfaden für den menschlichen Verstand* aufgeführt ist: „Der *potenzielle Wert* einer Person oder Gruppe kann durch folgende Gleichung ausgedrückt werden: $PW = I \text{ mal } D^x$, dabei steht I für Intelligenz und D für Dynamik." Eine *Gleichung* ist ein mathematischer Ausdruck, der zeigt, dass zwei Dinge denselben Wert haben oder sich gleichen. Im weiteren Sinn ist es auch eine Situation oder ein Problem mit mehreren veränderlichen Faktoren, die/das mit mathematischer Genauigkeit berechnet und bewiesen werden kann. Seite 146.

Glücklichsein: Das Überwinden von nicht unbekannten Hindernissen in Richtung auf ein bekanntes Ziel. (Aus *Definitionen und Axiome.*) Seite 19.

gottlos: keinen Gott habend oder anerkennend. Seite 114.

Gradientenskalen: Das Werkzeug von unendlichkeitswertiger Logik. Ein Grundsatz der Dianetik lautet, dass Absolutes unerreichbar ist. Begriffe wie gut und böse, lebendig und tot, richtig und falsch werden nur in Verbindung mit Gradientenskalen verwendet. Auf der Skala von richtig und falsch wäre alles, was über Null oder oberhalb der Mittellinie liegt, in zunehmendem Grade richtig, wodurch es mehr und mehr an unendliche Richtigkeit herankommen würde; und alles, was unter Null oder unterhalb der Mittellinie liegt, wäre in zunehmendem Grade falsch, wodurch es mehr und mehr an unendliche Falschheit herankommen würde. Mit der Gradientenskala als Denkmethode für Überlegungen in Bezug auf das Universum wird man den wirklichen Bedingungen des Universums besser gerecht als mit jeder anderen logischen Methode, die es gibt. (Aus *Definitionen und Axiome.*) Seite 312.

grandios: komplizierter oder ausführlicher als notwendig; unrealistisch. Seite 140.

grauenvoll: Schrecken oder Abscheu verursachend; sehr unangenehm. Seite 193.

grob: derb; mit mangelndem Anstand. Seite 201.

Grobheit: ungeschliffenes und schlechtes Benehmen zeigend; in einer Verfassung, die sehr anstößig, unverschämt oder empörend ist. Seite 81.

groß angelegt: in besonderer Weise mit viel Aufwand verbunden. Seite 113.

Grundannahme: von etwas annehmen, dass es wahr, real oder notwendig ist, insbesondere als Grundlage für logisches Denken. Seite 5.

Grundlegende Zielsetzung: Bereits im Alter von zwei oder drei Jahren weiss ein Individuum offenbar, was seine grundlegende Zielsetzung im Leben ist. Später wird sie durch individuelle und gesellschaftliche Aberrationen entstellt und verfälscht, doch wird sie durch Dianetik Prozessing wiedergewonnen. Vergangene

Leben haben möglicherweise einen Einfluss auf die Bildung der grundlegenden Zielsetzung. (Aus *Definitionen und Axiome.*) Seite 520.

Grundsatz: **1.** eine Formulierung einer allgemeinen Regel oder Wahrheit. Seite 48. **2.** eine Lehre oder Meinung in Religion, Philosophie, Politik oder ähnlichem, an die sich eine Schule, Sekte, Partei oder Person hält. Seite 153.

Grundschule: in einer Grundschule sind die Schüler in vier Klassenstufen eingeteilt, wobei mit jeder weiteren Stufe eine höhere Ebene von Bildung erreicht wird. Seite 206.

Grundwissen: Wissen, das die Grundlage oder wirkliche Basis bildet, den inneren oder wesentlichen Teil von etwas; die Grundlage, auf der irgendetwas ruht. Seite iv.

Grundzone: die Zeitspur von der ersten Aufzeichnung auf der Sperma- oder Ovum-Linie bis zur ersten ausgebliebenen Menstruation der Mutter. (Aus *Definitionen und Axiome.*) Seite 263.

Gruppen-Dianetik: derjenige Zweig der Dianetik, der das Gebiet der Gruppenaktivität und -organisation umfasst, um die optimalen (besten oder günstigsten) Bedingungen und Prozesse für das Leiten einer Gruppe und für Beziehungen zwischen Gruppen herzustellen. Seite iv.

Guk: ein informeller Ausdruck für eine ausgewogene Einnahme einer Zusammensetzung aus Vitaminergänzungen (wie sie typischerweise von Ärzten und Reformkost-Spezialisten empfohlen wird) sowie Glutaminsäure, einer Aminosäure (einer Substanz, die für lebende Zellen wichtig ist, um Proteine aufzubauen). (Der Begriff „Guk“ stammt vom Namen eines Stoffes, mit dem Marineinfanteristen ihre Gewehre reinigten.) Seite 510.

günstig stimmen: eine niedrige Emotion unterhalb von Wut und nahe bei Apathie zeigen. *Günstigstimmen* bedeutet zu versuchen, jemanden zu erfreuen oder zufrieden zu stellen, mit dem Ziel, sein Wohlwollen zu gewinnen, um sich selbst gegen seine Missbilligung, seinen Angriff usw. zu verteidigen oder zu schützen. Seite 65.

Gut: etwas von Nutzen, Vorteil oder Wert. Seite 394.

gut bezahlt machen: finanziellen Gewinn bringen. Seite iii.

gute Presse: gute Meinungen, die in Artikeln oder Nachrichten der Zeitungen oder Zeitschriften zum Ausdruck kommen. Seite 4.

Habsucht: Gier; ein unersättlicher Wunsch, Reichtum oder Besitz anzusammeln. Seite 315.

Haken: eine (unerwartete) Schwierigkeit oder ein Problem oder Hindernis auf dem Weg des Fortschritts. Seite 9.

Halb-: beinahe so gut wie (etwas); unvollständig, unvollkommen. Seite 69.

halbherzig: mit wenig Begeisterung oder Entschlossenheit und keinem wirklichen Interesse für das Ergebnis. Seite 416.

halten an, sich: auf jemanden oder etwas hören, ihm Beachtung schenken; berücksichtigen. Seite 230.

Haltung: Position oder Auftreten des Körpers, die/das für eine Handlung, eine Emotion usw. angebracht ist oder sie ausdrückt. Seite 414.

Hamlet: Hauptfigur der gleichnamigen Tragödie von William Shakespeare, die 1603 erstmals erschien. Während Hamlet sich unschlüssig darüber ist, ob er leben oder sterben soll, spricht er die berühmten Zeilen: „Sein oder nicht sein, das ist hier die Frage ..." Seite 492.

Handlanger des Teufels: Ein *Handlanger* ist ein unterwürfiger (sklavenähnlicher) Anhänger oder Untergebener einer Person in einer Machtposition. Der Ausdruck kommt von der religiösen Vorstellung (im Christentum und in anderen Glaubensrichtungen), dass diejenigen, die sich gegen Gott wenden, für den Teufel und im Namen des Bösen kämpfen. Daher *Handlanger des Teufels*. Seite 170.

Hand, rasch bei der: gedankenlos oberflächlich und ohne Grundlage. Seite 334.

Hand, zur: leicht greifbar und verfügbar; in der Nähe. Seite 463.

Harmonik(en): eine Frequenz (Anzahl von Schwingungen pro Sekunde), die ein Vielfaches einer „grundlegenden" Frequenz darstellt. Wenn jemand eine Saite oder ein Gummiband dehnt und sie/es dann anschlägt, wird ein Ton oder Klang erzeugt. Man kann die Anzahl der Schwingungen pro Sekunde dieser Saite messen. Eine andere Saite, die in einer bestimmten, aber anderen, vielfachen Geschwindigkeit dieser Schwingung mitschwingt, wird angenehm klingen. Hierzu gibt es eine mathematische Berechnung wie 1, 1/2, 1/3, 1/4 usw. Das kann man bei den Saiten eines Klaviers sehen. Jede Saite ist hier verschieden lang und hat unterschiedlich viele Schwingungen pro Sekunde. Wenn man zwei oder mehr Saiten gleichzeitig anschlägt, kann man hören, welche Klänge harmonisch (angenehm) klingen, wenn man sie zusammenspielt, und welche unharmonisch (schrill oder unangenehm) sind. Seite 372.

harmonisch: auf eine befriedigende, angenehme Art und in Übereinstimmung mit (etwas). Seite ii.

hartgesotten: hart, ungerührt und unempfindlich. Seite 387.

hässliches, kleines Entlein: Bezieht sich auf eine Kindergeschichte des dänischen Schriftstellers Hans Christian Andersen (1805–1875), in der das Märchen von einem angeblich hässlichen Entlein erzählt wird, das sich als Schwan entpuppt. Seite 494.

Hauptbuch(es), Seite des: Bezieht sich auf eine der zwei Seiten eines *Hauptbuches*, eines Buches, in dem eine Aufstellung über Ein- und Ausgang von Geld oder Vermögenswerten aufgezeichnet ist. Die Habenposten, die einen Zuwachs oder Gewinne aufzeigen, werden auf der einen Seite erfasst und die Sollposten, die Verminderungen oder Verbindlichkeiten zeigen, werden auf der gegenüberliegenden Seite aufgezeichnet. Im übertragenen Sinne verwendet. Seite 239.

Hedonismus: eine Lehrmeinung, die aus dem alten Griechenland stammt, dass Vergnügen das einzige oder wichtigste Gut im Leben ist und dass das Streben danach das ideale Ziel des Verhaltens darstellt. Auf der Grundlage dieser Lehrmeinung wurden zwei philosophische Schulen gegründet. Seite 330.

heilige Kuh: eine Einrichtung, ein System oder Brauch usw., das/der lange Zeit existierte und das/den man über jeden Zweifel oder jede Kritik erhaben hielt. Vom traditionellen Glauben der Hindu-Religion, dass Kühe heilig sind und daher vor Angriffen geschützt werden. Seite 1.

Heiligkeit: der Zustand oder die Eigenschaft, heilig zu sein, geistlich oder von göttlichem Geist erfüllt. Seite 48.

Hellhören: die Fähigkeit, Töne zu hören, die angeblich über die Reichweite normaler Erfahrung oder Möglichkeiten hinausgehen, wie zum Beispiel die Stimmen der Toten. Seite 69.

Hellsehen: die Fähigkeit, Gegenstände oder Ereignisse in der Zukunft wahrzunehmen, die sich außerhalb der normalen Sinneswahrnehmung befinden. Seite 69.

herumnörgeln: häufige bösartige, verärgerte Kritik üben. Seite 135.

heruntergekommen: verwahrlost und in schlechtem Zustand. Seite 160.

heruntergespielt: den Wert oder die Wichtigkeit von etwas gesenkt (oder unterschätzt). Seite iv.

hervorspähen: forschend, suchend blicken, oft mit zusammengekniffenen Augen. Seite 194.

Heuchler: jemand, der vorgibt zu sein, was er nicht ist, oder der vorgibt, besser zu sein, als er eigentlich ist; jemand, der den Anschein erweckt, bewundernswerte Prinzipien, Überzeugungen, Gefühle oder dergleichen zu haben. Seite 102.

heuchlerisch: von betrügerischer oder falscher Art oder Eigenschaft. Seite 194.

Hilfe und Unterstützung gewähren: bei der Ausübung einer falschen Handlung helfen, ermutigen und unterstützen. Der rechtliche Begriff lautet: jemandem Beihilfe zu leisten, etwas Illegales zu tun. Seite 114.

hinstellen, als: verursachen, dass (etwas) als echt, wahr usw. angesehen wird; (einer Person eine Sache) unehrlich aufdrängen. Seite 89.

hinterhältig: auf eine unauffällige oder scheinbar harmlose Art tätig sein oder vorgehen, tatsächlich jedoch mit schlimmer Wirkung. Seite 150.

hinwegsetzen, sich über (etwas): etwas unbeachtet lassen. Seite 190.

hirnrissig: unsinnig, sonderlich und unpraktisch; wirr. Seite iii.

Hitler'sche Gewalt: Bezieht sich auf die Art der Lehren, Grundsätze und Vorgehensweisen des Nazi-Diktators Adolf Hitler (1889–1945), seines Regimes in Deutschland oder dergleichen, wobei Gewalt und Zwang eingesetzt wurde, um an die Macht zu gelangen und sich dort zu halten. Seite 35.

Hochburg: ein Gebiet, wo es viel Unterstützung für eine bestimmte Überzeugung oder Gruppe von Leuten gibt, besonders für eine politische Partei. Seite 143.

Hochgefühl: ein Gefühl oder Zustand großer Freude oder großen Glücks. Seite 265.

hochhalten: in Ehren halten; aus Achtung weiterhin bewahren. Seite 114.

Hoffnungsschimmer: Ein Schimmer bedeutet ein schwaches Zeichen oder eine geringe Menge von etwas. Daher ist ein Hoffnungsschimmer eine schwache Hoffnung. Seite iii.

Hohn sprechen: offen missachten; Verachtung oder Geringschätzung zeigen für. Seite 470.

holde Maid: ein junges (meist unerfahrenes) Mädchen, das anmutig, lieblich und von zarter Schönheit ist. Seite 281.

Hormone: chemische Stoffe, die von Drüsen oder Körpergeweben ausgeschieden werden und Wachstum sowie Entwicklung regeln, die Funktion von unterschiedlichem Gewebe kontrollieren, Fortpflanzungsfunktionen unterstützen und den Stoffwechsel regulieren (den Vorgang, bei dem die Nahrung in Energie umgewandelt wird). Seite 39.

humanitär: sich darum kümmernd oder danach trachtend, das Wohlergehen und Glücklichsein von Menschen zu vergrößern. Seite iv.

Humbug: wichtig klingender Unsinn; unaufrichtige oder leere Worte. Seite 188.

Hure: eine Frau mit schlechtem Ruf; eine Prostituierte. Seite 281.

hüten, sich: vorsichtig sein oder aufpassen; wachsam sein. Seite 85.

hygienisch: Gesundheit und Sauberkeit begünstigend Seite 150.

Hypochonder: jemand, der an einer äußerst ausgeprägten Sorge um seine Gesundheit leidet. Geht häufig mit eingebildeten Krankheiten einher. Seite 39.

Ibsen: Henrik Ibsen (1828–1906), norwegischer Dramatiker und Dichter. Wird als Gründer des modernen Dramas betrachtet. Er entwickelte neue Stilarten und verwarf die traditionelleren Methoden des Schreibens. Seine Stücke richteten sich an wichtige soziale Themen, wobei lebensnahe Dialoge eingesetzt wurden. Durch seinen Dialog wurde ein neuer Darstellungsstil erreicht und seine Methoden und Themen beeinflussten die Theater der Welt. Seite 113.

„Ich“: DAS ZENTRUM, DAS SICH DES BEWUSSTSEINS BEWUSST IST. ORGANISMEN SIND SICH IHRER UMGEBUNG BEWUSST. HÖHERE ORGANISMEN SIND SICH AUSSERDEM DIESES BEWUSSTSEINS BEWUSST. MAN KÖNNTE SAGEN, DASS DAS „ICH“ DES MENSCHEN DAS ZENTRUM ODER DER MONITOR (DIE STEUEREINHEIT) DIESES BEWUSSTSEINS ÜBER DAS BEWUSSTSEIN IST. (Aus *Definitionen und Axiome.*) Seite 75.

Idiot: Einstufung in der Psychologie für jemanden, der ein geistiges Alter unterhalb von einem Dreijährigen aufweist, einen Intelligenzquotienten (IQ) unter 25 und eine allgemeine Unfähigkeit, zusammenhängende Sprache zu erlernen oder sich vor allgemeinen Gefahren zu schützen. Seite 22.

im Grunde: soweit es das Ergebnis betrifft; in der Praxis; im Wesentlichen; grundlegend. Seite 2.

Implant, als Implant verabreicht: fest und sicher eingerichtet oder verankert, zum Beispiel im Verstand oder Bewusstsein. Seite 174.

Impotenz: ein körperlicher oder psychologischer Zustand, gewöhnlich bei einem Mann, gekennzeichnet durch eine Unfähigkeit, Geschlechtsverkehr zu haben. Seite 133.

im Stich lassen: jemanden in schwierigen oder verzweifelten Umständen aufgeben oder verlassen. Seite 102.

Indianisches Schlangenwurzelöl: eine Aufbereitung von Schlangen(wurzel)öl, die sich auf irgendeines der verschiedenen Präparate bezieht, die von Hausierern, die sich als Wissenschaftler, Ärzte oder dergleichen ausgeben, als Allheilmittel gehandelt werden, aber wenig oder überhaupt keinen medizinischen Wert besitzen. Seite iii.

induziert: als allgemeine Regel oder Schlussfolgerung von bestimmten Tatsachen hergeleitet. *Hintere Vorsatzblätter.*

in Einklang bringen: einheitlich oder passend machen; in Übereinstimmung bringen. Seite 116.

Ingenieure, nach Art der: Bezieht sich auf den Zweig der Wissenschaft und der Technik, der sich mit dem Entwurf, Bau und Einsatz von Motoren, Maschinen und Bauwerken befasst. Seite 92.

Inspiration: die Handlung des Verursachens, Lenkens oder Motivierens von (schöpferischem) Denken und schöpferischer Tätigkeit. Seite 137.

Insulinschock: eine Form psychiatrischer Schockbehandlung, die in den 30er Jahren des 20. Jahrhunderts eingeführt wurde. Die sogenannte Behandlung besteht aus einer Reihe hochdosierter Insulinspritzen (Insulin ist ein Hormon) in den Körper, wodurch der Zuckergehalt des Blutes verringert wird. Dadurch werden Krämpfe und ein Koma herbeigeführt. Seite 188.

INTELLIGENZ: DIE FÄHIGKEIT, PROBLEME WAHRZUNEHMEN, AUFZUWERFEN UND ZU LÖSEN. INTELLIGENZ UND DER DRANG ZUM ÜBERLEBEN (DIE DYNAMIK) SIND FÜR EIN FORTDAUERNDES DASEIN BEIDE ERFORDERLICH. VON MENSCH ZU MENSCH UND VON GRUPPE ZU GRUPPE VARIIEREN DIESE BEIDEN GRÖSSEN IN IHREM UMFANG. DIE DYNAMIKEN WERDEN DURCH ENGRAMME GEHEMMT, DIE IHREN THETA-FLUSS ODER IHRE LEBENSKRAFT BLOCKIEREN UND ZERSTREUEN. DIE INTELLIGENZ WIRD EBENFALLS DURCH ENGRAMME BEHINDERT, INDEM DIE ENGRAMME FALSCHE ODER UNRICHTIG BEWERTETE DATEN IN DEN ANALYTISCHEN VERSTAND EINGEBEN. (Aus *Definitionen und Axiome.*) Seite 7.

Intelligenzquotient: eine Zahl, die mit Hilfe von Tests ermittelt wird und die Intelligenz einer Person anzeigen soll. (*Quotient* bedeutet das Ergebnis einer Teilung und bezieht sich auf die Art und Weise, wie das Testergebnis berechnet wird, um den Durchschnitt einer Altersgruppe zu erhalten.) Seite 19.

interiorisiert: in einem Zustand der *Interiorisation*, einem Zustand, bei dem sich der Preclear, während er ein Geschehnis durchläuft, in sich selbst befindet und eine Sicht der Szene erhält, wie er sie zur damaligen Zeit sah, im Gegensatz zu *exteriorisiert,* wobei er sich selbst als Teil der Szene des Geschehnisses sieht, das er durchläuft. Das Phänomen der Interiorisation ist in Buch Eins, Kapitel Elf, Visio, beschrieben. Seite 88.

Intrige: geheimes Planen oder Anzetteln. Seite 142.

Introversion: eine Ausrichtung seines Interesses nach innen oder innerhalb des Selbst. Seite 115.

introvertiert: Interesse und Aufmerksamkeit nach innen oder auf etwas in einem selbst gerichtet. Seite 102.

Intuition: die Fähigkeit, etwas direkt zu wissen oder zu verstehen, ohne dass ein bewusstes Überlegen notwendig wäre. Seite 69.

Jefferson: (1743–1826) der Verfasser der amerikanischen Unabhängigkeitserklärung, ein Hauptanführer im Amerikanischen Unabhängigkeitskrieg und der dritte Präsident der Vereinigten Staaten (1801–1809). Er war Philosoph, Pädagoge, Naturforscher, Politiker, Wissenschaftler, Architekt, Erfinder, Pionier der wissenschaftlichen Landwirtschaft, Musiker und Schriftsteller. Außerdem war er der führende Sprecher für Demokratie seiner Zeit. Seite 141.

kalte Packungen: Bezieht sich auf eine Praktik in der Psychiatrie, bei der Eispackungen oder kalte nasse Handtücher oder Leintücher zur Beruhigung um einen Patienten gewickelt werden, um sein Verhalten im Delirium oder bei Aufregung unter Kontrolle zu halten. Der Körper ist wie eine Art Mumie eingehüllt und der Patient kann sich nicht bewegen; die Anwendung dauert oft mehrere Stunden. Seite 35.

Kalvinismus: die Doktrinen und Lehrsätze des Religionsreformers Johannes Calvin (1509–1564). Der Kalvinismus betonte die uneingeschränkte Macht bzw. Autorität Gottes (man glaubte, dass Menschen durch die Gnade Gottes und nicht durch ihre eigenen Anstrengungen gerettet werden), die Notwendigkeit von strikter Disziplin in der Kirche und die ethische Ernsthaftigkeit des Lebens. Seite 486.

Kanäle: Mittel oder Wege, in etwas einzudringen oder an etwas heranzugehen; Zugangsmöglichkeiten oder Hilfsmittel, mit denen etwas erzielt wird. Seite 67.

Kapitalist: jemand, der den Kapitalismus unterstützt oder an einem kapitalistischen Wirtschaftssystem teilnimmt. Der *Kapitalismus* ist ein Wirtschaftssystem, in dem Betriebe und Industrie eines Landes von Privateigentümern statt der Regierung kontrolliert und für Gewinn betrieben werden und in dem Geld (Kapital) in verschiedene Unternehmen investiert oder an sie ausgeliehen wird, um daraus Profit zu ziehen. Seite 315.

katatonisch: von *Katatonie* stammend oder typisch dafür, einen Zustand, der durch eine zeitweise Unfähigkeit oder Widerwilligkeit, sich zu bewegen oder zu handeln, oder offensichtliche Benommenheit und durch Muskelsteifheit gekennzeichnet ist. *Hubbard Tabelle der Einschätzung des Menschen und des Dianetischen Prozessings.*

keck: an Ernst fehlen lassend; respektlos. Seite 381.

Keim: das, woraus etwas entsteht oder entstehen kann; Ursprung, Ausgangspunkt von etwas. Seite 316.

Kennzeichen: ein unverkennbares Zeichen oder Merkmal, das mit einer Person oder Sache so in Verbindung gebracht wird, dass es ein Anzeichen oder typisches Merkmal dieser Person oder Sache ist, wodurch sie identifiziert wird. Seite 55.

Kernphysik: der Zweig der Physik, der sich mit Verhalten, Struktur und Bestandteilen des Zentrums eines Atoms (genannt Atomkern) befasst, der beinahe die gesamte Masse des Atoms ausmacht. Seite 111.

Kernspaltung: die Teilung (Spaltung) des Kerns (Zentrums) eines Atoms in Bruchstücke, was von einer enormen Energiefreisetzung begleitet ist – das Prinzip der Atombombe. Seite 3.

Kette(n): eine Reihe von Geschehnissen ähnlicher Art. Seite vii.

Ketten-Scanning: *Ketten-Scanning* wird in Buch Zwei, Kapitel Vierzehn, Engrammketten, beschrieben. Seite 359.

Kielwasser davon, im: Kielwasser ist die sichtbare Spur (aus aufgewühltem und unruhigem Wasser), die von etwas hinterlassen wird, wie beispielsweise von einem sich durch Wasser bewegenden Schiff. Daher, ein Zustand, der von jemandem oder etwas hinterlassen wurde, der bzw. das sich vorbei bewegt hat; als Auswirkung folgend. Seite 113.

Kilopondmeter: grundlegende Einheit der Energie oder Arbeit; ein Kilopondmeter entspricht der Menge an Arbeit, die nötig ist, um ein Kilopond (eine Einheit der Kraft) einen Meter hochzuheben. Seite 493.

Kippwagen: ein Fahrzeug mit einem Aufbau, der geneigt werden kann, um den Inhalt zu entladen. Seite 462.

Klafterholz: gespaltenes Holz, das in *Klaftern* gestapelt wird, Stapeln, die ca. 3 Meter lang, 1,5 Meter breit und 1,5 Meter hoch sind, und das als Brennstoff verwendet wird. Seite 197.

klar umrissen: in seinen wesentlichen Punkten dargelegt. Seite 314.

Kleiner Cäsar: Bezieht sich auf jemanden, der sich wie Julius Cäsar (ca. 100–44 v. Chr.) verhält, ein Diktator und unterdrückerischer Herrscher Roms und militärischer Führer, der half, Rom zum Zentrum eines Weltreichs zu machen, das sich über Europa erstreckte. Zum Beispiel wurde 1931 der berühmte Gangsterfilm *Der kleine Cäsar* herausgebracht. Er handelt von dem Cäsar-ähnlichen Aufstieg und Fall eines gemeinen Gangführers, der in der Gosse stirbt, während er seine letzten Worte von sich gibt. Seite 205.

kleinmütig: Mangel an Energie, Mut oder Wille aufweisend, etwas durchzuführen. Seite 234.

kleinster gemeinsamer Nenner: der grundlegendste Faktor, den eine Reihe von Leuten oder Dingen gemeinsam haben. Seite 2.

Ko-Auditing: Auditing, das von einem aus zwei beliebigen Personen bestehenden Team durchgeführt wird, die sich gegenseitig auditieren. Kurz für *kooperatives Auditing*. Seite 226.

Kohäsion: In der Physik ist *Kohäsion* die Kraft, die Partikel oder Moleküle derselben Art von Substanz dazu bringt zusammenzuhalten. *Adhäsion* ist die Kraft, welche die Moleküle ungleicher Substanzen zusammenhält. Wenn zum Beispiel eine Glasscheibe in Wasser gehalten und dann wieder herausgezogen wird, bleibt etwas Wasser am Glas haften (Adhäsion), aber der Rest wird in die Wassermasse zurückgezogen werden (Kohäsion). Seite 41.

Kohlenhügel: eine von Menschenhand erschaffene Anhöhe in Peking, China, mit einem Umfang von über eineinhalb Kilometern und einer Höhe von etwa 64 Metern, bedeckt mit Bäumen und Tempeln; die Anhöhe diente auch als Grabstätte. Seite 200.

Kommandostellen: Bereiche, von denen Anweisungen und Befehle, Anordnungen oder Kontrolle ausgehen. Entstammt der militärischen Verwendung des Wortes, das Hauptquartier einer Militäreinheit bedeutet, von dem aus Offiziere militärische Operationen leiten. Seite 12.

Kommentar: eine Tatsache oder Feststellung, die einen Zustand oder eine charakteristische Eigenschaft erklärt oder veranschaulicht. Seite 100.

Kommission für bedingte Haftentlassung: eine Gruppe von Leuten, die befugt sind, einem Gefangenen vorzeitig eine bedingte Haftentlassung zu gewähren. *Bedingt* bedeutet eine Freilassung eines Gefangenen entweder nur vorübergehend für einen bestimmten Zweck oder auf Dauer vor Beendigung der Haft, wenn gute Führung versprochen wird. Seite 251.

Kommunikation: Kommunikation mit der aufgezeichneten Vergangenheit (durch Rückruf und Erinnerung), der Gegenwart (durch Wahrnehmung) und der Zukunft (durch Fantasie und/oder andere Mechanismen), Kommunikation zwischen Leuten durch Schreiben, Sprechen, Berühren, Sehen usw., auch Kommunikation, wie sie in Gruppen stattfindet, und die dazugehörige Technologie (Gruppen-Dianetik). Es gibt Emotionen auf der Kommunikationsskala, doch wurden sie in unserer Gesellschaft normalerweise nicht mit Bezeichnungen versehen. (Aus *Definitionen und Axiome.*) Seite 41.

Kommunismus: die politische Theorie oder das System, in dem das gesamte Eigentum und aller Reichtum in einer klassenlosen Gesellschaft von allen Mitgliedern der Gemeinschaft besessen wird. Der Kommunismus zwingt den persönlichen Grundrechten und der persönlichen Freiheit umfangreiche negative Kontrollen auf und gemeinsame Bedürfnisse der Massen setzen individuelle Rechte außer Kraft. Seite 143.

kompromisslos: hartnäckig und nicht bereit, sich in Verhalten oder Veranlagung zu verändern; in einer Art und Weise, die kein Abgleichen von Meinungsverschiedenheiten erlaubt. Seite 112.

Konservatismus: die Neigung, sich Veränderung entgegenzustellen oder zu bewahren, was etabliert ist. Seite 100.

Kontakt: ein Zusammenkommen oder Treffen. Seite vi.

Kontrollblatt: eine Aufzeichnung der Anzahl oder Menge von etwas, dem gewöhnlich mehr hinzugefügt wird. Seite 303.

konzentrisch: einen gemeinsamen Mittelpunkt habend, wie z. B. bei Kreisen, die sich einer innerhalb eines anderen befinden. Seite 139.

koordiniert: aufgebaut, indem man etwas in der richtigen Reihenfolge oder relativen Position zueinander und zum System anordnet, zu dem es gehört. Seite 1.

kopflastig: mit einer verhältnismäßig zu großen Anzahl von Leuten in höheren Verwaltungsstellungen. Seite 548.

Korollarium: eine Feststellung, die aus einer folgt, die gerade demonstriert wurde, und keinen zusätzlichen Beweis erfordert. *Vordere Vorsatzblätter.*

körperliche Kraft: Muskelstärke im Gegensatz zu geistiger Kraft, wie jene, die bei Handarbeit oder körperlicher Arbeit eingesetzt wird. Seite 147.

körperliche Züchtigung: körperliche Bestrafung, z. B. eine Tracht Prügel, die einem Kind verpasst wird. Seite 135.

Kortex: die äußere Schicht des Gehirns, die aus Gruppen von Nervenzellen besteht und zu einer Oberfläche mit vielen Furchen und Erhebungen gekrümmt ist. Der Kortex soll für die Funktion verantwortlich sein, Empfindungen wie Berührung, Sehen und Hören zu empfangen und zu identifizieren sowie dafür, willentliche Muskelbewegungen des Körpers, Erinnerung, Denken und logisches Denken zu regeln. Seite 26.

Kraft: Fähigkeit, jemanden zu beeinflussen. Seite 61.

Kraft, aus eigener, hinaufheben: etwas bewerkstelligen, seine Stellung verbessern, normalerweise durch die eigenen Bemühungen, ohne fremde Hilfe. Seite 519.

Kräfte: grundlegend bedeutet *Kraft* Stärke oder Einfluss, die bzw. der auf einen Gegenstand ausgeübt wird. Im weiteren Sinne kann es eine Handlung oder einen Einfluss bedeuten, der als den physikalischen Kräften ähnlich betrachtet wird, wie in dem Ausdruck „die Kräfte des Bösen." Seite 169.

krampfartig: Betrifft die Natur eines *Krampfes*, einer Reihe von plötzlichen, unnormalen, unabsichtlichen Muskelzusammenziehungen. Seite 26.

krass: an Feingefühl, Kultiviertheit oder Intelligenz mangelnd. Seite 467.

Kreuzotter: eine giftige Schlange. Seite 142.

Kriegshetzer: Menschen, die Krieg befürworten, billigen oder versuchen, einen herbeizuführen. Seite 168.

Krimskrams: Kleinkram aller Art; verschiedene Items oder Gegenstände von Interesse. Im erweiterten Sinne alles, was Krimskrams ähnelt oder darauf hindeutet. Seite 175.

Kult: eine exklusive Gruppe von Leuten, die eine übermäßige Hingabe an eine bestimmte Person, Idee oder Sache teilen. Seite 146.

KULTUR: DAS MUSTER (FALLS EINES VORHANDEN IST), NACH DEM SICH DAS LEBEN IN DER GESELLSCHAFT ABSPIELT. ALLE FAKTOREN DER GESELLSCHAFT – SOZIALE, BILDUNGSMÄSSIGE, WIRTSCHAFTLICHE USW., OB SCHÖPFERISCH ODER ZERSTÖRERISCH. MAN KÖNNTE SAGEN, DASS DIE KULTUR DER „THETA-KÖRPER DER GESELLSCHAFT IST". (Aus *Definitionen und Axiome.*) Seite iii.

kummervoll: in einer depressiven, sorgenvollen oder traurigen Art. Seite 104.

Kundenkreis: die Kunden oder Verbraucher einer professionellen Organisation oder eines Geschäfts, als Gruppe betrachtet. Seite 290.

kunstvoll: schlau, listig oder klug; hinterlistig oder trickreich. Seite 137.

Kurs auf (etwas) einschlagen: in Richtung auf etwas, zu einem Ziel hinlenken. Seite 316.

kurzgeschlossen: *Siehe* **Kurzschluss**. Seite 83.

Kurzschluss: Ein *Schaltkreis* ist ein System elektrischer Bauteile und Drähte, das einen vollständigen Pfad bildet, auf dem ein elektrischer Strom fließen kann, und das eine bestimmte Funktion erfüllt. Bei einem *Kurzschluss* schlägt die Elektrizität einen kürzeren, weniger Widerstand bietenden Weg ein, statt des Hauptweges aus Drähten und Teilen. Das führt zu übermäßigem Elektrizitätsfluss (ohne Widerstand fließt Elektrizität unkontrollierbar und verursacht eine Überlastung) und schaltet die Anlage normalerweise ab. Im übertragenen Sinne verwendet. Seite 336.

kurzsichtig: nicht nach vorne blickend; nicht für die Zukunft voraussehend oder planend; es an Beachtung für das, was wahrscheinlich in der Zukunft passiert, fehlen lassend. Seite 80.

LADUNG: DIE ANSAMMLUNG VON ENTHETA IN LOCKS UND SECONDARYS, DIE DIE ENGRAMME AUFLÄDT UND IHNEN IHRE ABERRIERENDE KRAFT VERLEIHT. (Aus *Definitionen und Axiome.*) Seite 76.

Lager, isoliertes: eine zeitweilige Unterkunft oder gesonderte Quartiere, die einer Gruppe von Personen, Truppen usw. zugewiesen werden. Seite 103.

Laie: jemand, der kein Fach- oder spezialisiertes Wissen hat. Seite vi.

lärmend: auf eine laute, barsche und unangenehme Art. Seite 485.

Lastschrift: eine *Lastschrift* ist ein Eintrag eines geschuldeten Betrags in ein Konto oder die Spalte, in der eine solche Schuld oder jeder Verlust aufgezeichnet ist. *Lastschrift* bezieht sich auch auf Geld, das von einem Konto abgehoben wird. Wird im übertragenen Sinne verwendet und bedeutet etwas, das abgezogen oder weggenommen wurde. Seite 239.

Las Vegas: eine Stadt im Südosten von Nevada, USA, die für ihre Spielkasinos, Hotels und Unterhaltung rund um die Uhr bekannt ist. Seite 315.

Lazarus: gemäß der Bibel ein Mann aus Bethanien (einem Dorf, drei Kilometer östlich von Jerusalem, Israel, gelegen), der nach seinem Tode von Jesus Christus wieder zum Leben erweckt wurde, nachdem er vier Tage lang begraben gewesen war. Seite 49.

LEBEN (λ): DIE HARMONISCHE EROBERUNG VON MEST DURCH THETA, BEI DER EIN SICH SELBST ERHALTENDER ORGANISMUS GEBILDET WIRD. TOD IST DER RÜCKZUG VON THETA AUS DEM ORGANISMUS. (Aus *Definitionen und Axiome.*) Seite 2.

Lebenskraft: Energie und Begeisterung. Seite 3.

LEBENSZYKLUS: DIE PERIODISCH WIEDERHOLTE EROBERUNG VON MEST, DAS SICH-ZURÜCKZIEHEN UND WIEDEREROBERN VON MEST DURCH THETA. WIR GEHEN DAVON AUS, DASS EIN BESTIMMTER AUSSCHNITT ODER EINE BESTIMMTE EINHEIT VON THETA (ZUMINDEST BEI MENSCHLICHEN WESEN) GEBURT, WACHSTUM, TOD, GEBURT, WACHSTUM, TOD USW. DURCHLÄUFT, WOBEI THETA JEDES MAL MEHR ÜBER DIE TÄTIGKEIT LERNT, AUS MEST ERFOLGREICHE ORGANISMEN ZU BILDEN, DIE BESSER ÜBERLEBEN KÖNNEN. (Aus *Definitionen und Axiome.*)

lebhaft wechselnd: rasche Veränderungen von Emotion zur Schau stellend oder zu Veränderungen neigend. *Hubbard Tabelle der Einschätzung des Menschen und des Dianetischen Prozessings.*

legen, sich: sich an Intensität, Menge usw. verringern oder reduzieren. Seite 59.

Leichenhaus: Haus oder Ort, an dem die Körper oder Knochen von Toten aufbewahrt werden. Seite 316.

leitender Ausschuss: ein ernannter und gewählter Ausschuss, der die Angelegenheiten einer öffentlichen oder privaten Organisation überwacht. Seite 71.

Lenin: Wladimir Iljitsch Lenin (1870–1924), russischer Anführer der Kommunistischen Revolution von 1917. Danach wurde er von 1917 bis 1924, durch Gewalt und Terror, Diktator der UdSSR (Union der Sozialistischen Sowjetrepubliken, einer früheren Gruppe russisch kontrollierter Staaten). Seite 143.

Leprakranke: Personen, die an *Lepra* erkrankt sind, einer ansteckenden Haut- und Nervenkrankheit, die durch weiße, schuppige Knötchen, Missbildungen und letztendliche Empfindungslosigkeit gekennzeichnet ist. Seite 184.

Lethargie: der Zustand, schläfrig und abgestumpft zu sein, ohne Energie; apathisch oder träge; nicht aktiv. Seite 35.

liberal: in der Art des *Liberalismus*, einer politischen Philosophie, die in ihrer Theorie Individualismus betont, autoritäre Regierung ablehnt und Redefreiheit, Religion und das Besitzrecht verteidigt sowie Garantien der Rechte von Einzelpersonen und bürgerlicher Freiheiten durch die Regierung sowie Toleranz gegenüber Vorstellungen und Verhalten anderer befürwortet. Seite 141.

Lichte von, im: mit Hilfe der Kenntnis von (irgendeiner Tatsache); berücksichtigend; in Betracht ziehend. Seite 143.

Lichtgeschwindigkeit: 300.000 Kilometer pro Sekunde. In der Wissenschaft wird die Geschwindigkeit des Lichts als eine *konstante Größe* betrachtet, eine Menge, die immer gleich ist. Seite 5.

liebenswürdig: höflich und freundlich. Seite 36.

Line-Charge: eine ganze Gruppe von Geschehnissen, die für sich genommen eine Masse an Ladung besitzen. Eine *Line-Charge* ist einfach eine große Menge an Erleichterung, die beim Fall erfolgt. Die Person wird schallend und haltlos lachen; sie kann nicht aufhören, über diese Dinge zu lachen. Seite 426.

Linie liegen, auf einer: logisch vereinbar sein. Seite 489.

Liquidierung: das Beseitigen oder Töten unerwünschter Personen. Seite 190.

LOCK: EIN GESCHEHNIS AUF ANALYTISCHER (WACHER) EBENE, DAS EINE MEHR ODER WENIGER GROSSE ENTURBULIERUNG VON THETA ENTHÄLT UND DEN WAHRNEHMUNGEN EINES ENGRAMMS ODER EINER KETTE VON ENGRAMMEN NAHEKOMMT. AUFGRUND DES KÖRPERLICHEN SCHMERZES, DER IM ENGRAMM AUFGEZEICHNET IST, WIRD DAS THETA DAHER EINGEFANGEN UND BLEIBT ALS EINE EINKAPSELUNG VON ENTHETA BESTEHEN. (Aus *Definitionen und Axiome.*) Seite v.

locken: behutsam und wiederholt bitten, drängen usw. Seite 276.

Lock-Scanning: ein Auditing-Verfahren, bei dem der Auditor den Preclear beim ersten Mal startet, als eine bestimmte Art Geschehnis vorkam, und ihn einfach durch die Locks vorwärtsbringt. Lock-Scanning wird in Buch Zwei, Kapitel Elf, Lock-Scanning, vollständig beschrieben. *Siehe auch* **LOCK.** Seite v.

Locks, Reduzierung von: die Handlung, ein Lock zu auditieren, indem man es mehrmals durchläuft, als wäre es ein Engramm. Seite v.

logarithmischen Erlass, durch: durch mathematischen oder wissenschaftlichen Erlass. *Logarithmen* sind Zahlen, die in der Mathematik benutzt werden, um die wiederholte Multiplikation einer einzelnen Zahl auszudrücken. Zum Beispiel ist in der Gleichung $2^3 = 8$, was $2 \times 2 \times 2 = 8$ bedeutet, die Zahl 3 der Logarithmus. Ein *Erlass* ist eine autoritative Entscheidung oder ein Befehl, der Gesetzeskraft besitzt. Seite 8.

London, Bombardierung von: Bezieht sich auf die heftige, langwierige Bombardierung Londons durch die Deutschen während des 2. Weltkrieges (1939–1945), die den Widerstand der Briten verstärkte, die heldenhaft zurückschlugen und einen deutschen Sieg verhinderten. Seite 164.

loskaufen von: die Loyalität oder Unterstützung (von jemandem) durch Bestechung beschaffen. Seite 65.

Luft machen: starke Gefühle oder Emotionen herauslassen oder energisch ausdrücken. Seite 318.

Lump: eine gemeine, feige, verachtenswerte Person. Seite 174.

Lungenentzündung: eine ernste Krankheit, bei der sich die Lunge mit Flüssigkeit füllt und dadurch das Atmen erschwert. Seite 38.

Lysenko: Trofim Denisovich Lysenko (1898–1976), russischer Agrarwissenschaftler und Biologe der früheren Sowjetunion. Er glaubte, dass die Umgebung das Leben kontrollierte und versuchte, Darwins Evolutionstheorien auf die Landwirtschaft anzuwenden. Er war ein Günstling Stalins und seine Theorien, die den Menschen verleugneten, wurden in allen russischen Schulen gelehrt. Seite 491.

Madrid, Bombardierung von: Bezieht sich auf den Spanischen Bürgerkrieg (1936-1939), bei dem Madrid von den revolutionären Streitkräften des Generals Francisco Franco (1892-1975) bombardiert wurde. Trotz der Bombardierung hielt sich die Stadt und ergab sich erst Ende März 1939. Seite 164.

Magen-Darm-Trakt: derjenige Teil des Verdauungssystems, zu dem Mund, Speiseröhre (die Röhre, die vom Mund zum Magen führt), Magen und Darm gehören. *Magen-Darm* bedeutet zum Magen und Darm gehörend. *Trakt* bezieht sich auf eine Gruppe, ein System oder eine Reihe von zusammengehörigen Organen, die in Verbindung miteinander arbeiten, um etwas durchzulassen, z. B. Nahrung oder Abfallprodukte. Seite 26.

Malerstaffelei: ein im Winkel aufrecht und frei stehendes, meist aus Holz gemachtes Gestell, um das Gemälde eines Malers zu stützen oder zu zeigen. Seite 486.

Mammut: ein massives, elefantenähnliches Säugetier, das vor etwa 25.000 Jahren ausgestorben ist. Seite 534.

Manifeste: öffentliche Bekanntgaben von Meinungen, Absichten, Zielen usw., wie denjenigen, die von einer Person, Regierung, Organisation oder dergleichen herausgegeben werden. Seite 488.

manisch: durch *Manie* gekennzeichnet, anormale Erregbarkeit, übersteigerte Gefühle des Wohlbefindens usw. Seite 31.

manisch: ein manisches Engramm betreffend. Seite 31.

manisch-depressive Person: eine Person, die zwischen den Extremen Erregung und Depression hin- und herpendelt. Seite 32.

manisches Engramm: Bei einem manischen (in hohem Maße schmeichelhaften und das Überleben begünstigenden) Engramm führt die Lebenskraft der Person direkt durch das Engramm und ihr Verhalten ist, ganz gleich wie begeistert oder euphorisch, in Wirklichkeit sehr aberriert. Seite 31.

Maßstab: ein Standard zur Messung oder Beurteilung. Seite 43.

materialistisch: von der philosophischen Lehre, dass Materie die einzige Realität darstellt und dass alles auf der Welt, einschließlich Denken, Wille und Fühlen, nur in Begriffen von Materie erklärt werden kann. Seite 2.

materialistischen Scheuklappen versehen, mit: allem gegenüber blind, außer gegenüber dem *Materialismus*, der philosophischen Lehre, dass Materie die einzige Realität darstellt und dass alles auf der Welt, einschließlich Denken, Wille und Fühlen nur in Begriffen von Materie erklärt werden kann. Eine *Scheuklappe* ist eine von zwei *Klappen* aus Leder, die verhindert, dass ein Pferd nach der Seite sieht. Seite 490.

Matschtörtchen: eine kleine runde Form, die von Kindern beim Spiel aus Schlamm oder feuchter Erde gemacht wird. Seite 301.

Maulwurfshügel: ein kleiner Erdhügel, der durch einen grabenden *Maulwurf* aufgeworfen wurde, ein kleines Säugetier mit großen Vordergliedmaßen zum Graben, das unter der Erde lebt; im übertragenen Sinn ist ein *Maulwurfshügel* eine kleine Schwierigkeit, besonders eine, die, was ihre Wichtigkeit betrifft, aufgebauscht wurde. Seite 259.

Mensch: ein menschliches Wesen, unabhängig von Geschlecht oder Alter; eine Person. Seite i.

Menschheit: das Menschengeschlecht oder die menschliche Spezies, Menschentum. Seite iv.

MENSCHLICHES DENKEN: EIN VORGANG, DER DARAUS BESTEHT, DATEN WAHRZUNEHMEN UND ZU SPEICHERN, SCHLUSSFOLGERUNGEN ZU BERECHNEN UND PROBLEME AUFZUWERFEN UND ZU LÖSEN. DER ZWECK DAVON IST ÜBERLEBEN AUF SÄMTLICHEN DYNAMIKEN. (Aus *Definitionen und Axiome.*) Seite ii.

Mentor: ein weiser und bewährter Berater; jemand, der gewöhnlich älter und erfahrener ist, der einer jüngeren und weniger erfahrenen Person Ratschläge erteilt und sie unterstützt und über ihren Fortschritt wacht und ihn fördert. Seite 291.

Mesopotamier: jemand aus dem alten Gebiet, das als Mesopotamien bekannt ist und in der heutigen Zeit Ostsyrien, die Südosttürkei und den größten

Teil des Iraks ausmacht. Vor 7000 v. Chr. besiedelt, war Mesopotamien das Zuhause der ersten Städte der Welt, wovon jede als Mittelpunkt einen Tempel besaß, der zur Verehrung des Gottes dieser Stadt gebaut worden war. Seite 491.

Mest (ϕ): Materie, Energie, Raum und Zeit. Das physikalische Universum. (Aus *Definitionen und Axiome.*) Seite 5.

Mest-Körper: der physische Körper. Der Organismus in all seinen Mest-Aspekten. Der Mest-Körper ist belebt oder unbelebt, lebendig oder tot, je nachdem, ob ein Theta-Körper vorhanden ist oder nicht. (Aus *Definitionen und Axiome.*) Seite 8.

Mest-Locks: Locks, die dadurch entstehen, dass dem Individuum Erfahrung oder Kontrolle von Materie, Energie, Raum oder Zeit verweigert oder aufgezwungen wird. Wir nehmen an, dass die Reduzierung der Mest-Locks, in denen das Individuum dazu gebracht wurde, nach oben zu gehen, oder nicht herunterkommen durfte, alle Rausschmeisser-Sätze im Fall unwirksam macht – und dies würde auch für alle anderen Arten von Aktionssätzen gelten. (Aus *Definitionen und Axiome.*) Seite 533.

Mest-Technik: Straightwire, repetitives Straightwire (langsames, vom Auditor gelenktes Lock-Scanning) und Lock-Scanning von Mest-Locks. Sprach-Locks werden durch Straightwire lediglich als Hinweis auf die darunterliegenden Mest-Locks gefunden. Mest-Technik und Bestätigungstechnik können und sollten miteinander verbunden werden. (Aus *Definitionen und Axiome.*) Seite 533.

Mest-Wahrnehmungseindrücke: ganz normale, gewöhnliche Sinnesdaten – sowohl neue als auch aufgezeichnete Wahrnehmungen von Materie, Energie, Raum und Zeit sowie Kombinationen dieser Wahrnehmungen. Wir gehen davon aus, dass es 26 Kanäle der Mest-Wahrnehmung gibt. (Aus *Definitionen und Axiome.*)

Metaphysiker: jemand, der sich auf *Metaphysik* spezialisiert hat oder damit auskennt; Metaphysik ist der Bereich der Philosophie, der mit der letztlichen Natur des Daseins oder der Natur der letztlichen Realität zu tun hat, die oberhalb der augenscheinlichen Naturgesetze liegt, darüber hinausgeht oder mehr als das Physikalische ist. Erstmals auf Schriften von Aristoteles (384–322 v. Chr.) angewandt, bedeutet der Begriff wörtlich „nach der Physik", weil diese Schriften seinem Werk mit dem Titel *Die Physik* folgten. Seite 48.

Methode(n): Art oder Weise des Handelns oder Tuns. Seite 6.

Miami Beach: eine Stadt im Südosten Floridas, USA, ein weltberühmter Ferienort für das ganze Jahr, samt großen Hotels mit Blick aufs Meer, Appartements, aufwändigen Nachtclubs und ausgedehnten Sandstränden. Seite 113.

Mietskaserne: ein heruntergekommenes und oft überfülltes Mietshaus, besonders in einem armen Viertel einer großen Stadt. Seite 141.

Mikrobe: ein mikroskopischer Organismus, insbesondere eine Bakterie, die Krankheit verursacht; Keim. Seite 534.

Minnesota Multiphasentest: die Minnesota Multiphasen-Persönlichkeits-Bestandsaufnahme, ein weit verbreiteter Test, der entwickelt wurde, um Persönlichkeitsmerkmale einzuschätzen. Er besteht aus mehreren hundert mit Ja oder Nein zu beantwortenden Fragen, die in verschiedene Themenbereiche eingeteilt sind, wobei höher liegende Zahlenwerte oder Bereiche beim Test auf größere Mengen an Aberration hinweisen. (*Multiphasen-* bedeutet, viele Phasen oder Zustände aufweisend.) Seite 382.

Mischmasch: ein verworrenes Gemenge; Durcheinander. Seite 2.

Missachtung: das Brechen oder Nichteinhalten eines Gesetzes, einer Vereinbarung oder eines Verhaltenskodex. Seite 84.

missbilligen: etwas an jemandem oder etwas auszusetzen haben; starke Ablehnung ausdrücken. Seite 64.

MISSEMOTION: EINE ERSCHEINUNG DES ORGANISMUS, DIE DEN ANSCHEIN ERWECKT, EINE EMOTION GEMÄSS DER OBIGEN DEFINITION ZU SEIN, JEDOCH IRRATIONAL IST, DER GEGENWÄRTIGEN UMGEBUNG NICHT ENTSPRICHT ODER NICHT DIE WIRKLICHE GEGENWÄRTIGE POSITION AUF DER TONSKALA DARSTELLT. IRRATIONALE GEMÜTSBEWEGUNG. MISSEMOTION UMFASST AUCH ENTHETA IM REAKTIVEN VERSTAND, EMOTION, DIE UNTERDRÜCKT WORDEN IST UND IN LOCKS UND SECONDARYS IM FALL VERBLEIBT. (Aus *Definitionen und Axiome*.) Seite 91.

Missgeschick(e): ein äußerst unangenehmes Erlebnis oder äußerst unangenehmer Vorfall. Seite 161.

Missionare: Personen, die von einer Kirche in ein anderes Land geschickt werden, um ihren Glauben zu verbreiten oder soziale und medizinische Arbeit zu verrichten. Seite 125.

Missklang: Fehlen von Harmonie; nicht harmonierendes, verworrenes oder schrilles Gemisch von Klängen, Vorstellungen usw. Seite 374.

missmutig: stillen Groll zeigend. Seite 59.

Missweiser: Schickt den Preclear in die falsche Richtung. („Nicht hier entlang", „Die andere Richtung", „Das ist falsch", „Ich weiss weder ein noch aus", „Du kannst oben und unten nicht unterscheiden".) (Aus *Definitionen und Axiome.*) Seite 121.

Mistel: eine Pflanze mit gelblichen Blüten und weißen Beeren, wächst parasitär auf verschiedenen Bäumen. Seite 376.

mit Bedacht: nach sorgfältiger oder gründlicher Überlegung; mit Absicht. Seite 418.

Mitgefühl: Übereinstimmung von Gefühlen oder Neigungen, wodurch Leute in ein gegenseitiges Einverständnis gebracht werden; gegenseitiges Verstehen oder Zuneigung. Seite 160.

Mitgefühlsengramm: ein Engramm, das darauf besteht, dass der Betreffende krank sein muss, um zu überleben. „Ich hatte jemanden, der sich um mich kümmerte, als ich krank war. Ich brauche jemanden, der sich um mich kümmert. Ich muss krank sein." Das ist das Grundmuster aller Mitgefühlsengramme, das Grundmuster des Engramms, das die chronische psychosomatische Krankheit enthalten wird. Seite 343.

mit Scheuklappen versehen: mit *Scheuklappen* ausgestattet, zwei Lederklappen, die ein Pferd vom Seitwärts-Schauen abhalten. Seite 490.

Mitte, aus ihrer: Position mitten unter den Mitgliedern einer Gruppe oder Gesellschaft. Seite 103.

Mittel: etwas, wodurch oder von dem etwas bewerkstelligt oder fortgeführt wird; Kommunikationsmittel. Seite 18.

Mixer: Wirft Geschehnisse und Sätze durcheinander. („Ich bin verwirrt", „Ich nehme meins verrührt", „Rühr es um", „Es ist alles durcheinander" und „Ich bin mitten drin".) (Aus *Definitionen und Axiome.*) Seite 542.

Molekül(e): eine der Grundeinheiten von Materie, bestehend aus einem oder mehreren Atomen, die durch chemische Kräfte zusammengehalten werden. Es ist das kleinste Teilchen, in das eine Substanz aufgeteilt werden kann und das immer noch die chemische Identität der ursprünglichen Substanz hat. Seite 4.

Monarchie: eine Regierungsform, bei der das Land von einer einzigen Person regiert wird, normalerweise von einem König oder einer Königin. Seite 141.

Monitor: etwas, das die Durchführung von etwas reguliert oder kontrolliert. Seite 550.

monogam: nur mit einer Person zurzeit verheiratet sein. Seite 132.

Moos: eine kleine blütenlose grüne Pflanze, die dicht gedrängt in Massen wächst und sich wie ein Teppich über den Boden, über Steine, Bäume usw., ausbreitet. Seite 7.

Morast: eine verwirrende oder schwierige Situation; etwas, das eine Person einfängt oder behindert. *Morast* ist ein Gebiet mit tief liegendem Boden, der bis sehr tief hinunter weich und feucht ist und es deswegen schwierig macht, darauf zu gehen. Seite 199.

Morphium: eine wirkungsvolle süchtig machende Droge, die in der Medizin verwendet wird, um heftige Schmerzen zu lindern. Wegen seiner schmerzstillenden Eigenschaft kann Morphium ein Gefühl von Gleichgültigkeit gegenüber den Vorgängen in der Umgebung hervorrufen. Andere Nebenwirkungen, die mit Morphium einhergehen, sind Übelkeit und Erbrechen, genau wie Verstopfung. Es wird illegal verkauft und verwendet und kann bei Überdosierung tödlich sein. Seite 469.

Mumps: eine ansteckende Krankheit, durch Fieber und Anschwellen der Drüsen gekennzeichnet, besonders um den Hals herum und im Gesicht. Seite 39.

mürbe machen: den Widerstand oder die Moral von etwas untergraben oder schwächen. Seite 191.

Mussolini: Benito Mussolini (1883–1945), Führer der italienischen Faschisten und Premierminister von Italien (1922–1943). Mussolini führte Italien 1940 in den Zweiten Weltkrieg und unterstützte Hitler bei seinem Mord an Millionen von Menschen. Seite 105.

mutwillig: aus absichtlicher Boshaftigkeit, leichtfertig und ohne ersichtlichen Grund. Seite 167.

Mythos: eine überlieferte Geschichte oder Legende, gewöhnlich über eine Person, ein Ereignis oder einen Helden; im Besonderen bezieht sich ein Mythos auf eine Geschichte mit Göttern und erklärt irgendeinen Brauch oder eine Naturerscheinung. Seite 491.

nachgeben: einwilligen oder billigen; einverstanden sein mit. Seite 264.

Nachklingen: eine zurückbleibende Wirkung. Seite 379.

nachweisen: den Wert einer Sache zeigen oder beweisen, besonders im Licht späterer Entwicklungen. Seite iii.

Nährstoffe: Nahrung; Essbares. Seite 42.

Narkosynthese: Hypnose, die durch Drogen herbeigeführt wird, wobei ein Patient einer Psychotherapie unterzogen wird, während er durch diese Drogen beeinträchtigt wird und sich im „Tiefschlaf" befindet. *Narko-* ist kurz für narkotisch und bedeutet eine Droge, die Hypnose herbeiführt. *Synthese* bedeutet in diesem Sinne die Verbindung getrennter Empfindungs- oder Gedankenelemente zu einem Ganzen. Die Bezeichnung wurde von Psychiatern geschaffen, die während des Zweiten Weltkrieges Drogen verwendeten, als sie versuchten, Soldaten „wieder aufzubauen (zu synthetisieren), die den Halt verloren hatten oder zusammengebrochen waren". Seite 189.

nässende Wunden: eine schmerzhafte offene Hautinfektion, aus der Eiter fließt (eine gelbliche Flüssigkeit, die aus dem flüssigen Teil von Blut, toten Zellen, Bakterien usw. besteht). Seite 195.

natürliche Auslese: der Vorgang, durch den Lebensformen mit Eigenschaften, die ihnen besser ermöglichen, sich an bestimmte umgebungsbedingte Zwänge anzupassen – wie zum Beispiel an Raubtiere, Klimaveränderungen, den Wettbewerb um Nahrung oder Partner –, wahrscheinlich in größerer Zahl überleben und sich fortpflanzen als andere ihrer Art, wodurch für das Fortbestehen dieser günstigen Eigenschaften bei nachfolgenden Generationen gesorgt wird. Ein *Raubtier* ist ein Tier, das zum Überleben andere Tiere jagt, tötet und frisst. Seite 72.

Naturwissenschaften: jede der Wissenschaften, wie z. B. Physik und Chemie, die Natur und Eigenschaften von Energie und unbelebter Materie erforschen und analysieren. Seite iii.

Nebel: eine leichte Verwirrung oder Zerstreutheit des Verstandes; ein geistiger Zustand, bei dem Gefühle und Wahrnehmungen verschwommen, verwirrend oder verschleiert sind. Seite 454.

nebelhaft: Fehlen von genauer Form oder genauen Abgrenzungen; nicht klar definiert oder beschrieben; vage. Seite 354.

Nebenaspekte: Auswirkungen, Folgen oder Ergebnisse, die einer Handlung oder Entscheidung folgen. Seite 78.

Nebenattraktion: im übertragenen Sinn etwas Auffälliges oder Spektakuläres. Wörtlich ist eine *Nebenattraktion* eine untergeordnete Darbietung, die zu einem Zirkus gehört und die Hauptvorführung begleitet. Früher gab es bei Nebenattraktionen oft Zauberer zu sehen, Leute mit besonderen körperlichen

Begabungen, die Kunststücke aufführten, Leute mit ungewöhnlichen körperlichen Merkmalen sowie exotische Tiere. Seite 19.

Nebenerscheinung, als: ungeplant geschehen, zusammen mit etwas anderem oder als Ergebnis von etwas anderem. Seite 15.

Nebenerscheinungen: Umstände, die als natürliche oder untergeordnete Folge von etwas stattfinden. Seite 229.

Nebenprodukt: etwas, das als zusätzliches Ergebnis einer Aktion oder eines Vorganges geschieht oder hervorgebracht wird. Seite 408.

Neigungen: natürliche oder gewohnheitsmäßige Vorlieben. Seite 178.

neurologisch: Bezieht sich auf Angelegenheiten, die mit den Nerven und dem Nervensystem zu tun haben. *Hubbard Tabelle der Einschätzung des Menschen und des Dianetischen Prozessings.*

neurotisch: ein durch *Neurose* verursachter emotionaler Zustand, der Konflikte und emotionale Informationen enthält, durch die die Fähigkeiten oder das Wohlergehen des Einzelnen behindert werden. Eine neurotische Person (Neurotiker) schadet sich aufgrund ihrer Aberrationen hauptsächlich selbst, aber nicht bis zum Punkt des Selbstmordes. Seite vi.

Neutronen: die Teilchen ohne elektrische Ladung, die Bestandteil aller Atome sind. Seite 41.

Newton: Sir Isaac Newton (1642–1727), englischer Wissenschaftler und Mathematiker, dessen Entdeckungen und Theorien über die Gesetze von Schwerkraft und Bewegung die Grundlage für einen Großteil des wissenschaftlichen Fortschritts seit seiner Zeit schufen. Seite iii.

Niagarafälle: ein riesiger Wasserfall (etwa 55 Meter hoch), der sich im Staat New York an der Grenze zwischen Amerika und Kanada befindet. Seite 5.

Nichtachtung: Handlung, mit Verachtung oder Geringschätzung zu ignorieren oder zu behandeln. Seite 142.

nichtsdestoweniger: trotzdem. Seite 376.

Nichts heraus, aus dem: vollkommen und völlig neu, ohne Verbindung mit etwas, das vorher gewesen sein könnte. Seite 478.

nichtssagend: an Sinn oder Bedeutung mangelnd; sinnlos. Seite 77.

nieder: gemäß dem moralischen Maßstab im unteren Bereich. Ohne Würde; unwürdig. Seite 7.

Niederlage: Verluste oder Besiegtwerden; eine Veränderung vom Erfolg zu Versagen hin. Seite 9.

niederträchtig: so schlimm, dass es öffentliche Ungnade verdient. Seite iii.

niedrigste Ordnungen: Bezieht sich auf die Arten (Ordnungen) von Lebensformen, die die einfachsten Strukturen besitzen und Nahrung für die komplexeren Lebensformen sind. Diese einfachen Lebensformen sind die „niedrigsten", weil man sie eher als früher auf der Evolutionskette befindlich betrachtet, im Gegensatz zu späteren, fortgeschritteneren, komplexeren und intelligenten Lebensformen, die als „höher" betrachtet werden. Seite 7.

nörgeln: ärgerliche und belanglose Einwände erheben; unnötigerweise Beanstandungen machen. Seite 344.

Nörgler: eine Person, die gewöhnlich schlecht gelaunt ist oder klagt. Seite 22.

Not: äußerste Armut, bei der die grundlegenden Notwendigkeiten des Lebens nicht erfüllt sind. Seite 145.

Nuance: geringfügiger Bedeutungsunterschied; kleine Abweichung, Abstufung oder Unterschied in der Bedeutung. Seite 165.

nüchtern: praktisch; durch eine besonnene Herangehensweise gekennzeichnet; sachlich; ernst; realistisch. Seite 341.

null: auf einer Stufe von Nichts; die Eigenschaft oder den Wert von einem Nichts haben. Seite 72.

Nymphomanin: eine Frau mit einem anormalen und unkontrollierten Verlangen nach Geschlechtsverkehr. Seite 134.

oberflächlich: (in Bezug auf eine Idee, eine Bemerkung usw.) keine ernsthaften Gedanken, Gefühle usw. für etwas zeigen. Seite 89.

Obertöne: höhere Töne, die gleichzeitig mit den tiefsten Tönen erzeugt werden und dabei helfen, die Gesamteigenschaften eines Tons zu bestimmen. Seite 372.

obszön: in einer Weise mit Sex verbunden, die die meisten Leute anstößig finden. Seite 467.

Obszönität: etwas, das für die Sinne empörend ist, weil es schmutzige oder unnatürliche charakteristische Merkmale hat. Seite 193.

öde: uninteressant oder reizlos; langweilig. Seite 326.

offen: in einer direkten Art, ohne Umschweife; geradeheraus; unverblümt. Seite 22.

offenherzig: freundlich oder großzügig. Seite 530.

Okarina: ein einfaches Musikinstrument oder Spielzeug, ein wenig wie ein gestrecktes Ei geformt, mit einem Mundstück und Fingerlöchern. Seite 2.

-ologie(n): Studium von Wissen, normalerweise in Bezug auf einen Wissenszweig; beispielsweise Psychologie (Studium des Verhaltens), Biologie (Studium lebendiger Organismen), Geologie (Studium der physikalischen Geschichte der Erde) oder Ethnologie (Studium der Völker der Menschheit). Seite iii.

Operationssaal: ein Raum in einem Krankenhaus, der speziell für chirurgische Operationen vorgesehen ist. Seite 467.

Operation unter Narkose: eine medizinische Operation, während der der Patient durch die Verabreichung einer Arznei bewusstlos gemacht wird. Seite 245.

opportunistischer Weise, in: in einer Weise, bei der jemand aus Gelegenheiten oder Situationen Vorteile zieht, ohne darüber nachzudenken, ob die Handlungen richtig oder falsch sind. Seite 102.

Ordensgelübde ablegen: ein Gelübde ist ein förmliches und ernstes Versprechen, etwas zu tun, besonders ein religiöses. Ein Ordensgelübde ablegen heißt, ein förmliches Versprechen machen, einer religiösen Gemeinschaft (Orden) beizutreten, die zusammenlebt und sich an bestimmte Regeln und Lebensweisen hält. Seite 243.

Ordnungen, niedrigste: Bezieht sich auf die Arten (Ordnungen) von Lebensformen, die die einfachsten Strukturen besitzen und Nahrung für die komplexeren Lebensformen sind. Diese einfachen Lebensformen sind die „niedrigsten", weil man sie eher als früher auf der Evolutionskette befindlich betrachtet, im Gegensatz zu späteren, fortgeschritteneren, komplexeren und intelligenten Lebensformen, die als „höher" betrachtet werden. Seite 7.

organisch: **1.** von Körpern oder Körperteilen oder zu ihnen gehörend. Seite 1. **2.** von lebenden Organismen, sich auf sie beziehend oder charakteristisch für sie. Seite 23.

Organismus: jedes individuelle Tier oder jede individuelle Pflanze, das oder die verschiedene Organe und Teile hat, die als Ganzes zusammenwirken, um das Leben und seine Aktivitäten aufrechtzuerhalten. (Ein *Organ* ist ein Teil eines Organismus, wie z. B. ein Auge, ein Flügel oder ein Blatt, das eine bestimmte Aufgabe erfüllt.) Seite 3.

Organwahrnehmungen: Die Wahrnehmungen der Zustände verschiedener Organe, Druck, Wohlbefinden, Leiden usw. (Aus *Definitionen und Axiome.*) Seite 67.

Overt-Handlungen: offene bzw. nach außen gerichtete Handlungen, die auf eine schädliche Absicht hinweisen. Seite 23.

Ovum: eine weibliche Fortpflanzungszelle. Seite 401.

Ovum-Folge, Sperma- und: ein Geschehnis, das während oder vor der Empfängnis stattfindet. Leute, die auditiert werden, haben manchmal das Gefühl, dass sie am Anfang der Zeitspur Sperma oder Ovums sind. Dieser Bereich könnte Schmerz und Bewusstlosigkeit enthalten, die gewöhnlich als Engramme reduziert werden. Seite 401.

Oxidation: der Vorgang des Behandelns, Kombinierens oder Anreicherns mit Sauerstoff. Seite 505.

Parade: eine Folge, Abfolge oder Reihe (von Dingen); in der üblichen Bedeutung, ein langer öffentlicher Umzug, normalerweise mit Marschkapelle und häufig festlichem Charakter, veranstaltet zu Ehren eines Jahrestages, einer Person, eines Ereignisses usw. Seite 361.

paradox: offensichtlich mit sich selbst unvereinbar, tatsächlich jedoch wahr. Seite 230.

paranoid: an Verfolgungswahn (*Paranoia*) leidend, einem geistigen Leiden, bei dem jemand wahnsinnig ängstlich über etwas ist, oder in Bezug auf andere Leute und deren Gedanken und Absichten übertrieben misstrauisch ist. Auch *Paranoiker* genannt. Seite 438.

Paranoiker: eine Person, die an Verfolgungswahn (*Paranoia*) leidet, einem geistigen Zustand, in dem jemand wahnsinnig ängstlich über etwas ist, oder in Bezug auf andere Leute und deren Gedanken und Absichten übertrieben misstrauisch ist. Auch *paranoid* genannt. Seite 270.

Parapsychologie: das Studium geistiger Fähigkeiten, wie etwa die Zukunft vorauszusagen oder Telepathie, die gegen die bekannten Gesetze der Natur und Wissenschaft zu verstoßen oder über sie hinauszugehen scheinen. *Para* bedeutet „darüber hinaus". Seite 8.

Parasympathikus: Nerv, der zum *Kraniosakralsystem* gehört, jenem Teil des Nervensystems, der sich vorwiegend mit der alltäglichen Funktion des Körpers befasst, Abfallprodukte auszuscheiden. Dieses System ist während des Schlafs am aktivsten und damit beschäftigt, die Herzschlagfrequenz zu senken und die Organe des Verdauungssystems anzuregen, wie Magen und Darm. Es wird Kraniosakralsystem genannt, weil die Nerven dieses Systems im Schädel (*kranio* bedeutet Schädel) und im Kreuzbein ihren Ursprung haben (*sakral* bezieht sich auf die Gegend vom Kreuzbein, einen Knochen am unteren Ende der Wirbelsäule, der den hinteren Teil des Beckens bildet). Seite 26.

Parasympathikus-System

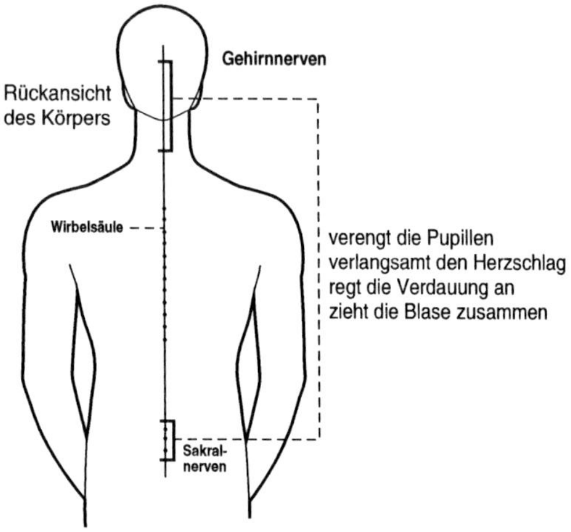

Parkinson'sche Krankheit: eine Störung des Gehirns, die nach dem englischen Arzt James Parkinson (1755–1824) benannt ist, der sie im Jahre 1817 als Erster beschrieb. Sie verringert die Kontrolle der Muskulatur, verursacht zitternde Hände, langsame Bewegungen und Gleichgewichtsschwierigkeiten. Seite 288.

Parthenon: ein riesiger Tempel, der in Athen, Griechenland, erbaut wurde. Er ist eines der besten Beispiele antiker griechischer Architektur und mit Skulpturen und Reliefs reich geschmückt. Seite 484.

Passage: Reise; die Aktion des Passierens oder Durchquerens. Seite 9.

passé: nicht länger modern, vergangen; überholt. Seite ii.

Pauschal(methode): ein weites Feld oder Gebiet umspannend, ohne Einzelheiten oder Besonderheiten zu beachten; dazu neigend, alles einzuschließen, nicht auszuwählen; unkritisch bei der Auswahl. Seite 11.

Peking: die Hauptstadt der Volksrepublik China, im nordöstlichen Teil des Landes gelegen. Seite 200.

perfekt: äußerst gewandt; vollendet. Seite 159.

perfide: verräterisch; betrügerisch. Seite 191.

PERSÖNLICHKEIT: EIN KOMPLEX VON FAKTOREN, DIE TEILS ERERBT (MEST, ORGANISCH, THETA) UND TEILS UMGEBUNGSBEDINGT SIND (ABERRATION, BILDUNG, GEGENWÄRTIGE UMGEBUNG, ERNÄHRUNG USW.). (Aus *Definitionen und Axiome.*) Seite 86.

Pest: Bezieht sich auf den *Schwarzen Tod.* So nannte man eine Form der Beulenpest, eine höchst ansteckende und oft tödliche Krankheit, die sich im 14. Jahrhundert über Europa und einen großen Teil Asiens ausbreitete. Sie tötete schätzungsweise ein Viertel der Bevölkerung und verursachte in England viel Tod oder Zerstörung. Seite 4.

Pflegeeltern: ein Mann und eine Frau, die bei der Erziehung eines Kindes den Platz von Vater und Mutter einnehmen. Seite 296.

Pfuhl: im übertragenen Sinn, ein Zentrum des moralischen Schmutzes und der Korruption. Wörtlich, eine Ansammlung von schmutzigem, fauligem (übel riechendem) Abwasser. Seite 158.

Phase: ein kurzer Zeitabschnitt, während dem etwas andauert. Seite 38.

Phenobarbital: ein Beruhigungsmittel, das verwendet wird, um Besorgtheit abzuhelfen und Schlaflosigkeit zu behandeln. Seite 468.

Physiologie: die Funktionen und Aktivitäten lebender Organismen und ihrer Teile, einschließlich aller körperlichen und chemischen Vorgänge. Seite 25.

Plattenspieler, wie ein: Wird im übertragenen Sinn verwendet und bedeutet etwas, das gesagt, getan oder geäußert wird und mechanisch ist. Ein *Plattenspieler* ist ein Gerät, das Klänge von Schallplatten wiedergibt. Während sich die Schallplatte dreht, nimmt eine besondere Nadel die Töne auf, die man dann durch einen Lautsprecher hören kann. Hier bedeutet es, dass der Plattenspieler nur die Töne erzeugen kann, die auf einer Schallplatte vorhanden sind, und wann immer dieselbe Schallplatte aufgelegt wird, werden die Töne die gleichen sein, ohne Veränderung. Seite 270.

Plaudereien über das Wetter und ähnliche Belanglosigkeiten: Kommunikation über Dinge, Aktivitäten oder Themen, die jeder bevorzugt. Seite 101.

Pol(e): einer von zwei direkt entgegengesetzten elektrischen Punkten, zwischen denen Energie fließt, gewöhnlich vom Punkt der höheren Energie zum Punkt der niedrigeren Energie. Pole findet man gewöhnlich in Batterien vor, wobei die eine Seite als negativer Pol und die andere Seite als positiver Pol angegeben wird; der elektrische Strom fließt vom einen zum anderen Pol, aufgrund des Energieunterschiedes zwischen den beiden. Seite 224.

Polarität: Beschaffenheit oder Umstand bei einem physikalischen Körper oder System, die oder der entgegengesetzte oder kontrastierende Eigenschaften aufweist, wie bei einem Magneten, der ein positives und ein negatives Ende hat. Daher im verallgemeinerten Sinne der Zustand, entgegengesetzte Eigenschaften oder Kräfte zu etwas anderem zu haben. Seite 48.

Position: Stellung oder Rang in Bezug zu anderen oder zu etwas anderem. Seite 14.

Positions-Ranghöhe: Stammt von einer willkürlich zugewiesenen Position her. Offiziere beim Militär und Bürokraten sind häufig stark von Positions-Ranghöhe abhängig. (Aus *Definitionen und Axiome.*)

postuliert: hervorgebracht (sodass es existiert); erschaffen. Seite 112.

Potenz: das Multiplizieren einer Zahl oder Menge mit sich selbst, und zwar eine bestimmte Anzahl von Malen. Die erste Potenz einer Zahl oder Menge ist die Zahl selbst; die zweite Potenz ist die Zahl mit sich selbst multipliziert usw. Zum Beispiel ist 2 hoch 4: 2 x 2 x 2 x 2 = 16 oder 2 x 2 = 4 x 2 = 8 x 2 = 16 oder 2^4. Seite 146.

präfrontale Lobotomie: eine psychiatrische Operation, die durchgeführt wird, indem man Löcher in den Schädel bohrt, ins Gehirn eindringt und die Nervenstränge in den zwei vorderen Gehirnlappen durchschneidet, was dazu führt, dass der Patient gefühlsmäßig nur noch vor sich hinvegetiert. Die *vorderen Gehirnlappen* sind Gehirnlappen, die an der Vorderseite oder dem vorderen Teil des Gehirns hinter der Stirn liegen. Ein *Lappen* ist ein rundlicher Vorsprung oder Abschnitt eines Körperorgans. Präfrontal bedeutet „vor der Stirn" und Lobotomie bedeutet „Schnitt durch die Lappen". Seite 2.

praktisch: bequem oder nützlich. Seite 30.

Prämie: Belohnung, hier speziell eine, die von der Regierung dafür ausgezahlt wird, dass bestimmte Tiere getötet werden. Seite 387.

Prämie aussetzt, Wild, auf das der Staat eine: Bezieht sich auf bestimmte Wildtiere, für die der Staat eine Bezahlung oder Belohnung (Prämie) verspricht, wenn sie gejagt oder getötet werden. Seite 387.

Presse, gute: gute Meinungen, die in Artikeln oder Nachrichten der Zeitungen oder Zeitschriften zum Ausdruck kommen. Seite 4.

Prestige: Ansehen oder Wertschätzung in den Augen anderer; Einfluss; Ruf. Seite 550.

Probe, auf eine harte stellen: großer Belastung oder Anstrengung aussetzen. Seite 192.

Programm: ein Plan zur Erreichung eines speziellen Ziels. Seite 169.

projizieren: seine Gedanken oder Vorstellungen in etwas hineinverlegen. Seite 199.

Promiskuität: ein Verhalten, das durch flüchtige und wahllose sexuelle Beziehungen mit verschiedenen Partnern charakterisiert ist. Seite 132.

Propaganda: Information, besonders von voreingenommener oder irreführender Natur, die verwendet wird, um eine bestimmte Sache oder einen Standpunkt zu fördern oder bekannt zu machen. Seite 142.

Protonen: die positiv geladenen Teilchen, die zu allen Atomen gehören. Seite 41.

Protoplasma: die farblose, geleeartige Flüssigkeit, die in den Zellen aller lebenden Pflanzen, Tiere und des Menschen vorhanden ist und aus der lebenden Materie von Pflanzen- und Tierzellen besteht. Seite 134.

Prozentwert(e): ein Betrag, der in Anteilen im Verhältnis zu einem Ganzen berechnet wird. Seite 58.

Prozessing: die Anwendung von genauen Dianetik Techniken (genannt Prozessen). Prozesse befassen sich direkt mit der Steigerung der Fähigkeit eines Individuums zu überleben, mit der Steigerung seiner geistigen Gesundheit, dem logischen Denkvermögen, seinen körperlichen Fähigkeiten und seiner allgemeinen Freude am Leben. Auch *Auditing* genannt. Seite iv.

Prüfung: eine Erfahrung oder Person, die jemandem Schwierigkeiten verursacht. Seite 89.

Prüfung stellen, (jemanden) vor eine: eine ernste Belastung, ein Ärgernis oder eine Unannehmlichkeit (bei jemandem) bewirken; jemandes Geduld und Wohlwollen auf die Probe stellen. Seite 194.

pseudo-: ein Wort, das mit anderen Wörtern kombiniert wird und „falsch" oder „vorgetäuscht" bedeutet. Auch, um anscheinende Ähnlichkeit (mit etwas Bestimmtem) auszudrücken, wie in Pseudowissenschaftler, Pseudoverbündeter. Seite 133.

Pseudowissenschaftler: eine Person, die Pseudowissenschaft betreibt (jede Methode, Theorie oder ein System, das keine wissenschaftliche Grundlage hat), wie Lysenko, ein russischer Agrarwissenschaftler und Biologe, der glaubte, dass die Umgebung das Leben kontrollierte, und versuchte, Darwins Evolutionstheorien auf die Landwirtschaft anzuwenden. Er war ein Liebling Stalins und seine Theorien, die den Menschen verleugneten, wurden in allen russischen Schulen gelehrt. Seite 296.

Psychoanalytiker: jemand, der Psychoanalyse praktiziert, ein System mentaler Therapie, das 1894 von Sigmund Freud (1856–1939) in Österreich entwickelt wurde und bei dem der Patient veranlasst wurde, über seine Kindheit zu sprechen und sich (verborgene) Geschehnisse aus dieser Zeit zurückzurufen, von denen Freud glaubte, sie seien die Ursache seelischer Leiden. Seite vi.

Psychodrama: eine Form der Psychotherapie, bei der ein Patient ohne Vorbereitung mit oder vor Mitpatienten und Therapeuten auftritt oder eine Rolle spielt, um die Probleme oder Schwierigkeiten des Patienten zu dramatisieren. Seite 391.

Psychometrie: das Testen von Personen, um ihre Intelligenz, Begabung und verschiedene Persönlichkeitsmerkmale zu erfahren. Seite 19.

psychosomatisch: *Psycho-* bezieht sich auf den Verstand und *somatisch* auf den Körper. Der Ausdruck *psychosomatisch* bedeutet, dass der Verstand den Körper krank macht oder dass Krankheiten durch eine Störung des Verstandes physisch im Körper erzeugt worden sind. Seite iv.

Psychotherapie: der Einsatz psychologischer Verfahren bei der angeblichen Behandlung von Störungen des Verstandes, unter anderem mit physischen Methoden, wie zum Beispiel mit Drogen, Medikamenten und Operation. Seite iv.

psychotisch: Psychotisch wird in Buch Eins, Kapitel Vier, Psychiatrischer Bereich, vollständig erklärt. Seite 29.

psychotischer Zusammenbruch: ein geistiger Kollaps oder Zusammenbruch, bei dem ein Mensch ernsthaft desorientiert und/oder introvertiert wird und voraussichtlich heftige Gefühlsausbrüche hat oder in gewaltsames Handeln ausbricht. Seite 32.

punktuelle Quelle: eine Energie-, Licht- oder sonstige Quelle, die an einem Punkt konzentriert ist. Seite 8.

Puritanismus: die Prinzipien und Bräuche der *Puritaner*, Mitglieder einer radikalen Gruppe englischer Protestanten, die Ende des 16. Jahrhunderts entstand und während des 17. Jahrhunderts England erheblich beeinflusste. Puritaner glaubten an strikte religiöse Disziplin und betonten einen strengen Moralkodex. Seite 486.

PW=I mal D^x: Diese Formel drückt den Potenziellen Wert eines Menschen aus. I steht für Intelligenz und D für Dynamik. (Aus *Definitionen und Axiome.*)

Quacksalber: eine Person, die von Berufs wegen oder öffentlich vorgibt, Fertigkeiten, Wissen oder Qualifikationen zu besitzen, die sie tatsächlich nicht besitzt. Seite iv.

Qual: ernstes geistiges Leiden, äußerst schmerzvoller Kummer oder Leid. Seite 162.

Qualität: 1. die wesentliche, kennzeichnende Natur oder Eigenschaft von jemandem oder etwas; Grundnatur. Seite 76.

2. der charakteristische Klang eines Musiktons, der für eine bestimmte Schallquelle typisch ist, wie z. B. der Ton einer Flöte oder Trompete. Seite 372.

qualvoll: von Schmerz, Qual oder Leiden erfüllt, die von seelischer oder körperlicher Not herrühren. Seite 282.

Quarantäne halten, in: erzwungene Isolierung von Leuten, um die Verbreitung von etwas Schädlichem zu verhindern, das leicht von einer Person auf die nächste übertragen werden kann. Seite 152.

Quetschungen: Blutergüsse oder Verletzungen, bei denen die Haut nicht aufgerissen ist. Seite 244.

Quotient: die Zahl, die sich aus der Teilung einer Zahl durch eine andere ergibt. Seite 479.

radikal: in einer Weise, die deutlich vom Üblichen oder Gewöhnlichen abweicht; in einer extremen Weise. Seite 71.

Rahmen: etwas, das einen bestimmten Bereich umfasst und gegen andere abgrenzt. Seite v.

Ranghöhe: Ein Prestige, das der Auditor beim Preclear besitzt. Eine etwas künstliche Position des Auditors, die dem Preclear grössere Zuversicht und daher eine bessere Fähigkeit gibt, Dinge zu durchlaufen, als er sonst hätte. In der Gesellschaft im Allgemeinen gibt es vier verschiedene Arten von Ranghöhe, die ein Individuum haben kann. (Aus *Definitionen und Axiome.*) Seite 520.

Ranghöhe aufgrund persönlicher Präsenz: Das Individuum, das andere allein aufgrund seiner persönlichen Präsenz führt oder beeindruckt, dadurch, dass es als Beispiel vorangeht und durch den Umstand seines Daseins, hat Ranghöhe aufgrund persönlicher Präsenz. Gandhi verfügte darüber in sehr hohem Masse. (Aus *Definitionen und Axiome.*)

Ranghöhe aufgrund von Daten: Bedeutet, dass das Individuum einen Schatz an Wissen hat, den es aus Büchern und Aufzeichnungen oder manchmal aus Erfahrungen gesammelt hat und der anderen nicht bekannt ist. Ein Hochschullehrer besitzt Ranghöhe aufgrund von Daten. (Aus *Definitionen und Axiome.*)

rationales Denken: derartiges Denken, das *logisch* ist und auf Fakten und vernünftigem Gedankengang beruht. Seite 177.

ratsam: als Vorgehensweise empfohlen, wünschenswert oder sinnvoll. Seite 526.

Rausschmeisser: Schickt den Preclear auf der Zeitspur in Richtung Gegenwart. („Hoch mit dir", „Geh raus", „Berühr mich nicht", „Lass mich in Ruhe", „Ich muss vorwärtskommen".) (Aus *Definitionen und Axiome.*) Seite 121.

Reaktiver Verstand: derjenige Teil des Verstandes, der körperlichen Schmerz und Missemotion einordnet und speichert und den Organismus einzig und allein nach dem Reizreaktionsprinzip zu lenken versucht. Er denkt nur in Gleichheiten. (Aus *Definitionen und Axiome.*) Seite 10.

Realität: Realität über die Vergangenheit (das „Ich" empfängt die Daten der Vergangenheit so, wie sie tatsächlich aufgezeichnet wurden, und stimmt auch damit überein, dass dies der Fall ist). Realität über die Gegenwart (das „Ich" empfängt die Daten der Gegenwart so, wie sie tatsächlich aus der Umgebung auf den Organismus einwirken, und das „Ich" stimmt auch damit überein, dass dies der Fall ist). Realität über die Zukunft (die Vorstellung des „Ichs" von der Zukunft stimmt mit den Daten aus Vergangenheit und Gegenwart überein, und das „Ich" stimmt überein, dass dies der Fall ist). Realität zwischen zwei Personen (sie stimmen über etwas überein). Realität in einer Gruppe (die Mehrzahl stimmt mit etwas überein). Die physikalische, „tatsächliche" Realität, die einzige Art Realität, die viele Leute überhaupt betrachten, ist lediglich Übereinstimmung zwischen Mest-Umständen oder Lebensumständen und jemandes Wahrnehmungen dieser Umstände. Stimmen diese nicht überein, so sagen wir, dass der Betreffende die Realität nicht kennt (d. h. unsere Realität, denn wir haben nur unsere eigenen Wahrnehmungen, nach denen wir die Umstände von Mest beurteilen können). Es gibt auf der Realitätsskala Emotionen. Eine davon ist Sich-Schämen. (Aus *Definitionen und Axiome.*) Seite 41.

recht großer Prozentsatz: eine große oder beachtliche Anzahl oder Menge von etwas. Seite 145.

rechthaberisch: gebieterisch; unfähig, Widerspruch oder Ablehnung hinzunehmen. Seite 255.

Redeablauf: in der Dianetik die bestimmten Wörter und Ausdrucksweisen, die vom Auditor verwendet werden, um den Preclear zu leiten oder zu lenken. Seite 431.

Reduzierung: die Aktion, alle Ladung oder allen Schmerz aus einem Geschehnis zu entfernen. *Reduzieren* bedeutet technisch, so weit wie möglich frei von aberrativem Material zu machen, damit der Fall Fortschritte macht. Seite v.

Regime: eine Regierungsform oder Herrschaft; politisches System. Seite 190.

registrieren: aufzeichnen oder anzeigen, wie von einem Instrument oder auf einer Skala (zum Beispiel einem Thermometer, das die Temperatur anzeigt). Seite 46.

reglementiert: als starres System unter strenger Disziplin und Kontrolle organisiert. Seite 191.

Reichweite: der gesamte Bereich, mit dem es eine Aktivität, ein Fachgebiet oder Thema zu tun hat oder der darin enthalten ist. Seite i.

Reihe: eine große Gruppierung oder Gliederung von Dingen. Seite vii.

„Reißbrett", (kommen vom): Ideen, Pläne, Entwicklungen und dergleichen, die in Erwägung gezogen und in die Praxis umgesetzt werden. Seite 533.

Reitturnier: eine Sportveranstaltung, bei der Pferde und Reiter hinsichtlich ihrer Geschicklichkeit bei verschiedenen Wettbewerben beurteilt werden, wie Reiten und Springen. Seite 324.

Reize: beliebige Aktionen oder jedes Mittel, die eine Aktivität bei einem Organismus, Organ oder Teil verursachen oder verändern, wie zum Beispiel etwas, das einen Nervenimpuls auslöst, einen Muskel aktiviert usw. Seite 413.

Release, Dianetik: eine Person, die einen Punkt erreicht hat, an dem sie keine psychosomatischen Krankheiten mehr hat, stabil ist und das Leben genießen kann. Seite 13.

Reliefs: Skulpturen, die aus einer flachen Oberfläche herausgearbeitet wurden, wobei die Formen sich aus dem Hintergrund erheben, sodass sie von der Oberfläche herausstehen. Bezieht sich besonders auf die vielen Skulpturen und Reliefs, die den gewaltigen Parthenon-Tempel in Athen, Griechenland, schmücken. Seite 484.

Repertoire: die gesamten Fähigkeiten, Techniken oder Mittel, die auf einem bestimmten Gebiet oder in einem Beruf benutzt werden. Seite 450.

Restimulation (restimulierend): der Zustand, bei dem den Wahrnehmungseindrücken des Engramms von denen der gegenwärtigen Umgebung in etwa entsprochen wird. Seite 20.

Restimulations-Locks: Locks, bei denen der wichtigste nennenswerte Faktor darin besteht, dass in der Gegenwart Wahrnehmungseindrücke vorhanden sind, die den Wahrnehmungseindrücken in einem Engramm ähneln; es dreht sich hier nicht um einen bestimmten Bruch von ARK. Damit solche Locks auftreten können, muss das analytische Bewusstsein sich auf niedriger Stufe befinden, wie es z. B. bei Ermüdung der Fall ist. (Aus *Definitionen und Axiome*.) Seite 128.

Restimulatoren: Dinge in der gegenwärtigen Umgebung, die den Wahrnehmungen im Engramm ähnlich sind. Seite 552.

resultierend: als Konsequenz oder Ergebnis aus etwas folgend. Seite 500.

Revolution: Umsturz einer Regierung, Regierungsform oder eines Gesellschaftssystems durch diejenigen, die regiert werden; gewöhnlich durch gewaltsame Mittel, wobei eine andere Regierung oder ein anderes System den Platz der/des vorhergehenden einnimmt. Seite 191.

Rheumatismus: eine Erkrankung der Glieder (Arme, Beine, Hände oder Füße) oder des Rückens, die mit Schmerz und Steifheit einhergeht. Seite 480.

richten, auf (etwas): sich bemühen oder dafür einsetzen, ein Ergebnis zu erzielen oder etwas Erwünschtes zu erreichen. Seite 115.

Riff: eine Erhöhung aus Korallen oder schroffen Felsen im Wasser, deren Spitze gerade unter oder über der Wasseroberfläche liegt. Im übertragenen Sinne verwendet. Seite 113.

roh: von mangelndem Feingefühl gegenüber anderen gekennzeichnet. Seite 226.

römischer Zirkus: ein Amphitheater im alten Rom, in dem Pferde- und Wagenrennen, brutale Sportwettkämpfe, Gladiatorenkämpfe und ähnliche Unterhaltung stattfanden. Solche Unternehmungen waren äußerst beliebt und zogen riesige Menschenmassen an. *Zirkus* bedeutet im Lateinischen „ovaler Raum, in dem Spiele abgehalten werden" und stammt vom griechischen Wort *kirkos* für Ring, Kreis. Seite 326.

routinemäßig: durch Wiederholung eines bestimmten Musters. Seite 261.

Rückenmarkschwindsucht: eine chronische Erkrankung des Nervensystems, gekennzeichnet durch Empfindungsstörungen, Verminderung der Reflexe und Muskelkoordination und in den späteren Stadien durch Lähmung. Seite 220.

rührselig: mit zuckersüßer Sentimentalität erfüllt; schwächlich emotional. Seite 195.

ruiniert: zugrunde gerichtet oder zunichtegemacht; zerstört. Seite 163.

rundweg: absolut, unverblümt oder eindeutig; in einer einschränkungslosen Art und Weise. Seite iii.

Rutgers University: die staatliche Universität von New Jersey, USA, gegründet 1766 und nach dem dort ansässigen Gönner Henry Rutgers benannt. Seite 275.

Sache: Bereich der ordentlichen Pflichten und Funktionen von jemandem; Aufgabengebiet oder Autoritätsbereich. Seite 4.

sadistisch: durch das Verursachen von körperlichen oder geistigen Schmerzen an anderen Freude empfindend. Seite 35.

Salontrick: eine geschickte und wirksame Methode, ein Ergebnis oder ein Ziel zu erreichen, entstammt einem Vergleich mit *Salonzauberei*, wobei die Zauberei in einem Salon oder passend für einen Salon (ein Zimmer in einem Haus, das in erster Linie für den Empfang und die Unterhaltung von Gästen benutzt wird) vorgeführt wird. Seite 308.

Sanskrit: altindische, bis heute lebendig gebliebene Literatur- und Gelehrtensprache.

Sarg-Fall: ein Preclear, der in der Position eines toten Mannes liegt, mit verschränkten Armen. Das ist ein Gram-Engramm, das mit dem Tod eines geliebten Menschen zu tun hat, wobei sich der Preclear in der Valenz des geliebten Menschen befindet. Seite 128.

Satyr: ein Mann mit einem übermäßigen oder anormalen sexuellen Verlangen. Seite 134.

Sauerstoff-Kohlenstoff-Motor: ein Motor, der auf Kohlenstoff- und Sauerstoff-Grundlage funktioniert. Im Körper werden Sauerstoff aus der Luft und Kohlenstoff aus der Nahrung zusammengemischt, um Energie zu erzeugen, die dann genutzt wird. Seite 3.

SCHABLONENABLAUF: EIN REIZREAKTIONSMECHANISMUS, DER VOM ANALYTISCHEN VERSTAND AUFGEBAUT WURDE, UM ENTWEDER ROUTINE- ODER NOTFALLTÄTIGKEITEN AUSZUFÜHREN. ES LÄSST SICH SAGEN, DASS DER SCHABLONENABLAUF IM SOMATISCHEN VERSTAND FESTGEHALTEN IST, DOCH KANN IHN DER ANALYTISCHE VERSTAND NACH BELIEBEN VERÄNDERN. (Aus *Definitionen und Axiome*.) Seite 346.

Schaden wird man klug, aus: Der Ausdruck bezieht sich auf die praktischen Erfahrungen im Leben, einschließlich Not und Enttäuschung, die als Erziehungs- oder Schulungsmittel angesehen werden, wie z. B. beim Lernen aus eigenen Fehlern. Seite 7.

Schakale: wilde Hunde in Asien und Afrika, die nachts in Rudeln auf Nahrungssuche gehen oder jagen. Seite 387.

Schaltkreis: Der *Schaltkreis* ist ein Mechanismus, der zu einer eigenen Identität mit eigenem „Ich" wird und ein Stück des analytischen Verstandes nimmt, ihn mit Hilfe von Ladung abtrennt und danach den Preclear befehligt. Schaltkreise werden in Buch Zwei, Kapitel Fünfzehn, Schaltkreise, vollständig beschrieben. Seite 78.

schändlich: **1.** jemandes Ruf oder Rang schadend; skandalös. Seite 104. **2.** auf eine Art, die tadelnswert ist, starke Missbilligung oder Verurteilung für Fehlverhalten aufweist. Seite 414.

Scharfblick: Schärfe geistiger Wahrnehmung und des Verstehens. Seite 289.

Scharfsinn: die Eigenschaft, klug oder einfallsreich zu sein. Seite 261.

Scheffel: Einheit eines Trockenmaßes für Getreide, die 35,24 Litern entspricht. Seite 312.

scheuen, sich: Abneigung zeigen; Vorbehalte haben; sich zurückhaltend verhalten. Seite 70.

Schilddrüsen-: Bezieht sich auf die Hormone, die von der Schilddrüse abgesondert werden und Körperwachstum sowie Stoffwechsel (wie schnell die Zellen Sauerstoff und Nährstoffe in Energie und Wärme für den Körper umwandeln) lenken. Seite 39.

Schimpfliches: etwas, das den Ruf schädigt. Seite 424.

Schizophrene(r): jemand mit zwei (oder mehr) scheinbaren Persönlichkeiten. *Schizophrenie* bedeutet *Schere* oder *zwei* plus *Kopf.* Wörtlich *Spalten des Verstandes,* daher *gespaltene Persönlichkeit.* Seite 270.

Schlaffheit: (in Bezug auf den Darm) der Zustand, nicht leicht kontrollierbar zu sein oder sich nicht leicht entleeren zu lassen. Seite 27.

Schlag gegen (etwas): sich (etwas) entgegensetzen, verglichen damit, etwas (mit einem Gegenstand oder der Hand) zu schlagen. Seite 169.

Schlag, mit einem: alles auf einmal oder gleichzeitig, mit einer einzigen Anstrengung oder Handlung, die vollkommen effektiv ist. Seite 227.

Schlamm (Leben auf der Basis von): Bezieht sich auf die Theorie, dass bestimmte Lebensformen sich direkt aus etwas Leblosem entwickeln können. Die Griechen glaubten, dass Fliegen und andere kleine Tiere aus dem Schlamm am Boden von Bächen und Teichen entstehen. Dies wurde von Wissenschaftlern in der Theorie fortgeführt, der Mensch sei aus Schlamm entstanden. Gemäß dieser Theorie wird die Behauptung vertreten, dass chemische Stoffe sich im Schlamm gebildet haben und durch bestimmte Verbindungen und zufällige Muster ein primitiver Einzeller gebildet wurde. Diese primitive Zelle stieß dann mit anderen derartigen Zellen zusammen, und durch Zufall bildeten sich komplizierte Strukturen von Einzellern, die sich zu einem einheitlichen Organismus vereinigten. Angeblich entstand schließlich der Mensch aus dieser Kombination von Zellen. Seite 2.

Schlangengrube: bei primitiven Völkern eine große Grube mit giftigen Schlangen, in die Opfer zur Hinrichtung oder als Probe für ihr Durchhaltevermögen hineingeworfen werden. Im übertragenen Sinne verwendet, um einen stark chaotischen oder unangenehmen Ort oder eine solche Situation zu bezeichnen. Seite 159.

Schlangenwurzelöl, Indianisches: eine Aufbereitung von Schlangen(wurzel)öl, die sich auf irgendeines der verschiedenen Präparate bezieht, die von Hausierern, die sich als Wissenschaftler, Ärzte oder dergleichen ausgeben, als Allheilmittel gehandelt werden, aber wenig oder überhaupt keinen medizinischen Wert besitzen. Seite iii.

SCHMERZ: DIE ALARMREAKTION FÜR THETA, DAS ZU STARK IN MEST HINEINGESTOSSEN WURDE. DIE STRAFE FÜR NICHTÜBERLEBENSAKTIVITÄT. (Aus *Definitionen und Axiome.*) Seite vii.

Schmerz-Drogen-Hypnose: eine zerstörerische Form der Hypnose, die ohne die Einwilligung des Betreffenden und unter Verwendung von Drogen und Schmerz durchgeführt wird. Schmerz-Drogen-Hypnose wird in Buch Zwei, Kapitel Siebzehn, Stufe der Hypnotisierbarkeit, beschrieben. Seite vii.

schmollen: weigern, sich mit anderen zusammenzuschließen, als verbitterter Ausdruck von wirklichem oder eingebildetem Groll. Seite 101.

Schmuck: Gegenstände, die eine Auszeichnung darstellen oder Kleidungsstücke zieren. Seite 274.

Schoß: ein behüteter Ort, eine vertraute Quelle von Schutz, Sicherheit oder Zuneigung. Seite 297.

Schreckgespenst: etwas Störendes, Schauriges oder Unerfreuliches. Seite 191.

Schreier: eine Person, die beim Dianetik Prozessing gewöhnlich sehr laut ist. Seite 86.

schrill: in unangenehmer Weise durchdringend oder extrem auffallend. Seite 162.

Schütze: jemand, der in der Lage ist oder der darin ausgebildet ist, mit Genauigkeit auf ein Ziel zu schießen, besonders mit einer Schusswaffe. Seite 308.

Schutzwände, trennende: etwas, das eine Sache von einer anderen trennt. Seite 86.

Schwächen: kleinere Fehler, Mängel oder Schwachpunkte im persönlichen Charakter oder Verhalten. Seite 19.

Schwachsinniger: ein Begriff aus der Psychologie für jemanden, der ein geistiges Alter von sieben bis zwölf Jahren hat, einen Intelligenzquotienten (IQ) von 50–69 und allgemeine Kommunikations- und soziale Fertigkeiten besitzt, die in gewissem Maße zu schulischer Ausbildung befähigen. Seite 22.

schwankend: seine Einstellung oder Meinung ändernd oder darin wankend; unentschlossen. *Hubbard Tabelle der Einschätzung des Menschen und des Dianetischen Prozessings.*

Schwarzer Tod: Bezeichnung für eine Form der *Beulenpest*, eine hoch ansteckende und oft tödliche Krankheit, die sich im 14. Jahrhundert über Europa und einen Großteil Asiens ausbreitete, dabei den Tod von schätzungsweise einem Viertel der Bevölkerung verursachte und in England zu einer hohen Sterberate führte. Seite 4.

Schwelle: Abgrenzung, Eintrittspunkt. Wörtlich ein Stück Stein, Holz oder anderes Material, das die Unterlage für eine Tür bildet. Seite 65.

Schwerfälligkeit: Langsamkeit; Trägheit im Denken, Geistesarmut. Seite 394.

schwer fassbar: schwer oder unmöglich zu verstehen oder zu begreifen. Seite 431.

schwerkraftbedingt: mit der *Schwerkraft* zu tun habend, das Gewicht oder die Schwere, die aufgrund der Anziehungskraft verspürt wird. Durch sie haben alle Körper die Tendenz, sich in Richtung Erdmittelpunkt zu bewegen; der Grad der Stärke, mit der ein Körper in jeder beliebigen Stellung durch diese Kraft beeinflusst wird. Seite 543.

SECONDARY-ENGRAMM: EIN LOCK VON SOLCHER GRÖSSENORDNUNG, DASS ES IM PROZESSING ALS ENGRAMM BEHANDELT WERDEN MUSS. EIN LOCK MIT ENORM VIEL ENTHETA. (Aus *Definitionen und Axiome.*) Seite v.

seichte Stellen: Sandbänke oder Bodenerhebungen, die eine flache Stelle im Wasser bilden, die für Schiffe gefährlich ist. Seite 227.

Seitenstraße: eine unbedeutende oder kleine Straße. Im übertragenen Sinne verwendet. Seite 72.

Seitenwege: abgelegene, private oder düstere Wege; Seitenstraßen. Seite 491.

Selbstbeherrschung: sich selbst unter Kontrolle haben. *Hubbard Tabelle der Einschätzung des Menschen und des Dianetischen Prozessings.*

Selbstbevollmächtigte(r): jemand, der sich selbst als „Autorität" auf einem gegebenen Fachgebiet betrachtet. Eine *Autorität* in diesem Sinne ist ein angeblicher Experte oder jemand, dessen Meinung auf einem Fachgebiet wahrscheinlich ohne weiteres akzeptiert wird und ohne, dass man auf Tatsachen oder Ergebnisse zurückgreift. Seite 481.

selbst erhaltend: fähig, sich selbst fortbestehen zu lassen oder zu erneuern, ohne äußere Hilfe. Seite 2.

Semantik, allgemeine: eine hoch organisierte, philosophische Herangehensweise an Sprache, entwickelt von Alfred Korzybski (1879–1950), einem aus Polen stammenden, amerikanischen Wissenschaftler, der glaubte, dass der ungenaue Gebrauch der Sprache das menschliche Verhalten beeinflusst, Verwirrung und Missverstehen, schlechtes Benehmen und sogar psychosomatische Leiden unter den Leuten hervorrufen würde. Um dem abzuhelfen, entwickelte er verschiedene Übungen und Gepflogenheiten. Er setzte z. B. den Gebrauch von nummerierten Anmerkungen ein, indem er das Datum unter den Namen einer Person setzte (Schmidt_{1920} und Schmidt_{1935}), um eine Gleichsetzung von Leuten oder Dingen zu verhindern, die eigentlich nicht gleich sind, und somit eine Unterscheidung der Zeit herzustellen, wenn auf jemanden verwiesen wird. Seite 67.

Senilität: geistige und spirituelle Verfallsmerkmale bei jemandem, der alt ist. Seite 493.

sensationell: eine überraschende Wirkung, starke Reaktion, großes Interesse usw. hervorrufen, manchmal durch Übertreibung. Seite 344.

Sentimentalität: der Zustand, auf eine Art Emotion zu fühlen oder zu zeigen, die als übertrieben oder töricht betrachtet wird. Seite 195.

Servomechanismus: ein Mechanismus, der einer Sache dient, Hilfe leistet oder sie unterstützt. Genauer gesagt ist der menschliche Verstand für die gesamte Mathematik ein Servomechanismus, denn Mathematik ist etwas, das der Mensch benutzt, um Probleme zu lösen: Ohne den menschlichen Verstand ist Mathematik nutzlos. *Hintere Vorsatzblätter.*

sich nach Kräften einsetzen: sehr intensiv an etwas arbeiten oder sich sehr intensiv bemühen; sich anstrengen. Seite 259.

sich vor etwas zurückhalten: sich selbst aufgrund seiner eigenen Entscheidung von etwas zurückhalten, besonders von etwas, das als unpassend oder ungesund angesehen wird. Seite 151.

1776: Bezieht sich auf ein entscheidendes Jahr der *amerikanischen Revolution*, den Krieg zwischen England und seinen amerikanischen Kolonien (1775–1783). 1776 verfassten und unterschrieben die amerikanischen Kolonisten die *Unabhängigkeitserklärung*, die die Grundprinzipien der Menschenrechte anführte (u. a., dass alle Menschen „von ihrem Schöpfer mit gewissen unveräußerlichen Rechten ausgestattet sind; dass dazu Leben, Freiheit und das Streben nach Glück gehören") und erklärten die amerikanischen Kolonien für frei und unabhängig von England. Seite 153.

Simple Simon: Bezieht sich auf die Kindergeschichte, die von einem Jungen handelt, dessen Mutter ihm sagt: „Pass auf, wenn du zum Spielen nach draußen gehst. Ich habe sechs Kuchen auf der Treppe zum Abkühlen und pass ja auf, wo du bei diesen Kuchen hintrittst." Der Junge nimmt die Ermahnung der Mutter wörtlich und steigt auf der Treppe sehr sorgfältig mitten in jeden Kuchen hinein. Seite 420.

simultan: zusammen in korrekter Weise arbeiten oder stattfinden. Seite 402.

Sinfonie: ein kunstvolles Musikstück, das aus drei oder mehr Teilen besteht, das für ein Orchester geschrieben ist, normalerweise enormen Umfang und unterschiedliche Elemente hat. Ein *Orchester* ist eine große Gruppe von Musikern, die miteinander viele verschiedene Musikinstrumente spielen und von einem Dirigenten geleitet werden. Seite 485.

Sitzung: eine Zeitspanne, die für die Durchführung einer bestimmten Aktivität bereitgestellt oder eingeplant wird. In der Dianetik bezieht sich das Wort auf eine Zeitspanne, die für Prozessing, die Anwendung von Dianetik-Techniken und -Übungen, festgelegt ist. Seite 36.

Skandinavien: derjenige Teil Europas, der Schweden, Norwegen, Dänemark und mitunter Finnland und Island einschließt. Seite 113.

skrupellos: sich nicht um das Wohlergehen anderer kümmernd; hart und gewissenlos. Seite 142.

Sohlen, auf leisen: ganz unbemerkt, still und heimlich. Seite 314.

Sokrates: (470?–399 v. Chr.) griechischer Philosoph und Lehrer sowie eine der originellsten und einflussreichsten Gestalten der antiken griechischen Philosophie und in der Geschichte des westlichen Denkens. Vor Sokrates konzentrierte man sich in der griechischen Philosophie auf Natur und Ursprung des Universums. Er richtete die Philosophie neu aus, und zwar auf eine Betrachtung moralischer Probleme und darauf, wie die Leute ihr Leben am besten leben sollten. Seite 447.

Solidarität: Verbindung oder Kameradschaft, die sich aus gemeinsamen Verantwortlichkeiten und Interessen ergibt, wie z. B. zwischen Mitgliedern einer Gruppe oder zwischen Klassen, Völkern usw. Seite 542.

Somatik: Das Wort *Somatik* wird in der Dianetik verwendet, um körperlichen Schmerz oder Unbehagen jeglicher Art zu bezeichnen. *Somatiken* werden in Buch Eins, Kapitel Zwölf, Somatiken, vollständig beschrieben. Seite 12.

Somatikstreifen: in der Dianetik ein Mechanismus des Verstandes, der Augenblicke der Zeit für das Individuum lokalisiert. Er untersteht den Anweisungen des Auditors und kann unter solchen Anweisungen Geschehnisse wieder lokalisieren. Auf dem Gebiet der Medizin ist er das, was als motorische Bahn und Sinnesbahn bekannt ist, zwei Streifen des Gehirns, von denen man annimmt, dass sie die motorische Funktion (physikalische Bewegung) und die sensorische Funktion kontrollieren. Da die Dianetik nicht von strukturellen Entdeckungen oder Schlussfolgerungen abhängig ist und da nicht sicher festgestellt wurde, dass diese Streifen im Gehirn derlei Funktionen durchführen, wird der Begriff Somatikstreifen in der Dianetik verwendet, um die Funktion dessen zu beschreiben, was die Medizin motorische Bahn und Sinnesbahn nennt. Der Somatikstreifen ist in Buch Zwei, Kapitel 13, Engramme, vollständig beschrieben. Seite 267.

SOMATISCHER VERSTAND: DERJENIGE TEIL DES VERSTANDES, DER ENTWEDER UNTER DER LENKUNG DES REAKTIVEN ODER DES ANALYTISCHEN VERSTANDES LÖSUNGEN AUF KÖRPERLICHER EBENE IN DIE TAT UMSETZT. (Aus *Definitionen und Axiome.*) Seite 480.

SONIK: DER RÜCKRUF VON ETWAS, DAS GEHÖRT WURDE, SODASS ES IM VERSTAND IN VOLLEM TON UND VOLLER STÄRKE WIEDER GEHÖRT WIRD. (Aus *Definitionen und Axiome.*) Seite 44.

soweit: in solchem Ausmaß, in solchem Grad. Seite 5.

Soziologie: Wissenschaft oder Studium von Ursprung, Entwicklung, Organisation und Funktionieren der menschlichen Gesellschaft; die Wissenschaft über die grundlegenden Gesetze sozialer Beziehungen, Einrichtungen usw. *Hintere Vorsatzblätter.*

Spannung: unbehagliches Gefühl; Misstrauen oder Furcht vor Feindseligkeit, die von Gruppen oder Personen in Umgang miteinander in Bezug auf bestimmte Dinge gefühlt wird. Seite 121.

Spannweite: weiter Raum oder breite Ausdehnung. Seite 125.

Spektrum: der gesamte Bereich oder die gesamte Reichweite einer Sache, angeordnet nach Grad, Qualität usw.; eine breite Reichweite von verschiedenen, aber ähnlichen Dingen, deren individuelle Eigenschaften eine fortlaufende Reihe oder Folge bilden, besonders mit entgegengesetzten Werten an seinen Begrenzungen. Seite 535.

Spekulation: sich Meinungen bilden oder Informationen oder Schlussfolgerungen hervorbringen, damit sie in Betracht gezogen werden können. Seite 493.

Sperma- und Ovum-Folge: ein Geschehnis, das während oder vor der Empfängnis stattfindet. Leute, die auditiert werden, haben manchmal das Gefühl, dass sie am Anfang der Zeitspur Sperma oder Ovums sind. Dieser Bereich könnte Augenblicke von Schmerz und Bewusstlosigkeit enthalten, die gewöhnlich als Engramme reduziert werden. Seite 401.

Spezies: eine Gruppe von Tieren oder Pflanzen, die alle ähnlich sind und sich gegenseitig befruchten können, um Jungtiere oder -pflanzen derselben Art zu erzeugen, die aber keine Tiere oder Pflanzen einer anderen Art befruchten können. Seite 42.

Spezies Mensch, die: das Menschengeschlecht. Seite 9.

Spiel gebracht, ins: in Betrieb oder Bewegung gebracht; dazu veranlasst, in Kraft zu treten oder den Betrieb aufzunehmen. Seite 12.

Spielraum: **1.** freies Handeln; Freiheit, Gelegenheit oder Muße zum Handeln; Aktivitätsbereich. Seite 18.

2. eine freie Menge, die über oder unter dem liegt, was für einen bestimmten Zweck normalerweise gebraucht oder benötigt wird und für besondere (unerwartete) Situationen zur Verfügung steht, wie zum Beispiel, um Fehler oder Verzögerungen oder Sicherheitsgründe zu berücksichtigen. Seite 227.

Spionagearbeit: der Einsatz von Spionen durch eine Regierung oder Organisation, um militärische, politische oder technische Geheimnisse anderer Nationen oder Organisationen herauszufinden. Seite 469.

Spiritismus: Lehrsatz oder Glaube, dass die Geister der Toten mit den Lebenden kommunizieren können und es auch tun, besonders durch eine Person (ein Medium). Seite 71.

spitze Bemerkungen: raffinierte Witze oder grobe Äußerungen. Seite 101.

spontan: eher aus einem plötzlichen Entschluss heraus als durch Planung oder auf Vorschlag anderer hin. Seite 142.

Spottfigur: eine groteske oder lächerliche Nachahmung. Seite 137.

Sprach-Locks: Locks, deren hauptsächlicher aberrativer Inhalt von Sprache herrührt. Diese können als symbolische Restimulatoren von Mest-Locks betrachtet werden, die grundlegender sind. (Aus *Definitionen und Axiome.*)

Sprichwörter: traditionelle Ausdrücke, die allgemeine Erfahrungen oder Beobachtungen ausdrücken. Seite 251.

sprießen: verursachen, dass etwas wächst oder (plötzlich) entsteht. Seite 19.

springender Punkt: der ausschlaggebende oder wichtigste Punkt eines Problems, einer Frage oder Situation. Seite 271.

stabil: stark und gesund. Seite 80.

stammen: seinen Ursprung haben oder herkommen; entstehen oder ins Dasein kommen. Seite 8.

Standard-Gedächtnisbank: der Speicherort im Verstand, an dem alle bewusst wahrgenommenen Informationen (Sehen, Hören, Riechen, Organempfindungen, Bewegung, Tastsinn sowie vergangene geistige Berechnungen) aufgezeichnet und aufbewahrt werden und von dem aus sie an den analytischen Verstand weitergegeben werden. Dazu gehören alle Informationen bewusster Natur, und zwar von der Empfängnis bis „jetzt". Seite 75.

Standard-Verfahren: der Name des Auditing-Verfahrens, wie es im Buch *Dianetik: Der Leitfaden für den menschlichen Verstand* enthalten ist. Seite 70.

standhaft: in einer Weise, die Beständigkeit hinsichtlich Zielsetzung, Entschlossenheit oder Beharrlichkeit aufweist. Seite 173.

Standpunkt: eine Position, von der aus etwas (wie Gegenstände, Prinzipien oder Ähnliches) betrachtet wird oder betrachtet werden kann und gemäß der es verglichen und beurteilt wird, wie in *„Vom Standpunkt des menschlichen Verhaltens aus"*. Seite 87.

statisch: fest und unbeweglich; ohne Bewegung. Seite 239.

Status quo: gegenwärtiger Zustand. Seite 183.

Stauung: ein Aufhören oder eine Abnahme des normalen Flusses irgendeiner Körperflüssigkeit, wie dem des Verdauungsbreis durch den Darm oder dem des Blutes in einem entzündeten Bereich. Seite 27.

Stelle: eine Abteilung oder Verwaltungseinheit einer Regierung mit Autorität oder Macht über die Lage oder den Zustand von Einzelpersonen. Seite 102.

Stelzen: ein Paar senkrechter Stäbe mit Stützen für die Füße, die den Benutzer in die Lage versetzen, oberhalb des Bodens zu gehen. Daher im übertragenen Sinne alles, was dazu dient, die normale Position, Reichweite usw. zu erweitern. Seite 294.

stereotyp: etwas, das immer gleich gemacht wird; etwas, das sich an ein festes oder allgemeines Muster hält und keine individuellen Merkmale hat. Seite 257.

stereotyp wie eine Schallplatte: eine geprägte Wendung mit der Bedeutung festgelegt oder unveränderlich. Stereotyp bedeutet, immer wieder in der gleichen Form (auftretend), in derselben Weise ständig wiederkehrend. Eine *Schallplatte* ist eine dünne, aus Kunststoff gepresste, runde Scheibe, auf der Tonaufnahmen dauerhaft gespeichert sind. Seite 396.

Sterne: im übertragenen Sinne verwendet, wobei angenommen wird, dass jemandes Zukunft, Schicksal oder Hoffnung von den Sternen im Himmel beeinflusst und bestimmt wird. Wird hier mit einer Doppelbedeutung verwendet und bezieht sich auch auf die Sterne, die ein General beim Militär auf seiner Uniform trägt, auf der sie einen (hohen) Rang repräsentieren. Seite iii.

steuern: den Kurs und die Position (eines Schiffes oder Flugzeugs) planen, aufzeichnen und kontrollieren. Daher, etwas so lenken oder führen, dass man in der eingeschlagenen Richtung bleibt, oder so, dass man einen geplanten Kurs weiter-, ab- oder zu Ende verfolgt. Seite viii.

Sticheleien: kluge, jedoch absichtlich verletzende und unangenehme Bemerkungen; scheinbar „humorvoller" oder „freundlicher" Spott. Seite 102.

Stiftung: Bezieht sich auf die Hubbard Dianetik Forschungsstiftung, die sich in den USA, in Elizabeth, New Jersey, befand (und später getrennt davon in Los Angeles, Kalifornien, etabliert wurde); gegründet im Juni 1950, um die Forschung in der Dianetik zu fördern und hauptsächlich, um Ausbildung anzubieten. (Siehe gegenwärtige Standorte unter *Adressen.*) Seite iv.

Störung: der Zustand, *gestört,* in Durcheinander oder Verwirrung geraten zu sein; durcheinandergebracht. Seite 1.

Strafanstalt: ein Gefängnis. Seite 427.

Straightwire: dasselbe wie *Direkterinnerung.* Seite 256.

Strang: Bündel von (ineinander verschlungenen) Fäden oder Ähnlichem. Im übertragenen Sinne verwendet, um etwas zu beschreiben, das sich aus verschiedenen Kanälen zusammensetzt. Seite 117.

sträuben, sich: plötzlich innehalten, wie vor einem Hindernis, und sich weigern, weiterzumachen oder etwas Bestimmtes zu tun. Seite 117.

strenge Erziehung: Erziehung, die autoritär ist und jemanden auf der Tonskala nach unten bringt und in der vernünftiges Denken und Selbstbestimmung nahezu verboten sind. Seite 31.

Strohmänner: Personen von geringer Wichtigkeit; Nullen. Stammt von der *Vogelscheuche*, die aus einem Haufen Stroh besteht, das so geformt ist, dass es einem Menschen ähnelt, und Krähen von den Feldern verscheuchen soll. Seite 205.

Struktur: Art, wie etwas aufgebaut ist, oder sein physischer Entwurf, die Art und Weise, wie Teile angeordnet oder zusammengesetzt sind, um ein Ganzes zu bilden, im Gegensatz zur *Funktion*, geistigen Fähigkeiten; Geistestätigkeiten; Denken. Seite 38.

Stuhldrang: Drang, Abfallstoffe aus dem Körper loszuwerden; Drang zu Stuhlgang. Seite 380.

Sturmangriff: ein heftiger, schneller Angriff oder Überfall, um etwas zu erobern. Seite 6.

stürzen: mit Gewalt aus dem politischen Amt vertreiben. Seite ii.

subjektiv: von einer Person stammend oder grundsätzlich zu ihr gehörend; (wie bei *subjektive Realität*, eine Realität für die Person selbst). *Hubbard Tabelle der Einschätzung des Menschen und des Dianetischen Prozessings.*

sublimiert: die Energie (eines sexuellen oder sonstigen Impulses) von ihrem unmittelbaren Ziel zu einem von ästhetischerer Natur oder Verwendung abgelenkt. *Hubbard Tabelle der Einschätzung des Menschen und des Dianetischen Prozessings.*

Sublimierung: das Ersetzen einer Sache durch eine andere, um einen Umstand, eine Situation, einen Zustand oder Ähnliches zu verbessern. Seite 21.

Substanz: das genau Wesentliche oder die eigentliche Wesensart von jemandem. Seite 162.

Subversiver: jemand, der versucht, eine etablierte oder rechtmäßig errichtete Regierung, Institution usw. zu stürzen oder zu zerstören. Seite 102.

Suggestion: geistige oder seelische Beeinflussung durch andere. Seite 12.

Sündenbock: Person oder Gruppe, die für andere die Schuld auf sich nimmt oder die für andere büßen muss. Seite 145.

Sündenpfuhl: im übertragenen Sinn, ein Zentrum des moralischen Schmutzes und der Korruption. Wörtlich, eine Ansammlung von schmutzigem, fauligem (übel riechendem) Abwasser. Seite 319.

Sympathikus: der Teil des Nervensystems, der sich hauptsächlich damit befasst, den Körper zum Handeln vorzubereiten, besonders in Zeiten von Stress, Aufregung oder Furcht. Er erreicht die Anregung solcher Funktionen wie

Herzschlag, Schweißabsonderung und Blutfluss zu den Muskeln, während er gleichzeitig die Tätigkeit des Verdauungssystems verringert. Seite 26.

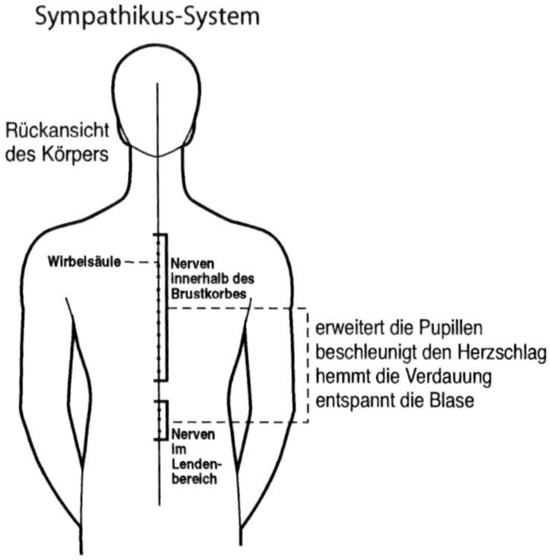

synthetisch: nicht wirklich oder echt; künstlich. Seite 87.

synthetische Valenz: eine künstliche Person. Die synthetische Valenz wird in Buch Zwei, Kapitel Fünfzehn, Schaltkreise, vollständig beschrieben. Seite 87.

Systematisierung: Eingliederung von Gesetzen, Regeln oder Kodizes des Verhaltens in ein organisiertes System. Seite 150.

Tadel: scharfe oder strenge Kritik oder Nichtübereinstimmung. Seite 341.

taktlos (Taktlosigkeit): Zustand, verletzend direkt zu sein; mangelnde Rücksicht auf die Gefühle anderer zeigend. Seite 23.

TASTEMPFINDUNG: DER RÜCKRUF VON BERÜHRUNGSWAHRNEHMUNGS-EINDRÜCKEN. (Aus *Definitionen und Axiome.*) Seite 11.

Tatsachen-Bank: buchstäblich ein Ort, wo Tatsachen im Verstand gespeichert werden. Eine *Bank* bedeutet hier ein Speicher für Erinnerungsinformationen im Verstand. Seite 332.

Täuschung: enttäuschtes Vertrauen, trügerische Handlung oder Natur. Seite 102.

Täuschungsmanöver: Pläne, Handlungen oder Vorrichtungen, die verwendet werden, um die wahre Zielsetzung zu verbergen, einer Schwierigkeit oder unangenehmen Situation auszuweichen usw. Seite 65.

teigig: wie Teig, weil es schwer, leblos oder formlos ist, beispielsweise Daten, die nichts Interessantes oder Geistvolles haben oder bei denen weder die Ideen noch die Tatsachen geordnet oder angeordnet sind. Seite 204.

Terminologie: das System von Begriffen, die zu einer Wissenschaft oder einem spezialisierten Gebiet gehören. Seite 30.

Teufel, Handlanger des: Ein *Handlanger* ist ein unterwürfiger (sklavenähnlicher) Anhänger oder Untergebener einer Person in einer Machtposition. Der Ausdruck kommt von der religiösen Vorstellung (im Christentum und in anderen Glaubensrichtungen), dass diejenigen, die sich gegen Gott wenden, für den Teufel und im Namen des Bösen kämpfen. Daher *Handlanger des Teufels.* Seite 170.

Teufelsaustreiber: jemand, der durch eine religiöse oder feierliche Zeremonie böse Geister (aus einer Person oder von einem Ort) austreibt. Seite 4.

Teufelskreis: eine Situation, bei der die Bemühung, ein bestimmtes Problem zu lösen, zu einer Verschlimmerung des Problems oder der Schaffung eines schlimmeren Problems führt usw. Seite 243.

Teufel und seine schwarzen Engel: Bezieht sich auf Satan und die gefallenen oder rebellischen Engel, die angeblich für ihn arbeiten. Die ganze Geschichte hindurch wurde der Teufel als böser Engel dargestellt, der aus dem Himmel verbannt und zum Erzfeind Gottes wurde. Andere verdorbene, sündhafte und böse Engel, die aus dem Himmel verwiesen wurden, schlossen sich dem Teufel an und er wurde ihr Fürst. *Der Teufel und seine schwarzen Engel* bezieht sich auf diejenigen Personen, die solche Merkmale, Eigenschaften, Absichten usw. aufweisen. Seite 170.

teuflisch: extrem oder in überaus starkem Maße. Seite 417.

theoretisch: auf *Theorie* oder *Theorien* beruhend oder sich darauf beziehend, vorgeschlagene Erklärungen, die noch nicht ganz als Tatsache bewiesen sind. Seite 49.

Theorie von gelochten Proteinmolekülen: Bezieht sich auf eine Theorie, die die Erinnerungsspeicherung betrifft. Gemäß dieser Theorie glaubte man, dass bestimmte Moleküle im Körper perforiert (mit Löchern versehen) waren und Erinnerungen in jedem Loch aufbewahrt wurden. Seite 335.

Therapie: (in der Dianetik) die Durchführung und Anwendung von Dianetik-Techniken und -Verfahren, um Probleme in Bezug auf menschliches Verhalten und psychosomatische Krankheiten zu lösen. Seite 4.

Therapie: (in anderen Bereichen als der Dianetik) die versuchte „Behandlung" von Krankheiten, Unfähigkeiten oder Verhaltensproblemen. Seite iii.

Theta (θ): Gedankliches, potenziell unabhängig von einer materiellen Hülle oder einem materiellen Hilfsmittel. Lebenskraft. *Elan vital.* (Aus *Definitionen und Axiome.*) Seite 4.

Theta-Körper: die persönliche Theta-Entität (Theta-Einheit). Die Seele. Nachweisen zufolge ist es möglich, dass der Theta-Körper durch viele Lebenszeiten auf tiefen Stufen der Tonskala zu einem Entheta-Körper werden kann, dass ein solcher Entheta-Körper jedoch durch Dianetik Prozessing geklärt werden könnte. Es ist auch möglich, dass der Theta-Körper, zumindest teilweise, den Organismus vorübergehend verlassen kann, ohne zu verursachen, dass der Organismus stirbt. (Aus *Definitionen und Axiome.*) Seite 68.

Theta-MEST-Clear: der Bereich von 36,0 bis hinunter zu 4,0 (MEST-Clear) auf der Hubbard Tabelle der Einschätzung des Menschen, Spalte über Dianetische Einschätzung. Dieser Bereich der Tabelle wird in Buch Eins, Kapitel Zwei, Dianetische Einschätzung, vollständig beschrieben. *Hubbard Tabelle der Einschätzung des Menschen und des Dianetischen Prozessings.*

Theta-Universum: Gedanken-Materie (Ideen), Gedanken-Energie, Gedanken-Raum und Gedanken-Zeit, die sich zu einem unabhängigen Universum verbinden, analog dem materiellen Universum. Wir gehen davon aus, dass eines der Ziele von Theta das Erobern, Verändern und Ordnen von Mest ist. (Aus *Definitionen und Axiome.*) Seite 51.

Theta-Wahrnehmungseindrücke: Kommunikation mit dem Theta-Universum. Solche Wahrnehmungseindrücke mögen Ahnungen und Vorhersagen umfassen, ASW über grössere und geringere Entfernung, Kommunikation mit den „Toten", Wahrnehmung des Höchsten Wesens usw. (Aus *Definitionen und Axiome.*) Seite 18.

Thompson, Commander: Joseph Cheesman Thompson (1874–1943), ein Commander und Chirurg bei der Marine der Vereinigten Staaten, der bei Sigmund Freud (1856–1939) Freud'sche Analyse studierte. Seite 291.

tiefinnere: tief eingewurzelt; unwahrscheinlich, verändert, verringert oder vernichtet zu werden. *Hubbard Tabelle der Einschätzung des Menschen und des Dianetischen Prozessings.*

Tod: der Rückzug von Theta aus einem Organismus, wobei nur Mest zurückbleibt, mit dem Ziel, neues Mest zu erobern und einen anderen Organismus zu bilden, der besser überleben kann. (Aus *Definitionen und Axiome.*) Seite 8.

Tod, ausgerichtet auf den: durch eine Gesinnung oder Neigung in Richtung Sterben gekennzeichnet; sich durch eine entschiedene, energische Orientierung zum Tod hin auszeichnend. Seite 102.

Todesredner: jemand, der etwas vor der Zerstörung retten will, indem er großes Chaos verursacht. Seite 105.

Todesurteil: ein offizielles Dokument, das zu jemandes Hinrichtung berechtigt. Seite 196.

Todeszuckungen: starke Unruhe oder Kampf; Todesqualen. Seite 191.

Ton: der physikalische Zustand von etwas, wie zum Beispiel der des Körpers oder eines Organs. Seite v.

Tonhöhe: die bestimmte Frequenz einer einzelnen Musiknote. (*Frequenz* ist die Anzahl der Male pro Sekunde, welche die Note hin und her vibriert, und sie bestimmt, ob der Ton der Note hoch klingt, wie z. B. beim Becken, oder niedrig, wie z. B. beim Kontrabass). Auch im übertragenen Sinne verwendet. Seite 372.

Tonus: die normale Spannung eines gesunden Muskels oder sein Widerstand gegenüber Dehnung. Seite 27.

totalitär: Bezieht sich auf eine Regierungsform, ist eine oder erlegt eine auf, bei der die politische Autorität absolute und zentralisierte Kontrolle über alle Aspekte des Lebens ausübt, der Einzelne dazu gebracht wird, sich dem Staat unterzuordnen, und der Ausdruck politischer und kultureller Gegnerschaft unterdrückt wird. Seite 114.

Trakt: ein System von Organen oder Körperteilen, die zusammenarbeiten, um den Durchgang von etwas zu gewährleisten, wie z. B. von Luft, Nahrung oder Ausscheidungsprodukten des Körpers. Seite 26.

transorbitale Leukotomie: ein psychiatrisches Verfahren, bei dem ein Eispickel durch die Rückseite der Augenhöhlen gezwängt wird, wobei der dünne Knochen, der die Augenhöhlen von den vorderen Gehirnlappen trennt, durchdrungen wird. Die Pickelspitze wird dann in die vorderen Gehirnlappen eingeführt und die Nervenfasern, die diese mit dem Rest des Gehirns verbinden, werden durchtrennt. Das Ergebnis davon ist ein Patient, der emotional gesehen nur noch vor sich hinvegetiert. Seite 188.

Treue: die Eigenschaft, zuverlässig zu sein; fest und unveränderlich zu einer Person stehen. Seite 132.

Trost: ein beruhigender Einfluss. Seite 285.

Trott: im übertragenen Sinne eine beengte, unveränderliche Vorgehensweise. Seite 309.

trügerisch: scheinbar gut, vernünftig, korrekt, logisch usw., aber nicht wirklich so. Seite 135.

Trugschluss: eine falsche oder irrtümliche Vorstellung; Irrtum. Seite 80.

Tuberkulose: eine schwere Infektionskrankheit, bei der an den Lungen und anderen Körperteilen Schwellungen auftreten. Sie gehörte einmal zu den häufigsten Todesursachen der Welt. Seite 38.

Turbulenz: Zustand, heftig erregt oder gestört zu sein; heftige Unordnung oder Aufruhr. Seite 6.

Tyrannei: eine Gewalt- oder Schreckensherrschaft. Seite 141.

Überläufer: eine Person, die zur entgegengesetzten Seite oder Partei überwechselt; Verräter. Seite 102.

Überleben: Das Dynamische Prinzip des Daseins ist Überlebe! Am entgegengesetzten Ende des Daseinsspektrums befindet sich Unterliegen. (Aus *Definitionen und Axiome.*) Seite 1.

Überlegenheitskomplex: In der Psychoanalyse ist ein *Komplex* eine Reihe von Impulsen, Vorstellungen und Emotionen, die gewohnheitsmäßige Verhaltensmuster erzwingen, hier um Überlegenheit, das heißt Ranghöhe zu zeigen. Seite 165.

Übermaß: etwas, das mehr Gewicht, Kraft, Wichtigkeit oder Einfluss hat. Seite 10.

überquellen: übermäßig gefüllt sein, vollgestopft sein mit (etwas). Seite 9.

übersinnliche Phänomene: durch physische Gesetze anscheinend unerklärliche Fähigkeiten oder Phänomene, besonders solche, die Telepathie (direkt vom Verstand einer Person zu dem eines anderen durchgeführte Kommunikation, ohne Sprache, Schrift usw.), Hellsehen (die Fähigkeit, Dinge zu sehen, die über das normale Sehvermögen einer Person hinausgehen) und außersinnliche Wahrnehmung (der allgemeine Ausdruck für die Fähigkeit, sich Dingen mit anderen Mitteln als den normalen Sinnen bewusst zu werden) einschließen. Seite 69.

Übertragung: in der Psychotherapie der Vorgang, durch den jemand, wie z. B. ein Patient, Gefühle, Ängste oder Emotionen auf unbewusste Weise auf jemand anderen verlagert, und zwar häufig auf den Psychoanalytiker. Die Theorie lautet, dass die Gefühle des Patienten nicht von der gegenwärtigen Situation stammen, sondern nur frühere Emotionen übertragen werden, die er für jemand anderen hatte (wie z. B. einen Elternteil), und somit angeblich diese Gefühle sichtbar werden. Seite 65.

überziehen (mit etwas): mit einer ständigen Aktion bedecken. Seite 141.

überzogener Extremismus: Bezieht sich auf irgendeine Lehre, Theorie, ein System oder eine Vorgehensweise, die geisteskrank oder rücksichtslos ist, besonders, wenn sie es auf gefährliche Weise ist. Seite 339.

ultimative Waffe: unbegrenzte, alles vernichtende Waffe. Seite 2.

umgekehrtes Verhältnis: Ein *Verhältnis* ist eine Zahl oder Menge in Beziehung zu einer anderen Zahl oder Menge; *umgekehrt* bedeutet gegenteilig. In einem *umgekehrten Verhältnis* steigt eine Menge und eine andere Menge nimmt ab (oder andersherum). Wenn zum Beispiel jemand fünf Stunden arbeitet, wobei er zehn Laib Brot herstellt und dann die Arbeitsstunden von fünf auf zehn erhöht, die Brotlaibe aber von zehn auf fünf *abnehmen* (also in die verkehrte Richtung gehen), dann steht die hergestellte Menge im *umgekehrten Verhältnis* zur Anzahl der Arbeitsstunden. Seite 322.

Umkreis: ein Gebiet, das in der näheren Umgebung liegt. Seite 321.

UMWELT: ALLE UMSTÄNDE, DIE DEN ORGANISMUS VOM ERSTEN AUGENBLICK SEINES DASEINS IM JETZIGEN LEBEN BIS ZUM TOD HIN UMGEBEN; DIES UMFASST PHYSISCHE, EMOTIONALE, GEISTIGE UND GESELLSCHAFTLICHE UMSTÄNDE SOWIE DIE FAKTOREN BILDUNG UND ERNÄHRUNG. (Aus *Definitionen und Axiome.*) Seite 9.

unausweichlich: unmöglich, aufzuhalten oder zu verhindern; unveränderbar, unflexibel. Seite 9.

Unbedeutendes: etwas von geringer oder keiner Wichtigkeit; etwas Belangloses. Seite 245.

unberechenbare Variablen: wörtlich Mengen oder Zahlen, die eine ganze mathematische Berechnung hindurch *unstabil* oder *unkontrollierbar* veränderlich sind, was genaue Schlussfolgerungen oder Ergebnisse unmöglich macht. Eine *Variable* ist etwas Veränderliches, besonders im mathematischen Sinn; eine Menge, die sich verändert und die man bei einer Situation in Betracht ziehen muss. Wird im übertragenen Sinne verwendet. Seite 3.

unbeständig: nicht sehr ernsthaft oder zuverlässig und die Neigung habend, von einer Tätigkeit oder Idee zu einer anderen zu wechseln. *Hubbard Tabelle der Einschätzung des Menschen und des Dianetischen Prozessings.* Seite 135.

ungestraft: in einer solchen Weise, dass etwas als Ergebnis oder Folge einer Handlung keine schädlichen Auswirkungen hat; wie beispielsweise frei von Schaden, Verlust oder Ähnlichem zu sein. Seite 39.

ungestüm: stürmisch oder wild. Seite 46.

unglückselig: kein Glück habend; bedauernswert. Seite 102.

unhandlich: nicht praktisch oder nützlich. Seite 112.

unkonventionell: nicht das befolgend, was von den meisten Menschen als normal oder akzeptabel angesehen wird. Seite 486.

Unmoral: die Eigenschaft oder der Zustand, im Gegensatz zu moralischen Prinzipien zu stehen, auch die Handlungen und Praktiken, die ihnen entgegenstehen. Seite 103.

Unsterblichkeit: Unendliches Überleben, das absolute Ziel des Überlebens. Der Einzelne strebt danach, auf der Ersten Dynamik als Organismus und als Theta-Einheit und auf dem Wege der Verewigung seines Namens durch seine Gruppe. Auf der Zweiten Dynamik strebt er es durch seine Kinder an, und so geht es weiter durch die acht Dynamiken. Das Leben überlebt durch das Fortbestehen von Theta. Eine Art überlebt durch das Fortbestehen des Lebens in ihr. Eine Kultur überlebt durch das Fortbestehen der Art, die von ihr Gebrauch macht. Es sind Zeichen dafür vorhanden, dass das Theta eines Individuums als persönliche Einheit von einem Leben zum anderen durch viele Lebenszeiten auf der Erde hindurch überlebt. (Aus *Definitionen und Axiome.*) Seite 239.

untergeschoben: jemandem auf betrügerische oder nicht zu rechtfertigende Weise aufgedrängt. Seite 56.

Unterlegenen, Verteidigung des: die Handlung, die Rechte, Ziele oder Grundsätze einer Person, Mannschaft usw. zu beschützen, zu verteidigen oder dafür zu kämpfen, die schwächer als andere ist und bei der man damit rechnet, dass sie erfolglos ist. Seite 199.

Unterliegen: Unterliegen ist die höchste Bestrafung für nicht auf Überleben ausgerichtete Tätigkeit. Dies ist Schmerz. Fehlschläge bringen Schmerz und Tod. (Aus *Definitionen und Axiome.*) Seite 51.

unterschwelliger Bereich: eine tiefere Stufe; eine Schicht, die unter einer anderen liegt. Seite 192.

unterstützen: sich für jemanden oder etwas einsetzen, damit er/es Fortschritte macht. Seite 5.

unterweisen: (jemandem) etwas beibringen, insbesondere Grundlagen; lehren. Seite 20.

unterwerfen, sich etwas: sich unter jemandes Herrschaft stellen. Seite 341.

Unterwerfung: die Handlung, etwas unter Kontrolle zu bringen oder zu beherrschen. Seite 334.

unverblümt: auf eine offene und deutliche Art; geradeheraus. Seite 101.

unverhohlen: in einer Art, die so offen ist, dass sie nicht unbemerkt bleiben kann. Seite 142.

unverschämt: schamlos und unverblümt. Seite 143.

Unwägbarkeiten: Dinge, die verstandesmäßig nicht eingeschätzt oder nicht exakt bestimmt, gemessen oder ausgewertet werden können. Seite 72.

Unzahl: eine sehr große Anzahl von Dingen, wie beispielsweise in dem Ausdruck *„eine Unzahl von Problemen"*. Seite 5.

unzählige: zu viele, um gezählt werden zu können; betrifft eine Zahl, die größer als das ist, was ausgerechnet werden kann. Seite ii.

unzulänglich: unklar, wie durch Mangel an vollständiger Information oder Verstehen über etwas. Seite ii.

üppig: reichlich; stattlich, im Überfluss vorhanden. Seite 311.

Urteil: die Handlung oder der Prozess, eine Einschätzung oder eine Entscheidung über etwas abzugeben. Seite 78.

vage: in verschwommener oder unzureichender Weise empfunden; nicht klar mit den Sinnen wahrgenommen. Seite 3.

Vakuumröhre(n): ein Bauteil, das früher in der Elektronik allgemein in Verwendung war, um elektrische Stromflüsse zu kontrollieren. Es wird Vakuumröhre genannt, weil es sich um eine verschlossene Glasröhre oder einen entsprechenden Glaskolben handelt, aus dem nahezu alle Luft entfernt worden ist, um den elektrischen Fluss zu verbessern. Seite 5.

Valenz: Eine Valenz ist eine falsche oder wahre Identität. Der Preclear hat seine eigene Valenz; dann stehen ihm die Valenzen aller Personen zur Verfügung, die in seinen Engrammen auftauchen. *Valenz* wird in Buch Eins, Kapitel Sechzehn, Zustand von Zeitspur und Valenzen, beschrieben. Seite 76.

Valenz, in der eigenen: Die Person ist innerhalb ihrer selbst und erfasst die Szene genau so, wie sie sie selbst gesehen hat. Sie sieht sich nicht als Teil der Szenerie. Seite 77.

Valenzwechsler: („Du bist genau wie dein Vater", „Sei nicht wie Onkel Rudi", „Du bist genau wie alle anderen", „Du bist genau wie Hasso", „Du bist niemand", „Du bist nicht menschlich", „Du bist weltfremd", „Du kannst nie du selbst sein", „Ich muss einfach vorgeben, jemand anders zu sein, sonst werde ich nie wieder glücklich".) (Aus *Definitionen und Axiome.*) Seite 77.

Varieté: Theaterunterhaltung, die aus einer Reihe von individuellen Darbietungen oder Nummern besteht, wie z. B. von Komikern, Sängern, Tänzern, Akrobaten und Zauberkünstlern. Seite 20.

vegetativ: Bezieht sich auf das *vegetative Nervensystem*, denjenigen Teil des Nervensystems, der eigens für die unwillkürlichen, scheinbar automatischen Tätigkeiten von Organen, Blutgefäßen, Drüsen und verschiedenen anderen Körpergeweben zuständig ist. Das vegetative Nervensystem ist in zwei Untersysteme aufgeteilt, die in Verbindung miteinander arbeiten: das sympathische und das parasympathische. Seite 26.

vegetatives Nervensystem: der Teil des Nervensystems, der eigens für die unwillkürlichen, scheinbar automatischen Tätigkeiten von Organen, Blutgefäßen, Drüsen und verschiedenen anderen Geweben im Körper zuständig ist. Das vegetative Nervensystem ist in zwei Untersysteme aufgeteilt, die in Verbindung miteinander arbeiten: das sympathische und das parasympathische. Seite 26.

vegetatives Nervensystem

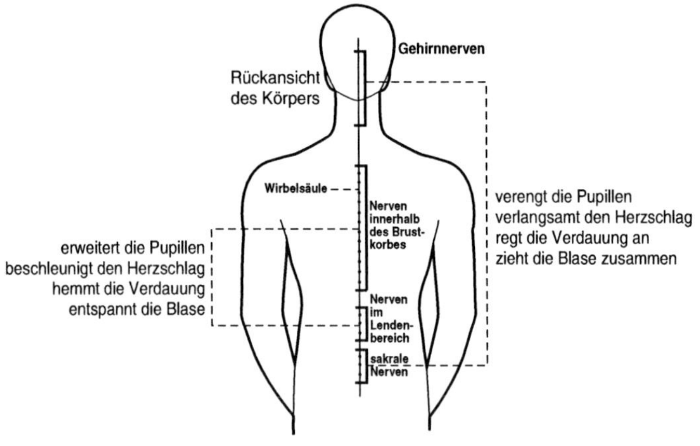

Venezuela: eine Republik im Norden Südamerikas. Seite 184.

verabreicht: in einer bestimmten festgesetzten Menge zu essen, zu trinken, zum Einnehmen gegeben. Seite 39.

verabscheuen: (etwas oder jemanden) sehr stark ablehnen oder überhaupt nicht mögen. Seite 123.

verachtenswert: äußerst schlecht, unangenehm und böse. Seite 159.

Verachtung: das Gefühl, dass jemand unwichtig, wertlos, des Respekts nicht würdig ist usw. Seite 159.

veraltet: nicht mehr modern. Seite ii.

Veranlagung: Stärke, Fähigkeit oder andere Vorteile, die jemand von Natur aus hat oder die ihm von der Natur gegeben wurden. Seite 18.

veranschaulichen: dazu dienen, etwas zu erläutern; erklären. Seite 271.

verarmt: ein sehr unzureichendes Maß, Mangel oder Armut an etwas aufweisend. Seite 146.

Verbindung(en): ein Stoff, der aus zwei oder mehr Elementen besteht (Stoffen, die nicht in einfachere Stoffe aufgespalten werden können), die in einem exakten Verhältnis zueinander stehen. Jede Verbindung hat ihre eigenen unverkennbaren Eigenschaften. Verbindungen können Festkörper, Flüssigkeiten oder Gase bilden. Seite 13.

VERBÜNDETER: EINE IM REAKTIVEN VERSTAND DES PRECLEARS AUFGEZEICHNETE PERSON, ÜBER DIE DER PRECLEAR DIE REAKTIVE BERECHNUNG ANSTELLT, SIE SEI FÜR SEIN ÜBERLEBEN NOTWENDIG. (Aus *Definitionen und Axiome.*) Seite 183.

Verderben: Unglück oder Unheil, das über jemanden kommt und dem man nicht entgehen kann. Seite 232.

verdorben: moralisch schlecht oder böse; korrupt. Seite 159.

verdrehen: zum Schlechten hin verändern bzw. unnormal, sonderbar oder entstellt machen (wird vom Verstand, Charakter, Urteilsvermögen usw. gesagt). Seite 48.

verdunkeln: unnötig kompliziert machen, normalerweise bis zum Punkt der Verwirrung; verwirrend oder unklar machen. Seite 3.

Verehrung: Erweisen von tiefem Respekt gegenüber jemandem oder etwas zeigen. Seite 167.

vereinbar: in Übereinstimmung oder Harmonie. Seite 413.

vereiteln: verhindern, was ein anderer zu tun beabsichtigt. Seite 247.

verfallen: Lebendigkeit, Kraft oder Frische verlieren. Seite 8.

Vergangenheit: Auf der Zeitspur alles, was früher als die Gegenwart liegt. In der Theorie eine nicht genau festgelegte Zeitspanne. Wahrscheinlich ab einem bestimmten Punkt bedeutungslos. Beginnt möglicherweise mit dem Beginn des MEST-Universums. (Aus *Definitionen und Axiome.*) Seite 5.

vergänglich: etwas, das leicht verfallen oder sterben kann. Seite 394.

Vergleichbare Grössenordnung: Ein Datum kann nur ausgewertet werden, indem man es mit einem anderen Datum von vergleichbarer Grössenordnung vergleicht. Dies bedeutet, dass die Grundeinheit somit zwei sein muss. (Aus *Definitionen und Axiome.*) Seite 249.

Vergnügen: Vergnügen ist die Belohnung für eine auf Überleben ausgerichtete Tätigkeit auf irgendeiner Dynamik. Erfolge bringen Vergnügen und Überleben. (Aus *Definitionen und Axiome.*) Seite 9.

Vergnügensmomente: Vergnügensmomente sind in Buch Zwei, Kapitel Acht, Vergnügensmomente, vollständig beschrieben. Seite 60.

Vergötterung: zu einem Gott machen. Seite 461.

Verhalten, launenhaftes: die Eigenschaft oder Verfassung, in der man unberechenbar ist, wobei man dazu neigt, sich auf unvorhersehbare oder abrupte Art ohne offensichtlichen Grund zu ändern. Seite 169.

Verhältnis: eine Zahl oder Menge im Vergleich zu einer anderen Zahl oder Menge. Wenn eine Person sich zum Beispiel zehn Stunden drinnen und eine Stunde draußen aufhält, dann ist das Verhältnis 10:1 oder zehn zu eins. Seite 15.

verhängen: (besonders als Strafe) anordnen. Seite 485.

verhöhnen: verächtlich über (etwas oder jemanden) lachen; verspotten; lächerlich machen. Seite 429.

Verkaufsstand: für eine begrenzte Zeit entsprechend eingerichtete Stelle (z. B. mit einem Tisch), an der etwas zum Verkauf angeboten wird. Seite iii.

Verknüpfung: eine Reihe miteinander verbundener oder voneinander abhängiger Situationen, Ereignisse usw. Seite 317.

verleiten: verlocken oder durch eine List dazu bringen, etwas zu tun. Seite vii.

Verleugner: Verleugnet die Existenz einer Wendung oder eines Geschehnisses. („Nein, nein", „Ich will nicht", „Ich kann es nicht sagen", „Das darfst du nicht", „Es ist nicht hier", „Niemals",

„Unmöglich“, „Unbekannt“, „Undenkbar“, „Du leugnest alles“.) (Aus *Definitionen und Axiome.*) Seite 210.

verleumderisch: durch *Verleumdung* gekennzeichnet, falsche Aussagen über jemanden mit der Absicht, die gute Meinung zu zerstören, die andere Leute über ihn haben. Seite 108.

verloren haben, auf dem Auditorenstuhl nichts: kein Recht haben, sich als Auditor zu betätigen. Seite 174.

vermitteln: liefern, geben oder bereitstellen. Seite 2.

Vermögen: eine der Fähigkeiten des Verstandes, wie Gedächtnis, Vernunft oder Sprache. Seite 100.

Vernunft: die Fähigkeit zu logischem, vernünftigem und analytischem Denken; der Einsatz des Verstandes im Einklang mit richtig liegender, geistig gesunder Urteilsfähigkeit oder einem solchen Denken. Seite iv.

Verrenkungen: sich in Schmerzen oder wie in Schmerzen oder im Kampf drehen oder winden. Seite 426.

verschleiern: dafür sorgen, dass etwas unklar ist; etwas undurchsichtig oder verworren machen. Seite 50.

Verschmutzung: der Umstand oder die Handlung, etwas zu verderben, sodass es nicht mehr schön ist. Seite 187.

Verseuchung: ein böser Einfluss oder eine böse Kraft, verglichen mit einer normalerweise tödlichen, weit verbreiteten Krankheit. Seite 534.

verspielt haben: durch die eigenen Handlungen, Vernachlässigungen oder Fehler verloren oder aufgegeben. Seite 137.

verstimmt: in der Musik eine Abweichung von der richtigen Note; nicht im Einklang sein. Seite 46.

verstümmeln: so schwer verwunden oder verletzen, dass ein Teil des Körpers dauerhaft beschädigt ist und nicht mehr verwendet werden kann. Seite 319.

Verteidigung des Unterlegenen: die Handlung, die Rechte, Ziele oder Grundsätze einer Person, Mannschaft usw. zu beschützen, zu verteidigen oder dafür zu kämpfen, die schwächer als andere ist und bei der man damit rechnet, dass sie erfolglos ist. Seite 199.

Vertrauen schenken: annehmen, dass etwas wahr ist; glauben, Zuversicht hineinlegen. Seite 402.

Vertrauter: ein sehr enger Freund oder Partner. Seite 322.

verurteilt: von (jemandem) stark kritisiert. Seite 145.

verwickelt: tief in etwas hineingezogen oder verstrickt, wie z. B. in eine schwierige Situation usw. Seite 43.

verwirrt: durcheinander, verdutzt oder zerstreut. Seite 46.

Verwirrung: etwas, das verwirrt. Seite 18.

Viren: Gebilde, die unter einem normalen Mikroskop nicht sichtbar sind. Sie sind zwanzig bis einhundert Mal kleiner als Bakterien, können außerhalb eines anderen lebenden Organismus nicht überleben und müssen in der Zelle eines anderen Lebewesens leben. Viren verursachen Krankheiten bei Menschen, Tieren und Pflanzen. Seite 37.

Visio: der Rückruf von etwas Gesehenem, sodass es im Verstand erneut gesehen wird, in voller Farbe, naturgetreuem Massstab, Ausmass, Helligkeit und im Detail. (Aus *Definitionen und Axiome.*) Seite 60.

vital: voller Leben, energiegeladen. Seite 186.

Vivisektion: einen lebenden Körper auseinanderschneiden, um Struktur, Beziehung der Teile oder Ähnliches zu untersuchen. Seite 35.

Volkswirtschaft: Wissenschaft oder Lehre von der Gesamtwirtschaft innerhalb eines Volkes. Seite 296.

volle Fahrt voraus: mit höchster Geschwindigkeit. Aus der Seemannssprache, mit der maximalen Geschwindigkeit, die ein Schiff erreichen kann. Seite viii.

vollendet: sehr fachmännisch; kundig. Seite 36.

von selbst: freiwillig oder spontan; unaufgefordert. Seite 39.

Vorbehalt: eine Bedingung, Begrenzung oder Einschränkung. Seite 223.

Vorbeugende Dianetik: der Zweig der Dianetik, der darauf beruht, das Erhalten von Engrammen zu verhindern; in zweiter Linie, nachdem ein Engramm trotz aller gebührenden Sorgfalt und Vorsicht empfangen wurde, die Restimulation des Engramms zu verhindern. Seite iv.

vorgeburtliche(s) Engramm(e): eine Erfahrung oder ein Geschehnis, das vor der Geburt im Mutterleib stattfindet und im Verstand aufgezeichnet wird. Seite 71.

Vorgehensniveau: eine bestimmte Form der Aktivität, die zu Schwierigkeiten, Schaden oder Ähnlichem führt. Seite 2.

Vormachtstellung: Position, Lage oder Eigenschaft, mehr von einer Art von Person oder Sache zu haben als irgendeine andere. Seite 2.

Vorrichtung: etwas, das mit Geschick und Erfindungsgeist geschaffen wurde, um einem bestimmten Zweck zu dienen. Seite 3.

Vorschrift: Anweisung, Befehle oder respekteinflößende Warnung. Seite 189.

Vorstoß: ein Hineinlaufen oder Eindringen in etwas; Angriff oder Invasion. Seite 391.

vortäuschen: falsch darstellen; den Anschein von etwas geben; vorspiegeln. Seite 23.

Vortäuschung(en): ein falsches Erscheinungsbild oder eine falsche Handlung, mit dem Ziel zu täuschen; ein unbegründeter Anspruch, etwas geleistet zu haben. Seite iv.

vorübergehend: nur kurze Zeit anhaltend; kurz bestehend. Seite 38.

Vorwand: ein falscher Grund oder falsches Motiv, das vorgebracht wird, um den wahren Grund zu verbergen; Entschuldigung. Seite 109.

Waage halten, die: gleich sein oder sich auf gleicher Ebene befinden; Gleichheit aufweisen. Seite 208.

Wahnvorstellung(en): eine Wahrnehmung, die anders wahrgenommen wird, als sie in Wirklichkeit ist. Seite 260.

wahr: alle bestimmten Eigenschaften besitzend, die eine Person oder Sache ausmachen. Seite 68.

WAHRNEHMUNGSEINDRÜCKE: SPEZIELLE DATEN AUS DEN STANDARD-GEDÄCHTNISBANKEN ODER DEN REAKTIVEN BANKEN, DIE DEN SINNESBOTSCHAFTEN EINES AUGENBLICKS IN DER VERGANGENHEIT ENTSPRECHEN UND SIE WIEDERGEBEN; IN ANDERER BEDEUTUNG AUCH DIE SINNESBOTSCHAFTEN DER GEGENWART. (FRÜHER WURDE DAS WORT „SINNESWAHRNEHMUNGEN" IN DER BEDEUTUNG „SINNESBOTSCHAFTEN DER GEGENWART" VERWENDET, ABER IM SPRACHGEBRAUCH WURDE DIESE UNTERSCHEIDUNG FALLEN GELASSEN.) (Aus *Definitionen und Axiome.*) Seite 10.

wankelmütig herumtrödeln: durch Zögern oder Unentschlossenheit Zeit verschwenden; bummeln. Seite 267.

WÄRMESINN: DER RÜCKRUF VON TEMPERATUR. (Aus *Definitionen und Axiome.*)

Wasserkraft(werk): ein Kraftwerk, in dem Elektrizität dadurch erzeugt wird, dass Wasser aus einer Höhe herunterfällt (typischerweise aus einem Staubecken, das sich hinter einem Damm oder einem sonstigen Hindernis befindet) und eine Anlage antreibt, die wiederum Elektrizität erzeugt. Seite 43.

Wechselspiel: gegenseitiges Handeln, Einwirken oder Beeinflussen; Wechselwirkung. Seite 482.

Weg abbringen lassen, vom: irregeführt oder getäuscht werden. Seite 258.

wehe dem: ein Ausdruck, mit dem großes Leid und großer Kummer für jemanden vorhergesagt wird. Weh bedeutet seelischer Schmerz, Leid. Seite 260.

wehleidig: auf traurige, schmerzliche und jämmerliche Art und Weise. Seite 320.

weit fassen: eine große Reichweite oder ein großes Ausmaß haben; umfassend sein. Seite 3.

weit offener Fall: Der *weit offene* Fall befindet sich, obwohl er stark geladen ist, in seiner eigenen Valenz, mit Sonik und Visio. Der weit offene Fall wird in Buch Eins, Kapitel Sechzehn, Zustand von Zeitspur und Valenzen, beschrieben. Seite 96.

Wellenlänge(n): eine Wellenlänge ist ein Charakteristikum von Bewegung. Viele Bewegungen sind zu ziellos, zu chaotisch, als dass sie ordentliche Wellenlängen haben könnten. Eine ordentliche Wellenlänge ist ein Flow von Bewegung. Sie hat eine regelmäßige, sich wiederholende Entfernung zwischen ihren Wellenkämmen. Nehmen Sie ein Seil oder einen Gartenschlauch und setzen es bzw. ihn mit einem Ruck in Bewegung. Sie werden sehen, wie eine Welle hindurchwandert. Energie, sei es elektrische, Licht- oder Schallenergie, hat irgendein derartiges Muster. Seite 8.

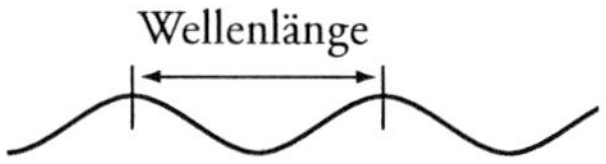

Wert: Ist der PW eines Menschen hoch und im Einklang mit den Dynamiken auf das Überleben ausgerichtet, so lässt sich sagen, dass der Wert dieses Menschen sehr hoch ist. Jemand mit hohem PW ist jedoch vielleicht aberriert, sodass sein PW in Richtung Unterliegen umgekehrt ist, und somit ist sein Wert gering. Dies lässt sich für jede einzelne der acht Dynamiken oder auch für alle Dynamiken zusammen berechnen. (Aus *Definitionen und Axiome*.) Seite 81.

Wert von Daten: Ein Datum ist so wichtig oder wertvoll, wie es mit Überleben in Beziehung steht. (Aus *Definitionen und Axiome*.)

wesentlich: wichtig oder grundlegend. Seite vi.

widerspenstig: schwierig, in den Griff zu bekommen oder damit umzugehen; sich Kontrolle widersetzend; sich über Autorität oder Führung hinwegsetzend. Seite 425.

widerwärtig: in einer unangenehmen, abstoßenden Art. Seite 489.

Wiederholungstechnik: Wiederholungstechnik ist in Buch Zwei, Kapitel Sieben, Direkterinnerung, vollständig beschrieben. Seite 292.

Wild, auf das der Staat eine Prämie aussetzt: Bezieht sich auf bestimmte Wildtiere, für die der Staat eine Bezahlung oder Belohnung (Prämie) verspricht, wenn sie gejagt oder getötet werden. Seite 387.

Willkürfaktor(en): ein Faktor, der in die Lösung eines Problems eingeführt wird, ohne dass dieser Faktor sich von einem bekannten Naturgesetz herleitet, sondern nur von einer Meinung oder einem autoritären Befehl. Seite 548.

Winden: Handlung oder Bewegung des Sich-Biegens und -Verdrehens, wie z. B. vor Schmerzen, oder das Sich-Quälen oder Leiden aufgrund von körperlicher oder seelischer Verzweiflung. Im übertragenen Sinne verwendet. Seite 103.

Wirken: eine Handlung oder ein Einschreiten, um ein bestimmtes Ergebnis zu erzielen. Seite 540.

„Wissen, besseres": aus eigener Erfahrung Gelerntes und somit vernünftigeres und angebrachteres Handeln. Seite 126.

Wissenschaft: Wissen; Begreifen oder Verstehen von Tatsachen oder Grundsätzen, die in Gruppen eingeteilt und für die Arbeit, das Leben oder die Suche nach Wahrheit verfügbar gemacht wurden. Eine Wissenschaft ist ein zusammenhängendes System demonstrierter Wahrheiten oder beobachteter Tatsachen, die systematisch angeordnet und unter allgemeinen Gesetzen miteinander verbunden wurden. Dazu gehören zuverlässige Methoden zur Entdeckung neuer Wahrheiten innerhalb ihres Bereiches und es bedeutet, wissenschaftliche Methoden in Forschungsbereichen anzuwenden, von denen bisher angenommen wurde, dass sie nur für Theorien offen seien, die auf subjektiven, geschichtlichen oder nicht demonstrierbaren abstrakten Kriterien beruhen. Das Wort *Wissenschaft* wird in dieser Bedeutung benutzt – der grundlegendsten Bedeutung und Tradition des Wortes – und nicht in der Bedeutung der *physikalischen* oder *materiellen* Wissenschaften. Seite i.

wissenschaftliche Methodenlehre: die Prinzipien und Vorgänge der Entdeckung und Demonstration, die für typisch oder notwendig für wissenschaftliche Untersuchungen gehalten werden und im Allgemeinen Folgendes mit sich bringen: Eine Situation oder ein Problem wird erkannt, relevante Daten und Tatsachen werden wiederholt gesammelt, es wird eine Lösung formuliert und im Vergleich mit vielen Beobachtungen und Experimenten geprüft. Seite iii.

Wochenbettpsychose: eine Psychose, die bei einer Mutter nach der Geburt ihres Kindes auftritt. *Wochenbett* ist die Zeit, während der die Mutter nach der Geburt eines Kindes im Bett liegt. Seite 393.

Wohlbefinden: Glück, Gesundheit, Glücklichsein usw. einer Person, Gruppe oder Organisation. Seite ii.

Wohlfahrtsstaat: ein Staat, in dem das Wohlergehen der Leute die Verantwortung der Regierung ist, was solche Dinge betrifft wie soziale Sicherheit, Gesundheit und Erziehung, Unterkunft und Arbeitsbedingungen. Seite 185.

wohl oder übel: ob man es wünscht oder nicht; freiwillig oder unfreiwillig. Seite 387.

Wortspiele: Wörter, die mehr als eine Bedeutung haben, oder Wörter, die verschiedene Bedeutungen haben, aber gleich klingen und manchmal eine humorvolle Reaktion hervorrufen. Seite 178.

wühlen, sich durch etwas: sich auf eine verwirrte, verworrene Art durch irgendeinen Zustand oder von dort herausbewegen. Seite 367.

Wundscheuern: Abwetzen; Wundsein der Haut als Ergebnis davon, dass etwas daran reibt. Seite 244.

Wutanfall: heftige, unkontrollierbare Wut. Seite 318.

x: Zeichen für eine unbekannte Potenz. (Eine *Potenz* in der Mathematik gibt die Anzahl an, wie oft etwas mit sich selbst multipliziert wird. Zum Beispiel ist 3^3 3 mal 3 mal 3 = 27.) Das „x" ist in diesem Fall die Dynamik der Person zu einer unbekannten Potenz erhoben. Seite 146.

Zähne und Klauen: Bezieht sich auf einen Zustand, der durch erbitterten oder wilden Kampf gekennzeichnet ist, wie zum Beispiel in einem Dschungel. *Zähne und Klauen* ist eine Variation von *Kratzen und Beißen* und deutet auf einen Kampf hin, bei dem man seine *Zähne und Fingernägel als Waffen* verwendet. Seite 11.

10-Kilowatt-Aura: eine anschauliche Bezugnahme auf ein sehr starkes Energiefeld um einen Körper herum. Ein *Watt* ist eine Maßeinheit für elektrische Leistung. Zum Beispiel hat eine sehr helle elektrische Glühbirne 100 Watt, was bedeutet, dass 100 Watt elektrischer Leistung nötig sind, um Licht zu erzeugen. *Kilowatt* bedeutet 1.000 Watt. *10 Kilowatt* sind 10.000 Watt. Eine *Aura* ist eine subtile Eigenschaft, Atmosphäre, Kraft oder ein Feld, die man als von einer Person ausströmend oder sie umgebend betrachtet. Seite 19.

zehren: Energie, Lebenskraft oder Tatkraft rauben. Seite 35.

Zeitgenossen: jene, die zur gleichen Zeit leben wie ein anderer; jene, die ähnliche Beschäftigungen oder Organisationen haben wie andere Menschen oder Gruppen. Seite 131.

Zeitspur: ein Begriff, der die Tatsache veranschaulicht, dass ein Mensch über einen bestimmten Zeitraum von Mest-Zeit existiert. Die Zeitspur des jetzigen Lebens beginnt mit dem ersten Augenblick, in dem überhaupt etwas aufgezeichnet wurde, und reicht bis in die Gegenwart bzw. endet beim Tod. Sie umfasst alle aufeinanderfolgenden Augenblicke des „Jetzt" sowie die Wahrnehmungseindrücke dieser Augenblicke. Der Theta-Körper besitzt offenbar eine eigene Mest-Zeitspur. (Aus *Definitionen und Axiome.*) Seite 39.

Zeitungspapier: ein relativ billiges Papier von niedriger Qualität, hergestellt meist aus Zellstoff (einer weichen, nassen Masse von Fasern, die aus Holz gewonnen, aufgespalten und mit Chemikalien weich gemacht wurde). Wird für den Druck von Zeitungen verwendet. Seite 141.

Zelle: eine kleine Gruppe, die sich dem Studium und der Entwicklung eines sozialen oder politischen Programms widmet; besonders die kleinste organisatorische Einheit einer Partei, die sich oft aus den Angestellten einer bestimmten Branche, Industrie oder Lehranstalt zusammensetzt. Seite 191.

zellular: Bezieht sich auf eine *Zelle,* die kleinste strukturelle Einheit eines Organismus, die unabhängig funktionieren kann. Alle Pflanzen und Tiere sind aus einer oder mehreren Zellen aufgebaut, die sich gewöhnlich verbinden, um unterschiedliches Gewebe zu bilden. Seite 13.

Zenos Apatheia: Bezieht sich auf eine Lehre der Philosophieschule, die von dem griechischen Philosophen Zeno (ca. 334–262 v. Chr.) begründet wurde. Ihre Lehrmeinung bestand darin, dass der Mensch frei von Leidenschaft und gleichgültig gegenüber Emotion, Vergnügen und Schmerz sein sollte, jedoch nicht ohne rationale Gefühle. Ihre Lehrmeinung bestand weiterhin darin, dass das Universum von göttlichem Willen gelenkt wird und dass Glücklichsein darin läge, diesem Willen zu entsprechen. *Apatheia* bedeutet ohne Empfindungen. Seite 191.

zerhacken: grob und ohne Sorgfalt in Stücke schneiden oder hacken. Seite 270.

zerschlagen: ruiniert, zerstört oder zunichtegemacht. Seite 492.

zeugen: sich fortpflanzen oder Nachkommen hervorbringen. Seite 9.

Zielscheibe Nummer eins: Person oder Gegenstand, der zuerst herangenommen, angegriffen, kritisiert usw. wird (wie bei einer Serie, Reihe oder Gruppe). Seite 200.

Zugänglichkeit: der Wunsch des Preclears, durch Prozessing auf der Tonskala angehoben zu werden. (In einer früheren Veröffentlichung wurde der Begriff „Zugänglichkeit" nicht nur in der obigen Bedeutung verwendet, sondern bezog sich auch auf die Zugänglichkeit von Entheta beim Fall für verschiedene Prozessing-Methoden. Diese letzte Bedeutung wird im vorliegenden Werk nicht verwendet.) Ein Fall wird als zugänglich betrachtet, wenn er bereitwillig mit dem Auditor zusammenarbeitet, unabhängig davon, wie abgesperrt der Fall sein mag. (Aus *Definitionen und Axiome.*) Seite 424.

Zug, versöhnlicher: Eigenschaft oder Merkmal, die/das andere, im Allgemeinen negative Eigenschaften, wieder wettmacht; ausgleichende Eigenschaft. Seite 32.

Zukunft: auf der Zeitspur derjenige Bereich, der später als die Gegenwart liegt. Wahrnehmung der Zukunft wird als Möglichkeit angenommen. Die Erschaffung zukünftiger Realitäten als Funktion der Fantasie liegt klar auf der Hand. (Aus *Definitionen und Axiome.*) Seite 35.

zunichtemachen: ruinieren oder zerstören. Seite 43.

zunutze machen, sich etwas: Gebrauch machen von; in einer Art und Weise benutzen, die gute Ergebnisse bringt. Seite vi.

zur Hand: leicht greifbar und verfügbar; in der Nähe. Seite 463.

zurückbleiben: langsamer gehen, sich entwickeln oder Fortschritte machen als jemand oder etwas Ähnliches, sodass man zurückfällt oder in Verzug gerät. Seite 510.

zurückgeführt werden, auf (etwas): einer Sache zugeschrieben werden; angenommen werden, dass etwas von einer Sache bewirkt wird. Seite 38.

zurückschrecken: vor Angst zittern oder zurückweichen; sich aus Besorgnis zurückziehen. Seite 183.

Zurückweichen: das (unerwünschte) Phänomen beim Dianetik Auditing, bei dem das Engramm auf eine bestimmte Intensitätsebene hinuntersinken wird, aber immer noch ein Somatik übrig bleiben wird, ganz gleich, ob das Engramm dreißig, fünfzig oder einhundert Mal wiedererzählt wird. Im

Gegensatz zu einer Reduzierung wird sich das Somatik des Engramms bei einem Zurückweichen zuerst leicht reduzieren und dann konstant bleiben. Bei der Reduzierung reduziert sich das Somatik nach und nach bei jedem Wiedererzählen. Bei einem Zurückweichen bleibt das Somatik bestehen. Ein Zurückweichen tritt nur bei Engrammen auf, die nicht früh genug auf einer Engrammkette liegen, um reduziert zu werden, oder die zu stark geladen sind. Seite 26.

zurückweisen: angebotenen Rat oder Hilfe abrupt und unverblümt ablehnen. Seite 64.

zusammenhängen: miteinander verbunden sein oder aneinanderhaften. Seite 128.

zusammenhanglos: (besonders in Bezug auf Wörter oder Vorstellungen) nicht gut miteinander verbunden oder geordnet; willkürlich. Seite 264.

Zusammenpacker: Bringt die Zeitspur zum Zusammenbrechen, bringt viele Geschehnisse zusammen. („Ich habe keine Zeit", „Leg sie alle zusammen", „Es liegt immer alles an mir", „Alles wird hier an mich herangetragen", „Ihr seid alle gleich", „Ich krieg das schon zusammen", „Ewige Solidarität!") (Aus *Definitionen und Axiome.*) Seite 77.

zuwiderlaufen: in die entgegengesetzte Richtung gehen; entgegenstehen. Seite 471.

Zwänge: unwiderstehliche Impulse, die irrational oder dem eigenen Willen entgegengesetzt sind. Seite ii.

Zwangsjacke: ein Kleidungsstück für den oberen Körperteil aus starkem Material, das ganz eng gebunden werden kann; wird benutzt, um gewalttätige Geisteskranke oder Gefangene einzuschränken und manchmal als Mittel zur Bestrafung. Seite vii.

Zygote: eine weibliche Keimzelle, die von einer männlichen Keimzelle befruchtet wurde. Seite 274.

Zytologie: der Zweig der Biologie, der sich mit Struktur, Funktion und Lebensgeschichte von Zellen beschäftigt. Seite 134.

Stichwortverzeichnis

A

Aberglaube
Definition, 222

Aberration, 15, 20, 127, 373, 422, 530
angesammelte, des Theta-Körpers, 333
Ansteckungsfaktor der, 49
Ansteckung von, 224, 240, 240–241
bildungsbedingt, Definition, 333
Definition, 537
Engrammsätze und, 332
Entheta beim Fall und, 291
Erscheinungsformen der, 455
geerbt auf der genetischen Linie, 333
geistige oder körperliche, 350
grundlegende Quelle von, 396
Grundursache für, 391
Linie der Aberration in der Familie, 241
mechanische Definition, 332
Mechanismen der, 237–247
Secondarys und ernstliche, 383
Struktur des menschlichen Organismus und, 333
umgebungsbedingte, Definition, 333
Verhalten und, 420
vier Quellen von, 332

aberrativer Satz
Aktionssatz versus, 420
Definition, 420
Scanning mit Sprechen und, 358

aberrierte Persönlichkeit
Definition, 540

Aberrierter, 51

abgesperrt
Somatik, 392

abgesperrter Fall, 76, 124, 384, 427, 502, 508, 529
Boil-off und, 263, 507
Denkvermögen und, 513
Hypnose und, 473
kein Visio, 84, 88
Lock-Scanning und
stark abgesperrter Fall, 355
Straightwire, 256
Schaltkreise bringen Missemotion hervor und, 386
Secondary-Engramme und, 371
Somatiken und, 94, 96
unterhalb von 2,0 auf der Tonskala, 260
weit offener Fall gegenüber, 259

abgestufte Skala, 78

Abkapselung, 86

Abschwächung des analytischen Verstandes,
siehe **Anaten**

Absolute Wahrheit, 155

Absolutwerte
nicht erreichbar, 499
absondern
jene unter 2,0, 184
Absperrung, 85, 86
außerhalb der eigenen Valenz und, 123
Befehlssatz und, 77
Bereiche von Entheta, 504
Definition, 546
Sonik, 44, 76
von Somatiken durch Secondarys, 93
Abtreibung, 135
Erinnerung des Kindes und versuchte, 289
Abtrennung, 86
Valenz, Definition, 443
Abwärts-Rausschmeißer, 432
Beispiele, 210
Definition, 121, 542
Abwertung, 231, 345
Archivar und, 460
Definition, 300
der Dianetik, Grund dafür, 414
des Preclears, 256, 461
schwerwiegendster Bruch des Auditorenkodex, 300
vergangenes Leben und, 71
2,0 und Konversation, 101
Achte Dynamik
Definition, 53, 54, 535
Affinität, 41, 44, 63–65, 72, 166, 255, 296
Auditing und, 175
Berechnungen und, 301
Bestandteil des Dreiecks, 44
Definition, 63, 543
Dynamiken und, 53
Emotion und, 55
Engramme, Brüche in Affinität oder aufgezwungene Affinität, 61
Engramm und grundlegender Bruch in, 247
erzwungene, 297
verhinderte und, 451
imaginäre Geschehnisse und, 344
Locks und, 128
Positives Prozessing und, 329
Schaltkreise und, 451
Sonik und, 82
Theta-Bestandteile, 369
Verhinderung von, 300
zwischen Eltern und Kind, 296
zwischen Theta und Mest, 6, 374
siehe auch **ARK**
Affinität, Realität und Kommunikation, *siehe* **ARK**
Affinitätsbrüche
Tonstufe des Auditors und, 208
A gleich A gleich A gleich A, 336
akademische Prüfung, 360
Aktionspotenzial, 126
Aktionssätze, 118, 269, 432, 441, 511
aberrative Sätze versus Aktionssätze, 420
aktiv, wenn viel Ladung auf dem Fall liegt, 124
Befehlskraft und Tonskala, 209–211
Definition, 209, 542

Locks und, 352
Secondarys und, 211
Valenz
Rausschmeißer, Definition, 210
Valenzwechsler, Definition, 210
Verleugner, Definition, 210
Zusammenpacker, Definition, 210

Aktionszyklus
abschließen, 128
Theta möchte begonnenen Aktionszyklus abschließen, 128

akute Psychose, 152

akuter Psychotiker
Definition, 166, 430

Alkohol
Auditieren von Preclears unter Einfluss von, 189

allgemeine Semantik, 67

Alter kommt ihm in den Sinn, 399

Altersblitzantwort
Beschreibung, 272, 273
Definition, 273

Ammoniak-Meere, 490

Amnesie-Trance, 458

am tiefsten auf der Tonskala liegende Person, 207

Analysator, 421
Absperrung, Schmerz und, 92
siehe auch **analytischer Verstand**

analytischer Verstand, 11–14, 282, 394, 420, 443, 444, 455
Aktionsbereich des, 14
Aufmerksamkeitseinheiten und, 457
Definition, 10
Definition und Beschreibung, 477–478, 536
Kontrolle über Organismus und, 481
reaktiver Verstand und, 23
sein Ziel ist, Recht zu haben und nie im Unrecht zu sein, 479
Sprache und, 11
Unterschied zwischen reaktivem und, 92

Anaten, 92–97, 262, 394, 452, 454, 506, 525
Boil-off und, 367
Definition, 92
Fall von Anaten befreit, 263
Gähnen und, 408, 452

Andenken aus der Vergangenheit, 273

Anfälligkeit
für Krankheit, 17, 38, 97

angesammelte Aberration des Theta-Körpers, 333

angreifen, 25, 163

Angriff
heftiger, 1,5 und, 27

Anlage
Theta, 140
Menge an, 140

Anregungsmittel, 468

Anstalten, 531
Geisteskranke und, 265

Ansteckungsfaktor der Aberration, 49

Ansteckung von Aberration
Definition, 240
Gesetz der, 224
Prinzip der, 240–241
Ansturm von MEST, 6
Antagonismus, 64
Humor auf der Stufe von, 178
wie man den 2,0-Fall auditiert, 527
siehe auch **Tonstufe 2,0**
Antikapitalismus, 146
Apathie, 23, 104, 172, 183, 191–197, 320, 526
Definition, 23
entlasten, 60
Enturbulierung von freiem Theta, 203
Fall, und Beharrlichkeit im Auditing, 173
himmelschreiende Missachtung der Wahrheit und, 84
Infektionen widerstehen und, 39
kein Moralkodex und, 199
Locks, 531
Secondary, 88, 380
völliges Zurückziehen und, 65
wie man den 0,1-Fall auditiert, 531
Archivar, 120, 267, 398–420, 456, 457
„Archivar-Clear" und, 511
Auditor wendet sich mit Fragen an den, 403
Boil-off herbeigeführt und, 507
Definition, 398
funktioniert plötzlich nicht mehr, 448
„Herr Archivar", 461
Lock-Scanning und, 357
nach der Art des Satzes fragen, 210
reagiert nicht oder nur unzuverlässig, 463
Secondary-Engramme und, 383
Ungeschicktheit und Zunichtemachen der Bereitschaft des, 461
Unterschied zwischen Somatikstreifen und, 399
Verwendung des, 440, 459
Zustand des, 455–463
Aristotelische Logik, 549
ARK, 41–54, 84, 296, 531, 545
Auditor und viel, 382
brechen des Auditorenkodex, und, 255
Definition, 543
Direkterinnerung und, 287
Drehorgelsystem und, 304
Dreieck, *siehe* **ARK-Dreieck**
erzwungenes, Definition, 296
erzwungen oder verhindert, 305
Locks und Secondarys, 82
Mathematik und, 51
Secondarys, *siehe* **ARK-Secondarys**
Theta und, 41–54
Verhinderung von, 300
Visio und, 85
zwischen Auditor und Preclear, 345
ARK-Bruch, 89
Beschreibung, 247
Direkterinnerung in Bezug auf einen, 528

Engramm und, 374
Entheta und, 242
ARK-Dreieck, 55, 72, 302, 303
beschrieben, 44–47
Schaubild und Tonskala, 47
siehe auch **ARK**
ARK-Locks, 128, 355
Definition, 129, 545
ARK-Secondarys, 89
Definition, 545
Arthritis, 39
Äsop, 330, 483
Assist
Dianetik Assist, 393, 394
Definition, 39
Ästhetik, 112, 331, 483
autoritäres Gebiet, 487
Wahrheit und, 156
ästhetischer Verstand, 14, 483
Definition, 482
rehabilitieren, 487
ASW, *siehe* **außersinnliche Wahrnehmung**
Atheisten, 493
Atombombe, viii, 43
Japan und, 164
Atom- und Molekularphänomene, 335
auditieren
sich selbst, *siehe* **Selbstauditing**
Auditieren von Ehemann und Ehefrau, 34, 519
Auditing
autoritäres, 175, 197, 230, 422
Lock-Scanning in Bezug auf, 362, 418, 441, 474
Mut und, 163
Vitamine und, 262
von Ehemann und Ehefrau, 34
von Fällen, wie man sie auditiert, 521–534
Auditor, 174, 208, 227, 258, 463
Achtung, 256
Anheben der Tonstufe, 15
Anwesenheit des, 515, 532
auf Sitzungen, die er durchgeführt hat, Scanning erhalten, 518
Beobachtung, 273
Bewegen der Hand oder der Füße, 460
Definition, 15
Gruppe von Preclear und, 345
Hauptanliegen, 285
Interesse, zu ungestüm oder zu gering, 460
Kinder und Rolle des, 231
Mission des, 229, 282
Mut des, 162, 264, 409
Prozessing des, 225
Ranghöhe, 520
restimuliert, 516
spricht zu viel, 264
Tonstufe, 104, 221, 515–520
Prozessing und, 162
seine eigene erhöhen, 234
Vertrauen, 267
viel Theta, 508
Werkzeuge des, 398–404
Ziel des, 232, 244, 247
zweifelnde Haltung, 460
Zwei-Minuten-Psychometrie, 105

Auditorenkodex, 229–235, 459
Bruch, 78, 232, 529
Engramm nicht reduziert, 78
schwerwiegendster, 300
Definition, 229
die beiden wichtigsten Aspekte, 234
Team von zwei Leuten hält sich an den, 235
Theta bewahren und, 226

Aufblitzen der Szene
Definition, 273

auf der Zeitspur festgehalten
Blitzantwort und, 120

auf der Zeitspur feststecken, 272
1,5er, 1,1er und, 365

Aufmerksamkeit
fest gerichtet, 200
zu fixiert versus zu weit, 222

Aufmerksamkeitseinheiten, 273, 456
analytischer Verstand und, 457
Definition, 275
Vergnügensmomente und, 81
zurückgewinnen von, 323

Aufprall
Tonskala und, 6

Aufzeichnungen, 78

Augenlider, zitternde, 473

Aura, 481

Ausdünstungen, 380

Auslöschung, 525
Definition, 408
Gähnen und, 408, 505

Auslösung
von Krankheit, 38

außerhalb der eigenen Valenz, 122, 446

außersinnliche Wahrnehmung, 69, 454, 547
vorgeburtliches Dub-in-Visio versus, 84

Auswertung von Daten, 550

Automat
Selbstbestimmung und, 223

Autoritarismus
Ästhetik und, 487
Auditing, 175, 197, 230, 422
Bildung und, 205, 223
Kunst und, 488
zerstörerische Willkür und, 151

Axiome
Definitionen und, 535–553
Dianetik, 49, 215, 251, 487
Dianetik, ausgerichtet nach grundlegenden, 1
Wissen und zwei grundlegende, 249

B

B_1, 454
ungenügend ernährt und, 262

Bacon, Francis, 491

Bakterien, 97
Engramm versus, 37

Bank, *siehe* **Standard-Gedächtnisbank**

Bank (reaktive Gedächtnisbank), *siehe* **reaktiver Verstand**

Basik auf einer Kette, 97

Basik-Basik, 206, 263
Definition, 122, 552

Basik-Engramm, 95
Definition, 552
Befehl
engrammatischer, *siehe* **engrammatische Befehle**
Schaltkreisbefehl, 365
Befehlssatz, 77, 332
Absperrung und, 77
Beispiel, 551
Engramm, 522
Befehlssomatik, 447
Definition, 551
befreien, 448
Beharrlichkeit, 171–175
zwei Arten von Menschen, 171
„Beherrsche dich!"-Befehle, 365
beherrschende Personen, 295
Beherrschung, 184, 429, 526
Definition, 184
Drehorgelsystem und, 304
enturbuliert Theta in der Umgebung, 182
unterhalb von 2,0, 201
Beherrschungsbefehle, 365
Benzedrin, 468
berechnender Psychotiker, 270
Definition, 270
Berechnung, 67
Definition, 50
Berechnungs-Ranghöhe
Definition, 551
Bergson, 3
Beruhigungsmittel, 36, 189, 336, 458, 468, 469
auditieren Sie niemals Preclears unter, 189
mehr Enturbulierung und, 189
Phenobarbital, 468
verabreichen
einem neurotischen Menschen, 468
beschleunigtes Tempo (des Lock-Scannings)
Definition, 359
Bestandsaufnahme, 255, 388, 522
Bestätigungstechnik
Definition, 552
Bestrafung als Antriebsmittel
Definition, 181
Bewegung
körperliche, 222
Tonstufe und, 26–27
Bewegungsrückruf
Definition, 547
Bewegungssinn, 67
Definition, 68
„Bewusstlosigkeit", 11, 245
Gespräche in der Nähe einer bewusstlosen Person, 466
Wahrnehmungseindrücke aufgezeichnet während, 75
Bewusstsein, 275
körperlicher Schmerz und vermindertes, 245
Strom des, 447, 457
„Bewusstseinsstrom", 447, 457
Beziehungen
zwischenmenschliche, 201
Bildung, 16, 204–207
Aberration durch, 333
autoritäre, 205, 223
Künstler und, 223

Clear und, 19
Definition, 222, 541
durch Klassifizierung, 489
Lock-Scanning und, 360
persönliche, 223
Preclear und, 231
Tonskala und, 204–207, 223
Umgang mit Anderen und, 207
wirksame Therapie und, 20
Biochemie, 3
Biologie, 3
Blitzantwort, 120, 399
Beispiele, 279
Definition, 120, 272
Ja-Nein-Basis, 279
Boil-off, 160, 262, 292, 440, 452, 473, 506–507
Archivar und, 507
beim Lock-Scanning, 366
Handhabung, 263
keine Unterbrechung während, 454, 506
Verhalten des Auditors, 262
Böse
Aberration und, 20
Kräfte des Bösen, 251, 494
böse, 254
Definition, 254
bürgerliche Rechte, 152

C

Carlyle, Thomas, 71
Carrel, Alexis, 375
Cary, David, 34
Chloralhydrat, 469
Christen, 486
chronische Psychose, 152
chronischer Psychotiker, 227
Definition, 166
chronisches Somatik, 93, 367, 370, 397, 409, 480, 503
Definition, 12, 30
Herz und, 480
siehe auch **psychosomatisch**
Circuitry (Schaltkreis), 84
Kontrolle, 463
Clear, 13, 51, 78, 89, 220, 371
alles verfügbare Theta, 51, 125
„Archivar-Clear“, 511
Aufmerksamkeitseinheiten und, 275
Beschreibung, 18, 237
Definition, 352
Erschaffen eines, 208
falscher, 524
Gegenwart und, 282
geklärter Kannibale, 125
Hervorbringen eines, 20
Intelligenzquotient und, 19
Preclear behauptet, Clear zu sein, 266
sehr ausgeprägte Entheta-Umgebung, 283
warum Clear genannt, 20
siehe auch **MEST-Clear**
Computer
Recht haben und, 478
Verstand versus, 5

D

Dämonenschaltkreis, *siehe* **Schaltkreis (Circuitry)**
Darwin, 491

Dasein, 1, 493
Dynamiken des, 249–254
Dynamisches Prinzip des, 249
kleinster gemeinsamer Nenner des, 2
Zyklus des, 6
Daten, Datum
Auswertung von, 550
entehrend, 516
Gradientenskala des relativen Wertes von, 549
von vergleichbarer Größenordnung, 550
Definitionen und Axiome, 1, 535–553
Demokratie, 141, 485
Demokratie im Sinne Jeffersons
Definition, 141
Denkebenen, 486
Denken
augenblicklich, 5
menschliches, Definition, 536
reaktiv, 10
Schaltkreis und Stimme verleihen, 447
schöpferisches, 132
Struktur und, 482
„Zu-kompliziert"-Denkrichtung, 3
siehe auch **Theta**
Dermatitis, 305
Deutschland, 316
Dianetik, 44, 173, 195
Abwertung, Grund dafür, 414
Beschreibung, i, 9
Definition, i, 1
Dreieck der, 302
Einschätzung, 17–24
Gruppen, *siehe* **Gruppen-Dianetik**
Krankheit und, ii
medizinisch, 39
neue Ausdrücke und, 55
Neurose und, 198
Psychose und, 198
Richtigkeit nachgewiesen, iii
Theta und Mest, 5, 215
vermischen, 34
Vorbeugende, iv
was der Auditor tut, 215
wichtigste Grundannahme der, 249
Ziel der, i, iv
Dianetik: Der Leitfaden für den menschlichen Verstand, 292, 343
Dianetik Assist, 39, 393, 394
Definition, 39
Dianetik Axiome, 49, 215, 487
Dianetik Release, 13, 51, 57, 218, 422
Definition, 21
Gegenwart und, 283
schmerzliche Emotion vom Fall entfernt, 62
Stabilität des, 220
Dianetisches Prozessing, *siehe* **Prozessing**
Dieb, 50
Differenzierung, 177
Definition, 177
Diktatoren, 168
Diktator in Venezuela, 184
Dimension, dritte, 15, 373

Direkterinnerung, 281, 329, 463, 504, 509, 511, 512
Aberration und, 431
Auditing, Stiftung und, vii, viii
bei nahezu jedem durchgeführt, v
Beschreibung, 287–309
Definition, 287
erleichtern der Schaltkreise, 451
erste und zweite Regel der, 294
für niemanden eine Gefahr, 288
hängengeblieben beim Lock-Scanning, 366
herauslösen der Identität und, 377
Ladung von einem Fall beseitigen und, 453
Locks und, viii
Lösen von Fällen und, 264
„Salontrick" des Auditors, 308
sehr leichtes Prozessing, 521
sieben Arten von Geschehnissen und, 296
Straightwire
warum auch Straightwire genannt, 287
Valenzen und, 452
zurückrufen durch, 280
siehe auch **Straightwire**

direktive Therapien, 188

Dissonanz, 46, 500

Dramatisation, 93, 508
brechen, 94
Beispiele, 126
gebrochene, 350, 395
auf der Tonskala sinken und, 317
1,5 und, 353

Dramatisationsbruch-Locks
Definition, 128, 350, 545
siehe auch **Dramatisation**

dramatisierender Psychotiker
Definition, 270

Drehorgelsystem, 289, 302–307

Dreieck
ARK, *siehe* **ARK-Dreieck**
Höchstes Wesen, MEST und Theta-Universum, 114

Dreieck der Dianetik
Affinität, Realität und Kommunikation, 72

dreiwertige Logik, 499

drei wirksame Prozesse, 183, 221

Dritte Dynamik, 166
Beschreibung, 54
Definition, 53

Drogen
Morphium, 469
Phenobarbital, 468
siehe auch **Beruhigungsmittel; Anregungsmittel**

Drogen-Hypnose, 527
Beschreibung, 469

Drüsen
vergrößert, 39
siehe auch **endokrines System**

Dub-in, 71, 77, 83, 160, 385, 388
Apathie-Fall und Unmengen an, 194
Gram-Fall und, 531
Sonik, 77
Visio und, 87

Durchschnitt
Definition, 22

„Du"-Sätze, 443

Dyn, 8

Dynamik(en), 51–54, 321
  Achte
    Definition, 53, 54, 535
  Definition, 53, 535
  des Daseins, 249–254
  Dritte, 53, 166
  Erste, 166
  Fünfte, 167
  Gleichung des potenziellen Wertes und, 146
  Sechste, 167
    Definition, 53
  Siebte
    Definition, 53
  siehe **Zweite Dynamik**, 53
  Verantwortung und die Tonskala, 167
  Vierte, 167
    Definition, 53
  Zweite, 166

Dynamisches Prinzip des Daseins, 249, 535

E

Ehe
  Ehemann-Ehefrau Ko-Auditing-Teams, 347, 519
  mit Apathie-Fall, 196
  mit irgendjemandem unterhalb von 2,0, 317
  Tonstufe von Ehemann und Ehefrau, 225

Ehefrau und Ehemann
  Auditing, 34, 347, 429
    Erfolglosigkeit und, 347
    Nichtfunktionieren und, 429, 519

Ehrlichkeit
  „offene, ehrliche Art von Mensch", 23

Einflussbereich, 165

Einführung eines Willkürfaktors, 548

Einheit
  zwei und Grundeinheit, 345

einkeyen
  von Engramm, Krankheit und, 38

1,1 *siehe* **versteckte Feindseligkeit**

Einschätzung, v
  Dianetische, 17–24

1,5er-Fall
  Lock-Scanning und, 528
  Definition, 58
  Sinn für Humor, 178
  Tatsachen und, 158
  siehe auch **Wut**

Einstein, 111

einwertige Logik
  Definition, 549

einziger Weg aus einem Engramm hinaus
  Motto, 415

Eiweißration, 508

Elan vital, 3, 4

Elektroschock, 2, 35, 230, 469, 517

elterliche Unterweisung, 206

Embryo, 413

Emotion, 55–62
Affinität und, 63
Definition, 544
Engramm durchlaufen und reduzieren, 17
Entladen von, 61
Hauptkennzeichen der Tonskala, 58
Kennzeichen des jeweiligen Daseinszustandes, 55
rational versus irrational, 56
schmerzliche, 61
größte Verbesserung durch das Auditieren von, 62
Tonstufe, die sich beim Fall am leichtesten auditieren lässt, 60
Empfängnis, 263, 401, 525
durchlaufen, 411–413
endokrines System, 38, 134
Fehlfunktion des, 480
Endziel
Prozessing und, 21
Energie
Energiefeld des Organismus, 8
gedankliche Energie und Energie des Lebens, 41
Leben, 4
Lebenskraft und, 335
von einem einzigen Punkt ausgehendes Energiefeld des Körpers, 480
enger werdende Abwärtsspirale, 57, 133, 172
Definition, 243
wie sie auf die Umgebung einwirkt, 182
Engramm, 85, 166, 278, 374, 391, 391–433, 500
allgemeines Gesetz, 403
auditieren, v
bei Fällen auf niedriger Stufe, 513
bei weit offenem Fall, 513
Aufbau, 394
Aufladung, 247
Auslöschung, Definition, 408
Bakterien, Viren und, 37
Basik, *siehe* **Basik-Engramm**
Beispiel eines kleinen Jungen, 10
Beschreibung, 12
Bestandteile, 91
Definition, 10, 12, 127, 350, 369, 538
den frühesten Teil davon finden, 407
drei Regeln beim Prozessing, 418
einkeyen von, 38
einziger Weg hinaus, 415
Emotion und, 17, 56
Empfängnis, 412
entlasten, 433
enturbuliert Theta, 224
grundlegender Zusammenprall von Theta und MEST, 433
Ketten von, 280, 437–441
körperlicher Schmerz, 61, 369
letztes bei einem Fall, 504
Lock-Scanning und, 434
Manifestationen, 125–127
manisch, *siehe* **manisches Engramm**

Menschen unterhalb von 2,0 und, 430
Mitgefühl, 343
neuestes bei einem Fall, 433
nicht zugänglich für Auditing, 423
Preclear sitzt fest in, 522
Psychotiker und das Auditieren eines, 49
Redeablauf für, 432
Reduzierung, 18, 71, 119, 266, 280, 410
Restimulation, *siehe* **Restimulation**
Sätze, 332
wortwörtlich genommen, 420
Scanning, 359, 440–441, 524
Secondary, *siehe* **Secondary-Engramm**
Somatik-Seite von, 93
untätig, 370
Valenzen und, 445
verborgene Kommandostelle, 12
verhindern, dass es Wörter enthält, 40
vor der Empfängnis liegend, 413
weit offener Fall und, 258
wenn man es nicht reduzieren kann, 364
zurückweichen, Definition, 410
siehe auch **Kette**

engrammatische Befehle, 31
Beispiel, 38

Engramme mit körperlichem Schmerz, 61, 369
siehe auch **Engramm**

EnMEST, 126, 160, 424, 500, 504
Definition, 6, 46, 538
Engramm und, 91
Schaubild, 496
Secondarys und größte Ablagerungen von, 503
stößt Theta ab, 8
unterhalb der Stufe 2,0 und, 147
Unterschied zwischen MEST und, 48

Entheta, 6, 49, 124, 126, 282, 424, 471
abschneiden, 100, 108
Absperrung und, 504
ARK-Brüche und, 242
Arten von, 350, 360
Aufbau von, 349
beim Fall, 291, 495–513
allgemeine Regel, 276
Anteil, 495
„dauerhaft" fixiert, 350
Definition, 6, 46, 237, 538
drei Arten von, 241
erstarrtes, 202
Gesundheit und, 39
Inhalt des reaktiven Verstandes, 421
körperlicher Schmerz und, 240
Lock-Scanning und Umwandlung von, 504
Lock-Scanning und Zurückverwandeln von, 368
psychotisch und Maximum an, 34
reaktiver Verstand und, 480
Schaubild, 496

Secondarys und
Einkapselung von, 388
größte Ablagerungen von, 503
stößt MEST ab, 8
stößt Theta ab, 64, 281
Theta überwiegt, 224
Tonskala, Trennungslinie von Entheta und, 371
Umwandlung in Theta, 501–513
physiologische Begleiterscheinungen, 504
Unvernunft und, 49
vorübergehend, 350
zeitweise, 202

Enthusiasmus
Entheta abschneiden, 108
Verständnis, Maß an, 177

Entitäten, 401
menschlicher Verstand und, 455
reaktiver Verstand und, 77

Entladen, 506
von Emotion, 61

entlasten
Definition, 434
Technik des Entlastens, 433
von Engrammen, 433–435

Enturbulierung, 43, 91
Apathie-Fall und maximale, 192
Clear und Enturbulierung in der Umgebung, 283
Wörtlichkeit und, 177

Entwicklung, 69
Gegenwart und, 497
MEST und, 497
vier Linien der, 497

Erbanlagen, 22

Erg, 8

erinnern, sich, 256

Erinnerung
an die Geburt, 290
an Namen, Bestätigung und, 293
direkt, *siehe* **Direkterinnerung**
Rückkehr versus, 283
Überlebenspotenzial und, 290

Ernährung, 16, 20, 221, 262
Definition, 541

Eroberung von MEST, 43

erschaffen
künstlerisch, 482

Erschaffung
Zerstörung und, 141
Zyklus der, 44

Erscheinung
Fall und beunruhigende, 266

erstarrtes Entheta, 202

Erste Dynamik, 166
Beschreibung, 53
Definition, 53

Erziehung, 203–206
Lock-Scanning und, 360, 493
Tonskala und, 203–206

erzwungene Affinität
Definition, 296

erzwungenes ARK
Drehorgelsystem und, 304

Ethik, 149–153
Apathie und keine, 196
Definition, 149
1,1 und Fassade von, 158
keine Vorstellung von, 102

Evolution, 2
Beschreibung, 539
Gegenwart und, 7, 42
in der Gegenwart existierende Evolution, aufgebaut nach einer Stufenleiter der Unterstützung, 540
Mest und, 540
natürliche Auslese, 540
Organismus, 540
Theta, 540
vier Linien von, 539

Exteriorisation, 85, 88

Extroversion
des Preclears, 419

Extroversion-Introversion, 115
Tonskala und, 115

F

Fähigkeitsniveau, 34

Fall, 266, 271, 276
abgesperrter, *siehe* **abgesperrter Fall**
Aktionssätze und, 124
allgemeiner Fortschritt des, 262
Anteil an Entheta beim, 495–513
beginnen mit einem, 521
Beseitigen von Missemotion, 381
Entheta beim, 291
erforderliches Geschehnis, um den Fall zu lösen, 403
Geschichten, *siehe* **Fallgeschichten**
Glück oberhalb von 2,0, 315
mit mehr Entheta als Theta, 284
Rückschritt des, 265
schwer geladener, 94
stark geladen, 86, 128, 256, 279, 280, 352, 444, 449
Sätze und, 122
tief auf der Tonskala, 352
Tonstufe des Auditors, die zur Behandlung notwendig ist, 515–520
Valenz, 86
wie man ihn auditiert, 521–534
für jede Tonstufe, 524–532

Fallgeschichten
Erholen von einer Blinddarmentzündung, 39
Mann rief bei seiner Frau die Masern hervor, 416
Vergnügensmomente auditieren, 322–323

Fall ohne Sonik, 78

Fall tief auf der Tonskala
Locks und, 352

falsche Vier, 58, 160, 380
Definition, 551

Familie, 201
Absinken auf der Tonskala, 182
Linie der Aberration, 241

Fantasie, 67, 456, 478
drei Arten von, 331
praktische Art von, Definition, 332
Realität und, 334
schöpferische, Definition, 331
Wahnvorstellungen oder Halluzinationen umfassende, Definition, 332

Faschismus, 141, 189
Definition, 141
unterhalb 2,0, 33
Feigling, 150, 161
Feindseligkeit
offene, Definition, 22
versteckte, *siehe* **versteckte Feindseligkeit**
Festhalter, 273, 292, 406
Beispiele, 119, 210
Definition, 119, 542
Sonik-Satz und, 120
Valenz, 445
Feststecken auf der Zeitspur, 94, 355, 398
Zeichen für, 523
„Feststecken in der Gegenwart“, 279, 503
Feuchtigkeit, 67
Definition, 68, 547
Fieber, 39, 266
Fingerschnippen, 120, 272, 279
Verwendung, 120, 272, 279, 398, 432, 459
Flechten, 7, 42
fliehen, 163
Förderung, 182
Definition, 181
Forrestal, James Vincent, 197
Fortdauer
von Krankheit, 38, 97
Fortpflanzung, 132, 187
Frau, 136
Promiskuität, 187
Schönheit der Menschheit, 137
Freewheeling, 510–511
Definition, 510
freie Assoziation, 35, 227, 287, 288, 309
Freie Liebe, 132, 133, 190
freies Theta, 91, 115, 202
Menge, 226, 373
Skala von, 57
Tonskala und, 57
Verhältnis von, 219
Freiheit, Individuum, 142
Freud, Sigmund, 19, 291, 391, 392
Fuller, Margaret, 71
Fünfte Dynamik, 167
Beschreibung, 54
Definition, 53
Funktion beherrscht die Struktur, die, 38
Furcht, 23, 163
Secondary-Engramme auditieren und entladen, v
vor Gesprächen ernster Art, 178

G

Gähnen, 452, 505, 525
Anaten und, 408, 452
Auslöschung und, 408, 505
beim Scanning von Vergnügensmomenten, 329
Geburt
Erinnerung an die, 290
feststecken in der, 274
schwierige, 134
Gedächtnis
auffrischen, 323

sehr schlecht, 457
siehe auch **Standard-Gedächtnisbank**

Gedanken
auf die äußere Welt gerichtet, 115

Gefahr
chronische Apathie und, 192
größte Gefahr im Bereich von Wut bis hinunter in den Bereich von 1,1, 152
Umgebung und, 199

„gefährliche" Entitäten, 198

Gefühle, Verletzen der Gefühle der Leute, 157

gegen das Überleben gerichtet, 149

Gegenwart, 269–285, 294, 522, 532
1,1 und, 285
Clear und, 282
Definition, 117, 269, 546
desenturbuliertes Entheta, 504
Entheta in der, 275
Entwicklung und, 497
erste und wichtigste Aufgabe des Auditors bei jedem Fall, 278
Evolution und, 7, 42
„Jetzt"-Band, 498
„Komm (hoch) in die", 120, 269
Krankheit und, 39
Ladung und, 277
nicht in der, 275
sich unaufhörlich ausdehnender Augenblick, 118
wie bekommt man den Preclear in die, 282
siehe auch **„Feststecken in der Gegenwart"**

Gegner
beste Taktik im Kampf gegen, 164

Geistertänzer, 197

Geisteskrankheit, 269–271, 339, 414
Ansteckung von, 152, 240
Klassifizierung, 488
„Komm (hoch) in die Gegenwart" und, 120
zwei Arten, 270
siehe auch **Psychose; Psychotiker**

geistige Gesundheit
Abgrenzung von, 83
Ansteckung von, 241
ermitteln, 31
Gegenwart, 269
im Gesetz definiert, 153
Skala der, 17

geistiges Dasein, 493

geklärter Kannibale, 125

Geld, 145

Gelenkrheumatismus, chronischer, 97

Gelenkstellung, 67
Definition, 68, 547

gemeinsam, 47

genetische Linie, 9, 333, 497, 541

genetische Persönlichkeit
Definition, 540

genetische Zeitspur, 118

Genie
fünf Schwachsinnige ergeben ein, 146
Gericht
Geschworener, 152
Geruch, 67
Definition, 68
Geruchsdrüsen, 380
Geruchssinn, 73
Geruchswahrnehmung
Definition, 547
Geschehnis(se), 279
Entheta, 282
erforderlich, um den Fall zu lösen, 403
imaginär, *siehe* **imaginäre Geschehnisse**
kein körperlicher Schmerz und keine Missemotion, 353
Geschwüre, 530
Gesellschaft
Entfernen von 1,1-Personen aus der, 103
tief auf der Tonskala, 52
Tonstufe der Regierung versus, 169
Wert für die, 145–147
Gesetz
Erschaffung von, 150
Gesetze der Elektromagnetik und der Schwerkraft
Funktionsprinzipien des Lebens versus, 3
Theta-Energie versus, 216
Gespräch
Sprechen, Zuhören, 99–105
Gesundbeten, 48
Gesundheit, Entheta und, 39
gewinnende Valenz, 123
Gewohnheit
Definition, 537
gleichsetzen
tief auf der Tonskala und, 336
Gleichung
potenzieller Wert, 146
Glück, 50, 81, 315
oberhalb von 2,0, 315
Glücklichsein, 19, 326
Aberration und, 57
Definition, 161, 311, 326, 536
Gott, 69
Achte Dynamik, 54
Chancen des Menschen, Gott zu erreichen, 494
Fortschritt in Richtung, 493
gottlose Regierung, 114
Teufel und, 489
Wille-Gottes-Logik, 549
Gradientenskala, 254, 312
Definition, 548
Tod und, 314
Tonskala, 499
Gradientenskala des relativen Wertes von Daten
Schaubild, 549
Gram, 159, 160, 179
Ladung, 264, 274
nützlich, 367
mit Dianetik weggeschafft, 195
Schocks, 39
Secondary-Engramme auditieren und entladen, v

Selbstmord und, 322
Verdrehungen von Wahrheit und, 65
wie man einen 1,5er-Fall auditiert, 530

Grundannahme
von Theta und Mest, 9

grundlegende Zielsetzung, 520
Definition, 552

Grundpersönlichkeit, 445, 540
Clear und, 20
gelassen und heiter, 458

Grundprinzipien des Prozessings, 215–227

Grundzone
Definition, 552

Gruppe, 453, 498
Auditorenkodex und, 235
1,1, 191
Preclear und Auditor, als eine, 345
Technologie von, 218

Gruppen-Dianetik, iv, 141, 544
Kommunikation und, 109

Guk, 510

Günstigstimmen
des Auditors, 65, 173
„Liebe" und, 196
unterhalb von 2,0 keine wirkliche Zuneigung, sondern, 198

gut
Definition, 252

H

Handbuch
siehe ***Dianetik: Der Leitfaden für den menschlichen Verstand***

„Handlanger des Teufels", 170, 254

harmonisch, 48

Heime, 531

Hellhören, 69

Hellsehen, 69

Herrschaft
über die Umwelt, 139–143

Herz, chronische Somatiken und, 480

Herzschlag, doppelt so schnell, 266

Heuchler, 102

hinwegsetzen
sich über (etwas), 406

Hitler, 105, 142, 316

Höchstes Wesen, 113, 166, 249, 489
Achte Dynamik, 54
Dreieck von Theta-, Mest-Universum, 114

Höchstgeschwindigkeit (des Lock-Scannings), 359

Höhe (in Bezug auf die Tonskala)
Definition, 372

Hollywood, 113

Hormone, 39

Hubbard Tabelle der Einschätzung des Menschen und des Dianetischen Prozessings, v, 256
Beginnen mit einem Fall, 521
Bestimmen der Position des Preclears auf der, 463, 521–524
Buch ist aufgebaut rund um, v
Preclear bestimmen auf der, 31

Humor, Sinn für, 177
1,5, Gelächter über Missgeschicke, 178

Hypnose, 174, 230, 256, 262, 431, 465–475, 527
Beschreibung, 475
Drogen, 469
Tonskala und, 187–188
Zeitspur und, 117

hypnotische Trance, 197
leichte, 474

Hypochonder, 39

I

Ibsen, 113

„Ich“, 172, 282, 400, 445, 456
Definition, 550
des Schaltkreises, 447
die Person selbst, 337
Rückkehrfähigkeit, 402
Valenzen und, 445

Ideen
Geschwindigkeit und Ausbreitung von, 113
Theta, Materie und, 5

Identifizierung, 177
Definition, 177

Identität
Direkterinnerung, herauslösen, 377
Selbstbestimmung und persönliche, 377
Verwechslung bezüglich, 77

Idiot, 22

Ignorieren, 25

imaginäre Geschehnisse, 82, 331–347
Affinität und, 344
dienen vier Zwecken, 343
Secondary (Engramme), 384
Versuchsfeld, 344

imaginäres Visio
Definition, 83

Implant verabreichen, 230, 296
Hypnose und, 188, 471

Impotenz, 133

in den Sinn kommen
Alter, 399

in der eigenen Valenz, 88
enturbuliert durch Engramme, aber, 79
genaue, klare Bilder und, 85
sich frei auf der Zeitspur bewegen, 79
weit offen und, 123

in der Gegenwart existierende Evolution, aufgebaut nach einer Stufenleiter der Unterstützung, 540

in der Gegenwart feststecken, 121

Indianer, 196

individuelles Prozessing, 224

Individuen, 69, 113
zwei Arten von, 171
Infektion
Widerstandsfähigkeit gegen, 39
Institutionen
Schaffung von Psychotikern in, 222
Intelligenz, 349, 428
Definition, 536
Gleichung des potenziellen Wertes und, 146
Prozessing steigert, 22
Restimulation und, 218
Test, 218
Intelligenzquotient (IQ)
des Kriminellen, 251
eines Clears, 19
Intensität (Tonskala), 372
Interesse
Affinität und, 255
des Auditors, 460
Intrige, 142
Introversion, 115
Intuition, 69
Irrationalität
„emotional" und, 55
Isolierung
Analogie, 337

K

kalte Packungen, 35
Kalvinismus, 486
Kannibale, geklärter, 125
Kette, 418
Basik auf, 97
Definition, 438
Scannen von Engrammen, *siehe* **Ketten-Scanning; Engramm**
von Engrammen, 280, 437–441
von Locks, 282, 356
Ketten-Scanning, 359, 510
automatisch, 512
Engramme, 359, 440, 510, 526
3,0 und, 524
Schaltkreise und, 524
Key-in, 242, 291, 369
Definition, 246
Kinder, 89, 134–137
Abtreibungsversuch und Erinnerung, 289
Affinität zwischen Eltern und, 296
ARK und, 45
Einstellung gegenüber, wie man Gewissheit darüber erlangen kann, 523
Erziehung von, 206
erzwungene Affinität, 297
körperliche Züchtigung und, 135
Locks und Secondarys, 243
postulierte Realität und, 155
Rolle des Auditors, 231
sonderbare Praktiken in Bezug auf, 187
vorgetäuschte Verletzung oder Krankheit, 342
Zukunft eines Volkes und, 136
Kindheit
Rückruf der, 205
Klatschbase, 103

kleinster gemeinsamer Nenner des Daseins, 2
klinisch, 473
klug werden
aus „Schaden", 7
Ko-Auditing, 208, 226, 428, 519
Dreiecks-Gruppe, 520
Ehemann und Ehefrau, 34, 347, 429
Nichtfunktionieren und, 519
Team wird gebildet, 346, 428
Kohlenhügel, 200
„Komm (hoch) in die Gegenwart", 120, 269, 399
Kommunikation, 67–73, 82, 99, 107
Affinität, Realität und, 41, 72
Brüche in Kommunikation oder aufgezwungene Kommunikation, 61
Definition, 543
erzwungene, 298
verhinderte und, 451
Gesellschaft und, 142
gute, schlechte Kommunikation umwandeln, 224
Locks und, 128
Positives Prozessing und, 329
Prozessing und, 175
Schaltkreise und, 451
Sprechen, Zuhören und Tonskala, 99–105
Teil des ARK-Dreiecks, 44
Übermittler, Tonskala und, 107–109
Verhinderung der, 302
Wissenschaft der Wahrnehmung
beschrieben, 67
siehe auch **ARK**
Kommunikationslinien
Definition, 108
leitender Angestellter, Schwierigkeiten und, 109
Kommunismus, 143
Konservatismus
gesellschaftlicher Charme und, 184
gesellschaftliches Lügen, 157
Kontroll-Circuitry, 463
Kontroll-Fall, 299
Kontroll-Satz, 295
Beispiele, 454
Kontroll-Schaltkreis, 430, 453, 456
Beschreibung, 448
Konzentration, 26
konzentrische Kreise, 139
Kopfschmerzen
Migräne-, 415, 480, 530
Körper, 508
Definition von MEST-Körper, 540
Energiefeld, das von einem einzigen Punkt ausgeht, 480
Manifestationen des Freiwerdens von Entheta, 424
Position (Wahrnehmungseindruck), 67
Definition, 68
Säfte nähern sich verletztem Bereich, 97
toter, 13
Körpergeruch, 380, 424

körperlicher Schmerz
Definition, 238
Entheta aufrechterhalten und, 507
Entheta und, 240
früh bis spät, 88
Scanning, 440
siehe auch **Schmerz**
körperliche Züchtigung
Kinder und, 135
Kraft
Mest-Kraft versus Theta, 184
Mest und, 169
Krankheit, 39, 97, 197
Anfälligkeit für, 17
Dianetik und, ii
drei Phasen einer, 38
Einkeyen von, 38
„imaginäre", 343
psychosomatische, 198, 264, 370, 409
Schweigen in der Nähe von, 40
Krebs, 305
Krieg, 13
Wahnsinn und, 200
Kriegshetzer, 168
Kriminelle, 151
Kritik, 186
an Kindern, weil sie reiche Fantasie besitzen, 331
verstärkt sich von 2,0 bis zu 1,0 hin, 116
Kultur
Definition, 541
Reichtum von, 113
so groß wie ihre Träume, 487
Künstler, 81, 113, 333, 482–489
autoritäre Bildung und, 223
Neurose und, 483
Träume einer Kultur werden von Künstlern geträumt, 487
Vielseitigkeit, 484
zugrunde gerichtete, 205
Kurs
Grundkurs oder professioneller, viii

L

Ladung, 86, 124, 277, 453
Aberration durch Menge an, 332
abschneiden und abkapseln, 79
Boil-off und Herunterauditieren von Ladung, 160
Definition, 539
Fall mit viel, 128, 280
Sätze mit starker, 122
Valenzen und, 452
Langeweile
(2,5er-Fall), Definition, 22, 58
Lazarus, 49
Leben
Energie des, 2, 4
Lebenserwartung, 17
niedrigere gegenüber höheren Lebensformen, 167
Schaubild, 496
somatisches, 375
Theta und Mest und, 6, 495
was es ist, 7

wie es sich selbst handhabt und Mest, 25
Zyklus, Definition, 538

Lebenskraft, 3, 4, 5, 15, 137, 237, 350, 536, 538
Energie, 335
Vernunft und, 17

Lebenszyklus
Definition, 539

leitender Angestellter
Kommunikationslinien, 109

Lenin, 143

Lenken
der Zuhörerschaft, 105

Leprakranke
in Paris, 428
in Venezuela, 184

lernen
durch Vergnügen und Schmerz, 9
Enturbulierung und, 217

Liberaler, 142

Liebe, 63, 64
empfangen oder geben, 45
freie, 132, 190

Line-Charge, 426

Locks, vii, 14, 93, 205, 349, 350–354
ARK, *siehe* **ARK-Locks**
Arten von, 128
Beschreibung, 378
bilden sich nur, wenn, 351
Definition, 127, 351, 539
Direkterinnerung und, viii
Dramatisationsbruch-, Definition, 128, 350, 545
durch Restimulation Definition, 128, 351
erzwungenes, verhindertes ARK, 303
gesamte Bildung kann ein Lock sein, 205
Kette von, 282, 356
Kinder und, 243
Manifestationen, 125, 127–129
Mest, *siehe* **Mest-Locks**
Personen, die sich tief auf der Tonskala befinden und schwere, 208
Reduzierung von, v
Restimulation, *siehe* **Restimulations-Locks**
Scanning, 205
siehe auch **Lock-Scanning**
Sprache, *siehe* **Sprach-Locks**
übliches Angriffsziel von Direkterinnerung, 288
Unterschied zwischen Secondary und, 243
wann Secondarys auditiert werden sollen und, 96

Lock-Scanning, 264, 266, 355–368, 388, 463, 509, 553
Anweisungen, 357
auf Sitzungen, die der Auditor durchgeführt hat, 518
bei fast jedem, v
beschleunigtes Tempo, Definition, 359
Bildung und, 205, 360
Boil-off, Abhilfe für, 366
Definition, 359
Direkterinnerung und, 287, 308
1,5 und, 528

Engramm und, 120, 434
Erziehung und, 493
Freewheeling und, 511
Geschwindigkeit des, 441
Höchstgeschwindigkeit, Definition, 359
„im Dunkeln", 88
in Bezug auf Auditing, 362, 418
körperlicher Schmerz und, 440
Ladung entfernt vom Basik-Engramm, 512
mit Sprechen oder schweigend, 358
Preclear auf der Zeitspur bewegen, 121
schweigendes Scanning, Definition, 359
Secondary auditieren und, 384
sehr leichtes Prozessing, 521
Sitzungsdauer und, 262
Sprechgeschwindigkeit, Definition, 359
Umwandlung von Entheta und, 504
Valenzen und, 452
Verwendung, 256, 258
von Auditing, 418
von 1,1 aufwärts, 440
Zeitpunkt zu beenden, 361
Zurückverwandeln von Entheta und, 368
2,0-Fall und, 284

Logik
einwertige Logik, Definition, 549
Entwicklung der, Schaubild, 549
unendlichkeitswertige, Definition, 499
zwei- oder dreiwertige, versus unendlichkeitswertige, 499
zweiwertige Logik, Definition, 549

London, Bombardierung von, 164

Löscher, 474

Lügner, 101, 150
gesellschaftlicher, 157

Lungenentzündung, 38

Lysenko, 491

M

Madrid
Bombardierung von, 164

Manifestation
Engramme und Locks, 125

manisch, 31, 58, 455
hypnotischer Befehl, 471
Zustand, 165

manisch-depressiv, 32, 33

manisches Engramm, 31, 99, 140, 265, 425, 455
Definition, 395
Gefahr, ihn zu hoch auf der Tonskala einzustufen, 523

Männer
schöpferisch für sie sorgen und mit ihnen umgehen, 137

Masern, 416

Massenhysterie, 224

Materialismus, 494

materialistische Wissenschaften, 491

Materie, Energie, Raum und Zeit, *siehe* **Mest**, 4
Mathematik
ARK, Mest und, 216
mechanische Aberration
Definition, 332
Mechanismus der Zusammenarbeit, 194
Medizin
Rolle der, 264
Medizinische Dianetik, 39
medizinischer Bereich, 37–40
Mensch
im Grunde gut, 20
Mest umwandeln und, 7
niedrigere Organismen als der, 126
Vernunft und, 217
Menschen
mit gleichem Recht geschaffen, 147
mit Ideen, nicht Waffen, 140
mit sehr großer Theta-Veranlagung, 482
potenzieller Wert und, 147
wenige verzweifelte, 147
Menschheit
Fortschritt von, 113
Frau, Schönheit der Menschheit, 137
menschliches Denken
Definition, 536
Dianetik und, iv, 1
siehe auch **Denken**
menschliches Verhalten, ii, 186
Genauigkeit der Vorhersage von, 417
Umgang mit Anderen, 181
Merkmale
Theta ändert seine, 46
Theta überwiegt Entheta, 224
Mesopotamier, 491
Mest, 5
Ansturm von, 6
Aufgabe von, 374
Definition, 48, 495, 538
Entheta stößt Mest ab, 8
Entwicklung, 497
Eroberung von, 43, 349
Evolution, 540
Kontrolle über
irrationale, durch Engramme vorgeschriebene, 95
Kraft, 169
Leben handhabt sich selbst und, 25
Leben, Theta plus, 215
Schaubild, 496
Technik, 533
Theta und, 5, 41–54
Anziehungskraft, 50
Eroberung von, 139, 215, 249
Grundannahme, 9
Schaubild, 496
Trennung von, 374
Urzustand, 6
wirksame Therapie
regulieren der Menge, 21
Zusammenprall von Theta und, 433, 500

2,0, oberhalb und unterhalb, und, 494
siehe auch **physikalisches Universum**

MEST-Clear, 57, 71
Definition, 18
technische Definition, 95
siehe auch **Clear**

MEST-Körper
Definition, 540
siehe auch **Körper**

MEST-Locks
Definition, 552

MEST-Realität
Definition, 112

MEST-Technik
Definition, 553

MEST-Universum, 42
Theta-Universum
Bruch in Affinität zwischen, 166
Höchstes Wesen, Dreieck, 114
Theta-Universum und, 5, 114, 166
zu heftiger Kontakt mit Schmerz und, 73
siehe auch **MEST; physikalisches Universum**

MEST-Wahrnehmungseindrücke
Definition, 547

Methode
im Umgang mit Anderen, 181–208

Migräne-Kopfschmerzen, 415, 480, 530

Minnesota Multiphasentest, 382

Missbildung, 12

Missemotion, 91, 127, 224, 378
Definition, 56, 545
Secondarys, 124, 129
Umwandlung von körperlichem Schmerz und, 93
vom Fall beseitigen, 381

Missweiser, 269, 406
Beispiele, 210
Definition, 122, 543

Mitgefühl
Engramm, 343
Geschehnisse, 343

Mitleid
Apathie und Verlangen nach, 194

Mitteilungen, 107

Mixer
Definition, 543

Monarchie, 141

Monogamie, 132

Moos, 7, 42

Moral
Definition, 150

Moralkodex
Apathie und kein, 199
entsteht, wenn, 150
Ethik versus, 151
nicht in der Gegenwart, 277

Morast, 473

Mord, 186

Morphium, 469

Mundgeruch, 380

Musiker, 482

Muskeltonus, 26

Müßigkeit
Secondarys und Locks und, 244
Mussolini, 105, 142
Mut, 161–164
Auditing und, 163
Auditor, 162, 264, 409, 516
Auditieren des Falles und, 208
fehlt beim Apathie-Fall, 195
„Tapferkeit“, als Gegensatz zu, 163
Mutniveau, 161–164
Definition, 161

N

Nachahmung, 444
Psychotiker und, 271, 431
Nachlässigkeit, 168
nackte Angst, 379
Narkose, 245, 407
Narkosynthese, 189, 469
Narkotika, 467
Hypnose und, 465
natürliche Auslese, 497, 540
Entfernen von „Verrücktheiten“ aus der Gesellschaft und, 72
Nervosität, 468
Neurose
Dianetik und, 198
Künstler und, 483, 486
Sonik und, 79
siehe auch **neurotisch**
Neurotiker
Definition, 30
neurotisch, 22, 29, 33, 73
Klassifizierung von, 30
siehe auch **Neurose**
neurotischer Mensch
Verabreichen von Beruhigungsmitteln, 468
Newton, iii, 491
nicht beachten, 163
normal
mag ganz normal scheinen, liegt jedoch beträchtlich unterhalb davon, 425
Normalstufe
Definition, 22
sehr hohe, Definition, 22
Not, 185
Notwendigkeitsstufe, 200
Nymphomanin, 319

O

„offene, ehrliche“ Art von Mensch, 23
offene Feindseligkeit
Definition, 22
„Ölen der Zeitspur“, 97
Operation, 527
Organisation
militärische und Geheimdienstorganisation, 4 68
Zielsetzung der, 1
Organismus, 126, 505
analytischer Verstand und Kontrolle über, 481
Energiefeld und, 8
Evolution, 540

Schaubild, 496
setzt sich zusammen aus, 495
Überleben des, 374
Organwahrnehmungen, 68
Definition, 68, 547
Oxydation, 424

P

paranoid, 438
Paranoiker, 270
Auditor und, 517
Parkinson'sche Krankheit, 288
Peking, 200
persönliche Bildung, 223
Persönlichkeit
aberrierte, Definition, 540
Definition, 540
genetische, Definition
Grundpersönlichkeit, *siehe* **Grundpersönlichkeit**
Kraft der, 373
Verlust an, 377
Perverser, 102
Pest
Schwarzer Tod, 4
Pflanzenreich, 7
Phenobarbital, 468
physikalisches Universum, 41
Definition, 4
Kanäle zur Wahrnehmung des, 67
Realität und, 70
Übereinstimmung über die Wahrnehmung des, 71
Theta versus, 4, 42
siehe auch **MEST; MEST-Universum**
Physiologie, 274
Verhalten und, 25–27
planlos, 48
Polarität, 48, 501
Entheta, EnMEST und, 498
Theta und
Entheta, 224
MEST und umgekehrte, 216
politische Philosophien, 142–143
Positions-Ranghöhe
Definition, 551
Positives Prozessing, 328–330
Definition, 328
postulierte Realität, 155
Definition, 112
Theta-Universum, 114
Potenzial
Affinität, Realität und Kommunikation, 100
Erinnerung und größeres Überlebenspotenzial, 290
für Glücklichsein und Lebenserwartung, 239
Lebenspotenzial, 57
Lebenspotenzial erhöhen, 40
sehr hohes geistiges, 124
Theta und Überleben, 240
Überlebenspotenzial steigern, 13, 167
potenzieller Wert
Gleichung, 146
präfrontale Lobotomie, 2, 188, 517

Preclear
Abwertung des, 256, 461
ARK mit Auditor, 345
Auditor finden, der den Kodex einhält, 232
Auditor stuft Preclear auf der Tabelle ein, 261
auf der Tonskala nach oben bringen, 229
Beeinflussbarkeit, 465
Bestandsaufnahme bei einem, 388
Bewegungen, 508
Bildung des, 231
Definition, 21
Extroversion des, 419
Gruppe von Auditor und, 345
Hintergrund des, 522
kürzliche Operation und, 527
Position auf der Tabelle der Einschätzung des Menschen bestimmen, 31, 463, 521–524
Restimulation und Umgebung, 231
restimulierend für den Auditor, 516
Tonskala und Hinweis darauf, 181
Tonstufe und Prozessing, 21
was verkehrt ist mit ihm, 296
Problem
drei Arten, es anzugehen, 163
Promiskuität, 135, 187
Prostitution, 114
Protoplasma, 134
Prozesse
den Fall von Entheta befreien, 240
Dianetik, 218
drei wirksame, 183, 221
Prozessing
Affinität und, 329
Beschreibung, 255–267
des Auditors, 225
drei Regeln und Engramme, 418
1,1 und sehr leichtes, 285
Endziel des, 21
Entheta umgewandelt in Theta, 496
Finanzen, Lösung für, 428
Gesamtzweck und Ziel, 227
grundlegendes Axiom des, 49
Grundprinzipien des, 215–227
immer weniger lenkend, 227
individuelles, 224
legitimes, 16
positives, 328–330, 533–534
Definition, 328
„Selbst“, 449
sich dagegenstellen, 414
Stufe des Überlebens und, 17
Überleben und, 17
was es bewirkt, 244
wenig lenkend, 264
wirksame Therapie und, 20
wünscht kein, 260
Ziel von, 220, 227, 533
Pseudoverbündeter
Definition, 343
Pseudowissenschaftler, 641
psychiatrische Klassifikation, 29, 30
psychiatrischer Bereich, 29–36
Psychochirurgie, 35, 222, 230, 333

Psychodrama, 391

Psychometrie, 19, 157, 219
  Zwei-Minuten-, 104

Psychose, 29–36
  akute, *siehe* **akute Psychose**
  Definition, 29
  Dianetik und, 198
  Grenze zur, 97
  Sonik und, 79
  Wochenbett, 393, 467

Psychotiker, 29

psychosomatisch, 12, 29
  Definition, 30
  kranker Fall, 94
  Krankheiten, 96, 198, 229, 370, 396, 503
  70 Prozent aller Krankheiten des Menschen, 30, 37
  Somatik-Seite des Engramms, 93

Psychotherapie, 131, 391

Psychotiker, 29–36, 49, 186
  Auditieren von Engrammen und, 419
  Behandlung des, 271
  berechnend, Definition, 270
  chronischer, *siehe* **chronischer Psychotiker**
  Definition, 30, 430
  dramatisierend, Definition, 270
  Engramm durchlaufen und, 49
  Entheta versus Somatik, 94
  Nachahmung und, 271, 431
  potenzieller, 171
  Quarantäne für, 152
  regelmäßig wiederkehrend, Definition, 430
  Ruhe, gute Ernährung und körperliche Bewegung, 227
  Schaffung eines, 222
  stark geladene Fälle und, 271
  Unzugänglichkeit, 532

psychotisch, 29–36, 73, 418, 516
  Maximum an Entheta und, 34
  psychotischer Zusammenbruch, *siehe* **psychotischer Zusammenbruch**
  Selbstmord und, 32

psychotischer Mensch
  Verabreichen von Beruhigungsmitteln, 468

psychotischer Zusammenbruch, 32, 34, 412, 422
  enturbuliert verbleibendes Theta und, 33

Puritanismus, 486

PW=I mal D^{X}
  Definition, 537

Q

Quarantäne
  für Psychotiker, 152

R

Ranghöhe, 520
  Auditor und, 520
  aufgrund persönlicher Präsenz, Definition, 551
  Berechnungs-Ranghöhe, Definition, 551
  Definition, 550

Positions-, Definition, 551
Ranghöhe aufgrund von Daten, Definition, 551
Ranghöhe aufgrund persönlicher Präsenz
Definition, 551
Ranghöhe aufgrund von Daten
Definition, 551
rationales Denken
Differenzierung und, 177
Rausschmeißer, 269, 406
Beispiele, 210, 279
Definition, 121, 542
Valenz, *siehe* **Valenz: Rausschmeißer**
Reaktionszeit
Clear und, 19
reaktive (Gedächtnis-)Bank
Definition, 75
siehe auch **reaktiver Verstand**
reaktiver Verstand, 11
Aktionsbereich des, 14
Aufzeichnung von körperlichem Schmerz und, 239
„Bewusstlosigkeit“ und, 393
Definition, 10, 11, 480, 537
Entheta und Inhalt des, 421
Entitäten und, 77
Hypnose und, 465
Inhalt, 245
Theta des Auditors und des Preclears versus, 515
Unterschied zwischen analytischem und, 92
reaktives „Vergnügen“, 317
Realität, 41, 67–73, 193, 296, 451
Affinität, Kommunikation und, 72
Bekräftigen der Realität des Preclears, 528
Bestandteil jeder Dynamik, 53
Brüche in Realität oder aufgezwungene Realität, 61
Definition, 544
Direkterinnerung und, 288
Eigenschaft bekannt als, 111
erzwungene, verhinderte, 451
Fantasie und, 334
gute in schlechte umwandeln, 224
innere und äußere, 114
ins Auge sehen, 114, 334
Locks und, 128
mangelnde, 224
MEST-, Definition, 112
Positives Prozessing und, 329
postulierte, 112, 114, 155
Teil des Dreiecks, 44
Tonskala, 115–116
Übereinstimmung, 72, 111–115
Übereinstimmung über die Wahrnehmung des physikalischen Universums, 71
unterdrücken, 45
Verhinderung von, 300
Verweigerung der, 302
zukünftige, 115
zwei Arten von, 112
siehe auch **ARK**
Rechenmaschine, 478
Unbekanntheiten und, 126

Rechtfertigung, 196, 481
viele Rechtfertigungen, von 2,0 an abwärts, 182
Recht und Unrecht, 153
analytischer Verstand, 479
Ethik und, 153
Reduzierung, 405, 408
Auslöschung, 403
Definition, 410
Engramm und, 18, 119, 266, 280
Reduzierung von Locks, v
Reduzierung von Locks, v
regelmäßig wiederkehrender Psychotiker
Definition, 430
Regierung, 141, 169
Demokratie, 141
Faschismus, 141
gottlose, 114
Kommunismus, 143
Reich
der Tiere und Pflanzen, 7
Reizreaktionsmechanismus, 491
Release, *siehe* **Dianetik Release**
Religionen, 492
Restimulation, 93, 242, 351, 362, 504
Beschreibung, 246
des Auditors, 516
Fall, der auf der Zeitspur feststeckt und, 94
Umgebung des Preclears und, 15, 231
Restimulations-Locks
Definition, 545
Reverie, 431
Definition, 256
Rheumatismus, 480
Richtig und Falsch, 253
ein absolutes unerreichbar, 549
Rom, 486
Römisches Reich
Todeszuckungen und, 191
„Vergnügen" und, 326
Rückkehr
Somatikstreifen und, 400
Rückruf, 78
Apathie und Verdrehung von, 84
ARK und imaginärer, 84
der Kindheit, 205
eidetisch, 79
Rutgers University, 275, 413

S

Sadismus, 132, 133
Sadist, 187
„Sarg-Fall", 128, 388, 452
Satyr, 319
Satz (Sätze)
Aberration durch, 332
aberrativ, *siehe* **aberrativer Satz**
Archivar, nach der Art des Satzes fragen, 210
Befehlssatz, *siehe* **Befehlssatz**
„Du", 443
Engramm, 332
wortwörtlich genommen im, 420
Engrammbefehl, 522
Festhalter und Sonik, 120

Kontroll-Satz, 454
Schaltkreis, *siehe* **Schaltkreissatz**
Zunichtemachung, 295
Sauerstoff-Kohlenstoff-Motor, 3
Scanning
Engramm, *siehe* **Engramm: Scanning**
Mechanismus des, 359
mit Sprechen, Definition, 358
schweigendes, Definition, 359
von Secondarys, 440
siehe auch **Ketten-Scanning; Lock-Scanning**
Scanning mit Sprechen
Definition, 358
schweigendes Scanning versus, 358
Schablonenablauf
Definition, 537
Schaltkreis
der Absperrungen
Definition, 450
Schaltkreis (Circuitry), 84, 295, 298–299, 384, 421, 443–454
Absperrung
Definition, 450
Dämonen-, 447, 461
Definition, 77
Dämon-Kontroll-, 512
Definition, 298, 443
1,1 und Verstand voller, 103
Kontroll-, 448, 453
Kontrolle, 430, 456, 463
Selbstauditing und, 299
Sonik (Störung), Definition, 450
Valenz, 270
versus, 447
Verkäufer, 456
Visio (Störung), Definition, 450
Vorhandensein von, bei einem Fall, 384
Schaltkreisbefehle, 365
Schaltkreissatz, 295, 511
Definition, 396
Engramme und, 527
Schaubild
Theta, MEST, Entheta, EnMEST, Leben und Organismus, 496
Schauspieler, 113
Schichten
Fall wird auditiert in, 94
Schilddrüsen, 39
schizophren
Definition, 444
Schizophrener, 270
Schizophrenie
Psychiatrie und, 30
Schizophrenie-Fall, 86
Schlaf, 477
Boil-off und scheinbarer, 506
Durchlaufen von Secondarys im, 512
Schlangenwurzelöl, iv
Schlussfolgerungen
eingeordnet nach Zeit und Thema, 477
Schmerz, 73, 524
Analysator und Ausschalten von, 92

Androhung von, wenn nicht Folge geleistet wird, 181
Definition, 538
Entheta und körperlicher, 240, 507
frühester Augenblick von, 525
körperlich, *siehe* **körperlicher Schmerz**
Niederlage bei der Anstrengung zu überleben und, 9
„seltsamer, merkwürdiger“, 97
Somatik und, 91
Standard-Gedächtnisbanken und, 477
Theta, Mest und, 6, 46
Ursache für, 349
Verminderung des Bewusstseins und körperlicher, 245
Zyklus des Lernens durch Vergnügen und Schmerz, 9

Schmerz-Drogen-Hypnose, vii, 469–471

schmerzliche Emotion, 61
entfernen, bemerkenswerteste Verbesserungen in der Dianetik, 62
siehe auch **Secondary**

Schnippen mit den Fingern, 398, 432, 459

Schock, 40
Gram, 39
Insulinschock, 188
Mutniveau und, 164
Schockreaktion, 27

Schöpfer, 167
Achte Dynamik, 54

schöpferische Fantasie
Definition, 331

Schreier, 162
Definition, 86

Schule
erzwungene Realität und, 297

Schwachsinniger, 22, 79
„fünf Schwachsinnige ergeben ein Genie“, 146

Schwarzer Tod, 4

Schweigen, 40
in Krankenhäusern, 467

schweigendes Scanning, 358
Definition, 359

schwer geladener Fall
Definition, 94

Sechste Dynamik, 167
Beschreibung, 54
Definition, 53

Secondary, 205, 504
Apathie, 88, 380
ARK, *siehe* **ARK-Secondarys**
Definition, 127
ernstliche Aberration und, 383
Erschöpfen jeder nur möglichen Ladung, 88
größte Ablagerungen von Entheta und EnMest, 503
imaginäres, 384
Kinder und, 243
Missemotion, 124, 129
spektakulärer Anstieg der Tonstufe beim Entladen von, 382
4,0 bis 2,0 leicht zu entladen, 85
Visio und, 88
wann Locks auditiert werden sollen und, 96

wenn man es nicht reduzieren kann, 364
siehe auch **Secondary-Engramm**

Secondary-Engramm, 84, 242, 263, 330, 369–389, 409, 426
ARK-Locks und, 129
„dauerhaft" fixiertes Entheta, 350
Definition, 61, 243, 369, 539
und Typen, 61
Dianetik Release, 21
Dub-in-Visio und, 87
Fall von Emotion entladen, 61
Gram und Furcht entladen, v
riesige Mengen gefangenen Thetas und, 246
Sätze in, 211
Scanning von, 440
sperrt Somatiken ab, 93
stark geladener Moment, 61
Tränen und, 505
Unnachgiebigkeit des Auditors und, 264
siehe auch **Secondary**

Seele, 5, 540
entweichen, 8

sehr hohe Normalstufe
Definition, 22

seiner, 446

Selbstanalyse, 449

Selbstauditing, 299, 515
Schaltkreise und, 299

Selbstbeherrschung, 445

Selbstbestimmung, 20, 175, 231, 376, 444, 445, 448
ARK und, 296
autoritärer Unterricht unterdrückt die, 223
Erziehung und, 204
erzwungene Kommunikation versus, 298
persönliche Identität und, 377
zerstören, 188

Selbstkontrolle
Schaltkreise und, 448

Selbstmord, 23, 186
Apathie und, 23, 191
begehen, 12
Engramme und, 33
0,5 und, 322

Selbstmörder
0,5 und
chronisch potenzieller, 160

„Selbst"-Prozessing, 449

Sex, 131–134
Günstigstimmen durch, 173
Perversion von, 133
Sublimierung, 132
Tonskala und, 132
verminderte Sexualkraft, 39

Sexualität
verdrehen, 186

sich selbst
Apathie und Vernachlässigung von, 193
verabscheuen, Mechanismus, 124

„selbstständig" machen, 448

sich zurückziehen, 25

Siebte Dynamik
Beschreibung, 54
Definition, 53

Psychose
siehe auch **Geisteskrankheit**
Sinne, 68–69
vermutliche Entwicklung unserer, 69
Sinn für Humor, 177
Sitzung
Dauer der, 262
Sokrates, 447
Somatik, 12, 91–98, 257
abgesperrt, 392
Befehlssomatik, 447, 452
Definition, 551
chronisches, 12, 93, 367, 480
Definition, 12, 30
Definition, 91, 393
Engramm und, 56
Gegenwart und, 266
Krankheit und, 97
Vergnügensmomente und, 508
Verschiebung, 530
Somatikstreifen, 267, 383, 398, 399–407, 510
Definition, 399
Freewheeling und, 510
Unterschied zwischen Archivar und, 399
somatischer Verstand
Definition, 480, 537
somatisches Leben, 375
Sonik, 60, 67, 75–82, 425
abgesperrt
außerhalb der eigenen Valenz und, 122
Absperrung, 44, 76, 77
beeinflussender Mechanismus in Bezug auf, 79
Definition, 68, 75, 547
Dub-in, 77
Eindrücke, 76, 78
Satz, -Festhalter und, 120
Schaltkreise und, 450
Sonik (Störung) Schaltkreise
Definition, 450
Sonnenbrand, 400
Sorgen
Einstieg in Sitzung, fragen nach, 307
Sowjetunion, 143
Sperma- und Ovum-Folge, 401
Spionage
Hypnose, 469
Sprache, 11
Sprach-Locks
Definition, 552
Sprechgeschwindigkeit (beim Lock-Scanning)
Definition, 359
Standard-Gedächtnisbank, 75, 239
Definition, 239, 477
Schmerz und, 477
siehe auch **Erinnerung**
Standard-Verfahren, 434, 525
vergangener Tod reduziert mit, 70
stecken geblieben auf der Zeitspur, 39, 77, 272
1,5, 1,1 und, 365
Sterilität, 39
Steuern, 485
Stiftung, vi, vii, 220, 262
Strafandrohung, 168

Strafe
Androhung von, 189
Straightwire, 256, 262, 447
aus der Gegenwart heraus und, 276
Drehorgelsystem, 302–307
Stabilisieren des Falles, 509
siehe auch **Direkterinnerung**
Streit
wenn Vernunft ihn nicht löst, 201
Struktur
Aberration durch, 333
Denken, 482
des menschlichen Organismus
Aberration im Hinblick auf, 333
des Verstandes, 172
Funktion und, 38
Strukturarten des Verstandes
zwei Arten, 172
Stufenleiter der Evolution
Theta und, 42
Stuhldrang, 380
Sublimierung, 21
Sex und, 132
Subversion, 141
Bandbereich, 190–191
politische, 103
Subversiver, 102, 141, 141–143, 145
Suggestion
Kraft der, 400, 416
synthetische Valenz, 87
Definition, 446

T

Tabelle (der Einschätzung des Menschen), *siehe* **Hubbard Tabelle der Einschätzung des Menschen und des Dianetischen Prozessings**
Taktlosigkeit, 155
Tastempfindung, 67, 73, 425
Definition, 68, 547
Tatsachen, 158
Bevorzugung von, 156
Tonskala und, 155–160
Umkehrung von, 187, 192
2,0 oder darunter, kein Sinn, ihnen Wert beizumessen, 157
Test
Intelligenz, 218
Minnesota Multiphasentest, 382
Teufel, 249
Gott und, 489
Handlanger des, 170, 254
Theorie vom Schlamm zum Menschen, 2
„Theorie von gelochten Proteinmolekülen“, 335
Therapien
direktive, 188
vier wirksame, 20
Theta, 167, 377, 500
Ablagerungen von, 328
abstoßende Wirkung von Entheta auf, 281
analytischer Verstand und, 480
ARK und, 41
Auditor und, 508

Aufgabe von, 374
Aufmerksamkeitseinheit und, 275
Ausmaß von, 15
Befreiung, 501–513
Beschreibung, 226, 237
Bestandteile, 44, 51, 216, 369
Clear und alles verfügbare, 125
Daseinszyklus für, 6
Definition, 5, 216, 237, 495, 538
des Auditors und des Preclears versus Bank, 515
Dianetik Auditing und, 215
drei Zustände von, 202
durch Zunichtemachung enturbuliert, 182
Eroberung von MEST, 215, 249
Evolution, 540
freies, *siehe* **freies Theta**
gewaltige Veranlagung von, 373
große Veranlagung von, 184
Grundannahme von MEST und, 9
Grundgesetze von, 41–54
grundlegendes Ziel, 42
Körper, *siehe* **Theta-Körper**
Macht von, 216
Menge von, 49
MEST
  und, Trennung, 374
  versus, 5
Mission von, 6, 70, 139
physikalisches Universum versus, 4, 42
Polarität, MEST und, 224
Rückzugsmechanismus und, 8
Schaubild von MEST Organismus und, 496
Secondarys und riesige Mengen gefangenes, 246
stößt Entheta ab, 64
Tod und überwiegender Teil des Thetas enturbuliert, 115
Tonskala, 502
  Trennungslinie von Entheta und, 371
Tonstufe 40 und reiner Zustand von, 45
Umfang von, 50
Universum, *siehe* **Theta-Universum**
Urzustand, 6
Veranlagung, 18
  ästhetischer Verstand und, 482
  Definition, 275
verantwortliche Person und, 167
Vernunft und, 17
vorübergehend enturbuliert, 350
Wahrnehmungseindrücke, *siehe* **Theta-Wahrnehmungseindrücke**
zeitweise enturbuliertes, 202
zieht MEST an, 50
Zusammenprall von MEST und, 500
siehe auch **Denken**

Theta-Ablagerungen, 328

Theta-Körper, 68, 254, 370, 500
Aberration durch, 333
Definition, 540
Entwicklung des, 497
existiert als eine persönliche Identität, 70

Tod und Weggehen des, 481
Zeitspur und, 118

Theta-MEST-Theorie, 45–52, 219, 226, 251, 376

Theta-Universum, 51, 67, 69, 114, 254
Definition, 538
Gott und, 54
Schaubild und, 496

Theta-Wahrnehmungseindrücke, 339, 401, 512
Definition, 547
vollständige, 18

Thompson, Commander, 291, 392

Tierreich, 7

Tod, 33, 65, 186, 217, 370
Apathie gleich neben, 23
Bandbereich unterhalb, 23
Besiegung von, 9
Definition, 499, 539
Dianetik und Zyklus von, 44
Gradientenskala von, 314
Körper, 13
Mechanismus des, 48
MEST und, 215–218
nicht Folge leisten und, 185
Pest und Schwarzer Tod, 4
Theta, MEST und, 215–218
Todesredner, 105, 168
überwiegender Teil des Thetas enturbuliert, 115
Unrecht und, 253
unterhalb von 2,0
tendiert in Richtung, 250, 251
und „Ziel“, 321
vergangener, 70
vorgetäuschter, 23, 199
was ist, 8
Weggehen des Theta-Körpers, 481
unterhalb von 2,0
„Verantwortung“ gegenüber, 170
Zyklus der Kontaktaufnahme, des Wachstums, des Verfalls und, 215

Todesurteil
Ehe mit Apathie-Fall und, 196

Tonskala, 1–16, 377
Absinken von Familie, 182
ARK-Dreieck, Schaubild, 47
Auditor
Hilfsmittel und, 60
höher als der Preclear auf der, 221
tief auf der, 175
unfähig, den Preclear sofort auf der Tonskala einzustufen, 258
aufgebaut auf Beobachtung, 58
Befehlskraft von Aktionssätzen und, 209–211
Beschreibung, 13
Bestimmen der Position des Preclears auf der Tabelle, 521–524
Bevorzugung von Tatsachen und, 156
Bildung und, 203–207, 223
Definition, 219
den Psychotiker auf der Tonskala nach oben bringen, bevor ein Engramm auditiert wird, 419
der Affinität, 63
Dianetik und ursprüngliche, 58

Dinge, die die Person auf der Tonskala nach unten bringen, 238
durch Umgebung angehoben oder niedergedrückt, 202
Emotion und Hauptkennzeichen von, 58
enger werdende Abwärtsspirale und, 57
Erziehung und, 203–207
Fortschritt, 422
Gegenwart und, 282–285
genauer Hinweis auf die Position des Preclears auf der, 181
genauester Hinweis auf die Position auf der, 99
Gespräch
Sprechen und Zuhören, 99–105
gleichsetzen und tief auf der, 336
Gradientenskala und, 499
Herleitung der, 48
Höhe, 372
Hypnose und, 187
Intensität, 372
Kommunikation tiefer auf der, 224
Lock-Scanning und, 362
nach oben bringen
Preclear auf der, 229
oberhalb versus unterhalb von 2,0 auf der, 321
Person verändert sich darauf, Beispiel, 14
Position auf der
bestimmt durch drei Faktoren, 15
chronische oder momentane, 371
Prozent-Spalte, 227
Realität, 115–116
Reduzierung eines Engramms und, 18
Sprechen
genauer Hinweis auf die Position auf der, 100
Tabelle teilt sich bei, 250
Theta und, 502
Mest und, 6
Trennungslinie von Entheta, 371
Turbulenz von Theta und Mest, 6
Überlebensniveau des Organismus, 14
Übermittler, Person handelt als, 107–109
um eine Person auf der Tonskala nach oben zu bringen, 15
Umgang mit Mest durch Theta, 375
Umgang mit Personen von 2,0 an abwärts, 183
Verantwortung und die Dynamiken, 167
Vergnügen und, 312
von Umgebung zu Umgebung, 342
Wechselbeziehung von Theta und Mest, 374
wie man den Fall auditiert, Tonstufe um Tonstufe, 524–532

Zugänglichkeit und, 424
Zunichtemachung und, 185
2,0, und keine Beachtung von Bemerkungen oberhalb von, 178
Zweite Dynamik und, 131–137

Tonstufe
Affinitätsbrüche und Tonstufe des Auditors, 208
akute, chronische, 14, 201, 522
Auditor, erhöht lediglich die, 13
Definition, 13
des Auditors, 162
notwendig zur Betreuung des Falles, 515–520
des Auditors erhöhen, 234
die sich beim Fall am leichtesten auditieren lässt, 60
durchschnittliche Stufe, 14
Ehemann und Ehefrau, 225
Entfernung der tieferen Bereiche und kultureller Anstieg, 183
Entladen von Secondarys und spektakulärer Anstieg der, 382
fünf Dinge, die beeinflussen, welche gezeigt wird, 522
Höhe, Intensität, 372
momentane oder chronische Position, 371
Prozessing und, 16
Preclear, 21
Verbesserung der, v
Visio und Anhaltspunkt hinsichtlich, 89
wie man den Fall auditiert, für jede, 524–532
2,0, Bemerkungen, die höher auf der Tonskala liegen, schenkt sie nicht viel Beachtung, 178

Tonstufe 2,0
Bemühung auf Überleben von 2,0 an aufwärts, 201
Ehe mit jemandem unterhalb von, 317
keine Beachtung von Bemerkungen oberhalb von, 178
Konversation und, 101
oberhalb davon ist Überleben, unterhalb davon Unterliegen, 51, 311
unterhalb
Auditieren von Engrammen, 430
Günstigstimmen, keine wirkliche Zuneigung, 198
tendiert in Richtung Tod, 250, 251
Tod und Schaden bringen, 33
„Ziel“ von Tod, 321
wie man den 2,0-Fall auditiert, 527
unterhalb
absondern, 184
Beherrschung, 201
kein Sinn, Tatsachen Wert beizumessen, 157
Rechtfertigung, Gebrauch von, 182
Unterliegen, 201
Verantwortung, 170

Tonstufe 40,0
Theta in reinem Zustand, 45

Totalitarismus
Kunst und, 485

Tränen
Apathie-Fall und heuchlerische, 194
der Erleichterung, 330
Secondarys und, 505
transorbitale Leukotomie, 188
Traum (Träume)
intensiv, zwei Gründe für, 454
Künstler und Träume der Kultur, 487
Tuberkulose, 38
Turbulenz, 43
von Theta und MEST, 6

U

Übereinstimmung
Definition, 112
Realität, 72, 111–115
siehe auch **Realität**
Übergewicht, 39
ÜBERLEBE!, 534
Dynamisches Prinzip des Daseins, 249, 535
Gradientenskala und, 549
kleinster gemeinsamer Nenner des Daseins, 2
Überleben, 50, 250
alleiniges Grundprinzip des Daseins, 1
Befreien von Aberration und, 21
das Höchste an, 151
mehr im Recht als im Unrecht, 479
oberhalb von 2,0, Vergnügen und, 311
Organismus und, 374
Potenzial
Erinnerung und, 290
steigern, 13
Theta und, 240
Prozessing und, 17
Recht haben und, 24
Schmerz und, 9
Theta, Entheta und, 51
Tonskala und, 14
Unterliegen und, 249, 374
Vergnügensmomente und, 322
Vergnügen und, 330
von Theta, 6
Ziele, 314
2,0 aufwärts, 51
Bemühung ist, 201
überlebensfeindlich, 126
„Überlegenheitskomplex", 165
Überlegungen, 275
Übermittler
jemand handelt als, 107–109
Überraschung
lassen Sie sich durch nichts überraschen, 418
übersinnliche Phänomene, 69
Übertragung, 65
Umgang mit Anderen, 181–208
Bildung und, 207
drei Kategorien, 181
Umgebung, 16, 186, 202, 522
Aberration durch, 333
angepasst an
versus sie anpassen, 80
anpassen an die, 492
Gefährlichkeit von, 199
Herrschaft über die, 139–143

Hintergrund des Preclears, 522
Restimulation und Umgebung des Preclears, 231
restimulierend, 12, 15
Tonskala und, 342
Tonstufe von, 201
verändern,
wirksame Therapie, 20
Veränderung der, 221
Umwelt
Definition, 541
„unbewusster“ Verstand, 10
Unendlichkeit
Achte Dynamik, 53
Überleben und, 24
vollständig Recht haben und, 253
unendlichkeitswertige Logik, 549
Definition, 499
unethisches Verhalten, 150
Unfälle
Apathiebereich und, 197
Neigung zu Unfällen, 38
Unmoral
Apathie und, 196
Unsterblichkeit, 489
Definition, 535
Vergnügen und, 312
„Unterbewusste“, das, 421
unterdrückender Faktor
Bekämpfen des, 172
zugänglich machen, 45
Unterlegener, Verteidigung des, 199
Unterliegen, 250, 458
Definition, 51, 536
Gradientenskala und, 549
mehr im Unrecht als im Recht, 479
Überleben versus, 249, 374
unterhalb von 2,0, 201
von 2,0 nach unten, 311
2,0 abwärts, 51
Unterscheidung
oberes Ende der Skala und, 336
Unvernunft
Entheta und, 49
zwei Arten der, 222
Unzugänglichkeit, 428–431
Psychotiker und, 532
Urteilskraft, 373
Urzustand
MEST und, 6

V

Valenz, 117, 122–124, 337
1,5 beherrscht und, 284
Abtrennung, Definition, 443
außerhalb der eigenen, 446
Sonik-, Visio- und Somatik-Absperrungen und, 122
außerhalb der eigenen Valenz
Absperrung und, 123
Definition, 122
Festhalter, 445
ganzes Problem von, 306
genaue, klare Bilder und, 85
gewinnende, 123
Hund oder Katze, 446
in der Valenz eines Verbündeten, 207

in der Valenz, *siehe* **in der eigenen Valenz**
Ladung und, 452
Rausschmeißer, 210, 445
Definition, 210
Schaltkreis und, 270, 447
Secondarys und, 451
stark geladener Fall und, 444
synthetische, 87
Definition, 446
Überlebensmechanismus, 123
Valenzfall, Definition, 86
Valenzwand, Definition, 86
Valenzwechsler, 77, 78, 210, 406
Definition, 122, 210, 445, 543
Verleugner, 445
Beschreibung, 86
Definition, 210
Wand, Definition, 444
Wechsler, 87
Zeitspur einer anderen, 88
Zusammenpacker, 210, 445
Definition, 210
Zustand der Zeitspur und, 117–124

Vampire, 517

Veranlagung
genetisch, 22
Theta, 470, 471
ausreichend, 171
Definition, 275
große, 184
hoch, 482
Wiederherstellen des vollständigen Spielraums von, 18

Verantwortung, 165–170, 530
Definition, 165
im Bereich der Dynamiken, Tonskala und, 167
Qualität der, 166

Verbrechen
Definition, 251

Verbrecher, 251
Sex, 103
Ziel der Dianetik und eine Welt ohne, i

Verbündeter, 343, 376
Definition, 343, 546
in der Valenz von, 207
Verlust des, 305

verdrehen, 186

Verführung, 260

vergangener Tod, 70

vergangenes Leben, 70, 71
erfunden, 530
nie abwerten, 71

Vergangenheit
Andenken aus der, 273
Definition, 546

Vergessermechanismus, 473, 475

Vergewaltigung, 133

vergleichbare Größenordnung, 249
Datum wird ausgewertet durch Datum von, 550

Vergnügen
Definition, 311, 326, 536
eines der Hauptziele im Leben, 323

Philosophie, die dem Vergnügen gewidmet war, 330
reaktives, 317
Überleben und, 21
unterhalb von 2,0, Unterliegen und, 311
wirkliches, Definition, 326
Zyklus des Lernens durch Vergnügen und Schmerz, 9

Vergnügensmomente, 121, 308, 311–328
Aufmerksamkeitseinheiten und, 81
durchlaufen, 60
zukünftige, 284
Gähnen und Scanning, 329
Gegenwart und, 276
Preclear, Valenz und, 123
Somatiken und, 508
Sonik und, 81
wie man sie auditiert, 323
Zukunft, 81–82
zukünftige, 329

Verhalten
Aberration schreibt Verhalten vor, 420
Boil-off und Verhalten des Auditors, 262
einschätzen, 253
menschliches, 125
Physiologie und, 25–27
sexuelles, 131–137
unethisches, 150
vorübergehend das eines Clears, 371

Verhaltensmuster geerbt, 333

Verhältnis
von freiem zu enturbuliertem Theta
guter Maßstab für, 165
Mutniveau und Maßstab für, 161
von Theta zu Entheta, 522

verhindertes ARK, 300, 303
Drehorgelsystem und, 304

Verletzung, 504
Auditing und rasche Erholung, 393
Kinder und vorgetäuschte, 342
Schweigen in der Nähe von, 40

Verleugner, 269, 406
Beispiele, 210
Definition, 210, 542
Valenz, 210, 445

Verlust, 350
des Verbündeten, 305
drohender, *siehe* **Secondary**
Einkapselung von Entheta und, 388

Vernachlässigung, 193

Vernunft, 165, 181, 216
Dianetik und, iv
Ethik und, 149–151
höchstes Maß, 20, 45
höchste Stufe
Differenzierung, 177
Mensch und, 217
Streit und, 201
Theta und, 49, 223
Urzustand, 6
von 1,3 bis 0,6 nicht vorhanden, 190

von 2,0 an aufwärts, zunehmendes Ausmaß an, 201
unterhalb von 2,0
Entschuldigungen und Rechtfertigungen, 185
kein Befassen mit Vernunft, 183

Verrat, 103

Verstand
Ablagesystem, 437
Abteilungen im, 444
analytischer, *siehe* **analytischer Verstand**
ästhetischer, *siehe* **ästhetischer Verstand**
Bewusstseinsniveau des, 477–494
Computer versus menschlicher, 5
ein- bis dreitägige Auffrischungszeit, 289
Entitäten und menschlicher, 401, 455
Funktionsstufen, 477
reaktiver, *siehe* **reaktiver Verstand**
somatischer, *siehe* **somatischer Verstand**
Speicherkapazität des, 76
„unbewusster", 10
Verstand des freien Thetas, 14
zwei Arten von Verstand, 10

Verständnis
4,0 und Stufe von, 177

versteckte Feindseligkeit, 102, 191, 195
Auditor, 208
Definition, 23
Bandbereich 1,1
Sex, Kinder und, 133–134
entfernen aus der Gesellschaft, 103
Lock-Scanning von 1,1 aufwärts, 440
Schaltkreise und, 103
Subversion und, 141–143
Wahnsinn und, 102
wie man einen 1,1-Fall auditiert, 529

Verstehen
Definition, 50

Verteidigung des Unterlegenen, 199

„vielleicht, was soll's schon?" Einstellung, 116

Vierte Dynamik, 167
Beschreibung, 54
Definition, 53

Visio, 60, 67, 73, 83–89, 299, 425
abgesperrter Fall und, 84
Anhaltspunkt hinsichtlich der Tonstufe und, 89
ARK und, 85
außerhalb der eigenen Valenz und abgesperrtes, 122
Bewegen auf der Zeitspur und, 88
Definition, 68, 83, 547
Dub-in, 83
zwei Unterteilungen, 87
imaginäres, Definition, 83
vorgeburtliches Visio, 84, 89
Definition, 453
wirkliches, Definition, 83

Visio-(Störung-)Schaltkreise
Definition, 450
Vitamin B_1, 262
Vitamine, 508
Auditing und, 262
von einem einzigen Punkt ausgehendes Energiefeld des Körpers, 480
Vorbeugende Dianetik, iv, 40
vor der Empfängnis liegend, 413
vorgeburtlich
ASW, 454
Engramm, 446
Leute, die in vorgeburtlicher Periode festsitzen, 274
vorgeburtliches Visio, 84, 89, 453
Definition, 453
Zeit
Erinnerung an, 290
vorgetäuschter Tod, 23
Definition, 23
Vorhersage
potenzielle Fähigkeit des Individuums, 69
von Individuen auf der Tonskala, 253
von menschlichem Verhalten, 417
Vorstellung, 155, 331
Vortäuschung
bewusste, 342

W

Wahn, 331
Wahnsinn, 102
Krieg und, 200
Wahnvorstellung, 385, 415
drei Methoden, sie zu handhaben, 340
Wahnvorstellungen oder Halluzinationen umfassende Fantasie, 332
Wahrheit, 48, 530
Absolute Wahrheit, 155
Apathie und Unwahrheit, 320
Definition, 155
Gram und Verdrehungen von, 65
Umgang mit der, 155–160
wütende Leute und, 84
Wahrnehmung, 67–69
außersinnliche, 69, 84, 454, 547
Bewegung auf der Zeitspur und, 68
Definition, 67
Organwahrnehmungen, Definition, 547
Wahrnehmungseindrücke, 10, 92, 409, 423
„Bewusstlosigkeit und", 75
Definition, 546
eingeordnet nach Zeit und Thema, 477
MEST-, Definition, 547
Theta, *siehe* **Theta-Wahrnehmungseindrücke**
Wärme, 67, 68
Definition, 547
Wärmesinn, 68

weit offener Fall, 96, 124, 365, 425–427, 530
Auditieren von Engrammen bei, 513
Auditieren von Secondarys und, 386
Definition, 258, 425
Locks und, 354
stark ausgeprägtes manisches Engramm in voller Restimulation und, 523
Valenzwechsler und, 211

Wellenlänge, 498, 501

Wert
Definition, 537
für die Gesellschaft, 145–147
Gleichung des potenziellen, 146
Künstler und, 487
tatsächlicher, des Einzelnen, 146

Wert von Daten, 550

Wiederholungstechnik, 475, 511
Definition, 292
Verwendung der, 292

Willkür
autoritative, zerstörerische, 151

Willkürfaktor
Definition, 548

wirkliches Visio
Definition, 83

wirklich vorhandene Affinität, Realität und Kommunikation, 329

wirksame Therapien, 20

Wissen
vorhergehende Enturbulierung und, 43
zwei grundlegende Axiome über, 249

Wissenschaft
Definition, 1
Körper und, 480

Wochenbettpsychose, 393, 467

Wohlfahrtsstaat, 185

Wörtlichkeit, 177–179

Wortspiele, 178

Wut, 84
Auditor, der Wut zu verhindern versucht, 174
Definition, 23
wie man den 1,5er-Fall auditiert, 528
siehe auch **1,5er-Fall**

Z

Zeit
Entschlüsse verändert durch, 253
gegenwärtige, *siehe* **Gegenwart**

Zeitspur, 97
Aktionssätze und, 209
beweglich machen auf der, 121
Definition, 117, 239, 401, 541
einer anderen Valenz, 88
Feststecken auf der, *siehe* **Feststecken auf der Zeitspur**
genetisch, 118
herausfinden, wo sich der Preclear auf der Zeitspur befindet, 399
herunter von der eigenen, 77

Lock-Scanning und Preclear bewegt sich auf der Zeitspur, 121
„Ölen der Zeitspur“, 97
Wahrnehmung von Bewegung auf, 68
Zusammenbrechen der, 439
Zustand von Valenzen und, 117–124

Zellen, 8, 9
bleibende Erinnerungsspur, 12
somatischer Verstand und, 480

zellulare Erfahrungen, 413

Zenos Apatheia, 191

Zerstörung
Apathie und hinterhältige, 196
Erschaffung und, 141

Ziele, 311, 326
Aufrichtigkeit des Ziels des Auditors, 232
des Auditors, 244, 247
Dianetik und, iv
Leben, eines der Hauptziele, 323
Prozessing und, 220, 227, 533
Theta und grundlegende, 42
vereinen zu gemeinsamen, 200
Vertrauen darin, seine Ziele zu erreichen, 313

Zielsetzung
grundlegende, *siehe* **grundlegende Zielsetzung**
Organisation und, 1

zu denken geben, 34

Zugänglichkeit, 424–431
Definition, 424, 550
tief auf der Tonskala und, 430

Zuhören
Tonskala und, 99–105

Zuhörerschaft, Lenken der, 105

Zukunft
Definition, 546
von Volk und Kindern, 136

zukünftig, 115

Zunichtemachung, 429, 527
Bemühungen des 1,1ers, den 3,5er zunichtezumachen, 183
Definition, 182
Drehorgelsystem und, 304
enturbuliert Theta, 182
Tonskala und Beschreibung von, 185
von ARK, 303
von Personen, 295

zurückbringen
Preclear in die Gegenwart, Methoden, 269

zurückkehren
Erinnerung versus, 283

zurückrufen
Definition, 121

Zurückrufer, 274
Beispiele, 210, 278

zurückschicken
zu Vergnügensmomenten, 81

zurückweichen, 397, 408
Definition, 410

zusammengerollte Haltung des Fötus einnehmen, 414

Zusammenpacker
Beispiele, 210
Definition, 118, 406, 438, 542
Valenz, 445

Zwang, 187, 336
Beseitigung, 230
bestimmte Leute nachzuahmen, 447
Dianetik verhindert, mildert, ii
Engramme und, 332, 370
Lügen aus, 158
Zwangsmethoden, 35
2,5er-Fall, *siehe* **Langeweile**
zwei
Grundeinheit, 345, 550
Zweite Dynamik, 131, 133, 166, 412
Beschreibung, 54
Definition, 53
zweiwertige Logik, 499
Definition, 549
Zyklus
der Erschaffung, 44
des Daseins, 6
Kontaktaufnahme, Wachstum, Verfall und Tod, 215
Leben, Definition, 539
lernen durch Vergnügen und Schmerz, 9
von Theta, das MEST versteht, 43
Zytologie, 134